니체,
프로이트,
맑스 이후

니체,
프로이트,
맑스 이후

현대 프랑스철학의 쟁점

김상환 지음

창비

머리말

   한국에서 자생적 담론이 싹트기 위해서는 전통사상을 계승하는 것 못
지않게 서양사상사의 핵심을 내면화해야 할 것이다. 그런 내면화의 노동
없이 생산된 담론은 지구촌의 한구석을 떠나자마자 생명력을 잃게 될 허
약한 사상일 것임이 틀림없다. 외래성의 극복보다 먼저 와야 하는 것이 낙
후성의 극복이며, 서양의 극복보다 더 시급한 것이 동양의 자기극복이다.
보편성과 미래성을 갖춘 사상, 역사적 현실에 부합하는 이념을 창조하기
위해서는 현재 전지구적 지배력을 획득한 서양문화의 원천과 수렴지점을
모두 바라볼 수 있는 입지점에 설 수 있어야 할 것이다.

   다소 성급하게 정리하자면, 서양문화는 두 단계의 전환을 통해 일정한
정체성을 형성해왔다. 첫번째 전환은 그리스에서 일어났다. '뮈토스
(mythos)에서 로고스(logos)로'라는 말로 집약되는 변화 이후 서양인은 개
념적 실재와 초감성적 법칙을 추구하기 시작했다. 두번째 전환은 근대에
서 시작된 과학과 기술의 비약적 발전이다. 관찰과 실험에 바탕을 둔 과
학, 그리고 그것에 결부된 고도의 기술은 서양문명의 가장 중요한 측면이
다. 오늘날 서양문화는 이런 두 번의 도약에 이어 제3의 전환을 준비하고
있는 것처럼 보인다. 그것은 때로 탈근대사상이라 불리기도 하지만, 이 새

로운 변화는 이미 오래 전에 시작되었다. 그 변화가 시작된 지점은 니체, 프로이트, 맑스가 서 있는 자리다.

처음 이 책은 두 가지 목적에서 구상되었다. 하나는 니체, 프로이트, 맑스가 개척한 사유의 여정을 굵직하게 정리하는 가운데 이들이 과거의 사상에 미치는 해체론적 효과를 실감나게 보여주는 것이다. 다른 하나는 탈근대담론의 이론적 기초인 현대 프랑스철학의 일반적 특징과 쟁점들을 소개하는 것이고, 이 쟁점들 안에서 이 3인의 사상가들이 계승·변형되는 과정을 드러내는 데 있다.

물론 현대의 이론적 상황이 니체, 프로이트, 맑스로 되돌아가는 유일한 출발점이라고는 할 수 없다. 오히려 우리가 일상적으로 겪고 있는 문화적 현실 안에서 그들의 예언적 능력을 분석해내는 것이 훨씬 설득력이 클 것이다. 특히 오늘의 현실을 지배하는 자본과 테크놀러지의 위력에서, 이미 거부할 수 없는 흐름으로 닥치고 있는 탈근대적 현상에서 그들의 사상은 생생하게 육화되어 있는 동시에 극복되고 있다. 이론은 언제나 물질적 조건과 역사적 과정의 산물임을 감안할 때, 이미 일상적 삶 안에서 순환하고 있는 미래적 요소들이 이들의 역사적 의미와 한계를 평가하는 실질적 근거가 되어야 할 것이다.

나는 이런 시각에서 현행의 이론은 물론 현재 전개되고 있는 첨단의 현실로부터 니체, 프로이트, 맑스로 가는 우회로를 찾고자 했다. 사실 이런 작업은 몇년 전부터 이미 진행되고 있었다. 하지만 최종적으로 원고를 집필하는 과정에서 이런 우회로는 처음 생각한 것보다 좀더 복잡해졌고 소급의 지점까지 달라져버렸다. 단순히 니체, 프로이트, 맑스로 돌아가는 데 그치지 않고 동서(東西) 존재론의 시초로까지 거슬러 올라가게 된 것이다. 나로서는 떨쳐내기 어려운 형이상학적 몽상의 성벽 때문이기도 하지만, 이는 무엇보다 이 책을 처음 구상할 때 품었던 또다른 욕심이 작용한 결과일 것이다. 그것은 이번 기회에 초보적 범주들을 중심으로 내 나름의 철학적 행보를 시작해보자는 의욕이었다. 철학사 전체를 꿰뚫는 것은 물론 현실을 새롭게 바라볼 수 있는 관점을 구축하는 노력이 있어야겠다는 생각에서 과욕을 부려본 것이다. 이런 독창의 추구는 확실히 쉬운 일은 아니었다. 아직 능력이 모자라서임이 분명하고, 원고분량과 시간의 제한 때문에도 허우적거렸다. 하지만 나로서는 그런 일을 시작했다는 것으로도 큰 성과일 수 있다. 새 원고를 써가면서 빠져든 사변은 소중한 경험으로 남아 내일의 일을 약속하고 있다.

나는 끈과 계사(繫辭/繫絲)를 주제로 했던 이 사변의 결과를 '계사존재론'이라 부르기로 했다. 이 말은 끈의 비유 안에서 펼쳐지는 프로이트와 맑스의 사유를 집약하기 위해서 처음 고안되었다가 동서 존재론의 역사 전체를 관통하는 일관된 사유를 지칭하는 말로, 그리고 마침내 근대와 탈근대의 관계를 비롯한 모든 역사적 전환의 배후에 있을 논리적 사태에 대한 가설로 발전하기에 이르렀다.

프로이트는 쾌락원칙을 넘어서는 극단적인 심리적 현상들을 설명하기 위해 새로운 가설을 찾아야 했고, 그 과정에서 형이상학적 사변에 빠져들었다. 생명충동과 죽음충동에 이르는 그 모험에 찬 여정의 출발점은 그의 손자가 가지고 놀던 실패이다. 실패를 끈에 묶어 멀리 던졌다가 가까운 쪽으로 다시 당기는 실패놀이, 프로이트는 그것을 '포르트–다(fort-da)' 놀이라 불렀다. 엄마가 눈앞에서 사라졌다 다시 나타나는 상황을 연출하는 이 놀이의 핵심은 내용이 아니라 형식에 있다. 서로 반대 짝을 이루는 두 사태가 꼬리를 물며 이어지고 반복되는 형식이, 그 안에 담기는 내용보다 더 중요하다. 가령 없음과 있음, 부정과 긍정, −와 +, 외면과 내면, 죽음과 생명 등 다양한 이항대립이 그 실패놀이가 연출하는 교대와 반복의 내용이 될 수 있다.

이 점에서 그 놀이는 도(道)에 대한 가장 오래된 언명과 이어진다. "한번 음하고 한번 양하는 것을 일컬어 도라 한다(一陰一陽之謂道)." 『주역(周

易)』「계사전(繫辭傳)」에 나오는 이 문장에서 역시 중요한 것은 '음이 무엇이고 양이 무엇을 가리키는가'라는 물음에 있는 것이 아니다. 그것은 대립적인 두 항을 하나로 묶어 서로 보완하게 만드는 무한한 반복이다. 도는 스스로 낳은 대립을 대대(待對)로 뒤바꾸는 반복의 형식이다. 도가 그런 무한한 반복의 형식임을 알리는 말, 그것이 계사, 곧 '끈에 대한 말'이다.

프로이트의 형이상학적 사변에서 '포르트-다' 놀이는 생명충동과 죽음충동이 대대적으로 반복하는 존재론적 유희로 발전해간다. 여기서 생명충동은 묶고 조이는 끈운동으로, 죽음충동은 풀리는 끈운동으로 묘사되고 있다. 이런 충동이론은 존재론적 성격을 지니는데, 살아 있건 죽어 있건 존재하는 모든 것을 이런 두 종류의 끈운동에서 생겨났다가 없어지는 것으로 이해하고 있기 때문이다. 그러므로 프로이트의 충동이론은 존재론적 끈에 대한 말, 곧 계사이다. 그것은 계사존재론 안에서 펼쳐지고 있다.

이런 영감에서 되돌아볼 때 베르그쏜의 형이상학도 역시 계사존재론이라 할 수 있다. 이 형이상학에서 기억이라는 우주론적 시간은 이질적인 것들이 공존하고 있는 잠재적 상태를 말하는데, 이 잠재적 시간은 수축과 이완을 되풀이하면서 정신과 물질을 낳는다. 수축을 통해 정신을, 이완을 통해 물질을 낳는 것이다. 그러나 프로이트든 베르그쏜이든 그들의 계사존재론은 존재론적 계사를 재전유하는 역사적 사례들로 간주되어야 할 것이다. 궁극의 존재론적 사태가 어떤 끈운동이라는 예감, 우리는 그 예감의 저편을 단정할 수 없다. 그러나 그 단정할 수 없는 사태가 묘하게 동서 존재론을 함께 엮어내는 실마리가 될 수 있다. 그 사태에서 예감되는 끈을 존재론적 계사라 이름한다면, 동서 존재론의 역사는 모두 그 계사를 재전유해온 역사인 것처럼 보인다. 어쩌면 오늘날 물리학 분야에서 상대성이론과 양자역학을 통합하려는 계획으로 출현한 초-끈이론도 이 재전유의 계보에 속하는지 모른다.

동아시아에서 「계사전」에 담긴 존재론적 직관은 노자의 천망(天網)과

이어져 있고, 여기서 구체화된 계사존재론은 나중에 『태극도설(太極圖說)』을 여는 첫 문장을 통해 새로운 규모의 이항대립을 얻는다. "무극이면서 태극이다(無極而太極)." 이후 동아시아 존재론은 이 문장에 대한 해석의 역사 안에서 펼쳐져왔다. 우리는 프로이트의 형이상학적 사변에서 이 해석의 역사를 이어갈 새로운 기회를 찾을 수 있을 것이다.

그러므로 무극은 무엇이고 태극은 무엇인가? 어떻게 그 둘은 반복적으로 서로를 기다리며 얽혀들어가는가? 태극, 그것은 안정된 질서를 낳고 보존하는 중심, 그 중심이 일으키는 발산과 수렴의 운동일 것이다. 무극, 그것은 그 발산과 수렴에 불균형을 초래는 탈중심화의 운동일 것이다. 그 두 운동이 서로 얽히면서 새끼줄처럼 이어지고 있다. 현대적으로 해석하자면, 그것은 두 종류의 개방성이 엮이는 과정이다. 태극적 개방성과 무극적 개방성, 아폴론적 개방성과 디오니소스적 개방성, 형식적 개방성과 질료적 개방성, 그리고 논리적 개방성과 시적 개방성이 서로 접촉하고 보완하는 사태인 것이다.

이것이 니체적 영감 안에서 재해석한 프로이트의 형이상학이자, 이 형이상학을 통해서 풀어본 동아시아의 계사존재론이다. 그렇다면 서양의 계사존재론은 어디에서부터, 그리고 어떻게 이어져왔는가? 그것은 주로 논리적 계사(copula)에 대한 주석의 역사 안에서 전개되어왔다. 서양인은 명제를 주어와 술어의 결합으로 보고, '이다/있다'를 양자를 결합하는 끈으로 간주한다. 이런 논리적 계사에 대한 최초의 성찰은 플라톤의 『소피스트』에서 엿보인다. 그러나 여기서 논리적 계사는 존재론적 함축을 지니고 있으며, '이다'는 '있다'와 구분되지 않는다. 동아시아 존재론이 태극을 이(理)로 보느냐 기(氣)로 보느냐 하는 논쟁에 휩싸였던 것처럼, 서양 존재론은 '이다'와 '있다'를 묶어놓느냐 풀어놓느냐 하는 문제로 계속 시끄러웠다.

플라톤이 논리−존재론적 계사를 생각한 것은 사고의 최고 범주들을 '두루 묶는 끈'을 찾으려는 의도에서이고, 그가 그 끈으로서 찾은 것은 '∼

이 아님'(me on)이라는 범주이다. 모든 범주들이 서로 얽히거나 따로 떨어지는 것은 그것들 자신에 의한 것이 아니라 그것들 각각에 차이의 범주가 개입하기 때문이라는 것이다. 종합과 분리를 동시에 수행하는 차이와 무(無)에 대해 말하고 있는 것인데, 서양에서 이 점을 적극적으로 계승하기 시작한 것은 겨우 헤겔에 이르러서이다. 헤겔의 독창성은 플라톤의 대화편에서 처음 모습을 드러낸 존재론적 계사를 재전유한 데 있다. 하지만 헤겔에 대립하는 전통이 있으며, 여기서는 논리적 계사('이다')를 존재론적 계사('있다')와 분리시킨다. 따라서 존재론적 계사는 합리적 언어의 저편으로 떨어져나간다. 이것의 결과는 칸트와 비트겐슈타인에게서 볼 수 있는 침묵, 존재의 신비에 대한 침묵이다.

헤겔은 그런 분리와 침묵을 비판하고 논리적 계사와 존재론적 계사를 다시 하나로 묶는다. 그리고 계사적 리듬을 때로는 사물의 중심에, 때로는 사회의 중심에 있는 생명 자체로 본다. 하지만 서양사상사에서 존재론적 계사를 재전유하는 가장 빼어난 사례는 헤겔 이후의 맑스와 구조주의 이후의 데리다일 것이다. 맑스는 사회적 관계의 기원에 있는 계사를 찾았고, 그의 이데올로기론과 자본론은 모두 그런 탐구의 결과이다. 하지만 그의 정치경제학은 실재와 가상을 하나의 천으로 직조하는 복잡한 계사존재론으로 심화되고 있다. 데리다는 독특한 텍스트존재론의 관점에서 구조주의에 의해 불충분하게 사유된 존재론적 계사를 재전유하고 있지만, 정보화사회의 일상적 체험을 통해서 자신의 계사존재론을 구체적으로 개진하는 면모를 보여주고 있다.

동서 사상사는 존재론적 계사를 재전유해온 다양한 시도의 역사로 바라보아야 한다는 이런 가설은 이 책의 「존재에 대하여」라는 장에서, 맑스와 데리다의 계사존재론은 그 장의 전후에 배치된 「사회에 대하여」와 「원격통신과 유령적 효과」에서 각각 다루어보았다. 하지만 나는 주체, 언어, 상징, 구조, 개방성, 테크놀러지, 근대성 등과 같은 중요한 개념들에서도 계사존재론의 실마리들을 찾아보려고 했다.

이런 탐색의 길은 근대적 주체에 대한 프로이트적 전복을 첫번째 이정표로 하고, 다시 라깡의 주체이론을 지나 라깡과 데리다 사이의 논쟁적 상황에 이른다. '학문의 왕' 자리를 놓고 철학과 심리학이 벌이는 오래된 싸움이 있어왔지만, 이 논쟁은 이론적 성찰이 도달할 수 있는 가장 높은 수준에서 현대사상사의 첨예한 쟁점들을 되살리고 있다. 문제는 그만큼 따라가기 어려울 수 있다는 것인데, 현대 프랑스철학에 익숙하지 못한 독자는 「구조주의와 개방성의 기원」 등과 같이 구조주의 전후의 사상사를 소개하는 쉬운 글부터 읽는다면 도움이 될 것이다. 대체로 '~에 대하여'라는 형식의 제목이 붙은 글들은 초심자들을 염두에 두고 개괄적 시각에서 집필한 것이므로 읽는 순서를 정할 때 참고하기 바란다.

이 책을 준비하는 과정에서 가장 마음에 걸렸던 것은 가족에게 준 큰 부담이었다. 이번 여름방학에도 어린 두 아들은 아비와 놀지 못했고 처와 부모님들은 쉴 겨를이 없었다. 위안이 되길 바라며 이 책을 나보다 힘든 시간을 보낸 가족에게 바친다. 끝으로 출간을 맡아 고생한 창작과비평사 출판팀 여러분께 감사드린다.

2002년 10월 10일
김상환

차례

제1부
철학과 정신분석

1. 주체에 대하여

　중세의 서양인은 문화적 역량을 성당을 짓는 데 쏟아부었다. 성당은 하늘로 높이 솟기 시작했고, 거기서 고딕이라는 건축양식이 나왔다. 성당은 신적인 것을 기록하는 고딕문자였다. 근대의 고딕문자, 신적인 것을 기록하는 문자는 주체이론이다. 주체이론이 중세의 건축술을 대신하는 근대의 관념적 건축술로 자리잡게 되었다. 중세인이 신전의 건축을 통해서 그런 것처럼, 근대인은 주체이론을 통해서 세계의 질서를 설계하고 재현했다.

1. 근대적 주체에서 계사로

　이런 전환이 일어나는 지점은 데까르뜨이다. 중세인에게 이 세계를 하나로 엮어주는 끈이 신의 손에 달려 있었다면, 데까르뜨 이후 그 끈은 주체에게 돌아갔다. 주체가 이 세계의 하나됨을 정초하는 근거가 된 것이다. 이런 주체는 청년 데까르뜨의 다음과 같은 기록 안에서 탄생했다. "[예전의 철학자들은] 학문들을 대상의 상이성에 따라 서로 나누어놓았다. 그리고 학문을 할 때는 학문 전체를 고려함 없이 각각의 학문을 개별적으로 추구해야 한다고 믿었다. 이 점에서 그들은 분명히 틀렸다. 왜냐하면 학문적 지식 전체는 인간적 지혜(sapientia)에 불과하며, 이 지혜는 그토록 다양한 대상에 적용된다 하더라도 언제나 단일하고 동일한 것으로 남아 있기 때문이다. 마치 자신이 비추는 대상이 달라짐에 따라 태양의 빛이 달라지는 것이 아닌 것처럼, 지혜는 대상의 차이에 의해서 변화를 겪는 것이 아니다. 그러므로 정신에 어떤 한계를 부과할 필요가 없다"
(Descartes 1986, 360면. [ ]는 인용자).

어떤 한계를 부과할 필요가 없는가? 그것은 대상들간의 차이, 더 정확히 말해서 유적(類的) 차이에서 오는 한계이다. 중세인에게 자연에는 어떤 존재론적 질서가 내재해 있었고, 그 내재적 질서는 유적 차이에 따르는 위계적 질서였다. 정신은 대상과 관계할 때 그 질서의 핵심인 유적 차이에 의해서 제한을 받아야 했다. 마치 하프를 연주하는 손과 농사짓는 손이 달라야 하는 것처럼(이것은 데까르뜨 자신의 비유이다), 한 종류의 대상에 관계하는 정신은 다른 종류의 대상에 관계할 때와는 달라져야 한다. 종류가 달라지면서 대상은 서로 다른 자질과 방법을 요구하기 때문이다. 가령 생물을 탐구하는 정신과 수학을 탐구하는 정신은 서로 다른 자질을 발휘해야 하고 서로 다른 방법을 따라야 한다. 정신은 생물을 탐구하면서 동시에 수학을 탐구할 수 없다.

근대적 주체는 이런 제한이 풀리면서 탄생한다. 그런 제한이 풀리기 위해서는 먼저 사물들 사이의 유적 차이가 없어져야 했다. 일반적으로 말해서, 정신의 활동을 구속할 수 있는 모든 '자연적' 영역구분과 위계질서가 백지화되어야 했다. 그런 조건에서만 정신은 사물 일반에 대해서 자유롭게 관계할 수 있었다.

중세인에게 세계는 서로 다른 유적 범주로 묶이는 이질적 존재자들로 이루어져 있다. 하지만 근대인에게 세계는 단일한 유적 범주 안에 묶여 있다. 이것이 데까르뜨가 자연적 사물 일반을 '연장'(extensio)으로 정의할 때 일어나는 사상사적 혁명이다. 그것을 연장이라 하든 아니면 물질이라 하든, 자연은 이제 단일한 명칭으로 총괄할 수 있는 동질적 공간이다. 여기서는 사물들 사이에 신분적 위계가 없다. 외관상의 차이에도 불구하고, 사물들은 모두 동등하고 평등하다. 사물들은 때와 장소에 상관없이 언제나 같다. 자연은 무차별의 질서이고, 거기서 사물들은 모두 한목소리다. '나를 비추어주세요.'

그러나 누구에게 그렇게 속삭이는가? 그것은 자연의 하늘에 떠 있는 태양도, 종교의 하늘에 떠 있는 신도 아니다. 그것은 정신이다. 이제 정신은 사물의 세계에 빛을 가져오는 태양의 위치에 있다. 이것이 데까르뜨의 문장 속에 담긴 새로운 언명이다. 그 언명 이후 정신은 더이상 자연의 위성이 아니라 항성이다. 정신이 자연의 둘레를 도는 것이 아니라 자연이 정신의 둘레를 돌게 된다. 이제 정신은 무차별하게 대상과 관계한다. 자연의 살아있는 질서는 모두 정신의 빛에서 온다. 그 정신의 빛에 대해서 모든 사물은 하나이고, 따라서 모든 학문 역시 하나일 수밖에 없다. 자연을 하나되게 하는 정신은 무제한의 힘, 권력이다. 사물들을 하나로 엮는 정신의 손에는 한계가 없다. 그 손은 어떠한 제약도 없이 대상들을 조종할 수 있는 끈을 쥐고 있다.

여기서 정신이 그런 권력을 확보하기 위해 치러야 하는 댓가를 생각하지 않을 수 없다. 니체가 설명하는 십자가 사건의 의미를 생각하자. 그 설명에 따르면, 인간들 모두에게 죄의식과 양심의 가책을 불러일으키는 신의 목소리가 내면화되기 위해 먼저 신이 인간의 손에 죽어야 했고 이를 통해 어떤 탕감할 수 없는 채무관계를 확립해야 했다. 맑스에 따르면, 황금이 상품의 질서를 장악하는 일반적 등가물(화폐)의 위치에 오르기 위해서는 스스로 사용가치를 버려야 했다. 스스로 상품의 자격을 부정하는 조건에서만 황금은 상품 일반의 척도로서, 등가적 교환의 질서를 정초하는 형이상학적 실체로서 다시 태어날 수 있었다. 프로이트에게서도 마찬가지다. 아버지가 아들들의 세계에 입법자로 군림하기 위해서도 죽어야 한다. 이상적 인간으로서 아버지가 행사하는 권위는 부친살해 뒤에 따라오는 후회 속에서, 아들들의 애도 속에서 탄생한다. 초월적인 것은 모두 장례행렬 끝에서 성립하는 것이다.

데까르뜨의 방법적 이성이 형이상학적 자아로, 칸트의 초월론적 주체로, 그리고 다시 헤겔의 절대적 정신으로 이상화되는 과정에서도 동일한 것을 말할 수 있다. 그것은 인간이 신체성을, 정신이 질료성을 스스로 포기해가는 과정이다. 근대적 주체는 점점 더 자신의 자연적 조건을 제거해갔고, 이를 통해서 사물의 질서에서 벗어나고자 했다. 근대적 주체는 점점 더 자신을 추상화해갔고 선험화했다. 그것은 자연의 중력에서 벗어나기 위해서 자발적으로 자연적 중량을 해소해가는 과정, 곧 유령이 되어가는 과정이다.

그런 유령화를 댓가로 데까르뜨적 자아는 자연 위에 군림하는 입법적 지위에 올라설 수 있었고, 이 세계를 통일하는 권력을 차지할 수 있었다. 헤겔이 말하는 것처럼, 그런 권력의 정점에서 자아는 어떤 공허한 끈이 된다. "추상적 존재자인 이런 자아는 주체성으로서 동시에 상이한 여러 이름들을 지배하는 권력이고, 이 이름들의 계열을 자신 속에 고정하고 확고한 질서 속에 보존하는 공허한 '끈'(band)이다"(Hegel 1970, 436절 281면). 이름의 질서, 그리고 그것이 대신하는 사물의 질서는 자아라는 공허한 끈에 의해 형성되고 조종되는 어떤 그물을 닮았다. 세계가 어떤 집이라면, 그것은 어떤 거대한 거미집이다. 유령화된 자아의 모습은 끊임없이 실을 분비하는 거미를 닮았다. 세계는 거미 같은 자아의 실로 두루 묶인다. 자아는 이름과 이름을 묶는 끈(copula), 사물과 사물을 엮는 계사(繫絲)이다. 자아는 어떤 존재론적 계사(繫辭)이다(앞으로 '계사'는 많은 경우 繫絲와 繫辭를 동시에 의미한다).

이 계사 안에서 사물들은 질서를, 단일한 통일성을 얻는다. 그러나 그런 것을 얻기 위해서 무엇을 잃어야 하는가? 그것은 사물들이 '원래' 가지고 있던 유대 또는 종속 관계이다. 자연의 상태에서 사물들을 묶어주던 끈, 가령 유적 일반성을 잃어버려야 한다. 사물들은 자아의 계사 안에서 재편되기 위해서 기존의 관계망에서 벗어나 고립된 개체가 되어야 한다. 그런 조건에서만 자아의 계사적 권력은 대상 일반에 무차별하게 뻗어갈 수 있다. 이런 관점에서 보면, 계사로서의 자아는 두 가지 모습을 취한다. 자아는 사물들을 편성하던 자연적 연줄을 끊어내는 동시에 자신이 뽑아낸 실로 사물을 다시 엮어내는 권력이다. 자아가 어떤 '공허한 끈'이라면, 그 끈은 푸는 동시에 묶고 이완하는 동시에 수축하는 이중적 운동의 실마리다. 자아는 끊기와 잇기를 거듭하는 계사인 것이다.

2. 프로이트의 계사존재론

'근대적 주체는 어떤 존재론적 계사이다.' 이 명제가 말하고 있는 것은 단지 근대적 주체의 정체성만이 아니다. 이 명제는 근대적 사유가 주체를 통해 도달한 가장 근본적인 존재론적 사태를 표현하고 있다. 그것은 근대적 주체에 대한 언명이기 전에 존재 자체에 대한 언명이다. 이 명제의 진리는 여기서 찾아야 하며, 그 진리는 '존재는 계사'라는 등식에 있다.

우리는 나중에(이 책 4부 3장) 이 등식을 동서고금의 문헌을 통해 재확인하는 절차를 밟을 것이다. 여기서는 동서를 막론하고 존재론의 역사가 이 등식을 재전유해온 역사임에 주목하자. 근대 서양인은 계사로서의 존재를 주체를 통해 전유했다. 주체이론이 존재론을 대신했고, 주체가 계사를 대신했다. 현대사상사는 이런 근대적 전유가 한계에 부딪힐 때, 다시 말해서 그 존재론적 계사의 지위가 다른 것으로 돌아갈 때 시작한다.

이 점을 명확히 읽을 수 있는 것은 맑스의 문헌이다. 여기서 주체는 계사라기보다 그 계사에 의해 조종당하는 대상으로 전락한다. 이것이 맑스의 소외론이 시작되는 처음의 직관이다. 맑스에게 인간은 자본과 테크놀러지에 의해 조종되는 인형이다. 역사는 자본과 테크놀러지의 끈으로 연출되는 인형극이다. 자본은 인간의 자연적(봉건적) 유대관계와 연줄을 가차없이 절단하는 가운데 자신의 고유한 자기증식 논리에 따라 끊임없이 인간을 새롭게 결합하는 방식을 고안한다. 테크놀러지는 인간뿐 아니라 사물에 대해서도 그런 이중의 끈운동을 펼치고 있다. 자본주의시대, 테크놀러지시대는 자본과 기술이 존재론적 계사의 지위에 머무는 시대이다. 그 지위에 있던 근대적 주체는 이 시대에 끊임없이 사물화되고 있다.

그러나 이런 위기 앞에서 물어야 하는 것은 다시 주체를 그 계사의 지위에 되돌려놓을 가능성이 아니다. 정작 물어야 하는 것은 존재론적 계사의 의미, 계사로서 존재가 지니는 의미여야 할 것이다. '존재는 계사'라는 등식에 대한 충분한 이해가 있을 때만 그 안에 담긴 진리를 전유하는 여러가지 방식에 대해, 가령 자본주의와 테크놀러지문명에 대해, 혹은 그 이전의 근대적 주체이론에 대해 그 한계를 물을 수 있기 때문이다.

아마 근대적 주체에 관한 한 이 점을 프로이트보다 더 인상적으로 증거하는 사례는 없을 것이다. 근대적 주체의 특권적 지위를 의심할 수밖에 없도록 만든 것은 확실히 프로이트의 무의식이론이다. 하지만 이 무의식이론은 존재론적 계사에 부딪히는 지점에 이르러서야 완결국면에 접어들었다. 그 이론은 근대적 주체가 전유하던 계사를 자기 나름대로 재전유하는 과정에서 비로소 근대적 주체의 유래를 계보학적으로 기술할 수 있었고, 따라서 그 주체의 한계를 명확하게 서술할 수 있었다.

프로이트가 존재론적 계사에 대한 사변으로 빠져들게 된 것은 무의식을 지배하는 어떤 '악마적' 충동 때문이었다. 고통을 겪음에도 치료에 저항하는 환자, 스스로 파멸을 초래하는 무의식적 경향, 끔찍한 기억을 되풀이하는 반복강박, 가학증과 피학증, 문화 속에 꿈틀대는 파괴충동 등 합리적으로 설명할 수 없는 많은 현상들이 그런 사변들을 유도했다. 여기서 합리성의 기준은 쾌락원칙이다. 모든 심리적 현상을 조종하는 원리, 그것은 쾌락을 구하고 불쾌를 피하는 일반적 경향에 있다. 이것이 인간의 심리적 현상을 이론적으로 설명해주는 최고 원칙이다. 프로이트의 무의식 이론은 이 원칙을 넘어서는 듯한 극단적 현상들 앞에서 다시 재편될 수밖에 없었다.

이런 재편과정을 기록하고 있는 문헌은 『쾌락원칙을 넘어서』와 『자아와 이드』이다. 이 두 글에서 우리는 프로이트가 존재론적 계사를 재전유하는 가운데 자신의 심리학적 지도를 완성해가는 모습을 읽을 수 있다. 이 시기의 프로이트를 인도하는 가장 중요한 가설은 죽음충동(타나토스)과 생명충동(에로스)이다. 존재하는 모든 것은 이 두 충동에 의해서 지배되는 것이 아닌가? 모든 존재자는 이 두 충동이 일으키는 리듬 속에 존재하는 것이 아닌가?

이런 가설은 계사론적이다. 그 두 충동을 어떤 끈운동으로 정의하고 있기 때문이다. 프로이트는 이렇게 말한다. "죽음충동은 유기적 생명체를 무생물 상태로 되돌리는 과제를 맡고 있는 반면, 에로스는 입자로 흩어진 살아 있는 물체를 점점 더 광범위한 결합체로 묶는 가운데 생명을 복잡하게 만들고 또한 당연히 그 상태에서 보존하는 목적에 따라 움직인다"(Freud 1940a, 239면). 그러므로 생명충동은 묶고 조여서 어떤 복잡한 조직체를 형성하는 끈운동이고, 죽음충동은 그에 반하여 묶인 것을 풀어헤쳐서 질서가 없는 상태로 되돌리는 끈운동이다.

프로이트의 사색에서 이런 끈운동은 물질에서 처음 요동쳤다. 물질 안에서 우연하게 어떤 긴장과 조임의 상태가 발생했고, 다시 그 상태를 처음으로 되돌리는 과정이 이어졌다. 생명체가 태어난 것은 그런 조임과 풀림이 반복되는 과정에서 일어난 우발적 사건이다. 어떻게 엮이다 보니까 물질이 생명을 지닌 유기체로 변한 것이다. 물론 이렇게 태어난 최초의 생명체는 여전히 수축과 이완의 반복운동 안에 놓여 있었고, 따라서 다시 무기물로 돌아갔다.

그 복귀의 회로는 처음에 대단히 짧았다. 하지만 그것이 점점 더 복잡한 우회로가 되어서 생명체의 수명도 그만큼 길어졌다. 그것은 일단 외부의 환경이 변하기 때문이다. 그러나 이보다 프로이트가 더 강조하는 것은 "유기체는 오로지 그 자신의 방식대로 죽기를 원한다"(Freud 1940b, 41면)라는 사실이다. 유기체는 자신에게 고유한 죽음의 길이 아니라면 나서지 않는다. 유기체를 있게 한 엮임의 운동은 그 엮임의 과정을 거꾸로 되풀이할 수 있을 때만 풀림의 운동으로 바뀐다. 끈은 사물을 묶었던 방식으로만 다시 풀어내린다. 생명체가 쉽게 죽지 않는 것은 이 때문이다. 자신이 원하는 조건에서만 죽고자 하는 것이다. 그 조건이 주어지지 않았을 때 생명체는 계속 자신을 유지한다. 물론 그런 유지는 생명충동의 역할이다.

이런 관점에서 보면 생명충동은 궁극적으로 죽음충동에 봉사하는 '끄나풀'(Trabant)이다(Freud 1940b, 41면). 엮는 끈은 푸는 끈의 기회를 위해서 움직인다. 엮임은 언제나 풀림의 기회를 만들거나 풀림의 기회를 기다리는 예비적 끈운동인지 모른다. 그 예비적 끈운동에 의해 지배되는 생명충동은 푸는 끈이 낳는 죽음충동에 예속되어 있다. 죽음충동은 살아 있는 물질이 원래의 무기질 상태로 돌아가려는 보수적 충동이다. 생명을 유지하려는 생명충동의 보수성은 죽음충동의 보수성에 비해 하위의 사태이다. 생명은 죽음에 비해 우발적이고 예비적이며 하위적이다. 그럼에도 불구하고 생명체가 있는 것은 불가해한 끈 때문이다. 마냥 풀어지려는 끈, 풀어지기 위해서 먼저 엮고 묶고 조이는 끈, 조이는 방식을 되돌려서 원래의 상태로 복귀하려는 그 끈의 반복운동 때문인 것이다.

이것이 프로이트가 재전유한 계사존재론이다. 이런 계사존재론은 『주역(周易)』 「계사전(繫辭傳)」의 존재론과 어떻게 이어질 수 있을까? 이 두 존재론은 '존재는 계사'임을 말하고 있고, 그러므로 유추가 가능하다. 이

유추의 작업은 당연히 풀림과 조임의 끈운동을 번역하는 문제로 귀착한다. 이 옮김을 위해서 우리는 「태극도설(太極圖說)」의 첫 문장 "無極而太極"(무극이면서 태극이다)을 이렇게 바꿀 수 있다. "풀어지면서 조여진다." 또는 "풀리기 위해서 조여진다." 즉 무극은 어떠한 중심도, 어떠한 질서도 없는 상태, 또는 그 상태로 돌아가려는 끈운동이다. 반면 태극은 묶고 조여서 어떤 중심을 둘러싼 유기적 질서를 형성하는 끈운동이다. 이 끈운동은 한번 조여서 음(陰)과 양(陽)을, 다시 조여서 오행(五行)을 낳는다. 한번 움직여서 두 극을, 다시 움직여서 다섯 극을 만들며, 다시 계속 움직여서 살아 있는 사물들을 낳는다. 그러나 이런 태극의 수축운동은 무극의 자기운동이다. 그것은 어떤 길고 긴 우회의 여정 속에 놓인 무극의 자기복귀 운동이다. 우주의 역사는 이 복귀운동 속에서 전개되는 태극의 다극화 과정이다.[1]

3. 근대적 주체의 불안

이런 유추적 번역과 해석이 유도하는 광대한 사색의 여정은 이미 숨을 가쁘게 만든다. 우리는 그 길이 어디에 이를지 아직 모른다. 다만 그것이 어떤 길임을 확신하고, 이미 열린 길을 더 열기 위해서 이러저러한 예비적 행보를 거듭할 뿐이다. 이 책 전체의 의미도 여기에 있을 것이다. 그러므로 여기서는 프로이트의 계사존재론에 좀더 머물면서 또다른 기회를 기다리도록 하자.

프로이트는 죽음충동을 통해 실현되는 끈운동을 에너지 현상과 이어놓는다. 즉 풀리는 끈운동은 '묶이지 않은 에너지', 고정되어 있지 않고 유동

---

1) 이런 사색을 좀더 풍부하게 끌고 가기 위해서 김상환(2000) 「詩와 時」, 『풍자와 해탈 혹은 사랑과 죽음: 김수영론』, 서울: 민음사 참조.

하는 에너지로 현상한다. 반면 묶는 끈운동은 '묶인 에너지', 고정되고 안
정된 에너지를 낳는다. 인간의 심리를 지배하는 쾌·불쾌의 감정은 각각
이 두 종류의 에너지에서 발생한다. 불쾌, 그것은 묶이지 않은 흥분량에서
온다. 그 흥분량이 고정되고 감소하면, 거기서 쾌감이 생긴다. 그러므로
쾌를 구한다는 것은 묶이지 않은 채 방치된 심리적 에너지를 묶어서 그것
이 야기하던 긴장을 해소하는 것과 같다. 생명충동을 따르는 인간의 심리
적 삶은 그런 긴장해소의 경향에 의해 지배되고 있다. 이것이 프로이트가
말하는 쾌락원칙이다. 그러나 쾌를 구하고 불쾌를 피한다는 이 초보적 심
리법칙은 존재론적 계사의 명령을 따를 뿐이다. 생명과 죽음이 수축과 이
완의 끈운동에서 발생하는 하위 현상인 것처럼, 생명충동에 봉사하는 쾌
락원칙도 여전히 동일한 끈운동의 연장이다. 쾌락원칙은 존재론적 계사
를 대신해서 유동하는 심리적 에너지를 묶는 역할을 맡고 있다.

　프로이트는 충동을 지배하는 경향을 1차 과정이라고 부른다. 이 과정의
기본적 특징은 이완과 풀림에 있다. 쾌락원칙을 따르는 한에서 정신적 삶
은 1차 과정을 2차 과정으로 대체하는 것, 그래서 자유분방한 심리적 에
너지를 고정된 에너지로 바꾸는 것을 목표로 한다. 거기서 쾌가 발생하
기 때문이다. 그러나 쾌락원칙이 생명충동을 위해 흥분량을 가능하면 낮
은 수준으로 유지하려 하면 할수록 역설이 일어난다. 그런 노력의 마지
막 귀결이 흥분량의 제로상태라면, 그 상태는 죽음충동의 목표이기 때문
이다.

　이런 역설은 계속 일어난다. 가령 성적 흥분과 배설에서 묶기의 역할은
배설의 쾌감을 위한 예비적 기능에 있다. 나아가 이런 경우에서 쾌·불쾌
가 "묶였거나 묶이지 않은 자극과정 양쪽에서 똑같이 발생할" 가능성을
생각할 수 있다. 게다가 일반적으로 "묶이지 않은 1차 과정이 묶이지 않은
2차 과정보다 쾌·불쾌의 두 방향으로 훨씬 더 강한 감정을 유발한다"는
것도 인정하지 않을 수 없는 사실이며, 1차 과정이 "시간적으로 선행"한

다는 것도 사실이다. "그래서 만일 쾌락원칙이 1차 과정 안에서 이미 작동하고 있지 않다면, 그것은 2차 과정에 대해서도 확립될 수 없을 것이다" (Freud 1940b, 68면).

그러므로 끈운동은 도무지 이론적으로 통제할 수 없는 것처럼 보인다. 합리적으로 묶을 수 없는 끈. 끈은 프로이트의 손아귀를 이리저리 빠져나간다. 묶는 것이 즐거운 것인지 푸는 것이 즐거운 것인지 불분명해진다. 1차 과정이 쾌락원칙의 묶기를 앞서는 것인지 아니면 그 반대인지도 불확실해진다. 끈운동을 따라가던 프로이트의 사변적 추론은 결국 엉키게 된다. 이 복잡하게 엉켜가는 실타래를 어떻게 풀 것인가? 그러나 그 엉킴이 프로이트가 쫓던 끈운동의 실상인지 모른다. 프로이트를 당황하게 만드는 그 엉킴 속에서 존재론적 계사의 진면목이 드러나고 있는지 모른다. 이완과 수축, 풀기와 엮기는 두 개의 끈으로 분리되어 있는 운동이 아닐 것이다. 오히려 하나의 끈에 의해 일어나는 상호 보완적이고 대리적인 운동일 것이다. 프로이트의 추론이 엉킨다면, 그것은 그 사변이 재전유하고 있는 존재론적 계사가 스스로 엉켜가기 때문일 것이다.

프로이트 역시 이 점을 점차 인정하고 수용해간다. 그 엉킴을 어떤 '자연적' 상태로 전제하기에 이르는 것이다. 그리고 그런 전제 아래에서만 가학증과 피학증을 '합리적으로' 설명할 수 있는 여유를 되찾을 수 있었다. 그 설명에 따르면, 자연적 상태에서 모든 것은 얽혀 있다. 1차 과정과 2차 과정, 쾌와 불쾌, 생명충동과 죽음충동은 새끼줄처럼 서로 꼬여 있다. 서로 섞여 있고 융합되어 있는 것이다. 그렇게 함께 있는 것을 따로 떼어놓는 일은 자연적 상태를 왜곡하는 것이고, 따라서 보복이 일어난다. 끈의 보복. 끈은 가학증과 피학증을 일으키는 채찍으로 변한다.

생명충동과 죽음충동이 서로 섞여 있는 자연적 상태에서 죽음충동은 생명충동에 의해 억제되고 중화된다. 그러나 그 두 충동이 따로 떨어지면 죽음충동이 독자적으로 활동하게 되고, 여기서 공격성과 파괴취미가 돌출하게 된다. 이것이 가학증과 피학증의 기원이다. 하지만 프로이트는 이런 충동의 분열을 불가피한 것으로 본다. 왜 불가피한가? 그것은 근대적 주체를 닮은 자아가 있기 위해서 불가피하다. 그 자아는 자연적 주체가 아니라 어떤 승화된 에너지, 탈성화(脫性化)된 에너지의 주체이기 때문이다. 그런데 에로스의 성적 에너지가 승화되고 탈성화되면서 그것이 죽음충동을 중화시키는 능력을 잃어버리고, 여기서 충동의 분열이 일어난다. 충동의 분열은 생명충동을 이루는 성적 에너지가 더이상 성적 목적을 위해서 봉사하지 않는 에너지로 형질을 바꾸게 됨에 따라 일어나는 현상이다.

여기서 근대적 주체를 비판적으로 재연역하는 프로이트의 계보학적 시각이 번득인다. 우리는 앞에서 '근대적 주체는 어떤 존재론적 계사'라는 명제에 도달했다. 주체는 계사적 권력이다. 프로이트의 계보학적 재연역에 따르면, 근대적 주체의 계사적 권력은 모두 생명충동, 즉 에로스에서 나온다. 자아는 에로스를 승화하고 탈성화시켜서 생기는 어떤 '치환 가능한 중립적 에너지'에서 그런 계사적 권력을 얻는다. "왜냐하면 그것이 자아의 특징인 (⋯) 통일성을 확립하는 데 도움을 주기 때문이며, 그런 한에서 그 승화된 에너지가 '결합하고 묶는다는 에로스의 주된 목적'을 여전히 간직하고 있기 때문이다"(Freud 1940a, 274면). 결합하고 묶는 힘은 원래 에로스에 있다. 자아는 에로스에서 그 힘을 탈취하여 자기 자신을 하나로 묶고 세계를 하나로 엮는다.

근대적 주체이론에서 자아는 세계의 통일성을 정립하는 토대론적 원리다. 자아는 그 어떤 존재자보다 탁월하게 자기동일적이다. 그 동일성은 논리학적 동일성보다 앞설 만큼 선험적이고 절대적이다. 논리적 동일성 (A=A)은 자아의 초월론적 동일성(Ich=Ich)에서 파생된다는 것이 독일 관념론자들의 주장이다. 그러나 자아의 그런 초월론적 동일성은 어떤 자리를 바꾼 동일성, 빌려온 동일성이다. 이것이 프로이트의 주장이다. 프로이트는 근대적 주체의 계사적 권력이 주체에 고유한 힘이 아니라 성적 에너지에서 차용된 힘에 불과함을 말한다. 그 차용의 과정이 승화이다. 그 권력이 참칭된 권력임을 선언할 수 있는 근거는 여기에 있다. 근대적 주체는 존재론적 계사의 위치를 독점했으나, 그것은 불법적 전유로 그친 것이다.

프로이트가 이런 비판적 관점에 올라설 수 있었던 것은 자기 나름의 방식으로 존재론적 계사를 재전유할 수 있었기 때문이다. 이런 비판적 관점에서 근대적 주체는 이중적 의미의 병리적 상태에 빠져 있다.

먼저 근대적 주체는 나르씨시즘에 젖어 있다는 점에서 병리적이다. 근대적 주체의 유래가 성적 에너지의 승화에 있다면, 그 승화가 있기 위해서는 먼저 대상으로 향하던 성적 에너지가 자기애적 리비도로 변형되어야 한다. 자기 자신으로 향하는 성적 에너지가 충분히 모인 다음에야 승화가 가능하기 때문에 그런 전환이 앞서야 하는 것이다. 그런데 그런 전환이 "승화에 이르는 보편적인 길"이며, 그래서 "모든 승화는 자아를 매개로 발생한다"(Freud 1940a, 258면). 따라서 근대적 주체가 있고 나중에 나르키소스적 주체가 있는 것이 아니다. 근대적 주체는 처음부터 나르키소스적 주체의 아들일 뿐이다.[2]

다른 한편 근대적 주체는 본성상 파괴적이고 공격적이라는 의미에서 병리적이다. 왜냐하면 근대적 주체의 유래가 자기애적 에너지의 승화에 있다면, 그 승화는 죽음충동의 공격성을 중화하는 에로스의 성적 에너지를 고갈시키기 때문이다. 따라서 자아는 정체성이 커지고 계사적 권력이 강해질수록 날로 파괴적인 성향을 띠어가게 된다. 승화——우리는 앞에서 이것을 유령화라는 말로 표현했다——를 통해서 초월론적 차원으로 도약하는 근대적 주체가 배타적일 수밖에 없는 이유는 여기에 있다. 여기서 자신의 입법적 권위와 규칙에 어긋나는 타자를 공격하면서 쾌감을 느끼는

---

2) 근대적 주체만이 아니라 서양적 주체 일반은 근본적으로 나르키소스적인지 모른다. 이에 대하여 김상봉(2002) 『나르시스의 꿈: 서양정신의 극복을 위한 연습』, 서울: 한길사 참조.

가학증적 증세까지 예상된다. 그러나 근대적 주체는 가학적일 뿐 아니라 피학적일 수 있다. 주체 안에 준동하는 죽음충동의 파괴력이 주체 자신으로 향할 수 있기 때문이다. 승화는 "자아이상(自我理想)이 강제적 의무에서 볼 수 있는 가혹하고 잔인한 성격을 취하게 되는"(Freud 1940a, 285면) 최초의 원인이고, 자아가 초자아로부터 치명적 학대를 받을 수 있는 가능성을 낳는다.

4. 근대적 주체의 계보학적 기원

프로이트는 주체의 이런 피학적 자기학대 가능성에서 도덕적 규범의 원천을 본다. 후에 라깡이 칸트와 싸드를 한자리에 놓는 이유는 여기에 있다. 양심의 가책, 죄의식, 칸트의 정언명법(Kategorische Imperativ)으로 대변되는 도덕적 원칙 등이 주체의 그런 내향적 공격성에서 발생한다는 것이다. 이런 관점에서 근대적 주체에 대한 프로이트의 비판적 함축을 끌어낸다면, 그 주체는 어떤 치명적 폭력에 마주선 방어적 주체이다. 단지 자신의 내부에서 오는 폭력에 대해서만 그런 것이 아니다. 주체는 외부세계에 대해서도 여전히 방어적이고 반응적이다. 주체가 자신의 안과 밖에 대해 맺는 모든 관계는 그 근본에 있어 능동적이라기보다 반동적이다. 가령 칸트가 말하는 의식의 선험적 형식은 어떤 방어 메커니즘이다.

이런 시각이 잘 드러나는 것은 『쾌락원칙을 넘어서』 4절이다. 여기서 프로이트는 의식의 생물학적 기원과 유래를 가장 단순한 형태의 유기체에 해당하는 미분화된 소포(小胞)를 가지고 설명한다.

이 소포는 강력한 에너지로 넘실대는 외부세계의 한가운데 매달려 있다. 그 에너지는 소포가 생명을 유지할 수 있는 자양분이지만, 그것이 초래할 강력한 자극은 소포를 파괴할 수도 있다. 그러므로 여기서 "살아 있는 유기체에 대하여 자극의 수용보다 훨씬 중요한 것은 자극에 대한 방어"(Freud 1940b, 27면)라는 일반적 명제를 끌어낼 수 있다. 이 방어를 위해서 소포가 갖추어야 하는 것은 어떤 '방패'이다. 소포는 자신의 일부를 죽여서 그런 방패를 만드는데, 그것이 외피다. 외부의 자극을 수용하는 동시에 방어하는 이 표면의 외피는 진화과정을 거쳐 감각기관으로 발전한다. 그리고 이 감각기관이 다시 진화하여 의식체계가 성립한다.

프로이트는 칸트의 인식론적 주체를 이런 계보학적 시각에서 재해석한다. 칸트가 말하는 주체의 본성은 능동적 의식에 있다. 의식은 선험적으로 갖추어진 형식을 통해 대상을 적극적으로 구성한다. 그러나 프로이트의 관점에서 그 형식은 소포의 표면분화에서 유래하고, 그것의 기능은 능동적 구성에 있다기보다는 오히려 수동적 방어에 있다. 그러나 방어한다는 것은 무엇인가? 그것은 왜곡하거나 지연한다는 것을, 자신에게 유리한 것을 취사선택한다는 것을 말한다. 방어는 변형이자 기만이다. 의식의 선험적 형식은 소포의 외피처럼 외부의 에너지와 자극을 왜곡하고 변형하는 틀, 수용하되 지연하는 보호틀이다.

가령 무의식에는 시간적 질서도 없고, 어떤 부정이나 의심 또는 확신의 등급도 없다(Freud 1946, 286면). 거기에는 인과적 질서도 논리적 질서도 없다. 시공간적 질서, 인과적 질서 그리고 논리적 질서는 방어적 취사선택의 틀인 의식에 의해 조작된 기만적 질서이다(Freud 1940b, 27~28면). 외피는 소포의 안과 밖 사이, 그 경계에 위치한다. 마찬가지로 의식의 위상학적 위치는 주체가 외부세계와 대치하는 맨 바깥이다. 시공간적 질서, 인과적 질서 그리고 논리적 질서는 그 경계에서 일어나는 에너지 수용과 방어의 과정, 즉 지각의 산물이다. 따라서 지각은 외부세계를 있는 그대로 반영하거나 재현하는 과정이 아니다. 그것은 인간이라는 생명체가 자신의 생명을 보존하기 위해 외부의 힘을 지연하고 왜곡하면서 받아들이는 방어적 과정이다.

근대적 주체에 대한 이런 계보학적 비판은 프로이트적이라기보다는 니체적이다. 니체 또한 일찍부터 지각과 의식의 활동을 아메바의 동화작용과 같은 것으로 본다. 그리고 기존의 철학이 주장하는 "진리는 그것이 없다면 특정한 종류의 생명체가 생존할 수 없는 일종의 오류"로, 따라서 형이상학적 질서를 "'우리의' 보존조건들을 '존재의 술어들' 일반으로 투사한" 결과로 풀이한다(Nietzsche 1964, 493, 501, 510항). 이런 니체-프로이트의 계보학에서 어떤 상대주의나 허무주의를 보는 것은 '반동적' 해석에 불과하다. 현대철학의 첨단은 이 계보학에서 새로운 주제를 찾는 '능동적' 해석에서 출발한다.

데리다의 글쓰기(écriture) 혹은 기록(inscription)은 그런 적극적 해석을 배후로 하고 있는 개념이다. 이 해석이 니체-프로이트의 계보학에서 끌어내는 새로운 주제는 개방성의 기원에 있다. 그것이 체계이든 구조이든, 어떤 질서잡힌 공간이 처음 열리는 사건은 어떻게 가능한가? 이것이 문제이다.

프로이트의 계보학에서 그 사건은 소포의 외피에서, 생명체의 안과 밖을 가르는 경계에서 일어난다. 그 경계에서 일어나는 것은 두 힘의 상호접촉이다. 그 접촉은 경계의 안쪽으로 침입하는 무질서하고 파괴적인 힘, 그리고 그 힘을 받아들이되 자신을 지키기 위해서 왜곡하고 변형하는 반대 힘 사이의 충돌과 교환이다. 경계에서 일어난다는 의미에서 이 힘의 교환은 '접경적 경제'라 부를 수 있다. 그 힘은 서로에 대해서 파괴적이고 변형을 가져오므로 모두 폭력이라 할 수 있다(하나가 폭력이라면, 다른 하나는 반-폭력이다). 어떤 질서를 열어놓는 개방성은 이 접경적 경제를 통한 폭력의 교환에 있다.

데리다는 그런 접경적 경제를 기록이라 했다(Derrida 1967, 18면 등). 이때 기록이란 말할 수 없는 것과 있는 것, 문법적 질서를 벗어나는 것과 벗어나지 않는 것 사이에서 일어나는 사건이다. 그 사건을 통해서 기존의 문법적 질서는 충격을 받고 어떤 새로운 변형의 가능성을 수태한다. 어떤 야생적이고 광적인 에너지를 수용하기 때문이다. 그러나 그 에너지는 문법적 질서 안으로 기입되기 위해서 지연되고 왜곡되며 훼손되어야 한다. 그리고 마침내 흔적만 남기고 소멸해야 한다. 그 힘은 소멸하면서 기존의 질서와 다른 질서를 불러들인다. 기존에는 생각할 수 없었던 관점을, 새로운 지평을 열어놓는다. 그것이 진정한 의미의 시적 글쓰기, 작시(作詩)다.

이 작시는 존재론적 사건에 대한 이름일 수 있다. 사물의 질서가 처음 열리는 사건, 체계적 질서가 처음 그 구도와 원근을 획득하는 사건을 작시라 할 수 있고 창조적 글쓰기라 할 수 있다. 그것이 자연적 공간이든 역사적 공간이든, 세계는 그러므로 끊임없이 자신을 새로 쓰고 다시 기록하고 있다. 역사는 개방성을 거듭 열고 닫는 그런 재기록의 과정이다. 이것이 니체-프로이트의 계보학에서 끌어낼 수 있는 역사-존재론적 함축이다.

구조주의는 이런 역사-존재론적 함축이 만개함에 따라 쇠퇴해갔다(이 책 3부 3장 참조). 니체, 프로이트, 맑스를 가장 많이 읽고 동시에 읽던 시대, 그래서 이들의 영향력이 어떤 상승효과를 일으키던 시대는 구조주의 시대였을 것이다. 그러나 이 시대에 등장한 이 3인의 사상가는 이 시대를 넘어서는 행보를 재촉했다. 왜냐하면 이들은 구조적 질서가 어떤 방어적 질서에 불과하다는 사실을 가리키고 있기 때문이다.

니체, 프로이트, 맑스는 구조적 질서가 어떤 접경적 경제의 임시적 결과에 불과하다는 사실을 말한다. 하지만 구조주의는 구조를 역사적으로 개방하는 그 경제적 사건을 고려하지 않는다. 나아가 구조적 질서를 항시적이고 공시적인 질서로 본 나머지 그 질서를 개방하는 차원, 곧 힘의 차원을 무시한다. 그 힘의 차원에서 바라볼 때, 그리고 그 힘이 구조적 질서를 열어놓는 접경적 사건에서 생각할 때, 구조는 더이상 어떤 영구적 체계일 수 없다. 다만 부단히 변형되는 가운데 임시적 안정성을 띠는 기조(氣造, stricture), 접경적 경제에 따라 느슨해졌다 조여졌다 하는 기조일 뿐이다.

탈구조주의는 구조가 기조로서 끈운동을 시작하는 지점에서 출범한다. 탈구조주의는 기조를 통해 존재론적 계사를 재전유하는 사조이다.

5. 프로이트에서 라깡으로

이런 사상사적 변동과정에서 프로이트의 무의식이론은 라깡에 의해서 부단히 재편되어갔다. 이 과정에서 한 가지 주목할 만한 것은 데까르뜨적 주체에 대한 태도이다. 우리는 다음 장에서 데까르뜨적 주체가 이미 프로이트적 주체임을 확신하는 라깡의 언명을 따라갈 것이다. 그러나 청년 라깡은 그 두 주체가 배타적 관계에 있다고 믿었다. 그것이 라깡을 처음으로 유명하게 만든 거울단계이론의 결론이다.

라깡이 말하는 거울단계에서 무의식적 주체는 자아가 아니다. 자아가 있는 곳, 그곳에서 진정한 주체를 찾으면 안된다는 것이 그 이론의 핵심적 전언이다. 이때 거울단계란 상상계를 의미한다. 상상계, 그것은 오인과 착각의 세계, 기만과 가상의 주관적 세계이다. 이 가상의 세계로 들어가는 입구는 거울이다. 아직 자신의 사지를 통제하지 못하는 어린아이, 아직 통합된 신체를 가지지 못한 유아는 거울에 비친 자신의 모습에 매료된다. 자족적이고 통일된 자아상이 거기 있기 때문이다. 거울에 투사된 영상은 허상이되 이상적이다. 그것이 허상인 것은 실제의 주체가 그대로 반영된 영상이 아니기 때문이다. 그 영상은 현실적으로 존재하는 결함들을 감추고 있고, 이 점에서 그것은 이상적 자아상이다. 어린아이는 그 상상의 이상형을 자신과 동일시한다. 자아는 거울상이라는 동일시의 모델에서 성립한다.

상상적 동일시에 머물러 있는 주체는 전적인 자기애, 나르씨시즘에 빠져 있다. 이 자기폐쇄적 주체는 분명 병리적이다. 그러나 문제는 그런 가상적 자아상 없이 진정한 주체가 형성될 수 없다는 데 있다. 진정한 주체는 언어의 세계에 위치한 주체이다. 주체는 상징계에 존재한다. 하지만 어떤 이상적 자아상을 찾을 수 있다는 확신이 없다면 인간은 상징계로 외출하지 않는다. 인간은 자신의 허상을 쫓아 언어의 세계로 들어간다. 그러므로 가상적 자아상에 머물러 있는 주체가 병리적인 것처럼, 가상적 자아상에 이르지 못한 주체도 병리적이다. 진정한 주체는 주체의 허상이 있는 장소를 통과한 이후에야, 그러나 그곳에 대한 부재증명을 통해서만 자신의 존재를 증명한다. 왜냐하면 무의식적 주체는 직접적이고 실증적으로 자신의 정체를 파악할 수 없기 때문이다. 주체의 알리바이는 상상적 거울 속에 투사된 가상적 자아에 있다.

이런 거울단계이론과 이에 기초한 상상적 동일시이론은 기존의 정신분석은 물론 데까르뜨 이래의 철학적 주체이론 모두에 대하여 비판적 관점을 구성한다.

먼저 정신분석 안에서 그 이론이 겨냥하는 비판의 대상은 미국에서 주류를 이루던 자아심리학이다. 자아심리학은 자아를 이드와 초자아의 상반된 요구 사이에서 끊임없이 균형을 잡아가는 중간자로 간주한다. 그리고 자아가 그 균형을 상실할 때 심리적 위기가 온다고 본다. 이런 관점에서 자아심리학은 치료의 목적을 자아의 기능과 역량을 강화하고, 이를 통해 자아의 사회적 적응을 돕는 데 둔다. 그러나 거울단계 이론에서 자아는 극복되어야 할 가상이다. 자아의 기능을 강화한다는 것은 주체를 자기폐쇄적인 상상적 질서 안으로 더욱 깊숙이 처박아놓는 결과에 이른다. 따라서 자아심리학은 프로이트에서 출발했지만 그의 무의식이론을 배반하고 있다. 프로이트는 잘못 계승되었고, 그러므로 다시 프로이트를 읽어야 한다. '프로이트로 돌아가자'라는 라깡의 구호는 이렇게 시작되었다.

라깡은 거울단계이론을 통해 프로이트로 복귀할 필요성을 자각하는 계기를 얻었지만, 또한 데까르뜨 이래의 철학적 주체이론을 되돌아볼 수 있는 관점을 획득했다. 그 이론은 "코기토에서 직접 유래하는 모든 철학에 반대하도록 유도하는 경험"(Lacan 1966, 93면)을 가리키고 있기 때문이다. 라깡에 의하면, 근대사상사를 통해서 등장하고 그 특권적 지위를 강화해온 철학적 주체는 자아심리학이 표상하는 자아 못지않게 오인과 기만에 빠져 있다. 자기현전적이고 단일한 주체, 자발적이고 자율적인 주체, 대상인식의 가능조건으로서 기능하는 자기의식은 상상적 투사에 불과하다. 코기토는 상상적 자아의 허위의식을 담고 있을 뿐이다. 그 상상적 코기토는 싸르트르의 실존주의적 자아상으로까지 이어진다(Lacan 1966, 99면). 하지만 정신분석은 데까르뜨 이래 실존주의에 이르는 주체이론 전체가 오인과 착각에 기반을 둔 허구, 극복되어야 할 미망임을 일깨운다(Lacan 1966, 809면).

그러나 거울단계를 중심으로 한 라깡의 주체이론은 전통적 코기토 철학에 대립하기만 하는 것은 아니다. 어쩌면 그 이론은 코기토 철학의 역사적 전개과정에서 충분히 자각되고 문제로서 제기된 어떤 패러독스와 만나고 있다. 그 패러독스는 자아의 자기인식(혹은 자기의식) 속에서 노정되는 분열, 봉합 불가능한 균열에 있다. 그것은 인식하는 자아와 인식되는 자아 사이의 균열이다. 이미 대상화된 주체는 대상화하는 주체, 순수한 자발적 주체가 아니다. 인식하는 주체는 인식되자마자 그곳에 존재하지 않는다. 말하는 주체는 말해지자마자 그곳에 있지 않다. 주체는 대상화 불가능하고 언표 불가능한 탈존(ex-istence)이다. 싸르트르는 주체의 이런 탈존성을 초월성(transcendance)이라 불렀다(Sartre 1981 참조).

이런 모순은 이미 피히테에 의해 코기토 철학이 극복해야 할 첫번째 난관으로 지목된 바 있으며, 셸링과 헤겔의 철학은 이런 난관을 극복해가는 과정으로 평가할 수 있다.[3] 따라서 라깡은 코기토 철학에 반대할 때, 자신

---

3) 지젝이 라깡의 무의식이론과 독일 관념론을 접목하는 최초의 지점은 여기에 있다. Žižek, Slavoj (1998) *Die Nacht der Welt: Psychoanalyse und Deutscher Idealismus*, Frankfurt am Main: S. Fischer, 서문과 서론 참조.

도 모르게 코기토 철학의 일부로 편입되고 있다. 상상적 자아와 무의식적 주체를 구분할 때, 그리고 이후 발화문의 주체와 발화행위의 주체를 구분할 때도 라깡은 코기토 철학의 전통을 이어가고 있다. 이 전통에서도 인식이나 언어를 통해 대상화할 수 있는 주체는 진정한 주체가 아니며, 그러나 그 대상화할 수 있는 주체가 진정한 주체의 유일한 알리바이다. 다음 장에서 상세히 다룰 것이지만, 라깡은 만년에 이르러 이러한 계승관계를 스스로 자각하고, 무의식적 주체가 데까르뜨적 주체임을 천명하기에 이른다.

참고문헌

Derrida, Jacques (1967) *L'écriture et la différence*, Paris: Seuil.

Descartes, René (1986) *Regulae ad directionem ingenii*, AT X권, Paris: J. Vrin.

Freud, Sigmund (1940a) *Das Es und das Ich*, 전집 13권, Frankfurt am Main: S. Fischer.

—— (1940b) *Jenseits des Lustprinzips*, 전집 13권, Frankfurt am Main: S. Fischer.

—— (1946) *Das Unbewußte*, 전집 10권, Frankfurt am Main: S. Fischer.

Hegel, Georg Wilhelm Friedrich (1970) *Enzyklopädie der philosophischen Wissenschaften im Grundrisse III*, 전집 10권, Frankfurt am Main: Suhrkamp.

Lacan, Jacques (1966) *Écrits*, Paris: Seuil.

Nietzsche, Friedrich Wilhelm (1964) *Der Wille zur Macht*, Stuttgart: A. Kröner.

Sartre, Jean-Paul (1981) *La transcendance de l'ego*, Paris: J. Vrin.

Žižek, Slavoj (1998) *Die Nacht der Welt: Psychoanalyse und Deutscher Idealismus*, Frankfurt am Main: S. Fischer.

김상봉(2002)『나르시스의 꿈: 서양정신의 극복을 위한 연습』, 서울: 한길사.

김상환(2000)「詩와 時」,『풍자와 해탈 혹은 사랑과 죽음: 김수영론』, 서울: 민음사.

2. 데까르뜨의 코기토에서 무의식적 주체로

철학과 정신분석이 만나고 부딪치는 전선(戰線)이 있다. 그 전선에서도 라깡이 서 있는 자리, 그 자리 중에서도 주체가 등장하는 지점, 바로 그곳에 초점을 맞추어보자. 왜냐하면 라깡 스스로 그 지점을 가리키고 있기 때문이다. "무의식이 문제일 때, 내가 주체를 끌어들인 것은 명실상부하게 새로운 듯하다"(Lacan 1973, 44면). 이렇게 말하는 라깡은 분명 자신의 독창성을 그 언저리에서 찾고 있다. 무의식이론을 주체이론으로 재구성한 것은 자신이 보더라도 새롭다는 것이다.

물론 주체의 문제는 정신분석의 주제라기보다 철학의 주제이다. 그것은 데까르뜨의 '나는 생각한다, 고로 존재한다'(코기토cogito 명제)에서 비롯하는 근대철학의 주제이다. 헤겔은 데까르뜨가 그 명제를 철학의 제1원리로 선언하는 대목을 신대륙의 발견에 비유한 적이 있다. 그 명제가 의미하는 반성적 내면성이야말로 천년 이상 표류하던 서양철학이 비로소 닻을 내리고 도시를 건설할 수 있었던 육지라는 것이다. 이 철학의 도시에서는 "자기의식이 참된 것의 본질적 지반이다." 하지만 이 지반은 진리가 태어난 처음의 장소라는 의미에서 철학의 고향이다. 그러므로 육지의 발견에 비유할 수 있는 코기토 명제의 발견은 다시 귀향에 해당한다. "여기서 우리는 고향에 돌아온 것이며, 마치 사나운 바다 위에서 오래도록 표류하던 뱃사람처럼 '저기가 육지다!' 하고 외칠 수 있다"(Hegel 1971, 120, 123면).

프로이트가 발견한 무의식의 세계 역시 또 하나의 신대륙이라 할 수 있다. 우리는 오늘날 근대사상사에 기원을 둔 많은 이론들이 무의식이라는 토양에 이식되어 새로운 성격의 열매들을 수확하고 있음을 여기저기서 볼 수 있다. 근대적 패러다임 안에 속했던 이론들이 무의식의 대륙으로 이주하고, 거기서 새로운 질서를 계획하고 있는 것이다. 이런 변화의 물결을 유도한 공로는 무엇보다 라깡에게 돌아가야 할 것이다. 라깡은 프로이트 이후 등한시해온 정신분석의 이론적 기초를 재점검하고 심화하는 과정에서 철학과 언어학을 비롯한 인문학 전반을 끌어들였다. 특히 정신분석과 철학 사이에 다양한 연락망을 구축했다. 이런 노력은 무의식이 표상과 재현의 차원에 속하지 않는 사유, 따라서 일상적 언어나 평범한 개념적 장치로는 그 의미를 포착할 수 없는 사유라는 자각에 기초한다. 마치 선적(禪的) 사유가 그런 것처럼, 무의식적 사유를 삼단논법을 가지고 재단할 수는 없는 노릇이다. 무의식은 다른 종류의 학문보다 고차적이고 세련된 논리와 문법을 요구한다.

철학과 정신분석의 관계도 무의식의 이런 난해성으로부터 성립하며, 그 관계는 상호적이다. 우선 철학은 정신분석에게 무의식을 분석하고 조망할 수 있는 관점을 제공할 수 있다. 실제로 라깡은 하이데거와 현대 프랑스철학에서 여러가지 개념적 장치와 해석의 기술을 차용하여, 이제까지 불명료하게 남아 있던 무의식의 본성을 독창적으로 규명할 수 있었다. 반면 정신분석은 철학의 시금석일 수 있다. 무의식을 감당하지 못하는 철학, 정신분석이 도달한 이론적 높이에 도달하지 못한 철학은 현대성을 결여하고 있는 것으로 평가되어 마땅하다. 실제로 데리다나 들뢰즈 등의 현대철학은 무의식의 세계를 철학의 관점에서 포용하고 극복하려는 시도를 담고 있으며, 그런 의도에서 출발했기 때문에 그 폭과 넓이를 더해온 것이라 평가할 수 있다.

철학과 정신분석 사이의 이런 접점, 그 접점이 자리한 위치는 재현적 표상과 그 이하(혹은 그 이상)의 차원이 교차하는 지점이다. 여기서 다시 관계가 문제가 된다. 어떻게 재현 불가능한 것이 재현의 차원에 초재(超在)하면서 내재(內在)하는가? 이것이 하이데거·데리다·들뢰즈 등에게 공통된 문제, 현대철학이 도달한 최전방의 물음이다. 라깡은 다시 그 물음을 정신분석의 중심에 놓는다. 무의식은 어떻게 의식의 바깥이면서 안이고, 외부이면서 내부인가? 라깡은 이런 물음의 관점에서 데까르뜨적 전통의 철학, 특히 이 전통의 초석이 되어왔던 주체이론을 재편하는 데 힘을 기울였다. 이 재편의 당위성은 주로 두 가지 이유에 근거한다.

첫째, 정신분석의 핵심개념인 무의식은 아직 자명하지 않다. 그것은 아직 충분히 규명된 바 없다. 그러므로 무의식의 본성을 규명하기 위해서는 일단 프로이트가 무의식을 발견하던 지점으로 되돌아가볼 필요가 있다. 그런데 프로이트의 발견, 그 무의식의 발견은 데까르뜨가 자기의식적 주체를 발견한 이후에나 일어날 수 있는 사건이다. "프로이트적 영역은 데까르뜨적 주체가 출현한 이후 얼마간의 시간이 흐르지 않았다면 가능할 수 없었다"(Lacan 1973, 47면). 이는 데까르뜨적 내면성과 무의식이 서로 배타적 영역을 이루는 것이 아니라는 것을 뜻한다. 그 둘은 서로 떨어져 있는 육지가 아니라 서로 이어져 있는 대륙이다. 문제는 이 관계를 밝히는 데 있는데, 이때 라깡이 강조하는 것은 어떤 논리적 순서이다. 데까르뜨적 주체가 프로이트적 무의식의 가능조건이라는 것이다. 그러므로 "무의식이 드러내는 것에 대한 모든 사색은 반드시 데까르뜨적 확실성의 주체를 출발점으로" 해야 한다(Lacan 1973, 121면). 정신분석의 기초로 돌아가기 위해서 그것을 처음 정초(定礎)했던 프로이트로 돌아가야 한다면, 프로이트로 돌아가기 위해서는 먼저 데까르뜨로 돌아가야 한다.

둘째, 데까르뜨적 주체와 프로이트의 무의식 사이에 차이가 있다면, 그 차이는 무엇인가? 프로이트가 새롭게 발견한 것은 무엇인가? 그것은 데까르뜨적 주체의 본적지가 반성적 내면성이 아니라는 것, 그 안식처는 무의식이라는 사실이다. 이 점을 라깡은 이렇게 표현한다. "나는 프로이트가 이 세상에 주체를 끌어들였다고 말하지 않는다. (…) 주체를 끌어들인 것은 데까르뜨이기 때문이다. 그러나 나는 프로이트가 그 주체에게 다음과 같이 말을 건넨다고 말하고자 한다. 꿈의 영역, 바로 여기가 당신의 안식처야. '그것이 있었던 곳, 그곳에 나는 있어야 한다'(Wo es war, soll ich werden). 새로운 것은 이것이다"(Lacan 1973, 45면). 다시 말해서 "무의식의 영역, 바로 여기가 주체의 안식처이다"(Lacan 1973, 36면). 헤겔은 데까르뜨적 내면성이 철학의 고향이라 했지만, 라깡은 데까르뜨적 주체가 태어난 원래의 장소가 무의식임을, 그것이 프로이트가 발견한 새로운 사실임을 역설한다. 무의식적 주체는 데까르뜨적 주체 이후에 출현했지만, 데까르뜨적 주체가 돌아가야 할 뿌리, 복귀해야 할 고향은 다시 무의식이라는 것이다.

이런 독특한 신념 때문에 라깡은 데까르뜨의 코기토 명제를 반복적으로 재해석하고 거기에 독특한 주석을 남겨놓았다. 이런 전복적 계승을 통해 데까르뜨적 주체는 죽는 동시에 부활하고, 기존의 주거지를 떠나서 새로운 터전으로 이동해야 할 운명을 맞는다. 그렇게 새로운 모습으로 부활하고 이주하는 주체, 그것은 주체를 언급하고자 하는 모든 철학에 대해 그 현대성을 판별하는 시험관이다. 그 주체는 미래의 철학적 주체이론을 인도하는 중요한 안내자일 것이다. 우리가 라깡의 주체이론과 그의 데까르뜨 해석을 다시 들여다보아야 할 이유는 여기에 있다.

1. 프로이트의 데까르뜨적인 길

데까르뜨는 라깡의 거울이다. 1930년대부터 70년대에 이르기까지 라깡은 여러 단계의 이론적 변모를 보여주었으나 그때마다 끊임없이 코기토 명제에 새로운 주석을 붙였다. 그 주석은 그의 변화된 주체이론을 압축적으로 반영한다. 하지만 라깡이 데까르뜨를 그 어느때보다 중시하고 '다시 데까르뜨로 돌아가자'고 외친 것은, 그가 국제정신분석학회(IPA)로부터 회원자격을 박탈당한 1964년인데, 그 당시의 강연은 『쎄미나 제11권: 정신분석의 네 가지 기본 개념』으로 정리·출판되었다.

'정신분석의 네 가지 기본 개념'이라는 부제가 말하는 것처럼, 이 해의 강연은 정신분석의 기초를 문제삼는다. 기초의 재검토와 재구축, 그것이 파문에 대한 라깡의 응답이었다. 그 파문은 프로이트의 계승권에 대한 물음을 제기한 셈인데, 라깡은 자신의 정통성을 그런 방식으로 옹호하고자 했다. 다시 프로이트로 돌아가서 그와 자신 사이의 적자관계를 단단하게 조여놓고자 한 것이다.

이런 응답방식은 이미 데까르뜨적이다. 기초 혹은 토대로 돌아간다는 것은 전적으로 데까르뜨적인 계획이기 때문이다. 데까르뜨의 성찰은 "학문의 세계에 확고하고 불변하는 것을 세우고자 한다면, 일생에 한번은 모든 지식을 철저하게 전복해서 최초의 토대에서부터 다시 시작해야 한다"는 결단의 산물이다(르네 데까르뜨 1997, 34면). 확고불변의 학문적 토대를 발견하고자 하는 이런 시도에서 데까르뜨의 '방법적' 회의가 비롯한다는 것은 주지의 사실이다. 이 회의는 악령과 '속이는 신'을 끌어들이는 과장법적 회의로 이어지는데, 데까르뜨는 그런 과장법적 회의로도 파괴할 수 없는 명제, 따라서 절대적으로 확실한 진리로서 코기토 명제를 발견한다.

데까르뜨의 이런 토대론적 계획은 서양사상사에서 끊임없이 계승·반복되고 있다. 이에 대한 가장 좋은 사례가 후썰의 『데까르뜨적 성찰』이다.

1929년 발표한 이 저서에서 후썰은 자신의 현상학을 신데까르뜨주의로, 데까르뜨주의의 핵심을 견고한 학문적 토대를 찾기 위한 발본적 회의로, 그리고 학문적 토대의 본성을 전제-없음(무전제성)으로, 다시 말해서 절대적 명증성으로 간주한다. 절대적으로 명증한 토대, 그것이 후썰이 생각하는 철학의 영원한 목표이다. 그리고 그런 토대로 향한 회귀야말로 철학이 반복해서 걸어야 할 여정이다. 따라서 데까르뜨의 성찰은 모든 철학적 사색의 원형이다.

그런데 이 원형적 성찰은 어디서 토대를 발견하는가? 데까르뜨의 『성찰』을 정확히 읽는다면, 그 토대가 신에 있음을 알 수 있다. 속이지 않는 신, 그것이 학문의 형이상학적 토대이고, 코기토 명제는 그 최후의 토대로 가는 징검다리일 뿐이다. 그러나 독일 관념론자들이나 현상학자들은 이 점에서 데까르뜨를 교정하고자 했다. 그 토대는 코기토 명제를 선언하는 자아, 사유하는 자아 안에서 찾아야 한다는 것이다. 그 결과 토대론적 회귀는 성찰하는 주체로, 그 주체 안의 순수한 자아로 돌아가는 자아론적 회귀로 이어진다. 이것이 칸트, 그리고 무엇보다 후썰의 초월론적(transcendental) 사유가 지닌 중요한 특징이다. 데까르뜨보다 더 데까르뜨적이고자 했던 이 초월론적 사유는, 데까르뜨의 철학에서 신을 폐기하고 그 신의 역할을 "사유하는 자아 안의 순수한 자아" "제2의 자아"에 돌린다(에드문트 후썰 1993, 38면). 철학에서 신학의 잔재를 청산하고 그 신의 자리에 초월론적 주체를 설정하는 것, 그것이 데까르뜨의 발본주의를 발본적으로 계승하는 길이라는 것이다.

라깡이 '데까르뜨로 돌아가자' 할 때, 거기서 우리는 칸트-후썰의 그런 초월론적 주체와 유사한 주체가 태동하고 있음을 확인할 수 있다. 분명 그 선언은 단지 정신분석의 토대를 재점검하자는 주장으로 그치는 것이 아니다. 거기에는 정신분석의 토대가 데까르뜨적 자아에, 그 자아 안의 제2의 자아에 있다는 주장을 담고 있다. 무의식적 주체는 데까르뜨적 주체의 이면이라는 것, 그것이 핵심이다. 마치 데까르뜨적 주체가 초월론적 주체를 잉태하였으되 안타깝게 분만하지 못했다는 것이 칸트-후썰의 생각인 것처럼, 데까르뜨적 주체는 원래 무의식적 주체로 태어났어야 할 미완성의 주체, 그래서 "조산아 혹은 난쟁이" 같은 주체라는 것이 라깡의 생각이다(Lacan 1973, 129면). 그러나 라깡은 데까르뜨적 자아 안에서 망각된 제2의 자아를 말하기 위해서 칸트-후썰처럼 신을 폐기하지 않는다. 데까르뜨의 신, 거기에서 무의식적 주체가 탄생하는 데 없어서는 안될 어떤 조건을 보는 것이다. 잠시 후 상론(詳論)하겠지만, 그 신은 모든 주체의 필연적 "상관항"인 대타자(Lacan 1973, 37면), 라깡적 의미의 대타자에 해당한다.

그러므로 라깡이 '데까르뜨로 돌아가자' 할 때, 그 선언은 단순히 코기토 명제로, 그 명제의 주체로, 그 주체 안에 숨어 있는 또다른 주체로 돌아가자는 주장으로 그치는 것이 아니다. 그것은 데까르뜨의 신, 속임수의 주체일지 모른다는 의심을 받으면서 처음 등장했던 그 신으로 돌아가자는 주장을 함께 담고 있다. 그러나 이것이 라깡의 선언이 담고 있는 내용의 모두는 아니다. 그것은 여전히 중요한 또 하나의 주장을 싣고 있는데, 그것은 "데까르뜨와 프로이트, 그 두 사람의 행보가 서로 가까워지고 합일하는 지점이 있다"는 것이다(Lacan 1973, 36면). 그 일치점은 주체의 발견이 문제인 지점이다. 라깡은 이렇게 말하는 것처럼 보인다. 프로이트가 무의식을 처음 발견했던 과정은 데까르뜨가 사유하는 자아를 발견하는 과정과 일치한다. 프로이트가 무의식을 발견하기까지 걸었던 길, 그 길은 데까르뜨적인 길이다. 무의식적 증상은 데까르뜨의 행보를 따라 발견되었다.

데까르뜨의 길, 그것은 무엇보다 회의의 길이다. 코기토 명제는 그 회의의 길 위에서만 발견할 수 있는 어떤 것이다. 그 명제가 있기 위해서 회의가 먼저 있었던 것처럼, 무의식을 처음 체험하기 위해서는 그와 유사한 회의가 있어야 했지 않을까? 무의식이 정신분석의 기초를 형성하는 가장 중요한 개념이라면, 그 기초로 가는 행보는 회의의 발걸음이 아닐까? 이것이 프로이트가 데까르뜨적인 길을 따랐다고 보는 라깡의 생각이다. 정신 분석은 회의의 길을 통과하면서 그 실체를 얻은 학문이라는 것이다. 정신 분석이 세상에 나오기 위해서 통과해야만 했던 회의의 길, 그것은 정확히 말해서 프로이트가 '꿈의 배꼽'에 이르는 길이다.

데까르뜨가 '사유하는 자아'의 확실성을 포착하는 것은 회의가 절정에 이를 때이다. 코기토 명제의 '나는 생각한다'는 모든 생각과 관념이 그 지 시대상을 상실하는 지점, 그래서 그것들이 모두 거짓된 것으로 부정되는 지점에서 확실성을 획득한다. 그것은 '나는 회의한다'로서 실행되는 사유 행위며, 이 행위는 회의의 대상이 될 수 없다는 점에서 확실하다. 회의는 회의를 회의할 수 없다. 회의할 수 있더라도 부정할 수 없다. 데까르뜨가 이렇게 모든 사유가 불확실해지는 곳에서 확실한 사유를 발견하는 것처럼, "정확히 유사한 방식으로 프로이트는 자신이 의심하는 곳에서 —— 왜냐하면 '그의' 꿈이 문제이기 때문이며 처음에 그는 의심에 빠져들었기 때문이다 —— 어떤 사유, 즉 무의식이 거기 자리하고 있음을 확신한다. 이는 그 무의식적 사유가 부재하는 것으로 드러난다는 것을 뜻한다. (…) 요컨대 그 사유가 그의 '나는 존재한다'와는 전적으로 무관하게 거기 자리하고 있음을, 마치 누군가가 자신을 대신해서 생각하고 있음을 확신한다" (Lacan 1973, 36면).

이 인용문이 말하는 것처럼, 프로이트는 무의식을 '부재하는 사유'로서 발견한다. 대상적으로 현전하는 것, 따라서 의심할 수 있는 것은 무의식이 아니다. 이는 데까르뜨의 경우도 마찬가지다. 대상과 결부하거나 대상화 할 수 있는 생각은 어느 것이나 회의의 대상이다. '나는 생각한다'는 모든 것을 대상화하되 그 자신은 대상화를 거부하는 것, 대상으로 정립할 수 없는 사유이다.[1] 프로이트가 부재하는 사유로서 발견한 무의식, 그것 또한

---

1) 그러므로 데까르뜨 이래 코기토 명제는 점점 더 "Cogito, ergo sum alibi"의 형태를 띤다. 라깡의 주체 개념의 핵심도 동일한 공식에 담을 수 있다. 즉, 나는 항상 거기(상상계·상징

대상화가 불가능한 사유이다. 그것은 대상처럼 현존하는 모든 것 가운데 서는 부재하는 사유이고, 그런 부재의 사유는 오로지 회의의 길에서만 확실한 것으로 체험될 수 있다. 그런 의미에서 그 확신의 체험에 이르는 "프로이트의 행보는 데까르뜨적이다. 그것은 확실성을 구하는 주체를 바탕에 깔고 앞으로 나아간다는 점에서 데까르뜨적이다. 문제는 확신할 수 있는 것, 의심할 수 없는 어떤 것에 도달하는 데 있다. 이런 목적을 위해서 행해야 할 첫번째 일은, 무의식의 내용을 암시하는 것은 어느 것이나 넘어서야 한다는 것이다. (…) 그것은 모든 곳에서 둥둥 떠다니는 것, 꿈의 모든 의사소통의 텍스트에 점을 찍어대고 얼룩을 만들고 더럽히는 것을 극복하는 것이다. 나는 확신이 없다, 나는 의심한다. (…) 회의, 그것이 확신의 버팀대이다"(Lacan 1973, 36면).

꿈의 기호는 외적 대상과 일치하지 않는다. 그것은 외적 대상의 재현도, 비유도 아니다. 그것은 그 자체로는 아무런 내용도, 의미도 없는 기호이다. "꿈에서 겉으로 드러나는 것은 어떤 변장, 위장 속에서만 드러난다"(Lacan 1973, 36면). 드러나는 것은 드러나지 않은 것의 표현이되 왜곡이다. 드러남은 동시에 감춤이다. 그런데 대상으로 드러나는 것은 그 의미가 불확실하고 의심스럽다. 그 앞에서 '나는 회의한다.' 그러나 그 회의가 깊어질수록 회의할 수 없는 것이 있다. 그것은 그 의심스러운 현상을 의심스럽게 만드는 것, 불확실한 것을 끊임없이 불확실하게 만드는 것, 꿈의 텍스트를 끈질기게 읽을 수 없는 것으로 만드는 어떤 것이 있다는 사실이다. 왜 꿈은 읽으려 할수록 읽을 수 없는가? 어떻게 그런 방해가 일어나는가? 프로이트는 이런 물음 속에서 무의식을 확신하기에 이른다. 무의식은 꿈에서 확실한 어떤 것을 찾는 것이 전적으로 불가능한 것처럼 보이는 지점

계)에 없다. 거기 없으므로 나는 있다. 좀더 상세한 논의는 Borch-Jacobsen, Mikkel (1991) "Les alibis du sujet," *Lacan avec les philosophes*, Bibliothèque du collège international de Philosophie, Paris: Albin Michel 참조.

에서 처음으로 확실한 어떤 것으로 예감되었다.

　그러나 엄격하게 말하면, '어떤 것'이라는 표현은 적절치 않다. 무의식이 어떤 '부재하는 사유'라면, 이는 그것이 적극적으로 존재하지 않는다는 것을 뜻한다. 프로이트가 도달한 새로운 확신의 차원, "그 프로이트적 영역은 본성상 자기말소적 영역이다"(Lacan 1973, 116면). 증발하고 소멸한다는 것, 잽싸게 숨는다는 것, 그것이 무의식의 내재적 본성이다(Lacan 1973, 44면). "따라서 무의식은 존재자의 차원에서 탈주하고 있는 어떤 것"(Lacan 1973, 33면), 존재론적으로 규정 불가능한 것, 그러므로 어떤 것이 아닌 '어떤 것'이다. 다시 말해서 "무의식은 존재론의 대상이 되는 일이 없다"(Lacan 1973, 31면). 존재론에 어떠한 빌미도 주지 않는다는 점에서 "무의식의 심연은 전-존재론적"이다(Lacan 1973, 31면). 무의식은 본질적으로 존재결여이자 결여존재이며, 이 점에서 모든 형이상학, 존재-신학을 벗어난다(Lacan 1973, 254면). 이는 그것이 "존재하는 것도, 존재하지 않는 것도 아니기 때문이며, 다만 아직 실현되지 않은 것이기 때문이다"(Lacan 1973, 32면). 따라서 정신분석은 칸트-후썰의 초월론보다 한술 더 뜬다. 신학만이 아니라 존재론적 사유의 잔재도 청산의 대상으로 설정하고 있기 때문인데, 이 점에서 라깡은 해체론과 동일한 것을 지향한다.

　존재론을 벗어난다는 것은 재현과 표상을 넘어선다는 것을, 개념적 동일성을 결여한다는 것을, 그리고 인과적 질서에서 벗어나 있다는 것을 의미한다. 무의식은 재현하거나 표상할 수 없다. 개념적으로 규정하거나 포착할 수도 없다. 무의식은 결코 말에, 명제에 담아놓을 수 없는 증발현상이다. 그렇다면 탈형이상학적 기체인 이 무의식을 프로이트는 어떻게 발견했는가? 라깡이 데까르뜨의 행보에 주목하는 것은 이것을 설명하기 위해서이다.

　프로이트는 꿈을 통해 무의식의 세계로 들어갔다. 그러나 꿈을 해석하면서 "그는 무의식에 대하여 무엇이라 했는가? 무의식은 의식이 불러들이고 때려눕히고 알아볼 수 있고 자신의 심층으로부터 뛰쳐나오도록 할 수 있는 것으로 구성되어 있지 않음을, 다만 의식에게는 본질적으로 거부되어 있는 것으로 구성되어 있음을 말한다. (…) 의식을 넘어선 저편의 영역에 속하는 사유가 있는 것이다. 그리고 이 사유를 재현하는 것은 불가능하며, 가능하다면 단지 '나는 생각한다'의 주체가 '나는 의심한다'의 전개과정에 관계하면서 획득하는 규정성으로부터, 그 규정성에 따르는 동형(同形)관계에서부터 유비(類比)적으로 재현하는 길밖에 없다. 데까르뜨는 '나는 의심한다'로 실행되는 언표행위(énonciation)의 차원에서 자신의 '나는 생각한다'를 파악한다. 결코 회의의 대상이 될 지식 전체를 운반하고 있는 언표(énoncé)의 차원에서 파악하는 것이 아니다"(Lacan 1966, 800~801면; Lacan 1973, 44~45면 참조).

여기서 프로이트로 돌아가기 위해서 왜 굳이 데까르뜨로 돌아가야 하는지가 분명해진다. 프로이트가 발견한 무의식은 체험하고 확신할 수는 있으나 재현하거나 말로 잡을 수는 없는 자기은폐적 사건이다. 그것은 말실수와 착오를 일으키면서, 논리에 장애를 일으키면서 드러난다. 그러나 드러나되 동시에 숨는다. 무의식의 이런 이중적 성격을 구체적으로 현시(顯示)할 수 있는 가장 좋은 방법은, 데까르뜨가 회의를 실천하는 가운데 자기의식적 사유의 확실성을 체험하는 대목을 들여다보는 것이다. 바로 거기에서 프로이트가 무의식을 확신하는 과정을 특징짓는 동일한 형태의 구조가 드러나기 때문이다.

자기의식적 사유의 확실성, 그에 대한 데까르뜨의 확신은 '나는 회의한다'는 실천적 행위, 언표행위 안에서만 성립하는 체험이다. 이미 언표 안에 실리고 그 안에 고정되면 그 확신은 사라진다. 마찬가지로 무의식도 언표의 차원, 언어적 재현의 차원에서는 이미 증발해버린 어떤 것이다. 무의식은 언어적 행위를 통해 드러나고, 그 차원에서만 경험할 수 있는 어떤 것이다. 이는 무의식적 사유와 그 주체가 결코 대상화할 수 있는 위치에 있지 않다는 것과 같다. 무의식적 주체는 고정할 수 있는 대상, 거리를 둘 수 있는 대상이 아니다. 따라서 무의식적 주체에 대한 과학은 성립할 수 없다(Lacan 1966, 859면). 과학적 탐구는 그 대상을 한정하고 고정할 때만 가능하기 때문이다. 무의식적 주체는 대상화 자체를 거부하므로, 그에 대한 탐구는 추측의 범위를 넘을 수 없다. 그런 한에서 정신분석은 주체를 다루는 학문이되 추측의 과학, '추측의 주체학'(science conjecturale du sujet)이다(Lacan 1973, 44면).

이는 정신분석이 엄밀한 학문이 아니라는 것, 다만 유사과학이고 사이비 학문이라는 것을 말하는 것은 아니다. 사정은 반대이다. 정신분석은 과학 이하의 학문이 아니라 과학 이상의 학문, 과학의 저편을 향한 학문이다. 과학이 재현과 표상의 차원, 의식의 차원에서 성립한다면, 정신분석은 그 차원 저편의 무의식에 대한 학문이다. 이 두 차원의 대립은 앞에서 언급한 언표와 언표행위의 대립으로, 그리고 다시 지식(savoir)과 진실(vérité)의 대립으로 이어진다. 즉 과학이 명제에 담을 수 있는 지식을 구한다면, 정신분석이 구하는 것은 명제에 담을 수 없는 것, 명제의 차원을 넘어서는 진실이다. 이런 라깡의 이원적 구도에서 데까르뜨는 독특한 지위를 차지한다. 그 이유는 다음과 같이 세 가지로 정리할 수 있다.

첫째, 데까르뜨적 주체는 근대적 학문과 본질적 관계를 맺고 있다. 근대과학은 데까르뜨적 주체와 더불어 태어났으며 그 주체와 더불어 전개되어왔다. 그런 의미에서 데까르뜨의 코기토는 "과학의 본질적 상관항"이다(Lacan 1966, 856면). 데까르뜨적 코기토는 과학의 가능조건이며, 그런 의미에서 과학의 주체이다. "'나는 생각한다, 고로 존재한다'는, 과학의 조건들에 대한 반성이 역사적 정점에 이를 때 그 선험적 주체의 투명성이 그 주체의 실존에 대한 언명과 결합함으로써 성립하는 공식이다"(Lacan 1966, 516면). 과학이 있기 위해서 먼저 있어야 하는 조건으로서의 주체, 그것은 모든 경험적 내용을 객관적으로 지각하는 중성적 주체이다. 그것은 투명한 주체, "극단적 순화"를 거쳐 "선험적 초월성의 성격"을 띠게 된 주체이다(Lacan 1966, 516면). 과학의 상관항은 투명한 주체이고, 그것은 데까르뜨의 철학을 통해 세상에 등장했다. 데까르뜨의 회의는 그런 과학의 주체가 태어나는 실제적 과정, 극단적 순화의 과정이다.

둘째, 그러나 데까르뜨적 주체는 단순히 과학적 주체, 다시 말해서 언표의 주체로 그치는 것이 아니다. 그 주체는, 이미 말한 것처럼, '나는 의심한다'는 언표행위 안에서 태어났다. 이것이 데까르뜨적 코기토의 진실이다. 진실한 코기토는 명제 안에 있는 것이 아니라 회의의 형태로 실행되는 사유행위 자체에 있다. 데까르뜨는 '나는 생각한다'의 확실성을 그 실행행위 안에서 체험한다. "나는 있다. 나는 현존한다. 이것은 확실하다. 그러나 얼마 동안? 내가 사유하는 동안이다. 왜냐하면 내가 사유하기를 멈추자마자 존재하는 것도 멈출 수 있기 때문이다"(르네 데까르뜨 1997, 46면). 이렇게 선언되는 코기토 명제의 확실성은 언표행위의 차원에서 성립하는 수행적(performatif) 확실성이다. 그러나 언표행위의 차원에서 나타나는 자기확신의 주체, 그 주체의 자기확신은 순간적이다. 그것은 언표행위가 끝나자마자 사라진다.

데까르뜨의 오류, 라깡이 지적하는 오류는 여기에 있다. 그것은 언표행위의 차원에서 주체를 발견하였으되 그 언표행위의 차원을 잊는 데 있으며, 그래서 그 주체가 소멸적임을 모르는 데 있다. 언표행위의 차원에서 순간적으로 나타났던 자기확신의 주체를 항구적 실체로 여기는 것이다. 그것은 곧 그 주체를 언표의 차원에 묶어두는 오류이다. "데까르뜨가 전적으로 사유행위를 지칭하는 '나는 생각한다' 안에서 성립하는 확실성의 개념을 선보일 때 (…) 그의 오류는 거기서 어떤 지식을 찾은 것이라 믿는 데 있다. 오류는 자신이 그런 확실성을 띤 어떤 것을 안다고 말하는 데 있다. '나는 생각한다'를 단순한 소멸의 지점으로 간주하지 않는 데 있다"(Lacan 1973, 204면). 진실한 주체는 소멸적이다. 데까르뜨적 주체는 그런 소멸적 주체의 역사적 탄생지점인 동시에 주체의 '말소현상'(fading)에 대한 망각이 일어나는 지점이다(Lacan 1973, 189면). 데까르뜨는 최초로 주체의 진실을 체험하되 그 진실을 망각하였다. 그리고 그 자리에서 실체를, 그리고 그 실체에 대한 지식을 구하였다.

셋째, 이 망각은 다시 대표성을 띤다. 데까르뜨적 주체는 과학의 주체 자체이며, 과학의 주체는 무의식적 진실의 망각을 조건으로 존속할 수 있다. 그러나 역으로 무의식은 그런 망각을 범하는 데까르뜨적 주체 없이 존속할 수 없다. 무의식은 데까르뜨적 주체가 도달한 지점, 도달하자마자 잊고 지나치는 지점에서 처음 발생한다. 무의식적 주체는 데까르뜨적 주체가 이미 잉태한 것, 그 안에 품고 있는 어떤 것이다. 다만 데까르뜨적 주체는 잉태 사실을 자각하지 못하고 있을 뿐이다.

의식은 이미 무의식의 씨앗을 수태하고 있다. 재현적 표상은 이미 표상할 수 없는 진실을 감추고 있다. 정신분석이 하는 일은 그렇게 수태된 씨앗, 그렇게 은폐된 진실을 드러내는 데 있다. 그것은 데까르뜨적 주체의 입을 열어 무의식적 주체가 말하도록 하는 것이다. 하지만 무의식적 주체는 그 스스로 말한다기보다 데까르뜨적 주체의 입을 빌려 말한다. 무의식적 주체는 표상과 재현의 주체가 말할 때 입을 여는 복화술(腹話術)의 주체이다.

그러므로 데까르뜨적 주체 없이 무의식적 주체는 태어나지도, 말하지도 못한다. 그런 의미에서 "주체, 데까르뜨적 주체는 무의식의 전제이다"(Lacan 1966, 839면). 표상과 재현, 언어와 지식 너머에서 그 진실을 드러내는 무의식은 표상과 재현, 언어와 지식을 전제조건으로 한다. 따라서 무의식은 의식의 단순한 바깥이 아니다. 그것은 의식의 안쪽에 있는 바깥이다. 다시 말해서 프로이트적 주체는 데까르뜨적 주체의 외심적(extime) 외부, 안이면서 동시에 바깥인 역설적 외부이다.

2. 데까르뜨의 프로이트적인 길

데까르뜨적 주체는 과학의 주체이되 지식의 주체, 그리고 또한 언어의 주체이다. 그것은 극단적 순화를 거친 언어의 주체이다. 그러므로 무의식적 주체를 배태하는 자궁이 데까르뜨적 주체에 있다면, 데까르뜨적 주체를 배태하는 자궁은 언어의 질서에, 그 질서를 통해 구현되는 제도적 질서 일반으로서의 대타자에 있다. 그러므로 무의식적 주체가 있기 위해서 먼저 있어야 하는 것은 두 가지, 데까르뜨적 주체와 대타자다(Lacan 1973, 185면). 그러나 엄격히 말하면, 대타자가 데까르뜨적 주체를 낳고 다시 이 주체가 무의식적 주체를 낳는 것은 아니다. 그 주체는 대타자와 데까르뜨적 주체 사이에서 수태된다. 이 점을 라깡은 이렇게 정리한다. "주체, 데까르뜨적 주체가 무의식의 전제이다. (⋯) 대타자는 말(parole)이 그 진실을 드러내기 위해서 요구되는 차원이다. 무의식은 그 둘 사이에서 일어나는 절단이다"(Lacan 1966, 839면).

무의식을 낳는 이 절단은 두 단계의 과정을 거친다. 그 두 과정은 각각 소외(aliénation)와 분리(séparation)라 불린다. 라깡이 무의식이론을 주체이론으로 재편하고 거기서 자신의 독창성을 찾았다면, 그의 주체이론은 이 소외와 분리의 개념을 주춧돌로 하고 있다. 그것이 '주체의 생성'을 야기하는 두 단계의 근본적 절차이기 때문이다. "무의식이 드러내는 것에 대한 모든 사색은 필수적으로 데까르뜨적 주체를 출발점으로 해야 한다"는 라깡의 주장은(Lacan 1973, 121면), 그가 이 소외와 분리를 설명할 때 비로소 그 근거와 의미를 갖추게 된다. 이 두 과정은 데까르뜨적 주체가 대타자(신)와 관계하는 변증법적 절차다. 라깡은 데까르뜨적 주체가 실제로 이 변증법적 절차를 지나서 무의식적 주체로 탈바꿈한다고 본다. 데까르뜨적 성찰 자체의 여정이 그런 변증법을 구현하고 있다는 것이다. 그러므로 우리는 그 여정을 '데까르뜨의 프로이트적인 길'이라 부를 수 있다.

라깡에 따르면, "데까르뜨의 행보를 에피스테메(episteme)에 대한 고대적 탐구와 구별해주는 것은 (…) 소외와 분리라는 이중적 기능"에 있다(Lacan 1973, 202면). 데까르뜨적 성찰이 접어든 새로운 길, 그 역사적 전환은 주체와 대타자(신) 사이의 변증법적 관계에 있고, 그 관계는 소외와 분리라는 두 단계를 거쳐 구축된다. 그 소외와 분리가 "역사상 처음으로 주체의 변증법을 구성하는 것으로 간주된 것은 데까르뜨적 행보 안에서이다"(Lacan 1973, 201~202면). 데까르뜨의 회의는 이 소외와 분리를 구현하는 최초의 담론적 사례이다.

만일 프로이트로 돌아가기 위해서는 먼저 데까르뜨로 돌아가야 한다면, 그것은 무의식이 "데까르뜨가 발견한 통로"에서 발생하기 때문이며(Lacan 1973, 203면), 그 통로는 다름아닌 소외와 분리로 이어지는 출구이다. 데까르뜨가 확실한 것을 찾기 위해서 회의했다면, "그 확실성의 탐구는 소외에 이르고, 그 소외에서 벗어날 수 있는 탈출구는 하나밖에 없다. 오로지 욕망의 길밖에 없다"(Lacan 1973, 203면). 확실성의 탐구(회의), 소외, 욕망의 생성(분리)으로 이어지는 여정, 그것은 데까르뜨적 성찰의 여정인 동시에 무의식적 욕망(증상)이 발생하는 과정 자체이다. 따라서 데까르뜨적 성찰의 여정은 그에게 사사로운 탐구의 과정이 아니다. 그것은 무의식적 증상의 발생궤적을 구현하는 보편적 과정이다.

이런 이유에서 무의식에 대한 탐구는 언제나 데까르뜨적 주체를 출발점으로 삼아야 한다. 물론 데까르뜨의 길이 무의식의 발생과정을 완벽하게 재현하거나 구현하는 것은 아니다. 그 길은 분명 어떤 욕망의 길(분리)로 나아가되 "대단히 야릇한 분리"로 귀착한다. 그럼에도 불구하고 그 여정은 "무의식의 탐구방법에서 여전히 살아 있고 주도적인 역할의 기능, 비록 감추어져 있지만 여전히 본질적인 기능"을 함축한다(Lacan 1973, 203면). 데까르뜨가 지난 길은 무의식적 증상이 생성하는 실질적 과정, 소외와 분리라는 두 단계의 과정이며, 그런 의미에서 그것은 프로이트적인 길이다.

이때 소외란 '주체의 사실'(Lacan 1966, 840면), 주체가 처한 사실적 상황을 뜻한다. 라깡의 정신분석에서 그것은 주체가 존재결여(manque-à-être)를 겪으면서 어떤 분열의 상황에 처하게 되는 과정이다. 데까르뜨의 성찰에서 그것은 코기토 명제가 언명되는 지점에 대응한다. 반면 분리는 데까르뜨적 주체와 신의 관계가 문제인 지점, 신의 존재를 증명하고 언명하는 지점에 대응한다. 그것은 곧 대타자의 결여와 욕망을 발견한 이후 "주체의 생성이 마감되는 절차"다(Lacan 1966, 842면). 그것은 주체가 욕망하는 주체로, 그리고 다시 환상의 주체로 태어나는 단계, 요컨대 무의식적 코기토가 성립하는 사건이다. 이 소외와 분리는 서로 순환하는 관계에 있지만, 여기서는 단계별로 정리해보자.

──소외와 주체의 존재결여. 라깡의 정신분석에서 주체에 관한 가장 기본적인 사실은 두 가지다. 즉 주체는 '말하는 존재자'(parlêtre)라는 것, 그리고 말하는 존재자인 한에서 주체는 언제나 분열된 주체(8)라는 것이다. 소외는 일단 언어의 질서에 위치한 주체의 예속상태이다. 여기서 라깡이 강조하는 것은 세 가지다. 먼저 주체는 언어의 질서(상징계·대타자)에 편입되는 한에서만 주체로서 기능할 수 있다. 다음으로 이 언어의존적 상황에서 주체의 사유와 주체의 존재가 필연적으로 쪼개질 수밖에 없다. 마지막으로 이런 분열 속에서 주체의 존재는 순간적으로만 존속할 수 있다. 다시 말해서 어떤 흔적이나 '유령'으로만 현상할 수 있다(Lacan 1966, 802면).

1950년대 이후 라깡은 지속적으로 무의식이 언어의 효과임을 주장해왔다. 1960년대 후반에도 이런 그의 신념은 확고하다. "만일 정신분석이 무의식의 학문으로 자리잡아야 한다면, 무의식은 언어처럼 구조화되어 있다는 데에서 출발하는 것이 적절하다. 나는 거기서 어떤 위상학을 도출했는데, 그 위상학의 목적은 주체의 구성을 설명하는 데 있다"(Lacan 1973, 185

면). 주체의 구성, 그 구성의 첫 단계가 소외라면, 이 소외는 주체가 언어의 노예로서 겪는 운명이다. 그것은 곧 "주체에 대한 기표의 우선권"(Lacan 1966, 840면)과 지배권이 낳는 효과다(주체가 이런 예속을 거부한다면, 그는 소외도 겪지 않는다. 다만 정신병자로 남아 있어야 한다).

라깡적 의미의 언어는 기표의 환유적 연쇄이다. 주체는 언제나 기표의 그물망 안에 위치하고, 그런 조건에서만 주체일 수 있다. 그러나 문제는 주체가 언제나 한 기표에 의해서 대리·재현되는 한에서만 그 안에 위치할 수 있다는 것이다. 모든 것은 기표에 의한 이런 대리와 재현에서 시작된다. "주체는 우선 대타자 안에서 출현하지만, 이는 제1기표, '단일한 기표'(signifiant unaire)가 대타자의 영역에 등장하고 그 기표가 다른 하나의 기표를 위해 주체를 대리하는 한에서만 그런 것이며, 이 다른 하나의 기표는 주체의 말소현상(aphanisis)이라는 효과를 낳는다. 여기서 주체의 분열이 귀결된다. 즉 주체는 어디에선가 의미를 띠고 나타날 때, 다른 어디에서는 소멸로서 혹은 사라짐으로서 현상한다"(Lacan 1973, 199면).

하나의 기표에 의해 대리되는 한에서 주체는 소외를 겪을 수밖에 없다. 이것은 기표의 의미작용 구조에서 비롯되는 필연적 결과다. 먼저 다른 기표로부터 고립된 단일한 기표는 의미작용을 할 수 없다는 사실에 주목하자. 의미작용은 최소한 두 개의 기표 사이에서, 서로 짝을 이루고 관계를 맺는 기표들 사이에서 이루어진다. 여기서 첫번째 기표의 의미는 두번째 기표가, 두번째 기표의 의미는 세번째 기표가 결정한다. 주체를 대리하는 기표도 다른 기표와 관계할 때만 의미를 얻는다. 그런데 그 다른 기표는 이미 주체의 존재와 무관한 위치에 있다. 따라서 기표의 연쇄가 이어질수록 주체를 대리하던 기표는 의미를 획득할지 모르지만, 주체 자신은 그 존재를 상실한다. 주체는 그 기표의 연쇄(대타자) 안으로 엮여들어갈수록 질서(제도)에 부합하는 의미와 가치, 이데올로기, 그에 바탕을 둔 이상적 자아상을 얻는다. 그러나 '의미의 주체'가 커갈수록 "아직 말을 지니지 않

56

은 존재의 주체"가 자라난다(Lacan 1966, 840면). 기표가 대리하지 못하는 '존재의 주체'가 소외상태에 빠지는 것이다.

　의미(언어 · 사유)의 주체와 존재의 주체 사이의 분열, 이 분열을 라깡은 '소외의 이접'(vel d'aliénation)이라 부르는데, 이는 아래의 그림으로 도식화할 수 있는 독특한 선택의 논리를 표시한다(Lacan 1973, 192면).

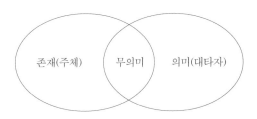

　이 그림이 표현하는 것은 권리상 자유로우나 사실상 강압적인 선택, 강압적일 뿐 아니라 훼손된 선택이다. 주체는 기표의 질서 안에 위치하자마자 어떤 선택지 앞에 서게 된다. 권리상 주체는 기표로 대리할 수 없는 자신의 존재를 선택할 수 있다. 그러나 그 존재는 말이 되지 않는 존재, 무의미한 존재, 혼돈스러운 존재, 광적인 존재이다. 그 선택의 결과 주체는 미친 사람, 일관성이 없는 인간이 된다. 그러므로 그 선택지는 포기될 수밖에 없다. 차라리 일관성 있는 사유, 의미를 선택하는 것이 낫다. 이것은 총을 든 강도가 '돈을 내놓을래 목숨을 내놓을래' 할 때, 우리는 결국 돈을 내놓을 수밖에 없는 것과 같다. 목숨을 내놓으면 돈도 같이 잃게 되기 때문이다. '돈 아니면 목숨' '자유 아니면 죽음'이라는 선택지처럼(Lacan 1966, 841면), '존재 또는 의미'의 선택지는 우리에게 자유로운 선택권을 주는 동시에 하나의 선택을 강요하는 역설적 구조를 지녔다. 게다가 강요된 선택은 다시 손해를 감수해야 한다. 목숨의 선택은 돈 없는 목숨, 자유 없는 생명으로 귀착한다. 마찬가지로 의미의 선택은 존재 없는 의미로 귀착한다.

　존재 없는 의미, 존재 없는 사유, 이것이 라깡이 바라보는 코기토의 진상(眞相)이다. 코기토, 그것은 일관되게 사유한다는 것이며, 사유한다는 것은 언어의 규칙을 따른다는 것, 기표의 질서에 순응한다는 것이다. 그런 종속의 댓가로 우리 각자는 서로 의사소통할 수 있는 주체의 자격을 획득한다. 그러나 그렇게 자격을 갖춘 '의미의 주체'는 자신의 존재를 상실한다. 주체의 존재는 사라지는 존재, 흔적이 된다. 따라서 '나는 생각한다'는 '나는 존재한다'로 이행할 수 없다. 주체의 사유와 주체의 존재는 데까르뜨가 천명하는 것처럼 분리 불가능한 것, 동전의 양면처럼 하나를 이루는 것이 아니다. 그 둘은 서로 다른 영역으로 향한다. 사유는 의식의 영역, 의미의 영역으로, 반면 존재는 무의식의 영역, 무의미의 영역으로 돌아간다. 주체는 단일하고 투명하고 통일되어 있는 것이 아니라 균열을 겪고 있다. 상징계 안에서 한 기표로 대리되고 거기서 의미를 얻는 '사유의 주체'는, 기표로 대리할 수 없고 따라서 아직 합리적으로 규정할 수 없는 '존재의 주체'와 다른 장소에 있다.

그러므로 라깡은 데까르뜨의 코기토 명제를 이렇게 변용한다. "나는 존재하지 않는 곳에서 생각하고, 따라서 생각하지 않는 곳에서 존재한다. (…) 내가 내 생각의 장난감인 곳, 그곳에서 나는 존재하지 않는다. 내가 생각한다고 생각하지 않는 곳, 그곳에서 나는 내가 존재한다는 것을 생각하고 내가 무엇인지를 생각한다"(Lacan 1966, 571면). 이런 공식은 후에 이렇게 단순화된다. "나는 생각한다: '따라서 나는 존재한다'"(Lacan 1966, 864면). 이 공식이 강조하는 것은 '나는 생각한다'가 '나는 존재한다'로 이행할 수 없다는 것, 둘 사이에 불연속 혹은 심연이 자리한다는 것이다. 후에 이 공식은 다시 이렇게 변용된다. "새로운 코기토: 나는 생각하지 않거나 나는 존재하지 않는다"(Lacan 2001, 323면).

이렇게 코기토 명제를 변용함에 따라 소외와 분리에 대한 라깡의 생각과 그것을 표현하는 도식도 변한다(Dolar 1998 참조). 그러나 그러한 모든 변화에도 불구하고 라깡의 주장은 일관적이다. 그것은 주체가 사유의 주체와 존재의 주체로 나뉘어 있다는 것, 사유의 주체는 존재결여를 겪고 있다는 것, 주체는 분열된 주체(S)라는 것이다.

──분리와 무의식적 환상. 소외가 존재를 결여한 사유의 주체가 태어나는 과정이라면, 분리는 이 사유의 주체가 다시 실체성을 획득하는 과정이다. 소외는 주체가 대타자에게 부름받은 주체, '호출된 주체'(sujet appelé)인 한에서 겪는 운명이다(Lacan 1973, 42면). 반면 분리는 그런 호출에 대한 주체의 응답, 어떤 질문을 갖게 된 주체의 응답에서 일어나는 사건이다. 그 응답이 무의식적 증상, 즉 환상(S◇a)이다. 그 증상과 환상은 주체를 구성하는 중요한 요소이다. 왜냐하면 그것이 주체의 존재결여를 메우는 어떤 것, 그 결여를 대신하는 실체이기 때문이다(Žižek 1989, 68면 이하 참조).

라깡은 분리가 지닌 이런 여러가지 의미를 상징적인 말로 압축하기 위해 라틴어 'separere'를 'se parere'로 나누어놓는다(Lacan 1973, 194면). 이렇게 나누어놓으면 그 말은 '자신을 분만한다' '자신을 낳는다'는 뜻을 지니기도 하고, '자신을 방어한다' '자신을 보존한다'는 뜻을 지니기도 한다. 게다가 'pars'라는 라틴어는 '부분'을 뜻한다. 분리는 그 쪼개진 말의 의미 모두를 포함한다. 즉 그것은 주체가 자신의 존재를 잉태하는 과정이고, 그 과정은 기표로부터 자신을 보호하려는 태도에서 시작한다. "자신이 종속된 기표로부터 자신을 보호하기 위해서 주체는 기표의 연쇄적 질서를 공격한다. (…) 그 질서에 있는 간극의 지점을 공격하는 것이다"(Lacan 1966, 843면).

소외가 분열된 주체를 낳는다면, 분리는 그 분열된 주체가 대타자 안에서 어떤 간극과 균열을 발견할 때, 다시 말해서 대타자의 욕망을 발견할 때 일어난다. 그것은 주체의 욕망(결여)과 대타자의 욕망(결여) 사이에서 일어나는 사건이다. 그러면 주체는 어디서 대타자의 결여를 발견하는가? 그것은 기표가 어렵게 이어지는 곳, 이어지다가 끊기는 곳, 대타자가 더듬는 곳이다. 그곳이 대타자의 욕망이 드러나는 간극이다. "반복되는 간극,

기표의 연쇄를 가장 근본적으로 구조화하는 이 간극은 욕망의 전차인 환유가 출몰하는 지점이다"(Lacan 1966, 843면). 그 간극은 기표의 구조적 질서를 구성하는 일부인데, 거기서 기표의 환유적 운동이 일어난다. 이 환유의 장소, "거기가 우리가 욕망이라 부르는 것이 기어가는 곳이다. 욕망은 거기서 미끄러지듯 지나가고 바로 거기서 족제비처럼 달아난다. 주체는 대타자의 욕망을 포착하되 대타자의 담론이 달라붙지 않는 곳에서, 그 담론의 결함에서 포착한다. 그리고 어린아이의 모든 '왜?'는 사물의 근거에 대한 갈망에서 오는 물음이라기보다는 어른을 시험하기 위해 던지는 물음이다. 그것은 '왜 너는 나에게 그렇게 말하는 것이지?'라는 물음이며, 어른의 욕망이 그 심층에 감춘 비밀 때문에 계속 다시 야기되는 질문이다"(Lacan 1973, 194면).

주체는 대타자의 담론적 간극, 그 간극을 공격한다. 질문을 던지는 것이다. 그 질문은 원래 하나의 탐색이다. 주체는 대타자 안에서 자신의 존재를 동일시할 수 있는 기표를 찾고 있다. 그러나 그 기표는 결코 발견할 수 없는 것, 부재하는 기표이다. 대타자가 더듬을 때, 그래서 대타자의 욕망이 노출될 때, 주체는 대타자를 의심하게 되고 이로써 불안에 휩싸인다. 자신의 기표를 찾을 수 없다는 불안에 빠지는 것이다. 그것은 돈독한 신자가 자신이 믿던 신이 불완전할지 모른다는 의문이 들 때, 혹은 열렬한 숭배자가 자신에게 희망을 주던 우상이 평범한 인물에 불과할지 모른다는 생각이 들 때 닥치는 불안이다. 그런 불안 속에서 어린아이가 대타자(부모)에게 던지는 처음의 질문은 자신의 소멸 가능성에 대한 물음이다. "그는 나를 잃어버릴 수 있을까?"(Lacan 1966, 844면), "그는 내가 없어지길 원할까?"(Lacan 1973, 194면). 어린아이는 이렇게 묻는다. 그리고 그렇게 스스로 던진 물음에 다시 스스로 답한다. 그 첫번째 응답, 질문 뒤에 나오는 응답은 "자신의 죽음, 소멸의 환상"이다(Lacan 1973, 195면). 어린아이는 자신의 희생을 통해 자신이 없어지길 원하는 것처럼 보이는 대타자의 욕망에 부응하고자 한다. 대타자가 욕망하는 것을 스스로 욕망하는 것이며, 이 욕망의 욕망은 자신의 존재에 대한 부정도 감수할 정도이다. 대타자의 욕망에 부응하기 위한 자기희생의 욕망, 그것의 이름은 사랑이다.

임상의 차원에서 이런 욕망의 변증법은 분석주체(피분석자)와 분석자 사이에서 일어난다. 거기서 주체가 던지는 물음, 의심에 찬 질문은 분석자의 능력을 공격한다. 혹시 그는 속고 있는 것이 아닐까? 나를 잘못 인도하는 것이 아닐까? 이런 질문을 통해 주체는 대타자의 위치에 있는 분석자의 욕망과 처음 관계하게 된다(전이가 일어나는 것은 이 지점에서이다). 이러한 의문과 질문은 다시 사랑으로 발전한다. 이때 사랑이란 대타자와 하나가 되어 있다는 기만적 착각이다. 대타자가 결여의 주체(A)라면, 주체는 그 결여를 자신의 희생을 통해 메우고자 한다. 대타자가 욕망의 주체라면, 주체는 그 욕망의 대상(phallus)이 되고자 한다. 대타자의 빈자리를 자신이 채우고, 이를 통해 대타자와 하나가 되기를 원한다. 이로써 소외의 이접(vel)은 분리의 단계에서 의지(velle)로, 희생의 의지로 발전한다. 주체는 소외의 단계에서 겪었던 자신의 존재소멸을 다시 의지함으로써 대타자를 다시 건재한 상태로 복원하고자 한다. 그런 의미에서 "분리는 소외의 회귀를 나타낸다"(Lacan 1966, 844면). 분리는 주체가 자발적으로 처음의 소멸로 돌아가는 단계를 지나기 때문이다.

이 분리의 단계에서 '대타자의 욕망'은 이중적 의미를 지닌다. 그것은 먼저 대타자의 결핍, 그 결핍 때문에 일어나는 욕망이다. 다른 한편 그것은 대타자에 대한 주체의 욕망을 의미한다. 주체는 대타자의 욕망의 대상이 되기를 욕망한다. 주체는 대타자의 욕망의 대상이 됨으로써 대타자의 결핍과 자신의 결핍을 동시에 메우고 싶어한다. 주체는 자신을 통해 대타자를 완전하게 만들고, 그 완전한 대타자를 통해 자신을 완전하게 만들고 싶은 욕망에 빠진다. 그 결함 없는 대타자 안에서 자신이 찾고 있는 것, 자신이 갈구하는 기표를 얻고자 한다. 분열된 주체(S)가 불완전한 대타자(A)

를 완전한 대타자(A)로 변모시키고자 한다면, 이는 자신이 완전한 주체(S)로 다시 태어나고자 하는 욕망 때문이다. 주체는 완전하다고 가정된 대타자의 욕망 안에서 자신의 잃어버린 기표, 존재의 기표를 꿈꾼다.

이 숭고한 욕망은 어떤 방어이자 회피다. 주체는 자신의 존재결핍을 인정하지 않으려 하며, 또한 대타자의 결핍과 불완전성을 직시하려 하지 않는다. 이런 방어적 회피, 그것이 라깡적 의미의 환상($S \diamond a$)이다. 환상의 주체는 대타자가 입은 외상의 자리에 스스로 생산한 어떤 대상(object a)과 마주해 있다. '욕망의 대상-원인'이라 불리는 그 대상은 상징계에 초재적인 동시에 내재적이다. 그것은 경험적인 동시에 선험적인 대상, 실재적이면서 또한 상상적인 대상이다. 무의식적 주체, 완성된 욕망의 주체는 환상의 주체이다. 이 환상의 주체는 그 대상을 통해서 소외 이전의 실낙원으로 돌아간 듯한 착각에 빠지고, 거기서 대타자와 하나 되는 향락을 향유한다. 환상의 주체는 향락의 주체이다.

데까르뜨적 주체 또한 그런 환상의 주체이다. 그의 대타자는 신이다. 그는 신의 존재증명을 통해 자신의 항구적 동일성을 근거짓는다. 그 증명은 대타자의 결핍을 말소하는 행위, A를 A로 만드는 과정이다. 데까르뜨적 주체는 그렇게 완전하고 선한 신을 끌어들여 자신의 명증한 직관이 거짓이 아님을 보증하려 했다. 사유와 존재의 일치를 담보하고자 했으며, 자신의 존재결핍을 메우고자 했다. 그러므로 데까르뜨적 주체의 오류, 주체의 소멸적 존재를 항구적 존재로 고착화시킨 오류는 단지 스스로 통과했던 언표행위의 차원을 쉽게 망각했기 때문에만 일어나는 것이 아니다. 그 망각은 궁극적으로 착각에서 온다. 대타자인 신이 자신의 결핍을 모두 메워줄 수 있다는 착각이 그 망각의 실질적 뿌리다. 요컨대 데까르뜨의 오류는 환상을 통과하지 못한 데 있다. '환상의 횡단'(traversée du fantasme), 그것이 라깡이 데까르뜨에게, 철학자들에게, 분석자를 찾는 모든 사람에게 요구하는 최후의 주문이다. 그러나 데까르뜨적 주체는 이 환상을 통과하기 전에 먼저 통과해야 할 단계가 있다. 그것은 사랑의 단계이다.

3. 주체의 거짓말과 애매한 대타자

환상의 횡단은 분리의 완료인 동시에 분리 뒤에 오는 분리, 제2의 분리라 할 수 있다. 환상을 일으키는 욕망의 대상−원인이 대타자로부터 떨어져나오는 것이 첫번째 분리라면, 두번째 분리는 환상의 주체가 그 대상과 떨어지는 사건이다. 욕망의 대상−원인으로부터 해방되는 것, 그것이 환상의 횡단이다. 그러면 그 횡단은 어떻게 일어나는가? 라깡에 따르면, 욕망의 대상−원인으로부터 해방되기 위해서는 다른 욕망의 대상−원인에 구속되어야 한다. 그러므로 환상의 횡단은 환상과 작별한다는 것이 아니다. 그것은 욕망의 대상−원인을 바꾸고 그래서 환상을 바꾼다는 것을 뜻한다. 기존의 증상을 새로운 증상으로, 기존의 가상을 새로운 가상으로 바꾸는 것, 그것이 환상의 횡단이다.

여기에는 인간에 대한 중요한 통찰이 담겨 있다. 그것은 인간이 결코 무의식적 증상을, 그로 인한 환상을 넘어설 수 없다는 것이다. 인간은 누구나 무의식적 주체이고, 무의식적 주체인 한 가상적 사유인 환상을 벗어날 수 없다. 벗어날 수 있는 것은 특정한 환상, 가령 고통과 불편을 초래하는 환상이다. 하지만 그런 환상을 벗어나기 위해서는 새로운 환상, 개인이나 사회에 문제를 일으키지 않는 환상으로 진입해야 한다.

하지만 이미 우리를 사로잡고 있는 욕망의 대상−원인에 거리를 둔다는 것은 어려운 일이다. 이 난해성은 정신분석이 치료의 현장에서 부딪히는 최대의 걸림돌이다. 프로이트 이래 이 걸림돌은 저항의 문제, 치료에 대한 분석주체의 저항이라는 문제로 부각되어왔다. 다음과 같은 구절은 이 저항의 문제가 정신분석에서 차지하는 위상을 잘 표현하고 있다. "25년 동안 열심히 일한 결과 오늘날 정신분석의 기교가 당면한 목표는 처음 시작할 때의 목표와는 사뭇 다르다는 사실이 드러나고 있다. 처음에는 분석자가 할 수 있는 일은 고작 환자에게 감추어져 있는 무의식적 자료를 발견하고 합성하여 그것을 제때에 그에게 전달하는 것이었다. 그때의 정신분석은 무엇보다도 해석의 예술이었다. 이러한 것이 치료의 문제를 해결해주지 못했으므로 재빨리 또다른 목표가 등장했는데, 그것은 환자로 하여금 그 자신의 기억에서 분석자가 구성한 사실을 확인하도록 하는 것이었다. 이러한 노력 속에서 환자의 저항이 문제시되었다. 그래서 이제 분석의 기술은 가능하면 빨리 이 저항을 발견해내고 그것을 환자에게 지적해주며 인간적 영향력을 통해——여기가 '전이'(Übertragung)라는 심리기제가 그 역할을 하는 곳이다——환자가 저항을 버리도록 유도하는 데 있었다"(지그문트 프로이트 1997, 25면).

무의식이란 무엇인가? 이것이 정신분석에서 가장 중요한 물음인지 모른다. 왜냐하면 정신분석 자체가 그 물음의 인도 아래 성립됐기 때문이다. 그러나 그 물음 안에서 정신분석은 '해석의 기술'로 그친다. 결코 '치료의 기술'로까지 상승하지 못한다. 그런 상승을 가로막는 것이 분석주체의 저항이다. 그 저항을 극복하는 관건은 분석주체와 분석자 사이에서 전이가 일어날 가능성에 있다. 전이를 통해 저항을 해소하는 것, 그것이 치료의 기술로서 정신분석이 통과해야 할 최후의 관문이다.

이 저항과 전이의 문제가 얼마만큼 중요한지를 실감하기 위해서 다시 라깡의 파문을 떠올릴 필요가 있다. 라깡이 국제정신분석학회로부터 회원자격을 박탈당한 것은, 무의식을 다른 사람과 다르게 설명하기 때문이 아니었다. 그것은 단지 상담시간에 관한 문제 때문이었다. 라깡은 상담은 분석자에 의해 자유롭게 중단되어야 하고, 따라서 상담시간이 미리 지정되거나 언제나 같아서는 안된다고 생각했다. 왜 그렇게 생각했는가? 그것은 전이의 가능성을 극대화하기 위한 노력에서 나온 생각이다. 분석주체가 이해할 수 없는 방식으로 상담을 중단할 수 있어야 분석주체의 저항을 가장 효과적으로 제거할 수 있다는 것이다.

이런 생각은 저항에 대한 라깡의 독특한 이해에 근거한다. 전이를 가로 막는 장애물, 저항의 실체는 무엇인가? 라깡은 말한다. 저항은 전이 자체 안에서 발생한다. 전이 자체 안에서 발생하는 저항, 그것은 사랑이다. 그 것은 분석자에 대한 사랑인데, 이 사랑은 전이의 가능성을 열어놓되 다시 닫는 어떤 기만이다. 그것은 분석자에 대한 기만이되 동시에 분석주체의 자기기만이다. 이 기만으로서의 사랑은 무의식적 욕망과 증상의 환원 불 가능한 구성요소이다. 분석주체는 거짓말하는 주체이고, 그 앞의 분석자 는 속는 대타자다. 욕망 안의 이 거짓말과 속임수를 해소하지 않는다면, 전이와 이를 통한 환상의 횡단은 기대할 수 없다. 환상의 횡단을 의도하는 한에서 정신분석은 거짓말하는 주체와 속는 대타자 사이에서 일어나는 현상을 정확히 파악해야 한다. 치료의 기술로서의 정신분석은 그 현상을 엄밀히 기술하는 '전이의 현상학'이어야 한다(Lacan 1973, 210면).

1964년의 강의에서 라깡은 이 전이의 현상학을 위해서 다시 데까르뜨 로 돌아간다. 이는 전이의 현상학에서 중요한 위치를 차지하는 '속은 대 타자'를 효과적으로 설명하기 위해서다. 그 설명의 출발점은 데까르뜨의 과장법적 회의에 나오는 '속이는 신', 그리고 그가 신의 존재증명을 통해 서 다시 발견하는 '속이지 않는 신'이다. "데까르뜨의 경우, 처음의 코기 토에서 '나는 생각한다'가 겨냥하는 것, 그것이 '나는 존재한다' 안에서 동요하는 한에서 겨냥하는 것은 현실적 세계이다. 그러나 진실은 아직 저 바깥에 머물러 있고, 때문에 그 다음으로 데까르뜨는 무엇인가를 확신할 수 있어야만 했다. 그가 확신해야만 했던 것, 그것은 기만자가 아닌 대타 자다"(Lacan 1973, 37면).

데까르뜨는 이성의 관점에서는 결코 의심할 수 없는 진리를 의심하기 위해 이성의 존재론적 기원에 해당하는 신의 관점으로 이동한다. 만일 신이 기만자라면, 그래서 이성이 참이 아닌 사실을 참인 것으로 믿어 의심치 않는 본성을 지니도록 만들어놓았다면 어쩔 것인가? 데까르뜨적 주체는 그 근거를 무효화하기 위해 신의 존재를, 존재하는 그 신의 선성(善性)을 증명한다. 이때 신의 선함은 그의 완전성으로부터 연역된다. 신이 완전한 존재자라면 기만자일 수 없는데, 이는 속임수가 불완전성의 징표이기 때문이라는 것이다.

반면 라깡이 말하는 무의식적 욕망의 주체는 데까르뜨적 주체와는 다른 대타자 앞에 있다. 정신분석의 대타자는 속이는 일도 없고 그렇다고 선을 베풀지도 않는다. 다만 그 자신이 기만과 속임수의 대상이다. "내가 지금 강조하고자 하는 것은, 주체의 상관항은 이제 더이상 '기만적 대타자' (Autre trompeur)가 아니라는 것, 다만 '기만당한 대타자'(Autre trompé)라는 것이다"(Lacan 1973, 37면). 왜 속은 대타자가 주체의 상관항인가? 그것은 전이가 일어나는 출발점에 있는 믿음, 대타자에 대한 주체의 믿음을 들여다보면 알 수 있다. 전이는 분석주체가 분석자를 어떤 전지전능한 주체로 전제할 때만 일어날 수 있다. 그에게 대타자의 위치에 있는 분석자는 모든 것을 '안다고 가정된 주체'(sujet supposé savoir)다. 전이의 현상학에 따르면, 이 가상의 주체가 없다면 전이는 일어날 수 없다. 거꾸로 "안다고 가정된 주체가 어딘가에 있다면 전이는 생기게 마련이다"(Lacan 1973, 228면). 그런 의미에서 전이는 모든 것을 '안다고 가정된 주체'에 그 토대를 두고 있다(Lacan 1973, 211면).

그러므로 데까르뜨적 주체와 분석주체가 각기 대타자에게 요구하는 것 사이에는 공통점이 있다. 그것은 대타자가 모든 것을 안다고 가정된 주체여야 한다는 것이다. 데까르뜨적 주체는 어디엔가 현실적으로 모든 지식을 소유하고 있는 전지전능한 주체가 있을 때만 학문적 탐구가 가능하다고 믿는다. 그런 믿음이 데까르뜨의 신의 존재증명을 끌고 가는 힘이다. 그 증명은 곧 "모든 학문적 탐구를 실제의 학문이 어딘가 존재한다는 사실, 신이라 불리는 현존의 존재자 안에 존재한다는 사실, 다시 말해서 신은 [모든 것을] 안다고 가정될 수 있다는 사실로부터 정당화하려는" 시도이다(Lacan 1973, 204면. 이하 [ ]는 인용자).

이런 정당화의 배후에는 어떤 의심, 대타자가 자신을 끊임없이 속이고 있을지 모른다는 의심이 자리한다. 그러나 실제 분석의 현장에서는 반대의 현상이 일어난다. 분석주체는 혹시 자신이 분석자를 속이게 될까 해서 걱정한다. "주체가 가장 두려워하는 것, 그것은 [분석자인] 우리를 속이는 것, 우리를 잘못된 길로 인도하는 것, 더 간단히 말해서 우리가 속게 되는 것이다"(Lacan 1973, 37면). 데까르뜨의 과장법적 회의에서 신이 속일 수도 있다는 것이 학문의 가능성에 대한 최고의 위협이라면, 분석의 현장에서는 분석자가 속을 수 있다는 것이 주체의 확신을 깨뜨리는 최고의 위협이다(Lacan 1973, 211면). 그 위협이 도사리는 한 전이는 일어날 수 없고, 따라서 분석과 치료는 불가능하다. 학문을 구하는 데까르뜨적 주체에게 대타자가 결코 기만자여서는 안되는 것이라면, 분석주체에게 대타자는 결코 기만당해서는 안된다(Lacan 1973, 121면). 그러나 분석주체는 오히려 그런 확고한 믿음 때문에 대타자를 속인다. 대타자를 속지 않는 위치에 두기 위해서 그 대타자를 속이는 것이다.

이런 속임수의 배후에도 역시 어떤 의심이 자리한다. 분석의 현장에서 분석자는 모든 것을 안다고 가정된 주체의 역할을 감당해야 한다. 하지만 분석자는 신이 아니다. 신처럼 완전한 존재자, 무한한 존재자가 아니다(Lacan 1973, 209면). 이는 분석주체가 분석자에게 원하는 것과 상반된다. 분석주체가 원하는 것은 원래 자신에게 결여된 동일성이다. 분석주체가 대타자의 위치에 있는 분석자에게 구하는 것은 자신이 찾고 있는 기표, 자신을 동일시할 수 있는 기표이다. 환자는 그 기표를 얻고자 분석자를 찾아온 것이며, 그 기표를 구하고자 분석자에게 의존하고 싶어한다. 그것이 분석주체의 갈망이다. 이런 갈망 속에서 분석주체는 분석자를 모든 것을 알고 있는 주체로 전제한다. 분석주체가 두려워하는 것, 그것은 이 전제가 흔들릴 위험이다. 분석주체가 거짓말을 하는 것은 오로지 이 위험에 대해 방어하기 위해서다.

이런 방어적 태도에서 분석주체의 욕망은 '분석자의 욕망'으로, 분석자로부터 욕망되기를 원하는 '욕망의 욕망'으로 발전한다. 분석주체는 자신이 분석자의 욕망의 대상이 되기를 갈망하기에 이른다. 이때 욕망의 대상이 된다는 것은 빈 곳을 채우는 대상, 욕망하는 주체를 완전하게 하는 보충물이 된다는 것과 같다. 그것이 곧 분석자에 대한 사랑이다. 전이의 현상학에서 라깡이 강조하는 것은, 이 사랑이 "전이의 가장 일반적 효과"라는 것이며(Lacan 1973, 228면), 이 전이의 효과인 사랑은 어떤 기만적 행위라는 것이다. "사랑은 여기서 어떤 본질적인 기능 속에서, 즉 기만의 기능 속에서 출현한다. 사랑은 확실히 전이의 효과이되, 그러나 그 전이 안에서 성립하는 저항의 얼굴이다. (⋯) 그 사랑 때문에 주체는 우리의 해석의 효과에 아무런 영향도 받지 않게 된다. 그것은 곧 소외의 효과다"(Lacan 1973, 229면).

사랑은 왜 소외의 효과인가? 이는 그것이 타자의 욕망과 하나가 되려는 의지에서 비롯되기 때문이다. 사랑의 배후에는 "분석주체의 욕망과 분석자의 욕망을 하나로 묶으려는 태도가 있다"(Lacan 1973, 229면). 분석주체가 자신을 분석자의 욕망에 철저히 종속시키려는 욕망, 그것이 전이에서 일어나는 사랑이다. 그러나 그런 철저한 종속의 제스처는 기만이자 속임수이다. "분석자의 욕망에 종속된 주체는 이 종속을 믿도록 분석자를 속이고자 욕망한다. 분석자로부터 사랑받으려고 노력하면서, 그리고 그 자신이 사랑이라는 이 본질적 허위를 꾸며내면서 분석자를 속이고자 하는 것이다"(Lacan 1973, 229면).

어떤 철저한 종속을 의도하는 이 사랑은 스토아적 윤리의 핵심, 그리고 다시 기독교적 윤리의 핵심과 상통한다. 자신에게 "대타자의 욕망이 절대적으로 군림하도록" 원한다는 점에서 그것은 스토아적이다. 그리고 그것은 "당신의 뜻이 모두 이루어지기를!" 하고 외친다는 점에서 기독교적이다. 이런 종속에 대한 의지는 희생의 열망과 하나를 이룬다. 그리고 이때 "희생이란, 우리가 바라는 욕망의 대상 안에 대타자의 의지가 내재하고 있다는 증거를 찾으려고 노력한다는 것을 의미하며, 나는 그 대타자를 여기서 '애매한 신'이라 부르겠다"(Lacan 1973, 247면).

욕망의 주체는 대타자의 노예가 되기를 원한다. 어떤 희생을 댓가로 대타자의 사랑을 얻어내고자 한다. 그러나 대타자는 '애매한 신'이다. 불러도 대답하지 않는 신, 답을 주지 않는 신, 어떠한 지식도 진리도 담보하지 않는 신이다. 그럼에도 불구하고 욕망의 주체는 대타자가 모든 것을 알고 있고 모든 문제를 해결할 능력이 있다고 가정한다. '당신은 모든 것을 알고 있어요. 알고 있어야 합니다.' 분석주체가 염려하는 일, 즉 분석주체가 속을지 모른다는 염려는 그런 소망에서 싹튼다. 그것은 분석자가 그런 전지전능한 위치로부터 이탈할지 모른다는 염려이다. 분석주체는 자신의 가정과 어긋날지 모르는 분석자를 염려한다.

분석주체의 가정 안에서, 대타자는 모든 지식이 완벽하게 구비된 장소를 뜻한다. 그러나 실제로 그 장소는 "어떠한 앎도 존재하지 않는 절대적 지점이다. 그것이 절대적인 것은 결코 어떠한 앎도 아니라는 것 때문이다"(Lacan 1973, 228면). 그것은 앎이 불가능한 지점, 합리적 추론도 직관도 불가능한 역설의 지점이다. 욕망의 주체가 두려워하는 것은 그 역설의 지점과 마주치는 것이다. 대타자 안의 역설·약점·균열·불가능성. 욕망의 주체는 그 불가능성을 배제하고자 한다. 거짓말은 여기서 시작된다. 그리고 이 거짓말은 희생의 열망으로 발전한다. 대타자를 완전한 존재자의 위치에 두기 위해서 주체는 모든 것을 포기하기에 이르고, 이 희생의 열망 안에서 희생은 어떤 목적에 봉사하는 것이 아니라 희생 자체가 목적이 된다.[2]

이런 전이의 현상학으로부터 철학자의 신을 재해석할 수 있다. 전이의 현상학은 주체의 실체적 동일성이 어떤 기만적 착각에 근거한다는 결론에 이른다. 주체는 대타자의 비일관성과 결여를 은폐하는 한에서만 자신의 동일성을 확신할 수 있다. 거꾸로 그런 확신을 위해 주체는 대타자를 결함 없는 존재자, 완전한 존재자로 가정한다. 그리고 그런 가정을 끝까지 유지하기 위해 기만적 사랑에 빠진다. 라깡은 스피노자에게서 그런 기만의 논리를 발견한다. 스피노자가 말하는 '신에 대한 지적 사랑'(Amor intellectualis Dei)은 전이의 현상학에서 드러나는 기만적 사랑의 전형이며 (Lacan 1973, 247면), 이는 주체의 욕망과 대타자의 욕망이 하나로 결합되기를 소망하는 욕망, 그 결합을 위해 끝없는 자기헌신과 희생을 기꺼이 감수하는 의지의 표현이라는 것이다.

그렇다면 데까르뜨의 신은 어떤가? 그 신은 명석판명(明晳判明)한 지각, 본유관념(本有觀念), 영원진리 등이 참일 수 있는 근거, 다시 말해서 학문적 진리의 형이상학적 보증자다. 라깡의 관점에서 말하면, 이것 또한 전이의 효과다. 데까르뜨의 신은 '속은 대타자', 자신 안의 결여와 역설을 모르는 대타자에 해당한다. 신이 전지전능하다는 기만적 믿음이 없었다면, 데까르뜨적 주체는 결코 자신의 실체적 동일성에 도달하지 못했다. '나는 생각한다'에서 '나는 존재한다'로, 그리고 '나는 사유하는 존재자다'로 이행할 수도 없었다. 자신의 동일시 기표를 담고 있는 완전한 대타자가 있다는 가상적 믿음 때문에 그 주체는 자신의 사유와 존재를 일치시킬 수 있었다. 그가 획득한 실체적 동일성은 대타자의 결여를 감추었기 때문에 얻을 수 있었던 보상이다.

다시 라깡의 관점에서 말하면, 그런 기만 이전의 대타자는 원래 '애매

---

2) 라깡은 나찌 출현의 배후를 논하면서 그것을 가능하게 한 조건으로 이런 주체의 (자기)기만과 희생의 열망을 지적한다. Lacan, Jacques (1973) *Le séminaire XI*, Paris: Seuil, 246~47면. 이런 대목을 근거로 지젝은 이데올로기의 본성을 밝히는 데 라깡의 정신분석을 활용하여 커다란 호응을 얻은 바 있다. Žižek, Slavoj (1989) *The Sublime Object of Ideology*, London: Verso, 79~84면 등 참조.

한 신'이었다. 이때 애매하다는 것은 역설적으로밖에 표상할 수 없다는 것을 뜻한다. 논리적 모순을 범하지 않으면서 설명할 수 없다는 것, 그것이 대타자의 애매성이다. 데까르뜨의 신도 그런 애매성 없이 출현할 수 없었다. 가령 그 신은 이 세계의 인과적 질서의 중심이되 그 질서에서 벗어나 있어야 하는 중심, 그 원인을 물을 수 없는 중심, 그래서 '자기원인'이라고밖에 표현할 수 없는 중심이었다(Descartes 1982, 184면 이하 참조). 그런 역설적 대타자에 대한 데까르뜨의 응답은 역시 "당신의 뜻이 모두 이루어지기를!"이며, 그가 1630년 메르쎈느 신부에게 보낸 편지에서 펼쳤던 '영원진리 피조설'과 그것이 담고 있는 주의주의(主意主義) 신학은 그런 희생의 열망에 뿌리내리고 있다(Lacan 1973, 204면).[3]

데까르뜨의 신에 대한 이런 해석은 좀더 복잡한 논의를 요구하며, 철학사가의 입장에서 그 타당성을 면밀하게 검증받아야 하는 무거운 주제이다.[4] 그러므로 여기서는 이런 문제는 건너뛰고 결론을 위해서 라깡의 대타자가 지닌 특성을 다시 한번 부연하겠다. 이미 말한 것처럼 그 특성은 그 중심에 논리적 불가능성을 품고 있다는 데 있다. 만일 무의식이 언어처럼 구조화된다는 것이 라깡의 믿음이라면, 이 언어가 대신하는 대타자는 그 중심의 논리적 불가능성에 의한 균열로부터 구조화된다. 구조로서의 대타자는 "어떤 결여의 구조화하는 기능"에서 비롯된다(Lacan 1973, 31면). 그러므로 그 균열은 단순한 결여를 뜻하지 않는다. 그것은 오히려 생산하고 산출하는 결여, 구조를 낳는 결여, 따라서 모든 구조에 배꼽처럼 남아 있는 결여이다. 왜냐하면 그 결여가 구조의 탯줄이기 때문이다. 그 결여는 움직이는 균열이고, 대타자는 "그 균열이 일으키는 박자에 맞춰 리듬을 타는 구조"이다(Lacan 1973, 33면). 움직이는 구조, 그 구조의 움직임은 역

---

3) Baas, Bernard and Armand Zaloszyc (1988) *Descartes et les fondements de la psychanalyse*, Paris: Navarin Osiris, 68면 이하의 상세한 논의 참조.
4) Sipos, Joël (1994) *Lacan et Descartes: la tentation métaphysique*, Paris: Presses Universitaires de France는 그런 검증의 노력을 대표적으로 보여준다.

설적인 중심의 운동에서 온다.

　이런 구조는 구조주의적 구조와 사뭇 다르다. 그것은 탈구조주의적 구조, 가령 데리다의 구조에 가깝다. 그러나 라깡은 탈구조주의자이기에 앞서 데까르뜨주의자이다. 주체를 말할 때뿐 아니라 대타자에 대해 말할 때도 라깡은 데까르뜨적 주체와 그의 신 없이는 자신이 의도한 바를 효과적으로 설명하지 못했다. 라깡의 ‘전이의 현상학’은 그의 주체이론과 마찬가지로 데까르뜨의 회의를 반복하면서 앞으로 나아갈 수 있었다. 그런 의미에서 정신분석의 기초로 향하는 라깡의 행보는 언제나 데까르뜨적이다. 적어도 칸트나 후썰보다는 라깡이 더 데까르뜨적이라는 사실, 이 사실을 강조하고 싶다.

참고문헌

Baas, Bernard and Armand Zaloszyc (1988) *Descartes et les fondements de la psychanalyse*, Paris: Navarin Osiris.

Borch-Jacobsen, Mikkel (1991) "Les alibis du sujet," *Lacan avec les philosophes*, Bibliothèque du collège international de Philosophie, Paris: Albin Michel.

Descartes, René (1982) *Réponses aux quatrièmes objections*, AT IX-1권, Paris: J. Vrin.

Dolar, Mladene (1998) "Cogito as the Subject of the Unconscious," Slavoj Žižek, ed., *Cogito and the Unconscious*, Durham: Duke University Press.

Hegel, Georg Wilhelm Friedrich (1971) *Vorlesungen über die Geschichte der*

Philosophie III, 전집 20권, Frankfurt am Main: Suhrkamp.

Lacan, Jacques (1966) *Écrits*, Paris: Seuil.

——— (1973) *Le séminaire XI*, Paris: Seuil.

——— (2001) *Autres écrits*, Paris: Seuil.

Sipos, Joël (1994) *Lacan et Descartes: la tentation métaphysique*, Paris: Presses Universitaires de France.

Žižek, Slavoj (1989) *The Sublime Object of Ideology*, London: Verso.

르네 데까르뜨(1997) 『성찰』, 이현복 옮김, 서울: 문예출판사.

에드문트 후썰(1993) 『데카르트적 성찰』, 이종훈 옮김, 서울: 철학과현실사.

지그문트 프로이트(1997) 『쾌락원칙을 넘어서』, 박찬부 옮김, 서울: 열린책들.

3. 해체론과 정신분석의 대결지점

20세기를 지나면서 전통적 언어관을 깨뜨리는 새로운 이론들이 여기저기 자리를 잡았다. 사방에서, 특히 유럽에서 자리잡고 활보하는 이론들 중에서 가장 활력있고 생기있는 발걸음은 쏘쒸르에서 시작되었다. 쏘쒸르를 따라가고 따라잡는 발걸음들, 다시 앞서가는 줄달음질, 이 지칠 줄 모르는 경주에서 구조주의와 탈구조주의라는 거대한 무리의 행렬이 이루어졌다. 그 행렬을 끌고 가는 원동력은 새로운 기호 개념에서 나왔다. 광야의 유대인들을 인도했던 불기둥처럼, 탈구조주의에 이르는 사상사적 모험을 유인했던 것은 새로운 기호 개념이다. 불타는 기호, 그러나 거기서 재로 남는 것은 무엇인가?

그것은 무엇보다 '언어 이전'에 있던 것들이다. 전통적 언어관은 언어 이전의 것을 중심으로 언어를 설명해왔다. 플라톤적 구도에서 말하자면, 언어 이전에는 형상 혹은 본질이 있다. 언어는 언어보다 먼저 존재하는 실재의 모방과 재현이다. 도구에 불과한 언어, 모상에 불과한 언어, 그것은 저 홀로 무관심하게 있는 실재에 의해 정당화되거나 통제되어야 한다. 언어는 감시의 대상이다. 아리스토텔레스-스토아적 전통의 구도에서 말하자면, 기호 이전에는 관념이, 관념 이전에는 현실적 대상이 있다. 기호는 대상을 지시하는 관념을 재현한다. 관념이 실재의 모사라면 기호는 모사의 모사다. 기호 이전에는 사물과 인간이 있다.

구조주의 이래 하늘로 솟은 기호의 불기둥에서는 이런 재현 모델과 그것을 구성하던 요소들이 재로 변하고 있다. 이 화재에서 일어나는 사건으로 다시 두 가지를 꼽을 수 있다. 첫째, 어떤 전도(顚倒)가 일어나고 있다. 언어 이전의 것들로 간주되던 것들이 언어 이후의 것으로 자리매김된다. 의미·실재, 나아가 주체 등과 같이 언어의 기원이자 근거에 해당하던 것들이 언어의 효과로 파악된다. 둘째, 기호의 개념 자체에 변화가 일어나고 있다. 처음에 기호는 기의와 기표의 상보적 균형관계를 바탕으로 정의되었다. 그러나 탈구조주의로 갈수록 그 관계는 다시 불쏘시개처럼 타버리고 만다. 그 결과 기호는 '기의 없는 기표'가 되었다. 전통적 언어관이 기의중심주의라면, 탈구조주의적 언어관은 기표중심주의라 할 수 있다. 기표가 기의로부터 분리되고 독자적 의미화(signifiance) 능력을 획득하게 되었기 때문이다(의미화는 기의 없이 일어난다는 점에서, 기의와 더불어 일어나는 의미작용signification과 구별된다). 하지만 이런 기표의 자율화가 실현되기 위해서는 또 하나의 분리가 먼저 일어나야 했다. 그것은 주체로부터의 분리다. 이 이중적 분리 이후, 기의와 주체는 기표의 연쇄가 낳는 산물이자 효과에 불과하다.

이런 기표 개념의 과격화를 주도했던 인물들 역시 한 무리를 이룬다. 라깡·데리다·바르뜨·보드리야르 등이 그들이다. 이들은 나란히 달린다기보다 앞서거니뒤서거니 하면서, 서로의 위치를 물으면서 달린다. 특히 라깡과 데리다가 그렇다. 이들 사이의 경쟁, 그리고 논쟁. 이 불꽃 튀는 싸움을 통해 언어와 관련된 가장 중요한 주제들이 한자리에 얽혀들어가고 있다. 그 논쟁의 상황은, 말에 대한 말, 말의 말, 말의 말의 말이 다시 말을 낳는 복잡한 매듭을 이루고 있다. 기호 개념은 그 매듭 속에 얽힌 여러 가닥들 중의 하나에 불과하다. 가령 거기에는 인간·구조·해석·(정신)분석 등의 주제가 언어학적 주제와 함께 얽혀 있다. 이 복잡한 매듭을 하나씩 풀어가보자. 그것은 이 시대의 가장 과격하면서도 영향력이 큰 언어사상을 흥미있게 풀어내는 방법일 수 있다.

그러나 그 매듭이 풀리는 마지막 순간에 장면화되는 것은 단순히 특정한 언어사상의 모양새만이 아니다. 그것은 어떤 실재, 상상 불가능하고 언표 불가능한 실재의 귀환이다. 그 실재는 어떤 물음을 유도하면서 복귀하고 있다. 그것은 언어에 대한 언어의 위치, 언어를 규정하고 해석하는 이론의 위치, 가령 정신분석의 위치, 마지막으로는 철학의 장소를 묻는다. 라깡과 데리다 사이의 논쟁은 언어가 도화선이 되었지만, 거기서 불붙는 것은 정신분석과 철학이 있던 자리 자체이다. 정신분석은, 철학은 어디에 있는가? 어디에 있어야 하는가? 정신분석 혹은 철학은 어떻게 있어야 하는가?

1. 기표와 기록

구조주의 언어학은 언어를 그 자체로는 무의미한 요소들의 형식적 조합과 분리의 관계로 설명한다. 언어를 음성적 기표들 사이의 상호 변별적이고 대립적인 관계, 상관적 차이의 관계로 번역한 것이다. 이런 번역을 통해 모든 실체적인 것은 어떤 가치, 오로지 관계의 구조에서 차지하는 기능적 위치로서의 가치로 환원된다. 구조에는 실체는 없고 가치만 있다. 라깡은 이런 언어관에서 출발했다가 서서히 그로부터 빠져나오는 과정을 보여준다. 여기서는 우선 구조주의자로서의 라깡이 지녔던 면모에 초점을 맞추자.

"무의식은 언어처럼 구조화되어 있다." 이 유명한 라깡의 명제는 다음과 같은 여러가지 내용을 담고 있다. 무의식은 언어 때문에 생긴다. 인간은 '말하는 존재자'(parlêtre)이기 때문에 어쩔 수 없이 무의식을 갖는다. 말로 인해 생기는 무의식은 초개인적 문법을 지닌다. 개인의 범위를 뛰어넘는 이 문법이 주체의 본성과 주체들 사이의 상호주관적 관계를 규정한다. 따라서 무의식에 대한 탐구에서 절대적으로 필요한 것은 언어학이다. 라깡은 다시 말한다. 프로이트는 이미 무의식적 현상이 언어적 현상이라는 것을 지속적으로 강조했다. 우리는 이 위대한 발견을 계승해야 한다. 그러나 그는 무의식적 현상을 끝까지 파헤칠 수 있는 이론적 도구와 장치를 결어하고 있었다. 쏘쒸르 이래의 현대언어학은 프로이트가 찾던 도구와 장치를 제공해주고 있다. 정신분석은 언어학과 결합될 때 완성된다 (Lacan 1966, 509면 이하 참조).

이런 신념에서 구조주의자로서의 라깡이 태어났다. 라깡의 이론작업에서 가장 중요한 초석은 상상계·상징계·실재의 구분이다(상상계는 언어로 편입되거나 매개되기 이전의 주관적 착각과 오인의 질서이고, 상징계는 객관적 언어 혹은 법칙의 질서이며, 실재는 언어적 기록 뒤에 남은 잉여이다. 1930년대의 라깡이 거울단계로 지칭되는 상상계의 발견자라면, 1950~60년대의 라깡에게는 상징계가, 1970년대의 라깡에게는 실재가 이론구성의 중심을 이룬다). 이 구분법이 두드러지게 뒷받침하고 있는 것처럼, 라깡은 언어나 기호라는 말보다 상징이라는 말을 더 자주 사용한다. 라깡의 이 상징은 데리다의 글쓰기(기록)와 더불어 (탈)구조주의적 기호개념을 대변한다.

일반적으로 상징은 언어보다 넓은 개념으로 사용된다. 인간이 사용하는 언어는 동물의 소리를 비롯한, 더 광범위한 기호군의 일부이다. 그래서 라깡은 인간의 언어 이외의 상징적 질서를 염두에 둔 것일까? 주석자들 사이의 논쟁을 보면 이것은 대단히 복잡한 문제인 듯하다. 그러나 적어도 라깡적 의미의 상징계는 언어적 질서를 근간으로 하고 있음이 분명하다.

칸트는 상징을 사례와 도식에 대비하여 정의한 바 있다. 즉 경험적 개념을 직관하기 위해서 필요한 것이 사례이고, 지성적 개념을 적용하기 위해서 요구되는 것이 도식인 반면, 이성의 이념을 직관하기 위해서 있어야 하는 것이 상징이다(Kant 1958, 59절). 그러므로 상징은 개념적 표상이나 객관적 인식을 넘어서는 것, 대상화할 수 없는 것과 관계한다. 카씨러의 상징철학이나 리꾀르의 해석학은 이런 상징 개념에 뿌리내리고 있다. 전통적 의미의 상징은 논리적 언어로 잡히지 않는 다의적 의미현상, 신비한 것, 시적이거나 종교적인 것과 결부되어 있다. 때문에 그것은 가장 탁월한 해석학적 대상일 수 있다(Ricœur 1965, 16~28면 참조).

하지만 라깡의 상징계는 투명한 질서를 이루고 있다. 구조주의는 어떤 극단적 합리주의다. 라깡을 포함한 구조주의자들은 문화적 공간에 속하는 모든 것이 언어로 매개되어 있고, 그런 한에서 객관화할 수 있는 구조적 필연성을 띠고 있다고 생각한다. 라깡을 읽으면 명확하다. 무의식·욕망·신체 등 모든 사적인 것은 언어를 매개로, 언어를 통해 형성되고 구조화된다. 사적(私的)인 것뿐만 아니라 시적(詩的)인 것마저 단지 주관적이고 개인적인 현상, 우연한 현상이 아니다. 그것은 모두 수적(數的)인 질서의 표현이거나 효과일 수 있다. 사적이고 시적인 것은 수적인 것 못지않게 과학적일 수 있다. 인문과학은 자연과학 못지않게 엄밀할 수 있다. 이런 구조주의적 신념을 공유하는 라깡은 정신분석을 과학의 반열에 올려놓으려 했던 프로이트의 노력을 높이 평가한다. "프로이트는 과학의 한계를 표시하는 것처럼 보이던 대상과 존재 사이의 경계선을 [무의식에 대한] 자신의 발견을 통해 과학의 범위 안쪽으로 끌어들였다"(Lacan 1966, 527면. [ ]는 인용자). 그러므로 그의 계승자에게 남은 일은 두 가지다. 하나는 그렇게 과학적 면모를 갖추기 시작한 정신분석을 더욱 엄밀한 학문으로 완성시키는 것이고, 다른 하나는 이런 가운데 기존의 과학 개념을 변모시키고 확장하는 것이다. 왜냐하면 기존의 과학 개념은 아직 정신분석을 포용할 수 있는 수준에 이르지 못했기 때문이다.

이렇게 말하는 라깡에게 전통적 의미의 상징은 설자리를 잃을 수밖에 없다. 그 말이 원래 가졌던 함축이 협소해지고 빈곤화된다고까지 평가할 수 있다(Avtonomova 1991 참조). 왜냐하면 라깡적 의미의 상징은 차라리 수학적인 것에 가깝기 때문이다. 그것은 사적인 것, 시적인 것, 수적인 것을 동시에 가리킨다. 요컨대 라깡적 상징은 대수적 상징이다. 라깡은 평생 무의식적 현상을 압축적으로 기술하는 연산식(algorithme)이나 수학소 (mathème)를 고안하는 데 몰두했다. 이는 그의 상징 개념의 연장선상에서 이루어진 작업이다. 특히 기호와 그것의 작동을 표시하는 그 유명한 연산식은 이런 독특한 상징 개념을 스스로 설명하는 자기지시적 상징이다. 게다가 이 연산식은 쏘쒸르의 기호학을 프로이트의 유산과 접목하는 동시에 쏘쒸르적 기호 개념을 변용하고 있다는 점에서 주목을 끈다. 1957년 발표한 「문자의 힘」에 나오는 그 연산식은 다음과 같다(Lacan 1966, 515면 이하).

$$\frac{S}{s} \qquad f(S\cdots S')S \cong S(-)s \qquad f(\frac{S'}{S})S \cong S(+)s$$

첫번째 연산식에서 대문자 S는 기표를, 소문자 s는 기의를, 그리고 중간의 막대는 둘 사이의 접촉을 가로막는 저항선을 각각 표시한다. 이 연산식이 말하는 것은 두 가지다. 첫째, 기의보다 기표가 상위에 있고 더 중요하다. 기의는 기표의 효과에 불과하다. 기표는 기의 없이도 의미화 작용을 낳는다. 둘째, 기표와 기의는 서로 다른 차원에 속한다. 서로가 만나는 접점은 어디에도 없다. 기표와 기의는 만나되 서로 미끄러져버린다. 둘 사이의 이런 안타까운 관계를 표시하는 것이 막대 모양의 저항선이다.

라깡은 이 연산식을 '쏘쒸르적 연산식'이라 부른다. 그러나 그 내용을 가만히 들여다보면 순수하게 쏘쒸르적인 것은 없다.[1] 쏘쒸르의 도식에서는 기의가 위에, 기표가 아래에 위치하며 그 둘은 동전의 양면처럼 서로 분리 불가능한 관계에 있는 것으로 표시되었다(페르디낭 드 쏘쒸르 1990, 83~85 면 참조). 기표와 기의 사이의 저항선을 생각한 라깡은 후기 쏘쒸르적 기호 개념의 선구이다.

두번째 연산식은 기표의 의미화 연쇄, 수평적 연쇄를 나타낸다. 라깡은 이를 '환유의 구조'라 부른다. 반면 세번째 연산식은 기표의 수직적 교체 와 의미의 발생을 지시한다. 라깡은 이를 '은유의 구조'라 부른다. 기표들 사이의 관계를 형식화한 이 두 연산식은 한편으로는 꿈의 작업에 대한 프로이트의 설명(압축과 전치)을, 다른 한편으로는 구조주의 언어학자들에 게 중요한 구분, 즉 통사적(syntagmatique) 차원(결합축)과 범열적 (paradigmatique) 차원(대체축)의 구분을 동시에 포괄한다. 그래서 환유의 구조는 프로이트적 의미의 압축(Verdichtung)과 언어학적 의미의 통사적 결합을, 은유의 구조는 프로이트적 의미의 전치(Verschiebung)와 언어학 적 의미의 범열적 대체를 함축한다. 이 두 구조의 출발점 혹은 중심에는 팔루스(phallus)라는 기표가 있다.

환유의 구조는 인접성에 의해 이어져가는 기표들간의 수평적 연쇄를 가리키는데, 라깡은 이를 다시 '욕망의 구조'라 부른다. 환유의 구조 안에 서 기표는 결코 대상을 완전히 재현하거나 대신할 수 없기 때문이다. 기표 는 그 대상과 언제나 불일치 관계에 있다. 메울 수 없는 '존재의 결핍', 그 결핍을 메우려는 부질없는 경향이 욕망이다. 욕망은 욕망할수록 기표의 연쇄만을 가속화한다. 욕망은 끊임없이 이어지는 환유적 운동의 노예이 다. 욕망의 전차는 브레이크와 종착지가 없다. 욕망이 올라탄 기표는 결

---

1) Lacoue-Labarthe, Phillippe and Jean-Luc Nancy (1990) *Le titre de la lettre: une lecture de Lacan*, Paris: Galilée, 1부 참조. 쏘쒸르와 라깡의 기호 개념을 자세하게 분석하는 이 책의 저자들에 따르면, 라깡에 의한 쏘쒸르의 변용에서 가장 중요한 것은 저항선의 고안이다. 후에 이 저항선은 남자와 여자 사이의 저항선으로 변용되고, '성관계는 없다'라는 명제를 낳는다. Lacan, Jacques (1975) *Le séminaire XX*, Paris: Seuil, 6장 참조.

코 기의에 이르지 못한다. 이것을 표시하는 것이 환유의 구조 오른쪽에 있는 막대 모양의 부호이다.

환유적인 것이 욕망이라면 은유적인 것은 증상(symptôme)이다. 은유의 구조에서는 억압된 기표가 저항선 아래로 내려가 기의의 구실을 하고, 그것이 원래 있던 자리를 다른 기표가 대신 차지하고 있다. 억압된 기표는 이 대체를 통해 저항선을 건너 어떤 기의에 이른다. 어떤 도약을 통해서 의미화에 필요한 고정점에 도달하는 것이다. 그것이 은유의 구조 오른쪽에 있는 +의 의미이다. 환유가 인접성에 의한 기표들의 관계라면, 은유는 유사성에 따르는 관계이다. 그렇다면 이 환유적 관계와 은유적 관계는 어떤 관계에 있는가? 어떤 것이 먼저 일어나는가? 어느 것이 다른 것의 조건인가? 이 점은 여전히 논쟁거리로 남아 있다.[2]

라깡이 이런 연산식을 가지고 말하고자 하는 것은 어렵지 않게 이해될 수 있다. 그것은 무의식적인 것, 비합리적인 것, 광기 자체를 낳고 움직이는 것이 어떤 구조적 합리성을 띤다는 것이다. 무의식은 말 혹은 로고스(logos)의 작동으로부터, 그리고 그 작동의 기계적 법칙에 따라 생겨난 침전물이다. 그러므로 "광기여, 당신은 더이상 현자가 자신의 두려움을 숨기는 난공불락의 터널을 장식할 때의 애매모호한 찬양의 대상이 아니다. 어쨌거나 이 현자가 그 굴 안에서 그토록 잘 안주했다면, 이는 그 굴의 갱도와 미로를 파고 있는 최고의 행위자가 처음부터 언제나 이성 자체였기 때문이며, 그가 봉사하는 동일한 로고스였기 때문이다"(Lacan 1966, 526면). 무의식의 미로는 로고스·이성·말이 파고 있는 땅굴이다. 그 미로는 언어처럼 구조화되어 있다. 무의식의 세계는 상징계와 더불어, 상징계에 의해서 성립한다. 이 상징계와 함께 확장되는 무의식은, 연산식으로 표현할 수 있는 논리적 성격의 세계이다. 무의식은 초개인적이고 법칙적이다. 여기

---

2) 해체론자, 가령 앞에서 인용한 낭씨나 라꾸라바르뜨, 그리고 앞으로 인용될 웨버 등은 환유를, 라깡주의자임을 자처하는 지젝과 그의 동료들은 은유를 더 중시한다.

서 라깡적 상징 개념의 환원적 성격을 다시 강조해야 한다. 즉 사적이고 시적인 것은 수적일 수 있다. 그러므로 인문학은 엄밀한 학문일 수 있다.

라깡의 정신분석에 대한 데리다의 논평은 이런 환원적 상징 개념과 그에 기초한 구조주의적 학문관을 문제삼는다. 물론 그것은 전통적 상징 개념을 편들거나 복권시키기 위한 개입은 아니다. 문제는 궁극적으로 라깡의 정신분석이 서양의 전통적 형이상학과 맺고 있는 소속관계이며('정신분석은 어디에 있는가?'), 그 소속관계가 드러나는 방식이다. (우리는 아래의 두 절에서 이런 논쟁적 상황을 재구성해볼 것이다.) 그럼에도 불구하고 라깡의 상징(기표)과 데리다의 기록(글쓰기) 사이에는 어떤 유사성이 있음을 인정하지 않을 수 없다. 때문에 라깡은 데리다의 '그라마똘로지'(grammatologie)가 자신의 '문자의 힘'에 관한 강연에 빚지고 있다고 생각했다. 데리다는 라깡이 말한 것을 다시 말하는 것이 아닐까? 데리다는 라깡의 아들이 아닌가?

결론부터 말하면, 라깡의 상징과 데리다의 기록 사이에는 어떤 결정적인 유사성이 있지만, 또한 거기에는 어떤 결정적인 차이가 함께 있다. 이두 가지 사실을 확인하기 위해 가장 먼저 들여다보아야 할 문헌은 데리다의 「프로이트와 글쓰기의 장면」이다(Derrida 1967a, 293~340면). 이 글은 기호의 연산식이 나오는 라깡의 「문자의 힘」과 비교해서 읽어볼 만하다. 왜냐하면 두 글은 모두 프로이트로부터 출발하여 서로 다른 언어론을 끌어내기 때문이다.

라깡은 프로이트의 저작에서 무의식의 분석이 언어분석의 형태를 띠고 있음을 환기시키고, 또 이 언어분석이 내용 위주의 분석이 아니라는 사실을 강조한다(Lacan 1966, 509~10면). 이런 지적을 뒷받침하는 사례는 무수히 많지만(Weber 1991 참조), 여기서는 프로이트가 꿈을 분석하기 전에 이전의 여러가지 꿈이론들을 점검하는 대목을 들추는 것으로 만족하자(지그문트 프로이트 1993, 1장 참조). 이 대목을 읽으면 서양에도 우리나라의 해몽법과 유사한 꿈풀이가 있었음을 알게 된다. 우리나라에서는 꿈에 돼지나 용이 나오면 횡재나 대길(大吉)의 징조로 풀이한다. 서양에서는 용은 충성을, 뱀은 질환이나 병을 상징한다. 당연히 꿈에 등장하는 각각의 기호를 풀이하는 체계적 상징사전이 있어왔다. 그러나 프로이트는 꿈의 내용에 들어 있는 어떤 전체적이고 단일한 의미를 찾는다든가, 각각의 기호에 상응하는 확고부동한 의미가 있다는 견해에 이러저러한 의문을 제기한다. 그리고 꿈에 나오는 기호들을 이미 확립된 코드나 문법을 통해 번역하는 작업을 비판한다. 꿈의 기호는 그밖의 어떤 언어로도 환원되지 않는 원초적 언어이며, 그에 대한 해석은 기호들 각각의 내용보다는 그 기호들간의 상관관계에 초점을 두어야 한다는 것이다. 라깡적으로 표현하면, 꿈의 기호들은 순수기표, 기의 없는 기표이다. 이 기표는 그보다 먼저 존재하는 기의의 담지자가 아니다. 오히려 그에 고유한 결합과 분리의 논리(압축·전치·중층결정·은유·환유)에 따라 특이한 의미화 연쇄를 형성한다.

　데리다는 심리적 기록과 흔적을 주제로 한 프로이트의 저작들을 연대기적 순서에 따라 체계적으로 읽어가면서 라깡보다 과격한 결론에 도달한다. "이것은 다음과 같은 것을 말한다. 즉 심리적 기록——그래서 이것은 기록 일반의 의미를 대변한다——에서 기표와 기의의 차이는 결코 근본적이지 않다. 무의식적 체험은 기표를 빌려오는 것이 아니라 자신의 고유한 기표를 생산한다. 그리고 기표를 자신의 신체 속에 창조하는 것이 아니라 오히려 그것을 가지고 의미화 작용을 산출한다"(Derrida 1967a, 311면). 꿈에서 각각의 기호는 어떤 선행의 의미나 코드에 종속되지 않는 기표이다. 꿈은 자신만의 의미화 연쇄를 낳는 어떤 글쓰기 과정이다. 이 글쓰기 과정을 해석하기 위해서는 쏘쒸르적 구분법을 넘어서야 한다. "만일 쏘쒸르를 따라 기표와 기의를 종이의 양면처럼 생각하고 그런 수준에서만 구분한다면, 어떤 변화도 없을 것이다. '원초적 글쓰기'(écriture originaire)는, 만일 그런 것이 있다면, 종이 자체의 넓이와 신체를 스스로 생산해야만 할 것이다"(Derrida 1967a, 311면).

프로이트를 읽으면서 라깡은 '기의 없는 기표' 혹은 기표운동의 구조(환유와 은유)에 도달한 반면, 데리다는 원초적 글쓰기(기록) 혹은 원초적 흔적(archi-trace)에 도달한다(Derrida 1967c, 68면 이하 참조). 두 사람은 기의 혹은 그밖의 언어 이전에 존재한다고 간주되던 것들 없이 단지 기표만으로 의미화 작용이 일어날 수 있다는 것을 말한다. 적어도 이 점에서, 그리고 쏘쒸르의 균형잡힌 기호 개념을 과격화한다는 점에서 라깡과 데리다는 일치한다. 그러나 차이도 있다. 라깡은 기표들의 관계를 형식적 관계로 보았지만, 데리다는 흔적들의 관계를 힘의 관계로 보았다. 흔적은 다른 흔적과 싸우면서 새로운 흔적을 산출한다. 기록은 힘의 교환과 파열을 수반하면서 기입된다. 흔적은 흔적들 사이의 상호간섭에서 '그어지는 획'(trace qui trace), 길내기다.

그러므로 문제는 기표의 자동적 움직임이 어떻게 일어나는가에 있다. 프로이트는 꿈의 작업이 전치와 압축(그리고 중층결정)으로 이루어진다고 보았다. 앞에서 확인한 것처럼, 라깡은 기표의 운동이 환유와 은유의 법칙을 따른다고 보았다. 반면 데리다는 기록의 움직임을 근본적으로 공식화하거나 법칙화할 수 없는 것, 어떤 방식으로도 번역할 수 없는 것으로 보았다. 라깡의 기표와 데리다의 기록 사이의 차이, 그밖의 정신분석 일반에 대한 데리다의 문제제기는 여기에 뿌리를 내리고 있다.

데리다는 프로이트의 입을 빌려서 계속 말한다. 기표의 운동, 흔적의 운동은 어떠한 고정된 법칙을 모른다. 그것은 어떤 차연적(différantiel) 운동일 뿐이다. 따라서 원초적 기록은 번역 불가능하다. 그 어떤 언어·문법·코드를 통해서도 옮길 수 없다(Derrida 1967a, 312면). 수평적 번역이 불가능한 것처럼 수직적 번역도 불가능하다(Derrida 1967a, 313면). 의식·전의식·무의식의 층위 사이에서 일어나는 이동은 '번역'으로 옮길 수 없다. 번역이란 원본의 재현을 의미한다. 그러나 이런 재현으로서의 번역은 심리적 기록에서는 일어나지 않는다. 여기서는 원본을 전제하는 번역은 없다. 모든 심리적 기록은, 나아가 모든 기록은 그 자체로 환원 불가능한 기록, 원초적 기록이다. 거기서 어떤 것을 원본이라 하는 것은 무의미하다. 모든 텍스트는 새로 기록되고 있는 중이다. 텍스트는 현전(現前)적으로 존재하지 않는다.

그러나 왜 그런가? 이는 심리적 기록이 사후성(Nachträglichkeit)에 의해 지배되기 때문이다. 처음의 기록은 언제나 나중의 것과 만날 때 현상하거나 의미를 지닌다. 기원에 있는 것은 언제나 그런 사후적 기록, 후기(後記)에 의하여 (재)기록된다. 후기가 모든 기록, 처음 이루어지는 기록의 조건이다.[3] 이런 사후성 개념은 서양 형이상학의 역사 전체를 그 근본에서부터 뒤흔들고 있다. 프로이트의 글에서 추출할 수 있는 기록과 텍스트 개념은 탈형이상학적이다. 그럼에도 불구하고 그의 직관과 그가 동원하는 개념 사이에는 괴리가 있다. 한마디로 정신분석의 거의 모든 개념은 예외없이 전통적 형이상학의 울타리를 한치도 벗어나지 못한다(Derrida 1967a, 294면). 프로이트는 자신의 직관에 일치하는 이론을 펼치지 못했다. 그러나 그것이 그의 무능력 때문일까?

이렇게 물으면서 데리다는 계속 말한다. 라깡의 경우는 더 심하다. 프로이트의 직관에 충실하자면 우리는 기원에 대한 형이상학적 믿음, 현전성에 대한 서양적 신화, 원본과 모사를 구분하는 재현주의, 나아가 음성언어 위주의 언어관을 뛰어넘을 방법을 고심해야 한다. 왜냐하면 프로이트는 이미 그의 초기 저작에서부터 심리적 기록을 음성언어의 범위 안에서 파악하지 않았기 때문이다. 오히려 음성언어를 하부영역으로 하는 광범

---

3) 프로이트적 의미의 '원초적 장면'과 외상은 이런 사후성의 논리에서 성립한다. 원초적 장면은 사후적 회상의 창조물이고 외상 또한 사후적 경험으로부터 고안된 것이다. Derrida, Jacques (1967a) *L'écriture et la différence*, Paris: Seuil, 303, 314면.

위한 상징체계 혹은 기록체계로 바라보고 있다. 우리는 이런 프로이트적 직관에 근거해서 후썰의 기호 개념을 비판할 수 있는 것처럼[4] 라깡의 기호 개념도 비판할 수 있다.

먼저 라깡의 기표는 음성적 기표이다. 그의 기호 개념은 아무리 혁신적이라 해도 여전히 음성언어 위주의 언어관에 종속되어 있다. 라깡의 이런 음성중심주의적 언어관은 그가 하이데거의 본래성 개념에 의지하여 '빈 말'(무의식이 드러나지 않는 말, 부드럽게 작동하는 말)과 '꽉 찬 말'(무의식이 드러나는 말, 실언, 말더듬, 말실수)을 구분할 때 가장 잘 드러난다. 게다가 라깡은 기표의 운동을 어떤 번역 가능한 사태, 어떤 한정된 규칙에 따르는 사태, 따라서 어떤 도달점이나 목적지가 있는 운동으로 간주했다. 요컨대 전통적 형이상학의 존재이해, 현전적 존재이해, 로고스중심주의를 한치도 벗어나지 못하고 있다. 내(데리다)가 그의 포우론 「도둑맞은 편지에 대한 강연」을 분석하면서 상세히 드러내고자 한 것도 바로 이 점이다. 하여튼 내가 프로이트를 읽으면서 말하고자 하는 흔적이나 기록은 음성적 알파벳으로 환원되지 않는다. 그것은 인간의 자연언어보다 넓은 외연을 가질 뿐 아니라 형이상학의 시대에 속하는 모든 언어와 개념을 초과한다.

---

4) Derrida, Jacques (1967b) *La voix et le phénomène*, Paris: Presses Universitaires de France. 데리다의 후썰론 배후에는 프로이트에 대한 그의 연구성과가 지속적으로 간여하고 있다. 이를 설득력있게 서술한 글은 Bernet, Roland (1997) "Derrida-Husserl-Freud, Die Spur der Übertragung," Hans-Dieter Gondek and Bernhard Waldenfels, eds., *Einsätze des Denkens: zur Philosophie von Jacques Derrida*, Frankfurt am Main: Suhrkamp.

2. 구조와 기조

여기서 잠깐 숨을 돌리기 위해 라깡과 데리다가 공유하는 직관을 다시 기억하자. 움직이는 기표, 자리를 바꾸고 대체와 겹침의 운동 속에 있는 기표. 기표는 제자리에 머물러 있지 않는다. 언제나 이동중이다. '문자의 힘'에 대한 강연에 이어서 라깡의 포우론은 이런 기표의 자동적 운동을 다시 강조한다. 앞의 글에서 기표의 운동이 환유와 은유의 법칙을 따른다면, 여기서 그 운동은 두 개의 삼각형을 남기는 고정된 궤적을 따른다.

라깡은 포우론(Lacan 1966, 11~41면)에서 이렇게 말한다. 기표는 항상 움직인다. 그러나 이 운동은 인간 혹은 주체에 의한 것이 아니다. 기표는 주체에 의해 소유되거나 전달되는 것이 아니다. 오히려 기표가 주체를 소유한다(Lacan 1966, 28면). 주체는 기표에 대한 예속을 통해서, 그 예속을 조건으로 주체로 태어나고 형성된다. 주체의 주체성은 언제나 특정한 기표에 대한 위치에 따라 결정된다("주체는 한 기표에 의하여, 오로지 다른 기표를 위하여 대리된다"[Lacan 1966, 835면]). 기표의 움직임에 따라 주체가 그 뒤를 따른다. 기표의 장소이동에 따라 서로 다른 주체들간의 관계, 상호주관적 관계가 형성된다. 기표가 앞에 가고 그 뒤를 주체가, 복수의 주체들이 쫓는다. 자율적 주체란 상상적 착각이자 오인이다. 그러나 주체를 끌고 가는 기표의 운동은 아무렇게나 이루어지는 것이 아니다. 그 운동은 시작이 있고 끝이 있다. 그리고 끝은 언제나 시작으로 향하는 복귀다. 우리는 이것을 포우의 단편 「도둑맞은 편지」를 예로 하여 설명할 수 있다. 이 문학적 허구가 정신분석의 진리, 기표의 진리를 담고 있다. 이 소설의 주인공 뒤뺑, 이 명탐정은 탁월한 정신분석가이다.

라깡은 계속 말한다. 이 단편소설의 핵심내용은 두 개의 삼각형으로 정리될 수 있다. 이 소설에서 편지(문자)는 여왕에게서 그것을 훔친 장관으로, 그리고 다시 그것을 훔친 탐정 뒤뺑으로 이동한다. 그러나 속지 말자.

편지는 이 인물들에 상관없이, 그리고 그 내용과도 무관하게 원래 떠다니도록 운명지어졌다. 프로이트를 무척이나 놀라게 했던 반복강박(Wiederholungszwang), 그 반복의 자동성이 문자의 운명이다. 주체는, 그리고 상호주관적 질서는 이 문자의 자동성 안에서 형성된다. 냉혹한 필연성에 의해 강요된 이 운동은 포우의 소설에서 두 개의 장면을 연출한다. 하나의 상황에서는 장관이 여왕에게서 편지를 훔친다. 다른 상황에서는 장관이 뒤뺑에게 편지를 절도당한다. 여왕과 장관은 눈뜬 채, 자신의 코앞에서 편지를 잃어버린다. 구조적으로 동일한 이 두 장면에는 다시 제3의 인물이 각각 등장한다. 첫 장면에 나오는 왕, 두번째 장면에 나오는 경찰청장이 그들이다.

이들은 상황 자체를 모른다. 편지가 어디에 있는지 모른다는 점에서 그들은 구조적으로 동일한 위치, 맹목의 위치에 있다. 이는 편지를 잃어버리는 위치를 여왕과 장관이, 편지를 훔치는 위치를 장관과 뒤뺑이 공유하는 것과 같다. 세 개의 위치가 있고 이 위치에 의해 결정되는 상황, 구조적으로 동일한 상황이 두 번 반복된다. 얼마나 냉혹한 반복인가? 편지, 즉 문자의 운동은 그토록 자동적이며 강박적이다. 주체는 그 강박적 자동성의 노예이다. 편지, 문자는 주체의 주인이다. 보라, 편지를 훔친 자들, 장관과 뒤뺑이 어떻게 닮아가는가를. 이들이 편지의 원래 소유자였던 여왕과 어떻게 닮아가는가를. 포우의 소설은 결국 주체에 대한 '기표의 지배권'(suprématie du signifiant)을 말하고 있다(Lacan 1966, 20면).

그러나 또한 보라. 편지는 다시 여왕 자리로, 그것이 처음 떠났던 자리로 되돌아가고 있지 않은가. 편지는 움직인다. 그것은 자신이 있어야 할 자리에 없기 때문이다. 편지는 자신의 원래 자리로 복귀하기 위해 그렇게 돌아다녔다. 편지는 이동한다. 주체를 규정하고 형성하면서, 주체를 이끌고 다니면서, 주체를 다른 주체와 관계하도록 조종하면서 앞으로 간다. 주체들이 그 뒤를 쫓아간다. 편지가 움직인다. 삼각형의 구조를 만들면서,

그 구조를 반복하면서 자리를 바꾼다. 이 필연적 이동과 반복이 그 편지의 동일성, 파괴 불가능한 정체성을 형성한다. 그러므로 우리는 이렇게 말해야 한다. 편지는 그 누구에 의해서도 소유될 수 없는 것처럼, 그 무엇에 의해서도 찢어지거나 훼손될 수 없다. 편지는 찢어져도 움직이고, 움직이는 한에서 언제나 동일한 편지다. 편지는 이미 그것의 내용, 기의와 무관하게 존재한다. 편지는 자신의 고유한 장소로 복귀하는 원환적 운동, 그 회귀적 궤적이 파괴되는 한에서만 훼손되었다고 할 수 있다. 그 이전에는 어떠한 경험적 사건도 그 편지의 동일성을 파괴할 수 없다. 나는 그것을 문자 혹은 기표의 '질료성'(matérialité)이라 부르고 싶다. 기표의 분할 불가능성, 다시 말해서 기표의 운동을 관장하는 구조적·원환적 질서의 파괴 불가능성을 그렇게 요약하고자 한다. 기표의 본성, 그 기능적 속성과 능력은 기표 자체에 있는 것이 아니다. 그것은 그 기표를 통해서 행사되는 구조적 질서에 있다.

여기서 구조주의적 의미의 질서를 다시 생각해보자. 가령 레비스트로스의 시각에서 보면, 하나의 구조 안에 놓인 항은 그 안에 놓인 다른 항과 맺고 있는 관계에 의해 규정된다. 그 항의 본성이나 기능은 그 항의 내재적 속성이나 내용에 있는 것이 아니다. 다만 그 항이 차지하는 변별적 위치에 있다. 항들 사이의 상관적 차이, 그 차이관계 안의 위치가 개체의 동일성을 떠받친다. 그러므로 모든 항은 저마다 고유한 위치, 장소를 지닌다. 그 고유한 위치를 떠났을 때 각각의 항은 다시 그리 돌아가는 어떤 우회적 여정에 놓인다. 라깡은 포우의 소설을 통해 이런 구조주의적 진리를 설명하고자 했다. 구조주의적 진리, 그것은 복귀이자 재전유, 재일치다. 이 진리 안에서 문자는 파괴 불가능하며 또한 언제나 자신의 목적지에 도착한다.

그러나 과연 그럴까? 편지는 오히려 자신의 목적지를 언제나 벗어날 수 있는 것이 아닐까? 편지는 언제나 하나의 여정, 자신의 고유한 궤도를 따라서만 이동하는 것일까? 왜 정신분석은 기표의 이동이 그토록 정연한 질서를 따른다고 생각하는 것일까? 그것은 진리에 대한 조급성, 진리를 구해야 한다는 강박, 그 강박이 빚어내는 단순화가 아닐까? 정신분석에 과학의 칭호를 붙이고자 하는 의도가 오히려 무의식적 체험과 언어의 본성을 왜곡하는 것이 아닐까? 과학에 대한 집착, 진리에 대한 강박적 애착 때문에 라깡은 스스로 읽고 있는 텍스트를 왜곡하는 것이 아닐까? 텍스트 일반의 본성을 단순화하고 추상화하는 것이 아닐까?

이것이 데리다가 라깡의 포우론에 제기하는 물음이다. 문제는 결국 단순화·환원·제한·배제 등으로 귀착한다. 라깡은 포우의 소설 안에서 펼쳐지는 복잡한 글쓰기의 장면과 텍스트의 짜임을 단순화했다. 거기서 일어나는 의미의 산종(散種)을 협소한 틀 안에 가두었다. 심연을 감추고 있는 구조를 표면에서만 관찰했고, 텍스트의 운동을 이론적 필연성의 질서로 환원했다. 데리다는 포우의 소설을 자신의 방식대로 면밀하게 분석하면서 이런 결론에 이른다(Derrida 1980, 439~524면). 여기서 그 분석의 한두 가지 중요한 대목만을 되살려보자.

첫째, 정신분석이 추구하는 이론적 담론, 또는 이론적 담론으로서의 정신분석은 소설과 같은 허구적 담론과 어떤 관계에 있는가? 정신분석의 진리를 설명하고 예시하기 위해 프로이트는 다양한 문학작품을 끌어들이고 분석의 소재로 삼았다. 라깡의 포우론도 그런 분석의 연장선상에 있다. 그러나 허구적 담론이 이미 자신 안에 진리를, 진리에 대한 욕망을, 또는 진리의 담론 자체의 본성을 기록하고 있다면 어떤 일이 벌어질 것인가? 만일 문학텍스트가 정신분석을 분석하고 있다면, 정신분석의 본성과 그것이 찾는 진리를 이미 장면화하고 있다면 어쩔 것인가? 분석되는 텍스트가 분석하는 자의 이론을 이미 분석하고 상대화하고 있다면, 다시 말해서 분석자의 관점을 더욱 포괄적이고 복잡한 문맥 속에서 연출하고 있다면?

당연히 분석자는 부처님 손바닥 안의 손오공일 수밖에 없다. 라깡, 당신은 손오공이에요, 아직 포우의 손바닥 안에 있어요. 데리다는 라깡론의 전반부에서 이런 말을 하고 있는 듯이 보인다. 이는 결국 정신분석이 서 있는 위치, 또는 정신분석이 그대로 답습하거나 열렬히 추구하는 이론적 담론 일반이 놓인 장소에 대한 지적이다. 정신분석이 허구적 담론을 통해 자신의 비허구적 진리를 예시할 때, 비유적인 언어에 숨어 있는 알몸의 진리를 끄집어내고자 할 때 분석자는 어디에 있는가? 정신분석은, 그것이 추출하거나 재확인하고자 하는 질서정연한 구조는 어디에 있는가? 이론적 진리는 어디에, 그리고 어떻게 있는가?

데리다는 이렇게 말한다. 정신분석은 문학텍스트 혹은 텍스트 일반이 자신의 손안에 있다고 생각한다. 그러나 정신분석은 텍스트를 자기 뜻에 따라 주무르고 분석하기 위해 주변을 도려낸다. 질서정연한 구조로 들어오지 않는 부분을 절단해버린다. 그 절단이 정신분석의 조건이다. 정신분석은 구조외적인 것의 절단, 오리기(circanalyse)다(Bennington 2000 참조). 정신분석은, 그리고 (구조주의) 인문학은, 나아가 이론적 담론 일반은 텍스트를 오려놓고 해석한다. 하지만 텍스트는 이론적 질서나 구조의 틀로 제한되지 않는 복잡한 짜임, 역동적 직물이다.

둘째, 이는 라깡이 단순하게 재구성한 포우의 소설을 자세히 들여다보면 읽을 수 있다. 가령 라깡은 포우의 단편에서 화자(話者)와 주인공 뒤빵의 관계, 본문과 거기에 끼여드는 해설의 관계를 무시했다. 이야기를 소개하고 서술하는 화자를, 이야기의 내용에 어떠한 영향도 미치지 않는 중성적 전달자, 투명한 매개자, 수동적 재현자로 간주한다. 그러나 이 단편과 3부작을 이루는 다른 단편을 함께 읽으면, 이 소설의 화자는 이야기의 전개과정에 깊이 관여하고 있음을 알 수 있다. 잘 읽어보라. 그는 뒤빵에 한없이 매혹된 자, 뒤빵의 재정후원자, 그리고 무엇보다 뒤빵과 닮은 제2의 뒤빵, 쌍둥이다. 그렇다면 라깡이 그린 삼각형은 사각형이 되어야 한다. 또는 그 이상으로 복잡한 것인지 모른다. 왜냐하면 편지는 화자=뒤빵의 변덕과 욕심 때문에 이미 표류하는 듯한 순간에 도달해 있기 때문이다.

이것은 포우의 텍스트, 또는 텍스트 일반의 '심연적 구조'(structure abyssale)를 보여주는 한가지 사례에 불과하다. 라깡론에서 나는 포우의 텍스트에서 라깡이 놓친 역동적 운동과 산발적 효과를 자세히 기술하고자 했다. 이런 미시적 독서를 통해 내가 강조하고자 하는 것은 한 가지다. 그것은 어떤 역설적 보충항, 그러나 이론적 시선에는 보이지 않는 보충항이 이론적 구조에 기숙(寄宿)하고 있다는 사실이다. 그렇게 이론적 구조에 기숙하면서 그 구조를 열어놓는 보충항을 나는 다른 곳에서 유령이라 불렀다. 모든 이론적 구조물, 건축물, 집에는 프로이트-하이데거적 의미의 '불안한 것'(das Unheimliche)이 있다. 모든 이론적 고향, '집으로 비유되는 것'(das Heimliche)에는 그런 불안, 억압되고 은폐된 불안, 유령적 불안이 숨쉬고 있다. 모든 기원·중심·토대·지하에서는 구조적 안정성을 훼손하는 미동이 지속되고 있다. 나는 예전부터 이 미동을 차연(différance)이라 불러왔고, 이 차연적 미동이 기원·시작·처음보다 먼저 있어왔음을 역설해왔다. 기원 혹은 중심은 이미 차이나고 대립하는 힘들 사이의 계약·타협·보류·착종이다. 고정된 것처럼 보이는 점은 얼마든지 표류 가능한 힘의 교환에 대한 묶기, 방기되는 운동의 매듭이다. 그 매듭이 모든 안정된 구조의 탄생 내력, 탯줄 자국, 배꼽이다.

그러므로 구조라는 말은 불충분하다. 그것은 환원적 질서, 환원적 개념이다. 구조는 배꼽을 통해서 탄생과 죽음의 유래와 교통하고 있다. 이런 관점에서 보았을 때 구조는 해산(解散)적 풀림의 경향을 억누르는 구성의 운동, 이완하는 힘에 저항하는 조임의 운동, 그래서 풀기와 묶기가 교차하는 힘의 경제로 파악되어야 한다. 구조주의적 균형을 낳으면서 또한 그 안에 불균형을 초래하기도 하는 이 힘의 경제를 나는 기조(氣造, stricture)라 부르고 싶다. 구조는 언제나 기조 안에서 생성하고 소멸한다. 구조는 기조 안에 있다. 기조 안에서 구조는 삶이면서 죽음이다. 생은 죽음에 대한 저항이자 미루기다.[5] 정신분석(라깡의 포우론)이 그것이 분석하는 문헌(포우의 단편) 속에 이미 장면화되고 연출되고 있는 것을 지적할 때, 따라서 후자가 전자로서는 통제할 수 없는 범위를 가진다는 것을 보여주면서 내가 말하고자 한 것이 이 점이다. 정신분석, 구조주의, 이론적 사유는 무엇인가? 어디에 있고 어떻게 있는가? 그것은 자신을 포괄하고 상대화하는 훨씬 포괄적인 문맥 속에 있다. 정신분석을 포함한 이론적 사유는 이 문맥을 단순화하고 절단하면서, 그 문맥이 가져오는 충격과 파괴의 위험을 바깥으로 돌리면서, 그리고 기조를 구조로 구획하고 좁히면서 있다. 그렇게 단순화된 구조에서 편지·문자·기표는 언제나 자신의 목적지로 돌아가는지 모른다. 그러나 기조 안에서는 그렇지 않다.

　라깡에게서 그런 절단의 작업은 거세(castration)의 장소에서 시작된다. 모든 기표의 환유적 연쇄와 은유적 대체, 그리고 편지의 삼각형 운동은 어머니의 두 다리 사이에 없는 것, 페니스가 있어야 할 장소에서 시작한다(뒤빵은 나신의 여체가 다리를 벌리고 누워 있는 듯한 벽난로의 구멍에서, 거기에 음핵처럼 생긴 단추 밑에서 장관이 감춘 편지를 발견한다). 그것이 편지의 고유한 장소, 기표운동의 출발점이자 회귀의 지점이다. 그곳이 진리가 일어나는 장소, 따라서 분석이 끝나는 지점이다. 정신분석이 완성되는 지점, 편지와 그것의 순환회로가 고유한 의미를 회복하는 지점은 거세의 자리다. 그 거세의 자리로 돌아올 때 편지는 자신이 잃어버렸던 의미, 팔루스로서의 자격을 회복한다. 편지는 남근을 상징하는 기표, '결여로서의 존재'를 지시하는 기표이다. 있어야 할 것이면서 없는 것에 대한 기표, 존재자성(étantité)을 결여한 기표, 적극적 실재성이 없는 이 물건의

<hr />

5) Derrida, Jacques (1980) *La carte postale*, Paris: Aubier-Flammarion, 275~437면에 실린 글 「프로이트에 대한 사색」은 프로이트의 『쾌락원칙을 넘어서』를 분석하고 있는데, 여기서 이 점이 상세히 기술되고 있다. 특히 기조에 관해서는 428면 이하 참조.

기표는 다만 자신의 고유한 장소만을 지닌다. 그러나 이 장소는 경험적 차원의 장소가 아니다. 그것은 어떤 선험적 성격을 띠고 있다. 편지, 팔루스는 이 선험적 장소 안에서 파괴 불가능한 어떤 것이 된다. 찢어지지 않는 편지, 절단되지 않는 팔루스, '관념적' 물건이 되는 것이다.

라깡에 따르면 뒤빵, 이 탁월한 분석자는 그 물건을 여왕에게 돌려준다. (그러나 그는 분석자일까, 분석자의 분석자가 아닐까?) 물건은 여자의 것, 여자의 욕망의 대상이다. 거꾸로 이 물건을 소유한 자는 여성의 위치에 놓이고, 여성적 욕망의 주체가 된다. 여왕의 편지를 훔친 장관도, 다시 그 편지를 훔친 뒤빵도 음성이 변한다. 그러나 이 물건이 되돌아가고자 하는 곳은 따로 있다. 그곳은 거세의 장소, 아무것도 없는 곳, 빈 곳, 구멍이다. 팔루스의 의미, 그것이 끝내 지시하려는 것은 그 구멍이다. 그것은 여왕의 자리에, 그의 다리에, 그 사이에 있다. 이것이 라깡의 이야기다.

구멍중심주의, 아마 라깡적 분석의 여정을 그렇게 불러서는 안될 것이다. 구멍은 팔루스를 대상으로 하는 욕망이 샘솟는 장소일 뿐이다. 그곳에 팔루스가 들어갈 때 진리는 완성된다. 그러나 그 삽입은 팔루스가 빠져나올 때 약속되거나 예정된 것이다. 진리, 정신분석의 진리는 팔루스가 나가고 들어가는 운동, 없다가 다시 있게 되는 이중의 운동에 있다. 진리는 숨다가 다시 나타나는 사건, 나타나면서 숨는 사건이다. 라깡은 하이데거의 진리관을 믿는다. 진리는 동시적 은폐와 탈은폐, 부재와 재현전, 채무와 탕감, 혹은 그 사이의 약속과 계약으로서 일어난다. 이 진리의 사건은 팔루스의 운동 자체이다. 따라서 남근중심주의라는 말이 더 적절할 것이다.

남근과 구멍(대타자의 결여와 욕망)의 관계는 기표와 기의의 관계에 있다. 남근은 결여이자 부재로서의 구멍을 자신의 선험적 기의인 양 지시한다. 자석보다 더 강한 힘이 남근을 그리로 끌고 간다. 아무도 말리지 못하는 힘. 장관도, 하물며 탐정도 그럴 수 없다. 말려보아야 이야기만 길어질 뿐 결과는 항상 같다. 남근과 구멍의 재결합은 기표의 연쇄운동이 완성된다는 것, 자신의 끝, 목적지에 이른다는 것을 뜻한다. 편지는 항상 자신의 목적지에 도착한다. 이것이 라깡의 포우론을 맺는 결론이다. 기표의 연쇄운동은 언제나 어떤 귀착지에 이르기 때문에 그것의 운동은 어떤 원환적 구조, '고리모양의 기조'를 이룬다는 것이다.

기조를 원환적이고 닫힌 구조로 만드는 것은 팔루스, 정확히 말해서 자신의 선험적 장소인 거세의 자리, 구멍으로 돌아오는 남근이다. 그러나 거세된 것, 없어진 것, 따라서 다시 있어야 할 것으로 욕망되는 대상으로서의 남근은 언제나 자신의 자리로 돌아오는 것일까? 욕망의 지향성이 설정한 목적지로 다시 돌아오는 것일까? 오히려 끝없는 방황과 산종이 그 부재하는 대상의 장소가 아닌가? 진리의 장소를 구멍에서 찾는 것, 다시 말해서 여성성이라고 보는 것은 남근중심주의, 로고스중심주의 때문이 아닌가?

하지만 여기서 데리다의 말을 다시 멈추게 하자. 다소 야하게 흘러서가 아니라, 라깡도 아직 할말이 많기 때문이다. 그의 말은 아직 끝나지 않았다. 이것은 적어도 두 가지 의미에서 그렇다. 첫째, 데리다는 라깡의 편지를 팔루스로만 간주하고 있다. 그러나 그 편지는 다른 것일 수도 있다. 가령 욕망이나 실재적 대상(objet *a*)일 수 있다. 둘째, 데리다의 라깡론 이후의 라깡, 1970년대의 라깡은 과거의 라깡이 아니다. 이런 전환이 데리다의 그라마똘로지나 프로이트론에 빚지고 있을 가능성을 배제할 수는 없지만,[6] 어쨌든 라깡은 끊임없이 당대의 지적 성과를 흡수하면서 자신의 이론을 정교화하고 변형해왔다. 이런 이론적 변형과정의 중심에 있는 것이 실재적 대상이라는 개념이다.

---

6) Major, René (1991) "Depuis Lacan," *Lacan avec les philosophes*, Bibliothèque du collège international de Philosophie, Paris: Albin Michel; Melville, Stephen (1991) "Depuis Lacan?" 같은 책 참조. 이 글들과 함께 발표된 데리다의 새로운 라깡론도 1970년대 라깡의 전회가 자신에게 빚지고 있음을 암시한다. 이 글은 잠시 후 별도로 다루어질 것이다.

이 개념이 허락하는 답변의 기회를 얻는다면, 라깡은 아마 이렇게 이어갈 것이다. 중요한 것은 대타자(상징계)의 결여를 대신하는 기표(팔루스)와 욕망의 원인(실재적 대상)을 구분하는 것이다. 하지만 먼저 기표의 질료성에 대해 이야기하자. 내가 말했던 기표의 질료성은 기표가 지닌 유사대상적 성격을 뜻한다. 나는 편지의 내용이 아니라 그것의 유사사물적 성격이 서로 다른 위치의 등장인물들에게 영향을 미친다는 것을 강조했다. 이 유사대상적 성격을 나는 실재(le réel)라 부른다. 실재는 두 단계로 이해해야 한다. 먼저 그것은 상징적 기호로 기록되기 이전에 있다고 전제되는 것, 칸트의 물자체(Ding an sich)와 같은 것이다. 이런 의미의 실재는 정신분석이 말하는 외상(trauma)과 고착화를 설명할 때 전제하는 가설적 원인이다. 즉 언어, 대화로 편입되지 않는 것, 언어 이전의 어떤 것이 실재이다. 그러나 실재는 단순히 언어 이전의 것이 아니라 오히려 언어 때문에 생기는 것일 수도 있다. 그리고 이런 의미의 실재가 정신분석에서는 더 중요하다.

나는 포우론에서 분명히 언어가 사물의 '살해자'라고 했다. 그러나 언어는 결코 실재를 완전히 죽이지 못한다. 실재의 생명은 완전히 꺼지지 않는다. 그 잔여가 남는 것이다. 상징적 기록의 잔여인 제2의 실재, 바로 그것이 문제이다. 내가 포우론 「후기」(Lacan 1966, 41~61면)에서 상세히 기술한 것처럼, 이 잔여로서의 실재는 기표의 자동적 연쇄가 진행됨에 따라 부수적으로, 그것도 법칙화할 수 있는 방식으로 형성된다.[7] 하지만 그렇게 형성된 실재는 결코 상징계의 법칙에 종속되지 않는다. 오히려 그 법칙에 저항하고 그 법칙의 작동에 탈을 낸다. 구조적 질서의 흐름에 이상기류를 가져오는 것이다. 이상기류를 일으키는 잔여, 이 잔여로서의 실재가 무의식적

---

7) Fink, Bruce (1995) *The Lacanian Subject*, Princeton: Princeton University Press, 부록논문 참조. 이 저서는 지젝의 저서와 더불어 후기 라깡을 기술하는 이 글에 많은 시사점을 제공했다.

경험으로 들어가는 입구이다. 무의식적 욕망은 이 실재 때문에 성립한다. 내가 질료성이라 부른 것은 이런 실재적 대상과 유사한 성격을 지칭하기 위한 것이다. 어떤 기호작용도 하지 않는다는 것, 다시 말해서 다른 기표와 교환되거나 대체되지 않는 것, 그러나 다른 기표를 끊임없이 움직이게 하는 중력을 지닌 것이 포우의 편지다. 이 질료적 편지, 그리고 그것이 지시하는 실재는 상징계의 중심으로 끊임없이 다시 돌아온다. 상징계의 중력은 그 실재의 귀환점에 집중되어 있고, 상징계의 모든 기표는 그 지점 주위를 끊임없이 회전하도록 되어 있다. 끊임없이 그 실재를 번역하고 대체하려고 하지만 그 모든 운동은 무위에 그치는 것이다. 물론 여기에는 역설이 있을 수 있다. 실재는 상징적 기록이 진행되는 과정에서 부수적으로 남는 잔여지만, 그 잔여가 다시 상징계를 움직이는 원동력이 된다. 그러나 무의식적 현상은 언제나 역설적이다. 문제는 이 역설적 구조를 표시하는 것이다.

내가 '보로메오의 매듭'(nœud borroméen)을 끌어들이고 R. I. S. 도식을 고안한 것은 이런 역설적 구조를 그려보고자 한 노력의 일환이다. 그밖에도 나는 여러가지 그림이나 연산식을 통해서 이 역설적 구조를 번역하고자 했다. 일단 이 구조를 생각할 때는 그것이 언제나 결여와 손실 혹은 빈 곳을 포함한다는 사실에 주목하기 바란다. 보라, 언어는 끊임없이 움직인다. 기표는 쉼없이 교환되고 대체된다. 이 운동을 낳고 유지하는 것이 그 빈자리다. 아무것도 아닌 것, 존재하지 않는 것 때문에 그런 부단한 운동이 지속된다. 이 역설이 구조의 일차적 특징이다.

여기서 거세와 남근에 대해 말하자. 거세는 곧 구조내적 운동이 성립하기 위해 요구되는 빈자리, 결여가 발생하는 최초의 사건이다. 그리고 그 결여 자체를 표시하는 기표가 남근이다(Lacan 1966, 715, 722면). 그러므로 거세란 어떤 원초적 박탈의 사건이자 (헤겔-맑스적 의미의) 소외다. 무엇을 박탈당하는가? 주체에게 그것은 쾌락원칙을 넘어선 신체적 향락의 박탈 혹은 포기를 의미한다(Lacan 1966, 827면). 그러므로 남성의 성기가 거세의 대상이 아니다. 남자든 여자든 인간은 신체적 향락을 포기할 때만 상징계의 주체가 될 수 있다. 그러면 박탈된 향락은 어디로 가는가? 그것은 대타자·언어·상징계로 간다. 대타자는 착취자다. 박탈된 향락은 상징계 안을 돌아다닌다. 주체의 바깥, 저기 언어의 세계를 타고 도는 쾌락, 향락은 말속에 있다. 주체가 향락을 누리기 위해서는 입을 벌려 말을 하거나 남의 말을 들어야 한다. 이미 말에 착취당하고 봉사했지만 다시 봉사해야만 한다. 그래야 그 잉여가치를 배당받을 수 있다. 그러나 말을 할수록 이득을 보는 것은 언어이다. 여전히 잉여향락(plus-de-jouir)은 말의 것이다. 노동은 주체가 하지만 결실을 따가는 것은 언어이다.

여기서 맑스의 잉여가치론을 생각하라. 맑스가 자본주의를 두고 무어라 했는지 기억하라. 노동을 상품화하는 자본주의적 생산양식 아래에서 노동자는 자신의 노동의 댓가로부터 소외되어 있다. 그 댓가를 착취하는 것은 자본가다. 자본가에 의해서 노동자는 자신이 생산한 잉여가치로부터 분리된다. 그와 마찬가지로 주체는 자신이 생산한 잉여향락으로부터 분리된다. 언어는 자본가처럼 주체가 생산하는 잉여향락을 빨아먹는다. 자본은 노동자의 손실, 잉여가치의 손실을 통해 확대 재생산된다. 마찬가지로 언어의 교환과 순환은 주체의 손실, 잉여향락의 포기를 통해 확대 재생산된다. 언어는 냉혹한 자본가다.

거세는 그런 자본주의적 언어질서가 생기고 유지되기 위해서 필요한 최초의 손실, 결여가 일어나는 사건이다. 이미 말한 것처럼, 남근이란 그 손실과 결여를 지시하는 기표이다. 구조내적 운동, 모든 기표적 교환과 순환은 이 결여의 기표에서 시작된다(Lacan 1966, 722면). 데리다는 이 결여를 페니스의 결여, 그래서 여성성이라 했다. 그러나 기표로서의 남근이 표시하는 결여는 여성성을 초래하는 것이 아니라 욕망을 초래한다. 누구의 욕망인가? 대타자(언어)의 욕망이다. 남근은 대타자의 결여, 그 결여와 짝을 이루는 대타자의 욕망을 표시한다. (발생론적 관점에서 볼 때 주체[어린아이]는 대타자[말을 가르치는 사람, 어머니]의 욕망을 통해 대타자의 결여를 경험한다.) 주체는 대타자의 결여와 욕망을 동시에 표시하는 팔루스적 기표를 중심으로 상징계 전체를 표상한다.

주체의 욕망은 이 대타자의 욕망에 대한 욕망이다. 헤겔의 주노(主奴)변증법에서 읽을 수 있는 것처럼, 인간의 욕망은 타자의 욕망을 소유하려는 욕망, 타자의 욕망의 대상이 되려는 욕망이다. 주체의 무의식적 욕망은 그가 대타자의 욕망 앞에서, 그 욕망이 던지는 물음 앞에서 생성된다. 주체는 대타자의 욕망 앞에서 다시 묻는다. "내가 어떻게 해주길 바라는 거지?"(che vuoi?)

대타자의 결여와 욕망, 그리고 그것이 주체에게 던지는 물음, 바로 여기서 무의식적 차원이 펼쳐진다. 주체는 그 물음에 답하기 위해 팔루스적 기표를 찾고, 이를 통해 대타자와 합일하고자 한다. 그러나 그 결여와 욕망은 메워지지 않는다. 기표는 결코 욕망을 멈추게 할 수 없다. 그러므로 여기서 주의하자. 욕망의 기표는 욕망의 대상이나 원인이 아니라는 것을. 그리고 욕망의 대상 혹은 원인은 존재하지 않는다는 것을. 욕망의 원인은 상상하거나 언표할 수 없는 것이다.

반면 팔루스는 다른 기표와 교환 가능한 기표이다. 그러나 팔루스가 어느 자리에 오건 욕망은 꺼지지 않는다. 욕망의 발생원인 혹은 대상은 언제나 '다른 것'이기 때문이다. 나는 그것을 실재적 대상이라 부른다. 이것은 언제나 말할 수 없는 것, 상징적으로 기록되지 않는 것, 기록의 잔여, 그러므로 실재적인 것이다. 언표 불가능한 잔여로서의 이 실재적 대상이 욕망을 생산하는 원인이다. 나는 포우론에서 "편지는 언제나 자신의 목적지에 도착한다"는 말로 결론을 맺었다. 그러나 언제나 자신의 목적지로 되돌아오는 것은 기표로서의 팔루스가 아니다. 그것은 기표화되지 않는 실재적 대상이다(Lacan 1973, 49면).

엄밀히 말해서 이 대상은 대상이 아니다. 존재하지 않는 것, 현존을 결여하는 것이기 때문이다. 그러나 어느 대상 못지않게 실재적 대상은 속성을 갖고 있다. 마치 존재하는 것처럼 어떤 작용을 하고 효과를 미친다. 욕망은 존재하지 않는 그 대상 때문에 발생하고 그 대상으로 인해 끝없이 움직인다. 왜냐하면 어떠한 기표도 그 대상을 번역할 수 없기 때문이다. 온갖 기표적 연쇄와 집적을 통해 그것에 도달했다고 생각하는 순간, 그 대상은 다시 힘을 행사한다. 온갖 기표의 회집(會集)을 통해 그 대상을 사라지게 만들었다고 생각하는 순간, 그 대상은 다시 나타난다. 번역하고 옮겼다고 생각하자마자 다시 자신의 자리로 돌아온다. 실재적 대상은 언제나 자신의 자리로 되돌아온다. 언제나 자신의 목적지에 도착하는 것이다 (Johnson 1988; 슬라보예 지젝 1997, 1장 참조).

언제나 그 자리로 돌아오는 대상, 언제나 그 자리를 다시 지키는 실재적 대상은 상징적 주체에, 그리고 상징계에 외상적 충격을 준다. 여기에서 프로이트가 반복강박과 그것의 배후에 있는 것으로 짐작했던 죽음충동을 기억하자. 무의식적 주체는 쾌락원칙을 넘어서 기꺼이 자기파괴적인 것에 관계하는 경향이 있다. 그것이 욕망의 적나라한 본성이다. 자기파괴적인 것에 관계하고자 하는 충동, 그 충동을 몰고 오는 어떤 것, 그러나 현실적으로 현존하지 않는 어떤 것이 실재적 대상이다. 이 대상에 직접 노출될 때 일어나는 충격은 치명적일 수 있다. 그러므로 무의식적 욕망의 주체는 그것에 관계하되 직접적으로 관계하지 않는다. 직접적 관계를 미루고 지연시키면서 관계한다. 데리다적 용어로 말하면, 욕망은 실재적 대상에 차연적으로 관계한다. 차연적으로 관계한다는 것은 대리적 보충을 통해 관계한다는 것과 같다. 나는 이런 차연적 관계를 환상(fantasme)이라고 부르고, $8 \diamond a$로 표기한다.

이 공식은 주체가 욕망의 원인에 가까이 가면서 동시에 직접적 접촉을 미룬다는 것을 말한다. 왜 미루는가? 직접적 접촉이 주체를 파괴하기 때문이다. 주체는 살기 위해 미룬다. 그러나 욕망의 주체는 쾌락원칙을 초과하는 쾌락(향락)을 위해 끝없이 대상에 관계한다. 물론 데리다도 이런 차연적 관계를 분석한 적이 있다. 프로이트의 『쾌락원칙을 넘어서』를 그처럼 자세하게 읽고 감동적으로 분석한 경우는 아직 없다. 거기서 데리다는 죽음충동과 생명충동 사이의 차연적 관계를 쾌락원칙의 풀림(죽음충동)과 조임(생명충동)의 역동적 리듬, 리듬에 찬 기조 안에서 설명했다. 그러나 나는 데리다가 수십 페이지에 걸쳐서 온갖 상세한 미로를 통과해가며 묘사한 것을 최대한 경제적으로, 가장 단순하게 표시했다. 어느 것이 더 감동적인가? 판단은 자유다. 기조라는 것, 그것도 그렇다. 내가 그리는 구조도 굳이 따지자면 기조다. 가령 나의 욕망의 그래프, 그 명료한 그림은 얼마나 기조적인가(Lacan 1966, 805면 이하).

다음 그래프는 얼마나 많은 내용을 담고 있는지! 그리고 그 내용에 비할 때, 이 그림은 얼마나 경제적인지! 하지만 여기서는 왜 이것이 닫힌 구조가 아니라 열린 구조, 리듬에 찬 기조인지만을 말하겠다(Žižek 1989, 3장 참조). 먼저 이 그래프의 왼쪽 축을 보기 바란다. 이 왼쪽 축은 대타자의 결여와 욕망(S(A̸))에서 시작해서 의미화 작용이 일어나는 고정점(point de capiton, s(A))을 지나 주체의 상징적 (자기)동일시(I(A))에 이른다. 도달점은 상징적 질서에 편안하게 안주한 자아상, '자아이상'(idéal du moi) 혹은 명확한 자기정체성을 획득한 주체이다. 이런 자기동일시가 성립하려면 먼저 의미화 연쇄가 어떤 기의에 의해 고정되는 지점이 있어야 한다. 그런데 안정된 기호체계가 성립하는 이 지점에 지속적으로 힘을 미치는 것이 있다. 그것은 대타자의 욕망과 그것이 던지는 물음이다. 충격적이고 외상적일 수 있는 물음. 따라서 주체는 그 물음의 충격을 없는 것처럼 무시할 수 있다. 그러나 억압된 것은 반드시 회귀한다.

여러분은 여기서 금방 깨달았을 것이다. 이 그래프에 나오는 상하 두 개의 횡선이 대략 무엇을 의미하는지를. 아래의 횡선은 상징적 질서, 정상적

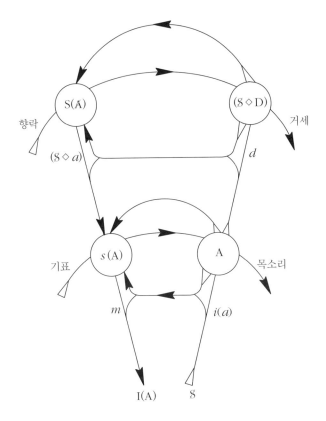

현실의 질서를 나타낸다. 반면 위의 횡선은 무의식적 욕망의 차원 혹은 향락의 질서를 표시한다. 상징적 질서가 쾌락원칙에 종속되어 있다면 향락의 질서는 쾌락원칙을 넘어선다. 그 향락의 차원으로부터 내려오는 압력은 환상의 지점을 거쳐 의미화의 고정점에 이른다. 여기에서 환상은 두 가지 배타적인 역할을 동시에 수행한다. 환상은 먼저 주체로 하여금 대타자의 욕망과 질문, 또는 실재적 대상에 관계하도록 허락한다. 환상은 외상적 충격에 관계하는 욕망, 쾌락원칙을 넘어선 욕망의 형식이자 틀이다. 리비도 에너지가 집중된 표상 안에서 사물들은 이 틀을 통해 일관성을 획득한다. 반면 환상은 그 외상적 충격으로부터 주체를 보호해주는 거리, 영사막에 해당한다. 이 보호막에 힘입어 주체는 대상에 의해 파괴되지 않은 채 그것에 지속적으로 관계할 수 있다.

그러나 환상을 통해 욕망의 원인으로 귀환하는 실재적 대상은 허상, 씨 뮐라크르(simulacre)다. 그것은 현존하지 않는 것, 다만 효과를 미치는 속 성으로만 '있는' 것이다. 그것은 상상 불가능하고 기록 불가능한 것이지 만 여전히 허구적이고 사후적으로 성립하는 허구물이다(이 허구의 구성 은 최초의 만족에 대한 재기억, 최초의 만족대상에 대한 사후적 구성에서 시작한다. 실재적 대상은 이 사후적 구성이 여전히 충족할 수 없는 것으로 남기는 잔여, 재구성이 불가능한 것으로 멀어지는 원초적 대상, 그러나 환 원 불가능한, 해체 불가능한 어떤 것이다).

그러므로 그래프의 왼쪽 축이 말하는 것은 결국 이것이다. 안정되고 닫 힌 기표의 질서를 봉합하는 고정점은 씨뮐라크르의 귀환에 의해 지탱되 는 동시에 위협받고 있다. 기록 불가능한 환상적 허구, 해체 불가능한 부 재자와 관계하는 환상이 안정된 기표적 질서의 토대이다. 그러나 이 토대 에는 바닥이 없다. 그것은 비존재이다. 상징적 구조는 그 고정점 자체를 통해서 무·결여·허상 그리고 그것이 거느리는 카오스의 가능성에 이어 져 있다. 구조의 배꼽은 카오스의 가능성, 바닥 없는 심연으로 이어져 있 다. 하지만 상징계의 주체는 그 탯줄을 끊을 수 없다. 왜냐하면 그 탯줄이 상징적 질서, 정상적 질서에 리비도적 에너지, 잉여향락, 잉여가치를 공급 해주는 공급선이기 때문이다. 생명과 죽음, 구성과 파괴는 한 줄을 통해 서, 차연적 리듬을 통해서 주체에게 온다. 그 차연적 리듬이 하위의 소구 조를 지배한다. 그 소구조의 배꼽은 상위구조의 구멍, 잔여물을 배설하는 똥구멍에 이어져 있다. 항문운동을 하는 구조, 오므렸다 열었다 하면서 배 설하는 상위구조, 그리고 그 아래에서 그 잔여물을 흡수하는 하위구조, 이 상하 복합구조가 기조가 아니라면 무엇이겠는가?

3. 해석과 해체

이 정도에서 라깡의 말을 가로막자. 적어도 전회 이후의 라깡은 단순한 구조주의자가 아니라는 것, 그의 구조가 기조에 가깝다는 것은 분명해졌을 것이기 때문이다. 물론 욕망의 그래프를 가지고 라깡이 하고 싶은 말은 아직도 많을 것이다. 특히 목소리에 대해서, 자신이 음성중심주의에 빠져 있다는 데리다의 시비에 대해서 꼭 덧붙이고 싶을 것이다. 사실 이 그래프에 나오는 목소리는 어떤 사물화된 음성, 모든 의미화 작용의 테두리 바깥으로 떨어져나온 빈 껍질 같은 잔여이다(그것은 마치 최면술에 걸린 사람이 듣는 주문呪文 같은 공허한 목소리다). 데리다의 그라마똘로지나 후썰론은 음성 위주의 언어관이 현전적 존재이해나 로고스중심주의에 뿌리내리고 있음을 밝혔지만, 이런 공허한 목소리는 의미의 현전(로고스의 자기현전)과 공모관계에 있지 않다. 오히려 의미의 현전, 나아가 의식의 자기현전을 방해하고 교란할 수 있다(Dolar 1996 참조). 당신은 목소리 혹은 다른 소리 때문에 스스로 통제할 수 없는 격정이나 혼돈상태에 빠져본 적이 없는가? 소리가 안정된 의미론적 질서에 충격을 주는 전복적 힘으로서 현상한다는 것을 경험한 적이 없는가? 니체는 소크라테스에게 외치듯 주문했다. '소크라테스, 음악을 들어요! 춤을 춰요!' 소크라테스적 합리성과 디오니소스적 음악성을 마주 놓았던 니체의 음성을 기억하자면, 목소리는 로고스에 봉사한다기보다 파토스(pathos)에 봉사한다. 음성은 반로고스중심주의적일 수 있다. 플라톤 이래 합리적 이성의 수호자들은 음악을 감시하고 통제할 수밖에 없는 처지에 있지 않았던가. 음악의 마술적인 힘에 저항하려 하지 않았던가. 라깡이 말하는 목소리(그리고 응시)는 많은 경우 이런 문맥에서 읽어야 한다. 그것은 쾌락원칙에 종속된 합리적 질서를 급작스럽게 뒤집거나 재편하면서 출현하는 현상, 정확히 말해서 향락의 대상으로 둔갑하는 현상이다.

그러나 하여간 라깡의 말은 일단 여기서 그치게 하자. 그리고 다른 주제를 중심으로 라깡과 데리다의 논쟁적 상황을 구성해보자. 아마 여기서 중심에 두어야 할 마지막 주제, 그러나 어쩌면 가장 큰 주제는 해석의 문제일 것이다. 사실 라깡의 상징 개념, 그리고 포우의 소설에 대한 라깡과 데리다의 서로 다른 분석은 이미 해석학적 문제틀 안에 들어와 있다. 그러므로 정신분석과 해체론은 전통적 해석학에 각기 어떻게 관계하는가? 양자는 해석학의 역사에서 각각 어떤 자리를 차지하는가? 정신분석과 해체론은 어디에 있는가?

이런 물음을 위해서 먼저 고전적 해석학의 전통을 수호하는 위치에 있는 리꾀르의 말부터 들어보도록 하자(뽈 리꾀르 2001, 1~2장 참조). 리꾀르는 구조주의를 '선험적 주체만 없는 칸트주의'로 평가했다. 이것은 구조주의의 형식주의적 성격을 강조하는 말이다. 형식주의, 이것은 구조주의의 특징이자 또한 한계일 수 있다. 여기서 앞에서 정식화한 라깡적 상징 개념을 다시 기억하자(사적이고 시적인 것마저 수적이다). 구조주의는 무의식적인 것, 문학적인 것, 사회적인 것 등을 어떤 중립적 요소들의 상관적 차이 관계, 형식적 조합과 분리의 관계로 환원한다. 신비하고 주관적이며 정서적인 현상을 그 자체로 무의미한 요소들간의 형식적 질서로 환원하는 구조주의는 극단적 과학주의, 탈신비화의 전략일 수 있다. 리꾀르는 이런 탈신비화의 전략에 저항하고자 한다. 그 탈신비화의 전략을 재차 탈신비화해서 다시 신비화의 길을 열자는 것이다.

이 재신비화의 전략은 표면상 언어의 환원 불가능한 모호성에 대한 옹호처럼 보인다. 구조주의적 분석에 저항하는 언어 내재적 모호성에 관계하는 것, 그것이 리꾀르가 말하는 반성적(변증법적) 해석학이다. 이 반성적 해석학은 두 가지 해석학의 매개와 지양이다. 하나의 해석학은 새로운 상징의 출현에 눈을 돌리는 해석학, 의식과 역사의 차원으로 나아가는 해석학, '앞으로 가는 해석학'이다. 반면 다른 하나의 해석학은 원초적 상징에 눈을 돌리는 해석학, 무의식과 기원으로 소급하는 해석학, '뒤로 가는 해석학'이다. 앞으로 가는 해석학의 사례로 리꾀르는 헤겔적 정신현상학을, 뒤로 가는 해석학의 사례로 니체·프로이트·맑스를 든다.

이런 구도에서 정신분석은 해석학의 역사에 위치한다. 니체의 철학, 맑스의 정치경제학과 더불어 프로이트의 정신분석은 현대적 해석학의 출발점에 서 있다. 그러나 동시에 이것들은 모두 반성적 해석학 속에서 변증법적으로 극복되어야 하는 위치를 점한다. 앞으로 가는 해석학, 그것은 목적론적이며 이념적이다. 뒤로 가는 해석학, 그것은 고고학적이다. 텔로스(telos)로 가는 해석학과 아르케(arche)로 가는 해석학, 그 둘은 다시 종교적 종말론으로, 그리고 그곳을 장식하는 '거룩한 상징'으로 가는 징검다리다. 그 징검다리를 하나하나 건너는 것이 리꾀르적 의미의 반성이다. 이런 반성철학의 시각에서 보면 정신분석은 불충분한 해석학이다. 뒤로, 아르케로, 밑으로만 파고드는 정신분석은 주체의 고고학, 고고학적 해석학이다. 하지만 정신분석은 구조주의 못지않은 탈신비화의 전략이며, 이것 자체가 탈신비화되어야 한다.

우리가 여기서 이런 리꾀르의 시각을 끌어들인 것은 정신분석을 해석학의 역사 안에서, 또는 다양한 유형의 해석학적 활동의 한 유형으로 간주할 수 있다는 사실을 두드러지게 하기 위해서이다. 그러나 리꾀르를 끌어들이지 않더라도 정신분석을 일종의 해석학으로 간주할 수 있다. 정신분석이라는 말, 분석이라는 말 자체, 프로이트의 『꿈의 해석』의 제목, 그리고 이 책에서 흔치 않게 사용되는 해석(Deutung)·분해(Auflösung)·해결(Lösung)이라는 말들이 이미 특정한 해석학적 함축을 띠고 있다. 프로이트는 무의식적 현상이 어떤 '감추어진 의미'를 지니고 있으며 그 감추어진 의미의 발견에 정신분석의 과제가 있다는 신념을 결코 버린 적이 없다.

그런데 데리다는 정신분석을 해석학보다 포괄적이고 더 오래된 역사,

분석의 역사 안에서 바라보아야 한다는 점을 지적한 적이 있다(Derrida 1996, 32면 이하). 이때 분석의 역사란 가령 플라톤적 의미의 나눔(dihairesis), 아리스토텔레스적 의미의 분석론, 칸트적 의미의 분석론, 그밖에 아나(ana)와 뤼시스(lysis)와 관련된 모든 형태의 방법론적 전략들을 포괄하는 개념이다. 그리고 이 분석의 역사 안에는 정신분석뿐만 아니라 해체론도 자리하고 있다. 사실 분석에도 여러 종류가 있다. 철학적 분석이 있는가 하면 과학적 분석이 있고, 논리분석이 있는가 하면 정신분석이 있다. 이 모든 분석을 어떻게 유형화할 수 있는가?

데리다의 분류는 리꾀르의 분류와 겹치는 대목이 있다. 리꾀르는 앞으로 가는 해석과 뒤로 가는 해석, 목적론적 해석과 고고학적 해석──그리고 종말론적 장소로 가는 해석──을 나누었다. 데리다 역시 분석의 방향을 중시한다. 그 방향은 둘이다. 하나는 '아나'로 표시되는 소급과 회귀, 즉 원리적이고 기원에 있는 것, 가장 단순하고 요소적인 것, 나눌 수 없는 것으로 회귀하는 운동이다. 이는 분석의 '고고학적' 운동에 해당한다. 다른 하나는 '종말론적' 운동인데, 이것은 '뤼시스'로 표기된다. 이 말이 함축하는 것은 분해·풀기·펼치기·용해·해소·해산이다.

이렇게 볼 때, 고고학적 운동은 탄생의 지점, 기원으로, 반면 종말론적 운동은 완성과 죽음의 지점으로 이동한다. 프로이트의 『쾌락원칙을 넘어서』에 나오는 충동이론으로 정식화하자면, 아나-뤼시스(ana-lysis)로서의 분석은 생명충동을 따르는 동시에 죽음충동을 따른다. 생명충동과 죽음충동이 한 생명체 안에 얽혀 있다면, 모든 분석에는 기원으로의 회귀와 종말로의 회귀가 얽혀 있다. 분석은 아나와 뤼시스, 에로스(Eros)와 타나토스(Thanatos), 고고학적 회귀와 종말론적 회집의 매듭, 복잡하게 얽힌 실타래이다. 매듭, 실타래로서의 아나-뤼시스는 그 자체가 매듭을 풀고 엮는 작업, 양탄자를 짰다가 풀었다 하는 페넬로페이아(오디세우스의 아내)의 노동이다. (여기서 프로이트의 범례적 꿈분석인 '이르마의 주사'에 나오는 매듭과 배꼽의 비유를 기억하자.)

　이런 포괄적 의미의 분석의 역사에서 정신분석은 어떤 위치에 있는가? 정신분석은 가령 과학적 분석이나 논리적 분석, 혹은 철학적 분석에 비추어 어떤 특징을 지니는가? 무의식에 대한 탐구를 정당한 학문의 반열에 올려놓으려 했던 노력을 통해 프로이트는 정신분석을 과학적 분석 혹은 철학적 분석의 전통에 종속시키는 결과를 초래했다. 정신분석에 대한 데리다의 평가, 프로이트와 라깡에 대한 그의 평가는 그런 자발적 종속의 노력을 주시한다. 프로이트 속에 살아 있는 계몽주의적 학문관, 라깡의 구조주의적 경향이 해체론적 분석의 표적이다.

　정신분석에 대한 이 분석은 "정신분석(학)은 정신분석이 아니다"라는 명제로 귀결된다. 즉 정신분석은 정신분석(학)이 생각하는 정신분석이 아니다. 정신분석은 통일된 정체성이 없다. 분열되어 있는 것이다. 왜냐하면 정신분석은 학문·철학·형이상학의 전통에 속하는 동시에 그 전통의 울타리에서 벗어나기 때문이다.

　이미 말한 것처럼, 데리다가 기술하는 정신분석은 자기모순적인 두 측면을 지닌다. 정신분석의 주요 개념들(무의식·억압 등)은 대부분 형이상학의 역사에 속한다. 거기에 형이상학의 울타리를 이탈하는 것이 있다면, 그것은 사후성 개념이다. 이후의 것이 접촉하고 보충하는 한에서 이전의 것이 현상하거나 의미를 지닐 수 있다는 사후성이론은 순수한 현전성, 자족적 자기현전성 개념을 파괴한다. 기원은 파생자를 통해서, 내면은 외면의 사후적 영향을 통해서 왜곡됨으로써 '처음' 성립하고 현상한다. 기원은 이미 어떤 사후적 보충의 효과에 불과하다. 따라서 처음에 있는 것보다 보충이, 그 보충에 의한 충돌과 차이짓기가 먼저 있었다. 그러나 정신분석이 도달한 이런 탈형이상학적(탈현전적) 돌파구는 프로이트나 라깡의 과학주의에 의해 다시 닫히는 것은 아닐까?

　이렇게 묻는 데리다는 독자들에게 다음과 같이 말한다. 해체론은 정신분석이 아니다. 해체론은 철학에 대한 정신분석이 아니며, 철학적 정신분석도 아니다(Derrida 1967a, 219면). 이는 단순히 정신분석이 두 방향의 운동, 즉 자발적으로 형이상학의 역사에 종속되는 운동과, 자기도 모르게 그 역사를 이탈하는 운동으로 분열되기 때문만이 아니다. 정신분석은 과학적 정합성을 얻으려는 곳에서마저 분열되고 있다. 사실 정신분석의 이론적 정체성, 정신분석이 스스로 정의하는 정체성은 저항 개념에 의해서 확립된다. 정신분석은 언제나 저항에 대한 분석이자 극복이다. 따라서 저항에 대한 일관된 위치에 정신분석의 정체성이 있을 수 있다. 그러나 정신분석이 말하는 저항 개념은 일관성을 결여하고 있다. 여러가지 저항 개념, 이드와 자아 그리고 초자아의 수준에서 성립하는 다양한 저항 개념들은 하나로 수렴되지 않는다. 따라서 하나의 단일한 저항이 없다면 단일한 정신분석(학)도 없다. 정신분석은 하나의 개념·이론·과제로 모이지 않는다(Derrida 1996, 33~35면). 이런 자기분열적 분석을 해체론과 동일시하지 말아야 한다. 이는 해체론이 분열되지 않은 자기정체성을 지니기 때문이 아니다. 다만 해체론은 정신분석과 다른 분석을 추구하기 때문이다. 해체론은 분석의 전통에 속하면서도 철학적 분석과 다른 종류의 분석을 추구하며, 그에 못지않게 정신분석적 분석을 비켜간다.

이 해체론적 분석의 특이성을 말하기 전에 정신분석이 갖는 변별적 특징을 잠깐 언급하고 지나가자. 철학적 분석은 재현과 표상의 수준에 머문다. 하지만 정신분석이 저항의 해소라면, 이 해소는 전이(transfert)를 통과하는 지점에서 끝난다. 저항의 해소는 정념과 정서의 기반 위에 있다. 분석자와 피분석자 사이의 정서적 상호작용 없이 정신분석은 성립하지 않는다. 실천적 효과를 의도하지 않는 분석은 정신분석이 아니다. 그렇다면 정신분석은 철학적 분석과는 다른 질서에 속하는 것이 아닐까? 철학적 분석과 다른 종류의 분석의 길을 가고 있는 것이 아닐까? 하지만 앞서 말한 것처럼 정신분석은 정신분석이 아니다. 정신분석은 자신이 생각하는 정신분석이 아니다. 정신분석은 자신을 모른다. 정신분석이 자신을 알려면 또다른 분석자, 해체론적 분석자를 찾아가야 한다. 해체론이 일종의 정신분석이 아니라면, 그 이유는 여기에 있다. (그렇지만 오해는 하지 말았으면 좋겠다. 해체론은 어떤 메타담론이 아니다. 메타언어가 없다는 것이 해체론의 주장이다. 나는 존재론자가 아닌 것처럼 메타존재론자도 메타분석자도 아니다.)

물론 해체론이 정신분석과 공유하는 것이 아주 없다고는 할 수 없다. 해체론은 끊임없이 정신분석의 주위를, 특히 프로이트의 문헌을 맴돌아왔다. 이는 둘 사이에 공유된 물음이 있기 때문이다. 그러나 공유라는 말은 적절치 않은 것 같다. 오히려 경쟁이나 투쟁이라는 말이 적당할 것이다. 분명히 해체론은 정신분석과 어떤 주제를 놓고 다투고 있다. 그리고 "'정신분석'과 '해체론' 사이에서 벌어지는 가장 결정적이고 난해한 경쟁은 반복강박이 제기하는 물음의 주위에서 비교적 체계를 갖춘 형태를 취하고 있는 듯하다"(Derrida 1996, 46~47면). 쾌락원칙, 혹은 원칙의 구속력 일반을 넘어서서 일어나는 반복, 따라서 언제나 차이와 일탈을 수반하는 반복(itérabilité)을 어떻게 설명할 것인가? 라깡처럼 그것을 '반복의 자동화'(automatisme de répétition) 정도로만 옮겨야 하는가?

알다시피 프로이트는 쾌락원칙을 넘어서는 반복강박, 따라서 합리적 설명이 불가능한 이 자기파괴적 반복을 설명하기 위해 죽음충동을 마지막 가설로 끌어들였다. 프로이트가 검증 불가능한 것으로 끌어들인 이 가설, 다만 '악마의 변호사'라는 위치에 설 때만 언급할 수 있는 것으로 간주한 이 가설은 라깡적 무의식이론의 출발점이다. 그의 포우론 또한 편지의 자율적 운동을 반복강박의 자동성과 결부시키면서 시작하고 있다. 그런데 라깡의 포우론은 반복강박의 반복성을 어떤 합리적 규칙을 통해 번역하거나 정리할 수 있다고 주장한다. 이것이 문제이다. 라깡의 포우론에 대해 내가 물은 것은 그런 낙관주의다. 반복강박적 반복, 죽음충동의 반복은 합리적 설명이 불가능하지만 해체 불가능한 현상이다. 왜 해체 불가능한가? 그것은 반복강박이 저항하기 때문이다. 반복강박은 모든 종류의 분석, 정신분석적 분석이나 해체론적 분석 자체에 저항한다. 그것은 저항 중의 저항, 가장 탁월하고 신비한 저항, 악마적 저항이다. 그러나 이 악마적 저항은 적극적 저항이 아니다. 소극적 저항, 저항하지 않는 저항, 무저항의 저항이다. 때문에 "무저항의 형식을 띤 이 과장법적(hyperbolique) 저항으로서의 반복강박은 그 자체가 '분석적'이고 아나-뤼시스적이다"(Derrida 1996, 38면). 그 자체가 원점 회귀적인 동시에 종말론적 극단화의 운동, '아나'와 '뤼시스'의 운동이다. 그런 의미에서 반복강박은 구조적으로 분석적이다. 그리고 그런 의미에서 자기해소적이며 무저항적이다. 반복강박, 그 뒤의 죽음충동은 오로지 스스로 나누어지고 분해될 뿐이다. 끝내 스스로 침묵하는 운동, 자기를 숨기고 말소하는 운동. 정신분석의 담론은 스스로를 분해하는 이 무저항의 저항 앞에 있다. 모든 정신분석의 담론은 그 분석 불가능한 것의 둘레를 회전하고 있다. 그러나 그 회전은 정신분석이 태어나고 확장되는 운동 자체이다.

정신분석을 있게 한 분석 불가능자, 그 반복강박의 반복성 앞에 여전히 해체론이 있다. 그 반복성은 '아나'와 '뤼시스'로 이루어진 어떤 종합, 어떤 분해 불가능한 매듭, 따라서 어떤 선험적 종합이다. 그 이중물림의 매듭 앞에서 해체론은 "한술 더 뜨는 분석, 한술 더 뜨는 선험주의"로 치닫는다. 과장법적 분석의 포즈에 이르는 것이다. "이런 의미에서 해체론은 끝나지 않는 분석의 드라마다"(Derrida 1996, 43면). 해체론의 모든 드라마는 이 분석되지 않은 아나-뤼시스에 관계하는 분석, 극단적 분석으로서 펼쳐진다. 실패하고 좌초할 수밖에 없는 분석, 한계에 부딪히는 분석, 그럼에도 불구하고 다시 시작하는 분석이 해체론적 분석이다. 따라서 해체론의 최고원리는, 만일 그런 것이 있다면 '풀기 취미'(philolythique)의 원리, 고고학적 원리, 나누기와 분할의 원리다(Derrida 1996, 48면). 해체론에서 나

누고 풀고 용해하는 것보다 더 중요한 것은 없다. 해체론은 극단적이고 과
장법적인 분석이다. 나의 라깡론이 '편지의 분할 불가능성'을 문제삼았던
것을 이런 문맥에서 읽어주기 바란다. 해체론이 해체론인 것은 해체 불가
능한 것의 앞에 위치하기 때문이지만, 또한 풀어헤침에 대한 열정, 과도할
정도의 열정 때문이기도 하다. 라깡의 용어를 빌리자면, 해체론은 향락적
분석의 취미다.

  그러면 이쯤에서 데리다를 쉬게 하고 발언권을 다시 라깡에게 돌려주
자. 왜냐하면 라깡의 실재적 대상, 그 기록 불가능한 잉여로서의 대상이
데리다의 해체 불가능자와 어떻게 비교될 수 있는지 물을 수 있는 상황이
되었기 때문이다. 데리다는 조금 전 해체론과 정신분석, 해체론과 분석의
전통 일반의 관계에 대해 말했다. 이런 언급이 아니더라도 해체론이 전통
적 형이상학과 유지하는 관계는 잘 알려진 사실이다. 해체론은 로고스중
심주의로 규정되는 서양 형이상학을 엄밀하게 읽는 과정을 통하여 이 전통
의 한계에 도달하려는 전략이다. 이때 한계는 단순한 끝, 부정적 의미의
제한만을 의미하지 않는다. 그것은 오히려 서양적 사유에 외상이 일어나
는 지점, 그 외상의 충격으로부터 자신을 보호하기 위해 어떤 방어적 제스
처가 일어나는 지점이다. 니체가 간파했던 것처럼 서양사상사는 그런 방
어의 산물인지 모른다. 라깡적 언어로 옮기면, 그 방어가 일어나는 한계는
실재적 대상과 마주치는 지점, 그 실재적 대상에 의해 환상($8 \diamond a$)이나 증
상이 일어나는 지점이다.
  서양적 사유가 어떤 말할 수 없는 것에 대한 특정한 방어적 환상이자 증
상임을 받아들일 때, 우리는 다음과 같은 중요한 결론을 승인해야 한다.
이성적 담론, 과학이나 철학의 담론은 여러가지 가능한 담론들 중의 하나
에 불과하다. 이론적 합리성은 있을 수 있는 여러가지 가능한 합리성들 중
의 하나에 불과하다. 물론 이러한 결론은 데리다로부터만 끌어낼 수 있는

것이 아니다. 니체와 하이데거, 비트겐슈타인, 그리고 로티적 의미의 실용주의도 모두 그러한 결론을 함의하고 있다. 이른바 포스트모더니즘 혹은 탈근대론은 이 동일한 결론에서 출발하고 있음을 다시 강조할 필요는 없을 것이다.

우리는 후기 라깡으로부터도 똑같은 결론을 끌어낼 수 있다. 1960년대 초반까지 라깡은 정신분석을 과학의 위상에 올려놓으려 했던 프로이트의 노력을 이어가고자 했다. 그러나 라깡은 점점 더 정신분석을 이론적 사유나 과학적 담론의 저편에 위치시키기 시작했고, 정신분석의 진리와 과학적 진리, 정신분석적 인과성과 과학적 인과성을 구분하기 시작했다(Lacan 1975, 8장 참조). 이는 라깡의 후기이론으로 갈수록 점점 더 중요성을 더해가는 실재적 대상의 초보적 의미로부터 충분히 예상되는 귀결이다. 이 실재적 대상은 욕망의 원인이다. 그러나 그것은 욕망이 향하는 현실적 대상이나 기표가 아니다. 이 원인은 합리적 체계 밖에 있는데, 정확히 말하면 그 안에 있는 바깥, 외심(外心) 혹은 외내성(extimité)을 이루는 어떤 것이다. 과학적 인과성은 구조적 체계의 질서 자체거나 그 질서의 근간이다. 여기서 원인과 결과는 그것이 단수적이든 복수적이든 분명한 상응관계에 있다. 그러나 외심적 원인으로서의 실재적 대상은 이미 체계 안에서는 현실적으로 존재하지 않는다. 그것은 없는 것이지만 효과를 산출한다. 그리고 그 효과는 체계내적 인과질서를 교란하고 방해한다.

정신분석이 찾는 진실은 체계 밖에 있으면서 체계 안의 인과질서에 탈을 내는 이 외심적 원인에 있다. 진실은 실재적 대상과 마주치는 데 있다. 반면 과학적 진리는 체계 안에 있다. 체계 안에 있다는 것은 그것이 어떤 기능적 가치에 불과하다는 것을 말한다. 마치 +와 −, 혹은 0과 1처럼 과학적 담론에서 진리는 여러가지 이항대립 중의 하나에 불과하다. 반면 정신분석이 찾는 대상, 그것이 구하는 진리는 체계내적 이항대립의 저편에 있다. 또한 저편에 있으면서 그 대립적 질서를 가능하게 하는 동시에 불가능하게도 하는 잉여의 에너지를 생산한다. 이중물림, 더블바인드의 논리.

데리다의 해체론이 서양사상사의 고전을 읽으면서 찾고 있는 것은 그런 의미의 실재적 대상이다. 해체론적 의미의 해석 혹은 분석은 라깡적 의미의 실재로부터 출발하거나 그 실재에 이른다. 앞에서 본 것처럼, 데리다는 이런 해체론적 분석의 이중적 운동을 아나-뤼시스라는 말의 이중적 의미에 견주어 해설했다. '아나', 그것은 쾌락원칙의 저편에 있는 원인으로 가는 분석, 고고학적 분석이다. '뤼시스', 그것은 그 원인을 쾌락원칙 이편에 있는 질서로 풀어내는 분석, 종말론적 분석이다. 해체론적 분석은 체계의 외심적 원인의 처음과 끝 사이의 엉킴, 둘 사이의 복잡한 매듭에 대한 담론이다.

우리가 라깡의 목소리에 더 귀를 기울여야 하는 것은 바로 이 지점, 즉 해체론이 다른 종류의 담론에 대해 자신의 담론이 갖는 차별적 관계를 말하는 대목이다. 라깡 또한 정신분석이 다른 종류의 담론에 대해 갖는 관계를 고심해왔고, 그로부터 거둔 성과가 그의 '네 가지 담론'이다. 이 담론이론은 철학에 대하여 심각한 의미를 지닌다. 왜냐하면 그것은 철학을 초과하고 포괄하는 문맥 안에 철학을 위치시키고 장면화하는 이론이기 때문이다. (아마 철학이 만학의 여왕이라고 믿는 사람, 철학적 담론이 모든 진리담론의 마지막 법정이라고 믿는 사람일수록 이 이론이 가져오는 충격은 클 것이다.) 라깡과 데리다 사이의 논쟁적 상황에서는 더 그렇다. 데리다의 라깡론이 제기한 궁극적 문제는 위치의 문제이다. 정신분석은, 라깡의 담론은 어디에 있는가? 그것은 스스로 인식하거나 통제할 수 없는 틀·여백·파에르곤(parergon)·텍스트 운동 안에 있지 않은가? 그것은 스스로 보지 못하는 로고스중심주의의 울타리 안에, 그것도 자발적으로 안주하고 있지 않은가? 그러나 라깡의 담론이론에는 이런 물음이 울려퍼지고 있다. 철학은 어디에 있는가? 해체론은 어디에 있는가? (라깡의 담론이론이 출발하는 기본 발상은 정신병의 여러가지 구조 못지않게 무의식이 드러나는 비정신병적 구조가 담론의 형식을 띠고 있다는 것, 이 담론의 형식은 주체들간의 사회적 연대의 형식이라는 것 등이다.)

이 담론의 형식은 네 가지로 수렴된다.[8] 이 네 가지 유형은 각각 주인의 담론·대학의 담론·히스테리 담론·분석자 담론으로 불린다. 네 가지 담론을 구성하는 요소들은 언제나 같다. 다만 이 요소들이 서로 다른 위치와 상호관계 속으로 들어가면서 각각의 담론형식이 결정된다. 이 요소들은 네 가지인데, 그것은 주인 혹은 남근 기표(S_1), 여타의 기표 혹은 지식(S_2), 잉여향락 혹은 욕망의 원인(a), 그리고 분열된 주체(S)이다. 이 요소들이 배치되는 위치는 다음과 같다.

$$\text{행위자} \rightarrow \text{대상}$$
$$\text{진리} \leftarrow \text{생산}$$

요소를 분배하는 출발점은 행위자의 위치다. 분배는 시계방향으로 주인기표, 지식, 잉여향락, 주체의 순서로 이루어진다. 첫번째 분배에서 가장 기본적인 주인의 담론이 나온다. 그리고 이 주인의 담론을 기준으로 네 요소가 시계반대방향으로 한 단계씩 자리를 이동함에 따라 대학의 담론, 분석자 담론, 히스테리 담론이 나온다. 이 네 담론을 다시 시계방향으로 나열하면 다음과 같다.

---

8) 이 담론이론이 형성되는 과정에 대해서는 Lacan, Jacques (1975) *Le séminaire XX*, Paris: Seuil, 2장; Lacan, Jacques (1991) *Le séminaire XVII*, Paris: Seuil 참조. 이하의 논의에 가장 중요했던 참고문헌은 Juranville, Allain (1984) *Lacan et la philosophie*, Paris: Presses Universitaires de France이다. 이 저서는 라깡의 담론이론을 다양한 각도에서 반복적으로 접근하고 있으며, 무엇보다 이 이론을 중심으로 철학과 정신분석의 관계를 새롭게 설정하고 있다. 저자는 결론에서 현대의 사상사적 특징이 정신분석과 철학 사이의 이중적 관계, 경쟁과 해소 불가능한 상호의존성의 관계에 있음을 설득력있게 보여주고 있다.

$$S_1 \rightarrow S_2$$

$$\overline{\quad\quad\quad}$$

$$\$ \leftarrow a$$

주인의 담론

$$S_2 \rightarrow a$$

$$\overline{\quad\quad\quad}$$

$$S_1 \leftarrow \$$$

대학의 담론

$$\$ \rightarrow S_1$$

$$\overline{\quad\quad\quad}$$

$$a \leftarrow S_2$$

히스테리 담론

$$a \rightarrow \$$$

$$\overline{\quad\quad\quad}$$

$$S_2 \leftarrow S_1$$

분석자 담론

일견 단순해 보이는 이 네 가지 도식은 마치 주역의 괘상(卦象)들처럼 해석자에 따라 무궁무진한 내용을 길어올릴 수 있는 깊이를 형성하고 있다. 여기서는 욕심을 자제하고 다만 이 담론이 철학에 던지는 물음, 장소에 관한 물음에 귀를 기울이도록 하자. 먼저 각각의 담론이 담고 있는 초보적 내용을 다시 기억하자면, 주인의 담론과 대학의 담론은 앞쪽으로 가는 담론, 개척하고 일구고 펼치고 확장해가는 담론이다. 반면 히스테리 담론과 분석자 담론은 뒤로 가는 담론, 뒤집는 담론, 처음을 묻는 담론이다.

주인의 담론은 행위자의 자리에 주인(아버지·지배자·카리스마·권위)의 기표가 있고 대상의 자리에 지식, 기표체계가 있다. 이는 하나의 중심에서부터 새로운 질서·지식·구조가 성립하는 운동으로 읽을 수 있다. 그러나 그 중심기표 배후에 있는 진리는 분열된 주체이고, 지식이 생산하는 것은 불가능한 대상(욕망의 원인)과 그로 인한 잉여향락이다. 즉 주인에 종속된 질서는 잉여향락을 생산하지만, 그것을 착취하는 주인은 그 향락의 대상에 의해 분열된 주체가 된다. 환상($\$ \diamond a$)에 빠져드는 것이다. 그러므로 주인의 담론은 욕망의 그래프와 구조적으로 유사하다. 왜냐하면 중심화된 기표의 질서가 표면이라면, 이 표면적 질서의 배후에는 향락과 환상의 질서, 무의식적 욕망과 일탈의 질서가 공통적으로 숨어 있기 때문이다.

주인의 담론이 어떤 창시자의 담론 혹은 1세대 담론이라면, 대학의 담론은 수호자의 담론, 계승자의 담론, 2세대의 담론이다. 주인의 담론이 어떤 전환기를 마무리하고 새로운 패러다임을 열어놓는 담론이라면, 대학의 담론은 그 패러다임이 안정화된 상태에서 계속 확장되고 정교화되는 과정, 완성되는 과정을 암시한다. 사회학적 상상력을 끌어들이자면, 대학의 담론은 자율화되고 제도적으로 정비된 사회의 담론형식이다. 여기서는 적어도 표면적으로는 영웅, 카리스마가 없다. 중앙집권화된 권력도 없다. 기능적으로 분화된 민주적 사회인 것이다. 여기서 행위자는 지식과 기술을 소유한 사람이다. 반면 그 행위의 대상은 아직 체제 밖에 남아 있는 잔여, 기존의 질서로 편입되기를 거부하는 잉여지대이다. 대학의 담론이 계몽의 담론 혹은 전문가 담론이라고 불리는 이유가 여기에 있다. 이 담론은 그 체제 밖의 잉여가 체제 안으로 편입되고 동화되는 과정을 그린다. 이런 확장과 지배의 선두에 선 행위자(관료·목사·전문가·교육자 등)는 이미 사라진 주인(통치자·교주·이론의 창시자 등)을 등에 업고 있다. 행위자는 현실적 질서의 기원에 있는, 그러나 배후에 머물러 있는 중심인물의 권위에 근거하여 자신의 행위를 정당화한다. 여기에는 반드시 그 주인에 대한 애도와 회상이 따른다. 그런데 대학의 담론이 생산하는 것이 주체라면, 이 주체는 체제순응적이지만은 않다. 이 주체는 분열되어 있다. 담론적으로 생산되고 고안된 주체는——여기서 근대의 지식담론에 대한 푸꼬의 분석을 기억하자——사회의 지배적 규범이나 표준에 불만을 느끼고 주도적 행위자가 될 수 없는 자신의 위치를 재발견한다.

이런 불만족 속에서 분열된 주체가 기존 질서의 기원과 바탕을 되묻는 경우를 생각할 수 있다. 그런 질문과 회의의 상황을 그리는 것이 히스테리 담론이다. 여기에서는 분열된 주체가 행위자의 위치에서 중심기표를 대상으로 접근하고 있다. 이런 물음에 부딪혀 중심기표는 답(지식·설명·진단)을 생산한다. 그러나 이 답은 분열된 주체의 중심에 있는 욕망과 환상 앞에서 무력하다. 지식·기술·언어 자체가 무의미해지거나 환멸을 낳는다. 따라서 질문은 계속된다. 주체는 어떤 비합리적이고 외상적인 효과를 일으키는 원인을 다시 발견하고 끊임없는 회의의 나락에 떨어진다. 그러나 이런 환멸과 회의는 주인 혹은 팔루스에 대한 사랑과 열망이 그만큼 크다는 것을 말한다. 분열된 주체는 어쩌면 주인의 욕망의 대상이 되려는지 모른다. 이런 내용을 담고 있는 히스테리 담론에서 행위자의 물음은 어떤 역설적인 것, 합리적 질서의 잔여, 어떤 불가능자에 토대를 두고 있다. 행위자는 자신에게 고통을 주는 그 역설을 호소하고, 역리(逆理)를 수용할 수 있는 더욱 유연한 질서의 추구를 촉구한다.

마지막으로 분석자 담론을 보면, 여기서 분석자는 자신이 마주한 분열된 주체로 하여금 중심기표를 생산하도록 유도하고 있다. 이 중심기표는 분열된 주체에게는 아직 자각되지 않았던 기표, 그의 무의식에 숨어 있던 기표, 혹은 그의 무의식에 가장 영향력이 컸던 기표이다. 대상의 위치에 있는 주체는 분석자 앞에서 자신의 사유의 가장 중요한 비밀을 깨닫게 되는 셈이다. 그리고 불충분하게나마 그 비밀을 언어로 표현할 수 있기에 이른다. 분열된 주체를 지배하는 비밀과 그에 대한 언어적 표현을 유도하는 것이 분석자의 역할이다. 분석자 담론은 분석자가 그런 역할을 할 수 있기 위해 갖추어야 할 두 가지 조건을 표시하고 있다. 첫째, 분석자는 분열된 주체에게 욕망의 대상이 될 수 있어야 하고, 이를 통해 주체가 자신의 욕망의 원인이 무엇인지 자각할 수 있도록 인도해야 한다. 다시 말해서 분석자는 타자(피분석자)가 자신의 욕망이 투영될 수 있는 화면, 타자가 자신의 욕망의 진실을 객관화해서 볼 수 있는 계기를 제공해야 한다. 둘째, 그런 유혹과 깨달음을 촉발할 수 있기 위하여 분석자는 타자가 욕망하는 것이 무엇인지 먼저 간파할 수 있는 지적 능력(S_2)을 갖추고 있어야 한다. 그리고 (도착증 환자처럼) 스스로를 타자가 향유할 수 있는 대상으로 취급하는 용기가 있어야 한다.

앞에서 언급한 것처럼, 주인의 담론과 대학의 담론은 앞으로 향한다. 주인의 담론은 중심기표에서 출발하고 대학의 담론은 중심기표의 권위를 무한히 확장한다. 반면 히스테리 담론과 분석자 담론은 뒤로 간다. 히스테리 담론은 중심기표로 소급하고 분석자 담론은 중심기표를 사유하도록 유도한다. 앞으로 가는 담론과 뒤로 가는 담론, '아나'로 가는 고고학적 담론과 '뤼시스'로 가는 종말론적 담론, 이 두 종류의 담론은 성차(性差)를 지닌다. 앞으로 가는 담론은 남성적이고, 뒤로 가는 담론은 여성적이다.[9] 이 성차는 이미 형태적 차이로 표시되고 있다. 주인의 담론과 분석자 담론, 대학의 담론과 히스테리 담론은 완벽한 대칭을 이룬다. 주인의 담론이 잉여의 실재를 생산의 위치에서 가질 때, 분석자 담론은 그 실재를 행위자의 자리에 놓는다. 대학의 담론은 잉여의 실재를 대상화하고 환원하려 하지만, 히스테리 담론에서는 그 실재가 사유의 숨은 원동력이다.

칸트는 『순수이성 비판』을 마감하는 부분에서 철학적 담론을 독단적 담론과 회의론적 담론, 그리고 비판적 담론으로 구분했다. 라깡은 독단적 형이상학을 주인의 담론의 사례로, 모순과 불일치를 중시하는 개방적 형태의 이론적 담론(헤겔)을 히스테리 담론의 사례로 들었다. 칸트와 라깡의 시사점에 기대어 우리는 위의 네 가지 담론을 철학이 취할 수 있는 여러가지 담론형식으로 읽을 수 있다.

---

9) Žižek, Slavoj (1998) "Four Discourses, Four Subjects," Slavoj Žižek, ed., *Cogito and the Unconscious*, Durham: Duke University Press 참조. 또한 지젝은 주인의 담론과 분석자 담론을 극단적이고 '과도한' (excessive) 담론으로, 대학의 담론과 히스테리 담론을 정상적이고 '범상한' (ordinary) 담론으로 분류한다. 라깡의 성차이론에 대해서는 홍준기(2000) 「라깡의 성적 주체 개념: 『세미나 제20권: 앙꼬르』의 성 구분 공식을 중심으로」, 『현대 비평과 이론』 19호(2000년 봄·여름호), 서울: 한신문화사 참조.

독단적 형이상학이 주인의 담론에 해당한다면, 대학의 담론에 해당하는 철학은 고전적 형태의 해석학일 것이다. 모든 의미들이 수렴되는 어떤 최후의 의미, 숨겨진 목적을 전제하기 때문이다. 목적론적 성격의 모든 이론적 담론은 대학의 담론에 속한다. 반면 히스테리 담론은 그런 숨겨진 목적이나 전제에 도전한다는 점에서 대학의 담론과는 반대의 위치에 있다. 대학의 담론이 변칙적이고 기준일탈적 현상을 기존 패러다임의 기본 규칙으로 환원하려는 경향을 보여준다면, 히스테리 담론은 비성상적인 현상을 근거로 그 기본 규칙 자체에 물음을 던진다. 회의론적 절차 안에서 다시 태어나는 철학이 히스테리 담론에 속할 것이다. 그렇다면 분석자 담론에 대응하는 철학으로는 어떤 것이 있을 수 있는가? 그것은 라깡이 생각한 것처럼 오로지 정신분석만이 독점할 수 있는 담론형식인가? 그러나 경우에 따라서는 정신분석도 여러가지 형식을 취할 수 있을 것이다. 데리다는 프로이트의 『쾌락원칙을 넘어서』를 분석하면서, 또 푸꼬와 프로이트의 관계를 파헤치면서, 정신분석이 주인의 담론 형식을 취할 수 있음을 강력히 시사하고 있다. 정신분석 창시자에게서 볼 수 있는 주인의식, 거기서 비롯되는 이론적 부채(가령 쇼펜하우어나 니체에게 진 빚)에 대한 부인, '이단자'에 대한 가혹한 징벌, 정신분석의 제도적 기반과 권위에 대한 염려, 계승자에 대한 고민 등에서 드러나는 어떤 일관된 담론적 제스처에 주목하는 것이다. (라깡 또한 어떤 새로운 패러다임의 창시자라는 의식이 강했고, 그것은 종종 주인의 담론과 같은 형태로 표출된다. 그의 권위적 태도는 유명하지만, 데리다는 이 점을 특히 『에크리』에 나오는 진리에 대한 언급에서 암시한다. 라깡은 때때로 자신이 발견한 것이 절대적 진리임을 주장한다.) 그밖에 정신분석은 대학의 담론이나 히스테리 담론의 형식을 취할 때가 있다. 가령 정신분석의 교육과 분석자 양성이 문제일 때는 대학의 담론을, 이론적 수정이나 보완이 요구되는 곳에서는 히스테리 담론의 형식을 취한다.

라깡은 자신의 담론이론을 가지고 철학이나 여타의 이론적 담론과 구별되는 정신분석만의 독특한 위치를 표시하고 싶었는지 모른다. 이 담론이론은 철학에 대하여 이렇게 말하고 있는 것처럼 보인다. 철학이 잘나가던 시절, 만학의 왕이라고 인정받던 시절이 있었다. 그때 철학은 주인의 담론일 수 있었다. 그렇지만 그것은 호랑이 담배 먹던 시절, 계몽기 이전의 이야기다. 적어도 현대 서구민주주의 사회에서는 그런 형태의 철학적 담론은 통하지 않는다. 그런 담론 때문에 일어나는 착각과 착취는 주인의 담론에서 생산의 위치에 있는 잉여의 대상(a)이 말해주고 있다. 오늘날의 철학은 어떠한가? 잘해봐야 히스테리 담론이고, 따라서 분석자 담론을 통한 치료대상이다. 과거의 철학이나 현재의 철학은 모두 치료되어야 한다. 철학은 어떤 증상이다. 그 증상을 진단하고 처방하는 위치에 있는 것이 분석자 담론으로서의 정신분석이다. 철학의 시대는 가고 정신분석의 시대가 왔다.

잘 알려진 바와 같이 비트겐슈타인은 철학을 어떤 치료(therapy)활동으로 보았다. 왜 철학이 치료인가? 그것은 철학이 문제를 해결하기보다 해소하기 때문이다. 철학의 문제는 언어의 본성에 대한 오인 때문에 잘못 제기된 사이비 문제이다. 이렇게 말하는 비트겐슈타인이 아니더라도, 허무주의의 분석자로서의 니체, 서양 형이상학의 극복을 과제로 설정하는 하이데거 등은 치료자의 위치에 서 있다. 그들은 고전적 형태의 철학을 치료대상의 위치에 놓는 사례들이다. 전통사상의 치료자들, 그들의 담론은 라깡이 암시하는 어떤 역사적 전환을 뒷받침하고 있는 것처럼 보인다.

그러면 데리다, 그의 해체론은 어디에 있는가? 그것은 히스테리 담론인가, 분석자 담론인가? 하지만 이런 라깡적 물음 앞에서 해체론은 저항하는 것처럼 보인다. 무저항의 저항, 침묵하는 저항, 아나-뤼시스적 저항, 긍정도 부정도 하지 않는 저항. 그러나 이 침묵이 아무것도 말하지 않는 것은 아니다. 오히려 이렇게 말하는 것처럼 들린다. 치료자의 위치에 선다는 것, 그것보다 권위적인 것이 또 있을 수 있을까? 치료자는 어쩌면 계몽의 시대를 통과해서 그 겉모습을 바꾼 지배자이거나 주인인지 모른다. 치료의 이념은 세속적 형태의 계시주의인지 모른다. 분석자 담론, 그것은 그야말로 물구나무선 주인의 담론 아닌가? 정신분석은 어떤 반복 아닌가? 역사적으로 반복되어온 어떤 징후, 이 시대의 고유한 징후들을 집약하는 가장 탁월한 환상, 따라서 실재의 귀환 아닌가?

참고문헌

Avtonomova, Natalia (1991) "Lacan avec Kant," *Lacan avec les philosophes*, Bibliothèque du collège international de philosophie, Paris: Albin Michel.

Bennington, Geoffrey (2000) "Circanalyse (la chose même)," *Depuis Lacan*, Colloque de Cerisy, Paris: Aubier.

Bernet, Roland (1997) "Derrida-Husserl-Freud, Die Spur der Übertragung," Hans-Dieter Gondek and Bernhard Waldenfels, eds., *Einsätze des Denkens: zur Philosophie von Jacques Derrida*, Frankfurt am Main: Suhrkamp.

Derrida, Jacques (1967a) *L'écriture et la différence*, Paris: Seuil.

——— (1967b) *La voix et le phénomène*, Paris: Presses Universitaires de France.

——— (1967c) *De la grammatologie*, Paris: Minuit.

——— (1980) *La carte postale*, Paris: Aubier-Flammarion.

———— (1996) *Résistances de la psychanalyse*, Paris: Galilée.

Dolar, Mladene (1996) "The Object Voice," Renata Salecle and Slavoj Žižek, eds., *Gaze and Voice as Love Objects*, Durham: Duke University Press.

Fink, Bruce (1995) *The Lacanian Subject*, Princeton: Princeton University Press.

Johnson, Barbara (1988) "The frame of Reference: Poe, Lacan, Derrida," John P. Muller and William J. Richardson, eds., *The Purloined Poe*, Baltimore: Johns Hopkins University.

Juranville, Allain (1984) *Lacan et la philosophie*, Paris: Presses Universitaires de France.

Kant, Immanuel (1958) *Kritik der Urteilskraft*, Frankfurt am Main: Suhrkamp.

Lacan, Jacques (1966) *Écrits*, Paris: Seuil.

———— (1973) *Le séminaire XI*, Paris: Seuil.

———— (1975) *Le séminaire XX*, Paris: Seuil.

———— (1991) *Le séminaire XVII*, Paris: Seuil.

Lacoue-Labarthe, Phillippe and Jean-Luc Nancy (1990) *Le titre de la lettre: une lecture de Lacan*, Paris: Galilée. 초판은 1973년 발행.

Lévi-Strauss, Claude (1958) *Anthropologie structurale*, Paris: Plon.

Major, René (1991) "Depuis Lacan," *Lacan avec les philosophes*, Bibliothèque du collège international de Philosophie, Paris: Albin Michel.

Melville, Stephen (1991) "Depuis Lacan?" *Lacan avec les philosophes*, Bibliothèque du collège international de Philosophie, Paris: Albin Michel.

Ricoeur, Paul (1965) *De l'interprétation: essai sur Freud*, Paris: Seuil.

Weber, Samuel (1991) *Return to Freud*, Cambridge: Cambridge University Press.

Žižek, Slavoj (1989) *The Sublime Object of Ideology*, London: Verso.

—— (1998) "Four Discourses, Four Subjects," Slavoj Žižek, ed., *Cogito and the Unconscious*, Durham: Duke University Press.

뽈 리꾀르(2001)『해석의 갈등』, 양명수 옮김, 서울: 아카넷.

슬라보예 지젝(1997)『당신의 징후를 즐겨라: 할리우드의 정신분석』, 주은우 옮김, 서울: 한나래.

지그문트 프로이트(1993)『꿈의 해석: 프로이트』, 조대경 옮김, 서울: 서울대학교 출판부.

——(1997)『쾌락원칙을 넘어서』, 박찬부 옮김, 서울: 열린책들.

페르디낭 드 쏘쒸르(1990)『일반 언어학 강의』, 최승언 옮김, 서울: 민음사.

홍준기(2000)「라깡의 성적 주체 개념:『세미나 제20권: 앙꼬르』의 성 구분 공식을 중심으로」,『현대 비평과 이론』19호(2000년 봄·여름호), 서울: 한신문화사.

제2부
새로운 해석학의
탄생

1. 언어에 대하여

이른바 한글세대 시인들이 처음 등단했을 때 김수영은 그들의 모국어 구사능력에 혀를 내두른 적이 있다. 일제시대에 교육을 받고 일본어를 통해서 문학을 체득한 김수영으로서는 어쩌면 당연한 일인지 모른다. 그러나 선배 시인으로서 김수영은 후배 시인들에게 따끔한 충고를 아끼지 않았다. "그러면서도 나는 그들에게 감히 말한다. 고통이 모자란다고! '언어'에 대한 고통이 아닌 그 이전의 고통이 모자란다고. 그리고 그 고통을 위해서는 '진실의 원점' 운운의 시의 지식까지도 일단 잊어버리라고"(김수영 1981, 389면).

1. '대관절'에 대하여

이런 김수영의 주문은 고전적이면서 현대적이다. 먼저 고전적인 면. 그 것은 가령 유하의 『바람부는 날이면 압구정동에 가야 한다』 같은 시집을 읽으면 쉽게 감지할 수 있다. 시라는 것이 그런 요구와 무관하게 펼쳐진다는 생각이 들기 때문이다.

사진빨 안 받는 얼굴을 전국의
온 담벼락에 붙이는 건 벼락맞을 일이다
사람들을 진실로 빨아들이는 힘, 사진빨

우리나라 정치가들은 사진빨은 없고
이빨만 있다 십 년 독재 썩은 정치 못 참겠다 갈아보자
안정만이 살길이다 삼분 속성사진으로 벽보에
세숫대야를 들이민 자가, 역사와 구국의 일념을 야그하고
삼분 속성사진 출품 종식 대회는 얼마나 신물나게
수십 년째 리바이벌 벽보만 붙이고 있는 것이냐

선거철이 지난 후에도 오래도록 상처 자국처럼
담벼락을 더럽히는 벽보들, 사진빨은 없고
문어빨판 같은 접착력만 있는 벽보들
담벼락에 끈덕지게 붙어 벼락대권을 움켜쥐는
순간을 꿈꾸는 망상의 증명사진들
대저, 사진이라 함은 망상이 色으로 증명된 형태요,

— 「벽보, 대권에 대한 망상」 중에서

유하의 압구정동 시는 대개 이런 식이다. 시는 언어 이전에 성취된 의미
론적 내용을 싣고 있는, 그리고 그 내용에 의해서 조종되는 열차가 아니
다. 이 열차를 잇고 끌고 가는 것은 문자들간의 유사성(사진빨, 이빨, 문어
빨판…)이다. 여기서는 기표의 연결이 기의의 연결보다 먼저 일어나는 것
처럼 보인다. 앞서 달리는 기표의 행렬, 기의의 행렬을 사후적으로 거느리
는 그 행렬이 시의 속도를 낳는다. 그렇게 빠르게 달리는 시는 '언어 이

전'에서 튀어나오는 것같이 보이지 않는다. 그것은 그 이전과 분리된 언어 자체의 자기운동, 기표의 자동운동인 것처럼 보인다.

　김수영이 이런 1990년대의 시를 읽었다면 아마 현기증을 느꼈을 것이다. 19세기 사람이 20세기의 비행기를 탔을 때 느낄 현기증. 김수영은 기표의 자동성을 알았어도 거기에 하등의 중요성도 부여하지 않았을 것이다. 한글세대 시인들에 대한 그의 충고에서 그렇게 짐작할 수 있다. 그럼에도 불구하고 '언어 이전'에 대한 강조는 여전히 현대적이다. 만일 여기서 언어가 언어 이전의 것(의미·진리·사유 등)을 재현하는 도구로 이해되고 있다면, 그것은 고답적 언명에 불과할 것이다. 그러나 김수영에게서 언어란 시적 언어이다. 그리고 시적 언어는 언어의 한계를 확장하는 언어, 이를 통해 언어의 가능성을 회집하고 보존하는 언어이다. 시는 그런 의미에서 자신의 방식대로 "죽음의 고개를 넘어가는 기술"(김수영 1981, 407면), 그래서 언어의 한계를 넘어가는 기술이다. 시적 언어는 언어의 안과 밖이 나뉘는 경계에 위치한다. 그러므로 김수영이 말하는 '언어 이전'은 그 자체로 완결된 기의의 질서가 아니다. 그것은 언어의 경계에서 일어나는 접경적 사태를 가리킨다. 언어를 이 접경적 사태 속에서 일어나는 기록의 경제학으로부터 성찰하는 것, 그것이 시적 사유의 영원한 과제이다. 그리고 그것이 현대철학에서 언어의 본성을 바라보는 가장 중요한 시각에 해당한다.

　여기서 문제는 언어의 가능성이 극단화되거나 회집하는 장소, 언어의 잠재력이 새롭게 충전되는 지점이다. 그 지점은 말할 수 있는 것과 말할 수 없는 것, 문법적 사태와 비문법적 사태가 처음 충돌하는 곳, 그 충돌과 더불어 로고스의 바깥이 그 안으로 기입되는 곳이다. 김수영의 언명은 그런 지점을 향하고 있다. 물론 그런 지점을 통과한다는 것은 어려운 일이다. 그러나 그 이행이 성공했느냐 실패했느냐를 떠나서 적어도 시는 그런 어려운 과제를 이행하는 가운데 비로소 시일 수 있다는 것이 김수영이 말하고자 하는 바이다. 그런 이행을 위해서 몸을 맡겼는가? 이렇게 묻는 김수영은 그런 내맡김의 흔적을 '체취'라 했다(앞에서 인용한 글의 제목은 '체취의 신뢰감'이다). 말할 수 있는 것과 없는 것을 가르는 가파른 고개, 그 고개를 오르고자 했던 언어에만 남아 있을 이행의 흔적. 그것이 시의 체취다. 한 시의 신뢰감은 전적으로 그 체취에서 온다.

유하의 시에서 읽을 수 있는 기표의 자동적 행렬은 구조주의 이후의 언어이론을 끌고 가는 견인차이다. 우리는 앞에서 라깡과 데리다의 언어이론을 비교하는 가운데 이미 이 점을 강조했다. 여기서는 그 행렬이 불러일으킬 수 있는 경이감에 주목해보자. 가령 이런 말의 행렬을 생각해보자. "대관령에 가면 아주 기이한 절이 있지. 대관절이라나. 하도 신기하다고 해서 나도 직접 가봤어. 그런데 그 입구에 이렇게 씌어 있는 거야, '입장사절'. 그래서 어떡해, 얼른 절을 네 번 했지. 대관절 그 이유야 알 수 없지만 들어가려면 해야지. 그런데……"

이것은 얼마 전에 작고한 만담가 장소팔 방식의 이야기다. 이런 이야기는 어떤 객관적 사실을 전하는, 그래서 검증을 무릅쓰고라도 참됨을 주장하는 말이 아니다. 그러나 그 앞에서 정색을 하고 "그런 말은 무의미해요. 말이 안되는 말입니다" 하고 대응한다면, 그건 더 말이 안될 것이다. 그것은 가령 인간의 농담을 이해하지 못하는 인조인간의 반응처럼 또다른 웃음을 유발할 것이다. 이렇게 보면 '대관절'에 대한 이야기는 말이 되는 말임을 알 수 있다. 어떤 객관적 사실이나 의미를 주장하지 않음에도 불구하고 그 이야기는 무엇인가를 전달하고, 그 결과 웃음의 효과를 낳는다.

그러면 그 웃음 속에서 이해되고 전달되는 것은 무엇인가? 그것은 그 이야기 자체일 것이다. 전달되는 것은 그 말 이전에 있는 것도, 그 바깥에 있는 것도 아닐 것이다. 전달의 내용은 그 말에 담긴 어떤 내용에 있는 것이 아니라 그 말의 이어짐 자체에 있을 것이다. 그 말이 가리키는 것은 그 말 이외의 어떤 것이 아니라 이어지고 있는 자기 자신인 것처럼 보인다.

그러므로 우리는 '대관절'에서 자신 이외의 그 무엇에도 무관심한 말을 생각해볼 수 있다. 거기서 기표는 기의를 지시해야 한다는 의무에서 벗어나고자 한다. '대관절'에서 언어는 순수한 기표, 자기 자신에 의해서 이어지고 자기 자신을 전달하는 자율화된 기표가 된다. '대관절'은 모든 세속적 이론들이 만들어놓은 갑갑한 굴레들로부터 자유로워진 언어를 보존하고 있다. 그곳은 어떤 것도 아닌 '오직 언어일 뿐인 언어'가 숨어 있는 곳이다. 거기서 나온 이야기가 웃음을 불러일으킨다면, 그것은 아마 그런 해탈이 가져오는 시원함의 효과일 것이다. '대관절'에서 말은 해탈을 꿈꾼다.

부정적 시각에서 보면, 그런 말은 중력을 상실한 말일 수 있다. 기준도 구심점도 없는 말, 안정성도 일관성도 없는 말. 그러나 그것은 기우일 수 있다. 왜냐하면 이 이상한 장소에서 말은 스스로 이어지면서 자신에게 고유한 중력을 얻어가기 때문이다. 그렇게 자신에게 고유한 중력을 얻을 때, 말은 순수한 내재성을 획득한다. 어떤 의미를 지닌다면 오직 자기 자신만을 준거기준으로 하는 의미를 지니게 된다. 참이되 오직 자기 자신만을 가리키므로 참일 수 있는 상태에 도달하고자 한다. 여기서 언어는 다른 그 무엇 때문에 언어인 것이 아니라 무엇보다 자기 자신 때문에 언어이다. 언어는 다른 어떤 것이 아니라 다만 언어로서 있다. 언어는 그냥 있다. '대관절'에서 언어는 순수한 있음 속에 있고자 한다. 이것이 '대관절'이 불러일으키는 경탄이다. 저기 언어가 있다! 언어밖에 없다! 아, 그림자도 없다!

플라톤의 이데아론에서 모든 말은 궁극적으로 태양에 비유되는 '좋음'의 이데아를 가리켜야 하고, 따라서 모두 그림자를 거느려야 한다. 말에는 그림자가 있다. 플라톤 이래 언어에 대한 기존의 이론은 거의 대부분 그림자 없는 말을 생각하지 않았다. 하지만 그림자 없는 말, 가령 어떤 대상이나 의미를 지시하지 않는 말, 아무것도 재현하지 않는 말, 어떤 것과도 상관없는 말이 있을 수 있을까? 어떤 전제에도 구속되지 않는 말이 있을 수 있을까?

사실 세속에서 그런 말은 있을 수 없다. 있어도 쓸모없고 사용조차 힘들 것이다. 언어는 일차적으로 의사소통을 위해서 있다. 말은 의사소통의 대상이 아니라 어떤 대상의 의사소통 형식이며, 그 형식에는 공유된 전제가 있어야 한다. 이것은 부정할 수 없는 사실이다. 말은 언제나 무엇에 대한 말이고 어떤 전제와 문맥에 구속되어 있다. 말은 언제나 무엇인가 고정된 대상에서, 그것에 규칙을 부여하는 말 이전의 말에서 이해 가능성을 빌려온다. 이런 의존과 채무 관계는 그림자처럼 언어를 따라다닌다. 그런 의미에서 모든 말에는 그림자가 있다.

그렇다면 그림자 없는 언어란 웬 말인가? 터무니없는 말 아닌가? '대관절'은 일장춘몽에 나오는 신기루 아닌가? 하지만 정신분석에서 꿈은 현실에서 벗어나기 위한 도피처가 아니다. 오히려 현실이 도피처이다. 현실은 꿈을 통해서 침입하는 외상적 사건(실재)에 대한 방어에서 형성된다. 다만 현실에서 그런 관계가 망각되어 있고 전도되어 있을 뿐이다. 현실적 질서의 개방성 자체는 그 질서 안에서는 억압되거나 배제되어 있다.

이런 관점에서 이야기를 풀어가자면, '대관절'은 일상언어 안에서는 금지되어 있는 장소이다. 세속에 '대관절'이 버젓이 자리한다면 언어적 의사소통의 질서는 당연히 파괴되고 혼돈이 초래되기 때문이다. 언어를 매개로 한 현실의 안정성을 확보하고 유지하기 위해서는 '대관절'에 대한 언급을 억압해야 한다. 그러나 그 방어적 억압의 대상인 '대관절'이야말로 언어적 의사소통이 있기 위한 처음의 조건이 아닐까? 바로 거기에 언어적 개방성의 기원이 있는 것이 아닐까?

'대관절'에서 내려온 말은 이렇게 말하는 것처럼 보인다. "나는 말 이외의 아무것도 아니다. 나는 말로서 말을 이어가고 말로서 말을 한다. 나는 다른 그 무엇을 말하거나 전달하는 것이 아니라 나 자신을 말하고 전달한다. 내가 말하는 것은 말이고 내가 전달하는 것은 전달이다. 나는 전달로서 있다. 나는 이것을 말하고 전달한다." 바로 이 사실, 말이 있고 이어지고 전해진다는 이 사실이 언어의 원초적 사태 아닌가? 그것이 언어의 가능성이 처음 드러나는 사태 아닌가? '대관절'로 향하던 말이 그것을 말해준다. 거기서 우리는 무엇을 전달하거나 묘사하기 위해서 말을 하고 들은 것이 아니다. 우리는 아무것도 약속하거나 전제하지 않았다. 아무런 대상을 염두에 두지 않고 그냥 말했고 그냥 들었다. 그리고 이해했고 그래서 웃었다. 그뿐이다. 우리는 무엇에 대해서 말하거나 듣지 않았다는 의미에서 절대적으로 말하고 절대적으로 들었는지 모른다. 우리를 웃게 한 것은 절대적 언어이다.

모든 상대적 언어, 무엇인가에 대해서 말하고 무엇인가를 전제하는 상대적 언어는 그런 절대적 언어가 선물한 의사소통 가능성 안에서, 그러나 그 가능성을 제한하고 왜곡하면서 성립한다.[1] 문맥을 만들고 문법을 수립하면서, 지시관계를 확립하면서 절대적 언어를 상대화한다. 대상화하고 도구화하는 것, 그것이 자연언어의 탄생 내력이다. 안정성과 도구성을 띤 자연언어는 절대적 언어의 외상적 폭력에 대한 반–폭력에서 유래한다. 자연언어는 '대관절'의 표상을 억압하고 그것에 저항한다. 그러나 그 억압된 표상이 돌아올 때마다 자연언어는 증상을 겪는다. 중립성과 투명성을 의심받게 되고 진단과 해석의 대상이 된다. 극복의 대상이 되는 것이다.

2. 세 가지 관점: 의미론적·구문론적·화행론적 관점

자연언어의 극복, 실로 이것은 현대사상사를 움직여온 가장 중요한 문

---

1) 이 점에 대한 상세한 논의는 Agamben, Giorgio (1999) *Potentialities: Collected Essays in Philosophy*, Daniel Heller-Roazen, ed. and tr., Stanford: Stanford University Press, 제1부에 실린 논문들 참조.

제에 해당한다. 이 문제는 이런 하위 물음을 거느린다. 자연언어는 왜 불완전한가? 자연언어가 초래한 망각과 가상은 무엇인가? 자연언어는 무엇의 증상인가? 자연언어를 치료하고 극복하기 위해서 우리는 어떤 입지점에 서야 하는가? 자연언어를 굽어볼 수 있는 메타언어는 가능한가? 가능하다면 어떻게 가능한가? 불가능하다면 자연언어의 바깥은 어디서부터 도모해야 하는가?

이런 물음과 더불어 우리는 다시 김수영이 향하던 지점으로 돌아왔다. 결국 문제는 언어의 안과 밖, 그 안과 밖의 관계에 대한 물음으로 귀착한다. 그러나 이 문제에 개입하기 전에 그것이 차지하는 역사적 위상을 잠시 생각해보자. 어떤 의미에서 그것은 현대적인가? 그것은 과거의 어떤 문제를 대체하는가? 이는 결국 언어를 다루는 관점에 대한 물음이다. 언어에서 문제를 찾고 해결하는 관점은 분명히 역사적으로 변해왔다. 그 변화과정은 다음과 같이 세 단계로 도식화해서 정리해볼 수 있다——의미론적(semantic)·통사론적(syntactic)·화용론적(pragmatic) 관점.

——의미론적 관점. 의미론은 기호와 의미, 기표와 기의의 관계를 다룬다. 여기서 기호는 언제나 기표와 기의의 결합관계 안에서 파악된다. 전통철학은 이런 의미론적 관점에서 언어를 이해했다. 여기서 기호의 일차적 조건은 자기 이전의, 혹은 자기 바깥의 그 무엇을 지시하거나 재현하는 데 있다. 진리(참됨)는 지시와 재현의 정확성(adequatio), 일치의 정확성에 있다.

이것은 자연언어의 한계 안에서 철학이 이루어지던 시대, 다시 말해서 자연언어를 모델로 논리를 생각하던 시대를 지배하는 진리이론이다. 진리이론은 실체와 기원 혹은 원형을 중심에 두는 존재론과 병행한다. 이 존재론의 핵심은 변하지 않는 것과 변하는 것, 실재와 가상, 어떤 것에 고유한 것과 고유하지 않은 것 등의 구분에 있다. 이런 진리이론과 존재론은 말은 말보다 먼저 있는 어떤 대상을 위해서 있고, 따라서 말의 안정성은 그 대상의 안정성에서 온다는 믿음에 기초한다. 그러나 이 믿음은 투사적 반영에 불과하다. 사물이 안정되어 있기 때문에 말이 안정되어 있는 것이 아니라 말이 안정되어 있어야 하므로 사물은 안정되어 있어야 하는 것이다. 이 시대에 존재론과 그것이 확립하는 사물의 질서는 말에 대한 요구와 해석에서 비롯한다.

　──통사론적 관점. 통사론은 말과 말, 기표와 기표의 관계를 다룬다. 기표의 상호연결이 문제인 것이다. 의미론이 언어의 내용적 측면에 대한 연구라면, 통사론은 언어의 형식적 측면에 대한 연구이다. 이런 통사론적 관점이 우세성을 드러내는 것은 논리학, 수학 등과 같은 형식과학의 발전에 힘입고 있다. 특히 자연언어를 모델로 한 아리스토텔레스 논리학의 한계를 넘기 시작한 라이프니츠 이래 서양철학은 점차 언어를 통사론적 관점에서 바라보게 되었다. 그래야 자연언어를 하위 단위로 하는 좀더 포괄적인 언어를 생각할 수 있었고, 형식과학이 창조한 인공언어에 언어됨의 권리를 부여할 수 있기 때문이다.

　이런 통사론적 관점의 언어이론에서 진리는 지시적 일치가 아닌 결합의 일치, 그 일치를 가져오는 일관성에 있다. 말은 더이상 말 이외의 대상과 일치하기 때문이 아니라 자신과 일치하기 때문에 참된 말이 된다. 이런 진리이해 속에서 펼쳐지는 존재론은 실체의 존재론이 아니라 관계의 존재론이 된다. 여기서 모든 사물은 홀로 존재할 수 없고 언제나 다른 사물과 엮이는 관계 속에서만 존재한다.

　이런 존재론을 낳는 언어이해에서 언어의 안정성은 언어 밖의 질서에 근거를 두는 것이 아니다. 언어의 안정성은 원환적 일치를 본성으로 하는 언어내적 질서 자체에서 온다. 언어는 불변하는데, 그것은 언어를 구성하는 형식적 질서가 언제나 정합적이고 자기회귀적이기 때문이다. 따라서 이 시대의 존재론은 이렇게 추론한다. 사물의 질서는 안정되어 있다. 그것은 언어가 안정되어 있기 때문이다. 이런 추론은 이전 시대의 추론과 크게 다르지 않다. 언어의 안정성을 요구하고 확신한다는 점에서 변한 것은 없다. 다만 이 시대에 이르러 그런 확신을 더욱 과학적으로 증명할 수 있다는 또다른 확신이 생겼을 뿐이다.

언어의 질서가 자기지시성을 획득해가는 이 시대의 특이한 점은 즉자적 사물의 위상이 위태로워진다는 데 있다. 가령 칸트에게서 즉자적 사물은 '알 수 없는 대상=X'로 전락한다. 헤겔에게서 그것은 '무의미한 대상=X'가 되는데, 이것이 그가 존재(Sein)와 현존(Dasein)을 구별할 때 암시하는 점이기도 하다. 여기서 존재는 언어적 매개 이전의 사태를, 현존은 그 이후의 사태를 가리킨다(Hegel 1970, 89절 193면 이하 참조). 헤겔의 표현에 따르면, 말은 사물의 살해자이다. 말은 사물의 죽음과 더불어 탄생한다.

물론 이것이 사물이 완전히 소멸한다는 것을 뜻하는 것은 아니다. 그것은 어떤 대체를 말한다. 즉 자연적 직접성은 언어적 매개성에 의해 대체된다. 그 매개성은 언어의 네트워크, 상징적 의미를 생산하는 그 네트워크의 교직운동에서 온다. 사물은 언어적 질서로 들어오자마자 그것의 직접적(자연적) 의미는 사라진다. 그 대신 상징적 질서 안에서 규정·분배되는 의미, 제2의 의미가 그 사물의 중심에 각인된다. 게다가 한번 언어적 질서에 편입되고 나면 사물은 다시 돌아갈 수 없는 경계선을 넘은 것과 같다. 자연적 상태로 다시 건너갈 수 없는 것이다. 사물은 오로지 언어적 질서가 허락하는 상징적 의미 속에, 그 의미의 담지자로서 존재할 수 있을 뿐이다. 그런 의미에서 말은 사물의 살해자이다. 말은 사물을 방부하고 상징으로 장식한다. 사물은 안정되어 있고 닫힌 말의 질서 안에서 재구성되고 보존된다. 사물은 말 속에서 새로운 인생을 산다.

──화행론적 관점. 화행론은 행위하는 주체의 관점에서 기호를 다룬다. 의미론이 기호(기표)와 사물(기의)의 관계를, 통사론이 기호(기표)와 기호(기표)의 관계를 다루는 데 반하여 화행론은 주체와 기호의 관계를 문제삼는다. 이때 주체는 기호를 전송하거나 수신하는 주체이며, 이 주체

앞에서 기호는 어떤 해석의 대상이 된다. 왜냐하면 주체는 선험적으로 규정할 수 없는 다양한 문맥 속에서 기호를 사용하기 때문이며, 그 기호의 사용은 묵시적으로 상황의존적 추론을 수반하기 때문이다.

화행론적 관점의 언어연구는 모리스에 의해서 처음 개척되었고(Morris 1938 참조), 후기 비트겐슈타인에게 영향받은 오스틴과 썰 등에 의해서 대변되고 있다. 그러나 좀더 커다란 역사적 문맥에서 보면, 화용론적 관점은 서양사상사의 마지막 발전단계를 반영한다. 서양사상사가 자연언어의 한계 안에서 펼쳐질 때는 의미론적 관점이, 인공언어의 내재적 정합성과 체계구성적 성격에 주목할 때는 구문론적 관점이 지배적이었다. 화행론적 관점은 서양사상사가 언어로 대변되는 체계적 질서에 저항하기 시작하는 국면을 장악하게 된다. 이런 국면전환은 영미철학에서는 전기 비트겐슈타인과 후기 비트겐슈타인 사이에서, 유럽철학에서는 구조주의와 탈구조주의 사이에서 두드러지게 일어난다.

들뢰즈가 지적한 것처럼, 구조주의의 중요한 특징은 상상적인 것과 실재 사이에 상징적 질서를 위치시키는 데 있다(Deleuze 1973, 301면 이하 참조). 이때 상징적 질서는 기표의 질서이다. 구조주의에 따르면, 일상적 현실은 이 상징적 질서에 의해 형성되고 구성된다. 이 점에서 구조주의는 말이 사물의 살해자라는 헤겔의 직관을 공유한다. 즉 일상적 현실은 이미 상징적 네트워크 안에 구성되어 있다. 상징적 질서에 의해 구성된 현실, 그것이 '객관적' 의미를 지닌 세계이다. 실재는 그 질서에 의해 구성되기 이전의 어떤 것, 혹은 구성된 이후의 잔여이다. 상상적인 것은 그 실재에 대한 '주관적' 해석에 불과하다. 이런 삼분법에서 진정한 긴장은 상징적 질서와 실재 사이에서 일어난다. 구조주의에서 상징적 질서는 일상적 현실을 조형하는 선험적·무의식적 구조이다. 주체마저도 그런 구조적 질서의 산물이다. 반면 실재는 그런 구조적 질서에 오점을 만들거나 구멍을 만드는 잉여이다.

경직된 구조주의에서 이런 잉여에 해당하는 실재는 아무런 역할도 하지 못한다. 다만 상징적 질서가 있기 전의 사태=X를 지칭할 뿐이다. 그러나 유연한 구조주의, 탈구조주의에 가까워지는 구조주의에서 실재는 상징적 질서 못지않은 생성의 원점이고, 상징적 질서 자체의 형성과정에 깊숙이 개입한다. 잉여에 해당하는 실재는 구조적 질서가 자신의 한계와 역설에 도달하는 지점이다. 따라서 그 질서는 자신을 보존하기 위해서 자기 자신과 스스로 차이를 내야 한다. 변화해야 하는 것이다. 실재는 구조적 질서가 자기 자신과 관계하도록 만드는 어떤 바깥이며, 그 질서가 그런 자기관계 속에서 변형되는 출발점이다. 잉여로서의 실재는 구조적 질서가 끊임없이 재구조화되는 지점이다.

우리는 라깡을 통해 주체가 자리할 수 있는 두 가지 위치에 대해서 말한 바 있다. 주체는 구조적 질서 안에 위치하거나 그 질서의 한계(실재)에 위치할 수 있다. 구조적 질서 안에 위치하는 주체는 질서를 통해서 생산되고 그 질서에 의해 철저히 예속된 주체이다. 그런 의미에서 그것은 소외된 주체이다. 반면 구조적 질서의 한계에 위치한 주체는 그 질서로부터 분리된 대상과 관계하는 주체이며, 그 관계를 통해 상징적 질서를 자기 방식대로 재구성하는 주체이다. 소외된 주체가 규칙수행적 주체라면 분리의 주체는 규칙창조적 주체이다. 소외된 주체가 소명에 만족하는 주체라면 분리의 주체는 새로운 호명을 시작하는 주체이다.

이런 분리의 주체에 대하여 언어의 의미는 발화문에 있는 것이 아니라 발화행위에 있다. 언어는 이 주체를 통해 순수한 수행사(performative)로 탈바꿈한다. 어떤 행위를 재현하는 것이 아니라 그 자체가 행위로서 실행되는 언어가 된다. 언어는 이미 주어진 규칙에 따르는 기록이 아니라 그 자체가 새로운 규칙의 기록이 된다. 그것은 어떤 대상을 기록하는 기록이 아니라 자기 자신을 기록하는 기록이다. 우리가 앞에서 언급한 '대관절'의 언어는 이런 자기기록적 기록이다. 이런 언어는 의미론적 관점에서도, 구문론적 관점에서도 포착할 수 없다. 오로지 화행론적 관점에서만 포착할 수 있는 것이다.

구조주의시대가 구문론적 관점의 시대라면 탈구조주의시대는 화행론적 관점의 시대에 해당한다. 이 시대의 최대 화두는 두 가지로 요약해볼 수 있다. 어떻게 사건이 가능한가? 이것이 첫번째 물음이며, 구조적 질서의 역사적 변형과 그 변형의 가능조건에 대해서 묻는다. 어떻게 주체는 자유로울 수 있는가? 이것이 두번째 물음인데, 이 물음은 구조의 바깥과 한계에 대해 묻는다는 점에서 앞의 물음과 일치한다.

김수영의 '체취의 언어론'도 역시 의미론적 관점이나 구문론적 관점에 위치하는 것이 아니라 화행론적 관점으로 향하고 있다. 그 언어론은 언어의 한계에 이른 주체에 대해서, 그 한계에서 주체가 겪어야 하는 고통에 대해서 언급한다. 그것은 언어의 의미론적 중력과 구문론적 자동성을 판단중지 상태에 묶어놓을 때 주체가 겪어야 하는 고통이다. 그런 판단중지 속에서 언어가 순수한 수행사로서 기록될 때 거기에는 주체가 흘렸던 땀냄새가 밸 것이다. 그것이 김수영이 말하는 체취다. 중립적 관점에서 옮기면, 그 체취는 말할 수 없는 것이 말 속에 남기는 파토스의 흔적이다.

3. 자연언어와 선험적 가상

서양사상사에서 화행론적 관점이 등장하는 중요한 지점은 니체이다. 이것이 데리다의 니체론이 부각시키고자 했던 점일 것이다(이 책 2부 3장 참조). 하지만 이보다 더 중요한 것은 니체가 자연언어를 보는 시각을 완전히 바꾸어놓았다는 데 있다. 가령 니체는 다음과 같이 비판한다. 데까르뜨의 코기토 명제는 자연언어가 유도하는 "문법적 습관"(Nietzsche 1964, 484항 338면)을 반영한다. 이 문법적 습관의 핵심은 '모든 행위에는 주체가 있다'는 믿음이다. 이런 믿음 때문에 데까르뜨는 사유의 행위에서 사유하는 주체로, 그리고 다시 실체로 추론해갔다. 하지만 이런 믿음의 행렬은 우리가 자연언어를 사용하기 때문에 생기는 착오에 불과하다. 모두 문법적 습관이 만들어내는 가상인 것이다. 자연언어의 한계 안에서 철학이 펼쳐지는 시대, 그 시대는 문법적 편견이 낳은 허상을 절대화하고 숭배하는 시대, "조잡한 물신숭배"(Nietzsche 1969, 959면)의 시대이다.

　이렇게 비판하는 니체는 자신의 존재론에 발을 디디고 있다. 그 존재론에 따르면, "이 세계는 힘의 의지다──그리고 그외의 어떤 것도 아니다" (Nietzsche 1974a, 38[12], 339면). 이 세계는 거대한 힘의 바다이다. 여기에서는 지칠 줄 모르는 힘의 이합집산이 이루어지고 있다. 영원한 자기파괴와 영원한 자기창조가 병행하는 이 힘의 세계에서 그 자체로 존재하는 사물은 없다. 생성과 변화가 있을 뿐이다. 그것은 무한히 많은 개체적 힘들 사이의 투쟁과 지배 관계에서, 따라서 복잡하게 얽힌 역학적 관계에서 비롯된다. 모든 것은 더 작은 차이를 함축하는 강도적 차이의 산물이다.

　이 세계에서 실체는 없다. 있는 것은 관계, 끊임없이 움직이는 역학적 관계이다. 니체가 말하는 '해석'은 이런 역학적 관계가 이루어지는 형식을 의미한다. "해석 자체, 현존하는 것, 그것이 힘의 의지의 형식이다. 정념적으로 현존하는 것('존재'로서가 아니라 다만 '과정', '생성'으로서 현존하는 것)은 이 형식으로서의 해석이다"(Nietzsche 1964, 556항 381면). 해석은 하나의 힘이 다른 힘과 투쟁하고 지배하는 방식에 대한 이름이다. 따라서 세계가 힘의 바다라면, 이 힘의 바다는 무한한 해석의 활동 속에 놓여 있는 텍스트, "비밀에 가득 차 있고 아직 해독되지 않은 채 남아 있는 텍스트"(Nietzsche 1974b, 3[19], 175면)이다. 따라서 "우리에게 세계는 다시 무한하게 되었다. 세계가 자기 자체 안에 무한한 해석을 간직하고 있을 가능성을 배제할 수 없는 한에서 무한하게 된 것이다"(Nietzsche 1973, 375항 309면).

　자연만이 아니라 인간의 내면 또한 그런 무한한 해석을 간직하고 있는 힘의 세계이다. 이 힘의 세계를 하나의 이름으로 묶고 고정하는 것은 헛된 일이다. 거기서 하나의 본질을 찾는 것, 인간을 그 본질에 따라서 규정하는 것은 "인간 본성이라는 끔찍한 바탕 텍스트(schreckliche Grundtext homo natura) 위에 그리는 가소로운 덧그림질"(Nietzsche 1968b, 230항 175면)에 불과하다.

언어, 의식, 논리학에 대한 니체의 비판은 이런 텍스트 존재론에 근거한다. 이 존재론에서 원초적인 것은 무한하고 다양한 종류의 힘들이 서로 교직하는 사태이다. 이 교직의 사태는 의식에 무의식적인 것으로 남는다. 왜냐하면 정신은 "다양한 것을 단순하게 만드는 의지, 함께 엮고 묶으면서 지배하기를 원하는 의지"(Nietzsche 1968b, 230항 173면)이기 때문이다. 정신은 검열자이자 왜곡자이며, 더 정확히 말하면 반동적 힘이다.

여기서 니체와 프로이트가 공유하는 직관을 강조하지 않을 수 없다. 프로이트의 관점에서 의식은 생명체의 바깥 표면, 어떤 분화된 표면이다. 의식의 위치는 생명체의 안과 밖이 나뉘는 경계에 있다. 경계에 있는 의식의 일차적 기능은 방어에 있다. 외적 세계의 에너지를 수용하고 이용하는 것은 먼저 그 에너지의 강력한 파괴력에 저항하여 자신의 내면적 공간을 유지할 수 있을 때만 가능하다. 이때 방어란 왜곡과 지연, 선택과 망각이다. 의식은 자연을 있는 그대로 반영하거나 수용하지 않는다. 의식의 표상과 재현은 언제나 기만이다. 의식은 근본적으로 거짓말하는 주체이다. 생명체가 외부의 에너지와 관계하기 위한 일차적 조건은 거짓이고, 의식은 그 거짓의 역할을 위해서 있다. 의식의 표상과 재현, 그 거짓은 외부의 힘에 대한 폭력이다. 폭력을 지배하기 위한 반–폭력인 것이다.

니체는 의식뿐 아니라 논리학도 생명체의 그런 자기보존 본능에서 유래한다고 본다. "논리학의 발생에 관하여. (…) 이 과정은 원형질(Plasma)이 어떤 것을 끊임없이 자신의 것으로 동화(同化)하여 자신과 같은 것으로 만들고 자신의 형식이나 계열 속에 정돈하는 그 외적이고 기계적인(이것이 논리학의 상징이다) 과정에 전적으로 대응한다"(Nietzsche 1964, 510항 349면). 동일률에 기초한 논리적 사유는 위장이 하는 소화작용의 연장이다. 논리적 동화작용은 동일자의 확대 재생산 과정이다. 실재와 가상이라는 형이상학적 이분법은 그런 논리적 동화작용을 정당화하는, 따라서 의식적 존재자의 자기보존 전략에 뿌리를 둔다. "우리는 '우리의' 보존조건들을 '존재의 술어들' 일반으로 투사해왔고"(Nietzsche 1964, 507항 347면), 그런 투사가 모든 형이상학적 이분법과 거기에 기초한 범주의 실질적 기원이다. 가령 진리라는 것이 그렇다. "진리는 그것이 없다면 특정한 종류의 생명체가 생존할 수 없는 일종의 오류다"(Nietzsche 1964, 493항 343면).

그러나 모든 형이상학적 범주들 중에서도 특권적 지위에 있는 것이 있다. 그것은 주체 혹은 자아의 범주이다. 그것은 다른 범주의 형성을 조장하는 모태범주라는 점에서 특권적이다. "'자아'에 대한 믿음은 논리학에 대한 믿음, 다시 말해서 이성적 범주들의 형이상학적 진리에 대한 믿음과 함께 간다"(Nietzsche 1964, 519항 355면). 가령 실체나 사물의 범주는 자아의 범주에서 유래한다(Nietzsche 1964, 485항 338면).

그렇다면 다른 형이상학적 범주의 모태인 주체의 범주는 어디서 유래하는가? 그것은 자연언어의 문법적 구조와 그것이 형성하는 문법적 습관에서 온다. "모든 판단에는 주어와 술어 혹은 원인과 결과에 대한 전적인 믿음이, 충만하고 깊고 깊은 신앙이 숨어 있다. (…) 게다가 원인과 결과에 대한 믿음은 주어와 술어에 대한 믿음의 특수한 경우에 불과하다. 그래서 근본적 믿음으로서 다음과 같은 믿음이 남는다. [주어에 해당하는] 주체들이 있다. 발생하는 모든 것은 이러저러한 주체에 술어적으로 관계한다"(Nietzsche 1964, 550항 372면. [ ]는 인용자).

데까르뜨의 코기토 명제가 문법적 습관의 귀결이라는 니체의 지적은 이런 통찰에 근거를 둔다. 그 습관은 주어를 주체로, 행위의 원인으로, 실체로 둔갑시키는 가상적 추론의 뿌리다. 그 습관 속에 싹트는 '근본신앙'

은 명제의 구조와 세계의 존재론적 구조가 같다는 믿음이다. 이런 믿음은 가령 라이프니츠의 실체 정의에서 가장 명확하게 표현된 바 있다. "여럿의 술어가 하나의 동일한 주어에 귀속되고 이 주어가 어떤 다른 주어에 귀속되지 않을 때, 그 주어는 개체적 실체라 불린다. (…) 모든 진정한 술어적 서술(prédication)은 사물의 본성에 그 근거를 두고 있다. 그리고 한 명제가 동일성 명제가 아니라면, 다시 말해서 그 술어가 주어에 명확히 포함되어 있지 않다면, 그 술어는 주어에 잠재적으로 포함되어 있어야 한다. 그리고 이것이 철학자들이 '술어는 주어 안에 있다'고 할 때 '안에 있음', 즉 내재(in-esse)라 부르는 것이다"(Leibniz 1975, 8절 35면).

고전논리학은 어떤 주어에 고유한 술어, 그 주어와 분리할 수 없는 술어가 있다고 보았다. 가령 '삼각형은 세 각을 지녔다'와 같은 명제에서 주어와 술어는 분리 불가능한 관계에 있다. 만일 그 결합관계를 부정하면 주어개념 자체가 모순에 빠진다. 반면 어떤 술어는 어떤 주어에 필연적으로 묶여 있지 않다. 가령 삼각형에 대하여 '빨갛다' '딱딱하다'라는 술어를 귀속시키지 않더라도 삼각형의 개념은 모순에 빠지지 않는다.

전통철학은 종종 이런 주어-술어 관계에서 한 사물과 그것이 지닌 속성들의 관계를 규정했다. 한 사물에 고유한 속성, 필연적으로 내재하는 속성, 분리 불가능한 본질적 속성이 있는 반면 어떤 속성은 그 사물에 우연한, 따라서 외재하는 속성이라는 것이다. 이는 판단의 논리적 형식을 투사해서 사물의 질서를 취한 결과이다. 사물의 질서는 주어-술어의 결합구조에 대응하는 실체-속성의 결합구조를 기본 단위로 한다는 이런 믿음 위에서 라이프니츠의 실체론이 펼쳐지고 있다. (여기서 특이한 것은 개별적 실체가 거느리는 모든 속성은 적어도 잠재적으로는 그 실체에 내재한다는 생각이다. 즉 개별적 실체에 묶여 있는 모든 속성은 그 실체에 고유하고 필연적인 속성이다. 이런 생각은 후에 모나드monade론으로 발전·완결되어나갈 것이다.)

여기서 실체는 '여럿의 술어를 동시에 소유하는 주어'이되 '다른 주어의 술어로 귀속되지 않는 주어'이다. 그러나 만일 귀속된다면? 그래서 모든 주어를 자신의 술어로 소유하는 최고의 주어를 생각할 수 있다면? 아마 그것이 많은 철학자들이 생각하는 신, 존재 등에 해당하는 실체가 될 것이다. 이는 서양 형이상학의 존재이해가 서양 언어에 고유한 문법적 편견의 산물임을 말한다. 서양적 존재이해, 그것은 서양인의 문법적 습관의 귀결이다.

우리는 자연언어의 한계 안에서 펼쳐지는 이런 존재론에 두 가지 이름을 붙일 수 있다. 하나는 주-술존재론이다. 주어-술어의 문장구조를 실체-속성의 사물구조로 뒤바꾸면서 세계를 표상하기 때문이다. 다른 하나는 계사존재론이다. 주어와 술어를 묶는 계사 '이다'가 '있다'의 의미 자체를 규정하기 때문이다. (우리는 이 책 4부 3장에서 새로운 계사존재론을 모색할 것이다.) 이런 계사존재론이 일종의 문법적 가상이라는 깨달음은 영미 분석철학의 탄생배경이기도 하다. 이 새로운 철학은 상당수의 철학적 문제가 계사존재론 같은 문법적 가상에 불과하고, 따라서 해결된다기보다 해소되어야 할 문제임을 말한다. 자연언어의 오용 때문에 잘못 제기된 문제이므로 폐기되어야 한다는 것이다. 이것이 러셀에서 카르나프에 이르는 이상언어론(理想言語論)의 기본 주장이다. 이상언어론자에게 기존철학의 한계는 내재적 결함을 지닌 자연언어의 한계이고, 따라서 기존 철학의 극복은 자연언어의 극복을 의미한다.

이 점에서 니체와 이상언어론자는 일치한다. 하지만 극복의 방향에서는 서로 반대쪽으로 향하고 있다. 니체에게 자연언어가 불완전하다면, 그것은 너무 논리적이기 때문이다. 자연언어는 역설과 모순, 해석과 은유로 가득 찬 실재의 심층(원텍스트, Urtext)에 비할 때 지나치게 논리적이다(이 점에서 니체는 낭만주의의 후예이다). 반면 이상언어주의자에게 자연언어는 충분히 논리적이지 못하기 때문에 불완전하며 나아가 병리적이다. 자연언어는 인간으로 하여금 과학적으로 검증할 수 없는 사변적 대상을 좇도록 유인하고 거기서 어떤 희열을 맛보도록 해준다는 점에서 병리적이다. 이런 병리적 향락을 치료하기 위해서는 자연언어보다 더 논리적인 언어, 어떠한 혼동과 착오도 유발하지 않을 객관적 언어를 도입하는 수밖에 없다. 하지만 니체에게 이상언어는 논리-형식적 언어가 아니라 시적 언어, 은유적 내용으로 가득 찬 질료적 언어이다. 게다가 니체는 힘의 의지를 해석의 의지로, 힘의 의지가 낳는 강도적 종합을 은유적 종합으로 간주한다. 해석과 은유는 인식론이나 수사학의 명칭이 아니라 존재론적 범주에 가깝다. 힘의 차이가 성립하고 거기서 종합이 일어나는 방식, 사건이 일어나고 지속되는 방식이 해석이고 은유이다. 해석과 은유는 가장 초보적인 존재론적 사태인 것이다.

그런 사태에 부응하는 디오니소스적 사유는 문법적으로 추상화되고 조작된 질서 아래로 하강하는 사유, 해석과 은유로 충만한 시적 무의식으로 침잠하는 사유이다. 니체는 그것을 "몸을 길잡이로 하는 사유"(Nietzsche 1964, 659항 440면)라 했다. 몸은 논리적으로 사유하는 것이 아니라 시적으로 사유한다. 몸의 시적 사유는 자연적 이성의 논리적 사유를 능가하는 지혜의 원천이고, 그래서 짜라투스트라는 신체를 '큰 이성'이라 부른다. "몸은 커다란 이성, 하나의 의미를 지니는 다양체(⋯)이다. 나의 형제여, 네가 '정신'이라 부르는 너의 작은 이성 역시 네 몸의 도구이다. 너의 커다란 이성의 작은 도구이자 장난감인 것이다"(Nietzsche 1968a, 35면).

4. 개방성의 기원

자연언어에서 이성의 과잉을 보는 시각과 이성의 과소를 보는 시각, 이 두 시각의 대립은 서양사상사에서 반복되어온 갈등에 속한다. 낭만주의와 헤겔의 대립이 이 반복의 역사에서 가장 중요한 이정표일 것이다. 동일한 갈등이 오늘날 구조주의와 탈구조주의, 모더니즘과 포스트모더니즘 사이에서 되풀이되고 있다. 이런 갈등은 궁극적으로 디오니소스적 개방성과 아폴론적 개방성, 시적 개방성과 논리적 개방성, 질료적 개방성과 형식적 개방성 사이의 투쟁에서 온다. 서양사상사는 이런 두 가지 개방성이 벌여온 투쟁의 역사라 할 수 있다.

이런 관점에서 볼 때 마땅한 주목을 받지 못하고 있는 철학자가 카씨러일 것이다. '상징적 형식의 철학'이라 불리는 카씨러의 철학은 자연언어 시대의 인식론을 넘어서려는 기획이자 시적(신화적) 언어와 수리논리적 형식언어의 대립을 역사적 관점에서 종합하려는 기획이다. 여기서 시적 언어, 자연언어, 형식언어는 각기 서로 다른 역사적 시기의 문화를 조형하는 상징적 형식이다. 상징적 형식이 그런 세 가지 유형으로 진보해왔고, 그에 따라 문화적 패러다임이 발전적으로 교체되어왔다. 특정한 역사적 시기의 문화적 정체성이 그 시대를 주도하는 상징적 질서에 의해 형성된다고 보는 점에서, 상징적 형식의 철학은 구조주의를 예상하고 있다. 형식언어를 시적 언어와 자연언어에 대한 메타언어의 지위에 놓는다는 점에서도 카씨러는 구조주의와 가까이 있다. 하지만 자연언어가 시적 언어를 극복한 상징적 형식이고 형식언어가 자연언어를 극복한 상징적 형식이라는 생각, 그리고 인간의 문화가 어떤 목적론적 질서에 따라 발전해왔다는 주장은 오늘날 낡은 진화론에 머물러 있다는 평가를 받을 것이다.

그럼에도 불구하고 카씨러가 제기하는 문제, 곧 '서로 다른 종류의 상징적 형식을 어떻게 종합할 것인가'라는 문제는 마치 백가쟁명에 빠져든 것 같은 현대철학에서 중요한 의미를 지닌다. 아마 그것이 현대철학사조에 대하여 21세기에 생존할 수 있는 역량을 선별하는 마지막 시금석일 것이다. 가령 구조주의가 20세기적 이론에 불과하다면, 그것은 바로 이 시금석을 견디지 못하기 때문이다. 구조주의는 어떤 변형된 이상언어론, 어떤 형식주의적 초월론이다. 구조주의의 핵심은 '시적(詩的)이거나 사적(私的)이거나 모두 수적(數的)인 것이다'라는 명제로 집약된다. 그것은 디오니소스적 개방성을 인정하지 않는, 다만 아폴론적 개방성 안에서만 이해된 언어관에 기초하는 이론이다. 여기서 시적인 것, 그 디오니소스적 개방성은 객관적 형식의 질서로 환원되어버린다.

그러므로 어떻게 디오니소스적 개방성과 아폴론적 개방성을 하나로 묶을 것인가? 이 두 종류의 개방성을 하나로 엮는 끈운동은 어떻게 일어나는가? 이것이 시적 상징과 수적 상징의 대립 이후, 자연언어 시대의 형이상학을 극복하려는 모든 철학의 문제가 된다. 하이데거·데리다·들뢰즈의 위대성, 그리고 탈구조주의의 역사적 의미는 이런 문맥에서 성립한다. 니체가 디오니소스적 개방성과 아폴론적 개방성의 맞물림을 직시한 이래 하이데거의 '존재론적 차이', 데리다의 '차연적 경제'와 '기록', 들뢰즈의 '강도적 종합'은 그런 동일한 직관을 더욱 구체적이고 정교하게 풀어가기 위해서 창조된 개념들이다.

참고문헌

Agamben, Giorgio (1999) *Potentialities: Collected Essays in Philosophy*, Daniel Heller-Roazen, ed. and tr., Stanford: Stanford University Press.

Deleuze, Gilles (1973) "Quoi reconnaît-on le structualisme?" François Châtelet, ed., *La philosophie au XXe siècle*, Paris: Hachette.

Hegel, Georg Wilhelm Friedrich (1970) *Enzyklopädie der philosophischen Wissenschaften im Grundrisse*, 전집 8권, Frankfurt am Main: Suhrkamp.

Leibniz, Gottfried Wilhelm von (1975) *Discours de métaphysique*, Paris: J. Vrin.

Morris, Charles William (1938) *Foundations of the Theory of Signs*, Chicago: University of Chicago Press.

Nietzsche, Friedrich Wilhelm (1964) *Der Wille zur Macht*, Stuttgart: A. Kröner.

―――― (1968a) *Also sprach Zarathustra*, KGW VI-1권, Berlin: W. de Gruyter.

―――― (1968b) *Jenseits von Gut und Böse*, KGW VI-2권, Berlin: W. de Gruyter.

―――― (1969) *Götzen-Dämmerung, Werke in 3 Bänden*, 2권, München: C. Hanser.

―――― (1973) *Die fröhliche Wissenschaft*, KGW V-2권, Berlin: W. de Gruyter.

―――― (1974a) *Nachgelassene Fragmente*, KGW VII-3권, Berlin: W. de Gruyter.

―――― (1974b) *Nachgelassene Fragmente*, KGW VIII-1권, Berlin: W. de Gruyter.

김수영(1981)『김수영 전집』 2권, 서울: 민음사.

유하(1991)『바람부는 날이면 압구정동에 가야 한다』, 서울: 문학과지성사.

2. 니체, 프로이트, 맑스 이후의 해석학

    사상사에는 어떤 근본적 변화, 전회(轉回)가 일어나는 지점이 있다. 플라톤, 아우구스티누스, 데까르뜨 등이 그런 지점에 해당한다. 플라톤은 개념적 실재성의 발견과 이론적 사유의 등장을 표시한다. 논증하는 사유, 계산하는 사유는 플라톤 이후의 서양사상사를 주도해왔다. 아우구스티누스는 지식에 대한 신앙의 우위를 대변한다. 이론적 논증을 초과하는 무한자에 대한 체험은 중세의 사상적 건축물에서 첨탑을 이룬다. 데까르뜨는 근대적 주체, 자율적 내면성의 등장을 가리킨다. 지식체계 전체의 토대를 자아 내부에서 발견한다는 근대적 관념론의 기획은 데까르뜨 이후 헤겔에 이르러 완성된다.

    철학사가들이 공통적으로 지적하고 있는 것처럼, 헤겔 이후의 사상사적 지형도에서 가장 중요한 이정표는 니체, 프로이트, 맑스이다. 20세기의 유럽사상사는 이들이 일으킨 지각변동, 그 융기지반의 경사면에서 펼쳐졌다. 현대의 인문적 전통을 이루는 다양한 사조들, 주류, 지류, 하천 들은 많은 경우 그 세 봉우리의 계곡으로부터 흘러내리고 있다. 그러므로 이 세 봉우리가 현대사상사에 대한 지형학적 탐구에서 일차적 측량의 대상이 되어온 것이다.

그러나 그 측량은 아직 불완전하게만 이루어질 수 있다는 생각을 해본다. 그것은 이 봉우리들이 사화산(死火山)이 아니기 때문이다. 그 산들은 아직 활동을 멈추지 않은 활화산(活火山)이다. 거기서는 아직도 단층운동이 계속되고 있고, 이미 몇겹으로 굳어진 용암 위로 무엇인가가 계속 분출되고 있다. 그 활화산 근처의 지각충돌이 오늘날까지 이어지면서 현대사상사의 지형을 바꾸어놓고 있는 것이다. 따라서 니체, 프로이트, 맑스에 대해 이야기한다는 것은 이 시대의 사상사적 동요에 대해, 그 동요의 진원지에 대해, 그리고 아직도 진행중에 있는 이 동요가 가져올 변화에 대해 말한다는 것과 같다. 최근에 이런 동요는 포스트모더니즘을 통해서 대대적으로 표출된 바 있다. 이 사조는 니체, 프로이트, 맑스에서 시작된 지각변동이 아직도 안정되지 않았음을 알리는 가장 중요한 사건일 것이다.

이 사건에서부터 무엇을 관철하고 탐색해야 하는가? 선택을 해야 한다면, 여기서는 해석의 개념을 위주로 하겠다. 해석의 개념은 인간의 개념과 더불어 인문적 사유의 본성을 규정하는 가장 중요한 주제이기 때문이다. 탈근대적 인문학의 가능성에 대한 물음, 그것은 탈근대적 인간관의 가능성 여부 못지않게 탈근대적 해석학의 가능성 여부에 따라 결정될 것이다. 따라서 탈근대적 인문학의 인식론적 기초를 묻는 물음은 이렇게 정식화될 수 있다. 니체, 프로이트, 맑스 이후 해석은 어떻게 달라지는가?

1. 신낭만주의시대?

탈근대적 시각에서 모더니즘의 인식론적 토대는 종종 로고스중심주의, 이론중심주의로 약칭된다. 이 이론중심주의에 대한 비판은 모든 형태의 중심주의에 대한 공격으로 이어진다. 그것은 이론적 사유의 본성이 중심을 설정하는 데 있기 때문이다. 중심·토대·기원·이념 등 닫혀진 체계를 낳거나 목적론적 시간관을 부추기는 모든 원리는 이론중심주의적 진리다. 이 진리는 체계구성의 의도와 분리할 수 없으며, 따라서 범위에 대한 투쟁을 함축한다. 모든 건축학적 의지에 수반되는 규모의 욕구에서부터 생각할 때, 이론중심주의란 이론적 진리의 관점에서 예술적 가치와 실천적 가치를 해석하는 일반적 경향을 말한다. 전통적 의미의 예술철학, 실천철학은 이런 이론중심주의가 표현되는 중요한 사례들이다. 왜냐하면 그것들은 이론적 개념과 논증을 통해 예술적인 것과 실천적인 것을 정의하고 평가한다는 점에서 이론적 진리의 보편적 지배력을 과시해왔기 때문이다.

포스트모더니즘 전후에 목격되는 이론중심주의의 동요는 두 가지 것을 의미한다. 먼저 그것은 중심 일반의 인식론적 가능성이 부정되는 과정이다. 그리고 그것은 동시에 비인식론적 가치에 대한 인식론적 가치의 우월성이 박탈되는 사건이다. 이 이중적 사건을 통해 이론적 가치로서의 진(眞), 실천적 가치로서의 선(善), 예술적 가치로서의 미(美) 사이에 잠재하던 갈등관계가 표면화되고 있다. 그동안 삼자 사이에 유지되어왔던 통합적 질서가 깨지면서 그것들 사이에서 헤게모니 투쟁이 재개된 것이다.

이런 가치들 사이의 전쟁은 철학의 변형으로 이어진다. 적어도 철학적 탐구의 전략과 목표는 과거와 다를 수밖에 없다. 이것을 말해주는 사례는 많다. 우리는 아도르노나 리오따르 등에게서 예술적 합리성의 환원 불가능한 특질을 발견하고 그로부터 이론적 합리성을 대체할 수 있는 새로운 종류의 합리성을 모색하는 예를 찾을 수 있다. 이런 예에서 볼 때, 이론적인 것은 예술적인 것을 일방적으로 규정하지 않는다. 오히려 예술적인 것이 이론적인 것을 한정한다. 이러한 역전은 레비나스나 푸꼬에게서 다른 방향으로 일어난다. 이들은 권력관계와 실천적 정의의 관점에서 이론중심주의적 사상사에 소송을 제기하고 있다. 그 법정은 이론적 사유에 대한 실천적 사유의 우위를 천명하는 장소가 된다. 이 시대의 사상사적 동요,

그리고 그것이 유도하는 철학의 변형은 이론·실천·예술 사이의 갈등, 혹은 그것들이 각기 추구하는 진·선·미 사이의 불화에서부터 오는 것이다.[1]

이 시대의 동요를 진·선·미 사이의 불화에서부터 파악하자면, 우리는 일차적으로 헤겔을 끌어들일 수밖에 없을 것이다. 진·선·미의 근대적 일치를 상징하는 헤겔은 이 불일치의 시대를 역사적으로 자리매김하기 위한 확고부동한 준거점이다. 그 준거점으로서의 자격은 철학사와 역사적 현실 전체를 목적론적 회상의 형식 속에 회집(會集)하는 백과사전적 종합의 능력에서 온다.[2] 그 회상 안에서 철학의 안과 밖, 이론과 비(非)이론, 진리와 오류, 심층과 표면 사이의 경계는 소멸한다. 바깥·표면·비진리·반정립·회의·모순과 대립은 이론적 진리의 자기동일성을 구체화하는 계기, 그 자기동일성을 확대 재생산하는 매개의 계기로서 내면화된다.

그러므로 헤겔 이후에도 새로운 철학은 가능한가? 이는 원래 맑스를 포함한 청년 헤겔주의자들의 물음이었다. 주지하는 바와 같이 맑스의 사상은 이 물음 속에서 발아(發芽)했다. 그러나 맑스뿐 아니라 니체, 프로이트의 현대성 또한 이 물음 속에서 평가되어야 할 것이다. 니체, 프로이트, 맑스의 역사적 의미는 헤겔적 사유의 지반에 맞서는 새로운 융기지각을 형성한다는 데 있다. 사상사적 의미의 현대성이 이 융기의 역동성 안에서 펼쳐져왔다면, 청년 헤겔주의자들이 던진 물음은 아직도 유효하다. 어쩌면 이 시대에 철학을 한다는 것은 헤겔주의자가 되거나 반헤겔주의자가 된다는 것을 말하는지 모른다. 니체, 프로이트, 맑스의 사상사적 중요성은

---

1) 이 점에 대한 좀더 상세한 논의는 김상환(1999) 『예술가를 위한 형이상학』, 서울: 민음사, 1장 참조.

2) Hegel, Georg Wilhelm Friedrich (1970) *Phänomenologie des Geistes*, 전집 3권, Frankfurt am Main: Suhrkamp, 591면. "그러나 [바깥을 내면화하는 동시에 내면을 외면화한다는 의미의] 기억(Er-Innerung)은 이전 형태의 정신의 경험을 보존하는바, 이 기억이 실체의 내면이자 사실상의 고차적 형식이다"(이하 [ ]는 인용자). 즉 회상은 심리적 현상에 불과한 것이 아니라 총체성 혹은 절대자(실체)의 존재형식이며, 그에 상응하는 인식과 해석의 형식이다.

20세기의 사상사를 그런 선택의 기로·모험·도박에 빠뜨렸다는 데 있을 것이다.

이런 관점에서 볼 때, 20세기 말 서양의 지적 상황은 헤겔 전후의 시대와 구조적으로 유사하다는 생각이다. 그러나 더 정확히 말하자면, 헤겔 전후의 시대는 낭만주의적이라 해야 할 것이다. 왜냐하면 그 시대의 고유한 역동성은 계몽주의에 대한 낭만주의의 도전으로부터 오기 때문이다. 사실 낭만주의는 고전주의 이래의 여러 예술사조들 중의 하나에 불과한 것이 아니다. 계몽주의적 문화전략 일반에 대한 전복의 계획이라는 점에서, 그리고 철학을 비롯한 모든 이론적 학문의 권위에 대한 혁명적 봉기였다는 점에서 낭만주의는 다른 예술사조와 분명하게 구분된다. 낭만주의는 다른 종류의 가치에 대한 예술적 가치의 지고성(至高性)을 선언하였다. 이 선언이 갖는 의미는 그 내용에 있다기보다는 그것이 제기하는 물음에 있을 것이다. 그 물음은 이렇게 정식화해볼 수 있다. 역사적 현실 전체에 규칙을 제공하는 최고의 입법적 권위는 누구에게, 어떤 가치에 귀속되어야 하는가? 역사적 현실의 문화적 통합은 무엇을 구심점으로 해야 하는가?

낭만주의는 그것을 예술적 가치에서 찾았다. 예술적 가치의 섭정(攝政) 아래에서 이론적 사유와 실천적 사유가 변형되기를 요구했고, 그것을 중심으로 진·선·미 사이의 새로운 통합을 구상했다. 낭만주의가 다른 예술사조에 대해서 갖는 특권적 지위는 여기에 있다. 낭만주의는 예술이 역사를 조형하는 최고의 전략일 수 있다는 사실에 대한 자각을 표현한다. 낭만주의를 통해 예술은 자신이 대결해야 할 적대자가 이론중심적 사유로서의 철학이라는 점을 확인했다. 이런 낭만주의적 인식은 물론 예술적 가치의 환원 불가능한 고유성, 통약 불가능한 특질의 발견에 바탕을 두고 있다. 그러나 그것은 무엇보다 진리의 정치성에 대한 깨달음을 전제로 한다. 낭만주의적 물음 속에서 예감된 최후의 사태는 진리와 가치의 정치성이다. 그 물음은 오랫동안 잠복해 있던 진·선·미 사이의 원초적 갈등, 그 정치적 투쟁관계가 대대적으로 표출되는 상황으로 이어졌다.

낭만주의적 물음은 일차적으로 17세기 이래 서양사상사를 지배해온 과학적 합리성의 주도적 권위에 대한 반동에서 시작한다. 이 반동은 계몽의 계획과 대비되는 또다른 문화, 또다른 교양, 또다른 역사의 계획을 수반하고 있다. 20세기 후반기가 헤겔의 전후, 낭만주의 시기와 구조적으로 유사한 상황임을 말할 수 있는 것은 이와같은 이유 때문이다. 두 시기는 이론적 합리성의 역사적 주도권이 위기에 봉착한 혼돈기, 반정립의 시대, 질풍노도의 시대라는 점에서 일치한다. 현대인은 낭만주의시대처럼 진리들 사이의 헤게모니 투쟁이 벌어지고 있는 시대, 가치들 사이의 새로운 종합과 일치를 기다리는 시대를 살고 있다.

20세기 후반기에 낭만주의적 물음을 다시 제기하는 사조는 포스트모더니즘이다. 이 사조는 이론중심주의적 사상사의 전통에 재도전한다는 점에서 낭만주의적 반동을 반복하고 있다. 이 새로운 반동은 여전히 철학의 변형과 극복을 향하고 있다. 이때의 철학은 무엇보다 헤겔적 형태의 철학이다. 무한자의 역사를 통해 낭만주의적 반동을 철학의 체계 안으로 편입시켰던 헤겔. 그런 헤겔이 극복되지 않는다면 당연히 낭만주의적 물음을 재개할 수 없을 것이다. 포스트모더니즘의 사상적 기초가 구조주의 전후의 프랑스철학이라면, 실제로 구조주의 이후의 주요 철학자들은 반헤겔주의를 표명하고 있다. 이 점에 관해서 들뢰즈가 가장 두드러진 사례가 되겠지만, 알뛰쎄르·데리다·푸꼬·리오따르 등에게서도 반헤겔주의적 경향은 노골적으로 드러나고 있다. 낭만주의적 동요를 잠재웠던 헤겔, 진리들간의 전쟁을 다시 이론적 이성의 섭정 아래로 평정했던 헤겔이 이 프랑스 저자들이 의도적으로 끌어들인 준거점이다. 그들에게 헤겔은 극복의 과제를 표시하는 가장 중요한 눈금이다. 그 과제는 청년 헤겔주의자들의 질문을 되풀이하고 있다. 헤겔 이후에 새로운 철학은 가능한가?

물론 구조주의 이후의 프랑스 철학자들에게 그것은 가능하다. 그들에게 이런 낙관적 신념을 가져다준 것은 니체, 프로이트, 맑스의 재발견이다. 이 재발견은 구조주의시대인 1960년대에 본격적으로 이루어졌다. 1950년대의 프랑스 실존주의 운동이 헤겔·후썰·하이데거라는 이른바 3H를 대부로 하고 있다면, 구조주의시대는 새로운 삼인방이 그들의 자리를 대신한다. 그것이 니체, 프로이트, 맑스이다. 가령 라깡은 프로이트로, 알뛰쎄르는 맑스로 돌아가자고 외쳤다. 우리는 푸꼬, 들뢰즈, 데리다에게서 니체로의 복귀가 선언되고 있음을 읽을 수 있다.[3] 그러므로 1960년대 이후의 프랑스철학을 신니체주의, 신프로이트주의, 신맑스주의 등으로 분류한다 해도 무리는 아니다.[4]

그러나 이 복귀는 단순한 회귀나 복구가 아니다. 그것은 보충하고 변형하는 반복이다. 그리고 이 보충과 변형은 구조주의의 토대인 쏘쒸르의 기호학 없이 생각할 수 없을 것이다. 쏘쒸르의 기호학은 1960년대의 인문학에 방법론적 모델을 제공했을 뿐 아니라 언어에 대한 새로운 이해를 가져왔다. 이 새로운 언어관의 혁신성은 기표(signifiant)와 기의(signifié)가 어떤 재현·지시 관계에 있다는 통념을 깨뜨렸다는 점에 있다. 쏘쒸르에 따르면, 기의는 기표보다 먼저 존재하지 않는다. 기표는 기의를 대신하는 도구적 지위에 있는 것도 아니다. 기의는 기표들 사이의 역동적 차이관계에서 비롯되는 침전물이다. 1960년대의 프랑스철학은 많은 경우 이 새로운 언어관에 담긴 인식론적 함축을 과격화하는 과정으로 간주될 수 있다. 이

---

3) Schrift, Alan D. (1990) *Nietzsche and Question of Interpretation: Between Hermeneutics and Deconstruction*, New York: Routledge. 이 책에서 저자는 구조주의 이후의 프랑스사상사에서 니체가 차지하는 위상을 새로운 해석학의 탄생이라는 관점에서 서술하고 있다. 프랑스의 니체 수용사에 대한 포괄적 연구서로서는 Le Ridier, Jacques (1999) *Nietzsche en France: de la fin du XIXe siècle au temps présent*, Paris: Presses Universitaires de France가 있다.

4) Ferry, Luc and Alain Renaut (1988) *La pensée 68: essai sur l'anti-humanisme contemporain*, Paris: Gallimard. 이 책의 저자들은 '프랑스 니체주의(푸꼬)' '프랑스 하이데거주의(데리다)' '프랑스 맑스주의(알뛰쎄르, 부르디외)' '프랑스 프로이트주의(라깡)' 등의 표현을 사용한다.

른바 '초월적 기의'의 종언은 그런 과격화의 귀결이다.

니체, 프로이트, 맑스로의 복귀는 기호학의 전제에 대한 이런 과격화와 궤를 같이한다. 이런 과격화의 끝은 무엇인가? 데리다의 표현을 빌리면, 그것은 기원과 중심에 대한 새로운 인식이다. 이 인식에 담긴 내용은 종종 투박하게 '중심의 몰락'으로 번역되었다. 이 중심의 몰락은 인류학을 통해 가장 명시적이고 구체적으로 표현된 바 있다. 레비스트로스는 유럽인의 백인중심적 문화이해, 서양중심적 문화이해를 비판하여 세인의 주목을 끌었다. 그러나 인류학 차원의 탈서양중심주의는 이미 광범위하게 진행되고 있는 사상사적 변동의 한 징후에 불과하지 않을까? 이것이 데리다의 주장이다(Derrida 1967b, 412~13면). 철학·과학·정치·경제·테크놀러지 등의 분야에서 이미 '탈중심화'(décentrement)의 움직임이 일어나고 있고, 레비스트로스에 의해서 표명된 자민족중심주의의 폐기는 이런 일반적 규모의 탈중심화 안에서 일어나고 있는 사건이라는 것이다.

그렇다면 탈중심화, 특히 이론적 차원의 탈중심화란 무엇인가? 데리다에 따르면, 이는 "중심은 현전적 존재자의 형식 안에서 생각될 수 없다는 것, 중심은 자연적 장소를 갖지 않으리라는 것, 중심은 어떤 고정된 장소가 아니라 어떤 기능이라는 것, 그 안에서는 무한한 대체의 유희가 일어나는 일종의 비장소라는 것"(Derrida 1967b, 411면)에서부터 설명해야 한다. 탈중심화는 중심의 단순한 소멸이나 파괴를 말하지 않는다. 그것은 다만 중심 혹은 기원이 동일률 같은 논리학의 기본 법칙을 따르지 않는다는 것, 나아가 현전의 형식 안에서 존재하지 않는다는 것을 말한다. 중심은 존재하되 모순율을 모른다. 기원은 있되 현전성을 이루지 않는다. 역설적인 방식으로, 부재의 방식으로 존재하는 것이다. 중심은 실체가 아니며 고정된 장소가 없다. 따라서 그것은 분석이나 해석이 멈출 수 있는 정지와 휴식의 지점이 아니다. 다만 자기 안에 무한한 대체의 유희를 유발하는 기능·사건일 뿐이다. 이것은 중심이 전미래(미래완료)의 시제 속에 존재한다는 것을 말한다. 기원은 과거완료, 단순과거의 시제 안에 존재하는 것이 아니다. 중심의 시간성은 현재시제도 미래시제도 아니다. 그것은 지연되고 결핍을 겪는 시제, 현전과 부재가 공존하는 시제이다. 기원으로 표상하고 고정할 수 있는 것은 이미 다른 것의 대체이자 효과이다. 따라서 그것은 이미 기원이되 아직 기원이 아니다. 기원은 이 '이미'와 '아직' 사이의 시간 속에 존재한다.

이런 탈중심적 사유가 시작되는 지점으로 데리다는 현전적 존재이해에 대한 니체와 하이데거의 비판, 자기의식적 주체의 현전성에 대한 프로이트의 비판을 꼽는다(Derrida 1967b, 412면). 25년 후에 데리다는 이 탈현전적 사태를 유령성(spectralité)의 사태, 유령 출몰(hantise)의 사태로 서술한다. 해체론적 존재이해, 그것은 이제 유령학(spectrologie)으로 표현되고, 이 유령학의 출발점은 맑스이다(Derrida 1993 참조). 따라서 삼인방의 이름 '니체, 프로이트, 하이데거'는 '맑스, 프로이트, 하이데거'로 바뀐다. "이 유령 출몰이라는 커다란 문제군(群)은 우리의 문제군이다. 그렇지 않은가. 그것은 확실한 테두리를 지니지 않지만 맑스, 프로이트, 하이데거, 즉 맑스를 오해한 프로이트, 프로이트를 오해한 하이데거라는 고유명사들 아래 눈을 깜박거리면서 반짝이고 있다"(Derrida 1993, 276면).

탈중심화는 중심 속에서 일어나는 대체의 유희, 현전과 부재 사이의 유희, 따라서 탈현전적이고 탈모순율적인 사태를 말한다. 그것을 유령적 사태로 지칭할 수 있는 이유는 여기에 있다. 유령적 사태로서의 탈중심화는 어떤 한계적 사태이다. 여기서 모든 논리적·체계적·구조적·현전적 질서를 기초짓는 이항대립과 그것에 기초한 변증법적 매개가 불가능해진다. "만일 유령성과 같은 어떤 것이 존재한다면, 현전적 존재자를 보장하는 이 질서를 의심할 근거가 생기며, 특히 현전성, 현전적 존재자의 현실적 혹은 현재적 실재성과 그것에 대립시킬 수 있는 모든 것—부재·비현전·비사실성·비현실성·잠재성 혹은 씨뮐라크르(simulacre) 일반 등—

사이의 경계를 의심할 근거가 생긴다. 무엇보다 현전적 존재자의 자기동일성, '동시적 자기현재성'(contemporanéité à soi du présent)을 의심해야만 하는 것이다. (…) '유령성의 효과'가 현실적 현전성과 그것의 타자 사이의 대립을, 다시 말해서 변증법을 좌절시키는 데 있는 것이 아닌지 물어야 할 것이다"(Derrida 1993, 72면).

중심, 기원 속에서 일어나는 탈중심화와 유령적 효과는 헤겔적 변증법을 무력하게 만든다. 헤겔 이후에도 새로운 철학은 가능한가? 이세 이 물음은 과거화되고 있는 것처럼 보인다. 그 물음이 의도하는 헤겔의 극복은 탈현전적이고 탈모순율적인 중심, 유령적 성격의 기원에 대한 발견에 힘입고 있다. 이 시대 최고의 철학적 과제는 이 난해한 중심과 기원을 파악하고 해석하는 데 있다. 그리고 이 해석은 기존 철학의 개념, 해석의 개념 자체에 대하여 변화를 초래할 것이다. 이것이 데리다가 니체, 프로이트, 맑스 이후의 시대를 바라보는 시각이다.

이러한 데리다의 시각은 현대 프랑스사상사의 중요한 일면인 반헤겔주의를 구체적으로 대변하는 한 가지 사례에 해당한다. 그러나 헤겔의 극복이 중심과 기원에 대한 새로운 인식에 기초한다면, 이것은 동시에 낭만주의적 향수, 낭만주의적 동경, 과거완료시제의 기원에 대한 갈망으로부터 벗어날 것을 요구하고 있다(실제로 레비스트로스에 대한 데리다의 가장 중요한 비판적 논점은 그의 낭만주의적 향수, 루쏘적 동경에 있다[Derrida 1967b, 426~28면]). 따라서 이 시대가 낭만주의적 물음이 반복되는 시대, 신낭만주의 시대라는 정식은 조심스럽게 수용되어야 한다. 포스트모더니즘의 물결이 거셌던 이 시대가 낭만주의적이라는 것은 단순히 어떤 예술지상주의가 낭만주의 이후 반복되고 있다는 것을 말하지 않는다. 잃어버린 과거, 실낙원 이전의 유토피아, 문명화 이전의 순수에 대한 동경이 반복되고 있다는 것은 더욱 아니다. 반복되고 있는 것은 낭만주의적 물음 속에 예감되고 있던 사태, 즉 진·선·미 사이의 원초적 투쟁관계가 표면화되는 사건이다. 가치들 사이의 선험적 갈등, 그리고 낭만주의에 의해 현실적으로 표출되었던 그 갈등은 이후 헤겔의 극복을 조건으로 현대적 형태의 갈등으로 역사화할 수 있었다. 헤겔이 건축했던 피라미드, 낭만주의를 묻어버린 그 거대한 무덤 속에서 박제화되었던 것은 무엇보다 진·선·미 사이의 역동적 투쟁관계이다. 이 시대는 이 세 가치들 사이에 재개된 헤게모니 투쟁 속에서 철학의 변형이 예감되고 있다는 점에서 낭만주의적이다. 말하자면 이 시대는 그 내용이 아니라 형식에서 낭만주의시대를 닮은 것이다.

2. 기호의 해석에서 해석의 해석으로

니체, 프로이트, 맑스를 한데 묶어 거론한 것은 푸꼬와 리꾀르가 처음일 것이다. 리꾀르는 이들을 '의심의 세 대가(大家)'로 불렀고, 이들의 회의주의를 데까르뜨적 회의와 비교했다(Ricœur 1965, 40~44, 61면 등 참조). 데까르뜨적 회의 안에서 의심되는 것은 의식에 대한 사물의 존재 여부이다. 사물은 의식에 나타나는 모습 그대로 의식 바깥에 존재하는 것일까? 의심은 그렇게 요약된다. 그러나 그 물음은 의식을 묻지 않는다. 오히려 의식의 존재와 그 내용은 그 물음 안에서 회의할 수 없는 것으로 천명된다. 하지만 의식은 의식에 나타나는 모습 그대로 존재하는 것일까? 이렇게 요약될 수 있는 의심, 자기의식의 불확실성과 기만성을 묻는 이 물음에서 니체, 프로이트, 맑스가 함께 모인다. 이들과 더불어 철학은 의식외적 사물에 대한 회의에서부터 의식 자체에 대한 회의로 이행할 수 있었다(Ricœur 1965, 41면).

이 이행은 탈근대적 코기토, 탈근대적 인간학으로의 이행을 의미한다. 니체, 프로이트, 맑스의 회의 속에서 의식은 허위의식, 가짜의 코기토로 전락한다. 이제 의식은 자기로부터 소외되어 있는 코기토, 자기 안의 균열을 겪고 있는 코기토이다. 따라서 의식과 의미의 관계가 새롭게 설정되어야 한다. 왜냐하면 의식에 직접적으로 현전하는 것은 아직 참된 의미가 아니기 때문이다. 의미는 의식에 대하여 은폐되어 있다. 의식은 구조적으로 의미를 오해하고 있다. 따라서 의미에 대한 분석은 이 오해의 구조를 해부하는 것으로부터, 그리고 그 오해의 구조 안에서 의미가 왜곡되는 과정을 시야에 둘 때 비로소 가능해진다.

이런 논평에 이어서 리꾀르는 니체, 프로이트, 맑스를 해석학의 역사 안에서 평가하고자 한다. 그것은 두 가지 이유에서이다. 첫째, 이들에게서 의미는 의식에 직접적으로 현전하지 않는다. 간접적으로, 변조된 형태로 출현한다. 따라서 해석학적 의미의 해석이 의미파악의 방식 자체일 수밖에 없다. 둘째, 이 세 대가에게서 해석 그 자체가 위기에 빠진다. 리꾀르에 따르면, 해석학은 원래 다의적 의미를 존중하고 보존한다는 점에서 수사학과 가까운 반면, 일의적 의미만을 인정하는 논리학과 대척관계에 있다. 그런데 해석학은 논리학이라는 외부의 적(敵)에 의해서라기보다 내적 분열과 갈등을 통해서 위험에 처하게 되었다. 이 위기를 초래한 것이 의심의 세 대가들이다.

리꾀르는 위기에 처한 해석학의 내적 갈등을 '성스러운 것'을 중심으로 접근한다. 왜 성스러운 것인가? 이는 그것이 해석학의 기원이자 목적이기 때문이다. 해석학은 『성서』의 해석에 역사적 기원을 두고 있다. 거기서 해석의 궁극적 대상은 성스러움이다. 이 성스러움은 논리적으로 파악될 수 없는 상징적 의미, 다의적 의미에 대한 탁월한 사례이다. 이 점을 생각할 때, 해석학은 신성(神性)의 해석에서 시작하고 신성의 복원에서 완성되어야 한다. 반면 니체, 프로이트, 맑스에게서 해석은 반대방향으로 나아간다. 탈신성화와 탈신비화로 향하는 것이다. "결국 니체적 의미의 도덕계보학, 맑스적 의미의 이데올로기론, 프로이트적 의미의 이상과 환영에 대한 이론은 탈신비화로 수렴되는 세 가지 절차를 대변한다"(Ricœur 1965, 42면).

사실 우리는 니체, 프로이트, 맑스에게서 종교, 특히 기독교에 대한 비판이 공통적으로 나타나고 있음을 알 수 있다. 근대성이 문화의 탈주술화 혹은 세속화 과정으로 간주될 수 있다면, 이들은 그 탈주술화의 마지막 국면이라 할 수 있다. 이 점에서 그들은 근대성의 완성자이다. 그러나 이들은 근대성에 대한 또다른 형태의 완성자, 서양의 역사를 신적 무한자(정신)의 역사로 서술하는 헤겔과 맞서 있다. 헤겔에게서 신적인 것의 부정은 신적인 것의 역사적 완성을 목적으로 하는 잠정적 계기에 지나지 않는다. 리꾀르 또한 이런 헤겔적 영감에서 해석학의 위기를 극복하고자 한다. 성스러운 것을 복구하는 해석학과 그것을 파괴하는 해석학 사이의 갈등을, 더욱 포괄적인 형태의 해석학이 탄생하기 위한 조건으로 파악하는 것이다. 리꾀르가 예감하는 그 탄생과정은 여전히 변증법적이고 목적론적이다(Ricœur 1965, 447면 이하). 변증법적 반성 안에서 매개되고 지양될 수 있는 한에서 두 가지 해석학 사이의 갈등은 위기가 아니라 기회가 아닌가? 양자가 동전의 양면처럼 단일한 전체를 구성하는 계기로서 통합되는 기회, 위기를 통해 완성되는 기회, 궁극의 것에 이르는 기회 아닌가? 이것이 리꾀르의 생각이다.

리꾀르의 이런 목적론적 해석학으로부터 끌어낼 수 있는 교훈이 있다면, 그것은 무엇보다 헤겔 혹은 변증법에 관한 것이다. 리꾀르는 니체, 프로이트, 맑스가 철학사 안에서 일으키는 단절을 인정하지만 헤겔적 사유에 대한 그 단절을 다시 헤겔적 반성의 형식 안에서 지양한다. 우리는 여기서 헤겔을 극복한다는 것이 그렇게 쉽지 않다는 것, 어쩌면 불가능할지도 모른다는 생각에 이른다. 변증법은 과연 극복 가능한가? 변증법적 매개의 바깥을 설정할 수 있는가? 왜냐하면 변증법은 모든 부정을 긍정으로, 파괴를 구성으로, 소비를 생산으로, 단절을 연속성으로, 바깥을 안으로 변형시키는 노동의 형식이기 때문이다.

이미 지적했던 것처럼, 1960년대의 프랑스철학은 이 불멸의 사유형식처럼 보이는 변증법적 매개에 도전장을 던졌다. 이 도전은 대체로 두 가지 방향에서 전개되었다. 첫째, 동일자 안으로 재편입되지 않는 차이, 그리고 그 자체로 긍정성과 적극성을 띤 차이를 발견할 것. 둘째, 헤겔적 지양을 정립적 내용을 갖지 않는 지점, 비정립적 정립으로 향하도록 할 것. 독일에서는 아도르노가 이런 두 가지 방향에서 변증법적 총체성을 극복하고자 했다. 프랑스에서는 레비나스, 푸꼬, 알뛰쎄르, 들뢰즈, 데리다, 리오따르 등이 그런 일을 했다. 특히 데리다와 들뢰즈는 매개 불가능한 차이, 비지양적 지양, 혹은 비정립적 정립의 가능성뿐 아니라 그 구체적 내용, 그리고 그에 고유한 논리를 밝히는 데 크게 공헌했다. 이 프랑스 철학자들은 이런 철학적 주제를 구성하기 위해서 니체, 프로이트, 맑스에 다시 주석을 붙였다. 이 세 사상가가 일으킨 동요를 변증법적 반성 속에 다시 잠재우려는 리꾀르와 달리, 그들은 이 동요를 변증법적 사유 자체를 뒤엎는 지각변동으로 서술한다. 이런 시각은 「니체, 프로이트, 맑스」[5]라는 푸꼬의 짧은 글을 통해서 압축적으로 표현된 바 있다.

이 글은 리꾀르가 니체, 프로이트, 맑스를 함께 거론하던 시기에 출판되었다. 그러나 시기적으로 겹친다는 것보다 훨씬 더 중요한 사실이 있다. 그것은 주제의 일치다. 니체, 프로이트, 맑스를 동시에 다루는 글에서 리꾀르와 마찬가지로 푸꼬도 그 세 대가의 사상사적 위치를 해석(학)의 역사 안에서 풀이한다. 그러나 푸꼬가 생각하는 해석의 역사는 리꾀르가 생각하는 해석학, 즉 『성서』 해석의 전통을 계승하는 독일의 해석학, 슐라이어마허와 딜타이가 대변하는 철학적 해석학의 역사에 제한되지 않는다. 그것은 언젠가 완성될 해석의 역사, 즉 그리스 문법학자들 이래 오늘

---

5) Foucault, Michel Paul (1967) "Nietzsche, Freud, Marx," *Nietzsche*, Cahier de Royaumont, Paris: Minuit, 183~200면. 이 글은 1964년에 처음 발표되었다.

날까지 우리가 알 수 있는 모든 해석의 기술을 담는 백과사전적 역사를 말한다.

이때 해석의 기술이란 언어에 대한 기술, 언어를 의심하는 방법이다. 왜 언어를 의심하는가? 그것은 두 가지 이유 때문이다. 첫째, 언어는 알레고리(allegoria), 즉 다른 의미를 지시하는 알레고리일 수 있다. 언어는 그 스스로 말하는 것과 다른 것을 말할 수 있다. 둘째, 인간의 언어는 상징적 기호(semaïnon)의 일부일 수 있다. 인간이 사용하는 언어 이외에도 동물의 울음소리나 냇물소리 등 여러가지 상징체계가 있을 수 있다.

푸꼬에 따르면, 역사 속에 등장하는 각각의 문화형태는 저마다 서로 다른 해석의 체계와 기술을 거느린다. 알레고리와 상징적 기호를 해석하는 서로 다른 방법이 한 역사적 시기의 문화적 특징을 대변한다는 것이다. 그런데 니체, 프로이트, 맑스는 이 해석의 역사에서 어떤 혁명적 단절의 지점을 지시한다. 그들은 현대적 해석의 개념이 형성되는 과정에 영향을 미친 가장 중요한 권위이고, 그런 의미에서 현대문화의 대부이다.[6] 이는 그들이 새로운 기호를 양산해냈기 때문도, 무의미하던 사태에 새로운 의미를 부여해서도 아니다. 그 이유는 "이들이 실제로 기호의 본성을 바꾸었고, 기호 일반이 해석될 수 있는 방식을 수정했다"(Foucault 1967, 186면)는 데 있다. 변화는 해석의 근본적 전제들에서 일어났다. 푸꼬는 이 점을 다음과 같이 네 가지 관점에서 서술한다.

——니체, 프로이트, 맑스는 기호가 기호로서 태어나는 공간, 기호가 성립하고 분배되는 공간 자체를 대대적으로 변화시켰다. 한마디로 요약하

6) Gaède, Edouard (1973) "Nietzsche précurseur de Freud?" *Nietzsche aujourd'hui?* 2권, Paris: U.G.E., 87면. "의심할 바 없이 니체, 프로이트, 맑스는 우리에게 '문화적 초자아'이다." 이 글은 프로이트에 대한 니체의 영향을 밝히는 중요한 논문이다. 니체와 프로이트의 관계를 다루는 논문으로는 이 글 외에도 Granier, Jean (1979) "Le statut de la philosophie selon Nietzsche et Freud," *Nietzsche Studien*, 8권, 21~24면; Herrera, Robert A. (1985) "Freud on Nietzsche: a fantastic commentary?" *Philosophy Today* 29호(1985년 겨울호), 339~44면 등을 꼽을 수 있다.

면, 이것은 심층의 표면화라 할 수 있다. 그들은 공통적으로 심층이 표면의 유희, 주름, 효과라는 사실을 발견했다. 사실 전통적 의미의 해석은 표면의 심층화이다.[7] 표면적인 것을 결과로 낳는 배후의 인과적 연쇄를 발견하는 것, 개별적인 것을 필연적으로 산출하는 의미연관을 발굴하는 것, 직접적 사태가 감추고 있는 깊이에 이르는 것, 그것이 과거의 해석이었다. 그러나 니체, 프로이트, 맑스에게서 해석의 방향은 역전된다. 정신적인 것, 이상적인 것, 심층적인 것, 신비한 것은 물질적인 것, 유치한 것, 표면적인 것, 진부한 것으로 환원된다. 해소되는 것이다.

——니체, 프로이트, 맑스 이후 해석은 무한한 과제, 구조적으로 완성 불가능한 과제가 된다. 해석의 노동에 대하여 목적지, 종말의 휴식이 허락되지 않는 것이다. 이 점에서 푸꼬의 시각은 리꾀르의 시각과 첨예하게 대립한다. 리꾀르는 니체, 프로이트, 맑스의 파괴적 해석학이 일으킨 동요를 이상적 해석학이 태어날 지점으로 가는 목적론적 여정 안으로 편입시킨다. 반면 푸꼬는 그 동요를 탈목적론적 성격의 해석학, 현대적 형태의 해석학이 출현하는 사건으로 본다. 이 새로운 해석학에서 해석은 멈추지 않는 운동, 끝없이 이어지는 그물망 속에 놓인다. 이것은 해석되어야 할 대상이 무한히 증가하기 때문이 아니다. 이유는 양적인 데 있는 것이 아니라 구조적인 데 있다. 해석은 구조적으로 닫힐 수 없다. 열려 있고 벌어져 있다. 어디서 벌어지는가? 그것은 종래에 기원·중심·목적이라 불리던 지점에서다. 그러므로 해석은 의미의 기원, 체계의 중심, 해석의 목적지에 접근할수록 난파될 위기에 빠진다. 해석 자체의 가능성이 위태로워지는 것이다. 모든 규칙·논리·계산이 혼돈으로 치닫는 이 중심, 중심 아닌 이 중심의 발견이 현대 해석학의 중요한 특징이 된다. 푸꼬는 이 발견을 "광기

---

7) Hegel, Georg Wilhelm Friedrich (1970) *Phänomenologie des Geistes*, 전집 3권, Frankfurt am Main: Suhrkamp, 591면. "[내면화하는 사유로서의 기억에 의하여 조직되는 여러 정신 형태들의] 목적은 '깊이의 계시'(Offenbarung der Tiefe)이며, 이 깊이의 계시가 '절대적 개념'이다."

의 경험"(Foucault 1967, 189면)으로 간주한다. 즉 현대적 의미의 해석은 이성적 언어 안에 잠재하는 그 바깥, 광기의 주변을 맴돈다.

── 니체, 프로이트, 맑스에게서 기호는 이미 다른 기호에 대한 해석이다. 따라서 한 기호의 해석은 해석의 해석이다. 이것은 중립적 기호가 없다는 것을 말한다. 기호는 수동적으로 해석되고 해명되는 것이 아니다. 기호는 이미 어떤 해석의 산물로서 그 해석을 강요하고 정당화하는 능동적 주체이다. 따라서 하나의 기호를 해석한다는 것은 그 기호를 지배하는 해석, 그 해석 속에서 자기를 방어하고 확장하는 힘에 대한 투쟁이자 전복이다. 기호는 이미 다른 기호를 산출하고 조직하는 신체, 말하는 신체이기 때문이다. 기호는 기호라기보다 기호를 회집하고 분배하는 해석의 활동이다. 기호는 반대의 해석에 대하여 감시하고 저항하며 비판하고 있다. 악의에 찬 기호, 왜냐하면 특정한 해석을 강요하거나 왜곡하기 때문이다. 반동적인 기호, 왜냐하면 다른 해석을 부정하기 때문이다. 현대적 의미의 해석은 해석의 해석, 반동적 저항의 형태를 띤 해석에 대한 해석, 폭력적 분쇄이다. 푸꼬는 이런 현상을 "기호에 대한 해석의 우위"라는 말로 요약하고, 이 점을 "현대 해석학에서 가장 결정적인 측면"으로 간주한다 (Foucault 1967, 190면).

── 기호의 해석이 해석의 해석이고 이 해석이 닫히지 않는 구조 혹은 무한히 이어지는 회로를 이룰 때, 해석의 유일한 원리는 해석자이다. 해석을 통해 해석되어야 하는 것은 궁극적으로 '누가 해석하는가' '누가 해석을 제기하는가'이다. 따라서 해석은 마침내 자기 자신으로 회귀한다. 해석의 의미는 이 자기회귀적 해석에 의해 결정된다. 기호의 시간, 변증법적 시간은 회기가 미리 정해져 있는 목적론적 시간이며 선형적 형태의 시간이다. 반면 해석의 시간은 이미 해석된 것을 다시 지나고 변형하는 반복의 시간, 총체화된 것을 다시 열어놓는 순환적 시간이다. 해석이 이러한 순환적 시간성 속에 놓이는 것은 그것이 다시 자신의 한계를 향하기 때문이다.

해석은 마지막에 가서 언어의 안과 밖 사이의 경계, "광기와 순수한 언어 사이의 접경지대"(Foucault 1967, 192면)를 지난다.

3. 해석의 무한성

이성과 광기, 논리와 그 바깥이 접촉하는 지대, 그 접경의 사태를 어떻게 서술할 것인가? 왜냐하면 의미의 확장, 질서의 재편, 체계의 역사적 변형은 그 접경의 사태에서 시작되기 때문이다. 어떻게 이 모순에 찬 사건을 논리적으로 서술할 수 있는가? 아마 이 물음이 니체, 프로이트, 맑스에서 시작하는 새로운 해석학이 던지고 있는 가장 중요하고 어려운 물음일 것이다. 이 물음을 위해서 일단 니체, 프로이트, 맑스에게로 돌아가서 새로운 해석학에 대한 푸꼬의 논점을 재점검해보자.

——푸꼬의 첫번째 논점은 심층의 표면화로 요약된다. 이때 심층이란 여러가지 것을 의미한다. 니체에게서 그것은 초감성적인 것, 형이상학적인 것(신·정신·본질·이상) 등을 말한다. 맑스에게서 그것은 이데올로기와 상부구조가 된다. 프로이트에게서도 그것은 의식뿐 아니라 문화를 구성하는 주요 영역, 가령 신화·종교·철학·예술·도덕 일반을 말한다. 니체, 프로이트, 맑스는 이 다양한 의미의 심층에 대하여 의문을 던진다. 그 심층은 가상이 아닌가? 자율성, 실재성, 기원, 토대의 외양을 위장한 허구 아닌가?

이런 회의는 니체에게서 계보학이란 이름을 얻는다. 계보학이 비판하는 것은 어떤 전도현상이다. 원인과 결과, 기원과 파생적 효과, 이전과 이후, 심층과 표면 사이의 원근법적 전도가 생겨난 이유와 절차에 대한 물음이 계보학이다. 플라톤 이래의 서양 형이상학에서 초감성적인 것은 감성적인 것보다 존재론적으로 우월하고, 이 존재론적 우월성의 순서는 동시에 인과의 순서이자 파생의 순서였다. 니체의 계보학은 서양 형이상학에서 초감성적인 것이 누려오던 원인이나 기원의 자격이 사실은 어떤 결과이자 효과임을 강조한다. 초감성적 실재, 도덕적 이상은 어떤 특정한 해석의 의지가 권력화되고 고착화되는 과정의 산물이라는 것이다. 그러므로 니체는 묻는다. "땅 위에서 이상적인 것이 날조되는 방식"은 무엇인가? "이상적인 것이 제조되는 공장"은 어디에 있는가(Nietzsche 1968, 1부 14항 295~96면).

맑스는 이상적이고 형이상학적인 것이 고안되는 장소를 이데올로기라 불렀다. 이데올로기, 그것은 "카메라의 어둠상자"와 같다. 그 안에서는 결과가 원인으로, 표면이 심층으로 전도되어 나타난다. 그런 의미에서 "전도(Umkehrung)는 '이데올로기적 관점'(ideologische Anschauung)을 구성한다." 그러나 특정한 관점, 장소로서의 이데올로기는 그 자체가 상상적 허구이다. 맑스는 그것을 "인간 뇌 속의 환영"이라 했다(Marx 1990a, 26면; Engels 1967, 492면). 그러나 환영으로서의 이데올로기는 도덕·종교·형이상학 등의 형태를 띠면서 인간을 억누르는 무거운 실체로 변모한다. 상상적 허구가 인간 위에 군림하는 무게, 권위가 되는 것이다. 맑스의 '과학'은 니체의 계보학과 마찬가지로 전도된 본말을 바꾸어놓고자 한다.[8]

이 재전도의 작업은 가상의 생성경위와 절차를 설명해야 한다. 의식을 지배하는 허위관념, 그 이데올로기는 어떻게 만들어지는가? 이것은 여전히 프로이트의 물음이기도 하다. 왜냐하면 정신분석적 의미의 의식내용은 무의식적 충동의 파생적 표상이고, 이 표상은 억압된 표상(본능의 대표자)이 왜곡되고 전도되어 나타나는 현상이기 때문이다. 가령 꿈이 무의식적 소망이 충족되는 현상이라면, "꿈 재료와 꿈 사이에는 모든 심리적 가

---

8) Marx, Karl Heinrich (1988) *Das Kapital*, MEW 23권, Berlin: Dietz, 제2판 서문 27면. "헤겔에게서 변증법은 물구나무서 있다. 그 신비한 외피 안에서 합리적인 핵심을 발견하기 위해서 우리는 그것을 뒤집어세워야 한다." 그러나 앞으로 보게 될 것처럼, 알뛰쎄르는 맑스의 진수는 단순한 헤겔의 전도 이상임을 강조한다.

치의 '완전한 가치전도'(völlige Umwertung)가 이루어진다." [9] 프로이트적 의미의 분석은 이 전도에 대한 탐구이다.

주지하는 바와 같이, 정신분석은 의식적 표상이 성립하는 과정을 무의식을 지배하는 법칙에서부터 설명한다. 쾌락원칙, 그것에서 비롯되는 억압, 그리고 오이디푸스 콤플렉스 등이 무의식의 영역을 조건짓는 배후의 구조를 이룬다. 프로이트에 따르면, 인간의 문화 전체는 이 토대구조 위에 기생한다. 가령 신화·종교·학문·형이상학·도덕·예술 등은 쾌락원칙과 오이디푸스 콤플렉스의 극복과정(승화)에서 생긴 부산물이다. [10] 심오하고 고귀한 것은 유치하고 저열한 것에서 생겼다. 정신적인 것은 본능적 충동에 대한 방어기제로서 처음 발생하였다. 자아, 자기의식, 나아가 문화 일반은 육체적 표면의 정신적 투사라는 의미에서 "어떤 표면적 존재자 (Oberflächenwesen)일 뿐만 아니라 그 자체가 표면의 투영(Projektion einer Oberfläche)이다"(Freud 1940b, 253면).

——프로이트는 본능적 충동의 영역을 후에 '이드'(id)라 부른다. 이 이드는 비합리적 영역이다. 여기서는 "논리적 사고법칙은 통용되지 않으며 무엇보다 모순율이 지켜지지 않는다." 인간의 모든 정신적 활동과 문화적 행위의 원천에 있는 본능적 충동은 "어둡고 도달할 수 없는 부분" "카오스" "들끓는 흥분으로 가득 찬 주전자"이다(Freud 1944, 80면). 따라서 그것은 오직 그것이 산출하는 결과를 통해 우회적으로만 해석될 수 있다. 이것이 프로이트적 분석이 스스로 설정한 한계이다. 즉 애매성, 역설과 모순은 본능적 충동에 대해 해소 불가능한 것으로 남는다. 해석은 무의식의 중심

---

9) Freud, Sigmund (1942) *Die Traumdeutung*, 전집 2·3권, Frankfurt am Main: S. Fischer, 335면. 이 문장이 니체 후기사상의 목표를 표현하는 "모든 가치의 가치전도"를 차용하고 있음에 주목하자.

10) Freud, Sigmund (1945) "Formulierung über die zwei Prinzipien des psychischen Geschehens," 전집 8권, Frankfurt am Main: S. Fischer, 235~37면, 특히 236면("eine Überwindung des Lustprinzips") 참조.

으로 직접 침투해들어갈 수 없다.[11] 이 근원적 침투 불가능성 때문에 본능적 충동에 다가설수록 정신분석은 이론적 엄밀성을 주장할 권리를 잃어버린다. "충동이론은 말하자면 우리의 신화다. 충동은 신화적 존재자이며, 그것의 무규정성이 화려한 인상을 주는 어떤 것이다. 우리는 (…) 그것을 명확하게 파악하고 있다고 결코 확신할 수 없다"(Freud 1942, 101면). 이 문장이 암시하는 것처럼, 해석은 사태의 기원, 중심에 가까이 접근할수록 거기서 맴도는 역설의 회오리 속에서 침몰할 위험에 처한다. 허구화되기 시작하는 것이다.

우리는 여기서 푸꼬의 두번째 논점과 만난다. 그것은 해석의 무한화로 요약될 수 있다. 이 무한화는 해석이 의미의 기원, 체계의 중심, 해석의 목적지에 접근할수록 빠져드는 자기상실의 위기 속에서 발생한다. 프로이트는 인간의 사고와 문화가 비롯되는 기원으로 다가설수록 모순과 무의미, 역설과 불합리, 애매성과 신비에 봉착한다. 해석 자체가 신화화되는 상황에 빠지고, 따라서 해석은 그 난파의 상황 속에서 무한화된다.

니체는 이 해석학적 무한성을 기존의 형이상학적 무한자를 대신하는 "우리들의 무한자", 현대인의 무한자로 파악했다. "우리에게 세계는 다시 무한하게 되었다. 이는 우리가 세계에 대하여 무한한 해석을 제공할 가능성을 거부할 수 없다는 의미에서다." 왜 거부할 수 없는가? 그것은 해석이 존재자를 구성하는 일차적 특징이기 때문이다. "모든 존재자는 능동적으로 해석에 참여하고" 또한 저마다 서로 다른 방식으로 해석의 관점을 지닌다(Nietzsche 1973, 5부 374항 309면). 존재자는 이 관점 안에서 해석의 활동으로서 존재하며 해석을 통해 타자와 관계한다. 그러므로 해석은 인식의 행위에 그치는 것이 아니다. 니체적 의미의 해석학적 무한성은 존재론적

11) Freud, Sigmund (1942) *Die Traumdeutung*, 전집 2·3권, Frankfurt am Main: S. Fischer, 524면. 프로이트는 여기서 니체를 언급하고 있다. "꿈속에서 '한 조각의 원시적 인간성이 계속 작용하고 있으며 우리는 결코 직접적인 방식으로 그곳에 도달할 수 없다'는 니체의 말이 얼마나 정곡을 찌르는지 잘 알 수 있다."

무한성에 가깝고, 그런 자격에서 기존의 형이상학적 무한자를 대신한다.

이것은 해석이 사실적 차원에서는 물론 '권리상' 종결될 수 없다는 것을 말한다. 해석은 이미 구조적으로 무한하다. 그러나 맑스주의적 관점에서는 사정이 다르다. 해석은 권리상 종결될 수 있지만 사실적으로 종결될 수 없다. 가령 엥겔스는 이렇게 말한다. "헤겔 이후 체계의 불가능성. 세계가 하나의 단일한 체계, 즉 하나의 수미일관한 전체를 나타낸다는 것, 이것은 분명하다. 그러나 이 체계에 대한 인식은 자연 '전체', 역사 '전체'에 대한 인식을 전제한다. 이는 인간이 결코 성취할 수 없는 것이다. 체계를 만드는 사람은 따라서 그 무수한 허점을 자신의 고유한 창작물로 메워야 한다. 다시 말해서 '비합리적' 상상에 몸을 맡겨야 하고, 이데올로기를 만들어내야 하는 것이다"(Engels 1962, 574면).

그러므로 체계의 구성 가능성, 해석의 종결 가능성을 방해하는 것은 세계의 경험적 무한성이다. 이 경험적 무한성 때문에 권리적 차원의 종결 가능성이 끝없이 지연된다. 최종적 의미는 도래하고 있을 뿐 현전하지 않는다. 이데올로기는 이 지연된 현전, 현전 속의 차연을 메우는 보충물이다. 반면 니체와 프로이트에게서 최종적 의미의 현전은 사실적 차원에서뿐 아니라 권리적 차원에서도 불가능하다. 해석은 구조적으로 닫힐 수 없고 종결될 수 없다. 현전을 방해하는 지연과 차이는 최종적 의미, 기원 자체를 구성하는 요소로서 그 안에 내재한다. 선험적 차원에서 구조는 이미 열려 있고 불안정한 상태에 있다. 세계는 단일하고 수미일관한 체계를 이루고 있는 것이 아니라 언제나 "비밀에 찬, 아직 해석되지 않은 텍스트"로 남는다(Nietzsche 1974, 3[19], 175면).

──최종적 진리의 현전을 보류시키는 지연, 그 차이가 사실적 경험의 사태라기보다 논리적이고 구조적인 사태라는 것은 다시 푸꼬의 세번째 논점 안에서 파악되어야 한다. 그 논점은 기호에 대한 해석의 우위성을 말하고 있다. 푸꼬는 니체, 프로이트, 맑스 이후 기호가 어떤 활동적 해석으

로서 인식된다는 사실에 주목한다. 그러한 인식에 따를 때, 기호의 해석은 해석의 해석이 된다.

기호가 이미 어떤 활동적 해석이라는 인식은 맑스적 이데올로기 개념의 근간을 이룬다. 이데올로기는 의식적 사유의 과정이되 허위의식이다. 이는 "그 과정을 움직이는 진정한 동력이 사유자에게 무지의 상태로 남아 있다"는 의미에서이다. 이데올로기적 사유는 자기 자신에 대하여 "거짓된 혹은 가상의 동력을 상상하고 있다"(Engels 1968, 97면). 그러므로 허위의식으로서의 이데올로기는 두 개의 해석학적 동력, 두 가지 해석학적 관점이 관계하는 과정, 다시 말해서 가짜 해석에 의해서 참된 해석이 은폐되는 과정이다. 하지만 은폐는 한번만 일어나는 것이 아니다. 허위의 관점은 참된 관점을 은폐하는 동시에 스스로를 은폐한다. 이데올로기는 이중적 은폐작용을 통하여 허위의식의 허위성·작위성·추상성을 진리성·자연성·구체성으로 둔갑시킨다. 이데올로기는 그런 의미에서 마술적이다.

이 마술적 해석은 경제적 생산관계 속에 내재하는 계급간 대립과 모순을 제거하고 "조화로운 법률체계를 확립"한다는 목적 속에서 움직인다(Engels 1967, 491면). 이데올로기는 지배계급의 이익을 보호하는 유령이며, 계급간 갈등적 지배구조를 문제삼는 적대적 해석에 대하여 감시의 역할을 맡는 수호천사이다. 『자본론』에서 맑스는 그와 비슷한 종류의 유령이 상품 속에 숨어 있음을 강조한다. 맑스의 눈에 상품은 단순한 기호가 아니다. 그것은 신비한 힘으로 가득 찬 "사회적 상형문자"(Marx 1988, 88면)이다. 그 상형문자의 배후에는 "사물들 사이의 환상적 관계형식"(Marx 1988, 86면)에 지나지 않는 것을 실재하는 사물인 양 나타나게 하는 활동적 가상이 숨어 있다. 그 가상이 맑스가 말하는 물신이다. 이 물신에 대한 숭배 속에서 상품의 사용가치가 교환가치에 의해 참칭(僭稱)되고, 그 결과 망각된다.

상품은 감각적인 동시에 초감각적이다. 가령 목재가 가공되어 책상이 되자마자 이 상품은 물리적 법칙으로 환원되지 않는 초감각적 성격의 물건이 되어버린다. "책상은 자신의 다리로 마루 위에 서는 것에 그치지 않는다. 그것은 말하자면 다른 상품에 마주하여 물구나무서기도 하며, 설령 자발적으로 춤을 추기 시작한다 해도 그보다 훨씬 더 기묘하게 그 목재 대가리로부터 변덕을 부려대기에 이른다"(Marx 1988, 85면). 이 변덕은 하나의 임의적 상품(금)이 화폐의 형태를 띨 때 극치에 이른다. 그때 물건은 사용가치와 무관하게 전적으로 화폐적 등가교환의 문맥에서만 이해된다. 실재하지 않는 것을 실재하는 것처럼 요술을 부리는 이 등가적 교환의 질서는 어떤 안개현상이다. 즉 "사적 노동의 사회적 성격, 따라서 개별 노동자들 사이의 사회적 관계를 드러내는 것이 아니라 도리어 그것을 물건들 사이의 관계로 나타냄으로써 은폐하는 것이다"(Marx 1988, 88면).

맑스에게 상품이 상형문자라면, 프로이트에게는 꿈이 상형문자이다. 게다가 그것은 몇번이고 중복되어 사용된 양피지 위에 쓰인 상형문자이고, 따라서 해석 없이 읽을 수 없는 암호이다(Freud 1942, 141면 각주). 그런데 맑스는 그 암호의 해독을 낙관한다. 이데올로기적 허위의식과 물신숭배는 과학적으로 해석되고 해소될 수 있다고 믿는다. 맑스는 "상품세계의 모든 신비, 그 모든 마술과 악귀는 우리가 다른 생산형태로 이행하자마자 곧 소멸한다"(Marx 1988, 90면)고 적기까지 한다. 그러나 니체와 프로이트에게 기호 배후의 활동적 해석은 구조적으로 해소 불가능하다. 하나의 해석은 다른 해석에 의해 대치될 수 있을 뿐이다. 니체의 말을 옮기자면, "우리들의 가치는 사물 속으로 도입된 해석이다. 즉자적 의미가 있을 수 있을까? 필연적인 의미마저도 하나의 관계적 의미(Beziehungs-Sinn), 하나의 관점이 아닐까? 모든 의미는 힘의 의지다"(Nietzsche 1964, 590항 410면).

니체가 말하는 힘의 의지는 해석의 의지다. 모든 사태는 힘의 의지가 드러나는 현상이고, 이 현상은 해석의 의지가 실행되는 모습이다. 모든 의미 또한 힘의 의지를 표현한다. 그것은 의미가 해석의 산물이고 이 해석은 다시 힘의 의지와 다르지 않기 때문이다. "힘의 의지의 형식으로서의 해석

자체, 그것이 정념으로서의 현존이다"(Nietzsche 1964, 556항 381면). 이것은 해석이 사태 자체, 현상 자체의 기본적 구성요소임을 말한다. "모든 사태의 해석적 성격. 사건 자체란 없다. 사태로서 성립하는 것은 어떤 해석자에 의해 선별되고 조합된 일군의 현상이다"(Nietzsche 1974, 1[115], 34면). 따라서 존재한다는 것은 해석한다는 것을, 해석을 의지한다는 것을 말한다.

니체가 그리는 세계는 서로 갈등하고 지배권을 다투는 힘의 의지, 해석의 의지들 사이의 역동적 관계이다. 기호·사물·현상은 다른 해석의 관점을 제압한 어떤 하나의 관점이 드러나는 사건이다. 징후로서의 기호, 왜냐하면 그 이면에는 서로 다른 해석의 관점들 사이의 지배와 억압, 감시가 있기 때문이다.

이는 정신분석에서도 마찬가지다. 특히 무의식을 역학적 관점에서 기술할 때, 프로이트는 기호 배후에서 서로 간섭하고 있는 해석의 의지들 사이의 관계에 초점을 맞춘다. 여기서 꿈은 "억압된 소원의 위장된 성취"로, 그리고 이 위장된 성취는 "서로 싸우는 두 편의 정신적 지향 사이의 화해"에서 오는 결과로 간주된다(Freud 1940a, 415면). 게다가 이 화해는 무의식적 내용의 왜곡, 알아볼 수 없을 정도의 심각한 훼손을 조건으로 한다. 그런 조건에서만 무의식의 내용은 검열과 방어기제를 통과하여 (전)의식에 떠오를 수 있다. 이런 갈등과 타협은 본능적 충동에서 발생하는 심리적 자극과 그 에너지가 복수의 정신적 지향(무의식·전의식·의식 혹은 이드·자아·초자아)에 의해 서로 다르게 해석된다는 사실에 그 마지막 이유를 두고 있다. 한쪽에서 쾌락으로 해석되는 자극이 다른 쪽에서는 불쾌로 수용된다는 것, 이 해석의 갈등에서 억압이 발생하고 왜곡과 타협이 시작되는 것이다.

무의식적 충동을 발산하는 감정(Affekt)을 예로 들면, "정상적인 삶 안에서마저 감정에 대한 지배권을 놓고 의식조직과 무의식조직 사이에 계속 투쟁이 벌어지고 있으며, 영향권을 다투는 특정한 영역들이 서로 경계를 이루며 맞닿아 있고, 여러가지로 작용하는 힘들이 한데 모여 증가하는 일이 벌어지기도 한다"(Freud 1946a, 278면). 마찬가지로 인간의 심리적 표상도 서로 다른 해석들 사이의 충돌·흡입·방어·억압이 빚어내는, 그러나 "그 내막은 우리에게 감추어져 있는 교묘한 균형작용"(Freud 1946b, 252면)이 일단락되는 지점일 뿐이다. 요컨대 표상·기호는 언제나 중층적 결정(Überdeterminierung)과 중층적 해석(Überdeutung) 속에 놓여 있다(Freud 1942, 224, 528, 575면 등 참조).

알뛰쎄르는 프로이트로부터 중층결정(과잉결정)의 개념을 차용하여 맑스의 유물변증법의 고유한 특성, 특히 헤겔의 변증법과 대비되는 특성을 설명한다. 우리는 여기서 그 개념이 지니고 있는 급진적인 해석학적 함축이 명료화되는 것을 볼 수 있다. 알뛰쎄르에 따르면, 헤겔의 변증법은 단순하고 단신적인 규정운동에 불과하고, 따라서 헤겔적 총체성은 단일한 구심점을 가진 동심원에 지나지 않는다. "원환(圓環)들의 원환으로서의 의식은 하나의 구심점만을 지니고, 오직 이 하나의 구심점이 의식을 규정한다. 의식이 그 중심에서 다른 원환들의 효력에 의해 영향을 받으려면, 간단히 말해서 의식의 본질이 다른 원환들에 의해 중층적으로 결정되기 위해서는 각기 다른 중심을 지니는 원환들, 탈중심화된 원환들이 필요할 것이다. 그러나 [헤겔에게서는] 그렇지가 않은 것이다"(Althusser 1965, 101면).

반면 맑스에게서 총체성은 서로 다른 구심점, 서로 다른 심급이 만드는 상이한 동심원들이 서로 겹치고 간섭하는 구조, 탈중심화된 구조를 이루고 있다. 그 탈중심화된 구조 안에서는 의식뿐 아니라 모순 자체가 중층적으로 과잉결정되거나 규정되어 있다. "모순은 사회구성체 전체의 구조 안에서 효력을 행사하면서 그 구조로부터 분리될 수 없고, (…) 스스로 지배하고 있는 심급들로부터 분리될 수 없다. 따라서 모순은 그 심장부에서 그 심급들에 의해 영향을 받는다. (…) 자신이 활력을 주는 사회적 조직의 다양한 층위들과 다양한 심급들에 의해 규정되는 것이다. 이때 우리는 모순이 그 원리에 있어 과잉결정되어 있다고 말할 수 있다"(Althusser 1965, 99~100면).

알뛰쎄르가 볼 때, 맑스의 유물변증법은 과잉결정에서 출발하는 반면 헤겔의 철학은 단순결정, 단순규정의 사유에 머물러 있다. 때문에 유물변증법을 헤겔 변증법의 전도 혹은 뒤집기로 볼 수 없다. 양자는 전도관계가 아닌 전면적 단절·대체·전복의 관계에 있다. 유물변증법은 헤겔에 대하여 무엇을 부정하는가? 알뛰쎄르에 따르면, 그것은 근원적 단순성 혹은 절대적 기원 혹은 원초적 중심이다. 그밖에 "기원의 철학이 지닌 이데올로기적 신화" 일반이다. 맑스주의가 헤겔의 철학을 완전히 대체하는 것은 그 철학이 기원의 철학, 중심의 철학이기 때문이다. "맑스주의가 거부하는 것, 그것은 절대적 기원과 완전히 합일할 수 있다는 철학적(이데올로기적) 주장이다. 그 형식이야 어떠하든(가령 백지상태, 한 과정의 제로포인트, 자연상태, (…) 헤겔이 말하는 시초의 개념, 헤겔에게서 모든 과정의 시작에 있으면서 끝에서 다시 회복되는 단순성 등) 모든 기원을 거부하는 것이다. 다시 말해서 맑스주의는 원초적이고 단순한 통일성에 대한 헤겔 철학의 주장을 거부한다. 자율적 전개과정을 통해서 모든 복잡성을 산출하되 그 과정에서 결코 자신의 단순성과 통일성을 잃지 않는 그런 근원적 통일성을 거부하는 것이다"(Althusser 1965, 203면).

알뛰쎄르가 헤겔과 대립시켜서 읽는 맑스에게서 하나의 중심은 여러가지 다른 종류의 중심에 의해, 하나의 심급은 다른 심급에 의해 끊임없이 교란되고 장소를 바꾼다. 총체성은 하나의 동심원을 이루는 것이 아니라 복수의 동심원들이 서로 간섭하여 탈중심화된다. "따라서 우리는 더이상 (그것이 어떠한 형태의 것이든) 근원적이고 단순한 통일성을 갖는 것이 아니라 오히려 복잡하게 구조화되어 있는 통일성을 '언제나 이미 주어져 있는 것'(le toujours-déjà-donné)으로서 갖는다"(Althusser 1965, 204면). 이는 해석이 이미 과잉상태로 결정되고 규정되어 있는 사태, 따라서 근원적 단순성으로 환원할 수 없는 복잡성의 사태에서부터 출발해야 한다는 것을 말한다. 원초적인 것, 그것은 이제 단순한 중심이 아니라 탈중심화된 복잡성이다.

──알뛰쎄르의 맑스 해석을 통해 그 해석학적 함축을 드러내는 프로이트의 중층적 결정의 개념에서 우리는 앞의 도입부(1절)에서 언급되었던 주제, 탈중심화의 주제와 다시 만난다. 탈중심화의 주제, 그것은 데리다적으로 말하면 탈현전성의 주제이다. 그러나 프로이트의 중층적 결정 혹은 중층적 해석의 개념이 갖는 해석학적 함축은 여기서 멈추지 않는다. 그것은 탈근대적 해석학에 대한 푸꼬의 마지막 논점으로 이어지면서 새로운 국면의 변화를 유도하고 있다.

푸꼬의 논점은 해석의 의미를 결정하는 마지막 심급이 '누구'에 대한 물음에 있음을 말하고 있다. 기호가 중층적 결정과 중층적 해석의 효과일 때, 그 의미의 해석은 '어느 것'을 묻는 물음으로 회귀할 수밖에 없다는 것이다. 어느 것이 어느 것을 지배하는가? 어느 것에 반발하고 저항하는가? 그 저항에 의해 어떤 왜곡과 타협이 이루어지는가? 이것이 현대적 해석학의 질문형식이다.

이것은 역사를 생산관계의 변화과정으로부터 설명하는 맑스적 물음의 형식이기도 하다. 누가 생산수단을 소유하고 누가 경제적 잉여를 독점하는가? 생산관계에 대한 이런 맑스의 물음은 사회구조뿐 아니라 관념의 위계, 역사의 단계적 특성을 결정하는 문제이다. 한 시대를 지배하는 이데올로기, 관념적 진리는 생산수단을 지배하는 지배계급의 이익을 대변한다. 진리는 그런 지배관계의 산물이다. 진리에 대한 해석이 '누구'에 대한 질문으로 소급해야만 하는 이유는 여기에 있다. 진리는 누구의 진리인가? 누가 그 진리를 원하는가? 누가 그 진리의 피해자인가?

맑스의 관점에서 포이어바흐가 아직도 진정한 유물론자가 되지 못하는 이유는 바로 이 물음을 생략했다는 데 있다. 다시 말해서 현실에 대한 물음을 '주체적' 관점에서 제기하지 않은 것이다. "지금까지의 모든 유물론

(포이어바흐의 유물론을 포함하여)의 주된 결함은 대상·현실·감성이 오로지 객체 혹은 관조의 형식 아래에서만 파악되고 있지 감성적 인간의 활동이나 실천으로 파악되지 않는다는 데 있다. 다시 말해서 주체적으로 파악되지 않는다는 데 있다." 맑스는 다시 덧붙인다. "낡은 유물론의 입지점(立地點, Standpunkt)은 시민사회이며, 새로운 유물론의 입지점은 인간적 사회 혹은 사회적 인류이다"(Marx 1990b, 5, 7면).

입지점에 대한 물음, 그것이 기호의 의미에 대한 해석은 물론 해석의 의미에 대한 해석, 해석의 해석을 결정한다. 이 입지점에 대한 물음은 단순히 위상학적 수준에 머무는 것이 아니다. 그것은 복수의 입지점들 사이에서 일어나는 역동적 투쟁관계, 정치적 관계에 대한 물음이다. 해석은 진리·가치의 정치성을 전제한다. 그리고 이런 관점에서 바라볼 때, 진리의 반대말은 오류나 무지가 아닐 것이다. "왜냐하면 참된 것은 위험한 것이기 때문이다. 즉 사람들은 그것을 중립화시키기 위해서 그것을 수정해야만 한다"(루이 알뛰쎄르 외 1996, 17면). 진리가 정치적이라는 것은 그것이 투쟁적이라는 것을, 그리고 이는 다른 심급의 진리에 대해 파괴적이고 위험하다는 것을 말한다. 그러므로 진리가 필연적으로 갈등적인 차원에서, 그것의 반대말은 오류나 무지라기보다 중립성·객관성·비당파성·자율성 등일 것이다.[12]

이런 진리·가치의 정치성은 맑스뿐 아니라 니체에게서도 두드러지게 부각되고 있다. 라이프니츠가 이 세계를 서로 다른 표상의 주체에 해당하는 모나드(monade)의 집합으로 묘사했다면, 니체에게 그 정신적 미립자(微粒子)에 해당하는 것은 서로 다른 양을 이루며 이합집산을 거듭하는 힘

---

12) 알뛰쎄르에 따르면, "맑스주의의 전 역사는 맑스에 의해 정초된 과학이 '필연적으로 갈등적인 성격'을 지니고 있음을 증명했고, 그러한 성격을 매일매일 증명하고 있다." 그리고 프로이트의 정신분석은 부르주아 계급의 세계관과 필연적으로 갈등관계에 있을 수밖에 없다는 점에서 맑스의 과학과 일치한다. 루이 알뛰쎄르 외(1996) 『알뛰세르와 라캉』, 윤소영 편역, 서울: 공감, 19면.

이다. 이 힘들은 양적 차이만이 아니라 질적 차이도 지닌다. 질적 차이를 기준으로 할 때, 하나의 힘은 다른 힘에 대해 능동적(active)이거나 반동적(réactive) 혹은 방어적이다. 양적 차이를 기준으로 할 때, 한 힘은 지배적이거나 피지배적이다. 세계는 이렇게 질과 양에서 차이나는 무수한 힘들 사이의 관계이다. 이 관계의 출발은 힘을 규정하는 근본적 충동, 힘의 의지다. 힘의 의지, 그것은 또한 해석의 의지다. 복수적이고 다양한 힘의 이 합집산이라 할 세계는 서로 다른 해석의 관점들이 투쟁하는 장소이다. 그 원근법적 다양성과 해석학적 갈등이 세계의 세계성을 형성한다.

그러므로 들뢰즈의 시각에서 니체의 해석학은 계보학인 동시에 징후학이며 또한 유형학이다. "징후학, 왜냐하면 현상을 해석하되 그 현상을 생산하는 힘들 안에서 그 의미를 찾고, 그래서 현상을 징후로서 취급하기 때문이다. 유형학, 왜냐하면 힘들 자체를 능동적이냐 반동적이냐 하는 질적 관점에서 해석하기 때문이다. 계보학, 왜냐하면 힘의 기원을 고귀한가 비천한가 하는 관점에서 평가하기 때문이며, 힘들의 족보를 힘의 의지와 이 의지의 질적 성격에서 찾고 있기 때문이다"(Deleuze 1962, 85면). 해석은 기호나 현상에 대한 해석이 아니라 그것을 징후로서 낳는 배후의 힘에 대한 해석이다. 해석의 관점에 해당하는 이 힘에 대한 해석은 그 힘이 어떤 종류의 힘, 어떤 성질의 관점인지를 묻는다. 해석은 마지막에 가서 '누구'에 대한 물음이 된다.

들뢰즈는 이 물음의 형식이 함축하는 역사적 의미를 플라톤적 사유형식 전체를 상대화하는 어떤 전회로 평가한다. 이 전회는 '무엇'으로 시작하는 물음의 형식이 '누가'로 시작하는 물음의 형식으로 바뀐다는 것을 말한다. 사물의 무엇 됨에 대한 물음은 플라톤 이래 이론중심적 사상사의 전통을 주도해온 탐구형식이다. 이 탐구는 본질 혹은 보편적 진리에 대한 추구로서 실현되어왔다. 반면 '누구'의 물음은 보편적 진리에 대한 탐구가 아니다. 그것은 구체적이고 독특한 진리, 단독적 진리에 대한 탐구이다.

이것이 들뢰즈가 니체의 해석학에서 끌어내는 전언이다. 즉 "'진리는 무엇인가'(qu'est-ce que le vrai)라는 추상적 물음을 제기하는 것으로 충분하지 않다. 그보다는 오히려 '누가 진리를 원하는가'(qui veut le vrai), '언제 그리고 어디서, 어떻게 그리고 얼마나 원하는가'라고 물어야 한다."[13] 진리 혹은 가치는 어떤 종류의 의지, 힘, 관점의 산물인가? 그 진리를 원한 것은 노예의 관점인가, 주인의 관점인가? 가치는 능동적 해석의 효과인가, 반동적 혹은 방어적 해석의 효과인가? 이것이 니체의 해석학이 유도하는 물음의 형식이다.

4. 해석의 시간성

다시 푸꼬의 마지막 논점으로 돌아가자면, 그는 이 '누구'의 물음에서 해석의 자기지시성과 자기회귀적 성격을 발견했다. 해석은 '누가 진리를 원하는가'라는 물음의 형식 속에서 진행되는 것만이 아니다. 물음은 다시 '누가 해석을 원하는가'로 바뀌어야 한다. 해석을 (원)하는 나는 누구인가? 이 자기회귀적 물음은 어떤 심급을 구성한다기보다 파괴한다. 왜냐하면 해석이 해석자에게로, 해석 자체로 되돌아간다는 것은 해석의 한계로 향한다는 것을 말하기 때문이다. 한계로 향하는 회귀를 통해 해석은 이미 해석된 것을 다시 지나고 변형하는 순환적 시간성 속에 놓인다. 이 해석의 순환성은 동일자의 자기회귀에 그치는 헤겔적 원환운동이 아니다. 그것은 오히려 총체화된 것을 일그러뜨리고 다시 열어놓는 자기개방의 운동이다.

---

13) Deleuze, Gilles (1967) "La méthode de dramatisation," *Bulletin de la société française de philosophie*, 1967년 1월 28일, 95면. 보완적 설명을 위하여 Hardt, Michael (1993) *G. Deleuze: an Apprenticeship in Philosophy*, London: University of Minneapolis Press, 30~31면 참조.

해석의 이런 자기회귀적 운동 안에는 어떤 새로운 문제가 자라나고 있다. 해석의 시간성 혹은 해석학적 시간성이 그 하나이고, 거기에 덧붙이자면 해석의 책임이라는 문제를 지목할 수 있다. 해석의 책임이라는 문제, 왜냐하면 자신의 한계로 돌아간다는 의미에서 해석이 자기회귀적이라면, 이 자기회귀는 자기부정일 수 있기 때문이다. 자신을 부정하는 해석, 그런 해석을 믿어야 하는가?

이 책임의 문제를 다루기 전에 먼저 자기회귀적 해석의 시간성을 검토하도록 하자. 아마 이 문제에 관한 한 논의의 출발점은 프로이트가 되어야 할 것이다. 프로이트는 심리적 사태에 고유한 시간성과 인과성에 주목하고 그것을 사후성(Nachträglichkeit)이라는 말로 표현했다. 이 말은 심리적 경험과 인상, 그리고 무엇보다 기억의 흔적은 이후의 심리적 사건에 의해서 끊임없이 새조직되고 새기록된다는 사실을 가리킨다.[14] 즉 하나의 심리적 사태는 그 자체로 어떤 완결된 의미현상이 아니다. 그것은 미래의 다른 사건과 짝을 맺는 방식에 따라 끊임없이 새로운 의미를 획득한다. 나중에 오는 사건이 먼저 있는 사건에 사후적으로 영향을 미치고, 그 의미를 변형시키는 것이다. 특히 무의식에 의해 영향을 받은 심리적 현상은 이런 사후적 인과성의 효과로서 파악되어야 한다.

가령 생식기관이 발달하지 않았고 따라서 아직 성적 감수성을 갖추지 못한 유아시절에는 성(性)과 관련된 많은 사건이 무의미한 것으로 지각된

---

14) Freud, Sigmund (1966) *Extracts from the Fliess Papers (1892~1899)*, 영어 표준판 전집 1권, London: The Hogarth, letter 52, 233면. "기억-흔적의 형태로 잔존하는 내용은 때때로 새로운 환경에 맞추어 '재조직'(re-arrangement)을 겪고, 말하자면 재기록(re-transcription)을 거친다. 그러므로 나의 이론에서 본질적으로 새로운 점은 기억이 한번만이 아니라 여러번에 걸쳐서 이루어진다는 주장이다." 이 문장이 프로이트의 사후성이론에 대한 최초의 공식으로 알려져 있다. 프로이트의 사후성에 대한 상세하고 진지한 논의는 박찬부(1996) 「정신분석학과 근원의 문제: 사후성의 논리를 찾아서」, 『현대 정신분석 비평』, 서울: 민음사 참조. 다만 이 저자는 프로이트의 사후성에 대한 해체론적 해석에 유보적인 태도를 취한다.

다. 그러나 당시에 무의미했던 심리적 사건은 일정한 성적 발달단계를 거친 사춘기 이후의 어른에게 정신적 외상을 일으킬 수 있다. 특히 억압된 기억은 사후적으로만 외상의 충격을 발휘한다.[15] 이는 기억에 남아 있는 흔적이 이후의 지각에 의해 처음으로 의미있는 문맥 속에 통합되거나 끊임없이 새로운 형태의 의미를 획득한다는 일반적 사실에 대한 사례이다.

이런 사후성 개념은 심리적 사태가 물리적 사태로 환원될 수 없는 나름의 고유한 질서를 이루고 있음을 가리킨다. 물리적 사태는 비가역적 시간, 비가역적 인과질서에 종속되어 있다. 반면 어떤 심리적 사태가 사후적 영향관계의 산물이라는 것은 심리적 과거가 미래에 나타나고 원인이 결과보다 늦게 도착한다는 것을 말한다. 프로이트 이후 심리적 사태의 이런 역설적 논리를 중요하게 받아들인 것은 라깡이다. 정신분석이 심리적 증상의 원인을 주체의 개인적 역사에서 찾는다면, 라깡은 이 정신분석적 의미의 역사가 단순한 과거 혹은 과거의 사건이 아님을 강조한다. 역사는 언제나 현재 속에서 재구성된 과거이고, 이 현재적 재구성이 과거가 역사로서 출현하는 조건이라는 것이다.

프로이트에게 문제가 되는 것은 생물학적 기억이나 그에 대한 [베르그쏜 유의] 직관주의적 신비가 아니며 기억착오 또한 아니다. 그것은 과거에 대한 추측이 미래의 약속을 동요하게 만드는 저울질로서의 재기억, 즉 역사가 문제이다. (…) 이 저울은 오로지 연대기적 확실성이라는 날카로운 칼날을 받침대로 하고 있다. 단호하게 말하면, 정신분석적 회

---

15) Freud, Sigmund (1947) *Aus der Geschichte einer infantilen Nevrose*, 전집 12권, Frankfurt am Main: S. Fischer, 46면 각주 4, 144면 등 참조. 융은 프로이트의 사후성 개념을 심리적 현상 일반에 확대 적용하기 위하여 '소급적 환상'(Zurückphantasieren)이란 용어를 내놓았다. 즉 심리적 과거는 언제나 현재의 문제를 상징적으로 암시하는 소급적 환상에 의해 재해석된 결과라는 것이다. 이에 대해서는 Laplanche, Jean and Jean-Bertrand Pontalis (1967) *Vocabulaire de la psychanalyse*, Paris: Presses Universitaires de France, 34면 참조.

상에서 중요한 것은 실제적 현실(réalité)이 아니라 진실(vérité)이다. 왜 냐하면 과거의 우연한 사건에 대해 앞으로 있어야 할 필연성의 의미를 부여하면서 재조직하는 것은 언어(parole)의 효과이기 때문이다. (…) 프로이트는 원초적 장면의 시기를 추정할 때는 사건의 재주체화 (resubjectivations)만을 가정할 뿐이다. 주체가 자신을 구성하는 각각의 전환점에서 사건의 효과를 설명하는 데 필수적인 것처럼 보이는 것이 그 재주체화이고, 그것은 바로 '사후적으로'(nachträglich, après coup) 성립하는 재구조화와 같은 것이다.[16]

그러므로 과거의 심리적 사태의 의미, 그 진실은 사후적 재주체화를 통해서만 현상한다. 이 사후적 재주체화는 언어적 재구조화이다. 심리적 과거는 언어적 재구성의 사후적 효과로서, 현재뿐 아니라 미래의 약속을 통해서 끊임없이 재조직된다. 게다가 그 재조직 이전의 심리적 현실은 아무것도 의미하지 못한다. 심리적 사태는 미래에서 과거로 소급해가는 사후적 해석에 그 현상학적 가능조건을 두고 있다.

라깡은 프로이트와 더불어 정신분석이 중시하는 인간의 성적 발달단계도 이런 사후적 시간성 안에서 파악되어야 한다고 본다. 가령 오이디푸스 콤플렉스 혹은 성기기 이전의 단계는 단순히 연대기적으로 그 이후의 단계에 선행하는 것이 아니라는 것이다. 오히려 그 이전 단계는 "오이디푸스 콤플렉스의 소급작용(rétroaction) 속에서 순서가 정해진다"(Lacan 1966, 554면). 선형적·비가역적 시간성을 거부하는 이런 라깡의 관점은 그의 독특한 주체이론에서도 계속 유지되고 있다. 라깡의 주체는 상상계(거울단계, 언어를 사용하지 않는 단계)에 있다가 오이디푸스 콤플렉스를 거쳐 상

---

16) Lacan, Jacques (1966) *Écrits*, Paris: Seuil, 255면. 라깡은 이런 정신분석적 시간질서를 설명할 때 지속(durée)의 개념으로 요약되는 베르그쏜적 시간관을 비판하는 반면 하이데거의 시간관을 높이 평가한다. 같은 책 255~56면 참조.

징계(언어를 사용하는 단계)로 진입한다. 그러나 이는 사실적이고 연대기적인 발전과정을 말하는 것이 아니다. 다시 말해서, 상상계의 주체가 그 형성을 마친 후 그것을 기반으로 상징계의 주체가 형성되는 것이 아니다. 오히려 상상계의 주체는 상징계의 주체에 의해 사후적으로 해석되는 가운데 탄생한다. "각 단계의 주체는 소급의 효과에 의해 그것의 과거 모습(ce qu'il était)이 되고 오로지 전미래(futur antérieur)시제에서만 자신을 알린다. 그는 미래에 있었던(il aura été) 것이 될 것이다"(Lacan 1966, 808면). 주체의 과거는 미래에 있을 것이고 미래에 완료될 것이다.

이런 주체의 역설적 존재방식은 인간의 보다 일반적인 운명에서 비롯된다. 라깡은 무의식적 욕망이 언어에 의해 구조화되어 있다고 본다. 그러므로 인간의 욕망, 나아가 무의식은 언어보다 먼저 존재하다가 언어를 통해 표현되는 것이 아니다. 오히려 주체가 언어를 사용하기 때문에 무의식적 욕망이 발생한다. 심리적 사태가 사후적 시간성과 인과성 안에서 현상한다면, 이는 인간이 예속되어 있는 언어의 영향 때문이다. 사후적인 것은 심리적 사태이기에 앞서 먼저 언어적 사태이다. 그래서 "문장은 오로지 그것의 마지막 용어와 더불어 의미작용을 완료한다. 이때 각각의 용어는 다른 용어의 구성과정 속에서 예상되고 있으며, 거꾸로 이 용어들은 그 마지막 용어의 소급적 효과에 의해 그 의미를 굳힌다"(Lacan 1966, 805면).

이런 사후적 효과는 언어의 차원에서뿐 아니라 이미지의 차원에서도 성립한다. 라깡의 그 유명한 거울단계에서 어린아이는 거울 속의 자아상에서 자신의 이상적 자아의 형태를 발견한다. 그러나 이 영상은 현실적 자아를 그대로 반영하거나 재현하는 모사물이 아니다. 그것은 "자아인식에 본질적인 오인"(un méconnaître essentiel au me connaître) 때문에 생기는 허상, 주관적 해석의 산물이라는 의미에서 허상이다. 아직 현실적으로 통합된 신체조직을 갖추지 못한 상태의 어린아이가 거울에서 끄집어내는 통합된 자아상은 "그를 향해서 오고 있는 '때이른' 영상, 시간을 '앞질러

온'(anticipé) 이미지다"(Lacan 1966, 808면). 그 영상은 미래에 투사된 이미지, 그 투사막의 저편에서부터 달려오는, 그러나 너무 빨리 도착한 이미지다. 하지만 시간의 순서를 어기는 이 허상이 자아인식의 모델이자 조건이다. 자아인식은 거울 이미지의 사후적 효과이다.

우리는 여기서 기호는 이미 해석이라는 푸꼬의 논점과 다시 만난다. 라깡이 말하는 거울상은 주관적 해석이 투사되어 산출되는 영상적 기호이다. 이런 영상적 기호 개념은 영상시대라 불리는 이 시대의 기호를 설명할 수 있는 중요한 열쇠이다. 왜냐하면 이 시대의 영상은 재현의 논리에 기초해서 설명할 수 있는 수준을 넘어서기 때문이다. 영상은 점점 더 원본에 대한 재현과 복제이기를 그치고 오히려 우리가 현실을 인식하는 모델과 원형을 창조하는 데까지 나가고 있다. 라깡의 자아가 시간을 앞질러 도착한 허상 속에서 비로소 자신에 대한 인식을 구성하듯이, 영상시대에 인간은 영상적 구성물 속에서 현실에 대한 인식을 선취한다. 영상은 현실보다 앞서가고, 현실에 대한 인식은 그 앞서간 영상을 뒤따른다. 현실의 지각, 현실의 의미는 미래로부터 현재 속으로 튀어나오는 영상의 사후적 효과이다. 따라서 지각(知覺)은 지각(遲刻)이다.

이런 사후성의 논리는 라깡 이후 데리다에 의해 존재이해 차원의 원초적 사태로 승격된다. 다음의 인용문에서 볼 수 있는 것처럼, 데리다의 주요 용어들, 가령 흔적(trace), 글쓰기(écriture), 차연(différance), 텍스트, 결정 불가능성, 그리고 무엇보다 대리적 보충 등은 많은 부분 프로이트의 사후성 개념에 대한 주석에 그 의미론적 근거를 두고 있다. 이 주석의 핵심은 사후성의 논리를 서양 형이상학의 현전적 존재이해에 대한 전복의 논리로 부각시키는 데 있다.

[프로이트에게서] 텍스트는, 그것이 원초적 형식이든 변형된 형식이든, 어떠한 현전의 형식 속에서도 생각될 수 없다. 텍스트는 이미 순수

한 흔적들로 엮여 있으며, 의미와 힘이 하나가 되는 차이들로 짜여 있다. 텍스트는 그 어디에도 현전하지 않으며, '언제나 이미' 전사(轉寫)인 기록들(archives)로 구성되어 있다. (…) 모든 것은 재생산에 의해 시작한다. 다시 말해서 언제나 이미, 결코 현전적인 적이 없는 의미의 침전물에서 시작한다. 그 의미에 대해 '지시된 현전'(le présent signifié)은 언제나 뒤늦게(à retardement), 사후적으로(nachträglich, après coup), 보충을 통해(supplémentairement) 구성된다. '사후적'이라는 것은 또한 '대리적 보충'을 뜻한다. 대리적 보충에 대한 호소는 여기서 근원적이며, 우리가 현전적인 것으로서 뒤늦게 재구성하는 것을 움푹 패게 만들어 놓는다. (…) 이 대리적 보충의 논리 안에서 사후성의 가능성을 생각해야만 한다. 나흐트라크(Nachtrag)는 또한 (…) 부록, 유언 추가서, 후기(後記) 등의 의미를 지닌다는 것에 주목하자. 현전적이라 불리는 텍스트는 오로지 페이지 아래쪽에서, 각주나 후기 속에서만 해독될 수 있다. 이런 회귀 이전에, 현전적인 것은 각주를 부르는 신호에 불과하다. 현전성 일반은 원초적인 것이 아니라 다만 재구성되는 것이라는 점, 그것이 경험의 절대적 형식도 아니요, 경험을 구성하는 충만하게 생생한 형식도 아니라는 점, 살아있는 순수한 현전성이란 것은 존재하지 않는다는 점, 바로 그런 점들이 프로이트가 사태 자체에 부합될 수 없는 개념화 작업을 통해 우리로 하여금 생각해보도록 요청하고 있는 주제, 형이상학의 역사에 대하여 무시무시한 의미를 지니는 주제이다. 아마 이 주제에 대한 사유야말로 형이상학 혹은 과학 안에서는 결코 다 길어낼 수 없는 유일한 사유인지 모른다. (Derrida 1967b, 314면)

이 인용문에서 우리는 데리다에 대한 프로이트의 영향을 짐작할 수 있다. 해체론의 주요 용어는 물론 해체론적 해석의 전략(각주나 후기 혹은 주변부의 언급 속에서 텍스트의 의도와 반의도를 재구성하기)이 프로이트적 영감 속에서 형성되었음을 알 수 있다.[17] 프로이트를 탈현전적·탈형이상학적 사유의 선구자로 부각시키고 있는 이 인용문에서 논의의 초점은 여전히 사후성에 맞추어지고 있다. 그러나 데리다는 프로이트의 사후성을 단지 시간적으로 먼저 오는 것과 나중에 오는 것의 관계로만 간주하지 않는다. 사후성은 여기서 논리적으로 먼저 오는 것과 나중에 오는 것, 지위에 있어서 선차적인 것과 후차적인 것, 발생적 기원과 파생자 사이의 관계에까지 확대 적용되고 있다.

이런 의도를 집약하는 것이 '대리적 보충'이라는 데리다의 용어이다. 이 말은 안과 밖, 중심과 주변 등을 나누는 모든 이항대립적 논리에서 생략되고 있는 차연적 관계의 논리를 표시한다. 즉 '사후성의 가능성이 대리적 보충의 논리 안에서 생각되어야 한다'면, 이 대리적 보충은 차연 혹은 흔적의 다른 말이다. 차연은 대리적 보충이 암시하는 다양한 종류의 사후성을 집약한다. 현전성을 구성하되 현전성에 균열을 일으키는 지각(遲刻)의 사건, 그 환원 불가능한 지각의 사건이 차연의 운동이다. 흔적은 현전적 형식으로 파악하거나 규정할 수 없는 그 지각자(遲刻者)의 차연적 효과, 그것의 소급적이고 회귀적인 영향을 표시한다. 현전성은 이 흔적에 의해 구성되는 동시에 탈구(脫臼)된다.

따라서 데리다의 해체론에 이르러 해석의 자기회귀 운동은 존재론적으로 일반화된다. 해석의 자기회귀성이 말하는 것은 과거가 현재 혹은 미래의 해석을 통해 보충되고, 그런 보충을 통한 재구성 속에서 비로소 의미를 획득한다는 것, 다시 말해서 과거는 언제나 전미래시제 속에 존재한다는

---

17) 정신분석적 의미의 억압된 표상은, 표면적으로 그것과 멀리 떨어져 있고 그 표상과 무관해 보일 정도로 변형된 파생자(Abkömmling)를 산출함으로써 검열을 통과할 수 있고 따라서 의식으로 진입할 수 있다. 정신분석은 자유연상을 통하여 이 억압된 표상의 파생자를 발견하는 것에서 출발한다. 이에 대해서는 Freud, Sigmund (1946b) "Die Verdrängung," 전집 10권, Frankfurt am Main: S. Fischer, 251~52면 참조. 마찬가지로 해체론도 많은 경우 문헌의 차원에서 그런 파생적 지위의 진술, 그러나 저자를 무의식적으로 지배하는 역설적 논리를 암시하는 진술을 찾는 것에서 시작한다.

사실이다. 그러나 데리다에 의하면, 이 전미래시제는 모든 존재자의 존재론적 시간성이다. 즉 존재자의 존재형식은 현전성이 아니다. 그것은 전미래시제가 암시하는 불완전한 현전성, 보충되고 지연되는 현전성, 미래 혹은 바깥에 의해 침범되어야 하는 현전성, 지각자의 회귀 속에서 파괴되는 동시에 생성되는 현전성이다. 따라서 이 회귀적 시간성, 소급적 인과성 속에 놓인 현전적 존재자는 언제나 조산아다. 현전적 존재이해는 조급증의 산물이다.

5. 해석의 책임

하물며 기호는, 나아가 해석은 당연히 미숙아다. 따라서 기호는 이미 태어난 후에도 자신의 태생과정을 다시 반복해야 한다. 그리고 이를 통해서 처음의 태생에서 겪은 불완전성 혹은 한계를 다시 메워야 한다. 왜 해석은 기호의 해석인 것처럼 보일 때 해석의 해석인가? 왜 해석은 언제나 자신의 처음, 그 처음의 한계로 다시 돌아갈 수밖에 없는가? 푸꼬가 제기하는 이 모든 물음, 그 물음을 던지는 이유는 궁극적으로 여기서부터 생각되어야 할 것이다. 기호, 나아가 모든 해석은 성급한 해석, 조급증이다. 해석은 조급증의 증상이거나 그 증상에 대한 치료, 그러나 여전히 미숙한 치료이다. 기호는, 그리고 해석은 광기를 포함한다. 해석의 최후는 낭만성이다.

해석의 조급증과 광기 혹은 낭만성. 그러나 이것은 해석의 상대성이나 무책임성을 말하지 않는다. 오히려 그것은 형식화 가능한 모든 공리·원리·전제 들이 전제해야 하는 조건, 형식화 불가능한 책임성의 조건이다. 낭만성은 무한한 책임에 대한 열정 아닌가? 낭만성은 모든 형식화가 의미 있기 위해서 먼저 있어야 하는 비형식적 요소로서의 정념 아닌가? 해석의 시간성, 역사성은 이 정념 속에서 경험되거나 이 정념을 통해 생성되는 것이 아닌가?

니체, 프로이트, 맑스 이후의 해석학, 현대적 의미의 해석학이 마지막으로 제기하는 이 책임의 문제를 간략히 다루기 위해서 일단 데리다의 텍스트 개념을 떠올려보자. 앞에서 언급했던 것처럼, 푸꼬는 현대적 의미의 해석이 언어의 안과 밖 사이의 경계, '광기와 순수한 언어 사이의 접경지대'를 지난다고 말했다. 데리다는 그런 해석의 개념을 텍스트라는 말 속에 담고 있다. 해체론적 의미의 텍스트는 자기를 구성하는 동시에 스스로를 파괴하는 계기를 지닌다는 의미에서 이중회기의 시간 안에 놓여 있다. 이중물림의 논리 안에 있는 텍스트, 왜냐하면 구축의 논리와 그 반대의 논리가 하나의 구조를 이루고 있기 때문이다(Derrida 1967a, 227면; Derrida 1972, 190~92면 등 참조). 해석은 텍스트에 내재하는 이 이중적 구조의 발견 혹은 생산이다. 두 가시 상이한 시간, 상호모순적 구조가 교치히고 이어지는 지점, 그 광기의 순간을 발견하는 것이 데리다적 의미의 해체이다.[18]

전통적 의미의 해석은 기호의 의미론적 동요가 정지하게 될 텔로스(telos)를 전제한다. 이는 앞에서 확인한 바와 같이 리꾀르의 해석학에서 분명한 형태로 표현되고 있다. 반면 구조주의 이후의 저자들, 가령 푸꼬나 데리다에게서 텔로스는 의미론적 동요가 소멸하는 지점이라기보다 다시 시작하는 지점이다. 아르케(arche), 기원, 텔로스는 끊임없이 기존의 해석이 무효화되는 지점, 서로 다른 해석의 가능성이 공존하는 지점, 중층적 결정과 중층적 해석의 지점이다. 이 지점에서 해석의 시간은 마무리되고 종결된다기보다 다시 시작될 처음의 상황에 이른다. 해체론적 의미의 텔로스, 그 해석의 영점(零點)은 아포리아(aporia)다.

데리다는 이 아포리아를 "순수한 수행성"(un acte performatif pur)이 경험되는 지점으로 서술한다(Derrida 1994, 89면). 그것은 진위, 선악, 미추(美

---

18) 이 점에 대한 좀더 상세한 논의는 김상환(1998) 「해체론에서 초월론으로: 데리다의 구조주의 비판 소고」, 『철학과 현실』 제38호(1998년 가을호), 13~39면 참조.

醜)의 기준, 합리적 계산의 근거, 척도 등이 무효화되거나 상대화되는 지점이다. 거기서는 어떠한 규정적 판단도 불가능하다. 다만 창립적 판단, 기준을 설립하는 판단, 스스로 규범을 창조해야 하는 판단이 요구된다. 적용 가능한 어떤 선행의 전제·개념·척도도 없는 곳에서 내려야 하는 결단과 결정의 순간이라는 의미에서 아포리아는 우리로 하여금 순수한 수행적 행위를 실행하도록 요구한다. 이 결단의 순간은 논리적 계산이 불가능하다는 의미에서 광기의 순간이다. 그러나 책임있는 판단, 공정하고 정의로운 판단일수록 이 광기의 경험을 회피할 수 없다. 데리다는 재판관이 내리는 사법적 판단을 중심으로 이 회피 불가능성을 분석한다. 그 분석은 다음과 같이 세 단계로 진행된다(Derrida 1994, 50~62면).

──모든 책임있는 판단은 두 가지 조건을 만족시켜야 한다. 첫째, 합리적이어야 한다. 다시 말해서 어떤 규칙에 부합해야 하고, 따라서 계산 가능해야 한다. 둘째, 자유롭게 내린 결단이어야 한다. 왜냐하면 그런 결단에 대해서만 책임을 물을 수 있기 때문이다. 그러나 판단에 있어서 자유롭다는 것은 무엇을 뜻하는가? 이는 편견일 수 있는 기존의 규칙에 구속되지 않는다는 것을 의미한다. 선행하는 모든 규칙, 현존하는 모든 전제를 판단중지(에포케 epoche) 상태에 묶어둘 수 있을 때, 극단적으로는 어떠한 규칙도 존재한 적이 없는 것처럼 가정할 수 있을 때 우리의 판단은 자유롭다고 평가될 수 있다.

그러나 선행규칙의 구속력을 유보할수록 자유롭고 책임있는 판단은 규칙 자체를 스스로 재창립하는 어떤 해석학적 행위로서 실행되어야 한다. 그러므로 규칙창조적 해석으로 향하는 판단은 "규칙을 따르면서 따르지 않고, 법칙을 준수하는 동시에 파괴하거나 보류한다"(Derrida 1994, 51면). 그런 의미에서 창립적 판단은 모순과 역설, 아포리아의 경험을 포함한다. 이 경험을 포함하지 않는 판단은 한낱 규칙 응용에 불과한 기계적 판단, 곧 프로그램에 따르는 형식적 연산에 지나지 않는다. 그런 판단은 정확할 수 있지만 책임을 물을 수 있는 판단, 공정하고 정의로운 판단일 수 없다. 정확성(justesse)은 정의로움(justice)을 함축하는 올바름, 공정성이 아니다. 정의를 구하는 결정은 법률이나 형식적 규칙 안에 안주할 수 없다. 오히려 형식적 규칙을 의심하고 그 기원으로 회귀해야 한다. 정의는 본질상 형식화할 수 없는 것이고, 법률은 언제나 그에 대한 부분적 표현이기 때문이다. 따라서 정의를 구하는 판단이 자유를 전제한다면, 이 자유는 기존의 형식적 규칙에 대한 에포케를, 그리고 이 에포케는 규칙발견적 해석을, 그리고 이 해석은 모순에 찬 아포리아의 경험을 함축한다.

　── 이 아포리아는 '결정 불가능성'(l'indécidable)의 시간이다. 이것과 저것 사이의 주저함, 어떤 선택도 불가능해 보이는 상황 속의 번민을 겪어야 하는 시간인 것이다. "그런데 이 결정 불가능성은 단순히 두 가지 의미작용 혹은 두 가지 모순되고 제법 한정된 규칙, 그러나 동등하게 강제적이고 정언적(定言的)인 규칙 사이에서 동요한다는 것을 말하지 않는다. (…) 결정 불가능성은 또한 단순히 두 가지 결정 사이의 동요나 긴장을 말하는 것으로 그치는 것도 아니다. 결정 불가능성은 어떤 경험, 즉 계산 가능성이나 규칙의 질서에 이방적이고 이질적이기 때문에 법과 규칙에 의존해서는 끝내 불가능해지는 결단에 내맡겨야 하는 것에 대한 경험을 말한다"(Derrida 1994, 53면). 규칙의 테두리 안에서 부딪히는 어떤 불가능자의 경험, 그것이 바로 해체론적 의미의 경험, 아포리아의 경험이다.

　이 아포리아의 경험에 이미 들어와 있는 것, 그 결정 불가능자는 실증적으로 확인하거나 규정할 수 없고 어떤 규칙으로도 환원할 수 없다. 그런 의미에서 그것은 현전의 형식 안에서 존재하지 않는다. 게다가 이 비현전성은 책임있는 결단을 통해 극복되거나 지양되는 것도 아니다. 어떠한 결단도 이 비현전성을, 따라서 결정 불가능자 자체를 제거할 수 없으며 거기에 일치할 수도 없다. 왜냐하면 결단은 이미 규칙의 문맥, 계산 가능성의 문맥, 현전의 문맥으로 이동해 있기 때문이다. 책임있는 결단은 비록 결정 불가능자에 의해 초래되었고 그에 대한 기억을 보존하고 있지만, "어떤 경우에라도 결단은 현전적이고 현재적으로 그리고 충만하게 정의로울 수 없다." 결단이 내려지는 순간에 결정 불가능자는 이미 멀어져 있고, 그러므로 더욱더 현전성을 상실한다. 하지만 그것이 완전히 사라진 것은 아니다. "결정 불가능자는 모든 결단과 그 결단의 사건 속에 적어도 어떤 유령처럼, 그러나 본질적인 유령으로서 사로잡혀 있고 기숙하고 있다"(Derrida 1994, 54면).

이 유령은 자유롭고 책임있는 판단에 대하여 환원 불가능하고 해체 불가능한 이념, "무한한 정의의 이념"이다. 이 이념이 환원 불가능한 이유는 "모든 계약 이전의 타자에 빚지고 있기 때문이며, 타자가 이미 도래했기 (venu) 때문이다. 정의는 언제나 '이타적인 단독성으로서의 타자, 그 타자의 도래'(la venue de l'autre comme singularité toujours autre)이다"(Derrida 1994, 55면). 타자, 그것이 요구하는 "'정의는 앞으로 도래할 것으로 남아 있고'(la justice reste à venir), '도래해야만 하며'(elle a à venir), '스스로 도래자이고'(elle est à-venir), 필연적으로 도래할 사건의 차원 자체를 열어놓는다"(Derrida 1994, 60면). 아포리아가 결정 불가능자가 경험되는 지점이라면, 이 경험은 이 다양한 의미의 도래, 도래자로서의 무한자, 즉 정의에 대한 경험이다.

──무한한 정의의 이념을 따르는 결단의 순간은 "위급을 다투는 조급한 순간, 유한한 순간"(un moment fini d'urgence et de précipitation)이다 (Derrida 1994, 58면). 왜냐하면 정의를 구해야 하는 것은 언제나 즉각적으로 대처해야 하는 상황에서이기 때문이다. 공정하고 정의로운 결단은 여유있는 숙고와 계산의 시간, 매개의 시간이 불시에 파탄에 빠지는 곳에서 요구되게 마련이다. 그러므로 결단의 순간은 반성과 연역의 시간에 나는 구멍이다. 회오리의 구멍, "왜냐하면 그런 결단은 '과잉활동적인'(sur-active) 동시에 수동적인(subie) 성격을 띠기 때문이다"(Derrida 1994, 58면). 판단주

체는 거기서 자신의 결정에 의해, 마치 그 결정이 타인으로부터 오는 것처럼 촉발되고 영향을 입는다. 그리고 이를 통해 어떤 통제 불가능한 힘, 비반성적이고 무의식적인 능동성에 사로잡힌다.

급박성·조급성·무의식·고뇌 등으로 가득 찬 이 순간은 어떠한 이론이나 지식으로도 완화되거나 조율될 수 없다. 그 "황급하고 조급한 결단은 무지(non-savoir)와 무규칙(non-règle)의 밤에 일어난다. 그러나 이는 규칙과 지식의 부재를 말하지 않는다. 그것은 다만 본질상 어떠한 지식이나 어떠한 보증에 의해서도 선행되지 않는 그런 규칙을 재창출하는 밤이다" (Derrida 1994, 58면). 다시 말해서 그것은 모든 이론적 시야가 어두워지는 밤, 그러나 새 아침을 기다릴 여유가 없는 밤, 황급히 불을 찾아야 하는 밤이다.

그런데 이 재촉하고 서두르는 조급성, 그 안단은 "언어적 행위, 그리고 사법적이거나 법률적인 행위 같은 모든 행위의 '수행적 구조'(structure performative)"로부터 이해되어야 한다(Derrida 1994, 59면). 즉 모든 언어적 행위에는 이미 수행적 구조가 내장되어 있고, 이 수행적 구조의 구성요소 중 하나가 조급성이다. 따라서 이론적 판단, 사실을 서술하거나 확인하는 언명은 이 조급성에서 벗어날 수 없다. "모든 사실확인적(constatif) 명제는 그 자체가 어떤 수행적 구조, 적어도 암묵적인 수행적 구조에 의존하고, (⋯) 따라서 이론적이고 사실확인적인 명제가 지닌 올바름과 참됨의 차원은 언제나 수행적 명제가 서 있는 올바름의 차원을, 다시 말해서 수행적 명제에 본질적인 조급성을 전제한다"(Derrida 1994, 59면).

이는 이론적 진리는 실천적 결단 안에, 그 결단의 진리로서의 정의 안에 존재하거나 존재해야만 한다는 것을 말한다. 이론적으로 참된 판단은 먼저 수행적 차원의 공정한 결단을 선행조건으로 (해야) 한다. 이 결단은 모든 이론적 시야가 맹목에 놓이는 곳, 나아가 칸트적 의미의 이성이 제공하는 규제적 지평, 뿐만 아니라 메시아론적 기대지평이 암흑에 빠지는 곳에서 요구되는 전(前)이론적 판단이다. 그 맹목과 암흑은 지식이나 정보가 부족하거나 부재하기 때문에 발생하는 것이 아니다. 그것은 오히려 결단을 내려야 하는 아포리아에서 유발되는 "그 수행성의 넘침 때문에, 언제나 과도한 해석의 돌출 때문에, 정의의 위급성과 그 구조적 조급성 때문에"(Derrida 1994, 59면) 발생한다. 아포리아는 지식, 이론의 지평이 말소되는 장소이다.

이런 해체론적 아포리아의 개념에서부터 푸꼬의 마지막 논점이 제기하는 문제, 해석의 책임이라는 문제로 돌아가보자. 푸꼬에 따르면 니체, 프로이트, 맑스 이후 해석은 자신의 한계로 회귀한다. 따라서 해석은 이미 해석된 것을 다시 반복하고 이미 총체화된 것을 다시 열어놓는, 말하자면 자기파괴적인 성격을 지녔다. 이상에서 검토한 해체론적 아포리아의 개념은 이 해석의 자기말소적 회귀를 어떤 필연적 귀결로서 바라볼 수 있는 시각을 열어놓고 있다. 그렇게 열린 시각에 자리할 때, 그 회귀는 어떤 징후로 나타난다. 그것은 이론적 가치와 실천적 가치의 관계가 새롭게 설정되는 일반적 지각변동의 징후인 것이다.

앞에서 언급했던 것처럼 니체, 프로이트, 맑스 이후의 사상사적 동요는 이론적 가치(진), 실천적 가치(선), 예술적 가치(미) 사이에 상존하는 헤게모니 투쟁의 가능성을 중심으로 설명해야 한다. 현대적 해석의 자기회귀적 성격도 마찬가지로 이론적 가치와 실천적 가치 사이의 역동적 갈등으로부터 파악해야 할 것이다. 해체론적 아포리아의 개념은 이론적 가치의 불충분성에 대한 극단적 체험을, 나아가 이론에 대한 실천의 우위를 표명한다. 그것은 어떠한 이론이든 실천적 사유에 대한 우위를 주장할 수 없을 뿐 아니라 그 자체가 특정한 유형의 실천적 사유, 변형되었거나 은폐된 형태의 실천적 사유임을 말한다. 이런 관점에서 보았을 때, 현대적 해석의 자기말소적 회귀는 어떤 실천적 지향성을 그 동력으로 감추고 있음을 알 수 있다. 해석은 단순히 이론적 진리를 구하는 데 만족하지 않는다는 것, 바로 여기서 해석의 자기변형적 회귀가 처음 비롯되는 것이다.

이는 해석이 협소한 인식론적 의미의 진리 이상의 것을 구한다는 것을 뜻한다. 오늘날 해석은 한정된 이론의 테두리, 형식성의 한계 안에서 올바르기보다는 훨씬 광범위한 시야에서 올바르기를 바란다. 현대적 해석은 형식적 진리의 추구가 아니다. 그것은 형식적 차원의 진리와 오류가 있기 위해서 먼저 있어야 했던 가치와 이념을 향한다. 이 새로운 해석학을 끌고 가는 것은 어떤 형식화 불가능한 진리, 형식화되자마자 소멸해가는 이념, 정의와 그에 대한 책임으로 향한 열망이다. 해석이 끊임없이 자신의 한계로 회귀하고 이미 획득된 결과를 무효화한다면, 그것은 단지 이론적이고 형식적인 진리에 대한 책임 때문이 아니다. 그것은 오히려 이론적 진리를 초과하는 가치, 형식화 불가능한 무한자에 대한 책임 때문이다.

푸꼬가 말하는 광기, 순수한 언어의 바깥에 대한 접촉의 경험으로서의 광기는 이 책임의 시련, 그 책임에 대한 열망, 이론과 실천이 하나가 되는 장소에 대한 충동일 것이다. 이 열망과 충동은 진리와 정의 사이의 불균형 속에서 일어나는 정서, 어떤 낭만적 정념이라 할 수 있다. 그러나 그것은 기원에 대한 향수라 할 낭만주의적 충동과는 달리 본질상 아직 미래에 속하는 것, 역사적 미래를 개방하는 것에 대한 열정이다. 낭만성은 언어 안에서 꿈틀대는 것, 그러나 결코 언어적으로 재현할 수 없는 것에 대한 정념적 감수성이다.

참고문헌

Althusser, Louis (1965) *Pour Marx*, Paris: Maspero.

———— (1993) *Écrits sur la psychanalyse: Freud et Lacan*, Paris: Stock/Imec.

Deleuze, Gilles (1962) *Nietzsche et la philosophie*, Paris: Presses Universitaires de France.

———— (1967) "La méthode de dramatisation," *Bulletin de la société française de philosophie*, 1967년 1월 28일.

Derrida, Jacques (1967a) *De la grammatologie*, Paris: Minuit.

———— (1967b) *L'écriture et la différence*, Paris: Seuil.

———— (1972) *Marges de la philosophie*, Paris: Minuit.

———— (1993) *Spectres de Marx*, Paris: Galilée.

———— (1994) *Force de loi*, Paris: Galilée.

Engels, Friedrich (1962) *Vorarbeiten zum Anti-Dühring*, MEW 20권, Berlin: Dietz.

———— (1967) *Brief an Conrad Schmidt*, 1890년 10월 27일자 편지, MEW 37권, Berlin: Dietz.

———— (1968) *Brief an Franz Mehring*, 1893년 7월 14일자 편지, MEW 39권, Berlin: Dietz.

Ferry, Luc and Alain Renaut (1988) *La pensée 68: essai sur l'anti-humanisme contemporain*, Paris: Gallimard.

Foucault, Michel Paul (1967) "Nietzsche, Freud, Marx," *Nietzsche*, Cahier de Royaumont, Paris: Minuit.

Freud, Sigmund (1940a) *Kurzer Abriß der Psychoanalyse*, 전집 13권, Frankfurt am Main: S. Fischer.

———— (1940b) *Das Ich und das Es*, 전집 13권, Frankfurt am Main: S. Fischer.

———— (1942) *Die Traumdeutung*, 전집 2·3권, Frankfurt am Main: S. Fischer.

────── (1944) *Neue Folge der Vorlesungen zur Einführung in die Psychoanalyse*, 전집 15권, Frankfurt am Main: S. Fischer.

────── (1945) "Formulierung über die zwei Prinzipien des psychischen Geschehens," 전집 8권, Frankfurt am Main: S. Fischer.

────── (1946a) *Das Unbewußte*, 전집 10권, Frankfurt am Main: S. Fischer.

────── (1946b) "Die Verdrängung," 전집 10권, Frankfurt am Main: S. Fischer.

────── (1947) *Aus der Geschichte einer infantilen Nevrose*, 전집 12권, Frankfurt am Main: S. Fischer.

────── (1966) *Extracts from the Fliess Papers (1892~1899)*, 영어 표준판 전집 1권, London: The Hogarth.

Gaède, Edouard (1973) "Nietzsche précurseur de Freud?" *Nietzsche aujourd'hui?* 2권, Paris: U.G.E.

Granier, Jean (1979) "Le statut de la philosophie selon Nietzsche et Freud," *Nietzsche Studien*, 8권.

Hardt, Michael (1993) *G. Deleuze: an Apprenticeship in Philosophy*, London: University of Minneapolis Press.

Hegel, Georg Wilhelm Friedrich (1970) *Phänomenologie des Geistes*, 전집 3권, Frankfurt am Main: Suhrkamp.

Herrera, Robert A. (1985) "Freud on Nietzsche: a fantastic commentary?", *Philosophy Today* 29호(1985년 겨울호).

Lacan, Jacques (1966) *Écrits*, Paris: Seuil.

Laplanche, Jean and Jean-Bertrand Pontalis (1967) *Vocabulaire de la psychanalyse*, Paris: Presses Universitaires de France.

Le Ridier, Jacques (1999) *Nietzsche en France: de la fin du XIXe siècle au temps présent*, Paris: Presses Universitaires de France.

Marx, Karl Heinrich (1988) *Das Kapital*, MEW 23권, Berlin: Dietz.

—— (1990a) *Deutsche Ideologie*, MEW 3권, Berlin: Dietz.

—— (1990b) "Thesen über Feuerbach," MEW 3권, Berlin: Dietz.

Nietzsche, Friedrich Wilhelm (1964) *Der Wille zur Macht*, Stuttgart: A. Kröner.

—— (1968) *Zur Genealogie der Moral*, KGW VI-2권, Berlin: W. de Gruyter.

—— (1973) *Die fröhliche Wissenschaft*, KGW V-2권, Berlin: W. de Gruyter.

—— (1974) *Nachgelassene Fragmente*, KGW VIII-1권, Berlin: W. de Gruyter.

Ricœur, Paul (1965) *De l'interprétation: essai sur Freud*, Paris: Seuil.

Schrift, Alan D. (1990) *Nietzsche and the Question of Interpretation: Between Hermeneutics and Deconstruction*, New York: Routledge.

김상환(1996) 『해체론 시대의 철학』, 서울: 문학과지성사.

——(1998) 「해체론에서 초월론으로: 데리다의 구조주의 비판 소고」, 『철학과 현실』 38호(1998년 가을호).

——(1999) 『예술가를 위한 형이상학』, 서울: 민음사.

루이 알뛰쎄르 외(1996) 『알튀세르와 라캉』, 윤소영 편역, 서울: 공감.

박찬부(1996) 「정신분석학과 근원의 문제: 사후성의 논리를 찾아서」, 『현대 정신분석 비평』, 서울: 민음사.

3. 니체의 해석에서 해체론적 글쓰기로

앞에서 우리는 니체, 프로이트, 맑스가 함께 열어놓은 새로운 전망 안에서 몇가지 중요한 이정표를 그려보고자 노력했다. 이때 우리를 안내했던 주제는 해석의 문제였다. 이 동일한 주제를 이번에는 범위를 좁혀서 니체가 일으킨 전환 안에서 다시 심화시켜보도록 하자. 20세기 후반기, 특히 구조주의 이후의 프랑스 철학자들에게 니체는 중요한 영감의 원천이었다. 비유하자면 니체는 방향이 실종된 어두운 바다에 새롭게 나타난 등대였다. 푸꼬, 들뢰즈, 데리다 등은 그 등대를 바라보면서 서로 다른 해안으로 향하는 항해사였다. 그러나 적어도 해석의 문제에 관한 한 니체의 과격성과 독창성을 가장 잘 드러낸 것은 데리다였다. 데리다의 해체론적 여정, 그것은 니체적 의미의 해석에 대한 재해석과 계승의 과정이라 할 수 있다. 이 해체론적 계승의 과정에서 명료성을 띠어가는 니체의 언어에 대해서, 그 언어의 새로움과 역사적 의미에 대해서 생각해보도록 하자.

1. 니체의 해석에서 해석의 해석으로

오늘날 니체가 거인적 면모를 처음 드러내기까지 결정적 역할을 한 것은 하이데거와 들뢰즈였다. 1961년에는 하이데거가, 그 다음해에는 들뢰즈가 비중있는 니체론을 발표하면서 니체에 대한 관심이 크게 고조되었다. 하이데거는 『힘의 의지』에 담긴 단편들을 중심으로 니체 사상을 체계적으로 재구성하는 가운데 니체의 사상사적 위상을 새롭게 평가했다. 그 평가에 따르면, 니체는 서양 형이상학에 대한 총체적 극복이 처음 시도되지만 실패하는 지점, 오히려 서양적 사유가 극단적으로 실현되면서 그 역사적 잠재력이 소진되는 지점에 서 있다.[1] 들뢰즈는 니체의 사상사적 의미를 헤겔주의의 극복에서 찾았고, 『도덕의 계보』를 중심으로 니체 사상을 체계적인 힘의 철학으로 서술했다. 니체는 개념의 분류에 머문 전통적 철학에 종언을 고하고 힘의 분류를 내용으로 하는 새로운 철학의 출발점이라는 것이다.[2]

데리다는 하이데거나 들뢰즈처럼 방대한 규모의 니체론을 내놓은 적이 없다. 그러나 그들 못지않게 혹은 그 이상으로 니체의 사상이 한 시대의 정신으로 부활하는 데 크게 기여했다. 데리다는 결코 니체를 자주 인용하지는 않았지만 중요한 논쟁상황이나 논증상황에서 니체를 해체론적 행보의 동반자이자 안내자로 삼고 있다. 물론 데리다의 동반자, 안내자는 많다. 하이데거, 프로이트, 쏘쒸르, 레비나스 외에도 여러 저자들을 꼽을 수

1) Heidegger, Martin (1961) *Nietzsche I, II,* Pfullingen: Neske 참조. 하이데거의 니체 해석에 대한 국내 저작으로 강학순(1992) 「후기 하이데거의 해석학 고찰: 하이데거의 니체 해석을 중심으로」, 한국현상학회 엮음 『생활세계의 현상학과 해석학』, 서울: 서광사; 박찬국(2000) 「니체와 하이데거」, 김상환 외 지음 『니체가 뒤흔든 철학 100년』, 서울: 민음사 등 참조.

2) Deleuze, Gilles (1962) *Nietzsche et la philosophie,* Paris: Presses Universitaires de France 참조. 들뢰즈의 니체 해석에 대한 국내 저작으로 서동욱(2000) 「니체와 들뢰즈」, 김상환 외 지음 『니체가 뒤흔든 철학 100년』, 서울: 민음사 참조.

있다. 그러나 데리다가 그 한계를 지적하거나 퇴행적 요소를 비판하지 않은 저자는 아마 니체밖에 없을 것이다. 니체는 결코 해체의 대상이 아니며 언제나 해체의 안내자로 등장한다.

데리다의 니체 해석이 지닌 일반적 특징을 생각해보면, 그것은 아마 기호학적 해석과 해체론적 해석이라는 두 가지 제목 아래 요약해야 할 것이다. 기호학적 해석, 왜냐하면 데리다는 기호학적 관점으로 니체에 접근하는 길을 활짝 열어놓았기 때문이다. 여기서 구조주의 이후의 사상사적 전개과정에서 새로운 기호 개념이 던진 충격을 기억하자. 기호를 기의(記意) 없는 기표(記表), 자율적 기표로 파악하는 후기 쏘쒸르적 기호 개념은 인문학 전반에 거대한 지각변동을 일으켰다. 라깡, 데리다, 바르뜨, 보드리야르가 비슷하게 보일 수 있는 것도 이들이 후기 쏘쒸르적 기호 개념을 공유하기 때문이다. 이들 중 데리다는 이 새로운 기호 개념과 그것을 중심으로 한 언어관이 이미 니체 사상의 근간을 이루고 있음을 역설했다. 그리고 이를 통해 니체를 탈구조주의의 물결과 합류시켰다. 데리다의 전략적 용어들, 가령 읽기·쓰기·텍스트·스타일 등은 이런 합류과정 안에서 부상하는 개념들이다. 이는 다음과 같은 데리다의 말을 통해서 분명하게 알 수 있다.

니체는 (…) 기표를 해방시키는 데 크게 공헌했다고 할 수 있다. 기표를 로고스(logos)와 진리 개념 혹은 (…) 일차적 기의에 대한 의존관계 혹은 파생관계로부터 해방시킨 것이다. 읽기 그리고 따라서 쓰기, 텍스트 등은 니체에게서 '근원적' 사건들일 것이다. 그래서 이 사건들은 어떤 의미를 옮겨놓거나(transcrire) 발견해야만 하는 것이 아닐 것이다. 따라서 그 의미는 근원적 지반이나 로고스의 현전성(現前性) 안에 존재하는 기의적 진리가 아닐 것이다. (…) 무척 낯설게 보이겠지만, 그의 텍스트는 결국 또다른 형태의 읽기를 호소하고 있으며 자신의 글쓰기의 유형에 부합하는 읽기를 기다리고 있다. 니체는 그가 쓴 것을 썼다. 그는 글쓰기가, 특히 그의 글쓰기가 처음부터 로고스와 진리에 구속되어 있는 것이 아니라고 썼다. (Derrida 1967a, 31~33면)

이런 기호학적 해석은 해체론적 해석으로 이어진다. 해체론적 해석이란 니체, 하이데거, 데리다가 공유하는 과제를 가리킨다. 그것은 곧 서양 형이상학(현전적 존재이해, 로고스중심주의, 필로소피아)의 극복이라는 과제이다. 이 과제는 니체에 의해서 처음 제기되었고, 하이데거에 이르러 더욱 뚜렷하게 주제화되었다. 하이데거는 이 과제를 '철학의 종언'이라는 말로 표현하였다. 이때 철학 즉 필로소피아는 기원전 4세기 그리스에서 태어난 이론적 사유와 그것에 결부된 현전적 존재이해, 로고스중심주의, 기의중심주의 등을 지칭한다. 이 철학은 과학과 기술을 핵심으로 하는 서양문화의 토양이다. 그러므로 해체론이 제기하는 극복과 종언의 과제는 궁극적으로 새로운 문화적 토양에 대한 모색을 의도한다. 그런데 하이데거는 니체가 그런 해체론적 과제를 제기했음에도 불구하고 완수하지는 못했을 뿐 아니라 여전히 형이상학의 역사 안에 머물러 있음을 강조한다. 하이데거의 니체론은 한마디로 형이상학의 극복이라는 과제에 대한 해명이며, 그 과제가 그의 존재사유를 통해서만 완수될 수 있음에 대한 천명이다.

하지만 데리다의 눈에는 거꾸로다. 데리다는 하이데거의 존재사유가 아직도 기존의 형이상학적 존재이해에 구속되어 있음을 의심하고, 니체로부터 그런 의심의 동기를 끌어온다. 탈형이상학적 사유의 과제, 그 해체론적 과제는 하이데거보다는 오히려 니체의 길을 따를 때 해결되는 것이 아닐까? 이것이 니체를 해석하는 데리다의 물음이다. 니체와 데리다 사이, 그 사이에는 그러므로 언제나 하이데거가 있다. 데리다의 니체 해석은 하이데거의 존재사유에 대한 해체를 문맥으로 한다. 하이데거의 니체 해석을 발판으로 하이데거적 해석 개념의 한계를 지나는 것이다.

데리다의 니체 해석이 이렇게 기호학적(탈구조주의적) 문맥과 해체론적 문맥 속에 놓여 있다면, 이 해석은 몇가지 주제의 주위를 맴돌고 있다. 기호(언어), 해석, 차이의 유희, 글쓰기와 텍스트 등이 그런 주제이다. 초월적 기의의 구속력에서 벗어난 기호, 현전적 의미와 순수한 기원을 전제하지 않는 해석, 차이관계와 유희로서의 세계, 의미를 재현하는 글쓰기가 아니라 생산하는 글쓰기, 따라서 끊임없이 새로운 읽기와 쓰기를 유발하는 텍스트 등. 이런 것들이 데리다의 니체 해석을 특징짓는 문제설정적 개념들이다.[3]

데리다가 니체 해석을 통해 새로운 의미를 부여하는 이 개념들은 서로 긴밀하고 내적인 유대관계를 맺고 있다. 그러나 상호함축적 관계에 놓여 있는 이 개념들 중에서 하나만을 선택하자면 해석의 개념을 골라야 할 것이다. 왜냐하면 데리다의 니체 해석이 서 있는 기호학적 문맥과 해체론적 문맥에서 이 해석의 개념만큼 중요한 전략적 의미를 띠는 것은 없기 때문이다. 데리다의 니체 해석은 해석 자체에 대한 새로운 해석, 해석의 해석이다. 니체가 데리다를 인도하기 위해서 보내는 신호는 해석이고, 데리다는 그 해석을 암호처럼 해석한다. 미래의 암호, 다시 봉인되는 암호는 그 해석을 통해 기록된다.

---

3) Behler, Ernst (1988) *Derrida-Nietzsche Nietzsche-Derrida*, Paderborn: F. Schöningh, 87~88면. 이 책 이외에 데리다의 니체 해석을 다루는 글로서 Schrift, Alan D. (1990) *Nietzsche and the Question of Interpretation: Between Hermeneutics and Deconstruction*, New York: Routledge, 4장; Haar, Michel (1990) "Le jeu de Nietzsche dans Derrida," *Revue philosophique de la France et de l'étranger*, 1990년 2월호., 207~27면 등 참조. 아르는 이 글에서 니체에 대한 데리다의 기호학적 해석을 강력하게 비판한다.

2. 해석과 동경

데리다는 이 해석의 해석을 두 사람에게 보내는 전송문에 기록한다. 한 사람은 레비스트로스이고 다른 한 사람은 하이데거이다. 다같이 인간에 대해 언급하는 이 두 전송문 중에서 먼저 레비스트로스가 수신자인 것부터 읽어보자. 구조주의적 방법론의 정점에 있는 이 인류학자에게 데리다는 이렇게 썼다.

> 상실된 혹은 불가능한 현전, 부재하는 기원의 현전으로 향해 있는 구조주의적 주제, 그 깨져버린 직접성이라는 주제는 따라서 유희사상이 지닌 슬픈 얼굴이다. '부정적'이고 향수에 젖어 있는 얼굴, 죄책감에 젖어 있는 루쏘적 얼굴인 것이다. 이에 비하면 니체적 '긍정', 세계의 유희와 순진무구한 생성에 대한 즐거운 긍정, 결함도 진리도 기원도 없는 기호의 세계에 대한 긍정, 적극적 해석에 놓인 기호의 세계에 대한 긍정은 그런 슬픈 얼굴과 대비되는 또다른 얼굴이다. 그래서 이 니체적 긍정은 비중심을 중심의 상실로서가 아닌, 그와 다른 것으로 규정한다. (…) 그러므로 해석에 대한 두 가지 해석이 있다. 하나의 해석은 [구조주의처럼] 기호의 유희와 질서를 벗어나는 어떤 진리 혹은 기원을 해독하려 하거나 해독하기를 꿈꾸고, 해석의 필연성을 망명지의 일로 받아들이고 산다. [니체처럼] 더이상 기원으로 향하지 않는 또다른 해석은 유희를 긍정하며, 인간과 휴머니즘의 저편으로 이행하고자 한다. 인간의 이름은 (…) 형이상학의 역사를 통해 유희의 충만한 현전, 믿을 수 있는 토대, 그 기원과 완성지점을 꿈꾸었던 존재자에 대한 이름이다.
>
> (Derrida 1967b, 427면. 이하 [ ]는 인용자)

기호학적 해석은 구조주의적 해석과 유사하면서 다르다. 양자는 같은 뿌리에서 나왔지만 상호전복적 관계에 있다. 이 인용문은 이런 양자의 관계를 잘 보여주고 있다. 구조주의는 레비스트로스에 이르러 중심 혹은 기원(가령 원형신화)이란 것을 찾는 것이 불가능하다는 생각에 이르렀다. 기원으로 간주되는 것은 이미 또다른 것의 파생자이고 어떤 차이관계의 그림자에 불과하다는 것을 발견했기 때문이다. 기원 혹은 중심은 부재하며, 부재한다기보다 차이의 유희 속으로 숨어버린다. 그러므로 총체적 해석은 불가능한 꿈이다. 그럼에도 불구하고 레비스트로스는 여전히 중심으로 향해 있으며, 잃어버린 기원을 그리워한다. 기원의 상실, 총체성의 몰락을 어떤 죄책감 속에서 받아들이는 것이다.

왜 불가능한 것을 그리워하는가? 안되는 줄 알면서도 미련을 버리지 못하는 이유는 무엇인가? 데리다에 따르면, 그것은 전통적 인간 개념에 구속되어 있기 때문이며, 이를 통해 서양 형이상학의 울타리 안에 묶여 있기 때문이다. 전통적 인간 개념, 그리고 그것을 중심으로 한 휴머니즘은 형이상학적 진리 개념은 물론 그것과 결부된 특정한 해석의 개념, 해석의 해석과 더불어 태어났다. 즉 형이상학은 세계를 총체적으로 정초(定礎)하는 궁극의 진리가 있다고 전제한다. 휴머니즘은 그 진리를 이해하는 능력이 인간됨의 본질이라는 생각에서 성립한다. 진리에 대한 이해와 해석, 그것이 인간을 인간되게 하는 궁극의 것, 성숙의 과정이자 목적이다. 진리는 인간에게 가장 가깝고 고유하며, 인간은 진리 안에서 그리고 진리를 위해 존재한다. 그러므로 진리로 다가가는 과정인 해석은 인간이 자신의 본질로, 자신의 본질적 유래와 기원으로 다가가는 과정과 같다. 해석의 완성은 인간의 완성, 성숙의 끝이다. 형이상학은 진리·해석·인간이 수렴되는 지점으로 향한 여정, 목적론적 여정이다.

상실된 기원에 대한 레비스트로스의 향수와 동경에서 데리다는 이런 휴머니즘을 읽어낸다. 그러므로 구조주의는 실존적 휴머니즘을 부정함에도 불구하고 여전히 휴머니즘이다. 진리와 인간의 일치를 꿈꾸는 해석학이기 때문이다. 이런 구조주의적 해석의 개념에 대하여 데리다는 니체의 언어에서 읽을 수 있는 새로운 해석의 개념을 마주 세운다. 이 니체적 해석은 중심의 부재를 알되 중심의 상실을 모른다. 중심은 있다가 없어진 것이 아니라 처음부터 없었다고 보기 때문이다. 중심은 단순히 없었다기보다 잠정적이고 임시적으로, 파생자이자 효과의 자격으로 있었다.

중심은 모든 의미와 마찬가지로 '적극적 해석'의 산물이다. 이때 적극적이란 방어적이거나 반동적이지 않다는 것, 재현적이거나 발견적이지 않다는 것을 뜻한다. 적극적 해석은 해석 이전에, 기호의 유희 이전에 이미 존재하는 의미를 모른다. 적극적 해석은 의미를 생산하고 창조하는 해석이기 때문이다. 진리, 중심, 그리고 기원마저 해석에 선행하지 않는다. 그래서 모든 것이 해석의 파생자일 때, 그때 해석은 적극적이다. 니체가 제시하는 이 적극적 해석의 길을 따를 때만 우리는 서양 형이상학의 저편, 휴머니즘의 저편으로 이행할 수 있는 것이 아닐까?

이는 특히 데리다가 하이데거에게 던지는 물음이다. 이 물음은 이중적 전략의 출발점이다. 먼저 데리다는 이 물음을 통해 니체를 하이데거의 평가로부터 구출하고자 한다. 데리다는 말한다. "니체는 (헤겔과 더불어, 그리고 하이데거가 원하는 것처럼) '단순히' 형이상학 '안'에 머물러 있는 것이 결코 아니다. '해석' '관점' '가치평가' '차이', 그리고 모든 경험론적 주제들을 과격화하면서, 그는 기표를 로고스에 대한 의존관계 혹은 파생관계로부터 해방시켰다"(Derrida 1967a, 31면). 그러나 하이데거에게서 기표는 충분히 해방되었는가? 기표의 질서, 기표의 유희와 따로 떨어져 존재하는 초월적 기의에 대한 미련은 충분히 사라졌는가?

데리다는 이렇게 니체의 해석 개념과 후기 쏘쒸르적 기호 개념이 만나는 장소에 서서 하이데거의 불충분성을 묻는다. 왜냐하면 레비스트로스가 상실된 기원을 그리워하듯 하이데거의 존재사유 또한 존재의 궁극적 의미와 진리에 대한 낭만주의적 동경에서 헤어나오지 못한다는 생각 때문이다. 하이데거는 존재의 이름, 다시 말해서 기의와 기표가 일치하는 이름을 구한다. 그러므로 데리다는 레비스트로스의 슬픈 얼굴과 니체의 웃는 얼굴을 대비했던 것처럼 다시 하이데거의 얼굴과 니체의 얼굴을 비교한다. "존재의 이름이라 할망정 기의와 기표가 일치하는 유일무이한 이름은 없을 것이다. 그리고 그것을 생각하되 향수(nostalgie) 없이, 다시 말해서 (…) 상실된 사유의 고향이라는 신화를 벗어나서 생각해야만 한다. 오히려 반대로 니체처럼 (…) 어떤 웃음을 지으면서, 어떤 춤추는 발걸음으로 그것을 '긍정해야' 할 것이다. 이 [니체의] 웃음과 춤에서 볼 때 (…) 내가 하이데거적 동경이라 부르고자 하는 또다른 향수의 얼굴이 문제시된다"(Derrida 1972, 29면).

3. 해석과 인간

하이데거는 "언어는 존재의 머무름(das Wesende des Seins)을 이름짓기 위하여 유일하고 단일한 말(das einzige Wort)을 찾아야 한다"고 했다(Heidegger 1977b, 366면). 존재에 부합하는 유일하고 고유한 말에 이르는 것이 존재사유의 여정이다. 이 여정을 생각할 때, 형이상학적 존재이해를 극복하고자 하는 하이데거의 존재사유는 여전히 형이상학적이다. 기표와 기의가 일치하는 궁극적 사태를 목적으로 하기 때문이다. 그 여정 안에서 하이데거의 표정은 점점 레비스트로스와 닮아가고 있다. 이런 생각에서 데리다는 도상(途上)의 하이데거에게 이런 전송문을 띄운다. 당신은 니체가 말한 마지막 인간(Höherer Mensch), 마지막 형이상학적 인간이 아닌가요? 당신은 니체의 초인(Übermensch)을 아시나요?

초인은 어떤 회귀를 향해서 웃음을 터뜨리지만, 이 회귀는 더이상 휴머니즘이 취하는 형이상학적 반복의 형식을 띠지 않는다. (⋯) 존재의 미의 회상과 수호라는 형식, 존재의 집과 존재의 진리라는 형식도 띠지 않는다. 그는 집 밖에서 이 '적극적 망각'(aktive Vergeßlichkeit)의 춤을 추어댈 것이다. (⋯) 그러나 이 적극적 망각은 하이데거가 니체에게 뒤집어씌운 형이상학적 형식을 취한 것이 아닐 것이다. 과연 하이데거를 따라서 니체를 마지막 위대한 형이상학자로 읽어야 하는 것일까? 오히려 [하이데거의] 존재의 진리에 대한 물음을 [니체적 의미의] 마지막 인간이 졸음중에 보여주는 최후의 소스라침으로 보아야 하지 않을까?

(Derrida 1972, 163~64면)

서양 형이상학의 역사는 어떤 일관된 인간관을 유지해왔다. 그런 형이상학적 인간관은 '로고스를 지닌 동물'(zoon logon echon)이라는 아리스토텔레스의 인간 정의가 대변한다. 하이데거에 따르면, 니체의 초인도 이런 형이상학적 역사의 마지막 국면에 속한다. 왜 마지막인가? 그것은 어떤 전도가 일어나는 단계이기 때문이다. 초인에 이르러 인간은 로고스가 아니라 동물성 혹은 본능과 신체를 위주로 정의된다. 니체 사상은 전도된 플라톤주의이고, 이런 전도된 플라톤주의가 초인이라는 인간 개념으로 표출된다.

이때 플라톤주의는 감성적인 것과 초감성적인 것(지성적인 것)이 서로 다른 질서를 이룬다고 보는 두 세계 이론이다. 그리고 그것은 초감성적 세계를 감성적 세계 위에 두는 지성주의다. 니체는 플라톤적 위계를 뒤집어서 감성적인 것을 위에 두었지만, 감성적인 것과 초감성적인 것 사이의 이원론적 대립은 여전히 남는다. 그러므로 니체 사상은 전도된 플라톤주의로서, 여전히 형이상학의 역사에 속한다. 다시 말해서 니체의 초인은 여전히 형이상학적 인간이다.

데리다는 이런 하이데거의 니체 해석에 제동을 건다. 그리고 이를 위해서 하이데거의 인간론으로 돌아간다. 니체에게 초인이 있다면, 하이데거에게는 현존재(Da-sein)가 있다. 존재를 이해하고 있고 존재의 개방성 안에 놓여 있는 인간, 자신의 본래성을 회복한 실존적 인간, 그것이 현존재이다. 이때 현존재의 현(Da)은 특이한 의미로 해석된다. 그것은 여기면서 저기고 저기면서 여기인 사태이며, 물리적 공간 개념과 어긋나는 어떤 무장소적 장소성을 가리킨다. 하이데거는 존재의 탈은폐가 형성하는 비물리적 장소를 '현'이라는 짤막한 말로 집약하고 있다. 즉 현존재란 존재가 자신을 드러내는 장소(사건) 안에 서 있는 인간이다.

『존재와 시간』에서 하이데거는 현존재에 대한 분석을 통해 존재의 의미를 해명하고자 했다. 후기 하이데거의 저작에서 현존재의 현에 대한 사유는 가까움 혹은 친근성(Nähe)에 대한 분석으로 이어진다. 이때 친근성이란 모든 물리적 거리를 초과한다는 점에서 가장 먼 것이지만 물리적 시공간에 속하는 모든 존재자가 현상하고 이해되기 위해서 먼저 있어야 하는 것이므로 가장 가까운 것이다. 그 가까움은 존재의 개방성이 만드는 공간에 대한 이름이다. 더 정확히 말해서 그것은 그 개방성 안에서 존재와 인간이 맺고 있는 관계를 가리킨다(이 책 4부 2장 3절 참조).

그러므로 하이데거의 존재사유는 여전히 인간에 대한, 인간을 위한 사유와 분리되지 않는다(Derrida 1972, 153면). 그의 존재사유에서 인간은 존재의 개방성 안에서만 자신의 본래성을 회복한다. 존재는 인간에 대해 가장 가까운 것, 친근한 것이다. "존재는 인간의 '가까운 이웃'(le proche)이고 인간은 존재의 가까운 이웃이다. 가깝게 이웃하고 있다는 것, 그것은 '고유하게 소속한다는 것'(le propre)이다. 고유하게 소속한다는 것은 '가장 가깝게 합치한다는 것'(propre, proprius)이다. 인간은 '존재에 합치하는 것'(le propre de l'être)이고 (…) 존재는 인간에 합치하는 것이다"(Derrida 1972, 160면). 존재는 인간의 본래성 안에 들어와 있고, 본래적 인간은 존재의 개방성 안에 들어와 있다. 존재와 인간은 서로에 속해 있고, 서로를 공

유하며, 서로 합치한다. "존재와 인간 사이의 소속성(propriété), 그 '상호
공속성'(co-propriété)이 분리 불가능성으로서의 가까움이다"(Derrida 1972,
160면).

존재와 인간 사이의 이런 분리 불가능성 때문에, 형이상학과 휴머니즘
을 동시에 극복하고자 했던 하이데거의 존재사유는 여전히 휴머니즘을
이어가고 있다는 혐의를 벗어날 수 없다. 휴머니즘이 인간의 성숙과 해석
의 완성을 분리하지 않는 태도라면, 하이데거의 존재사유에서도 존재의
의미와 진리에 대한 해석은 인간의 완성이자 그 성숙의 마지막이다. 존재
의 의미와 진리는 인간됨의 목적론적 이유이다. "인간의 목적지(la fin)는
존재사유이고, 인간은 존재사유의 목적지다. 인간의 목적지는 존재사유
의 목적지다"(Derrida 1972, 161면).

그러므로 니체의 초인보다는 오히려 하이데거의 현존재가 마지막 형이
상학적 인간이 아닐까? 데리다가 이렇게 묻는 것은 하이데거의 존재사유
에 스며 있는 이런 휴머니즘과 목적론적 요소 때문이다. 존재사유의 목적
론적 여정에서 배어나오는 어떤 동경과 향수도 그런 물음의 빌미가 될 수
있다. 하이데거는 형이상학의 역사를 존재망각의 역사로 보았다. 그 망각
의 역사에 남겨진 존재의 흔적을 더듬는 하이데거의 존재사유는 회상하
는 사유이다. 회상하는 사유로서 존재사유는 언젠가 인간이 존재의 개방
성에서 소외되지 않았던 시대, 인간이 존재의 진리를 호흡했던 시대를 동
경한다. 하지만 형이상학은 실낙원의 신화에서 태어났다. 실낙원의 신화,
그 신화를 구성하는 동경과 향수를 극복하지 못한다면 형이상학은 역시
극복할 수 없다.

니체적 의미의 마지막 인간과 초인을 구분해주는 것도 동경과 향수이
다. 마지막 인간은 회상하고 동경한다. 반면 초인은 회상하는 것이 아니
라 망각하고, 그리워하는 것이 아니라 웃는다. 적극적 망각의 춤, 그 춤추
는 발걸음만이 형이상학의 울타리 밖으로 발을 내디딜 수 있는 것이 아닐

까? 그렇다면 춤추는 초인은 무엇을 잊으라 하는가? 초인은 현존재에게 어떻게 잊으라 하는가?

4. 진리와 여자

초인이 직접 말하지 않으므로 다시 데리다가 나선다. 존재의 의미, 존재의 진리, 인간의 고향, 인간의 기원, 인간을 잊어야 합니다. 동경과 그리움에서 벗어나야 합니다. 그리고 이것들을 잊기 위해서는 한 가지를 기억할 필요가 있습니다. 이렇게 말하면서 데리다가 가리키는 것은 여자다. 이 여자에 대한 이야기가 '니체의 문체들'이라는 부제를 달고 있는 데리다의 책 『박차』의 중심 내용이다(Derrida 1978a).

니체의 여자, 사실 그것은 오래된 문제이다. 그가 여자들에 둘러싸여 성장한 내력도 그렇고, 몇몇 특이한 그의 연애사건은 두고두고 '교양있는' 대화를 통해서 전해져왔다. 쇼펜하우어 못지않게 니체도 여자혐오증 때문에 유명해진 것도 사실이다. 반면 니체 전문가들은 니체를 여자와 결부시키는 세인의 호기심을 비웃는다. 여자문제는 니체의 진정한 사상과 무관하다는 것이다. 하이데거 또한 그렇게 생각했다. 니체의 고유한 사상을 말할 때, 그리고 그것이 서양사상사 안에서 차지하는 위치를 말할 때, 여자이야기는 끼여들 필요가 전혀 없다는 것이다.

사실 하이데거는 니체가 여자를 언급하는 대목까지 소홀히 보았다. 무의미한 것, 마치 없는 것처럼 처리해버린 것이다. 니체는 『우상의 황혼』의 한 절 「어떻게 '참된 세계'는 허구가 되었는가」에서 '오류의 역사'를 기록했는데, 문제의 대목은 여기에 나온다. 이 오류의 역사는 좁게는 플라톤주의의 역사를, 넓게는 형이상학의 역사를 암시한다. 이 역사는 여섯 단계로 이루어져 있으며, 여자가 등장하는 것은 두번째 단계이다.

1. 참된 세계. 현명한 자, 경건한 자, 덕있는 자는 거기에 도달할 수 있다. 그런 자는 이 세계 안에서 산다. 그는 스스로 이 세계이다.

(가장 오래된 이데아의 형식. 상대적으로 기민하고 단순하고 설득력 있는 형식. "나, 플라톤은 진리다"라는 명제를 바꿔씀.)

2. 참된 세계. 현명한 자, 경건한 자, 덕있는 자는 이제 이 세계에 도달할 수 없다. 그에게 이 세계는 다만 약속되어 있을 뿐이다.

(이데아의 진보. 그것은 한층 세련되어지고, 끌어들이는 데 좀더 능하고, 파악하기가 더욱 어려워진다──"그것은 여자가 된다." 그것은 기독교적으로 된다.) (Nietzsche 1969, 963면)

이렇게 시작하는 이 참된 세계의 역사는 마지막 여섯번째 단계에 이르러 폐기된다. 참된 세계, 실재의 세계뿐 아니라 가상의 세계마저 폐기된다. "대낮, 그림자가 가장 짧아지는 순간. 가장 오래된 오류의 끝. 인류의 정점. 드디어 짜라투스트라가 등장한다"(Nietzsche 1969, 963면). 그러므로 이 오류의 역사는 서양 형이상학이 처음 등장해서 소멸되기까지, 그리고 니체의 초인이 모습을 드러내는 국면까지 각각의 단계를 서술하고 있다. 하이데거는 이 역사에 주석을 붙이고, 이를 통해 서양철학사 전체를 재구성해보는 기회로 삼았다(Heidegger 1985, 27절 249~62면 참조). 그런데 이 오류의 역사에 나오는 모든 문장과 표현을 하나씩 뜯어가며 해석해가는 하이데거는 이상하게 한 문장을 건너뛴다. 그것이 두번째 단계에 나오는 "그것은 여자가 된다"이다. 여자가 나오는 문장의 생략, 여자의 망각. 이 생략과 망각은 무엇을 말하는가?

그것은 우연한 실수도, 게으름의 결과도, 하여간 어떤 종류의 착오도 아니다. 그것은 하이데거적 존재사유의 내재적 한계와 무능력에서 비롯되는, 말하자면 어떤 필연적 망각이다. 이 점을 설명하기 위해서 데리다는 니체가 여성을 언급하는 대목을 수집해서 주석을 붙인다. 일단 문제는 여자의 본성이다. 니체가 기록하는 여자, 하이데거가 읽지 않은 여자, 그는 누구인가? 데리다는 진리를 가리킨다. 여자는 진리다.

　진리가 여자라고 가정한다면——어떻게 될 것인가? 모든 철학자들은 독단론자인 한에서 여자를 잘못 이해했다는 의심은 근거없는 것일까? 이제까지 그들이 진리에 다가설 때 흔히 하던 행동, 즉 소름끼치는 엄숙한 태도와 서툴기 짝이 없는 강요는 여자의 방 안으로 들어가기에는 미숙하고도 졸렬한 방법 아닌가? 여자가 자신의 몸을 주었을 리 만무한 일이다. (Nietzsche 1968, 서문 3면)

　회의주의사——나이를 많이 먹은 여자들은 깊숙한 마음의 한구석에서는 모든 남자들보다 훨씬 회의적이라는 사실에 나는 놀란다. 여자들은 '사물의 피상성'(Oberflächtigkeit des Daseins)을 그것의 본질인 양 생각하고 믿는다. 여자들에게 깊이란 이 '진리'를 가리는 껍질, 치부를 가려주는 바람직한 덮개일 뿐이다. 다시 말해서 예절에 맞느냐 수치스러운 일이냐 하는 문제지, 그 이상이 아닌 것이다!

(Nietzsche 1973a, 64항 120면)

　순진한 그러나 독단적인 철학자, 이 남자는 진리를 알 수 있다고 믿는 것처럼 여자를 소유할 수 있다고 믿는다. 철학자는 남자이고 여자는 진리다. 그러나 여자는 진리를, 진리인 자신을 믿지 않는다. 여자에게 진리는, 여자는 없다. 여자의 본질은 없다. 진리, 깊이는 이 없는 본질을 가려주는 가리개일 뿐이다. 진리는 없다. 이것이 진리다. 하지만 철학자는 계속 진리가 있다고 믿고 고집한다. 그 진리를 소유하려 하고, 소유하기 위해서 엄숙한 표정을 짓거나 서투르게 떼를 쓰며 덤벼든다. 그렇게 여자에게 막

무가내로 쳐들어간다. 그럴수록 여자는 실망의 대상이 될까봐, 혹은 수치스런 종말을 피하기 위해 남자의 간청을 거절한다. 남자가 달려들수록 여자는 거리를 둔다. 거리, 그러나 이 거리가 남자를 더욱 미치게 만든다. 거리를 둘수록 여자는 더 여자 같고 더 매력적으로 보이기 때문이다. 여자의 여성성, 여자로서의 매력은 그 거리가 일으키는 어떤 원격작용이다. "여자들의 매력과 그 강력한 힘은 (⋯) '거리 속의 원격작용'(actio in distans)이다. 그것이 있기 위해서 그 무엇보다 먼저 있어야 하는 것은 거리다"(Nietzsche 1973a, 60항 100면).

이 거리가 사라지면 여자의 본질도, 따라서 진리도 사라진다. 여성성, 여자의 진리, 진리로서의 여자, 그리고 여자의 유혹하는 힘은 거리가 만들어주는 것이다. 이는 하이데거적 의미의 가까움이 거리두기(Entfernung)에서 성립하는 것과 같다.[4] 여자가 거리를 둘수록 남자는 여자에게 가까이 가고 싶어지고, 가까이 갈 수 있다고 생각한다. 거리를 둘수록 남자는 애착을 느끼고, 가깝다는 감정이 든다. 그러나 가깝다는 감정 속에서 현상하는 것, 즉 여성성은 허상이고 신기루이다. 그것은 거리가 일으키는 원격효과로서의 가상이다. 여자는 남자에게 존경받기 위해, 남자에게 힘을 미치고 남자를 지배하기 위해 그런 가상이 필요하다. 그 가상을 통해 남자를 계속 애타게 만들어야 하고, 따라서 남자에게 거리를 두어야 한다.

거리를 둔다는 것, 이는 단지 물리적으로 멀리 둔다는 것으로만 새길 필요는 없다. 가까이하면서도 거리를 둘 수 있다. 속이면서, 꾸미고 위장하면서, 가면을 쓰면서 대하는 것도 거리를 두는 것이다. 그러나 순진한 남

---

4) Heidegger, Martin (1977a) *Sein und Zeit*, 전집 2권, Frankfurt am Main: V. Klostermann, 23절 144면 이하 참조. 소광희와 이기상은 'Entfernung'을 각각 '거리제거'와 '거리없앰'으로 옮겼다. 마르틴 하이데거(1995)『존재와 시간』, 소광희 옮김, 서울: 경문사, 153면 이하; 마르틴 하이데거(1998)『존재와 시간』, 이기상 옮김, 서울: 까치 148면 이하 참조. 그러나 때로 그 말은 '거리두기'의 의미를 지니는 다의적 용어임에 유의하자. 우리는 테크놀러지 시대와 이 시대 안에서 성립하는 유령적 효과에 대한 존재론적 성찰을 위해서 하이데거의 거리 개념을 상론할 것이다. 이 책 4부 2장 참조.

자, 독단적 철학자는 이것을 모른다. 그는 여자가 무엇인지 모른다. 진리가 무엇인지도 모르고 아무것도 모른다. 아는 것은 여자다. "철학자는 진리에 대해서도 여자에 대해서도 아무것도 이해하지 못했다. 왜냐하면 만일 여자가 진리라면, '그'는 진리가 없다는 것을 안다. 진리가 생겨난 적도 없고 어디서도 소유할 수 없는 것임을 안다. 그는 진리를, 자신을 믿지 않기 때문에 여자이고, 따라서 자신이 무엇이든간에 남들이 생각하는 자신이 무엇이든간에 (…) 자신을 믿지 않기 때문에 여자다"(Derrida 1978a, 40면). 여자가 아무것도 믿지 않는 것은 (여자의) 진리가 없다는 것을 알기 때문이다. 여자는 진리의 진리가 비진리임을 안다. "여자란 이 진리의 비진리성에 대한 이름이다"(Derrida 1978a, 39면).

하이데거는 이런 여자를 이해했을까? 존재의 진리를 믿듯 여자에게 맹목적으로 대드는 것은 아닐까? 여자에게 맹목적이고, 따라서 여자를 제대로 보지 못하는 것이 아닐까? 데리다가 이런 투로 묻는 것은 앞에서 말한 대로 니체가 여자를 말하는 대목을 이유없이 무시했기 때문이다. 왜 하이데거는 니체가 그리는 역사를 면밀히 분석하면서 하필 여자가 나오는 문장을 빠뜨린 것일까? 너무 짧기 때문에? 그러나 이것은 변명이 될 수 없다. 왜냐하면 『우상의 황혼』의 도입부 「잠언과 화살」은 오류의 역사에 나오는 여자의 의미를 충분히 암시하고 있기 때문이다. 16번 잠언은 이렇게 말한다. "여자들 사이에서. '진리라고요? 오 당신은 진리를 모르시는군요! 진리라는 것은 우리들의 정숙하고 점잖은 품위를 해치는 것을 두고 하는 말이 아니에요?'"(Nietzsche 1969, 945면). 그리고 27번 잠언. "남자는 여자를 깊다고 여긴다. 왜 그런가? 여자의 속내를 보지 못하기 때문이다. 여자는 결코 얕은 것도 아니다"(Nietzsche 1969, 946면).

이런 구절들은 이미 오류의 역사에 나오는 여자라는 말이 진리, 참된 것 등에 대한 니체적 이해를 반영하고 있음을 넌지시 일러주고 있다. 이런 암시에 비추어볼 때, 오류의 역사에 나오는 "그것은 여자가 된다"는 구절은 플라톤의 이데아가 역사화된다는 것을, 다시 말해서 역사성을 띠게 된다는 것을 의미한다.

그 이전 단계에서 이데아는 진리가 자신을 직접적으로 드러내는 현시(顯示)의 형식이다. 이 직접적 현시의 형식을 매개로 철학자와 진리는 하나가 될 수 있었다. "나, 플라톤은 진리다"라는 공식은 이 직접적 일치를 표현한다. 그러나 이후 이데아는 여자가 된다. 철학자를 유혹하는 여자, 그러나 철학자를 멀리 두고 쉽사리 접근하지 못하게 하는 여자. 이데아는 이제 진리를 직접 현시하는 형식이 아니라 진리를 일정한 거리 뒤에 숨기고 위장하는 형식이다. 진리는 여자가 되어버린 그 이데아를 통해 철학자와 분리되고 멀어진다. 그리고 그렇게 멀어짐에 따라 접근할 수 없는 것, 초월적 존재자가 된다. 초월적 거리 저편에서 유혹하는 것, 거기에 도달할 길을 가리키며 그 여정에 놓인 자를 조종하는 것, 그것이 진리다. 그것이 여자인 진리다. 여자가 만드는 거리, 역사는 거기서 시작한다. "니체가 여자에게서 식별해내는 모든 속성과 특징들, 즉 유혹적 거리, 매력있는 접근 불가능성, 무한히 베일 속에 가려지는 약속, 욕망을 유발하는 초월성, 친근성을 낳는 거리두기 등은 오류의 역사로서의 진리의 역사에 속한다"(Derrida 1978a, 72면). 지칠 줄 모르는 진리탐구의 여정은 바로 그런 속성에서 비롯된다. 철학의 역사는 여성성이 출현함에 따라 처음 시작된 것이다.

5. 해석과 소유

하이데거는 이런 여자를 충분히 이해하지 못했다. 진리가 여자 같다는 사실을 알지 못했다. 그 역시 여자 같은 진리를 품어보려고 서투르게 덤벼드는 근엄한 철학자였다. 하이데거가 찾던 존재의 의미와 진리는 존재사유가 손닿을 수 없는 거리 저편에서 여자처럼 미소짓고 있다. 여자라는 것, 그것은 철학자가 이해하지 못하는 것에 속한다. 여자를 모르기 때문에 철학자는 철학을 한다. 여자(=진리)를 손에 넣었다고 생각할 때도 철학자는 여전히 문맥을 모른다. 왜냐하면 여자가 아리송한 것이라면, 남녀관계는 더욱 아리송하기 때문이다. 여자가 철학자의 사고방식으로 감당하기 어려운 것처럼, 남녀관계는 철학자에게 훨씬 복잡한 문제이다. "성적 차이의 문제는 일반 존재론이나 기초 존재론 더 나아가 존재의 진리에 대한 물음에 종속된 국지적 문제가 아니라는 것이 이미 분명하게 되지 않았는가? 게다가 그것은 어떤 문제나 '물음'마저 아닐지 모른다는 생각이 들지 않는가?"(Derrida 1978a, 89면). 왜냐하면 물음은, 그리고 거기서 시작하는 해석은 어떤 찾을 수 있는 답을, 그리고 그 답으로 어떤 정해진 의미를 전제하기 때문이다. 해석은 의미의 소유 가능성과 소유 가능한 의미에서, 그 의미에 대한 물음에서 출발한다. 반면 여자 혹은 여자의 진리는 고정된 의미도 없을뿐더러 그 자체가 소유할 수 있는 어떤 것이 아니다. 그래서 여자를 소유한다는 것은 오히려 여자에게 소유당한다는 것인지 모른다.

여기서 다시 니체의 여성론을 읽어보자. 『인간적인, 너무나 인간적인』에는 여자에 대해 집중적으로 언급하는 부분이 있는데, 거기에는 이런 말이 나온다. "어떤 곳을 조사해보아도 알맹이는 없고 순전히 가면만 있는 여자들이 있다. (…) 그러나 그런 여자들이야말로 남자의 욕망을 가장 강력하게 자극할 수 있다. 남자는 여자의 영혼을 탐색한다──영원히 찾기만 하는 것이다." 그리고 조금 지나서 나오는 말. "여자들은 복종을 통해 좀더 커다란 이득을, 다시 말해서 지배권을 확보한다"(Nietzsche 1967, 405항 278면, 412항 281면).

남자는 여자를 소유하고자 한다. 남자는 여자를 지배하고자 한다. 과연 여자는 때로 소유되고 지배되는 것처럼 보인다. 그러나 여자를 소유하고 지배하는 순간마저 남자는 여자의 가면을 벗길 수 없다. 여자의 얼굴, 영혼은 그 가면 뒤에 있는 것이 아니다. 여자는 가면을 벗겨도 여전히 가면이다. 여자의 정체성은 여전히 애매한 것, 알 수 없는 것으로 남는다. 여자가 복종할 때도 그것은 여전히 가면 쓴 행동이다. 남자가 여자를 취할 때, 여자는 수동적인지 능동적인지 알 수 없다. 때로 여자는 자신의 몸을 주지만 지배하기 위해서 준다. 여자는 받기 위해서, 받으면서 준다. 남자는 여자를 취하되 여자가 허락하므로 취한다.

성적 차이의 문제, 남녀관계의 문제, 남자와 여자 사이의 주고받는 문제, 그것은 그러므로 소유(所有)와 전유(專有)의 문제로 귀착한다. "소속화(propriation), 전유(appropriation), 탈전유(expropriation), 취득, 소유권의 취득, 선사와 증여(don), 그리고 교환, 지배, 예속 등등"(Derrida 1978a, 90면)의 문제, 이것이 여자가 제기하는 최후의 난제이다. 데리다에 의하면, 그것은 '그것은 무엇인가'라는 형태의 물음 안에서 결코 통제하거나 결정할 수 없는 물음이다. 변증법도, 현상학도, 그리고 하이데거의 존재사유도 그 물음 앞에서는 무력하다.

만일 '주기'와 '취하기', '소유하기'와 '소유되는 것' 사이의 대립이 일종의 초월론적 가상이라면 (…) 소속화의 과정은 모든 존재론적 결정 가능성을 벗어나는 것과 마찬가지로 모든 변증법을 벗어난다. 우리는 따라서 본래적 소속성(le propre), 전유, 탈전유, 지배, 예속 등에 대하여 그것이 '무엇'인지 물을 수 없다. (…) 소속화는 근본적으로 결정 불가능성을 띠므로, '그것은 무엇인가'의 물음보다 더 강력하고 존재의 의미나 존재의 진리에 대한 물음보다 더 위력적이다. (…) 그와 동시에 소속화의 과정은 언어, 상징적 교환 일반의 전과정, 게다가 따라서 존재론적 언명 전체를 조직한다. 그러므로 본래적 소속성은 존재-현상학적 질문에 속하지 않는다. 존재의 의미 혹은 존재의 진리에 대한 물음은 본래적 소속성의 물음을 감당할 수 없다. 주기/취하기, 주기/지키기, 주기/해치기 사이의 결정 불가능한 교환, '증여의 도박'(coup de don)을 감당할

수 없는 것이다. 왜냐하면 그 물음은 이 결정 불가능한 사건 안에 기입
되고 편입되어 있기 때문이다. (Derrida 1978a, 92~93면)

소속성·고유성·본래성(le propre)의 문제, 이것을 능가하는 사유가 있
을 수 있을까? 주고받기의 비밀, 증여의 도박과 선물 교환의 비밀을 해명
할 수 있는 준거점이 있을 수 있을까? 누가 이런 문제를 깨끗이 설명하고
규정할 수 있는가? 위의 인용문을 통해 데리다가 던지는 이런 물음은 아
마 그가 가장 소중하게 여기는 주제에 해당할 것이다. 해체론의 과제가 서
양 형이상학의 극복에 있다면, 데리다는 이 주제에 이르러 비로소 형이상
학적 사유의 한계를 명시할 수 있다고 확신하는 것처럼 보인다. 그리고 그
가 형이상학의 한계 밖으로 발을 내디딜 가능성도 이 지점에서 형성된다.
특히 하이데거쯤 존재사유의 불충분성을 굽어보는 위치에 이르렀음을 데
리다는 이 주제를 통해 과시하곤 한다. 말하자면 소속성, 고유성, 본래성,
주고받기, 증여의 도박은 데리다의 가장 독창적인 문제제기의 출발점이
다.[5]

위의 인용문은 이미 이렇게 말하고 있다. 하이데거의 존재사유에 이르
는 서양철학사에서 고유성의 문제를 능가하는 물음은 없다. 이 문제를 포
용하거나 이 문제를 조망할 수 있는 사유는 없다. 오히려 기존의 모든 물
음과 모든 사유는 이 문제 속에 포용되고 편입되어 있으며, 이 문제에 의
해 조직되고 있다. 기존의 서양철학사는, 그리고 그 안에서 등장하는 모든
형태의 주제는 이 물음에 의해 구성되고 있다. 이 물음은 다른 모든 물음
을 지배하며 한계짓는다. 이 물음은 모든 물음에 내재하면서 그 모든 물음
을 변형시키고 일그러지게 만든다. 그럼에도 불구하고 그 물음은 모든 물

---

5) 그러므로 데리다는 여러 곳에서 반복적으로 이 주제를 건드린다. 이 주제를 가장 집약적
이고 포괄적으로 개진한 것은 『시간의 선물』이다. Derrida, Jacques (1991) *Donner le
temps 1: la fausse monnaie*, Paris: Galilée 참조.

음에 의해 사유될 수 없는 위치에 있다.

데리다는 특히 하이데거의 존재사유를 해체할 때 이 물음을 전략적으로 끌어들이고, 존재사유의 해체를 통해 이 물음의 해체 불가능성을 부각시킨다. 하이데거는 종종 그가 극복하려는 형이상학적 초월을 '감성적인 것에서 초감성적인 것으로의 이행'으로 규정한다. 그리고 형이상학의 극복을 이 둘 사이의 이분법적 대립을 넘어서는 것과 같은 것으로 간주한다. 이는 이 대립이 진/위, 선/악, 내면/외면, 실재/가상, 무한/유한 등 모든 형이상학적 이분법의 모태라는 생각 때문이다(Heidegger 1957, 81~89면 참조).

그러나 데리다에 따르면, 이것은 하나는 알되 둘은 모르는 것이다. 형이상학적 이분법을 낳고 조직하는 것은 감성적인 것과 초감성적인 것의 대립이 아니다. 그것은 소속성(le propre)과 비소속성(le non-propre)의 대립이다(Derrida 1972, 269, 273면 등). 하지만 이 두 항 사이의 관계는 이미 말한 것처럼 애매하고 다의적이다. 따라서 명확히 규정하거나 결정할 수 없다. 그러므로 그것은 해체 불가능하다. 이 해체 불가능한 사태는 형이상학적 이항대립 전체는 물론 그 대립을 넘어서고자 하는 하이데거의 존재사유를 지속적으로 지배하고 있다.

[하이데거에게서] 근원성, 본래성은 소속성 혹은 고유성(eigentlich)으로, 다시 말해서 인접성과 합치성(le proche, propre, proprius)으로, 자기현전적 친밀성 안의 현전성으로 규정된다. 우리는 『존재와 시간』의 도입부에서 이 친밀성과 자기현전적 합치성에 대한 관심이 어떻게 개입하는지, 특히 어떻게 현존재에 대한 실존적 분석에서 출발해 존재의 의미에 대한 물음을 제기하도록 결정하는지 쉽게 알 수 있을 것이다. 그리고 그러한 결정과 (…) 관심 안에서 형이상학의 무게를 쉽게 느낄 수 있을 것이다. 이런 문제제기는 고유성(propre)의 의미를 함축하는 [하이데거의] 모든 개념들(eigen, eigens, ereignen, Ereignis, eigentümlich,

Eignen 등)에까지 계속 이어질 수 있다. (Derrida 1972, 74면)[6]

　『박차』에서도 하이데거의 존재사유에 대하여 그 심장부를 찌르는 이런 동일한 문제제기가 계속 반복되고 있다(Derrida 1978a, 95면). 이미 충분히 언급했던 것처럼, 이곳에서 데리다가 고유성의 문제를 제기할 뿐 아니라 이 문제를 통해 하이데거의 존재사유를 해체하는 출발점은 니체가 말하는 여성이다. 더 정확히 말해서 그 출발점은 성적 차이와 남녀관계이다. 이 남녀관계를 구성하는 주고받음, 또는 남자가 여자를 소유하고자 할 때의 주고받음은 하이데거적 의미의 존재보다 더 난해하고 포괄적인 사태, 좀 더 상위의 사태로 승격된다. 이 사태의 요체는 여성이 남자에게 자신을 허락할 때, 그 준다는 것의 환원 불가능한 애매성에 있다. "'준다는 것'(don)은 여성의 본질적 술어로서, 수동적으로 주어지는 것/능동적으로 주는 것, 혹은 (…) 취하도록 내버려두기/스스로 전유하기라는 결정 불가능한 동요 속에서 현상한다. 선물(Gift)은 독(Gift)의 의미 혹은 값을 지니고 있다"(Derrida 1978a, 98면).

　하이데거도 역시 주기(Geben)와 선물(Gabe)을 생각한 적이 있다. 존재 물음을 '존재가 있다'(es gibt Sein)라는 독일어의 관용적 표현 안에서 개진할 때, 그는 존재를 어떤 증여의 사태로, 그리고 이 증여의 사태를 존재 물음의 지평 안에서 충분히 해명될 수 없는 것으로 서술한다(Heidegger 1976, 5면 이하, 41면 이하 참조). 그 증여는 갚아야 할 채무인가, 무상의 선물인가? 존재사유가 부딪히는 이 최후의 물음은 규명할 수 없는 비밀로 남아 있다. 존재사유는 자신의 고유한 행보를 통해 자기 자신의 한계에 이른 셈이다. 여기서 존재의 의미와 진리는 측량할 수 없는 심연 속으로 사라진다. 그러므로 하이데거를 대신하여 데리다는 말한다. "여자 혹은 성적 차이의 존

---

6) Derrida, Jacques (1972) *Marges de la philosophie*, Paris: Minuit, 74면 각주, 257면 각주, 264면 각주 등에서도 고유성·소속성의 문제를 다루고 있다.

재나 본질이 없는 것처럼, '존재가 있다'(es gibt Sein)에 나오는 '있다'(es gibt)의 본질은 없다. 존재의 증여와 선물의 본질은 없다"(Derrida 1978a, 100면).

6. 해석과 텍스트

이 없음의 심연, 그리고 그것이 만드는 해석학적 한계상황에서 해석은 해석의 대상이자 분류의 대상이 될 수 있다. 그 특징이 어느 곳에서보다 뚜렷하게 드러나기 때문이다. 그 한계상황에서 볼 때, 해석에는 앞으로 나아가는 해석과 뒤로 물러서는 해석, 초인의 해석과 마지막 인간의 해석이 있다. 어떤 해석은 그 상실의 지점에서 잃어버린 것을 그리워하고 동경한다. 어떤 해석은 그 상실에 이르는 여정을 회상하고 반추한다. 슬픈 얼굴의 해석, 웃음을 잃어버린 해석, 데리다는 그것을 레비스트로스와 하이데거에게서 본다. 그러나 발을 더 내딛어야 하지 않을까? 그 심연을 통과하는 발걸음이 있지 않을까? 초인의 웃음과 적극적 망각의 춤을 떠올리면서 데리다는 그 한계상황을 지나는 행보를 예감한다.

그것은 아마 어떤 연습이 필요한 행보일 것이다. 왜냐하면 그곳은 이미 사람의 발걸음으로는 건널 수 없는 곳인지 모르기 때문이다. 인간의 발로, 정상적인 행보로 걸을 수 있는 길은 하이데거가 이미 모두 걸었던 셈이다. 문제는 그가 멈춘 곳에서 다시 발을 내딛는 것이다. 서양 형이상학의 한계가 보이는 곳에 도달했으므로, 그 너머로 발을 들여놓는 일, 어쩌면 불가능할지 모르는 곡예가 남아 있다. 니체의 사상사적 의미, 니체를 읽는다는 것의 의미는 여기에 있다. 하이데거는 그 의미에 방향과 크기를 더욱 분명히 했다. 그러므로 니체를 읽되 하이데거의 길을 따라, 그러나 그 길보다 멀리 나가기 위해서 읽어야 한다. "[하이데거가 남겨놓은 길은] 아마도 하이데거의 니체 해석에 다시 박차를 가할 수 있는 트랙일 것이다. 그 트랙을 발판으로 우리는 하이데거의 해석을 낚아채어 해석학적 원환(圓環)의 바깥으로, 그 해석이 방향질하고 있는 광대한 영역으로 나아가야 할 것이다. 그 내닫기는 아마 비둘기의 발걸음과 같을 것이다. 여기서 니체의 납골당에 대한 또다른 이야기가 시작될 수 있을 것이다"(Derrida 1978a, 102면).

이 새로운 시작을 위해 데리다는 니체가 남긴 한 줄의 문장을 인용한다. "나는 우산을 잃어버렸다"(Nietzsche 1973b, 12[62], 485면). 이것은 니체가 『즐거운 지식』을 저작하던 시기에 남긴 문장인데, 아직 미편집 수고로 남아 있다. 게다가 이 한 줄의 문장은 따옴표 안에 들어 있다. 데리다는 따옴표 속의 이 문장을 "해석학적 몽유병의 기념비"(Derrida 1978a, 104면)라 부른다. 기존의 철학적 해석학은 한낱 허상에 불과한 것을 좇고 있는 것이 아닐까? 어떤 처면상태에 빠져 있는 것은 아닐까? 데리다는 니체의 단편적 문장에서 이런 의심의 목소리를 듣는다.

왜냐하면 그것은 다른 저자로부터 취한 인용문일 수도, 니체 자신이 구상한 기록의 일부일 수도 있기 때문이다. 그것은 또한 어느 날 길을 지나다 우연히 주워들은 말일 수도 있다. 그 문장의 주어는 니체일 수도, 아닐 수도 있다. 그 문장은 사실적 표현일 수도, 비유적 표현일 수도 있다. 이 문장에 나오는 말들은 어려운 것이 하나도 없다. 하지만 그 문장 전체의 의미는 결정 불가능한 상태로 남아 있다. 따라서 그 문장에 대한 그 어떤 해석도 최종적으로는 따옴표 속에 보류될 수밖에 없다. 그 문장은 해석하자면 해석할 수 없는 것도 아니다. 가령 정신분석의 시각에서 해석할 수 있을 것이다. 왜냐하면 우산은 정신분석에서 성기(性器)의 상징이자 망각과 실수의 상징이기 때문이다. 하이데거는 존재망각을 철학교수가 우산을 잃어버리는 일과 같은 것으로 보아서는 안된다고 말한 적이 있다. 니체의 우산과 프로이트의 우산, 그리고 하이데거의 우산을 관련짓거나 비교하면서 우리는 어떤 해석을 꾀할 수 있을 것이다. 그러나 이런 일들은 처음부터 어떤 한계를 인정하고 시작할 수밖에 없다. 니체의 문장은 여전히 그런 해석과 전혀 무관한 의미를 담고 있을 수 있기 때문이다.

정신분석적 해석만이 아니라, 그리고 존재사유만이 아니라 모든 해석은 무의미할 수 있다. 왜냐하면 니체의 문장은 위에서 말한 여자처럼 아무런 깊이를 지니지 않는 것인지 모르기 때문이다. 그 문장은 어떠한 내면도, 의미도, 진리도 없는 것인지 모른다. 아무런 깊이도 없는 여자에게서 깊이를 찾는 남자처럼, 해석학은 의미없는 문장에서 의미를 구하고 있는지 모른다. 해석은 무의미한 표면에 의미를 투사하고 강요하는 것인지 모른다. 그러나 왜 강요하는 것일까? 그것은 소유하기 위해서, 또는 어떤 특정한 소유관계에 놓기 위해서다. 해석은 해석자 자신에게든 다른 누구에게든 그 대상을 귀속시키고, 이를 통해 이득을 얻는 행위이다. 해석은 소유권, 소유욕의 문제이다.

그러므로 『예술작품의 근원』에서 하이데거는 고흐가 그린 신발을 밭일하고 돌아와 쉬고 있을 시골 아낙네에게 돌렸다. 그의 해석에 반대하는 어느 미술사가는 그 신발을 고흐 자신에게, 정처없이 떠돌던 도시인에게 돌려주어야 한다고 주장했다. 그러나 그 신발은 누구에게도 속하는 것이 아닐 수 있다. 임자가 없을지 모르는 신발을 놓고, 누구는 여자 발에 신기고 누구는 남자 발에 신긴다. 누구는 농촌에 가져다놓고 누구는 도시에 가져다놓는다. 신발은 공연한 이동 때문에 웃음을 참고 있는지 모른다. 하지만 해석자는 아랑곳하지 않을 것이다. 물건에는 반드시 주인이나 소유자가 있다고 믿기 때문이다. 물론 그런 확고한 믿음이 없다면 해석은 아예 성립할 수 없을 것이다. 해석은 원래가 소유권을 확인하거나 변경하는 일이다. 해석은 그런 일에서 잉여의 몫을 챙기고 수수료를 요구한다. 신발의 주인을 확신하던 하이데거는 그런 일을 하는 복덕방 주인 혹은 변호사 아닌가?[7]

고흐의 신발처럼 니체의 우산도 그런 물음을 던지고 있다. 하이데거는 니체의 텍스트가 어떤 수미일관한 체계를 이루고 있음을 역설했다. 거기에는 중심이 있고 위계가 있음을 강조했다. 그러나 "니체 텍스트 전체는 비록 엄청난 규모일망정 '나는 우산을 잃어버렸다'와 같은 유형일지 모른다"(Derrida 1978a, 112면). 니체의 텍스트는 결정 불가능하고, 그 결정 불가능성 안에서 열려 있다. 니체의 텍스트는 닫혀지되 따옴표 안에서만 닫혀질 수 있다. 니체의 텍스트는 아무개의 소유권을 입증하는 등기서류 안에 기재될 수 없다. 다시 말해서 그 누구에 의해서도, 심지어 니체 자신에 의해서도 소유될 수 없다.[8]

니체의 텍스트만이 아니라 모든 텍스트는 니체가 따옴표 안에 기록했던 우산인지 모른다. 모든 글은 여자 같은지 모른다. 우산이나 여자처럼 비밀도, 내면도, 깊이도, 의미도 없는지 모른다. 그 모든 것이 흉내고 가상인지 모른다. 그냥 표면에 생긴 주름의 효과일 것이고, 그 효과는 바라보는 시각에 따라서 천차만별일 것이다. 그 천차만별의 의미들은 니체의 문장처럼 모두 따옴표를 달고 있음이 분명하다.

아마 이런 것이 데리다가 하고 싶은 이야기일 것이다. 이런 텍스트 개념은 하이데거의 존재사유를 포함한 기존의 모든 해석학적 계획의 한계를 표시하고자 한다. "자신의 기대지평을 확신하는 모든 해석학적 물음"(Derrida 1978a, 107면)을 상대화하고자 하며 이를 통해 새로운 읽기, 새로운 해석의 개념을 요구한다. 이때 데리다의 해체론은 "해석학적 기대지평 혹은 해석학적 장막에 구멍을 내고, 모든 슐라이어마허들을 따돌려보내는

---

7) Derrida, Jacques (1978b) *La vérité en peinture*, Paris: Flammarion, 452면 이하 참조. 좀 더 자세한 논의를 위해서는 김상환(1999) 『예술가를 위한 형이상학』, 서울: 민음사, 271면 이하 참조.

8) 니체의 텍스트는 니체 것인가? 그러나 니체란 누구인가? 서명자의 이름으로서의 이름이란 무엇인가? 이런 물음에서 시작하는 서명과 이름의 해체를 통하여 데리다는 이것들 역시 결정 불가능한 의미와 무한히 이어지는 해석의 구조를 함축하고 있음을 말한다. 이에 대해서는 Derrida, Jacques (1984) *Otobiographies: l'enseignement de Nietzsche et la politique du nom propre*, Paris: Galilée 참조.

일"(Derrida 1978a, 107~108면)에 열중하고 있는 것처럼 보인다.

그러나 오해하지 말자. 모든 텍스트가 "나는 우산을 잃어버렸다"와 같은 유형이라면, 그에 부응하는 새로운 해석은 단순한 의미의 포기도, 무의미에 대한 절망도 아니다. 그것은 기존의 철학적 해석학에 자극을 가하는 박차일지언정 그 해석학을 무참하게 없애버리는 분쇄기가 아니다. 해체론이 요구하는 새로운 해석은 어디까지나 의미추구의 기술을 그 한계에 이르도록 가동하는 절차이며, 그 한계가 드러날 때 필요하게 마련인 변형과 창조의 기술이다. 그러므로 데리다는 이렇게 말한다.

> 따라서 해석의 대상에 대한 앎을 포기해야만 한다고 곧바로 결론짓지 말자. 이는 해석(hermeneuein)의 심미적 반동이나 몽매주의적 반동에 불과할 것이다. (⋯) 오히려 반대로 그 [과학적] 해독의 작업을 가능한 한 멀리 밀고 나가야만 한다. 그렇게 해서 부딪히는 한계는 우리의 지식을 바깥에서부터 에워싸는 것도 아니고 그 피안을 선언하는 것도 아니다. 그 한계는 과학적 성격의 작업을 횡단하고 있으며 또한 분할하고 있다. 그 한계는 과학적 작업의 조건이며, 그 작업을 자신으로 향해 열어놓는다. (Derrida 1978a, 112면)

그러므로 새로운 해석은 기존의 해석학 안에 자리한다. 그것은 기존의 해석학이 완료된 이후 남는 것, 해석할 수 없는 것으로 남는 것에 출발점을 두는 해석이다. 그것이 자리하는 위치는 기존의 해석학적 역량이 최대한 발휘되는 곳, 그러나 좀더 발휘되어야 하는 곳이다. 새로운 해석은 기존의 해석이 그 모든 기술을 동원하고 적용해야 하는 한계에 머문다. 그 한계는 이미 모든 고전적 해석을 낳았던 처음의 모태이자 그 해석이 매장되는 무덤이다. 새로운 해석은 그 무덤에서 나온다. 그 망각의 무덤은 새로운 해석이 시작하는 곳이다.

비유하자면 그곳은 보통의 서법(書法)을 잊어야 하는 초서(草書)의 가능성이 비로소 예감되는 지점이다. 이때 초서란 정상적 규칙의 바깥, 재현과 표상의 바깥, 질서의 바깥에 대한 기-입이다. 바깥을 안으로, 규칙적 질서 안으로 끌어들이고 유입하는 경계의 글쓰기다. 해체론적 글쓰기는 그런 초서로 탈바꿈해가는 글쓰기다.

데리다는 이제 초서를 쓸 때가 되었다고 쓴다. 글쓰기의 바깥을 글쓰기 안에 기-입하는 초서, 그래서 쓰는 사람마다 달라질 수밖에 없는 초서를 써보라고 적는다. 정자(正字)의 규범을 다 익히지 못한 사람은 이런 창조적인 글씨를 제대로 알아볼 수 없을 것이다. 어쩌면 읽을 수가 없는 것이 차라리 유익할 것이다. 잠시나마 기본을 잊게 하니까. 기본을 소홀히하는 것은 위험하니까. 기본이 안되는 사람이 기본을 넘는 것을 두고 이러쿵저러쿵하는 것은 위험하니까. 괜히 모방하는 것은 더 위험하니까.

참고문헌

Behler, Ernst (1988) *Derrida-Nietzsche Nietzsche-Derrida*, Paderborn: F. Schöningh.

Deleuze, Gilles (1962) *Nietzsche et la philosophie*, Paris: Presses Universitaires de France.

Derrida, Jacques (1967a) *De la grammatologie*, Paris: Minuit.

—— (1967b) *L'écriture et la différence*, Paris: Seuil.

—— (1972) *Marges de la philosophie*, Paris: Minuit.

—— (1978a) *Éperons: les styles de Nietzsche*, Paris: Flammarion.

—— (1978b) *La vérité en peinture*, Paris: Flammarion.

—— (1984) *Otobiographies: l'enseignement de Nietzsche et la politique du nom propre*, Paris: Galilée.

—— (1991) *Donner le temps 1: la fausse monnaie*, Paris: Galilée.

Haar, Michel (1990) "Le jeu de Nietzsche dans Derrida," *Revue philosophique de la France et de l'étranger*, 1990년 2월호.

Heidegger, Martin (1957) *Der Satz vom Grund*, Pfullingen: Neske.

—— (1961) *Nietzsche I, II*, Pfullingen: Neske.

—— (1976) *Zur Sache des Denkens*, Tübingen: M. Niemeyer.

—— (1977a) *Sein und Zeit*, 전집 2권, Frankfurt am Main: V. Klostermann.

—— (1977b) "Der Spruch des Anaximander," *Holzwege*, 전집 5권, Frankfurt am Main: V. Klostermann.

—— (1985) *Nietzsche: Der Wille zur Macht als Kunst*, 전집 43권, Frankfurt am Main: V. Klostermann.

Nietzsche, Friedrich Wilhelm (1967) *Menschliches, Allzumenschliches*, KGW IV-2권, Berlin: W. de Gruyter.

—— (1968) *Jenseits von Gut und Böse*, KGW VI-2권, Berlin: W. de Gruyter.

—— (1969) *Götzen-Dämmerung, Werke in 3 Bänden*, 2권, München: C. Hanser.

—— (1973a) *Die fröhliche Wissenschaft*, KGW V-2권, Berlin: W. de Gruyter.

—— (1973b) *Nachgelassene Fragmente*, KGW V-2권, Berlin: W. de Gruyter.

Schrift, Alan D. (1990) *Nietzsche and the Question of Interpretation: Between Hermeneutics and Deconstruction*, New York: Routledge.

강학순(1992)「후기 하이데거의 해석학 고찰: 하이데거의 니체 해석을 중심으로」, 한국현상학회 엮음『생활세계의 현상학과 해석학』, 서울: 서광사.

김상환(1999)『예술가를 위한 형이상학』, 서울: 민음사.

마르틴 하이데거(1995)『존재와 시간』, 소광희 옮김: 서울: 경문사.

──(1998)『존재와 시간』, 이기상 옮김: 서울: 까치.

박찬국(2000)「니체와 하이데거」, 김상환 외 지음『니체가 뒤흔든 철학 100년』, 서
    울: 민음사.

서동욱(2000)「니체와 들뢰즈」, 김상환 외 지음『니체가 뒤흔든 철학 100년』, 서울:
    민음사.

제3부
형식적 무의식과
시적 무의식

1. 상징에 대하여

　상징은 재미있는 어원을 지녔지만 오늘에 이르러서는 체계적으로 정의할 수 없는 개념이 되어버렸다. 이는 그것이 장구한 세월 동안 여러가지 뜻으로 사용되어왔고, 어떤 수미일관한 테두리 안에 그 다양한 의미 모두를 보존할 수 없기 때문이다. 게다가 상징은 철학에서만 쓰이는 개념이 아니다. 그것은 문학·예술·종교학·수사학·언어학·정신분석학 등 광범위한 영역에서 중요한 역할을 감당하고 있다. 그러므로 상징에 대한 논의는 아무리 욕심을 내더라도 불가피하게 제한된 범위에서만 이루어질 수밖에 없다. 여기서는 철학사의 문맥에서, 더 정확히 말해서 칸트 전후의 철학에서 구조주의에 이르는 사상사의 문맥에서 상징의 다양한 함축을 정리해보도록 하겠다.

　이 과정에서 강조하고 싶은 것은 상징과 더불어 부단하게 일어나는 어떤 짝짓기, 결합과 분리다. 상징의 대립항으로서 그것과 결합하거나 분리되는 것은 때로는 도식이고 때로는 알레고리다. 그외에도 직관·문자·기호·상상·실재 등이 있다. 이런 것들이 저마다 번갈아가면서 상징과 짝을 지어 새로운 의미를 수태시켜왔다. 그렇게 해서 태어난 자식들이 상징의 인식론적 함축과 존재론적 함축을, 나아가 미학적 함축과 인간학적 함축을 명확히 표현해주고 있다. 그러나 그렇게 서로 다른 의미를 낳는 각각의 결합과 분리보다 더 중요한 것은, 상징이 언제나 결합과 분리의 사태라는 것이다. 상징은 어떤 결합과 분리를 통해서 새로운 의미를 낳는다. 그런 의미에서 상징은 어떤 자궁이다. 하지만 자궁이라는 생식기관은 짝짓기가 없다면 불모로 그친다. 그러므로 짝짓기, 결합과 분리, 혹은 얽힘과 풀림이 상징을 비롯한 모든 생식기관보다 먼저 있는 사태이다. 상징을 통해서 궁극적으로 생각해보아야 하는 것은 이 최초의 사태일 것이다. 문제는 이 최초의 사태를 다시 무어라 불러야 하느냐에 있다.

1. 상징과 직관

상징이 짝짓기의 사태 혹은 짝풀림의 사태라는 것은 이미 그 어원적 의미 속에 새겨져 있다. 상징의 어원은 그리스어 'symbolon/symballein'에 있다. 여기서 'sym'은 어떤 두 조각을 합친다는 뜻을, 'bolon/ballein'은 던지거나 맞춘다는 뜻을 지닌다(영어의 ball, adballoon은 동일한 어원에서 비롯되었다). 이 상징의 어원적 의미를 기억할 때 거기에 담긴 독특한 사연을 놓칠 수 없을 것이다. 이야기는 서로 동맹관계를 맺은 두 지역의 가문에서 시작된다. 두 가문의 주인은 동맹관계의 징표로 동전이나 거울 같은 물건을 반으로 쪼개서 나누어 가졌다가 각각 자식들에게 물려주었다. 이들은 후에 그 징표를 서로 맞추어보면서 서로의 관계를 알아보고 찾아온 사람을 환대했다. 상징은 원래 화친(和親)관계의 징표였던 것이다. 초기 기독교인들도 이와 비슷한 의미에서 상징이란 말을 사용했다. 그들은 기독교의 초보적 교리를 내용으로 담은 문서를 상징이라 했고, 이를 가지고 기독교인으로서 서로를 식별하고 인정할 수 있는 징표로 삼았다.

상징의 이런 어원적 의미를 돌아볼 때, 거기에는 이미 다양한 의미요소가 포함되어 있음을 알 수 있다. 중요한 것을 몇가지 열거하면, 첫번째 요소는 계약과 약정이다. 상징은 어떤 약속의 상황, 약속을 통한 짝짓기에서 태어났거나 그런 짝짓기를 조건으로 한다. 상징은 원래 그런 짝짓기를 위해서 만들어진 짝, 쪼개진 두 쪽이다. 상징은 그런 이중적 의미의 짝운동에서 나왔다. 두번째 요소는 비밀이다. 상징은 그것을 나누어 갖고 있는 사람들만 식별할 수 있는 암호이기 때문이다. 분리된 상징에는 어떤 숨겨진 의미가 들어 있다. 이 숨겨진 의미는 분리된 상징이 서로 들어맞고 일치할 때, 그런 일치를 통해 하나로 엮일 때 겉으로 드러나기 시작한다. 상징은 분리되어 있되 어떤 관계 속에, 곧 일치와 결합의 관계 속에 있다.

　사상사의 전개과정에서 상징은 많은 의미를 자식처럼 낳게 되지만, 그 후손의 핏줄 속에는 언제나 이런 몇가지 의미요소가 흐르고 있다. 그토록 다양한 의미를 지님에도 상징이 상징인 것은 이런 초보적 의미요소를 간직하고 있기 때문일 것이다. 이 몇가지 요소에 마지막으로 한 가지를 덧붙이자면, 그것은 어떤 간격이다. 짝풀기(분리)과 짝짓기(결합)라는 이중적 운동 속에 놓인 상징에는 어떤 간격이 들어 있다. 분리하면서 결합하는 어떤 무(無)거리의 거리가 상징의 비밀, 상징에 대한 상이한 해석을 낳는 비밀의 장소이다. 상징에 대한 정의와 해석은 그 비밀스런 간격과 거리의 측정이라 할 수 있다. 그러나 상징의 비밀을 만드는 그 간격은 좀더 일반적인 것, 다시 말해서 존재하는 모든 것, 인식과 해석, 생식의 조건인지 모른다. 따라서 상징적 간극의 측정은 가장 탁월한 철학적 행위를 요구한다고 말할 수 있다.

　물론 상징적 간극에 대한 이제까지의 모든 측정이 훌륭한 것은 아니었다. 어느 것이 더 뛰어난 측정인지 말한다는 것도 쉽지 않다. 그것은 공통된 척도가 없기 때문이다. 상징에 대한 일관된 정의를 가로막는 가장 커다란 장애물은 그런 공통된 기준의 부재에 있다. 특히 상징을 이율배반적 상황에 빠뜨리는 것은, 상징적 간극을 바라보는 서로 모순된 두 가지 관점이다. 하나의 관점에 따르면, 그 간격은 직관적 내용으로 채워져 있다. 반면 다른 하나의 관점에 따르면, 거기에는 아무런 내용이 들어 있지 않다.

사실 일상적 의미의 상징은 어떤 직관에 상응하거나 어떤 표상을 환기하는 것에 주어진 이름이다. 특히 어떤 보이지 않는 사태에 대한 일정한 느낌이나 심상을 유발하는 대상 혹은 이미지가 상징이라는 말로 지칭된다. 가령 국기라 불리는 깃발은 국가에 대한 상징이며 백합은 순결에 대한 상징이다. 개는 섬김과 충성을, 저울은 정의를 상징한다. 그러나 상징이란 말은 논리학이나 여타 형식과학의 영역에서도 사용되며, 완전히 반대되는 의미로 사용된다. 상징논리학이나 대수적 상징이란 표현이 그 사례인데, 이 분야에서 상징은 어떠한 직관적 내용도 담지 않은 순수한 추상적 기호이다. 이 상징적 기호는 어떤 관계의 체계를 형성하며, 그 체계 안에서만 의미를 지닌다.

근대철학사에서 상징이란 말을 가장 먼저 사용한 철학자는 라이프니츠인데, 그는 상징을 직관과 대립해서 정의했다. "인식은 애매(obscura)하거나 명석(clara)하다. 명석한 인식은 다시 혼잡(confusa)하거나 판명(distincta)하다. 판명한 인식은 부적합하거나 적합(adaequata)하며 또한 상징적(symbolica)이거나 직관적(intuitiva)이다. 만일 어떤 인식이 적합한 동시에 직관적이라면, 그것은 있을 수 있는 가장 완전한 인식이다"(Leibniz 1966, 9면).

어떤 개념이나 인식은 애매할 수도, 명확할 수도 있다. 이는 그 개념이나 인식이 표상된 사태를 얼마만큼 정확하게 정의하거나 재인식할 수 있도록 해주느냐에 따라 결정된다. 정확한 정의나 재인식을 가능하게 해주는 것이 명석한 개념이다. 혼잡이냐 판명이냐 하는 것은 표상된 대상을 여타의 대상과 구별할 수 있는 정도에 따라 결정된다. 완전하게 구별할 수 있을 때 판명한 인식이 성립한다. 판명하되 표상된 대상을 그 구성요소로 나눌 수 있는 정도에 따라서 인식은 적합하거나 부적합하다. 대상의 구성요소를 분석적으로 파악할 때 적합한 인식이 성립한다. 마지막으로 판명한 인식은 상징적일 수도, 직관적일 수도 있다. 직관적 인식은 사물의 구성요소 하나하나를 직접적으로 재현하는 인식이다. 반면 상징적 인식은 그 구성요소들을 축약적으로 재현한다. 가령 천각형이란 말을 생각할 때, 우리는 그것의 내용을 판명하게 이해하므로 천 개의 변같이 천각형을 구성하는 각각의 요소를 하나하나 직관하거나 다시 설명할 필요는 없다. "[라이프니츠는] 이런 인식을 맹목적(caecam) 혹은 상징적이라 부른다. 우리는 대수와 수학 그리고 거의 모든 영역에서 이러한 인식을 사용한다"(Leibniz 1966, 11면. 이하 [ ]는 인용자). 특히 개념이나 대상이 복잡하게 구성되어 그것의 요소들을 한눈에 포착하지 못할 때, 그것을 축약적으로 표시하는 상징을 도입해야 한다.

현대의 형식논리학 혹은 상징논리학은 이런 라이프니츠의 상징 개념에서 비롯되었다. 여기에서 상징은 직관적 내용이 사상된 어떤 인위적 기호 혹은 기록이다. 이런 기록의 대표적 사례인 대수적 상징은 어떤 객관적 사태를 모사하거나 유비적으로 재현하지 않는다. 그것의 의미는 어떤 대상과 일치하거나 대응하는 데 있는 것이 아니다. 다만 다른 상징과 어떤 계열을 이루는 가운데 그 계열 안에서 어떤 위치와 기능을 차지하면 그 상징적 기호는 의미를 지닌다. 그 의미의 최종 근거는 그 계열이 유지하는 일관성에 있다. 이 일관성 안에서 각각의 상징적 기호는 분리되어 있되 결합되어 있다. 모든 상징이 짝짓기와 짝풀기의 이중적 운동에 있다면, 라이프니츠적 상징의 짝운동은 상징적 계열 안에서만 일어난다. 모든 상징이 어떤 일치와 결합의 관계를 추구한다면, 라이프니츠적 상징은 상징적 질서 안에서만 그런 관계를 형성한다. 연역을 통해서 구성되는 그 관계는 내향적 일치의 관계이다. 라이프니츠적 상징은 상징적 질서의 바깥에 대해서 무관심하다는 점에서 맹목적이다.

이런 맹목성 안에서 서양의 형식과학이 눈부시게 발달해왔다. 그것은 닫혀진 형식적 연역체계의 가능성에 대한 부단한 실험의 역사를 뒤로하고 있는 성취다. 그러나 라이프니츠 이래의 이런 형식과학의 역사는 러셀의 패러독스에, 그리고 괴델의 불완전성 정리에 부딪혔다. 자족적 형식체계의 불가능성을 말하는 이 정리는 상징의 내향적 일치가 불완전할 수밖에 없음을 가리키고 있다. 라이프니츠와 그의 후계자들에게서 상징을 상징되게 하는 이중적 짝놀이는 연역적 증명의 형태를 취하지만, 그 연역이 추구하는 내향적 일치의 관계망에 어떤 환원 불가능한 간극이 남아 있다는 사실이 증명된 것이다. 그러나 맹목적 상징만이 아니라 직관적 상징에도 그런 간극은 남아 있다. 맹목적 상징에 남아 있는 간극이 형식과학의 새로운 실험을 유발하는 논쟁적 장소라면, 직관적 상징을 구성하는 간극 또한 다양한 정의와 해석을 끌어들이는 어떤 블랙홀이다. 상징 개념의 역사는 대부분 ㄱ 상징적 간극 안에서, 또는 그 주변에서 이어져오고 있다.

2. 상징과 도식

이 직관적 상징의 역사는 칸트에서 시작하여 낭만주의로, 그리고 헤겔을 지나 카씨러에 이른다. 라이프니츠가 자기구성적이고 내향적 일치관계를 추구하는 상징 개념의 효시라면, 칸트는 외부환기적이고 외향적 일치관계를 추구하는 근대적 상징 개념의 효시다. 두 개념은 이율배반적 관계에 있다. 라이프니츠는 상징을 직관과 대립시켜 맹목적인 것으로 보았지만, 칸트는 상징을 직관적 표상으로 규정한다. "'상징적'이라는 말을 직관적 표상방식에 대립시킨다면, 그것은 근대의 논리학자들에 의해서도 물론 채용되고는 있지만, 그러나 이 말의 본뜻에 어긋나는 부당한 용어 사용이다. 왜냐하면 상징적 표상방식은 직관적 표상방식의 일종에 지나지 않기 때문이다."[1]

칸트는 라이프니츠가 상징이라 불렀던 것을 표기나 문자(character) 혹은 기호로 부른다. 그리고 이렇게 적는다. "그러한 감성적 기호는 대상의 직관에 속하는 것이라고는 아무것도 포함하고 있지 않고, 단지 상상력의 연상법칙에 의해서 (…) 개념을 재생하는 수단으로 쓰일 뿐이다"(Kant 1913b, 59절). 대수적 기호 혹은 몸짓과 같은 신체적 기호는 그 자체가 어떤 객관적 내용을 담고 있는 것이 아니다. 그런 기호가 어떤 대상과 관계를 맺고 있다면, 그 관계는 자의적 연상에 의해, 다시 말해서 주관적 의도에 의해 성립할 뿐이다. 반면 진정한 의미의 상징은 언제나 대상지시적이며, 그런 의미에서 필연적으로 어떤 직관적 내용을 담고 있다. 문제는 상징이 대상을 지시하는 방식, 또는 그 직관적 내용을 드러내는 방식이다.

칸트는 상징과 맹목적 기호를 엄격히 구별하는 동시에 다시 상징과 도식을 구별한다. 상징과 도식은 모두 직관적 표상 혹은 대상지시적 표상이라는 점에서 일치한다. 그러나 양자는 대상을 지시하는 방식에서 서로 다르다. 칸트적 의미의 표상은 감성적 직관 못지않게 오성(悟性)의 구성적 활동을 요구한다. 표상된 대상은 감성을 통해서 주어진 잡다한 내용을 오성이 특정한 형식에 따라 구성해낸 것에 불과하다. 그런 대상구성적 활동의 형식은 개념이다. 이 개념적 형식은 그 자체로는 공허하다. 그 내용적 실재성은 감성적 직관을 통해서만 채워질 수 있다. 다시 말해서 "개념의 실재성을 명시하기 위해서는 언제나 직관이 필요하다. 그것이 경험적 개념인 경우에는 직관은 사례라 일컬어진다. 또 그것이 순수 오성의 개념인 경우에는 직관은 도식이라 불린다"(Kant 1913b, 59절). 칸트가 강조하는 것은 이 도식과 상징을 혼동하지 말아야 한다는 점이다.

경험을 통해서 얻은 개념은 확실히 어떤 사례와 연결되어 있다. 우리는 사례를 통해서 개념을 직관적으로 파악할 수 있다. 반면 오성에 선험적으

---

1) Kant, Immanuel (1913b) *Kritik der Urteilskraft*, 학술원 전집 5권, Berlin: Georg Reimer, 59절. 번역은 임마누엘 칸트(1974) 『판단력 비판』, 이석윤 옮김, 서울: 박영사 참조.

로 주어진 개념은 도식을 통해서 감성적 직관과 결합된다. 이때 도식이란 상상력이 스스로 생산한 어떤 선험적 모노그램(monogram, 결합문자)이다. 칸트적 의미의 인식이 감성적 내용과 개념적 형식의 결합에서 성립한다면, 이 결합의 매개체가 도식이다. 오성의 선험적 개념은 이 도식을 매개로 할 때만 감성적 내용에 적용될 수 있다. 대상에 대한 지시관계를 획득할 수 있는 것이다.

이런 도식에 대비되는 상징은 여전히 직관의 매개체이다. 그러나 상징을 통해 직관을 구하는 것은 오성의 선천적 개념이 아니라 이성의 선천적 개념, 곧 이념이다. 칸트적 의미의 이념은 오성의 개념과는 달리 인식의 구성에 참여하는 원리가 아니다. 다만 표상의 세계 전체를 체계적으로 사유하기 위해서 필요한 원리로서, 우주·영혼·신이 그런 이념에 해당한다. 이 이념은 상징을 매개로 직관적 내용과 결합될 수 있다. "그러므로 선천적 개념의 근저에 놓여 있는 모든 직관은 도식이든가 상징이든가 둘 중의 하나이다. 그중에서 도식은 개념의 직접적 현시를 내용으로 하고 있으며, 상징은 개념의 간접적 현시를 내용으로 하고 있다. 도식은 개념의 현시를 지시적으로(demonstrativ) 행하며, 상징은 유비를 통해서 행한다"(Kant 1913b, 59절).

라이프니츠가 상징을 직관과 대립시켰다면, 칸트는 도식과 대립시킨다. 그 대립적 차이는 직접성과 간접성, 지시와 유비의 차이로 집약된다. 도식은 개념을 직접적으로 직관하고 그 내용을 지시적으로 표현하는 수단인 반면, 상징은 간접적으로 직관하고 그 내용을 유비적으로 표현하는 수단이다. 이때 유비란 어떤 반성적 이동이다. 그것은 도식을 통해 현시된 직관적 내용을 직관할 수 없는 것(우주·영혼·신)의 자리로 옮겨놓는 것이다. 칸트적 의미의 직관할 수 없는 것, 감성적으로 직관할 수 없는 것은 여러가지 유사한 의미를 담고 있다. 그것은 경험하거나 인식할 수 없는 것, 표상할 수 없는 것, 대상화할 수 없는 것 등과 같다. 칸트는 기존 형이상학의 근본적 오류를 이런 다양한 의미의 비직관적 사태를 직관적 사태와 혼동했다는 점에서 찾았다. 이러한 혼동은 도식과 상징의 혼동으로 귀착하며, 이 혼동이 신비주의의 요체이다. "이 신비주의는 단지 상징으로만 쓰이는 것을 도식으로 삼는다. 즉 현실적이기는 하나 비감성적인 직관을 도덕적 개념의 기본에 둔다. 그래서 터무니없는 열광 속에 빠져드는 것이다."[2]

도식과 상징을 혼동한다는 것은 상징적인 것을 객관적 사태로, 유비적인 것을 지시적인 것으로 오인한다는 것과 같다. 이는 감성적 직관에 제약된 인간의 인식능력 범위를 무시하는 신비주의, 나아가 몽매주의적 광신으로 이어진다. "감각기관 앞에 놓여 있는 현실세계의 현상들을, (스베덴보리가 말한 것처럼) 배후에 감추어진 가상적 세계의 단순한 상징이라고 말하는 것은 광신이다."[3] 이 몽매주의적 광신은 도식과 상징을 혼동하는데 그치지 않는다. 상징적 유비의 관계를 현상계와 물자체, 현실과 그 배후의 가상계 사이에 설정하는 데까지 나아간다. 현실이 존재의 심층에 대한 암호이자 상징이며, 따라서 그에 대한 직관을 획득할 수 있다고 주장하는 것이다.

물론 칸트도 무제약적 세계에 어떤 상징적 직관이 대응할 수 있다는 점에 동의한다. 그러나 여기에는 여러가지 제한이 붙어 있다. 첫째, 상징적 직관은 도식에 의한 직관과 달리 객관적 인식으로 귀결되지 않는다. 둘째, 현실적인 것은 미적인 한에서 무제약적인 것에 대한 상징일 수 있다. 게다가 미적인 것이 상징적으로 현시하는 무제약자는 오로지 도덕적인 것에

---

2) Kant, Immanuel (1913a) *Kritik der praktischen Vernunft*, 학술원 전집 5권, Berlin: Georg Reimer, 70~71면. 번역은 임마누엘 칸트(1975)『실천이성 비판』, 최재희 옮김, 서울: 박영사 참조.
3) Kant, Immanuel (1917) *Anthropologie in pragmatischer Hinsicht*, 학술원 전집 7권, Berlin: Georg Reimer, 191면. 번역은 임마누엘 칸트(1998)『실용적 관점에서 본 인간학』, 이남원 옮김, 울산: 울산대학교 출판부 참조.

그친다. 칸트의 유명한 명제 "아름다운 것은 도덕적으로 선한 것의 상징이다"(Kant 1913b, 59절)는 이러한 배후의 조건에서 성립한다. 가교, 이행으로서의 상징적 유비는 단지 선한 것과 아름다운 것 사이에서, 도덕적인 것과 예술적인 것 사이에서만 일어날 수 있다.

이러한 제한에도 불구하고 예술적인 것은 무제약적인 것을 상징적으로 현시한다는 점에서 특권적 지위를 지닌다. 칸트는 어떤 것을 예술적인 것으로 만들어주는 원리를——이성의 이념과 구분하여——'심미적 이념' 혹은 '감성적 이념'(ästhetische Idee)이라 부른다. 이 감성적 이념은 "상상력의 표상을 의미하는 것으로, 이 표상은 많은 사유를 유발하지만 그러나 어떠한 특정한 사상, 즉 개념도 이 표상을 감당할 수 없으며, 따라서 어떠한 언어도 이 표상에 완전히 도달하여 그것을 설명할 수 없다"(Kant 1913b, 49절).

날개념석이고 날언어석인 표상, 개념석으로나 언어석으로 포괄할 수 없을 만큼 많은 것을 사유하도록 유발하는 상상력의 표상만이 감성적 이념을 구현할 수 있다. 이런 상상력의 표상을 이념이라 부를 수 있는 이유는, "그것이 경험의 한계를 넘어서 있는 어떤 것에 도달하려고 적어도 노력하고, 그리하여 이성의 개념들(지적 개념들)을 현시하는 데 접근하려고 하여, 이러한 노력이 이 이성의 개념으로 하여금 객관적 실재성을 가진 것처럼 보이도록 하기 때문" 이다(Kant 1913b, 49절).

칸트는 감성적 이념을 구현하고 있는 대상(작품)을 다시 '미적 상징물'(ästhetische Attribut)이라 부른다. 이 미적 상징물은 "어떠한 말로도 표현할 수 없는 다수의 감각과 부차적 표상을 환기시켜준다." 어떤 "광대한 분야에 전망" 을 열어놓는 것이다. 그때 우리의 상상력은 무한히 유동하면서 어떤 활기를 띠게 된다. 상상력과 오성 사이에서 자유롭고 생동하는 유희가 일어나는 것이다. 그러나 상징물은 아직 상징이 아니다. 상징은 오성의 차원에서 일어나는 유비다. 오성은 감성적으로 직관된 내용을 가지고 도덕적 예지계(叡智界)를 유비적으로 번역하고 옮긴다. 상징은 그런 유비적 번역이자 이동이다. 그러나 상징물은 이런 유비적 번역이나 옮김이 아니라 "상상력으로 하여금 다수의 유사한 표상들로 확장될 수 있도록 동기를 부여하는 어떤 것"이다(Kant 1913b, 49절). 예술은 이런 미적 상징물을 창조하는 한에서 감성적 이념을 구현할 수 있다. 하지만 모든 상징물이 감성적 이념을 드러내는 데 성공하는 것은 아니다. 감성적 이념이 자리한 상징물만이 진정한 예술작품이고, 따라서 도덕적 예지계에 대한 상징일 수 있다.

칸트는 감성적 이념의 능력이 유감없이 발휘되는 영역으로 시예술을 꼽았다(Kant 1913b, 49절). 시가 예술 중의 예술, 가장 탁월한 예술이라는 것이다. 이는 상징을 실현하는 특권적 능력이 시적 상상력에 있다는 것과 같다. 그러나 칸트의 상징론은 끊임없이 상징과 도식의 혼동을 경고한다. 시적 상징이 유비적으로 지시하는 것은 분명히 실재하는 것이지만, 그것은 아직 도식이 직접적으로 지시하는 그런 객관적 실재가 아니다. 그것은 아직 객관적으로 인식되거나 경험될 수 없는 것, 대상화할 수 없는 것, 다만 예감되고 사유되는 것에 불과하다. 상징은 분명히 표상의 바깥을 가리키고, 그 바깥이 표상의 세계 안쪽과 맺고 있는 친밀한 결합관계를 확신케 한다. 그러나 그 바깥은 여전히 표상할 수 없는 것으로 남아 있다. 상징은 표상할 수 있는 것과 없는 것, 말할 수 있는 것과 없는 것 사이의 경계, 그 경계에 걸려 있는 다리〔橋〕다. 상징은 이질적인 이 두 영역이 서로 결합하는 동시에 분리되는 장소, 묶이는 동시에 풀리는 사건이다.

3. 상징과 알레고리

칸트의 경고, 상징을 도식으로 오인하지 말라는 금지의 명령은 상징의 이런 환원 불가능한 이중성과 이 이중성이 만드는 간극을 천명하고 있다.

그러나 칸트 이후의 낭만주의는 이런 칸트적 금지를 깨뜨리면서 시작된다. 낭만주의시대는 상징을 통해 제약적인 것과 무제약적인 것, 상대적인 것과 절대적인 것이 하나로 묶이는 시대, 간격 없는 일치에 이르는 시대이다. 이런 낭만주의적 상징 개념은 셸링을 통해 다음과 같이 정의된 바 있다. "보편적인 것이 특수한 것을 의미하는 표현, 또는 특수한 것이 보편적인 것을 통해 직관되도록 하는 표현, 그것이 도식이다. 반면 특수한 것이 보편적인 것을 의미하는 표현, 또는 보편적인 것이 특수한 것을 통해 직관되도록 하는 표현, 그것이 알레고리다. 이 두 가지의 종합, 즉 보편적인 것이 특수한 것을 의미하지도, 특수한 것이 보편적인 것을 의미하지도 않는 묘사, 다만 양자가 절대적으로 하나가 되는 묘사, 그것이 상징적인 것이다"(Schelling 1985, 39절 235면).

칸트적 의미의 상징은 보편적인 것과 특수한 것, 무한한 것과 유한한 것 사이의 유비적 일치, 간접적 종합이다. 반면 셸링의 정의에서 상징은 직접적 일치, 절대적 종합으로 승격된다. 이런 간극 없는 일치와 종합 속에서 보편적인 것과 특수한 것 사이의 대립 자체가 해소되어버린다. 셸링은 이런 상징적 통일을 구현하는 사례로서 신화와 예술을 들었다. 낭만주의자들에게 양자는 같은 것이거나 같은 것으로 되어야 한다. 신화와 예술을 그렇게 하나로 묶어주는 것은 물론 상징이다. 그것들은 상징적 종합이 실현되는 사례들, 다시 말해서 어떠한 간극과 대립도 남기지 않는 종합의 사례들이고, 따라서 동일한 것들이다.

앞에서 언급했던 것처럼, 칸트는 스웨덴의 스베덴보리에게서 상징 개념이 오용되는 사례를 찾았고, 그의 신비주의가 결국 상징과 도식의 혼동에서 비롯된다고 보았다. 경험적 세계를 존재의 심층에 대한 상징으로, 이 상징을 그 심층에 대한 직접적 표현으로 오인했다는 것이다. 그러나 신플라톤주의적 자연철학이 활발하게 되살아나던 낭만주의 시대에는 스베덴보리적 상징 개념이 강력하게 옹호되었다. 그 대표적 옹호자는 바더였다.

(스베덴보리는 후에 프랑스의 상징주의 시인들의 입에서도 자주 오르내리게 될 것이다.) 이 신비주의자에 따르면, 자연은 어떤 초감성적이고 신적인 것을 표현하는 근원적 언어, 그러나 이성적이고 합리적 규칙으로 번역할 수 없는 탈개념적 언어이다. 자연은 초자연적인 것을 직접적으로 드러내는 상징적 사태이다. 낭만주의자들은 신화적인 것과 시적인 것을 상징적인 동시에 자연적인 것으로 간주했다. 자연·예술·신화를 상징적인 것으로 이해하는 낭만주의적 세계관에서, 존재하는 모든 것의 이름은 상징적인 것이다. 상징은 가장 일반적인 존재론적 사건이다.

상징에 대한 셸링의 정의는 이런 낭만주의적 신념을 개념화하고 있다. 이 정의에서 눈에 띄는 것은 상징이 한편으로는 도식에, 다른 한편으로는 알레고리에 비교되고 있다는 점이다. 이런 삼각구도는 두 흐름의 유산을 한데 모은 결과이다. 상징과 도식의 비교는 당연히 칸트의 유산이다. 상징과 알레고리의 비교가 문제인데, 이것은 괴테의 유산이다. 괴테는 동시대의 예술가들이나 예술이론가들처럼 상징을 미학의 핵심개념으로 간주했다. 이는 예술적 표현을 상징적 표현과 동일시했기 때문이다. 따라서 예술의 본성에 대한 당시의 성찰은 상징 개념을 명료히하는 데 주력했다. 상징과 알레고리의 구분은 그런 노력의 산물이다.

괴테는 알레고리를 직접적 표현으로, 상징을 간접적 표현으로 보았다. 나아가 알레고리를 개념적 이미지로, 상징을 이념적 이미지로 정의했다. "알레고리는 현상을 개념으로, 개념을 이미지로 변형시킨다. 그러나 그 이미지 속의 개념은 언제나 여전히 한정되어 있고 완전한 상태로 보존되어야 할 것으로 남아 있으며 그 자체로 언표할 수 있는 것으로 남아 있다. 상징은 현상을 이념으로, 이념을 이미지로 변형시킨다. 그러나 이 이미지 안의 이념은 여전히 무한하게 작용하며 여전히 도달할 수 없는 것으로 남아 있다. 그리고 이념은 그 자체가 모든 언어 속에서 언표되고 있지만 아직 언표할 수 없는 것으로 남아 있다"(Goethe 1963, 124면).

상징과 알레고리는 외향적이라는 점에서 공통점을 갖는다. 모두 자기 밖의 의미, 다른 장소의 의미를 가리킨다. 때문에 낭만주의 이전에는 양자를 그렇게 침예하게 대립시키는 예는 별로 없었다. 그러나 괴테의 시대에 들어서 양자의 차이가 특별히 강조되기 시작했다. 이는 상징의 특권적 지위를 두드러지게 하기 위함이었다. 물론 상징과 알레고리 사이에는 이런 낭만주의적 차별화가 아니더라도 어떤 차이가 있는 것이 사실이다. 가령 알레고리는 수사학적인 용어이며 성서 해석학의 전통에서 사용되어왔다. 이와 달리 상징은 언어의 영역에서만 성립하는 것이 아니다. 알레고리에서는 하나의 언어적 의미가 다른 의미를 가리키고 있다면, 상징적 지시는 그 어원에서부터 알 수 있는 것처럼 그것의 질료적 현전(現前) 자체에서부터 일어난다(가령 그리스인이나 기독교인들에게 상징은 그 자체가 상호 식별과 인정의 징표였다). 상징적 지시는 상징이 있다는 사실, 그것이 제시되어 있다는 사실 자체에서 성립한다. 이런 차이에도 불구하고 상징과 알레고리는 오랫동안 구분되지 않은 채 사용되어왔다. 특히 중세의 신학에서 사용되어왔는데, 그것은 유한한 인간으로서는 알레고리적 해석이나 유비적 상징 이외에 신적인 것을 인식하는 방법이 있을 수 없다는 생각 때문이었다. 신적인 것을 알되 감성적인 것으로부터 출발하여 알며, 그러나 알레고리와 상징을 통해서 간접적으로 신적인 것에 도달한다는 것이다.

낭만주의시대의 예술가들은 예술적인 것을 신적인 것과 동일시했다. 그리고 예술의 본성은 신적인 것으로 인도하는 가교를 창조하는 데 있다고 보았다. 이 가교가 바로 상징으로서의 작품인 것이다. 상징과 알레고리는 모두 다른 의미, 다른 장소를 현시한다는 점에서는 같지만, 낭만주의자들은 그 다른 장소가 여전히 신적인 장소가 아닐 수 있음에 주목했다. 알레고리가 지시하는 다른 의미, 그것은 합리적 의미이자 개념적 의미라는 것이다. 괴테가 강조하는 것처럼, 알레고리가 개념적 현시에 불과하다면 상징은 이념적 현시다. 개념적 현시가 더이상 해석의 여백이 없는 제한된 의미내용을 지닌다면, 이념적 현시는 한정 불가능하고 언표 불가능한 의미내용을 지닌다. 상징은 그 한정 불가능한 존재자 전체를, 그 전체의 자기형성적 생동성을 현시한다.

이렇게 상징을 알레고리와 구분하면서 낭만주의자들이 강조하는 것은 예술적 상상력이 알레고리적 연상을 초과한다는 점이다. 셸링이 말하는 것처럼, 알레고리는 특수한 것을 통해 보편적인 것을 지시하는 표현, 또는 보편적인 것이 특수한 것을 통해 직관되도록 하는 표현이다. 그러나 예술작품에서 보편과 특수의 이분법은 사라진다. 양자가 하나로 용해되어 보편과 특수를 구별할 수 없게 되는 것이다. 그런 용해의 상태가 바로 상징적 사태이다. 상징은 보편과 특수가 절대적으로 하나가 되는 종합이다.

상징 속에 종합·용해된 보편성은 개념적 보편성이 아니라 이념적 보편성이다. 상징은 이 이념적 보편성을 지시하고 현시하지만, 그렇게 지시된 보편성은 상징적 기표와 다른 것이 아니다. 상징 안에서는 상징적으로 지시하는 것(특수한 것)과 상징적으로 지시되는 것(보편적인 것)은 구분 불가능한 하나다. 그러므로 칸트와 낭만주의자의 차이는 이렇게 요약할 수 있다. 칸트의 상징은 이념을 현시하되 유비적으로 현시한다. 이 유비는 개념적 사유의 수준에서 일어난다. 유비는 이념으로 향한 개념적 재현의 상승적 이동이다. 이때 이념은 개념적 재현의 외부에 있다. 반면 낭만주의자의 상징은 유비적이 아니라 직접적이다. 상징을 통해서 이념은 단독적인 것 안에 현전한다. 이때 이념은 그 단독적인 것의 밖에 있지 않다. 이념은 감성적이고 특수한 것, 제약되어 있고 유한한 것을 떠나서 저 홀로 존재하지 않는다. 이념은 단독적인 것에 내재하며, 내재하면서 자신을 직접적으로 드러낸다. 상징은 이념의 그런 내재적인 동시에 직접적인 표현에 대한 이름이다.

낭만주의자들이 상징과 알레고리를 구분한 것은 이 점을 더욱 효과적으로 드러내려는 의도 때문이었다. 그런 구분을 통해서 예술적 상징이 개념적 재현의 규칙에 종속되어 있지 않음을, 오히려 개념적 표상의 한계를 넘어서는 존재론적 사태 자체의 현시임을 말하고자 한 것이다. 낭만주의자들에게 상징적인 것은 개념적 사유의 한계를 상대화하고 포괄하는 것, 개념적 사유를 파생적 효과로 낳는 근원적인 것이다. 다시 말해서 개념적 사유가 왜곡하고 추상하기 이전의 시원(始原)적인 것이다. 상징적인 것은 개념적 사유의 빈곤함을 환기하는 동시에 탈개념적 사유의 풍요로운 지평을 열어놓는 사건이다. 우리는 여기서 낭만주의적 상징 개념이 계몽적 이성으로부터 예술의 자율성을 쟁취하기 위한 미학적 기획의 소산임을 엿볼 수 있다.

가다머는 알레고리의 평가절하를 수반하는 낭만주의적 상징 개념을 어떤 징후, 지료해야 힐 징후로 본다(Gadamer 1986, 76 87면 참조). 역사적으로 볼 때 그런 상징 개념은 예술작품(상징)을 천재의 무의식적 생산물로 보자마자 필연적으로 예견되었다는 것이며, 그 결과 내용과 형식, 체험과 재현이 혼동되기에 이르렀다는 것이다. 가다머는 이런 혼동에서 벗어나기 위해서는 알레고리를 복권시키는 길밖에 없다고 본다.[4] 그러나 현대예술은 가다머의 생각대로 전개되지 않았다. 낭만주의를 계승하는 상징주의나 표현주의는 물론이고 아방가르드 이후의 예술은 일관되게 반재현주

---

4) 가다머 이전에 알레고리를 복권시켜야 한다고 본 저자는 벤야민이며, 가다머 이후에는 해체주의 비평가인 만이 있다. Benjamin, Walter (1974) *Ursprung der deutschen Trauerspiels*, 전집 I-1권, Frankfurt am Main: Suhrkamp, 336면 이하; Man, Paul de (1983) *Blindness and Insight*, London: Methuen, 187면 이하 참조. 만에 따르면, 상징의 우위는 영원성의 시학으로 향한다. 이 영원성의 시학은 기원으로의 복귀 가능성, 주객일치, 진리와 하나됨을 전제하는 어떤 도그마에 기초를 둔다. 반면 알레고리의 우위는 시간성의 시학으로 향한다. 이 시간성의 시학에서 기원으로의 회귀, 기원에 대한 향수는 포기된다. 기원과 현재 사이에 어떤 건널 수 없는 시간적 거리가 있다는 뼈아픈 인식 때문이다. 그러므로 "알레고리의 우위는 언제나 본래적으로 시간적인 운명적 여정의 탈은폐에 대응한다. (…) 알레고리는 언어의 기초를 이 시간적 차이라는 허무한 장소에 둔다." 만의 같은 책 206~207면.

의, 반유비주의의 길을 가고 있다. 이런 예술적 영감의 반재현주의와 반유
비주의를 과격하게 밀고 나가는 철학자는 들뢰즈이며, 그의 철학은 분명
낭만주의와 모종의 계승관계를 맺고 있다. 들뢰즈의 철학, 특히 그가 영화
의 역사를 통해서 펼치고 있는 독특한 이미지 기호학을 이해하기 위해서
는 이 점을 놓치지 말아야 할 것이다.

4. 상징과 기호

칸트가 상징과 도식의 혼동을 경고했다면, 그것은 상징의 인식론적 한
계를 역설하기 위해서였다. 낭만주의자들이 상징과 알레고리를 차별화한
것은 예술적 직관의 인식론적 특권, 그리고 예술작품의 존재론적 탁월성
을 부각시키기 위해서였다. 예술적 직관은 개념적으로 표상할 수 없는 것
에 이르며, 예술작품은 무한한 것이 구체적으로 현시하는 장소라는 것이
다. 낭만주의자들은 칸트가 제한했던 상징의 권리범위를 무한히 확장하
고 있는 셈이다.

이런 낭만주의자들에 맞서 상징을 재정의하는 철학자는 헤겔이다. 낭
만주의자들이 상징을 개념적 사유를 능가하는 사태로 보았다면, 헤겔은
반대로 보았다. 상징은 개념적 사유에 미치지 못하는 사유의 형식이라는
것이다. 즉 상징적 사유는 개념적 보편성에 도달하지 못한, 다만 감성적
특수성의 세계에 함몰되어 있는 사유이다. 그것은 그리스문화가 꽃피기
이전의 동양적 사유를 특징짓는 사유의 형식이었고, 따라서 이미 역사적
으로 극복된 사유의 형식이다.

헤겔은 상징을 기호와 한데 묶는 동시에 양자의 차이를 강조한다. 상징
과 기호를 한데 묶는 것은 양자가 모두 상상력의 소산이기 때문이다. 그러
나 상상력은 여러 종류가 있다. 먼저 '재생적 상상력'이 있고, 그 다음 '연

상적 상상력'이 있다. 이것들은 심상(Bild)을 다시 불러내거나 서로 연합하는 능력이다. 이런 두 가지 상상력에 이어서 나오는 "세번째 단계는 지성이 자신의 보편적 표상을 특수한 심상과 동일한 것으로 놓고, 그리하여 그 보편적 표상에 어떤 심상적 현존성을 부여하는 상상력이다. 이러한 감성적 현존재는 상징과 기호라는 이중의 형식을 띠며, 때문에 이 세번째 단계는 상징화하는 상상과 기호를 만드는 상상을 포괄한다. 이 마지막 상상이 기억으로의 이행을 형성한다."[5]

여기서 상징화하는 상상은 상징을 만들어낼 뿐 아니라 비유하고 시를 짓는 능력, 예술적 상상 일반을 의미한다. 이 상징적 상상은 보편적 표상(이념)과 특수한 심상을 종합하는 활동이지만, 이 종합 혹은 통일은 어떤 '화학적' 통일에 이르지 못한다. 상징에 의한 "그러한 통일은 다만 보편적 표상이 심상을 지배하는 실체적 권력으로서 자신을 실증하고 확증하는 방식으로 실현된다. 우연한 심상을 자신에게 굴복시키고 자신을 심상의 영혼으로 만드는 방식으로 실현되는 것이다. 다시 말해서 보편적 표상이 심상 속에서 대자적으로 되고 자기 자신을 상기하며 자기 자신을 현시하는 방식으로 실현된다"(Hegel 1970, 456절). 그러나 이러한 지배관계에도 불구하고 심상의 형식은 여전히 우연하고 특수한 것으로 남아 있으며, 그 우연성과 특수성 안에서 보편적 표상을 제약한다. 때문에 상징적 상상 안에서 보편적 표상과 관계하는 지성의 활동은 아직 상대적이고 주관적인 상태에 머물러 있을 수밖에 없다. 심상으로 매개된 상징적 상상은 대자적이되 주관적이며, 자유롭되 상대적으로만 자유롭다.

이런 상징적 상상의 제약을 극복하기 위해서 상상력은 상징을 산출하는 대신 기호를 산출해야 한다. 상징적 심상은 이념에 대해 아직 외면적이

---

5) Hegel, Georg Wilhelm Friedrich (1970) *Enzyklopädie der philosophischen Wissenschaften im Grundrisse*, 전집 10권, Frankfurt am Main: Suhrkamp, 3부 455절. 번역은 빌헬름 프리드리히 헤겔(2000) 『정신철학』, 박구용·박병기 옮김, 울산: 울산대학교출판부 참조.

다. 양자는 아직 간접적 매개의 관계에 놓여 있다. 그 외면적 심상에서 이념은 대자적으로만, 다시 말해서 주관적으로만 자기 자신을 확증한다. 그러나 기호는 이념에 대해 직접적인 관계에 있다. 거기서 이념은 자기 자신을 즉자대자(卽自對自)적으로, 객관적으로 확증할 수 있다. 왜 그런가? 기호는 보편적 표상이 "자의적으로 선택한 소재"이기 때문이다. 이념은 그 감성적 소재에 의해서 매개되거나 구속될 필요 없이 자신을 드러낼 수 있다. 그러므로 "기호는 위대한 것으로 간주하지 않으면 안된다. 지성이 어떤 것을 기호화할 때, 지성은 직관의 내용과는 관계를 끊고, 그 감성적 소재에 낯선 의미를 혼(魂)으로서 부여한다"(Hegel 1970, 457절).

기호의 위대성은 지성으로 하여금 자의적으로, 다시 말해서 그것의 질료적 소재와 무관하게 활동하도록 허락한다는 데 있다. 상징적 형식은 지성의 직관을 구속하고 그 내용 자체를 제약한다. 상징적 직관이 지성의 직관을 대신하거나 변형하는 것이다. "이에 반하여 기호의 경우, 직관 자신의 내용과 직관에 의해 기호화된 내용[의미, 보편적 표상]은 서로 아무런 관계도 없다"(Hegel 1970, 458절). 기호를 사용할 때 지성은 감성적 직관의 질료적 구속성에서 벗어나 자유롭게 사유할 수 있다. 그것은 기호에서 기표와 기의의 관계는 전적으로 자의적이기 때문이다. 이런 자의성에 힘입어 지성은 기표 차원에서 성립하는 "직관의 직접적이고 본래적인 내용을 지우고, 이 직관에다 다른 내용을 의미와 혼으로서 부여"한다. "기호는 직관이 그 자체로서 갖는 것과는 전혀 다른 내용을 표상하는 직접적 직관이다. 즉 기호는 낯선 혼을 옮겨 보존하고 있는 피라미드이다"(Hegel 1970, 458절).

기호의 자의성(恣意性), 이것은 현대 기호학의 창시자 쏘쒸르가 자신의 기호 개념을 정의할 때 "제1의 원칙"으로 내세운 것이었다(페르디낭 드 쏘쒸르 1990, 86면). 그러나 쏘쒸르적 자의성은 헤겔적 자의성에 비교할 때 전도된 의미를 지니고 있다. 왜냐하면 헤겔은 기의가 기표로부터 자유롭다는 것을 강조하고 있다면, 쏘쒸르는 기표가 기의로부터 자유롭다는 것을 천명하고 있기 때문이다. 즉 자의적이라는 "이 말은 기표가 화자의 자유로운 선택에 의존한다는 의미로 이해되어서는 안된다. (…) 우리가 지적하고자 하는 것은, 기표가 필연적 '이유가 없다'(immotivé)는 점, 다시 말해서 기의에 대해 자의적이며, 기의와는 현실 속에서 아무런 자연적 관계도 없다는 점이다"(페르디낭 드 쏘쒸르 1990, 87면).

기호와 상징의 관계에 대해서도 헤겔과 쏘쒸르는 서로 유사하면서도 어긋나는 관점을 취한다. 이미 말한 것처럼 기호가 상징보다 우월한 직관의 형식, 위대한 직관의 형식이라는 것이 헤겔의 생각이다. 그 위대성은 자의성에 있다. 상징에서보다 기호에서 기표와 기의의 관계가 훨씬 더 자의적이라는 것이다. 마찬가지로 쏘쒸르도 상징과 기호를 자의성의 정도에서 구별한다. "언어적 기호, 좀더 정확히 말하자면 우리가 기표라고 부르는 것을 지칭하는 데 상징이란 낱말이 쓰여왔다. 이것은 인정하기 곤란한데, 그 이유는 바로 우리가 규정한 제1원칙 때문이다. 즉 상징은 비어 있지 않는바, 기표와 기의 간에 얼마간의 자연적 결합이 있다. 정의의 상징인 저울은 아무것으로나, 가령 마차 따위로 대체할 수 없을 것이다"(페르디낭 드 쏘쒸르 1990, 86면). 상징적 기표와 기의는 어떤 자연적 결합관계에 있고, 이 점에서 상징은 기표와 기의의 관계가 전적으로 자의적인 기호와 구별된다.

이때 눈여겨봐두어야 할 대목은 '상징은 비어 있지 않다'는 대목이다. 이는 상징적 기표가 어떤 자연적 결합에 구속되어 있어서 필연적으로 기의에 대한 직관을 수반한다는 것을 뜻한다. 반면 기표와 기의가 전적으로 자의적인 관계에 있는 기호는 비어 있다. 기호의 경우 기표는 그 자체로서 기의에 대한 어떠한 직관도 필연적으로 수반하지 않는다. 헤겔이 쏘쒸르와 다른 것은 이 점 때문이다. 헤겔에 따르면 기호는 언제나 직관적이다. "기호는 좀더 참된 형태의 직관", 다시 말해서 "어떤 지양 위에 있는 직관"이다(Hegel 1970, 459절). 직관은 의미가 현전하는 형식이다. 지양된 직관, 좀더 참된 형태의 직관이라는 것은 그것이 감성적 직관을 극복한 지성적 직관임을 뜻한다. 기호는 정신적 의미를 직관하는 형식이지만, 그 의미의 직관 속에서 대상에 대한 감성적 직관은 부정되어 있다. 말하자면 말은 사물의 살해자인 것이다. 그런데 대상에 대한 감성적 직관은 공간성을 띤다. 반면 그것을 부정·극복한 직관형식인 기호는 시간성을 띤다. 기호는 "곧 소리이고, 자기를 알리는 내면성의 충만한 발현"이다(Hegel 1970, 459절). 음성언어 또는 목소리가 헤겔적 의미의 기호인 것이다. 헤겔의 이런 기호관은 상형문자에 대한 비판으로, 그리고 라이프니츠의 보편문자에 대한 비판으로 이어진다.

이 비판에 따르면, 상형문자는 표상을 표시하되 공간적 형태를 통해서 표시하며, 이 점에서 목소리 자체를 기호화하는 표음(表音)문자와 구별된다. 표음문자는 음성언어가 지니고 있는 기호(낱말)를 단순한 요소로 분해해서 그것을 기호화한다. 반면 상형문자는 음성 이전에 있는 표상을 분석하여 단순한 요소를 추출하고 그것을 기호화한다. 이런 상형문자의 대표적 사례는 중국문자[漢文字], 팔괘(八卦), 대수적 기호, 라이프니츠의 보편문자 등이다. 헤겔은 이런 상형문자의 대변자로 라이프니츠를 지목하여 혹독하게 비난한다. 라이프니츠는 표음문자보다 상형문자가 더욱 보편적이고 완전한 언어임을 확신했고, 그런 믿음에서 보편문자를 구상했다. 뿐만 아니라 두 가지 원소기호(단순한 직선과 나누어진 선)로 모든 표상을 재구성하는 중국의 팔괘를 표음문자보다 우월한 것으로 간주했다.

헤겔은 이런 라이프니츠의 생각이 어떤 정체된 철학에 근거하거나 오성적 차원의 미혹에 연유한다고 본다(Hegel 1970, 459절). 이런 평가는 기호가 정신적 내용에 대한 직관의 형식이라는 믿음에 근거한다. 헤겔은 시간성을 띤 음성언어를 정신적 내면성이 외면화되는 형식으로, 따라서 음성적 기호를 다시 기호화하는 표음문자를 지성적 표기법으로 간주한다. 반면 공간적 직관의 형식인 상형문자나 대수적 상징은 지성에 외재적인 표기법으로 분류한다. 이런 관점에서 보면 라이프니츠의 언어관은 잘못된 것일 수밖에 없다.

이런 헤겔의 비판에도 불구하고 오늘날 기호와 상징에 대한 이해는 점점 더 라이프니츠 쪽으로 기울고 있다. 라이프니츠적 의미의 기호와 상징은 음성과 목소리의 모사적 재현이 아니다. 기의에 대한 모사적 재현도 아니며, 헤겔이 오해한 바와 같이 표상에 대한 재현은 더욱 아니다. 기호의 두 측면, 기표와 기의의 관계는 전적으로 자의적이다. 자의적일 뿐 아니라 분리되어 있기까지 하다. 음성에서 해방된 기표, 기의 없는 기표, 순수 기록이라는 점에서 기호와 상징은 서로 구분되지 않는다. 상징은 소리 없는 기호이자 의미 없는 기호이다. 상징은 비어 있다. 그것이 의미를 지닌다면, 그 의미는 상징보다 먼저 있는 것이 아니다. 다만 그것은 상징이 특정한 관계의 계열 안에서 차지하는 위치와 기능에 있다.

현대의 형식과학을 통해서 계승되고 있는 이런 라이프니츠의 상징 개념은 쏘쒸르 이후의 (탈)구조주의자들(라깡, 데리다, 바르뜨, 보드리야르 등)의 기호 개념으로 이어진다. 그러나 이런 계승의 역사 속에서 먼저 주목해야 할 것은, 그 계승이 동시에 어떤 상실을 초래한다는 사실이다. 상실되는 것, 그것은 상징과 기호의 구분이다. 구조주의시대에 이르러 이런 구분이 사라지는데, 이는 특히 레비스트로스와 라깡에게서 두드러진다. 이들은 언어를 포함하여 의미작용을 하는 모든 것을 상징이라는 말로 집약한다. 기호라는 말보다 더 포괄적인 용어로서 상징이란 말을 사용하고 있는 것이다.

5. 상징과 문화

칸트를 중심에 놓을 때 낭만주의와 (탈)구조주의는 상호 대척점에 자리하고 있는 것처럼 보인다. 낭만주의는 칸트의 금기를 깨고 상징에 독특한 인식론적 가치와 존재론적 권리를 부여하였다. 상징을 비표상적이고 대상화 불가능한 이념적 사태가 직접적으로 현시하는 사태로 규정한 것이다. 이는 상징 개념의 내포적 확장이라 평가할 수 있다. 반면 (탈)구조주의는 상징 개념의 외연적 확장을 수반한다. 상징과 구분되는 것들, 가령 도식·알레고리·기호·언어·연산식 등이 모두 상징의 범주 안에 귀속되는 것이다.

이런 (탈)구조주의적 상징 개념으로 가는 길목에 서 있는 철학자가 카씨러이다. 이 '상징적 형식'의 철학자에 의해서 라이프니츠적 의미의 상징과 칸트-헤겔적 의미의 상징이 하나로 엮인다. 카씨러는 현대 자연과학과 형식과학의 인식론적 함축을 읽어내기 위해서 라이프니츠의 상징 개념을 재해석하는 한편, 다양한 문화적 현상을 인식론적 관점에서 체계적으로 비판하기 위해서 칸트-헤겔적 상징 개념에 의존한다.

카씨러에 따르면, 라이프니츠적 상징 개념의 현대성은 "모사이론의 극복"에 있다(Cassirer 1974, 168면 이하 참조). 라이프니츠 이후, 특히 현대 자연과학과 형식과학에서 인식은 더이상 이미 완결된 형태로 존재하는 대상의 모방이나 재현적 모사가 아니다. 가령 지각은 더이상 대상의 질료적 내용에 대한 재현이 아니다. 다만 그 내용을 구성하거나 산출하는 관계, 요소들 사이의 형식적 관계가 지각의 상관항이다. 이러한 생각은 라이프니츠의 미적분이나 보편문자의 이념을 통해서 명확히 표현되고 있다. 미적분에서 문제가 되는 것은 대상의 크기 자체가 아니라 그 크기를 낳는 함수적 관계이다. 측량은 사물 자체에 대해서 성립하는 것이 아니라 그 사물이 놓여 있는 대수적 관계에 대해서 성립한다. 이 대수적 관계가 라이프니츠적 의미의 상징적 관계이다. 라이프니츠가 계획했던 보편문자는 모든 경험적 사태가 있기 위해서 먼저 있어야 하는 상징적 질서, 보편적이고 선험적인 문법이다. 여기서 각각의 경험적 사태는 그 문법을 통해서 기술되는 서로 다른 관계적 질서의 효과에 불과하다. 따라서 각각의 관념이나 개념이 지닌 진정한 의미는 대상의 유(類)적 통일성이나 종(種)적 통일성에 있는 것이 아니다. 그 의미는 다만 대상의 관계적 통일성에 있다. 그리고 그 통일성은 대수적으로, 다시 말해서 상징적으로 표현된다. 요컨대 "사실의 논리"는 "기호의 논리"에 종속되어 있거나 그와 하나를 이룬다(Cassirer 1973a, 18, 69면 이하).

코페르니쿠스적 혁명이라 불리는 칸트의 발견 또한 모사이론의 극복이라는 관점에서 평가되어야 할 것이다. 그 발견은 의식의 본성에 대한 새로운 통찰이다. 그 통찰에 따르면 의식은 그 자체로 존재하는 형상을 심상으로 재현하지 않는다. 오히려 형상과 심상을 자유롭게 구성(bilden)한다는 데 의식의 원초적 본성이 자리한다. 칸트의 인식론에서 이런 의식의 구성적 활동을 인도하는 가장 중요한 원리는 도식이다. 도식은 의식이 상상력을 통해 스스로 생산하는 선험적 모노그램, 곧 어떤 선험적 기록이다. 의식은 이 선험적 기록을 생산하는 한에서만 수동적으로 주어진 감각자료를 능동적으로 조직할 수 있다. 감성적인 동시에 오성적인 이 도식이 없다면 감각적 내용에 대한 선천적 개념의 적용이 불가능한 것이다.

카씨러는 인간의 인식론적 활동만이 아니라 모든 의미생산 활동에는 그런 칸트적 의미의 도식이 요구되고 있다고 보고, 따라서 모든 문화적 현실은 그런 도식을 바탕으로 형성되고 있음을 강조한다. 그리고 각각의 문화적 현실의 기초에 있는 서로 다른 종류의 도식들을 한데 묶어 상징적 형식이라 부른다. 칸트는 상징과 도식을, 헤겔은 상징과 기호를 구분했지만, 이런 구분은 카씨러의 상징적 형식에 이르러 무의미해진다. 수동적으로 주어진 감성적 내용에 정신적 의미를 부여하는 의식의 모든 형식적 활동과 힘이 상징적이라 규정되기 때문이다. "상징적 형식이란 말을 통해서 이해되어야 하는 것은 정신들이 가지고 있는 각각의 힘, 즉 어떤 정신적 의미내용을 하나의 구체적이고 감성적인 기호에 결합하고 이 기호에 내면화하는 정신적인 힘이다"(Cassirer 1976, 175면).

앞에서 지적했던 것처럼, 카씨러는 사실의 논리와 기호의 논리가 하나를 이룬다는 사실을 발견했다는 점에서 라이프니츠의 위대성을 찾는다. 현실적 대상은 의식에 직접적으로 주어지는 것이 아니라 의식에 의해 구성된다면, 그러한 구성은 언제나 특정한 종류의 기호에 의해 매개된다는 것이 라이프니츠를 읽는 카씨러의 생각이다. 이는 인간의 정신이 기호의 존적임을 말한다. 기호의 도움이 없다면 정신은 창조적이고 생산적인 활동을 펼쳐갈 수 없을 뿐 아니라 정신의 활동 자체가 분절화된 형태를 취할 수 없다(Cassirer 1973a, 42면). 정신의 본성은 기호를 만들고 그 기호에 의미를 내면화하는 활동적 형식, 상징적 형식에 있다.[6]

이런 상징적 형식에 의해서 생산되는 것은 단지 인식론적 의미의 인식에 그치지 않는다. 그것은 정신적 의미가 수반되는 모든 문화적 현상에 이른다. 따라서 상징적 형식의 철학은 문화철학으로 확장될 수밖에 없다. 문화철학으로 변모하는 상징적 형식의 철학은 헤겔의 정신현상학을 방불케 한다. 왜냐하면 정신의 유형학이자 문화의 유형학을 의도하기 때문이며, 각각의 정신-문화의 유형들 사이에서 어떤 내재적 발전의 논리를 찾기 때문이다. 이런 현상학적 서술은 궁극적으로 라이프니츠적 의미의 보편문법, 다시 말해서 모든 문화적 현상의 기초에 놓여 있는 "상징 기능의 문법"(Cassirer 1973a, 19면) 또는 "보편적 문화문법"(Cassirer 1976, 22면)으로 향한다.

---

6) 카씨러에게서 상징과 기호는 같은 의미를 지니며 언어·이미지·숫자·제스처·개념 등을 모두 포괄적으로 지칭한다. 감성적인 것을 통해서 어떤 정신적 의미가 지시되거나 표현되고 있다면 어느 것이나 상징 혹은 기호이다. Cassirer, Ernst (1975) *Philosophie der symbolischen Formen III*, Darmstadt: Wissenschaftliche Buchgesellschaft, 109면 참조.

카씨러는 상징의 기능이나 형식을 크게 세 가지 유형으로 나눈다. 표현 (Ausdruck)의 기능, 직관(Anschauung)과 재현(Darstellung)의 기능, 그리고 순수한 의미작용(reine Bedeutung)의 기능이 그것이다. 이 세 가지 상징의 기능은 서로 위계를 이루는, 그래서 각기 다른 문화의 영역을 형성하는 힘 이다. 상징이 표현적으로 기능할 때는 신화와 예술이, 재현적으로 기능할 때는 언어가, 그리고 순수한 의미작용의 기능에 이를 때는 과학이 성립한 다. 이 세 단계의 발전과정을 통해서 상징은 그 성격을 달리한다. 표현, 재 현, 순수한 의미작용은 서로 다른 형태의 상징작용이다. 그러나 이러한 차 이는 양태적 차이에 불과하다. 근본에 있어서 상징은 언제나 동일한 본성 을 지닌다. 상징이 본래의 근본적 속성을 남김없이 드러내는 것은 순수한 의미작용의 기능에 이를 때, 즉 과학의 영역에서이다. 그 이전 단계에서 상징의 근본적 속성은 잠재적으로 남아 있거나 부분적으로만 드러난다.

가령 상징이 표현의 기능을 수행하는 신화와 예술의 영역에서는 기표 와 기의, 상징하는 것과 상징되는 것은 서로 구별되지 않는다. 신화의 세 계에서 이미지는 어떤 사태나 본질을 대리하는 것이 아니다. 오히려 이미 지가 사태나 본질 자체이다(Cassirer 1973b, 52면; Cassirer 1975, 81면 참조). 가령 천둥은 신의 노여움을 표시하는 어떤 외적 기호로 그치는 것이 아니라 그 자체가 신의 노여운 목소리다.

표현의 기능 다음에는 직관과 재현의 기능이 있다. 이 상징적 재현의 기 능은 일상적 언어의 세계에서 성립한다. 인간의 자연적 세계는 언어라는 독특한 상징적 질서에 의해서 조성되고 있으며, 이 언어적 상징은 재현적 기능을 본성으로 한다. 이 재현적 기능에 힘입어 의식은 감성적으로 주어 진 잡다한 내용을 어떤 통일된 표상의 세계로 재구성한다(Cassirer 1973a, 35 면). 이 통일된 표상의 세계에는 어떤 중심이 있으며, 이 중심적 표상에 의 하여 모든 개별적 표상들이 조직된다. 이 조직화는 하나의 원환을 이룬다 (Cassirer 1975, 165면). 중심적 표상은 부단한 의식의 흐름 속에서 변하지 않는 현상, 어떤 지속적 현상을 대신하고, 그것은 실체 혹은 사물로서 지칭된다. 반면 변화하는 현상들은 이 실체적 사물의 속성으로 분배된다. 언어적 재현의 질서는 감성적으로 주어진 인상들을 실체(사물)–속성의 관계로 재구성한다.

마지막으로 상징은 순수한 의미작용의 기능에 이른다. 이것은 과학의 영역에서 실현된다. 순수한 의미작용의 기능을 보여주는 상징적 형식으로 들 수 있는 사례는 프레게, 뻬아노, 데데킨트, 러쎌 등의 수학이론에서 제시된 인공적 기호나 형식언어다. 이런 형식언어가 역사적으로 라이프니츠의 보편문자의 이념에서 유래한다는 것은 새삼 다시 강조할 필요가 없을 것이다. 카씨러에 따르면, 이런 형식언어에 이르러 상징은 본연의 순수한 기능을 드러낸다.

이런 순수한 의미작용에 도달하기 위해서 인간은 먼저 자연언어의 한계를 넘어서야 했다. 자연언어는 어떤 '상징적 이념화'를 통해서 이 세계를 통일된 관점에서 파악할 수 있는 길을 열어놓았다. 또한 시공간적으로 분리된 다양한 현상들을 하나의 실체나 주체와 관련지어 재구성하고, 이로써 그것들을 손쉽게 분류·재인(再認)하는 길을 열어놓았다(Cassirer 1975, 126면). 그럼에도 불구하고 자연언어에 의해 구성된 질서는 모방과 모사, 유비의 질서에 그친다(Cassirer 1975, 483면). 그것은 다양한 개별자들을 포섭하는 유(類)의 통일성에 의해 성립되는 질서이다. 유적 실체를 중심으로 한 모사와 유비의 질서인 것이다. 반면 순수한 의미작용의 기능을 본성으로 하는 상징적 질서는 순수한 관계의 질서이다. 여기서는 유의 통일성을 대신해서 관계의 통일성이 질서형성의 원리가 된다(Cassirer 1975, 348면).

자연언어가 모사와 유비의 질서에 머문다면, 이는 그것이 근본적으로 직관적 사물표상을 뛰어넘지 못하기 때문이다(Cassirer 1973a, 186면). 순수한 의미작용의 기능에 도달한 상징에 힘입어 인간은 직관적 사물표상에서 벗어난 질서, 순수한 관계적 질서의 도식을 획득한다. 가령 우리는 '구십

구각형'을 직관할 수 없지만 그것을 개념적으로 이해할 수 있다. 마찬가지로 우리는 자연적 직관을 벗어난 순수한 관계적 질서를 생각할 수 있고, 이는 대수적 상징과 같은 새로운 종류의 기호 덕분이다. 이 새로운 종류의 상징적 형식에 힘입어 직관적으로 표상할 수 없는 순수한 의미작용의 세계로 진입할 수 있는 것이다. 이 순수한 의미작용의 세계는 '탈질료화'를 거친 추상적 개념의 질서이다. 이런 새로운 상징적 질서 안에서는 어떤 것도 자율적으로 존재하거나 자족적인 의미를 지닐 수 없다. 다만 어떤 계열 안에서 차지하는 위상학적 위치와 기능에 따라 그 의미를 배당받을 뿐이다. 여기에는 실체는 없고 함수적 가치만 있다. 그러나 이 탈질료화된 관계적 질서는 질료적 내용의 표상이 생성되기 위한 선험적 조건을 표시한다. 경험적 현상은 이 선험적 질서를 통해서만 정당화될 수 있다.

6. 상징의 전후

라이프니츠적 상징 개념과 칸트–헤겔적 상징 개념을 종합하는 카씨러의 철학은 여러가지 점에서 그 이후 전개될 상징 개념의 역사에 영향력을 행사하고 있다. 첫째, 상징 개념에 대한 체계적 연구와 비판의 필요성을 제기했다는 점에서 그렇다. 카씨러는 상징이 여러 형태와 기능을 지니고 있음을 강조했고, 그런 여러 유형의 상징들 사이에 유지되고 있는 관계를 탐구했다. 상징에 대한 이런 포괄적이고 체계적인 접근은 영미분석철학의 전통에 서 있는 굿맨에 의해 계승되고 있다. 둘째, 카씨러는 상징의 분류에 기초해서 여러가지 문화적 영역들을 변별했다. 각각의 문화적 영역의 밑바닥에 서로 다른 유형의 상징이 놓여 있다는 통찰에서 출발하는 상징적 형식의 철학은 문화에 대한 인식론적 비판을 의도한다. 상징에 대한 연구에서 문화의 형성원리를 찾을 수 있다는 이런 생각은 레비스트로스유의 구조주의를 통해서 이어지고 있다.

사실 레비스트로스 그리고 그에게 영향받은 라깡은 카씨러처럼 상징이란 말을 폭넓게 사용하고 있으며, 인간의 사고와 문화가 상징적 질서에 따라 조직된다는 믿음을 카씨러와 공유한다. 이 두 구조주의자에게 문화적 현실은 여러 종류의 상징적 체계들로 이루어져 있으며, 이 상징적 체계들이 문화적 현실의 뼈대이다. 이런 유사성을 생각할 때 강조해야 할 것은, 카씨러는 구조주의자가 아님에도 불구하고 이미 구조주의적 인식론에 도달했다는 사실이다. 카씨러는 현대 자연과학과 형식과학에 대한 철학적 비판을 통해서 구조주의적 인식론을 선취했다.

가령 레비스트로스가 구조주의의 특색을 설명할 때, 우리는 거기서 카씨러의 개념론('개념은 관계의 개념이다')이나 상징 개념(순수한 의미작용 기능에 도달한 상징)을 해설하고 있다는 인상을 받을 수 있다. 레비스트로스는 자신에게 영감을 주었던 뜨루베쯔꼬이의 음운론이 갖는 일반적 특징을 다음과 같이 해설한다. "첫째, 이 음운론은 '의식적인' 언어학적 현상에 대한 연구에서부터 그것의 '무의식적인' 하부구조에 대한 연구로 이행한다. 둘째, 이 음운론은 각각의 항들을 독립적인 개체로 취급하기를 거절하고 대신 이 항들 사이의 '관계들'을 분석의 근본으로 삼는다. 셋째, 이 음운론은 체계의 개념을 도입한다. '현행의 음운론은 음소들이 언제나 어떤 체계의 구성원임을 선언하는 데 그치지 않고 구체적인 음운론적 체계들을 보여주고 그 체계들의 구조를 명시적으로 드러낸다.' 마지막으로 이 음운론은 '귀납을 통해서든 논리적 연역을 통해서든' '일반적 법칙'의 발견을 의도하는데, '이렇게 발견된 법칙들이 그 체계에 어떤 절대적 성격을 부여한다'"(Lévi-Strauss 1958, 40면).

카씨러가 문화의 선험적 구성원리를 찾았다면, 구조주의는 문화의 무의식적 구성원리를 찾는다. 의식적 경험이 성립하기 위해서 먼저 있어야 하는 것, 그것은 때로는 선험적인 것으로 때로는 무의식적인 것으로 불린다. 이 선험적인 것과 무의식적인 것은 카씨러에게서든 구조주의자에게서든 언제나 상징적 질서이고, 이 질서는 관계적 사태이다. 그것은 어떤 순수한 형식적 질서이며, 여기서 직관적 내용과 질료는 사상(捨象)되어 있다. 학문적 탐구는 이 탈질료화된 관계적 형식을 지배하는 일반적 법칙의 발견을 의도한다. 위의 인용문의 세번째 대목이 말하는 것처럼, 구조주의는 각각의 항이 어떤 계열이나 체계에 속한다는 것을 말하는 데 그치지 않고 그 체계의 구조 자체를 명시적으로 드러내는 데 주안점을 둔다. 구조 자체에 대한 이런 관심에서 구조주의는 카씨러의 인식론과 구분되지만, 이 철학자가 궁극적으로 의도했던 '보편적 문화문법'은 구조주의적 의미의 구조와 크게 다르지 않을 것이다. 그러나 카씨러가 여러 상징적 체계들이 어떤 위계를 이룬다고 본다면, 구조주의는 그 상징적 체계들이 적어도 위계적 질서를 이룬다고 보지는 않는다. 특히 구조의 공시성을 강조하는 구조주의적 관점에서 상징적 체계가 어떤 단선적 발전경로를 거치면서 형태변화를 겪는다는 생각은 받아들이기 어려울 것이다.

이런 차이에도 불구하고 카씨러의 상징이론은 구조주의와 그 이후의 사상사를 규정하는 중요한 주제에 대해 결정적인 시사점을 제공하고 있다. 그것은 무의식이라는 주제이며, 특히 그것이 전통적 의미의 선험성과 맺고 있는 관계가 문제이다. 일단 구조주의자는 어떤 형식주의로서, 무의식을 어떤 탈질료화된 상징적 질서로 파악한다는 점에 주목하자. 가령 레비스트로스에 이르러 "무의식은 개인적 특수성이 피신해간 말할 수 없는 도피처이기를 그친다. 무의식은 우리들 각각을 어떤 대체 불가능한 존재자로 만들어주는 어떤 역사의 저장장소가 아닌 것이다. 무의식은 어떤 항으로 환원되며, 이 항을 통해서 우리는 어떤 기능을 표시한다. 즉 그것은 상징적 기능이며, 확실히 각별한 종류의 인간적 기능이다. 그러나 이 상징적 기능은 모든 인간들에게서 동일한 법칙에 따라 행사되며, 실제로 이 법칙들의 집합으로 귀착한다"(Lévi-Strauss 1958, 224면).

무의식이 상징적 기능의 법칙으로 환원된다는 점을 강조할 때 레비스트로스는 융과 반대편에 서고 있다. 융에 따르면, 상징은 무의식을 내용으로 한다. 무의식적인 것은 어떤 언표 불가능한 사고내용을 뜻하며, 마찬가지로 상징적인 것은 그런 기억되지 않는 내용의 표현이다. 반면 레비스트로스, 그리고 그 이후의 라깡은 무의식을 그 내용적 측면에서 파악하는 태도를 비판한다. 무의식은 어떤 형식적 질서이다. 의식적 차원의 사고내용을 구성하는 형식적 질서인 것이다. 그것은 마치 칸트의 선험적 원리가 어떤 내용을 담은 표상이 아니라 표상이 성립하기 위해서 먼저 있어야 하는 형식적 규칙인 것과 같다.

레비스트로스는 이런 형식주의적 관점에서 무의식을 재정의하기 위해서 그것을 잠재의식(subconscient)과 구분한다. 이 구분에 따르면, 잠재의식은 어떤 기억과 회상의 저장소이자 역사 속에서 침전된 이미지의 저장소, 다시 말해서 어떤 내용이 들어 있는 장소이다. "반대로 무의식은 언제나 비어 있다. 더 정확히 말하자면 그것은 이미지들과는 무관한데, 이는 마치 위장이 그것을 지나쳐가는 음식물에 무관한 것과 같다"(Lévi-Strauss 1958, 224면). 다른 비유를 들자면, 잠재의식은 우리들 각자가 개인적 역사 속에서 축적해온 어휘들의 집합소, 다시 말해서 일종의 어휘사전이다. 그러나 이 어휘들을 어떤 법칙에 따라 조직해 담론의 형태로 만들어주는 것은 무의식이다. 잠재의식이 어휘사전이라면 무의식은 문법적 구조인 것이다. 그리고 당연히 어휘보다 구조가 훨씬 더 중요한데, 그것은 상징적 기능이 수행되는 것은 바로 구조에 의해서이기 때문이다. 무의식적 구조가 없다면 잠재의식의 내용은 아무런 의미도 지니지 않는다(Lévi-Strauss 1958, 225면).

무의식을 상징적 기능과 연계된 형식적 구조로 파악하는 이런 레비스트로스의 태도는 라깡에게 이어져서 더욱 정교한 정신분석이론으로 발전한다. 문제는 이 과정에서 상징의 개념이 다시 한번 변화된 모습을 띠게 된다는 데 있다. 그것은 다음과 같이 몇가지 관점에서 정리해볼 수 있다.

첫째, 상징 혹은 기호는 철저하게 의미론적 차원을 벗어나 통사론적 차원에서 이해된다. 의미론은 상징 혹은 기호의 양면을 이루는 기표와 기의의 관계를 문제삼는다. 반면 통사론은 기표와 기표 사이의 관계를 문제삼는다. 라깡은 쏘쒸르와 달리 기호를 '기의 없는 기표'로 보았고, 기표와 기의의 결합에 의한 의미작용(signification)을 대신하여 기표와 기표의 연쇄적 결합으로 일어나는 의미화(signifiance)에 주목하였다. 라깡에 이르러 상징 혹은 기호는 기의로부터 독립되어 자율적으로 의미를 생산하는 순수한 기표로 탈바꿈된다. 굳이 분류하자면, 이런 라깡의 상징은 라이프니츠적 계보의 끝에 있다.

둘째, 상징 혹은 기호는 의미론적 차원을 벗어나는 동시에 화행론(話行論)적 차원까지 빗어난 곳에 존재한다. 화행론은 기호와 그것을 사용하는 주체의 관계를 묻는다. 그러나 라깡에 의하면 기표의 운동은 주체의 통제를 벗어난다. 기표의 운동은 기의로부터 자유로운 동시에 주체로부터 자유롭다. 자신의 고유한 법칙(은유와 환유)에 따르는 기표의 운동은 자율적으로 의미를 생산하되 주체를 생산한다. 무의식적 주체는 자율적으로 운동하는 이 기표적 질서의 산물이다. 무의식적 주체는 인간이 특정한 연쇄운동 속에 놓인 기표적 질서에 들어가면서 발생한다. 무의식적 주체는 상징적 질서의 부산물이고, 그런 의미에서 그 주체는 외부에, 상징계(le symbolique)에 존재한다. 우리는 이 점에서 라깡의 상징적 질서를 카씨러의 상징적 형식의 전도로 평가할 수 있다.

셋째, 상징적 질서가 필연적으로 무의식적 주체를 생산한다면, 이는 이 질서가 불완전하기 때문이다. 상징적 질서는 수미일관하고 닫혀진 체계가 아니다. 라깡이 대타자라 부르기도 하는 이 체계의 중심은 비어 있거나 역설과 모순으로 차 있다. 기표의 질서를 정초하는 듯한 중심은 기의 없는 기표(아버지의 이름, 부명父名), 혹은 부재의 기표(A), 혹은 욕망의 기표

(팔루스 기표), 혹은 기표가 아닌 어떤 대상, 즉 환상의 대상(objet *a*)이다. 상징계 안의 기표운동은 상징계 자체의 이 불완전성 때문에 발생한다. 그 불안전성을 메우거나 지연시키려는 불가능한 시도에서 성립하는 것이다. 무의식은 이 대타자의 불완전성이 주체에게 유발하는 욕망이다. 그것은 기표의 운동에 종속된 욕망이지만, 그 욕망은 결코 채워지는 법이 없다. 따라서 상징계 안의 주체는 분열되어 있다(S).

넷째, 상징적 질서는 다른 두 종류의 영역과 공존한다. 그 두 영역은 상상계(l'imaginaire)와 실재(le réel)라 불린다. 상상계는 주체가 상징계에 편입되기 이전의 가상적 표상의 세계로서, 어린아이가 거울에 비친 자신의 상상적(이상적) 이미지를 실제의 자신으로 오인한다는 거울단계이론으로부터 추론된 질서이다. 착각과 오인의 세계인 상상계는 어린아이가 자신과 어머니를 하나로 간주하는 단계의 질서이며, 어른에게는 전적인 나르씨시즘의 세계이거나 실낙원 이전의 유토피아와 같은 구실을 한다. 이 상상계는 이미지에 의존하는 질서라는 점에서 카씨러의 신화적 세계와 유사하다. 상징계의 바깥으로는 상상계말고도 실재가 있다. 상징계가 언어적 상징을 통해 구성된 현실(언어적·문화적·제도적 현실)을 뜻한다면, 실재는 이 상징계로 환원되기 이전의 사태, 또는 상징계로 편입되기를 거부하는 잔여의 사태이다. 실재는 이 상징계를 불완전하게 만들거나 위험에 빠뜨린다.

이런 라깡의 상징 개념은 상징의 역사에서 독특한 지점을 표시한다. 무엇보다 특이한 것은 그것이 어떤 댓가에 대해서, 상징적 질서가 요구하는 댓가에 대해서 말한다는 데 있다. 라깡의 무의식이론에서 인간은 상징적 질서로 들어갈 때만 '정상적' 주체로 태어날 수 있다. 그러나 이 편입의 과정에서 주체는 '거세'를 감수해야 하고, 때문에 그것은 소외라 불린다 (Lacan 1966, 827면). 이때 거세는 생물학적 의미의 손실을 의미하지 않는다. 그것은 페니스에 대해 일어나는 것이 아니라 페니스로 비유되는 신체적 향락(jouissance)의 포기로서 일어난다. 이때 향락은 쾌락원칙을 넘어서는 무절제한 쾌락, 고통은 물론 죽음의 위험성을 동반하는 외설적 쾌락이다. 이 무한정한 쾌락을 포기하지 않는다면, 다시 말해서 거세를 받아들이지 않는다면 인간은 상상계에 남아 있거나 정신병에 걸리게 된다. 상징 혹은 언어에 예속될 때만 인간은 정상인으로 태어날 수 있고, 그 예속을 위해 우리는 먼저 신체에 대한 향락의 권리를 양도해야 한다.

누구에게 양도하는가? 그것은 당연히 상징·언어, 즉 기표의 질서이다. 주체가 포기한 향락은 주체 바깥의 기표의 질서에 집적되고 그 안에서 순환하게 된다. 이로써 언어는 언어 사용자 혹은 기표의 창조자와 무관한 독립적 기체가 된다. 라깡은 이런 소외의 효과를 맑스의 소외론을 끌어와 설명한다. 맑스에 따르면, 자본주의 체제 안에서 노동자는 자신이 생산한 잉여가치로부터 소외된다. 노동에 의해 생산된 잉여가치는 모두 자본가의 몫으로 돌아가는 것이다. 마찬가지로 상징계 안에서 말하는 주체는 스스로 생산한 잉여향락으로부터 소외된다. 주체가 새롭게 생산한 향락은 모두 상징적 질서 자체에 의해서 독점되는 것이다. 라깡적 의미의 상징계는 문화적 질서와 구분되지 않는다. 이 질서는 초개인적 실체성을 띠고 있으며, 그것의 지속적 존립기반은 말하는 주체에게 착취한 잉여가치, 잉여향락에 있다.

상징계 안으로 소외된 주체는 다시 분리의 과정을 겪고, 이 소외와 분리의 단계를 모두 통과할 때 진정한 주체가 성립한다. 라깡적 의미의 분리는 상징계 혹은 대타자로부터 분리된 대상(objet *a*), 다시 말해서 대타자 안의 어떤 상징화 불가능한 대상과 관계하는 사건이다. 이 대상은 상징계의 중심에 자리하며, 그 중심의 부재와 역설을 대신한다. 그것은 대타자 안으로 침입한 실재, 그 실재가 초래한 모순과 외상적 충격에 관계하기 위해서 주체가 선택하거나 스스로 생산한 부분 대상(목소리·시선 등)이다. 주체와 실재 사이에 있는 이 대상은 주체를 그 실재의 외상적 충격으로부터 보호하는 동시에 침입하고 있는 그 실재에 관계할 수 있도록 해주는 상상적 매개체이다. 이 대상에 힘입어 주체는 실재에 관계하되 거리를 두고 관계할 수 있다. 라깡은 이 대상을 '욕망의 대상-원인'이라고 부르기도 하는데 (Lacan 1973, 179면 참조), 이는 그것이 주체의 욕망을 야기하는, 그러나 과학적 인과성을 초월한 원인이기 때문이다. 이 대상은 욕망의 원인이되 결코 획득할 수 없는 대상, 소유 불가능한 대상이며, 욕동(慾動)이 그 주위를 끊임없이 맴돌고 있다. 그것은 어떤 리비도(libido)의 저장소이다. 분열된 주체는 이 대상 앞에 놓일 때 어떤 끝나지 않는 환상($ \mathcal{S} \diamond a $)에 빠진다. 그러나 이 환상의 공간은 상징적 질서의 현실이 다시 현상하는 틀, 그 현실이 정념적 색조를 띠고 다시 회집(會集)하는 틀이다.

  라깡의 정신분석에서 소외는 상징계에 대한 주체의 예속화 과정이다. 반면 분리는 그 예속화에서 벗어나는 과정, 사적 공간이 열리는 재주체화 과정이다. 이 재주체화 과정을 통해서 객관적 질서인 상징적 현실은 개인마다 서로 다른 의미를 지니면서 현상한다. 개인마다 서로 다른 음조와 정념 속에서 재현상하는 것인데, 그러한 재현상의 조건이 환상이다. 이 점에서 그것은 칸트의 도식에 견주어볼 만하다(Baas 1995, 59~67면 참조). 그런데 문제는 이 환상 속에서 주체의 욕망을 불러일으키는 대상에 있다. 이 대상을 통해서 주체가 관계하는 것은 상징계 안으로 침투하는 실재이다. 이 실재의 침입은 상징적 질서에 대해서는 파괴(무화 無化)와 기만(무의미화)을, 주체에 대해서는 외상적 충격과 죽음을 의미한다. 환상은 그런 침입에 마주하여 주체가 상징적 질서를 방어하고 재구축하는 공간이다. 그러므로 이 환상의 공간은 어떤 이중적 운동이 교차하는 지점이다. 상징적 질서가 이완되는 동시에 수축되는 장소인 것이다.

  상징적 질서는 어떤 간극을 그 중심에 두고 있으며, 그 중심의 간극을 통해서 어떤 이중적 짝운동 속에 있다. 상징은 짝짓기(결합)와 짝풀기(분리)의 이중운동을 통해 상징의 자격 자체를 획득한다. 이것이 이제까지 우리가 상징의 역사를 간략하게 재구성하기 위해서 취했던 기본적 인식이다. 확실히 라깡에 이르러 상징의 고전적 의미는 모호해졌지만, 이런 상징의 근본적 특징은 그 어느 경우에서보다 분명하게 드러나고 있다. 라깡의 상징적 질서는 어떤 내향적 일치를 추구하는 자동적 짝짓기의 운동에 놓여 있다. 그러나 그 중심은 심각한 균열을 겪고 있으며, 그 균열의 지점을 통해 그 질서의 바깥과 역설적으로 결합되어 있다. 그것이 역설적인 것은 외심성(extimité)을 띠기 때문이다(Lacan 1966, 165, 171면). 실재는 상징적 질서의 바깥이지만 이미 그 중심에 침투해 있다는 의미에서 외심적이다. 바깥이 안쪽의 안쪽으로 이어지는 이 외심적 관계는 주체와 상징계 사이에서(상징계는 주체의 바깥이면서 그 안에 있다), 그러나 무엇보다 실재와 상징계 사이에서 성립한다. 중요한 것은 바로 이러한 외심적 관계가 상징적 질서를 가능하게 하는 동시에 불가능하게 하는 유사선험적 조건이라는 점이다. 욕망하는 인간 또한 그런 외심적 관계가 만드는 간극 안에서 태어나며, 그 외심적 관계의 도구이자 증인으로 존재한다.

이 외심적 관계는 상징적 질서에 이중의 간극을 새겨놓는다. 그것은 먼저 상징적 질서의 내부가 안정된 체계로서 닫히는 운동, 그 내향적 일치의 운동을 유도하는 동시에 방해하는 간극을 남긴다. 다른 한편 그것은 상징적 질서와 그 바깥 사이에 외부환기적 지향운동을 유발하는 동시에 그런 외향적 일치를 보류시키는 간극을 만든다. 이 이중적 간극에 의해 상징적 질서는 닫히는 중에 있으면서 열리는 중에 있다. 바깥으로 노출되는 동시에 안쪽을 형성하고 있으며, 풀리고 있는가 하면 조여지고 있다. 이는 모두 상징적 질서의 안쪽에 대해 바깥이 유지하고 있는 외심적 관계에 의해 처음 초래된 운동이다.

상징의 주제를 통해서 궁극적으로 부딪히는 것은 어떤 사이공간을 남기는 짝짓기 운동이다. 이 짝짓기는 생식기관보다 먼저 있어야 하는 사태이다. 라깡은 이 원초적 사태를 외심성으로 명명했고, 이를 통해 상징적 간극의 깊이와 역동적 구조를 누구보다 탁월하게 설명한 셈이다. 이른바 탈구조주의에 속하는 철학자들, 가령 데리다가 추구했던 것도 결국 그런 상징적 간극의 깊이와 역동적 구조에 대한 설명이다(데리다는 그 구조를 기조stricture라 불렀다). 그러나 그런 상징적 간극을 표시했던 가장 오래된 그림, 그 간극을 가장 선명하게 그려내고 있는 상징은 태극도(太極圖)이자 그것이 옮기고 있는 『태극도설(太極圖說)』의 첫 문장일 것이다. "無極而 太極." 우리는 과연 이 문장 속에서 언명된 외심적 관계와 상징적 간극을 충분히 사유한 적이 있는가? 그 속에서 암시되고 있는 외심성의 역설을, 그 역설이 낳는 이중적 짝운동을 끝까지 따라간 적이 있는가? 조임과 풀림을 동시에 낳는 기조적 조화를 충분히 회상한 적이 있는가? 이것이 상징의 역사를 되돌아보면서 던지게 되는 또 하나의 물음이다.

참고문헌

Baas, Bernard (1995) *Das reine Begehren*, Wien: Turia Kant.

Benjamin, Walter (1974) *Ursprung der deutschen Trauerspiels*, 전집 I-1권, Frankfurt am Main: Suhrkamp.

Cassirer, Ernst (1973a) *Philosophie der symbolischen Formen*, 1권, Darmstadt: Wissenschaftliche Buchgesellschaft.

──── (1973b) *Philosophie der symbolischen Formen*, 2권, Darmstadt: Wissenschaftliche Buchgesellschaft.

──── (1974) *Das Erkenntnisproblem*, 2권, Darmstadt: Wissenschaftliche Buchgesellschaft.

———— (1975) *Philosophie der symbolischen Formen*, 3권, Darmstadt: Wissenschaftliche Buchgesellschaft.

———— (1976) *Wesen und Wirkung des Symbolbegriff*, Darmstadt: Wissenschaftliche Buchgesellschaft.

Gadamer, Hans-Georg (1986) *Wahrheit und Methode*, 전집 1권, Tübingen: J.C.B. Mohr.

Goethe, Johann Wolfgang von (1963) *Maximen und Reflexionen*, DTV 21권, München: Deutscher Taschenbuch.

Hegel, Georg Wilhelm Friedrich (1970) *Enzyklopädie der philosophischen Wissenschaften im Grundrisse*, 전집 10권, Frankfurt am Main: Suhrkamp.

Kant, Immanuel (1913a) *Kritik der praktischen Vernunft*, 학술원 전집 5권, Berlin: Georg Reimer.

———— (1913b) *Kritik der Urteilskraft*, 학술원 전집 5권, Berlin: Georg Reimer.

———— (1917) *Anthropologie in pragmatischer Hinsicht*, 학술원 전집 7권, Berlin: Georg Reimer.

Lacan, Jacques (1966) *Écrits*, Paris: Seuil.

———— (1973) *Le séminaire XI*, Paris: Seuil.

Leibniz, Gottfried Wilhelm von (1966) *Meditationes de cogitatione, veritate et ideis, Opuscula Philosophica selecta*, Paris: J. Vrin.

Lévi-Strauss, Claude (1958) *Anthropologie structurale*, Paris: Plon.

Man, Paul de (1983) *Blindness and Insight*, London: Methuen.

Saussure, Ferdinand de (1972) *Cours de linguistique générale*, Paris: Payot.

Schelling, Friedrich Wilhelm Joseph von (1985) *Philosophie der Kunst*, 전집 2권, Frankfurt am Main: Suhrkamp. 초판은 1802년 발행.

빌헬름 프리드리히 헤겔(2000) 『정신철학』, 박구용·박병기 옮김, 울산: 울산대학교 출판부.

임마누엘 칸트(1974)『판단력 비판』, 이석윤 옮김, 서울: 박영사.

———(1975)『실천이성 비판』, 최재희 옮김, 서울: 박영사.

———(1998)『실용적 관점에서 본 인간학』, 이남원 옮김, 울산: 울산대학교 출판부.

페르디낭 드 쏘쒸르(1990)『일반 언어학 강의』, 최승언 옮김, 서울: 민음사.

2. 화폐, 언어, 무의식

근대성이란 중심화된 질서, 체제, 표준화를 지향하는 경향이다. 탈근대는 이런 의미의 근대성이 형성되는 과정에서 억압된 것, 억압되었다가 되돌아오는 것, 다시 말해서 징후이다. 그러므로 탈근대는 단순히 근대성 이후를 뜻하지 않는다. 오히려 탈근대는 근대성의 구조에 속한다. 탈근대는 근대성의 구조에 속하되 다만 근대성 자체에 대하여 아직 사유되거나 의식되지 않고 있을 뿐이다.

그러므로 탈근대는 근대성을 전복한다기보다 왜곡하며, 보완한다기보다 지연시킨다. 탈근대는 근대가 끝나기를 재촉한다기보다 그것이 미처 끝나거나 완성되지 못하도록 방해한다. 탈근대는 근대적 조직화 과정의 산물이자 그 조직화된 구조의 징후이다.

탈근대는 다시 현행적 삶의 무의식이다. 이때 현행적 삶이란 재화의 교환, 정보의 교환, 기호의 교환, 예술과 기술 등을 통해 실행되는 구체적 삶의 행위다. 탈근대는 근대적 행위의 세계에 이미 순환하고 있는 에너지이자 그 에너지가 낳는 가치다. 그러므로 탈근대는 의식화되기 전에 이미 행동화되고 있다. 인터넷을 사용할 때, 신용카드로 결제할 때, 추상적 회화를 감상할 때 우리는 이미 탈근대를 실천하고 있다. 탈근대적으로 행동하고 실천하되 다만 그것이 의식에까지 침투하는 것을 두려워하고 있다. 그것은 구조적 안정성이 상실될 때 닥칠 수 있는 위험성, 그 외상적 충격 때문이다.

탈근대는 근대성에 의해 억압되고 있지만 근대성 안으로 회귀하는 것, 현행적 삶 속에서 방어되고 있지만 다시 현행적 삶 속에서 전개되고 있는 어떤 것이다. 니체, 프로이트, 맑스는 탈근대가 근대성의 구조 안에서 노출되는 최초의 지점에 서 있다. 그들은 탈근대적 징후의 발견자이다. 그러나 이 징후가 징후로서 폭넓게 파악된 것은 20세기 후반기에 이르러서이다. 그것은 정확히 기호학이 탄생한 이후의 일이었다. 흔히 포스트모더니즘이라 불리는 문화적 지향의 사상적 원류는 니체, 프로이트, 맑스와 쏘쉬르 이후의 기호학이 만나는 지점에서 형성되었다. 거기서 탈근대의 범례로서 그 자격을 획득하는 것은 화폐, 언어, 무의식이다.

1. 니체, 프로이트, 맑스의 위치

포스트모더니즘, 그리고 그것의 사상적 핵심인 탈구조주의를 평가하기 위해서는 적어도 두 가지 접근법이 필요할 것이다. 하나는 계통학적 접근법이고, 다른 하나는 범형학적 접근법이다. 계통학적 접근법, 그것은 족보에 대한 물음이다. 탈근대론자는 누구의 후손인가? 어떤 전통을 계승하고자 하는가? 이런 수직적 구도의 통시적 가계도를 그리는 것이 계통학적 접근법이라면, 범형학적 접근법은 수평적 구도의 공시적 동형관계에 대한 물음이다. 탈근대는 어떤 역사적 현실에 기반을 두고 있는가? 그 현실을 대표하는 범례들은 어디서 찾을 수 있는가?

욕심을 내자면 다시 두 가지 관점을 끌어들여야 할 것이다. 하나는 우상학적 접근이다. 탈근대는 어떤 우상, 가상, 이데올로기, 편견에 맞서는가?

어떤 착오와 오류를 교정하고자 하는가? 파괴의 전략으로서 이 우상학은 구성의 전략인 건축학과 분리할 수 없다. 따라서 이런 물음을 다시 던져야 한다. 탈근대는 어떤 집, 체계, 구조를 구축하고자 하는가? 그 구축을 통해서 보존하고자 하는 가치는 무엇인가?

이상의 네 가지 물음의 길을 따라 탈근대를 서술한다는 것은 규모가 큰 작업이 될 것이다. 규모를 줄이고 경제적이기 위해서 선택이 불가피하다. 그러므로 범형학적 접근법을 중심에, 다른 종류의 접근법은 주변에 두도록 하자. 물론 이런 배치에도 원칙은 있다. 그것은 원칙이라기보다 어떤 접근법, 탈근대로 가기 위한 또 하나의 접근법이다. 그것은 교육학적 혹은 발견술적 접근법이다. 탈근대가 근대적 현실 안에서 전개되는 동시에 억압되고 방어되고 있다면, 그 억압과 방어가 탈근대에 대한 인식론적 장애물의 요체를 이룬다. 탈근대는 비판하거나 옹호하기 이전에 먼저 이해해야 할 그 무엇이다. 이것이 또한 중요한 문제이고, 그럴수록 탈근대의 이해를 가로막는 인식론적 장애물을 쉽게 지나쳐서는 안될 것이다. 그 인식론적 장애물을 중시할 때 탈근대로 가는 접근법은 발견술적 성격을 띠어야 할 것이다.

교육학적 관점에서 근대성을 서술하자면, 어떤 표준적 단위와 일반적 교환의 질서가 성립하는 과정이 왜 '진보'인가를 설명하는 데 역점을 두어야 할 것이다. 가령 왜 유일신은 다신(多神)보다 우월한가? 그러나 동일한 관점에서 탈근대를 서술하자면, 왜 그런 진보와 우월성이 착각에 불과한가를 설명하는 데 중점을 두어야 할 것이다. 왜 일반적 등가물은 초월적이라기보다 역사적인가? 왜 원인이라기보다 결과에 지나지 않는가?

이것이 니체, 프로이트, 맑스에게서 공통적으로 엿볼 수 있는 우상파괴적 계보학의 물음이다. 이때 계보학이란 원인과 결과(효과) 사이의 원근법적 전도와 착시현상이 일어나는 과정에 대한 탐구이다. 니체는 플라톤 이래의 서양 형이상학을 물신화된 반동적 가치에 대한 숭배로, 프로이트는 데까르뜨적 주체를 편집중적 환자로, 맑스는 부르주아의 세계관을 허위의식이자 물신화된 교환가치에 대한 숭배로 진단했다. 계보학의 문제는 그런 물신숭배와 허위의식이 있기 위해서 먼저 있어야 했던 일을 아는 것이다. 그런데 이런 우상파괴적 계보학은 서로 다른 대상으로 향한다. 맑스의 경우 그것은 상품과 화폐이다. 니체의 경우 그것은 초감성적 진리와 그것을 담고 있는 개념, 이성적 개념이다. 프로이트의 경우 그것은 법의 지위에 있는 아버지와 아버지에 의해 독점되는 팔루스(phallus)이다. 니체, 프로이트, 맑스의 계보학적 분석이 향하는 이 대상들은 근대적 현실을 집약하는 동시에 탈근대적 현실을 펼쳐가는 범례들이다. 탈근대적 발견술은 이런 사례들로부터 출발해야 할 것이다.

그 대상들은 왜 (탈)근대적 현실을 집약하는 범례들인가? 이는 그것들이 모두 어떤 표준, 척도, 일반적 등가물이기 때문이다. 근대적 현실이 추구하는 체계지향적 질서는 그런 대상들을 본위(本位)로 하여 형성되어왔다. 이 점에서 그것들은 상동적인 것, 동형적 사례라 할 수 있다. 먼저 화폐는 상품교환의 일반적 척도, 등가의 원리다. 맑스가 분석하고자 한 것은 어떤 특수한 상품(금)이 교환가치의 일반적 척도로 설정될 때 발생하는 배타적 특권과 어떤 착시현상이다. 맑스적 의미의 물신숭배는 그런 착시현상에 대한 이름이다. 그러나 일반적 척도로서 기능하는 것은 화폐만이 아니다. 좀더 일반적인 관점에서 보면, 이데아·형상·실체·주체 등으로 지칭되는 것이 등가적 교환의 원리로 기능해왔다. 다만 경제학적 교환에서가 아니라 언어적 교환에서, 그것으로 대리되는 사유의 교환에서 그런 기능을 담당해온 것이다.

그러므로 니체는 얼마나 맑스에 가까운가? 왜냐하면 플라톤주의의 전복과 극복이라는 니체의 과제는 어떤 등가적 교환의 원리로서의 이데아·본질·로고스에 대한 분석이기 때문이다. 형이상학적 화폐에 해당하는 개념과 로고스, 그것에 의한 착시현상이 문제이다. 그러므로 다시 프로이트

는 얼마나 니체에 가까운가? 왜냐하면 정신분석적 의미의 아버지와 남근
도 역시 어떤 등가적 교환의 질서를 정초하는 일반적 척도이기 때문이다.
아버지는 상호주관적 질서에서 전제되는 표준적 주체이다. 남근은 쾌락
의 순수한 함량을 표시한다. 오이디푸스 콤플렉스와 거세공포가 인간이
정상인으로 태어나기 위한 일반적 조건임을 말할 때, 프로이트는 니체나
맑스와 다르지 않다. 이들은 모두 어떤 보편자의 탄생에 대해, 그 탄생에
숨어 있는 사연과 그것이 유발하는 착각에 대해 말하고 있다.

　맑스의 화폐, 니체의 언어, 프로이트의 아버지는 근대적 질서의 범형적
척도들이다. 이 세 사상가의 위대성은 근대적 현실의 초석을, 그 초석의
아래를 발굴한 데 있다. 그러나 이에 못지않게 중요한 것은, 그들이 발견
한 근대적 질서의 초석들이 탈근대적 에너지가 발생하는 원천이기도 하
다는 점이다. 탈근대의 샘은 근대적 표준화의 귀결점 자체에 있다. 바로
거기서 근대적 질서에 의해 억압되었던 것이 다시 역사의 수면 위로 돌아
오기 시작했다. 이는 근대적 현실에서나 탈근대적 현실에서 화폐·언어·
아버지가 공통된 위상, 공통된 관계를 취하고 있음을 말한다.

　사실 이 삼자간의 동형관계에 대한 직관이 없었다면 쏘쒸르의 기호학
이 인문학 일반의 방법론적 혁신으로, 따라서 구조주의 운동으로 발전할
수 없었을 것이다. 가령 구조주의시대를 개막한 주역 레비스트로스의 인
류학은 "언어의 구조와 친족체계의 구조 사이에 어떤 형식적 대응관계가
존재한다"(Lévi-Strauss 1958, 71~72, 80~81면 참조)는 전제에서 출범했다. 친족체
계뿐 아니라 토템과 터부, 신화를 연구할 때도 레비스트로스는 언제나 그
런 문화적 현상들이 어떤 언어학적 구조로서 기능한다는 데 초점을 맞추
었다. 이는 모든 사회적 영역의 교환이 유통의 방식이며, 언어학은 이 유
통의 질서와 조건에 대해 가장 엄격한 모델을 제공해주고 있다는 신념에
서 비롯되었다. "사회 혹은 문화를 언어로 환원하자는 것은 아니지만, 이
'코페르니쿠스적 혁명'을 더욱 밀고 나갈 수 있다. 그 혁명은 전체로서의

사회를 유통이론에 의지하여 해석하는 데 있다. 오늘날 이러한 시도는 세 층위에서 가능하다. 왜냐하면 친족과 결혼의 규칙은 집단들 사이의 여자의 유통을 공고히하는 역할을 맡고 있기 때문이고, 이는 경제학적 규칙이 재화와 용역의 유통을, 그리고 언어학적 규칙은 메씨지의 유통을 보장하는 역할을 맡고 있는 것과 같기 때문이다. 이 세 가지 유통형식은 동시에 교환형식들이며, 이 형식들 사이에는 명백히 어떤 관계들이 존재한다. (⋯) 따라서 이 형식들 사이에서 상동성(相同性, homologies)이 현존하는지 연구해본다는 것은 정당한 일이다. (⋯) [하지만] 언어 안에서 어떤 모델을 구하고, 이를 통해서 다른 유통형식들의 구조를 이해한다는 것은 결코 언어를 다른 것들의 기원으로 취급한다는 것과 같은 뜻을 지니는 것은 아니다"(Lévi-Strauss 1958, 95~96면. 이하 [ ]는 인용자).

이런 구절을 통해서 레비스트로스는 자신의 학문이 사회와 언어를 전적으로 동일한 것으로 간주한다는 비판에 답하고 있다. 그러나 분명한 것은, 구조주의 인류학은 경제학적 교환과 언어학적 교환, 그리고 (근친상간 금지에서 비롯되는) 여자의 교환 사이에 어떤 동형적 대응관계를 전제하고 있다는 사실이다. 그리고 이 세 가지 교환의 유형 중에서 언어학적 교환이 모델의 위치에 있다. 이런 레비스트로스의 통찰에 힘입어 라깡은 정신분석을 언어학과 결합하는 거보를 내디딜 수 있었다. 그런 결합이 일어나야 하는 필연적 이유를 라깡은 이런 식으로 설명한다. 프로이트는 이미 무의식적 현상을 언어적 현상으로 파악했다. 프로이트의 저작에서 무의식의 분석은 언어, 문자, 상징의 차원에서 이루어진다. 그러나 그 분석은 불충분하다. 그것은 기표의 본질적 역할을 충분히 알지 못했기 때문이다. 이것은 프로이트의 한계라기보다 그의 시대의 한계이다. 그때는 언어학이 체계적으로 정립되지 않았다. 프로이트는 위대한 발견자이지만, 자신이 발견한 것을 감당할 수 있는 이론적 도구가 없었다. 언어학의 도움을 빌릴 수 없었던 것이다(Lacan 1966, 509~13면 참조).

프로이트가 발견한 것을 제대로 분석하기 위해서는 쏘쒸르 이후의 언어학이 등장할 때까지 기다려야 했다. 이런 라깡의 말은 오래 기억되어야 할 것이다. 왜냐하면 프로이트의 경우만이 아니라 니체와 맑스의 경우에도 그렇기 때문이다. 니체와 맑스가 20세기에 부활하는 무시 못할 동기는 쏘쒸르의 언어학에 있다. 데리다의 기록학(그라마똘로지grammatologie)과 보드리야르의 '기호의 정치경제학비판'은 각기 니체와 언어학, 맑스와 언어학이 만나면서 일으키는 상승효과였다. 쏘쒸르는 현대인에게 니체, 프로이트, 맑스가 발견한 것을 재발견하고 확장할 수 있는 도구를 건네준 셈이다. 그러나 역방향의 영향관계를 놓쳐서는 안될 것이다. 쏘쒸르의 언어학, 특히 그의 기호 개념은 니체·프로이트·맑스와 만나면서 본래의 과격성을 되찾을 수 있었다. 쏘쒸르의 기호 개념에 대한 라깡적 변형, 그 뒤에 오는 데리다적 확장과 보드리야르적 도약은 그런 과격화의 과정이다. 이 과격화의 과정은 기표의 자율화, 기의와 주체로부터의 이중적 자율화로 요약될 수 있다. 이중적 의미의 자율성을 띤 기표, 그것이 포스트모더니즘의 이론적 뿌리인 구조주의 이후의 언어관을 대표한다.

이런 기호 개념의 과격한 변형과정을 생각한다면, (탈)근대의 최고 범형을 반드시 언어에서 찾을 필요는 없을 것이다. 재화의 교환, 언어의 교환, 여자의 교환이 상동적 관계에 있다면, 우리는 재화의 교환에서 출발하여 언어의 교환을 설명할 수도 있을 것이다. 이것은 학문이 정립된 순서에 비추어보아도 타당한 예측이다. 재화의 교환을 연구하는 경제학은 언어학이나 인류학 또는 정신분석학보다 먼저 태어났으며, 가장 먼저 높은 수준의 이론적 엄밀성에 도달했다.

보드리야르는 재화의 교환, 더 정확히 말해서 화폐교환의 역사에 근거하여 기호교환의 역사적 변화과정을 설명한 바 있다(Baudrillard 1976, 39~43면 참조). 특히 그는 현행의 화폐(불태환지폐, 전자화폐)에서 지시관계에서 벗어난 탈근대적 기호, 그 자기지시적 기호의 전형을 본다. 확실히 탈근대를 추상적 관념의 수준에서가 아니라 일상생활의 수준에서, 우리를 둘러싼 경제학적 환경 안에서 논의할 필요가 있다. 그것이 탈근대의 교육학에 부응하는 방법일 것이다. 탈근대가 이미 우리가 무의식적으로 실천하고 있는 현실적 상황임을 실감하기 위해서 화폐사용의 차원으로 내려가는 것보다 더 좋은 방법은 없을 것이다. 거기서 이미 달라진 삶의 조건, 인식론적 조건을 쉽게 확인할 수 있기 때문이다. 그러나 우리는 보드리야르로부터 출발하지 않을 것이다. 오히려 보드리야르가 쉽게 건너뛴 맑스로 되돌아갈 것이다. 여기서부터 언어로, 다시 아버지와 팔루스로 향할 것이다.[1]

이 과정에서 강조하고 싶은 것은 탈근대의 이중적 관련성이다. 탈근대는 현대 자연과학과 형식과학이 추구하는 가치, 관계적 기능으로서의 가치를 추구한다. 여기서 주목해야 하는 것은 현실 배후의 형식적 무의식이다. 다른 한편 탈근대는 현대예술이 도달한 사유의 높이를 추구한다. 여기서 주목해야 하는 것은 현실 배후의 시적 무의식이다. 이 두 가지를 하나로 묶어야 한다면 이렇게 말할 수 있다. 탈근대는 자연언어의 인식론적 한계를 극복하려는 다양한 계획을 어우르는 말이다. 자연언어 위쪽의 형식적 무의식, 그리고 그 아래쪽의 시적 무의식이 서로 만나는 곳에서 탈근대적 사유는 비로소 일정한 규모의 몸을 얻는다.

---

1) 이런 관점은 미국에서 활동하는 프랑스 철학자 구의 저서에 대한 독서에 힘입고 있다. Goux, Jean-Joseph (1973) *Freud, Marx: économie et symbolique*, Paris: Seuil; Goux (1978) *Les iconoclastes*, Paris: Seuil; Goux (1984) *Les monnayeurs du langage*, Paris: Galilée; Goux (1990) *Oedipe philosophe*, Paris: Aubier; Goux (1999) "Cash, check, or charge?" Martha Woodmansee and Mark Osteen, eds., *The New Economic Criticism: Studies at the Interface of Literature and Economics*, London: Routledge 참조. 그밖에 화폐의 분석과 언어의 분석을 병행하는 사례로는 카라따니 코오진(1998) 『은유로서의 건축: 언어, 수, 화폐』, 김재희 옮김, 서울: 한나래 참조.

2. 허상으로서의 화폐: 맑스로부터

화폐는 시대의 거울이다. 화폐의 형태는 시대의 질서, 교환의 질서를 반영한다. 근대의 모습은, 그리고 탈근대의 모습은 그 거울에서 가장 분명하게 투사된다. 맑스 또한 화폐를 거울로 간주했다. 다만 시대의 거울이기 앞서 상품들의 거울임을 말하고 있을 뿐이다. 상품들은 자신의 모습, 자신의 가치, 자신의 정체성을 확인하기 위해 거울이 필요했다. 화폐는 그런 필요에서 유래한다. 이것이 맑스가 말하는 화폐의 탄생 내력이다. 그러나 그 거울은 상상의 거울에 불과하다. 상상의 질서에 있는 허상인 것이다. 자본주의시대는 이 허상이 우상화되고 다시 신격화되는 시대이다. 자본주의시대의 인간은 허상을 쫓아가고 있다. 이것이 맑스가 가치의 계보학을 통해서 폭로하고자 했던 시대의 모순이다.

근대성이 자본주의와 더불어 실현된 이념이라면(베버), 근대사회라는 유기체의 "경제학적 세포"는 상품과 화폐이다(Marx 1989, 44면). 세포라는 것, 그것은 많은 것을 의미한다. 먼저 그것은 단순하다는 것을, 자연스러워 보인다는 것을, 당연한 어떤 것이라는 것을 의미한다. 그 다음 그것은 신비롭다는 것을 말한다. 왜냐하면 수많은 분석에도 불구하고 아직 그 본성의 밑바닥이 드러나지 않고 있기 때문이다. "인간의 정신은 2천년이 넘도록 그것의 비밀을 파헤치려 했지만 헛수고로 그치고 말았다." 단순해 보이되 복잡한 것이 화폐이다. 따라서 이 복잡성을 파악하기 위해서는 "미시해부학"의 관점을 취해야 한다(Marx 1989, 43~44면). 그동안 화폐분석이 실패한 이유는 현미경적 관찰을 소홀히해왔기 때문이다. 그러나 현미경을 사용한다는 것보다 더 중요한 것은 현미경을 가지고 무엇을 관찰하느냐에 있다. 미시해부학은 무엇을 해부하는가? 그것은 화폐의 발생과정이다. "이제 문제는 부르주아 경제학이 결코 시도하지 않은 것을 행하는 것이다. 그것은 화폐형태의 '발생과정'을 제시하는 것이다. (…) 이와 더불어 화폐의 신비는 해결되어 사라져버릴 것이다"(Marx 1989, 79면).

중요한 것은 "어떻게, 왜, 어떤 경위로 하나의 상품이 화폐가 되는가를 아는 것이다"(Marx 1989, 118면). 어떤 경위에서 금이 화폐가 되었는가? 맑스의 미시해부학은 이런 물음에서 출발한다. 그리고 다음과 같은 결론에 도달한다. "가장 단순한 가치표현 'x 상품 A=y 상품 B' 안에는 어떤 대상이 이 등가적 관계와 독립적으로 자신의 등가적 형태를 소유하는 것처럼 보인다. 다른 대상의 가치량을 표현해주는 그런 대상이 마치 사회적 성격의 자연적 속성인 양 그런 등가적 실재성을 소유하는 듯한 것이다. (⋯) 이런 거짓된 외양은 일반적 등가물의 형태가 특수한 상품의 자연적 형태와 유착되자마자 또는 화폐의 형태로 결정화(結晶化)되자마자 완성된다"(Marx 1989, 118~19면).

그러므로 착오와 가상은 등가적 관계를 바라보는 시선에 있다. 등가적 관계가 성립하기 위해서는 어떤 기준이 있어야 할 것이다. 이것은 당연한 이야기다. 그러나 문제는 그 기준 혹은 척도에 해당하는 것이 그 등가적 관계의 외부에 별도로 존재한다고 생각하는 데 있다. 그런 생각은 이렇게 발전해간다. 어떤 사물들을 서로 비교하고 등가적으로 교환하기 위해서는 그 등가적 관계와 독립해서 존재하는 "제3의 대상", 어떤 "매개체"(Marx 1989, 115면)가 있어야 한다. 이 매개적 대상은 그 관계에 독립해서 존재할 뿐 아니라 그 관계보다 먼저 존재해야 한다. 먼저 존재해야 하는 이 교환의 척도는 다른 것과 매개될 필요 없이, 다시 말해서 다른 것에 비교될 필요 없이 그 자체가 항구적이고 직접적인 자기동일성을 지니고 있어야 한다. 모든 관계에서 벗어나 자신의 고유한 동일성을 향유하는 실체가 있어야 비로소 등가적 관계, 관계적 질서가 성립할 수 있다. 그 자체로서 존재하는 일반적 등가물이 등가적 교환의 선험적 조건이다.

등가적 관계 혹은 등가적 교환이 이루어질 때 싹튼 이런 오류추리는 화폐가 도입될 때 전적으로 정상적인 추리로 둔갑한다. 화폐는 나중에 생긴

것이면서 그 모든 것보다 먼저 있었던 듯한 인상을 준다. 그래서——위의 인용문 다음을 계속 읽자면——"다른 상품들이 하나의 상품 안에서 자신들의 가치를 서로 표현하기 때문에 그 상품이 화폐가 되는 [것이지만] 전혀 반대로 그 상품이 화폐이기 때문에 다른 상품들이 그 안에서 자신의 가치를 표현하는 것처럼 보인다. 중간에 있었던 운동은 그 결과 속에서 사라져버리고 어떠한 흔적도 남겨놓지 않는 것이다. 상품들은 그 결과에 어떠한 기여도 하지 않은 것처럼 보이면서, 자신들 옆에 그리고 바깥에 존재하는 어떤 상품의 신체 안에서 자신들 고유의 가치를 발견한다. 그 신체 안에서 재현되고 고정되는 한에서만 자신들의 가치를 발견하는 것이다. 은과 금이라는 사물들, 대지의 오장육부에서 나온 이 단순한 사물들은 이제 모든 인간적 노동의 직접적 화신인 듯한 모양새를 취하게 된다. 바로 여기에 화폐의 마술이 있는 것이다"(Marx 1989, 119면).

  옛날의 왕은 자신이 왕이기 때문에 백성이 따른다고 생각했다. 백성은 그가 왕이기 때문에 자신이 백성으로서 복종해야 한다고 생각했다. 하지만 사실은 백성이 따르고 복종하기 때문에 그는 비로소 왕일 수 있다(Marx 1989, 88면). 화폐로 선택된 상품과 나머지 상품들 사이의 관계도 마찬가지다. 어떤 상품이 화폐일 수 있는 것은 다른 상품들이 서로를 비교하기 위해, 서로 관계맺기 위해 그것을 척도로 삼았기 때문이다. 일반적 등가물로서의 화폐-상품은 상품들 사이의 상호관계에서, 그리고 그것이 표현하는 사회적 관계에서 비롯된다. 그것은 이런 관계맺기가 가져온 결과이지 결코 그 관계맺기의 원인이나 조건이 아니다. 그러나 문제는 이런 과정이 보이지 않게 된다는 데 있다. 일단 화폐가 등가적 교환의 준거로 확실하게 자리잡자마자 그것의 탄생 내력은 흔적조차 남기지 않고 사라져버린다. 그것은 경제적 관계를 정초하되 그 관계에 무관하게 존재하는 초월적 근거인 것처럼 행세한다. 경제적 가치의 이데아, 본질로서 군림하는 것이다. 반면 다른 상품은 그 본질적 가치를 분유하는 한에서, 또는 그 본질적 가치로 매개되고 대리되는 한에서 상품으로서 규정될 수 있는 것처럼 보인다.

그러므로 화폐의 마술은 이중의 원근법적 전도이다. 먼저 그것은 원인과 결과 사이의 전도이고, 다시 그것은 관계와 실체 사이의 전도이다. 화폐, 그리고 그것이 구현하는 일반적 등가물은 관계적 사태의 일부이되 물신화된 실체이다. 관계에 무관심한 자립적 실체인 것이다. 맑스가 강조하는 것은 이 자립적 실체가 "어떤 관념적 사물"에 불과하다는 사실이다. 그것은 "상상 속에나 존재하는" 가상, 허상에 지나지 않는다(Marx 1989, 120~21면). 현실적으로 존재하는 것, 그것은 관계성뿐이다. 일반적 등가물은 관계적 질서 안에서 나타난 유령이다.

맑스는 이런 유령학적 결론에 이르기 전에 화폐의 발생과정을 단계별로 관찰한다. 그 미시적 관찰은 네 단계로 이루어지며, 각 단계에서 상품이 취하는 가치형태에 초점을 둔다.

—— 단순한 혹은 우연한 가치형태. 이는 임의적인 두 물건(가령 옷감 10미터와 옷 한 벌)이 서로 교환되기 위해서 등가적 관계에 놓일 때 그 물물교환의 대상들이 갖게 되는 가치형태이다. 이 가치형태는 두 물건 사이에서 발생하므로 단순하며, 임의적으로 선택된 사물 사이에서 발생하므로 우연하다. 그러나 단순하고 우연한 이 등가적 교환에서 이미 어떤 불균형이 성립한다. 화폐의 모든 비밀은 이 불균형에서 싹트기 시작한다. 그 불균형은 등가적 관계의 기준이 되는 것과 그 기준에 따르는 것 사이의 차이에 있다. 즉 물물교환되는 두 상품 중의 한 상품은 다른 상품에 의지해서 자신의 가치를 확인하는 위치에 있고, 한 상품은 다른 상품의 가치를 확인해주는 거울 혹은 척도의 위치에 있다. "첫번째 상품은 능동적 역할을, 두번째 상품은 수동적 역할을 맡는다. 첫번째 것의 가치는 상대적 가치로서 표현되고, 두번째 것은 등가물로서 기능한다"(Marx 1989, 79면). 등가물의 위치에 있는 상품, 그것은 수동적이다. 능동적인 것은 그 등가물을 거울삼아

자신의 상대적 가치를 인식하고자 하는 상품이다.

─── 전면적 가치형태. 교환이 우연히 만난 두 상품 사이에서 이루어지는 단계를 지나 모든 종류의 상품들 사이에서 활발하게 이루어지는 단계를 생각할 수 있다. 이 전방위적 교환의 단계에서 "상품의 가치는 다른 모든 상품의 신체를 거울로 해서 반사된다"(Marx 1989, 92면). 모든 종류의 상품들 사이에서 등가적 관계가 이루어지므로 각각의 상품은 이중적 위치에 놓인다. 거울의 위치에 있으면서 그 거울에 비친 이미지의 위치에 있는 것이다. 하나의 상품은 다른 상품을 매개로 규정되는 상대적 가치를 지니는 동시에 다른 상품의 상대적 가치를 결정해주는 매개자, 등가물의 위치에 있다. 모든 상품은 모든 상품에 대하여 능동적인 동시에 수동적이며, 특수한 동시에 일반적이다. 이런 교환의 질서는 무정부적 상태에 놓여 있다. 중심은 어디에나 있으면서 진정한 중심은 없는, 따라서 언제든지 혼란에 휩싸일 수 있는 질서인 것이다. 이러한 무정부적 혼란의 위험성은 다음 단계의 교환의 질서로 진입할 때만 완전히 평정될 수 있다.

─── 일반적 가치형태. 세번째 단계의 질서에서는 하나의 상품이 배타적으로 유일하고 동일한 거울의 역할을 맡는다. 여타의 모든 상품들은 등가물의 자격을 박탈당하고 오로지 하나의 상품만이 예외적으로 그 자격을 독점한다. 이로써 일반적 등가물이 탄생하고 상대적 가치형태를 취하는 상품들의 질서는 통일성, 일관성, 고정성, 안정성을 얻는다(Marx 1989, 98면). 앞에서 언급했던 것처럼, 등가물의 자격은─그 형태가 우연한 것이든, 전면적인 것이든, 일반적인 것이든─언제나 수동적으로 성립되는 지위다. 반면 상대적 가치는 한 상품이 능동적으로 선택한 지위다. 상품은 자신의 정체를 파악하고자 할 때 거울 구실을 할 수 있는 다른 상품을 끌어들여야 한다. 다른 물건을 거울로, 척도로, 저울로 정립해야 하는 것이다. 일반적 등가물은 그런 타자정립적 운동의 연장선상에서 태어난다. 여기서 우리는 "태초에 행위가 있었다고 말한 파우스트처럼 생각"해야 한

다. 왜냐하면 일반적 등가물은 "사회적 행위"의 결과이기 때문이다. "모든 다른 상품들의 사회적 행위에 의해 하나의 특정한 상품이 별도로 놓여 배제되고, 그들 상호간의 가치를 표현하는 데 봉사하는 것이다"(Marx 1989, 113면). 상품들은 자신들 사이의 상대적 관계를 항구적이고 일관적으로 표현하기 위해서 특정한 상품을 그 상대적 관계의 질서 밖으로 분리시켜놓았다. 이런 분리는 그 질서 외면에 놓이는 상품에 대해서는 사용가치의 상실을 의미한다. 등가물의 자격에서 다른 상품에 관계하는 한, 그 상품의 사용가치는 무용화된다. 그 사용을 보류하는 한에서만 상품은 등가물로서 기능할 수 있다. 그런 댓가를 통해서만 상품들간의 관계로부터 자유로울 수 있으며, 따라서 기준이 될 수 있다.

─── 화폐형태. 사용가치의 상실은 하나의 특수한 상품이 일반적 등가물로 승화되기 위한 댓가, 조건이다. 그런 조건에서 그 상품은 여타의 모든 상품들 사이의 관계로부터 분리될 수 있다. 그것은 상품으로서 지니고 있던 특수성을, 질료성과 육체성을 잃어버리는 것과 같다. 그러나 그런 상실을 통해서만 상품은 보편적인 것, 이상적인 것으로 승화될 수 있다(이는 상품의 경우에만 해당되는 이야기가 아니다. 니체는 보편적 개념에 대해서, 프로이트는 아버지에 대해서 동일한 것을 말한다). 화폐는 그런 일반자로 승화된 상품, 일반적 등가물로 고양된 상품이다. 그 화폐의 자격은 결국 금으로 귀착되었다. 황금이라는 화폐의 탄생, 이것이 교환형식의 마지막 발전단계이다.

이 네번째 단계는 앞의 세번째 단계와 커다란 차이가 없어 보인다. 차이가 있다면, 일반적 등가물의 자격을 다투던 여러가지 상품들(가령 노예, 소금, 밀, 철 등) 사이의 경쟁이 종식되고 황금이 화폐로서 그 자리를 확고하게 차지하게 되었다는 것밖에 없다. 그러나 중요한 것은 이 단계에 이르러 어떤 망각이 일어난다는 데 있다. 금은 처음부터 초관계적 실체가 아니었다는 사실이 잊혀지는 것이다. 금은 일반적 등가물이기 전에 특수한 등가물이었고(두번째 교환의 형식), 그 이전에는 우연한 등가물이었다(첫번째 교환의 형식). 그리고 그런 상태에서는 상대적 가치형태의 상품이기도 했다. 원래 다른 상품들 중의 하나였던 금이 화폐로서 선택된 것은 어떤 "우연에 의한 것"이지(Marx 1989, 115면), 결코 금 자체의 내재적 성질과 그에 따른 필연성에 의한 것이 아니다.

맑스의 관점에서 부르주아 경제학의 근본적 오류는 이런 화폐의 기원을, 더 정확히 말해서 일반적 등가물의 발생경위를 놓치는 데 있다. 그 경위를 보지 못하고 그 발생이 완료되는 지점에서 출발하는 것이다. "여기에 등가물의 수수께끼 같은 측면, 그러니까 그 형태가 화폐로서 완성되어 나타날 때만 부르주아 경제학자의 눈에 들어오는 측면이 있다"(Marx 1989, 88면). 그 거친 눈에 화폐는 어떤 우여곡절 끝에 일반자로 변신한 특수한 상품으로 보이지 않는다. 그 태생 자체부터 초월적 신분을 지닌 것, 그 자체로서 보편적인 것, 실체적인 것으로 비칠 뿐이다. 관계적인 것을 실체적인 것으로 오인하는 착각, 그것이 기존 경제학의 선험적 가상이다.

맑스의 가치론, 특히 화폐론은 이 선험적 가상을 물리치는 데 목적을 두고 있다. 그 가상은 화폐가 부리는 요술이고, 맑스는 자신의 분석을 유령 추방술로 묘사했다.[2] 그러나 화폐의 유령은 완전히 물러간 것일까? 화폐는 맑스가 보지 못하는 곳에서 새로운 요술을 부리고 있는 것이 아닐까? 화폐의 마술적 위력은 맑스가 생각한 것보다 훨씬 큰 것이 아닐까? 왜냐하면 화폐는 꾸준히 새로운 형태로 변신해왔기 때문이다. 그런 형태변화는 이미 맑스의 시대에 진행되고 있었다. 금화의 시대는 이미 가고 동전과 지폐가 사용되고 있었다. 그 이후 다시 태환지폐는 불태환지폐로 바뀌었고, 다시 그 지폐를 대신하는 개인수표, 신용카드, 전자화폐가 차례대로 등장했다. 맑스는 화폐 자체의 이런 형태변화를 문제삼지 않는다. 화폐의

---

2) 맑스의 저작에서 유령의 은유가 차지하는 중요성과 그것의 양가적 의미에 대해서는 Derrida, Jacques (1993) *Spectres de Marx*, Paris: Galilée, 4~5장 참조.

과거는 묻되 그것의 현재와 미래는 묻지 않는 것이다.

화폐의 힘, 맑스가 보지 못한 마술적인 힘은 아마 등가적 교환의 양식 자체를 바꾸어놓는 데 있을 것이다. 맑스는 화폐의 탄생에 이르는 가치형태의 발전과정을 네 단계로 구별하여 분석하였다. 이미 충분히 암시된 것처럼, 그것은 경제적 교환의 양식이 발전해온 역사적 단계라 할 수 있다. 그러나 이 교환의 양식은 화폐가 탄생하는 지점에서 그 변화를 멈추는 것이 아니다. 교환의 양식과 질서는 화폐의 등장 이후에도 변화를 거듭했다. 그리고 그런 변화된 교환의 질서를 주도하거나 반영하는 것이 새로운 형태로 다시 태어난 화폐였다. 화폐가 바뀌면 이미 모든 것이 바뀌어 있거나 바뀌어야 할 상황이다. 모든 것이, 다시 말해서 교환의 질서가, 그리고 그에 상응하는 가치의 인식론적 조건이 예전과 동일할 수 없다. 화폐의 변경은 때로 인식론적 패러다임의 교체를 의미하는 것이다.

화폐의 중대한 형태변화는 18세기에 시작된다(Gray 1999, 95~113면 참조). 그것은 금화를 대신해서 지폐가 등장할 때이다. 지폐의 등장은 중상주의자와 중농주의자 사이에 논쟁을 불러일으켰고, 거기서 던져진 물음은 '어떻게 종이가 황금을 대신할 수 있는가'였다. 정화(正貨)와 상징적 화폐(기호로서의 화폐) 사이의 차이가 극복되기 위해서는 커다란 인식론적 장애물이 극복되어야 했다. 무엇보다 알맹이와 껍데기, 진짜와 가짜, 실재와 가상 등의 이분법이 행사하던 인식론적 구속력이 해소되어야 했다.

20세기에 와서는 지폐가 불태환지폐로 바뀔 때, 그리고 신용카드가 도입될 때 다시 혁명이 일어났다(Goux 1999, 114~27면 참조). 이 혁명적 변화는 화폐가 원래 가졌던 몇가지 기능들 중의 일부가 약화되는 과정, 그 대신 어떤 한가지 기능이 강화되는 과정이라 할 수 있다. 맑스는 화폐의 기능을 세 가지로 나누고, 그에 따라 화폐의 본성을 분석했다(Marx 1989, 3장 참조). 그 세 가지는 가치의 척도와 본위로서의 기능, 유통수단으로서의 기능, 그리고 축재기능이다. 불태환지폐의 등장과 더불어 가치의 척도와 본위로서 화폐가 지녔던 기능이 약화되기 시작했다. 왜냐하면 화폐의 가치 자체가 변동환율에 따르고, 따라서 고정되어 있는 것이 아니기 때문이다. 이는 일반적 등가물로서 화폐가 향유하던 지위가 의심스러워졌다는 것을 뜻한다. 신용카드의 등장과 더불어 다시 약화되는 것은 축재기능이다. 재화는 직접 눈으로 보거나 손으로 만질 수 없는 것이 되었으므로, 가치는 직접성을 상실하고 추상화되었다고 해야 한다. 그런 추상화를 통해 사상된 것은 유통수단의 기능으로 흡수된다. 화폐는 점점 더 유통과 교환의 문맥에서, 그 안의 기능적 가치로 단순화되어왔다.

이것은 이미 지폐가 등장할 때, 정화를 대신하는 상징적 화폐가 출현할 때 시작되었다. 금화를 태환지폐가, 태환지폐를 불태환지폐가, 그리고 불태환지폐를 신용카드가 대체해온 과정은 화폐의 유통과 교환 기능이 확대되어온 역사이다. 이에 따라 화폐는 황금을 지시하는 기호로, 다시 그 지시관계에서 벗어난 기호의 기호로, 그리고 다시 기호의 기호의 기호로, 그래서 마침내 순수한 자기지시적 기표인 씨뮐라크르(simulacre), 허상으로 변신했다. 그러나 화폐만 그렇게 변하지 않았다. 화폐와 더불어 한 시대의 기호, 주도적 기호들이 함께 변해왔다. 이것이 보드리야르적 탈근대론의 출발점에 있는 직관이다. 화폐의 역사는 교환의 양식과 질서 자체가 변형되어온 역사이며, 따라서 기호의 역사이다. 탈근대가 씨뮐라크르의 시대라면, 그것은 이 시대의 화폐와 기호에 대한 이름이다. 그것은 기호가 기능하는 교환의 질서를, 그 질서의 역사적 변별성을 표시하는 이름이다.

맑스는 일반적 등가물로서의 화폐적 가치를 교환의 질서가 낳은 상상적 자기동일성으로, 허상으로 보았다. 이것은 탈근대 시대에도 여전히 옳은 말이다. 그러나 변화는 더욱 심층적인 차원에서 일어났다. 이 시대에는 일반적 등가물을 효과로 낳는 교환의 문맥이 사용의 문맥과 대립하지 않는다. 보드리야르가 강조하는 것처럼, 교환가치는 사용가치와 대립하지 않는다. 양자는 비대칭적이다. 정확히 말하면, 양자는 다시 상위의 기호체계(코드) 안에서 성립하는 하위의 이항대립에 불과하며, 그 기호체계는 순수한 관계의 질서, 기능적 질서이다. 대체와 교환의 질서인 것이다.

씨뮐라크르는 이 대체와 교환의 질서에 놓인 기표, 그 의미가 소극적으로 정의되는 자율적 기표, 하지만 동시에 새로운 기표의 운동을 산출하는 생산적 기표에 대한 이름이다. 씨뮐라크르는 현실구성의 형식적 모델이거나(보드리야르), 가장 탁월한 존재론적 상태에 도달한 존재자, 다시 말해서 자신의 성립조건을 뛰어넘어 그 조건으로부터 자유로운 미래적 존재자를 지칭한다(들뢰즈). 그러므로 그것은 고전적 의미의 허상, 유령과 커다란 차이를 지니고 있다.

3. 자연언어의 한계를 넘어서 : 니체로부터

화폐가 바뀌면 언어가 바뀐다. 화폐는 그 자체가 가장 탁월한 언어 혹은 기호이다. 그러므로 화폐를 연구하는 경제학은 기호를 연구하는 언어학과 어떤 상응관계에 있다. 이러한 사실을 강조하는 것은 구조주의 언어학의 창시자 쏘쒸르 자신이다. 쏘쒸르는 두 가지 문맥에서 경제학과 언어학의 대응관계를 지적한다. 하나는 언어적 가치의 체계의존성이 문제일 때이고, 다른 하나는 의미와 가치의 구분이 문제일 때이다.

──가치의 체계의존성. 맑스는 사용가치와 교환가치를 구분했다. 쏘쒸르는 가치를 체계내적 가치와 시간내적 가치, 공시적 가치와 통시적 가치로 나누어 두 가지로 본다. 공시적 가치는 체계를 이루는 관계에 의해서 발생하는 가치이며, 통시적 가치는 시간적 연속성이나 불연속성 때문에 생기는 가치다. 그러므로 가치는 언제나 관계적이다. 그러나 하나는 "시간 속의 관계"에서, 다른 하나는 "체계 속의 관계"에서 성립한다. 쏘쒸르는 모든 학문 중에서 경제학과 언어학만이 이 두 가치를 구별하고 별도로

취급해야 한다고 본다(다른 학문의 경우 두 가치의 구별은 그렇게 필수불가결하지 않다). 경제학과 경제사가 확연히 분리된 두 학과를 이루는 것처럼, 언어의 통시적 변화를 연구하는 학문(통시언어학)과 공시적 체계를 연구하는 학문(공시언어학)이 "절대적으로" 구분되어야 한다는 것이다. 그러므로 경제사에 대응하는 학문이 통시언어학이라면, 경제학에 대응하는 것은 공시언어학, 구조주의 언어학이다.

　이러한 구분이 필요한 "이유는 언어학에서도 경제학에서와 마찬가지로 '가치' 개념에 직면하기 때문이다. 이들 두 과학에서 문제되는 것은 '상이한 질서에 속하는 두 사물 사이의 등가체계'이다. 즉 후자에서는 노동과 임금, 전자에서는 기의와 기표이다." 쏘쒸르는 언어학과 경제학이 그 대상으로서 공유하는 이 등가체계를 "순수한 가치체계"라 부른다. 그것은 "그 구성요소의 순간상태 이외에는 그 이떤 것에 의해서도 규정될 수 없는 순수한 가치체계이다." 여기에는 시간적 요소나 "자연적 여건이 들어설 여지가 없다"(페르디낭 드 쏘쒸르 1990, 99~100면).

　── 의미와 가치. 쏘쒸르는 의미와 가치를 구분하고, "의미가 가치에 종속되어 있다"고 본다. 그렇다면 의미는 무엇이고 가치는 무엇인가? 의미는 청각적 영상(이미지)의 대칭물, 곧 개념이다. 청각적 영상과 그것의 대칭물인 개념적 의미는 "폐쇄되어 있고 독립적으로 존재하는 영역"인 낱말, 곧 기호의 두 측면이다. 이 두 측면은 각기 기표와 기의라 불린다. 반면 가치는 기호와 기호의 차이관계에서 성립한다. "언어는 하나의 체계로서 이 체계의 모든 항은 연대적이고, 한 항의 가치는 다른 모든 항의 존재에서 비롯된다." 쉽게 말해서 의미는 지시관계에서 성립하고 가치는 체계 내적 대조관계에서 성립한다. 가령 불어의 'mouton'과 영어의 'sheep'은 동일한 것을 지시하고, 따라서 동일한 의미를 지닌다. 그러나 양자는 각기 불어와 영어 안에서 서로 다른 대조관계에 놓이므로 동일한 가치를 지니지 않는다. 가령 영어에서는 요리되어 식탁 위에 올린 양(羊)은 'mutton'

이라 하여 'sheep'과 구별되지만, 불어에서는 그런 구별이 없다. 살아 있건 요리되었건 모두 동일한 말로 지칭된다. 마찬가지로 '무섭다' '두렵다' '떨린다' '끔찍하다' 등의 말은 같은 의미를 지니되 서로 다른 가치를 지닌다. 그 가치는 이 말들 사이의 경쟁관계나 변별적 차이에서 발생한다.

쏘쉬르가 다시 경제학에 의존하는 것은 기호의 내용을 이루는 이 의미와 가치 사이의 미묘한 차이를 쉽게 설명하기 위해서, 그 설명을 위한 사례를 구하기 위해서이다. "가령 5프랑짜리 동전의 값어치를 정하기 위해서는 다음과 같은 것을 알아야 한다. 1) 이 동전을 일정량의 다른 물건, 가령 빵과 교환할 수 있다. 2) 이 동전을 동일 체계의 유사한 가치, 가령 1프랑짜리 동전이나 다른 체계의 화폐(1달러 등)와 비교할 수 있다. 마찬가지로 하나의 낱말도 상이한 사물, 즉 하나의 개념과 교환될 수 있다. 뿐만 아니라 동질의 다른 사물, 즉 다른 낱말과 비교될 수 있다"(페르디낭 드 쏘쉬르 1990, 137~38면). 5프랑의 동전은 그것으로 구매할 수 있는 빵에 대한 지시관계에서 의미를 얻지만 그 가치는 아직 미정이다. 그 동전이 동일 체계의 다른 화폐나 상이한 체계의 화폐에 대해 갖는 차별적 관계 안에서만 그 가치는 비로소 규정될 수 있다. 그리고 이 가치가 규정되지 않는 한에서 그 동전의 의미는 아직 명확하게 파악할 수 없는 상태에 머물러 있다.

이는 낱말의 경우에도 마찬가지다. 낱말의 가치, 즉 그것이 다른 낱말과 맺고 있는 관계에 의해 결정되는 가치가 먼저 주어져야 그 낱말의 개념적 의미가 최종적으로 규정된다. 바로 그런 이유에서 의미는 가치에 종속되어 있다고 할 수 있다. 개념과 가치, 의미와 가치를 서로 혼동하기 쉬운 것도 바로 이런 이유 때문이다. 그러므로 "모든 경우에서 우리가 포착하는 것은 미리 주어진 '개념'이 아니라, 체계에서 우러나오는 '가치'다. 가치가 개념에 해당한다고 말할 때 사람들이 암시하는 바는, 개념이 순전히 차별적이고 변별적(différentiel)이라는 것, 즉 그 내용에 의해 적극적으로 정의되지 않고, 체계 안의 다른 항들과 맺는 관계에 의해 소극적으로 정의된다는 것이다"(페르디낭 드 쏘쒸르 1990, 139면).

이 구절이 말하는 것은 한 낱말의 의미내용이 적극적 실재성을 띠고 있는 것이 아니라는 사실이다. 기의 혹은 개념적 의미는 체계내적 차이관계에 의해 소극적으로 성립한다. 따라서 기의는 기표들 사이의 관계 이전에, 그 관계와 독립해서 존재하는 것이 아니다. 다만 그 관계에 의존해서, 그 관계의 효과로서 현존할 뿐이다. 이것이 쏘쒸르의 그 유명한 차이의 테제이다. "언어에는 차이만이 존재한다. 차이란 일반적으로 '적극적' 항들을 전제하며, 이들 적극적 항 사이에서 성립한다. 그러나 언어에는 '적극적 항 없이' 차이만이 존재한다. 언어가 내포하는 것은 언어체계에 선행하여 존재하는 개념이나 소리가 아니라, 단지 언어체계에서 나온 개념적 차이와 음적 차이일 뿐이다. 하나의 기호가 갖는 개념이나 음적 재료보다는 그 기호의 주위에 있는 것, 즉 다른 기호들 속에 있는 개념이나 음적 재료가 더 중요하다"(페르디낭 드 쏘쒸르 1990, 143면). 이 차이의 테제에 대한 해설은 다음과 같은 결론에 이른다. "언어에서 하나의 기호를 구별해주는 요소가 바로 이 기호를 구성해준다. 가치와 단위를 만드는 것이 차이인 것처럼, 특성을 만드는 것도 바로 차이다"(페르디낭 드 쏘쒸르 1990, 144면).

이런 언어학적 테제를 존재론적 테제로 발전시킨 철학자가 데리다이며, 이 심화된 차이의 테제를 압축하는 것이 그의 차연(différance)이라는 용어이다(Derrida 1967, 1부 2장; Derrida 1972, 10면 이하 참조). 이 차연의 테제에 따르면, 차이에 선행해서 존재하는 것은 아무것도 없다. 실체, 의미, 기원, 주체, 중심, 내면성, 심지어 닫힌 체계도 차이와 그것이 전개되는 차연적 관계 이후에 온다. 모든 것은 관계의 산물이고, 이 관계는 '차연의 경제' 안에서, 차연적 보충·절약·대리·대체·지연·보류로서 펼쳐진다. 적극적으로 존재하는 것은 이 차이의 관계뿐이다. 그외의 모든 것, 가령 가치·개념·척도·단위·등가물·성질·동일성은 이 관계 안에서 있다가 없어지는 것, 소극적으로 규정되고 소극적으로 존재하는 어떤 것이다. 데리다의 해체론은 과격한 관계론이며, 관계를 떠나서 존재할 수 있다고 주장하는 모든 종류의 실체에 대한 과격한 '비판'이다.

관계적인 것을 실체로 착각하지 말라. 이것이 데리다의 차연의 테제가 담고 있는 일차적 명령이다. 그 명령은 이미 쏘쒸르의 언어학적 차이의 테제로부터 전송되고 있었다. 그러나 그의 언어학적 테제는 경제학적 테제의 번역이자 운반이다. 경제학적 가치 개념의 옮김이자 이동인 것이다. 그리고 이 경제학적 가치 개념은 맑스의 가치론을 계승하고 있다. 관계적인 것을 실체로 착각하지 말라. 이것이 맑스의 물신비판이 담고 있는 핵심이다. 적극적인 것으로 둔갑한 소극적인 것, 실체로 변신한 (사회적) 관계, 그것이 맑스가 물신이라 부른 일반적 등가물이자 그것에 기초한 교환가치다. 쏘쒸르의 가치론은 맑스의 우상파괴적 계보학의 형태를 띤 가치론이 도달한 곳에서, 그 지점의 연장선상에서 출발한다. 그리고 데리다적 차연의 경제학은 다시 쏘쒸르의 가치론이 도달한 곳에서, 그러나 맑스의 계보학을 반복하면서, 그리고 무엇보다 니체의 계보학을 심화시키면서 출발한다.

관계적인 것을 실체로 착각하지 말라. 사실 이것은 또한 니체가 반복해서 외친 경고였다. 니체가 존재론자라면, 그의 존재론은 힘의 존재론이자 관계의 존재론이다. 이 존재론은 "모든 사건, 모든 운동, 모든 생성을 등급과 힘의 관계의 확정으로, 투쟁으로"(Nietzsche 1964, 552항) 이해한다. 투쟁하는 힘과 강도들 사이의 관계, 그 차이관계에 선행하는 것은 아무것도 없다. "다시 말해서 다른 사물들 없이 존재하는 사물은 없다. 다시 말해서 '물자체'는 없다"(Nietzsche 1964, 557항). 물자체, 실체, 주체, 객체는 이미 "이 다양한 관계들의 다발"에 불과하다(Nietzsche 1964, 558항). 그런 말들은 그 복잡한 관계를 단순화하는 기호, 추상적 기호에 불과하다. "낱말들은 오직 사물들 상호간의 관계와 우리와 이 사물들 사이의 관계에 대한 상징일 뿐이며, 절대적 진리와는 아무 상관이 없다. 존재라는 말도, 비존재라는 말과 마찬가지로 모든 사물들을 결합하는 가장 일반적인 관계를 서술할 뿐이다. (…) 낱말과 개념들을 통해서 우리는 결코 관계들의 벽 뒤로, 다시 말해서 우화와 같은 사물들의 근원에 도달할 수 없다."[3]

쏘쒸르는 언어를 관계적 현상으로 기술했다. 언어에는 오로지 차이관계만이 적극적으로 존재한다는 것이다. 반면 니체는 언어를 본래의 관계적 사태를 추상화하거나 단순화하는 것, 왜곡하는 것으로 보았다. 이 점을 말하는 것이 위의 인용문이며, 이 점에서 니체의 언어관은 맑스의 화폐론과 닮았다. 맑스는 일반적 등가물로서의 화폐가 상품들 사이의 관계를, 그것이 대리하는 사회적 관계를 은폐하고 왜곡한다고 보았다. 맑스는 그런 관계에 의존해서 태어났으되 그 관계에서 벗어나 있는 듯이 보이는 일반적 등가물을, 그리고 그것이 규정하는 상품가치를 물신이라 불렀다. 화폐는 우리를 물신숭배의 신전으로 몰고 간다. 그러나 물신숭배를 조장하는 것은 화폐만이 아니다. 니체에 따르면 그것은 무엇보다 언어와 이성이다. "그 기원에서 보자면, 언어는 가장 초보적인 형태의 심리학, 그런 심리학의 시대에 속한다. 만일 언어의 형이상학을, 다시 말해서 이성을 떠받치는 일차적 조건들을 깨닫게 된다면, 우리는 어떤 조잡한 물신숭배의 현장으로 들어가게 된다. (…) 우리는 원인 일반으로서의 의지를 믿는다. 우리는 '자아'를 믿는다. 이때 자아는 존재로서의 자아이며 실체로서의 자아이다. 그리고 우리는 자아의 실체성에 대한 믿음을 모든 사물에 투사한다. 이를 통하여 우리는 '사물'의 개념을 '창조'한다"(Nietzsche 1969, 959면).

변하지 않는 사물, 실체, 존재는 상상적 투사의 산물이다. 그것은 상상의 거울에 맺힌 이미지에 불과하다. 인간이 이런 상상적 투사의 노예가 되는 것은 언어에 의존해서 사고하기 때문이다. 언어에 의존해서, 언어 안에

---

3) Nietzsche, Friedrich Wilhelm (1973a) *Die Philosophie im tragischen Zeitalter der Griechen*, KGW III-2권, Berlin: W. de Gruyter, 340면. 번역은 프리드리히 빌헬름 니체 (1997) 『비극적 사유의 탄생』, 이진우 옮김, 서울: 문예출판사, 157면 참조.

서 사고하는 한 우리는 유치한 심리학의 시대를 벗어날 수 없다. 상상적 이미지를 실재로, 진리로 숭배하게 된다. 이 언어의 세계에서는 맑스가 상품의 세계에서 지적했던 동일한 전도, 원인과 결과 사이의 전도가 일어난다. "철학자들의 또다른 특이체질은 마지막에 오는 것과 처음에 오는 것을 혼동하는 데 있다. 그들은 끝에 오는 것을 출발점에 놓는다. (…) 다시 말해서 가장 일반적이고 가장 공허한 개념들을 시작에 놓고 거기서 시작하는 것이다"(Nietzsche 1969, 958~59면).

맑스는 부르주아 경제학의 근본적 오류를 일반적 등가물로부터 출발한다는 점에서 찾았다. 그 일반적 등가물이 '왜, 어떻게, 그리고 어떤 경위로' 고안되었는지 묻지 않았다는 것이다. 니체는 기존 철학의 근본적 오류를 일반적 개념으로부터 시작한다는 점에서 찾았다. 그 개념이 '왜, 어떻게, 그리고 어떤 경위로' 고안되었는지 묻지 않았다는 것이다. 맑스와 니체는 모두 우상파괴적 계보학자이다. 기존 학문의 출발점이 어떤 은폐된 과정의 도달점임을 보여주고자 하기 때문이다. 맑스와 니체, 그들이 계보학적 탐구를 통해서 회복하고자 한 것도 동일하다. 그들은 모두 실체론적 가상을 쫓아내고 그 가상의 배후에 있는 관계적 사태를 부각시키고자 했다.

관계적인 것이 실체로 뒤바뀌는 과정, 언어적 물신이 탄생하는 과정을 니체는 동전이 마모되는 과정에 비유한다. "[개념적] 진리는 착각이다. 마멸되어 감각적 힘을 잃어버린 비유라는 사실이 망각된 그런 착각이며, 문양이 사라질 정도로 표면이 닳아버려 더이상 동전이라기보다는 그저 쇠붙이로만 여겨지는 그런 동전이다."[4] 동전이 마모되는 과정, 그래서 거기에 새겨진 숫자와 그림이 닳아 없어지는 과정은 구체적 특수성이 사상되

---

4) Nietzsche, Friedrich Wilhelm (1973b) *Ueber Wahrheit und Lüge im aussermoralischen Sinne*, KGW III-2권, Berlin: W. de Gruyter, 375면 참조. 번역은 프리드리히 빌헬름 니체 (1997)『비극적 사유의 탄생』, 이진우 옮김, 서울: 문예출판사, 200면 참조.

는 과정이다. 특수성이 모두 사라졌을 때, 그래서 밋밋한 표면만 남았을 때, 그 동전은 일반적으로 유통될 수 있는 자질을 얻게 된다. 국적의 제약을 받지 않게 될 뿐 아니라 원하는 가격에 유통될 수 있을 것이다. 자의성과 일반성을 획득하는 것이다. 동전은 문양을 잃는 대신 자유를, 자의성을 획득한다.

그것은 곧 인간이 '이성을 지닌 동물'로서 자신의 보존에 유리한 질서를 자연에 부과하는 능력을 확장해가는 과정이다. "인간을 동물과 구별짓는 모든 것은 바로 생생한 직관적 비유들을 하나의 도식으로 휘발시키는, 즉 어떤 이미지를 하나의 개념으로 용해시키는 능력에 달려 있다. 왜냐하면 생생한 첫인상들 밑에서는 성취될 수 없는 것이 저 도식의 영역에서는 가능하기 때문이다. 위계와 등급에 따라 거대한 피라미드 모양의 질서를 건립하는 깃 (…) 새로운 세계를 창조하는 것이 가능해진다. 첫인상들로 이루어진 직관적 세계에 대립하는 이 세계는 더 확고하고 더 일반적이며 더 알려져 있고 더 인간적이다. 때문에 규제적이고 명법적인 성격을 띠게 된다"(Nietzsche 1973b, 375~76면).

이 구절은 헤겔의 언어론과 동일한 것을 말하되 다른 것을 말하고 있다.[5] 동일한 것은 개념적 언어가 형성되는 역사적 과정이다. 헤겔 역시 개념적 언어의 기원을 감성적 직관을 내용으로 하는 심상(Bild)에 둔다. 이 심상은 자아의 내면성 안에 잠들어 있다. 마치 금과 은이 처음에 대지의 오장육부 속에 잠들어 있듯이, 심상은 "어두컴컴한 갱(Schacht)과 같은 지성" 안에 놓여 있다. 심상은 "지성의 재산", 지성의 금은보화이다. 문제는 지성이 심상을 소유하되 자유롭게 사용할 수 없다는 데 있다. "나는 우선은 내 내면성의 갱 속에서 잠들어 있는 심상을 지배하는 권력을 가지고 있

5) Hegel, Georg Wilhelm Friedrich (1970) *Enzyklopädie der philosophischen Wissenschaften im Grundrisse III*, 전집 10권, Frankfurt am Main: Suhrkamp, 452~64절 참조. 번역은 게오르그 빌헬름 프리드리히 헤겔(2000) 『정신철학』, 박구용·박병기 옮김, 울산: 울산대학교 출판부 참조.

지 않고, 이 심상을 '자의적으로' 불러올 수 없다. 누구도 자신 속에 얼마나 무수히 많은 과거의 심상이 잠들어 있는지 알지 못한다"(Hegel 1970, 453절). 헤겔에 따르면, 정신의 발달과정은 지성이 무의식적으로 소유하고 있는 이 재산(심상에 담긴 직관적 내용)을 의식적으로 소유하는 과정이다. 그것은 심상에 대한 수동적 위치에서 능동적 위치로, 그 심상을 자유롭게 지배하고 조종하는 위치로 이동하는 과정이다. 심상적 내용에 대한 자의성의 획득과 확장, 그것이 이성적 사유능력의 성숙과정이다.

이런 발전과정에서 결정적 전환점은 지성이 기호를 사용할 때이다. 바로 그때 지성은 심상적 내용의 특수성으로부터 자유로워지기 때문이며, 그 특수한 직관적 내용에 보편적 표상을 결합할 수 있기 때문이다. 그러므로 "기호는 위대한 것으로 간주하지 않으면 안된다. 지성이 어떤 것을 기호화할 때, 지성은 직관의 내용과는 관계를 끊고, 감성적 소재에 '낯선' 의미를 그것의 혼으로서 부여한다"(Hegel 1970, 457절). "즉 기호는 낯선 혼을 옮겨 보존하고 있는 '피라미드'이다"(Hegel 1970, 458절). 앞에서 보았던 것처럼, 니체 역시 이성이 직관적 내용으로부터 자의성을 획득하는 결정적 국면을 피라미드식 건축의 단계에 비유했다. 이 비유적 서술에 따르면, 이 피라미드는 로마식 납골당으로, 성당으로, 마침내 흐르는 물 위에서도 견디는 첨단공법의 건축물로, 다시 말해서 "거미줄로 엮은 것과 같은 건축물"로 진화한다(Nietzsche 1973b, 376면).

이런 정교한 개념적 건축술에 의지해서 인간은 감성적 직접성의 세계에 낯선 질서를, 그것에 적대적이고 지배적으로 관계하는 인위적 질서를 확대하고 공고히해왔다. 그것은 곧 감성적 직관과 구체적 심상이 망각되는 과정, "무의식"(Nietzsche 1973b, 375면)의 심층으로, 그 갱도 속으로 묻히는 과정이다. 그러나 개념적 건축술이 이룩한 인위적 질서와, 그것의 요소 단위인 개념에는 언제나 "은유의 잔재"(Nietzsche 1973b, 376면)가 남아 있다. 그 인위적 질서는 은유적인 것을 어두운 무의식의 심층 안으로 소거함에 따라 확장되어간다. 그러나 그렇게 소거된 것은 다시 돌아와 그 잔재를, 흔적을 남긴다. 거기서 개념적 건축물의 균열이 시작되는 것이다.

반면 헤겔의 개념적 사유는 무의식적 심상을 의식화하고, 이 의식화된 심상을 다시 기호로, 기호는 다시 낱말(개념적 언어)로 대체해가는 과정을 밟는다. 게다가 기호에서 낱말로, 개념으로 향한 이행은 자율적 주체성이 태어나는 과정이다. "[개념적 언어를 사용하는] 지성은 자신을 존재자로 정립하고, 이름 그 자체, 즉 의미 없는 낱말의 보편적 공간으로 정립한다. 이런 추상적 존재자인 자아는 주체성으로서 동시에 여러 이름을 지배하는 권력이다. 자아는 이 이름들의 계열을 자신 속에서 고정시키고 확고한 질서 속에서 보존하는 공허한 '끈'(Band)이다"(Hegel 1970, 463절).

끈으로서의 주체, 코기토(cogito). 그것은 언어적 질서를 통일하고 그 통일성 안에서 보존하는 '보편적 공간'인 동시에 그 공간을 지배하는 힘이다. 개념적 언어는 주체의 권력화와 더불어 통일성을 획득하는 질서이다. 언어적 질서의 중심에는 그 질서의 제왕 코기토가 있다. 코기토는 그 질서를 엮고 보존하는 실을 스스로 뽑아내는 거미다. 니체가 말한 것처럼, 개념적 건축술의 최종 단계는 거미집의 형태를 띤다.

이렇게 비교해보았을 때, 헤겔과 니체는 쏘쉬르와 가까이 있되 멀리 있다. 이들은 낱말(기표)과 그 의미(기의)의 관계를 자의적인 것으로 간주한다는 점에서 일치한다. 즉 기표는 기의를 모사적으로 재현하거나 지시하지 않는다. 기표는 어떤 '낯선' 의미를 보존하는 피라미드이다. 그러나 헤겔은 그 자의성을 지성적 사유의 진보로, 자율적 주체의 탄생과정으로, 따라서 긍정적으로 평가한다. 반면 니체는 그 자의성을 어떤 도피와 방어의 산물로, 어떤 빈곤화와 왜곡화로, 어떤 망각으로, 따라서 부정적으로 평가한다. 쏘쉬르 또한 기표와 기의의 관계를 낯선 관계로, 필연적 일치나 모사적 대응이 없는 관계로, 그래서 자의적 관계로 규정한다(페르디낭 드 쏘쉬르 1990, 87면). 그러나 헤겔과 니체는 기의가 기표의 구속력에서 벗어나 있다는 의미에서 언어의 자의성을 부각시켰다면, 쏘쒸르는 기표가 기의의 구속력에서 벗어나 있다는 의미에서 언어의 자의성을 강조한다.

이 자의성의 테제는 앞에서 언급했던 차이의 테제와 맞물려 있다. 차이의 테제는 언어의 가치와 의미가 기표적 차원의 차이관계에서 유래한다는 것을 말한다. 의미는 그 자체로 적극적으로 존재하는 것이 아니라 소극적으로, 사후적으로 발생하는 어떤 것이라는 것이다. 자의성의 테제는 이렇게 기의에 대해 기표가 갖는 자유, 심지어 선행성을 언명하고 있다. 쏘쒸르 이후, 특히 라깡과 데리다를 거치면서 기의에 대한 이런 기표의 자의성과 자율성이 더욱 두드러지게 강조된다. 이런 과정은 불태환지폐의 등장 이후 화폐형태의 변화과정과 병행한다. 화폐처럼 언어도 지시대상으로부터 자율화된 기표로, 자기지시적 상징으로 변모해가고 있다.

탈근대는 이런 자율화된 기표와 화폐의 교환 속에 순환하고 있다. 그 교환의 문맥이 탈근대의 동맥이다. 이런 관점에서 볼 때 니체의 언어관은 이 탈근대의 동맥에 낯선 요소로 흐르고 있음이 분명하다. 니체의 언어관은 헤겔의 언어관에 대칭을 이루지만 여전히 그와 더불어 근대적 회로에 갇혀 있다. 데리다는 글쓰기의 차원에서 니체의 탈근대적 면모를 부각시킨 적이 있다. 니체에 이르러 글쓰기는 진리·기원·중심·실재 등 일체의 기의로부터 자유로워졌고, 이 점에서 그의 글쓰기는 "기표를 해방하는 데 크게 공헌" 했다는 것이다.[6]

그러나 적어도 언어 자체, 기호 자체에 대한 니체의 생각은 근대적 한계 안에 머물러 있다. 이 점은 정확히 니체가 화폐의 비유를 끌어들이는 대목에서 읽을 수 있다. 가령 니체는 "이 역사적 가치의 세계에서 지배하는 것은 위조화폐이다"(Nietzsche 1968, 269항 234면)라고 적었다. 역사적 현실 안에서는 조작된 것, 졸렬하고 하찮은 것, 반동적인 힘이 언제나 능동적인 힘,

---

6) Derrida, Jacques (1967) *De la grammatologie*, Paris: Minuit, 31~33면. 자세한 논의는 이 책 2부 3장 참조.

디오니소스적인 가치를 밀어내고 그 자리를 차지한다는 것이다. 위조화폐는 그런 가치의 전도를 표현하는 비유이다. 앞에서 다룬 동전의 비유도 마찬가지다. 개념적 언어의 탄생 내력을 동전의 마모과정에 빗대는 그 비유는, 정화(正貨)와 위화(僞貨)의 대립에 기초한다. 동전이 마모되어 그 숫자와 무늬가 지워지는 과정, 그것은 정화가 위화로, 국적과 지정된 액수를 뛰어넘어 자의적으로 사용될 수 있는 위조화폐로 변모되는 과정이다. 정화는 그것의 가치를 담보하는 황금의 실체와 하나가 된다면, 위조화폐는 그런 황금 없이, 그것의 담보 없이 유통되는 화폐, 즉 기의 없는 기표이다. 니체는 개념적 언어라는 위조화폐에 대해서, 기의 없는 기표에 대해서 반감을 지닌 근대인이다.

맑스와 마찬가지로 니체는 고전적 화폐의 개념에 사로잡혀 있다. 그들은 아직 불태환지폐의 힘을 경험하지 못한 세대에 속한다. 이런 경험이 결여에서 그들의 이론적 한계를 설명할 수 있을 것이다. 맑스가 교환가치보다는 사용가치에 우위를 둔 것도, 니체가 기호의 질서와 그 배후의 순수한 관계적 사태를 서로 대립시킨 것도 모두 그런 경험의 부족에서 비롯하는 것이 아닐까? 그럼에도 불구하고 이들이 탈근대적 전환점에 서 있다는 것은 부인할 수 없다. 맑스는 상품의 세계에서 실체로 변장한 일반적 등가물의 진실을, 니체는 언어의 세계에서 실체로 위장한 일반적 개념의 진실을, 그리고 그 진실이 어떤 관계적 질서에 있음을 드러내는 데 주력했다.

특히 니체는 자연언어(=이성)의 물신적 효과를 적절하게 폭로했다. 우리는 자연언어에 의존해서, 그 언어 안에서 생각하는 한 '유치한 심리학의 시대'를 벗어날 수 없다. 실체론적 사유를 결코 벗어나지 못하는 것이다. 이렇게 말하는 니체는 사물들 사이의 관계를 "미학적 관계"(Nietzsche 1973b, 378면)로 규정한다. 사물들은 어떤 인과적 관계나 상호대응적 일치관계에 있는 것이 아니라 은유적 이동과 번역의 관계에 있다는 것이다. 헤겔은 개념적 질서의 중심에는 그 질서를 한데 엮어내는 추상적 주체가 자리한다고 했다. 반면 니체는 그런 형식적 주체가 자신의 진실을 스스로 망각한 주체임을 말한다. 자신이 "예술가답게 창조하는 주체"임을 잊고 있는 주체라는 것이다. 니체의 주체, 그는 자연언어의 물신적 효과에서 벗어난 주체이며, 지성의 무의식에 잠자고 있는 직관적 심상과 더불어 사유하는 예술가-주체이다. 그는 지성의 무의식 자체로서, 언어적 질서에 남아 있는 "은유적 잔재"(Nietzsche 1973b, 376면)와 더불어 그 질서로 복귀한다. 진정한 주체는 시적 무의식의 주체인 것이다. 니체는 불태환지폐를 사용해보지 못했고, 때문에 그에 상응하는 기호 개념을 생각하지 못했다. 그러나 앞으로 확인하게 되겠지만, 불태환지폐를 사용하는 주체가 누구인지 가장 먼저 말한 것은 니체였다. 니체는 근대적 화폐로 탈근대적 주체의 자격을 미리 계산한 봉이 김선달이었다.

4. 무의식과 탈근대적 주체의 탄생: 프로이트로부터

화폐의 변화가 언어의 변화와 맞물려 있다면, 언어의 변화는 주체의 변화와 함께 돌아간다. 헤겔과 니체는 이 점을 잘 말해주고 있다. 특히 니체가 탈근대적 주체를 예상하고 있다면, 이는 그가 자연언어의 한계를 넘어서 사유하도록 요구하는 대목으로부터 평가되어야 할 것이다. 니체의 과제, 플라톤주의의 전복과 서양 형이상학의 극복이라는 미증유의 과제는, 자연언어의 극복이라는 과제로서 다시 요약될 수 있다. 그리고 그렇게 요약될 때야 비로소 니체와 그의 현대적 계승자들(데리다, 들뢰즈)이 자리한 위치가 구체적으로 파악될 수 있다. 왜냐하면 자연언어를 극복한다는 것은 20세기를 통과하는 가장 중요한 지적 모험에 해당하기 때문이다. 그것은 철학뿐만 아니라 자연과학과 형식과학, 예술 등 광범위한 영역에서 일어나는 다양한 혁명의 근저를 이룬다.

상징의 역사에 준거해서 정리하자면, 자연언어의 극복은 대체로 두 가지 방향에서 계획되어왔다. 하나는 상징을 직관적 내용이 결여된 맹목적 기록으로 간주하는 전통에서, 다른 하나는 상징을 어떤 직관적 내용을 담은 기호로 파악하는 전통에서 추진되는 계획이다(자세한 논의는 이 책 3부 1장 참조). 분류하자면, 니체는 들뢰즈와 더불어 직관적 상징의 전통에 속한다. 반면 쏘쒸르는 라깡·데리다·보드리야르 등과 더불어 맹목적 상징의 전통에 속한다. 그러므로 니체의 언어관과 쏘쒸르의 언어관이 어긋나는 것은 당연한 일이다. 그들은 통약 불가능한 전통에 서 있다.

쏘쒸르가 서 있는 전통은 라이프니츠에서 시작해서 현대의 형식과학과 자연과학에 이르러 만개의 국면에 접어들었다. 이 전통에서 상징은 상징 논리학의 기호나 대수적 상징과 같이 아무런 직관적 내용도 담고 있지 않은 맹목적 표시에 지니지 않는다. 상징을 이런 식으로 처음 정의한 라이프니츠는 명석판명(明晳判明)한 인식을 두 가지 방향에서 분류했다. "명석판명한 인식은 부적합하거나 적합하며(adaequata), 또한 상징적(symbolica)이거나 직관적(intuitiva)이다." 여기에서 적합성의 여부는 표상된 대상을 그것의 구성요소로까지 분석할 수 있는지 여부에 따라 결정된다. 적합하게 분석된 구성요소를 하나하나 파악하는 상태라면, 그 인식은 직관적이다. 그 구성요소를 모두 분석할 수 있지만 그럴 필요가 없을 때, 그래서 그 내용을 축약적으로 재현할 때 그 인식은 상징적이다. 라이프니츠는 "있을 수 있는 가장 완전한 인식은 적합한 동시에 직관적"이라 했다(Leibniz 1966, 9면).

여기에서 근대인으로서 라이프니츠가 벗어날 수 없었던 한계가 드러난다. 그것은 화폐의 역사가 진행된 다음에야 관찰할 수 있는 그런 종류의 한계이다. 라이프니츠의 시대에는 정화(금화)를 대신해서 동전이나 지폐가 사용되기는 했지만 불신을 받는 상황이었다. 화폐의 역사는 라이프니츠적 상징 개념이 일반화되고 심화되어온 역사이지만, 그런 상징 개념의 출발에 있는 라이프니츠 자신은 상징적 재현보다 직관적 재현을 우월한 위치에 놓았다. 그것은 황금의 직접적 현전을 대신하는 상징적 화폐를 돈처럼 생각할 수 없는 당대의 심리와 통한다. 라이프니츠는 기호논리학의 초석을 놓았지만, 아직 논리적 상징의 일반적 사용을 가로막고 있는 인식론적 장애물을 완전히 넘어서지 못했다.

그런 심리적 극복은 형식과학이 비약적으로 발전한, 그리고 불태환지폐가 일반화되기 시작한 20세기에 와서야 가능했다. 이 형식과학과 그것의 출발에 있는 라이프니츠적 상징 개념의 인식론적 함축은 무엇인가? 그것이 다른 종류의 상징적 형식에 비해서 갖는 우월한 힘은 무엇인가? 이렇게 물은 것이 카씨러이다. 카씨러는 대체로 두 가지 방향에서 그 물음에 답하고자 했다. 첫째, 라이프니츠적 상징 개념은 인식론의 역사에서 어떤 혁명적 단절을 가져왔는가? 둘째, 라이프니츠적 상징 개념을 정점에 놓았을 때, 상징적 질서 전체는 어떻게 위계화되는가?

카씨러가 말하는 상징적 형식(symbolische Form)이란, 모든 문화적 현상의 근저에 놓여 있는, 따라서 개인적 차원의 코기토에 대해서는 무의식적인 선험적 형식, 선험적 구성의 형식이다.[7] 이런 상징적 형식의 개념은 라이프니츠적 상징 개념에 의해 일어난 인식론적 혁명과 칸트의 코페르니쿠스적 혁명을 동시에 계승한다는 의도에 뿌리내리고 있다. 칸트는 인간 정신의 본성을 대상을 수동적으로 모사하는 데 있는 것이 아니라 능동적으로 구성하는 데 있다고 보았다. 그러나 모사이론과 단절한 최초의 철학자는 칸트라기보다 라이프니츠이다. 라이프니츠의 상징 개념과 그것에 기초한 보편언어의 계획은 인식대상에 대한 고정관념을 깨뜨렸다. 대상의 통일성을 유적(類的) 통일성으로 간주하는 고정관념을 깨트리고, 그 통

---

7) Cassirer, Ernst (1976) *Wesen und Wirkung des Symbolbegriff*, Darmstadt: Wissenschaftliche Buchgesellschaft 참조. 특히 이 책에 들어 있는 "Der Begriff der symbolischen Form im Aufbau der Geisteswissenschaften" 참조.

일성을 대수적 함수로 표시할 수 있는 관계적 통일성으로 바라본 것이다. 이 관점에 따르면, 대상은 그 질료적 내용의 측면이 아니라 그런 내용을 구성하거나 산출하는 순수한 형식적 관계의 측면에서 정의되어야 한다. 대상은 언제나 그것을 가능하게 하는 순수한 형식적 관계를 선험적 구성 원리로 한다는 것, 그것이 또한 라이프니츠의 미적분이 함축하는 인식론적 의미다(Cassirer 1974, 166~81면 참조).

카씨러는 현대 형식과학(프레게, 뻬아노, 데데킨트, 러쎌)에 의해 계승·발전된 라이프니츠의 상징 개념에서 상징의 순수한 기능을 발견한다. 그리고 그것을 '순수 의미작용'(reine Bedeutung)의 기능이라 부른다. 현대 자연과학의 근저에 놓여 있는 이 순수 의미작용은 어떤 점에서 위력적인가? 어떤 점에서 그 힘이 평가되어야 하는가?

카씨러는 다음과 같이 강조한다. 우리는 오로지 순수한 형식언어를 통해서만 자연언어의 인식론적 한계를 넘어설 수 있다. 자연언어는 신화와 예술의 세계 밑에 놓여 있는 상징적 기능, 다시 말해서 표현(Ausdruck) 기능의 상징적 형식보다 상위에 있다. 표현 기능의 상징적 형식, 그 전(前)언어적 형식에 의존해서 성립하는 세계는 주관과 객관이 분리되지 않은 세계, 통일성과 일관성을 결여한 세계이다. 세계에 대한 체계적 분류, 객관적 규정과 재인은 자연언어라는 상징적 형식에 의존할 때 비로소 가능했던 일이다. 그러나 이 자연언어는 여러가지 인식론적 한계를 지닌다. 먼저 자연언어는 이 세계를 체계적으로 분류하고 조직하되 실체(변하지 않는 것)—속성(변하는 것)의 도식에서만 그렇게 하도록 허락하는 상징적 형식이다. 둘째, 자연언어에 묶여 있는 한 우리는 모사와 유비의 질서를 떠날 수 없다. 이는 언어적 사고가 근본적으로 직관적 표상에서 벗어날 수 없기 때문이다. 자연언어는 직관(Anschauung)과 재현(Darstellung)의 기능만을 갖는 상징적 형식이다(Cassirer 1973, 35, 186면; Cassirer 1975, 126, 165, 348, 483면 등 참조).

카씨러가 라이프니츠의 상징 개념을 침이 마르도록 극찬하는 이유는 여기에 있다. 우리는 자연언어 안에서 생각하는 한 실체론을 벗어날 수 없다. 모사적 재현과 유비의 질서만 있는 줄 알지 그 바깥을 생각하지 못한다. 오로지 순수 의미작용 기능의 상징적 형식에 힘입어 우리는 그 바깥을 생각할 수 있다. 직관적으로 표상할 수 없는 순수한 관계적 질서의 세계로 들어갈 수 있는 것이다. 이 순수 의미작용의 세계는 탈질료화된 추상의 세계이다. 거기에는 실체가 없다. 다만 어떤 계열과 그 계열 안의 위치, 그 위치에 부여된 관계적 기능과 가치만이 있다. 쏘쒸르가 언어의 가치, 화폐의 가치라 부른 것은 이런 관계적 기능과 가치에 해당한다. 카씨러의 순수 의미작용, 그것이 쏘쒸르가 장기놀이의 비유를 통해서 설명하는 순수한 상징적 가치, 순수한 기능적 가치다(장기놀이에서 각각의 말이 갖는 가치는 말들 사이의 상대적 위치, 관계에 의해서 성립한다)(페르디낭 드 쏘쒸르 1990, 32, 107~108, 132~33면 참조).

이렇게 카씨러와 비교해보았을 때, 우리는 다시 쏘쒸르의 언어학이 갖는 역사적 의미를 더욱 구체적으로 이해할 수 있다. 카씨러는 자연언어와 인공적 형식언어를 대립시켰다. 그러나 쏘쒸르는 형식언어의 관점에서 자연언어에 접근했다. 마치 삼단논법의 규칙을 기호논리학의 규칙으로부터 재연역할 수 있는 것처럼, 자연언어의 본성을 형식언어의 문법 안에 통합한 것이다. 따라서 쏘쒸르에 의해 열린 구조주의시대는 라이프니츠의 시대로 평가할 수 있을 것이다. 구조주의시대는 자연언어와 인공언어의 대립이 해소되는 시대이다.

그 대립은 기능과 가치를 생산하는 순수한 관계적 형식, 순수한 의미작용의 질서 안에서 해소된다. 그러나 여기서 해소되는 것은 무엇보다 모든 종류의 자립적 실체이다. 실체처럼 현상하는 것, 가령 상품·개념·주체·객체 등, 심지어 존재와 무마저도 1과 0처럼 체계내적 위치에 의해서 결정되는 기능적 가치에 불과하다. 구조주의시대에 선언되는 주체의 죽음은 이런 전환에서 처음 시작되었다. 실체에서 관계로, 그것이 구조주의적 전환의 핵심이다.

이런 전환은 자연언어의 인식론적 한계에서 벗어났을 때 가능한 일이었다. 그러나 자연언어를 극복하고자 시도해왔던 또다른 전통이 있다. 그것은 라이프니츠 전통과는 반대로 상징을 직관적 내용으로 가득 찬 기호로 보는 전통이다. 이 전통은 칸트를 발판으로 한 낭만주의적 도약에 힘입어 확립된 전통이다. 니체는 프랑스의 상징주의 시인들과 더불어 이 전통을 계승하고 있다. 라이프니츠 전통에서 상징은 대수적 상징으로 대변되지만, 낭만주의 전통에서 상징은 비유와 은유이다. 그리고 이 은유적 상징은 자연언어, 특히 개념적 언어로는 감당할 수 없는 다양한 사태를 동시에 지시하고 회집한다. 니체를 포함한 낭만주의자들이 예술을 지고한 위치에 둔 것은 이런 상징 개념에 근거한다.

카씨러는 신화와 예술의 근저에 놓여 있는 상징적 형식을 자연언어에 미치지 못하는 것으로 간주한다. 언어적 사고는 이미지에 의존하는 신화·예술적 사유를 극복한 진화된 형태의 사고라는 것이다. 그러나 낭만주의자에 따르면, 예술은 과학보다, 철학과 종교보다 더 위대하다. 과학보다 더 과학적인 것, 철학보다 더 철학적이고 종교보다 더 종교적인 것이 예술이다. 그것은 예술이 상징을 창조하기 때문이다. 그리고 이를 통해서 개념적 언어로는 포착할 수 없는 존재의 심층을 구체적으로 현시하기 때문이다. 그러므로 낭만주의자는 다시 이렇게 말한다. 우리는 예술적 상징을 통해서만 자연언어의 한계를 넘어 모순에 찬 심층적 질서로 진입할 수 있다. 예술적 상징은 최고의 존재론적 개방성을 약속한다. 니체가 자연언어의 시대를 '유치한 심리학의 시대'라 한 것도, 사물들의 관계를 '미학적 관계'라 한 것도, 주체는 단지 예술가-주체일 뿐이라 한 것도 이런 낭만주의적 상징 개념 안에서 파악되어야 할 것이다.

이런 낭만주의 전통에서도 우리는 라이프니츠 전통에서 들을 수 있는 동일한 목소리를 듣는다. 자연언어의 구속에서 벗어나자. 자연언어를 문법으로 한 철학적 사유의 착각을, 그것의 선험적 가상을 직시하자. 이렇게 말한다는 점에서 낭만주의-니체는 라이프니츠-카씨러와 일치한다. 낭만주의-니체가 발견한 세계, 그것은 자연언어가 덮고 있는 시적이고 질료적인 무의식의 세계이다. 반면 라이프니츠-카씨러는 자연언어라는 재현적 질서의 배후에서 형식적 무의식의 세계를 발견한다. 시적 무의식과 형식적 무의식, 이 두 종류의 무의식이 상징이해의 두 전통에 대하여 저수지와 같은 역할을 하고 있다. 그리고 그 두 전통은 각기 서로 다른 방향에서 자연언어의 인식론적 한계를 넘어서려는 계획을 추구하고 있다.

그러나 그것은 이 두 전통에만 고유한 계획이 아니다. 그것은 차라리 20세기 사상사 일반을 특징짓는 계획일 것이다. 가령 러쎌은 SP 존재론(주어-술어 구조의 존재론)을 넘어서야 한다고 외쳤다. 데리다의 기록학(그라마똘로지)은 그런 러쎌의 라이프니츠적 언명과 동일한 것을 외치고 있다. 들뢰즈의 초월적 경험론, 그것 역시 니체와 베르그쏜의 철학과 마찬가지로 자연언어로 포착되지 않는 세계, 언어적으로 재현되지 않는 세계를 가리키고 있다. 재현 이하와 재현 이상의 세계를 열어젖히고 있는 것이다. 그밖에 로고스중심주의, 본질주의, 실체론에 대한 20세기적 대응은 모두 동일한 모티프 안에서 활력을 얻어왔다. 모두 자연언어에 고유한 선험적 가상과 싸우고 있는 것이다.

여기에서 우리는 자연스럽게 주체의 문제로 이동할 수 있게 되었다. 왜냐하면 실체와 마찬가지로 주체도 자연언어에 의해 특권화되는 대표적 범주의 하나이기 때문이다. 니체가 여러번 강조한 바에 따르면, 데까르뜨의 코기토는 "각각의 행위에 어떤 행위자를 가정하는 우리들의 문법적 습관에서 비롯된 공식에 불과"(Nietzsche 1964, 484항)하다. 게다가 이 문법적 습관 안에서 주체는 실체보다 먼저 발생하는 범주이다. "'실체' 개념은 '주체' 개념의 한 귀결이다. 결코 그 반대가 아닌 것이다! 만일 우리가 영혼을, '주체'라는 것을 포기한다면, '실체'에 대한 전제 일반이 사라져버린다. 사람들은 존재자의 등급을 얻되, 존재자 자체를 잃어버린다"(Nietzsche 1964, 485항).

이렇게 보자면 자연언어의 문법적 습관에서 벗어나자마자 제기되는 가장 중요한 과제가 무엇인지 분명해진다. 그것은 자연언어가 유도하는 실체론적 사유의 중심에 있던 주체, 그 특권적 주체에 대한 계보학일 것이다. 주체가 문법적 가상이라면, 그 가상은 '왜, 어떻게, 어떤 경위로' 발생했는가? 그 가상은 어떤 요구에 부응하며, 따라서 다시 어떤 지위에 자리매김되어야 하는가? 일반적 등가물로서의 화폐에 대해 맑스가, 그리고 개념적 언어에 대해 니체가 던졌던 계보학적 물음은 이렇게 다시 주체에 대해 던져야 하는 상황이다. 오늘날 이런 물음이 상황을 장악한 것은 프로이트 이래의 정신분석이다. 정신분석은 데까르뜨 이래의 코기토 철학의 주요 범주들(의식, 자아, 주체 등)을 체계적으로 소거하고 탈근대적 주체론의 가장 중요한 토대를 구축했다.

맑스의 상품물신과 니체의 개념물신에 상응하는 프로이트의 물신은 의식과 자아이다. 그 물신에 대한 정신분석의 비판은 세 가지 관점에서 이루어진다. 첫째, 의식과 자아는 정신의 복수적 조직의 일부에 불과하다. 게다가 그것은 다른 조직의 일부가 분화되어 형성된 파생적 조직이다(부분성과 파생성). 둘째, 자연언어의 문법을 따르는 의식은 직접성의 영역이다(직접성). 그러나 이 영역의 진실은 직접적으로 드러나지 않는다. 셋째, 의식과 자아는 정신적 조직의 파생적 일부에 불과하더라도 인간의 정신적 삶에서 나름의 고유한 기능을 맡고 있다. 그러나 그 기능은 주로 방어적이고 반동적이다(반동성). 그러나 여기에 한가지 관점을 더 추가해야 한다. 왜냐하면 정신분석은 의식과 자아를 단순히 복수의 심리적 조직 사이의 갈등관계 안에 위치시켜 설명하는 데 그치는 것이 아니기 때문이다.

정신분석은 주체의 탄생을 다시 상호주관적 관계(어머니-아이-아버지/아버지-자식들)의 문맥에서, 그 안에서 일어나는 '동일시'와 '대상선택'을 통해서, 그 과정에서 아이가 통과해야 하는 오이디푸스 콤플렉스를 중심으로 설명한다. 정신분석이 니체와 맑스의 계보학에 가까워지는 것은 무엇보다 이 오이디푸스 콤플렉스에 대해서 말할 때일 것이다.

——의식의 부분성과 파생성. 프로이트는 두 개의 심리학적 지도를 남겼다. 하나의 지도는 『꿈의 해석』에서 완성되고, 여기서 정신은 무의식-전의식-의식이라는 세 영역으로 분할된다. 다른 하나의 지도는 『자아와 이드』에서 작성되고, 여기서 마음의 세계는 이드-자아-초자아로 분할된다. 이 두 도식은 공통적으로 "원칙처럼 여겨지던 등식, 즉 의식과 정신은 동일하다는 생각"(Freud 1946, 266면)을, 나아가 의식과 자아를 동일한 것으로 보는 근대적 관점을 교정하고 있다. 새롭게 교정된 관점에서 의식과 자아는 자신의 속성과는 대립하는 성격의 다른 심리적 조직들과 공존하고 있다. 무의식과 이드는 사고하되 그 사고는 (전)의식이나 자아의 사고와는 완전히 다른 원리에 따른다. 1차 과정과 2차 과정, 쾌락원칙과 현실원칙은 각기 서로 다른 문법으로 사유하는 두 영역을 구별하기 위해 도입된 정신분석의 용어이다.

그러나 이보다 먼저 주목해야 하는 사실은, 이 두 조직이 어떤 파생적 관계에 있다는 점이다. 이것은 프로이트가 두번째 도식을 중심으로 자아와 이드의 관계를 설명할 때 명확히 묘사되고 있다. 그 설명에 따르면, 자아란 이드의 표면이 분화되어 나온 파생물이다. "자아는 '지각-의식'의 매개를 통해 외부세계의 직접적 영향에 의해서 수정된 이드의 일부이다. 어떤 의미에서 그것은 표면분화(Oberflächendifferenzierung)의 연장이다." 다시 말해서 "자아는 무엇보다 먼저 육체적 자아이다. 그것은 표면적 실체일 뿐 아니라 그 자체로 표면의 투영이다"(Freud 1940a, 252~53면). 육체와 이드의 표면에서 일어나는 어떤 정신적 투사라는 의미에서 자아는 파생물, 표면적 파생물이다. 이렇게 말할 때 프로이트는 니체와 가까이 있다. 니체 또한 자아를 표면적인 것, 나중에 오는 것으로 보기 때문이다. "자아의식은 (…) 유기체에 덧붙여지는 맨 마지막의 특성이다. 그것은 거의 쓸데없는 것이다. '통일성'의 의식은, 만일 모든 기능들의 (…) 통일성에 비교해본다면, 어떤 경우라도 불완전하다. 중요한 대부분의 활동은 무의식적이다"(Nietzsche 1995, 2부 227항 300면, 그외 2부 252항 308면 참조).

이 구절이 재미있는 것은 앞에서 언급한 헤겔의 장담을, 의식의 통일성에 대한 그의 장담을 비웃고 있는 듯하기 때문이다. 프로이트도 비웃고 있다. 그렇다고 완전히 동조하는 것은 아닐 것이다. 왜냐하면 자아의식을 어떤 각별한 역할의 담지자로 간주하기 때문이다. 니체는 자아의식이 생의 보존의 관점에서는 불필요하다고 보았지만, 프로이트는 그것을 필요불가결한 것으로 본다.

── 의식의 직접성과 언어적 사고. 자아의식이 이드의 표면효과라는 것은, 다시 그것이 "직접적 경험의 세계"(Freud 1946, 265면)라는 것을 말한다. 직접적으로 파악되는 의식에 비할 때 무의식은 침투하기 어려운, 단지 간접적으로만 그 실상을 알 수 있는 영역이다. "우리는 무의식이 의식의 그무엇으로 변화되거나 번역된 뒤에야 의식화된 어떤 것으로서 무의식을 알게 될 뿐이다"(Freud 1946, 265면). 그런데 문제는 그렇게 의식에 번역된 무의식은 원래의 무의식이 아니라는 데 있다. 무의식과 그것의 에너지 원천인 충동은 결코 의식의 대상이 될 수 없다. 다만 그것을 대리하는 표상이나 감정(정동 Affekt)만이 의식의 수준에 떠오를 수 있다(Freud 1946, 275~76면). 하지만 그런 대리적 표상과 감정을 통해서 의식의 차원으로 이동한 무의식은 검열을 피하기 위해 위장과 변신을 거듭해야 했다. 무의식에서 의식의 차원으로 이동한다는 것은 산문에서 운문으로, 운문에서 산문으로 옮겨갈 때만큼 어려운 일이다. 그것은 문법이 완전히 다른 두 질서 사이의 이동이고, 따라서 그와 같은 위치변동은 "새로운 기록, 말하자면 제2

의 등재"(Freud 1946, 273~74면)를 뜻한다.

좀더 정확하게 말해서, 무의식에서 의식으로 이동한다는 것은 비언어적인 것에서 언어적인 것으로 이동한다는 것과 같다. 무의식을 의식의 그 무엇으로 번역한다는 것은 그 자체로 자연언어를 통하여 사고하지 않는 것을 자연언어로 옮기는 일이다. 이것은 『꿈의 해석』에서부터 일관되게 유지되어온 프로이트의 생각이다(Freud 1942a, 622면 참조). 이런 생각은 『무의식에 관하여』에서 나오는 구분, 즉 사물표상(Sachvorstellung)과 언어표상(Wortvorstellung)의 구분과 더불어 확정적인 공식을 얻는다. 그 공식에 따르면, 의식과 무의식의 차이는 이렇게 설명된다. "의식의 표상은 사물표상과 그 사물에 속하는 언어표상을 모두 포괄하고 있지만, 무의식의 표상은 사물표상 하나만을 포함하고 있다"(Freud 1946, 300면). 무의식에는 낱말은 없고 사물만이 있다. "사실적 연관"은 있어도 "언어적 연관"은 없다. 그럼에도 불구하고 말을 모르는 무의식적 과정이 의식의 영역으로 자리를 옮길 수 있다면, 그것은 "언어적 지각의 잔재와 맺고 있는 연관관계를 통해서만 얻을 수 있는 능력"이다(Freud 1946, 301면).

여기서 자연언어가 직관적 기능의 상징적 형식이라는 카씨러의 말을 다시 기억할 필요가 있다. 니체와 더불어 프로이트는 그런 등식에 다시 의식을 추가한다. 의식은 직접적 직관의 질서이며, 이 직관적 질서는 자연언어에 의해 조성된다. 이미 맑스와 니체의 계보학에서 직접적인 것은 복잡한 구성의 과정을 배후에 숨기고 있는 표면이다. 니체와 프로이트 역시 직접성의 영역, 언어적 영역으로서의 의식이 그런 자기기만적 표면임을 강조한다. 그리고 니체가 자연언어의 극복과 코기토 철학의 극복을 동일한 과제로 파악했다면, 프로이트 역시 자연언어에 제한되지 않는 새로운 언어이론을 요구하고 있음을 알 수 있다. 프로이트는 자신이 발견한 것을 분석할 도구를 결여하고 있었다는 라깡의 평가(Lacan 1966, 513면)는 이런 관점에서 읽어야 할 것이다.

——자아의 방어적 성격. 프로이트가 정신의 영역을 이드-자아-초자아로 구분한 것은 '모든 무의식은 억압된 것'이라는 공식을 의심할 수밖에 없었기 때문이다. 그런 의심을 가져온 것은 치료에 대한 환자의 저항이었다. 그 저항은 환자 본인에게 무의식적이고, 따라서 억압되지 않은 무의식이 있음을 알리는 징표였다. 프로이트는 이 억압되지 않은 무의식을 억압된 무의식과 통합해서 설명하고, 심리적 층위들 사이의 갈등을 더욱 효과적으로 서술하기 위해서 새로운 도식을 구상했다.

이 도식에서 이드는 충동적 에너지가 발생하는 곳이고, 초자아는 금지의 체계를 이룬다. 그 사이에 있는 자아는 무엇보다 방어의 주체이다. 방어한다는 것은 왜곡한다는 것이다. 자아는 이드의 요구를 왜곡하고 보류하고 생략한다. 이드가 따르는 쾌락원칙을 현실원칙으로 방해하고, 1차 과정을 2차 과정으로 간섭한다. 그 간섭은 조이고 묶는 것이다. 자아는 충동적 에너지가 집중되는 대상이기도 하지만 에너지의 흐름을 묶고 조여서 안정된 수로를 따라 흐르게 하는 주체이다.

그밖에 방어적이란 것은 니체적 의미의 반동적이란 것과 같다. 특히 프로이트가 치료에 저항하는 완고한 회피와 반항체계가 자아에 있음을 말하는 대목은, 니체가 "증가하는 의식은 위험이고 병이다"라고 적은 곳을 생각나게 한다. "우리가 의식할 수 있게 된 세계는 단지 표면의 세계, 기호의 세계일 뿐이다. (…) 모든 의식적 현상에는 대규모의 근본적 타락, 왜곡, 표면화, 그리고 일반화가 뒤따른다. 결국 증가하는 의식은 위험인 것이다. (…) 그것은 병이다"(Nietzsche 1973c, 354항 275면). 왜냐하면 증가하는 의식은 확장되고 공고화되는 자기확신, 기만에 빠진 자기확신, 따라서 개입의 불가능성을 뜻하기 때문이다.

——동일시와 오이디푸스 콤플렉스. 정신분석이 말하는 주체의 탄생은 맑스가 말하는 화폐의 탄생과 유사해 보일 때가 있다. 그것은 프로이트가 자아를 이드의 표면적 기능분화의 결과로 설명할 때가 아니라 자아를 동

일시와 오이디푸스 콤플렉스의 극복에서 형성되는 것으로 설명할 때이다(Goux, 1973 참조).

오이디푸스 콤플렉스는 어린아이와 아버지의 관계에서 성립한다. 아이에 대하여 아버지는 먼저 법(금지)의 대리자이다. 오이디푸스 콤플렉스를 통과한다는 것은 그 법에 굴복한다는 것을, 이 굴복을 통해 어머니에 대한 근친상간의 권리를 양도한다는 것을 뜻한다. 이때 어머니에 대한 권리는 어떤 도달할 수 없는 쾌락, 불가능한 욕망에 대한 권리다. 그 불가능한 쾌락을 금지하는 것이 아버지의 법이다(역설적으로 그 욕망은 금지 이전에 성립한다기보다 그 이후에 성립하고, 따라서 그것은 처음부터 실현 불가능한 욕망이다). 금지하는 아버지, 그는 또한 어린아이에 대하여 이상적 위치에 있다. 표준적 주체인 것이다. 아이는 그 주체와의 동일시를 통해서 자신의 모습을 형성해간다. 오이디푸스 콤플렉스를 통과한다는 것은 이 표준적 주체를 닮는 것, 그 주체의 규범을 수용한다는 것을 뜻한다. 그 수용은 내면화와 같다. 오이디푸스 콤플렉스를 통과하면서 인간은 자신 안에 내면화된 아버지, 규범으로서의 초자아를 갖게 된다.

맑스에게서 황금이 상품이 가져야 하는 일반적 속성을 표현하는 것처럼, 아버지는 인간의 상호주관적 질서에서 각각의 인간이 닮고 분유해야 하는 일반적 속성의 담지자이다. 프로이트에게서 아버지는 각각의 주체가 서로의 키를 재는 척도이다. 이 일반적 척도에 힘입어 주체들 사이의 상호주관적 질서는 동질화되고 표준화될 수 있다. 그러나 상품의 세계에서 보았던 것처럼, 척도 혹은 일반적 등가물은 그것이 정초하는 질서의 바깥에 머물러 있어야 한다. 이상적인 것은 초월적이고, 초월적인 것은 현실적 질서의 바깥으로 물러서야 한다. 상품-화폐는 교환의 질서로부터, 이데아는 현상적 질서로부터 물러서서 추상적 차원에 있어야 한다.

오이디푸스 콤플렉스의 중심에 있는 아버지도 마찬가지다. 아버지가 법의 지위에 있기 위해서는 현실적으로 존재하기를 포기하여야 한다. 이상화(理想化)되기 위해서 구체성을 버려야 하고, 다시 말해서 죽어야 한다. 죽는 한에서만 아버지는 이상적 주체로서, 법으로서, 금지의 힘으로서 태어날 수 있다. 그러므로 문화적 질서에 규범이 있고 이 규범에 따라 상호주관적 질서가 구성된다면, 이 모든 이야기는 아버지의 죽음에서, 그 죽음을 통한 이상화에서 시작된다. 규범은 죽은 아버지에 대한 애도에서 발생한다. 바로 거기서 어떤 전형, 동경의 대상, 무제한의 구속력을 지닌 관념적 이상이 태동하기 시작한다. 이것이 프로이트가 『토템과 터부』에서 말하는 부친살해의 의미다(Freud 1940b, 173, 179면 등 참조).

이 부친살해의 의미를 설명할 때 프로이트는 살해의 기원을 오이디푸스 콤플렉스에 두고, 이 콤플렉스 안에는 아들들의 소망, 즉 "아버지를 닮고 싶다는 소망"이 잠재해 있음을 강조한다. 오이디푸스 콤플렉스는 표준적 주체가 아직 표준화되지 않은 주체, 무정형이 주체에게 가하는 강요와 유혹, 그리고 그에 대한 저항의 복합체이다.

이 콤플렉스의 중심에는 근친상간으로 지칭되는 불가능한 쾌락(향락 jouissance)과 그에 대한 욕망이 있다. 라깡은 이 향락과 욕망을 팔루스(남근)로 지칭한다. "향락의 기표"(Lacan 1966, 823면)인 팔루스는 해부학적 신체부위인 페니스(음경)가 아니다. 그것은 어머니, 상징적 질서 자체가 욕망하는 것, 다시 말해서 "대타자의 욕망을 가리키는 기표"(Lacan 1966, 694면)이다. 대타자가 욕망한다면, 그것은 무엇인가를 결여하고 있기 때문이다. 욕망은 불완전성의 징표이다. 그러므로 팔루스는 상징적 질서를 구성하는 결여를 지시한다.

라깡에 따르면, 그 결여는 상징적 질서가 운동하는 최초의 이유이다. 상징적 교환은 그 결여의 기표인 팔루스에서 시작되고 팔루스로 복귀한다. 상징적 질서는 그 기표가 지시하는 빈자리를 채우려는 끊임없는 보완과 대체의 운동 속에 있다. 그러나 이보다 더 중요한 것은 팔루스가 지시하는 대타자의 욕망에서 주체의 욕망이 성립한다는 점이다. 주체의 욕망은 대타자의 욕망에 대한 욕망일 뿐이다. 주체는 그를 둘러싼 환경, 규범적 질서 안에서 결여된 것을 욕망한다(Lacan 1966, 693면). 그 결여, 욕망을 낳는 결여가 팔루스이다. 상징계에 놓인 주체에 대하여 팔루스는 욕망의 본위, 욕망의 기준이자 표준이다. 오이디푸스 콤플렉스를 통과한다는 것은 표준적 주체로 태어난다는 것을, 표준적 주체로 태어난다는 것은 대타자의 욕망을, 다시 말해서 표준적 욕망을 추구한다는 것이다.

프로이트의 유아론에 따르면, 인간은 오이디푸스 콤플렉스를 성공적으로 통과함에 따라 이성(異性)을 성적 파트너로, 생식기를 성감대로 갖게 된다. 이 지점에서 정신분석의 계보학적 함축이 다시 드러난다. 왜냐하면 '정상적' 주체(반대 성을 대상으로 삼고, 생식기로 성적 쾌락을 느끼는 사람)는 '자연적' 주체가 아니기 때문이다. 정상과 비정상의 구별은 오이디푸스 콤플렉스가 만드는 구조(욕망의 주체, 욕망과 동일시의 대상, 욕망의 금지자) 안에서 주체가 자리하는 위치, 그러나 얼마든지 달라질 수 있는 위치들 사이의 차이에서 성립한다. 정상적 주체는 표준화된 질서가 요구하는 위치, 제도적 질서가 유도하는 위치에 서 있을 뿐이다.

그것은 프로이트가 유아의 성적 발달단계를 기술하는 대목에서 충분히 암시되고 있다. 그 대목에 따르면, 생식기 단계 이전(오이디푸스 콤플렉스를 통과하기 이전, 자기성애기)의 어린아이에게는 성감대가 국지화되어 있지 않다. 어린아이의 신체는 부분충동들이 갈등하는 무정부상태에 놓여 있다. 이 무정부상태를 평정하는 과정, 성감대를 조직하고 중심화하는 과정이 유아의 성적 발달단계를 형성한다(Freud 1942b, 108면 이하 참조). 그런 조직화와 중심화는 맑스가 말하는 일반적 등가물의 탄생과정과 흡사하다. 그 중심화는 오이디푸스 콤플렉스의 위기를 극복하는 조건으로, 다시 말해서 아버지로 대변되는 규범적 질서를 수용하는 조건으로 이루어지기 때문이다.

그러나 문제는 표준화된 주체를 생산하는 규범적 질서가 완전하지 않다는 데 있다. 그 질서에는 틈이 있고, 무의식은 그 틈에서 싹을 내밀고 뿌리를 내린다. 아마 무의식이 펼쳐지는 그 틈이야말로 근대적 주체를 대신하는 새로운 주체, 탈근대적 주체가 그 모습을 드러내는 가장 중요한 장소일 것이다. 라깡에게서 이 틈은 주체와 대타자를 묶는 매듭에서 벌어졌다 다시 봉합된다. 움직이는 틈. 그 틈은 주체와 대타자를 묶는 매듭이 이완되고 수축되는 이중의 운동 속에 놓여 있다.

그 매듭이 처음 묶이는 사건, 그것은 소외(aliénation)라 한다. 라깡이 말하는 소외는 대타자의 호명에 대한 주체의 응답이다. 주체는 그 응답을 통해 비로소 주체로 형성된다(따라서 그 이전에는 아직 주체가 아니다). 주체는 대타자의 부름에 응하고 대타자의 질서를 내면화하는 가운데 일정한 형태의 주체로 태어난다. 사회학자들은 그것을 '사회화'라 부르지만, 내면화는 일종의 예속화 과정이다. 인간은 일정한 규범적 질서에 자신을 예속하는 조건에서 어떤 유형의 주체로 구성될 수 있다. 그 예속은 대타자의 호출에 대한 응답에서 시작되지만, 이른바 소명의식은 그런 응답의 소산이다. 호명과 소명, 이 둘이 얽혀서 주체를 낳는 매듭을 만든다. 그 매듭 없이 주체의 모양은 결코 맺어질 수 없다.

그 매듭에서 맺힌 주체는 규범적 질서와 규칙을 따르는 표준적 주체, '정상적 주체'이다. 정상적 주체는 조직의 건강한 일원으로서 사유하는 주체, '나는 생각한다'의 '나'이다. 그러나 이 '사유의 주체'는 대타자의 한가운데 편입·매몰되어 있는 소외된 주체, 자신의 실존을 잊거나 억압하고 있는 익명의 주체이다.

이 익명의 주체가 자신의 실존을 찾는 과정, '나는 존재한다'의 나임을 말할 수 있는 '존재의 주체'로 거듭나는 과정을 생각할 수 있다. 그것이 라깡이 말하는 분리(séparation)다. 여기서 주체를 '생산한' 처음의 매듭이 풀리는 가운데 틈이 벌어진다. 그것은 주체가 대타자의 결여와 욕망으로서 발견하는 틈이고, 이 틈을 통해 대타자와 주체를 묶는 호명의 매듭이 이완된다. 이 이완은 주체에게 정체성 상실의 가능성을 예고하므로 실존적 불안을 야기한다. 분리는 주체가 이 상태에서 벗어나기 위해 자신을 낳았던 원래의 매듭과 다른 종류의 끈을 스스로 분비하는 과정에서 시작한다. 분리, 그것은 이질적 끈의 분리, 주체에 고유한 계사(繫絲)의 분리다. 주체는 스스로 생산한 새로운 끈으로 틈이 벌어진 매듭을 다시 조이고, 여기서 분리가 일단락된다.

주체가 자신에게 고유한 계사를 가지고 대타자와 자신을 묶는 매듭을 다시 조이는 사태를 라깡은 환상($8 \diamond a$)이라 한다. 이 환상의 공식은 분열된 주체(8)가 실재적 대상(a) 앞에 놓여 있음을 말하는데, 이 실재적 대상이 주체가 스스로 분비한 계사에 해당한다. 분리를 완료하는 이 환상도 역시 대타자의 부름에 대한 주체의 응답일 수 있다. 하지만 이때의 호명구조는 소외단계의 호명구조와 여러가지 점에서 구분된다.

먼저 소외를 유도하는 호명구조에서 대타자는 주체에게 확고한 정체성과 위상(사회적 신분)을 약속하는 전능한 존재자('모든 것을 안다고 가정된 주체')의 위치에 있다. 하지만 분리단계에서 대타자는 결여와 욕망의 주체, 불완전한 존재자로 현상한다. 그리고 소외단계에서 주체는 수동적으로 욕망하고 지정된 규칙(쾌락원칙)에 따라 지정된 대상을 욕망하지만, 분리단계에서 주체는 지정된 규칙을 넘어서 지정되지 않은 대상(실재적 대상)을 욕망한다. 이 실존적 욕망은 대타자를 원래의 전지전능한 위치에 복귀시키려는 의도에서 발생한다. 그러므로 분리단계의 호명구조는 주체의 자발성에서 성립한다. 그것은 주체가 대타자와 자신을 묶는 호명의 매듭이 벌어진 것을 발견하고 다시 그 매듭을 원래 상태로 조이려는 노력의 소산이다. 하지만 그렇게 다시 조인 매듭은 원래의 매듭이 아니다. 왜냐하면 거기에는 원래 대타자에 없던 새로운 끈, 주체가 환상을 통해서 분비한 창의적인 끈이 들어와 있기 때문이다.

그 새로운 끈이 실재적 대상인데, 이 대상은 대타자의 구조 안에 있는 것도 그 바깥에 있는 것도 아니다. 그것은 그 구조의 안과 밖 사이에 있는 접경적 대상이다. 이 계사적 대상에 힘입어 주체가 관계하는 것은 상징계 안으로 침투하는 실재이다. 이 실재의 침입은 상징적 질서에 대해서는 파괴(무화)와 기만(무의미화)을, 주체에 대해서는 외상적 충격과 죽음을 의미한다. 라깡적 의미의 환상은 그런 침입에 마주하여 주체가 상징적 질서를 방어하고 재구축하는 공간이다.

이렇게 주체가 구조의 접경지대에서 재구축한 공간은 구조의 규칙(쾌락원칙)으로 환원되지 않는다. 그런 의미에서 그 공간은 실존적 공간, 주체에게 고유한 공간이다. 하지만 이보다 더 중요한 것은 이 접경적 공간이 구조 안의 공간에 대해 갖는 선행적 지위에 있다. 즉 그 접경적 공간은 구조 안의 공간이 있은 후에 성립하는 것이 아니라 그 공간보다 먼저 성립한다. 먼저 성립해서 그 구조 안의 공간을 다시 구조화한다. 마치 칸트의 선험적 도식처럼 그 접경적 공간은 구조 안의 경험적 질서가 비로소 현상할 수 있도록 해주는 선행조건이다. 이 조건에 따라서 구조는 커졌다 작아졌다, 촘촘해졌다 성글어졌다 한다.

그러므로 구조의 안과 밖 사이에 위치한 환상의 공간은 어떤 이중적 운동이 교차하는 지점이다. 그것은 상징적 질서가 이완되는 동시에 수축되는 장소이다. 이 이완과 수축은 주체에게 각각 예속화와 재주체화의 기회를 의미한다. 상징적 질서, 그 구조적 질서는 수축할 때마다 주체를 구속하고 예속하며 소외시킨다. 그러나 다시 이완되고, 그때마다 주체는 그 질서로부터 이탈하고 분리되면서 무의식적인——그러나 다른 경험을 조건 짓는 것이므로 선험적인——몽상에 빠진다. 구조의 경계에서 성립하는 그 몽상은 주체에 고유한 계사를 낳고, 이 계사는 구조를 다시 조인다.

상징적 질서, 그 구조적 질서는 구멍이 나 있다. 항문 같은 그 구멍은 움직이고 있다. 그 구멍을 통해 수축하다 이완하는 상징적 구조는 항문운동을 하고 있다. 구조가 조이고 수축할 때, 거기서 표준, 등가물, 정상이 쏟아진다. 구조가 조이기를 늦추고 힘을 뺄 때, 사적인 것, 독특한 것, 환상과 무의식적 질료가 쏟아진다.

프로이트는 이미 여러 곳에서 인간의 정신적 삶을 이런 수축과 이완의 이중적 운동 안에서 파악하고 있다. 가령 『쾌락원칙을 넘어서』에서는 생명충동과 죽음충동이 그런 이중적 운동의 두 측면을 구성하면서 끝모를 사변이 펼쳐지고 있다. 거기서 모든 생명체는 그 이중적 운동의 교직체로서 예감되고 있다(이 책 1부 1장 2절 참조). 그러나 이미 『꿈의 해석』에서 프로이트는 그런 수축과 이완의 리듬을 정신적 삶의 리듬 자체로 바라보고 있다. 여기서는 무의식의 1차 과정과 (전)의식의 2차 과정이 각각 이완과 수축 속에 있다. 1차 과정은 흥분의 방출을 추구하고, 이를 통해 얻고자 하는 것은 원초적 만족 체험을 지속하고 반복하려는 "지각적 동일성"(Wahrnehmungsidentität)이다. 반면 2차 과정은 논리적 동일성을 의미하는 "사고의 동일성"(Denkidentität)을 구한다. 그리고 이를 위해서 흥분의 방출을 억제하거나 보류한다. 전자가 풀어놓으려 하면 후자는 묶어두려고 한다. 그렇게 묶기 위해서 (전)의식적 "사고는 표상들 사이를 엮어주는 길들에만 관심을 기울여야 하고, 그 표상들의 서로 다른 강도에 의해 현혹되지 말아야 한다. 그러나 이런 동일성의 목적지에 도달하려는 운동은 방해를 받고 있음이 분명하다. 표상의 압축, 매개구조, 타협형성에 의해 방해를 받고 있는 것이다"(Freud 1942a, 607면). 따라서 (전)의식이 엮어놓는 길들은 똑바를 수 없다. 우회로가 되고 꼬불꼬불한 미로가 된다. 춤추는 길이 되는 것이다.

우리는 이 길에서 다시 라깡적 리듬을 끌어낼 수 있다. 정신적 삶은 1차 과정을 통해 흥분을 방출하고, 2차 과정을 통해서 그 방출을 멈춘다. 조이는 것이다. 그러나 완전히 멈출 수 없다. 아무리 조여도 새는 것이 있다. 막히지 않는 구멍, 아무리 참아도 새고 마는 설사. 새어나오다 쏟아져버린

다. 사고의 동일성은 깨지고, 개념을 하나로 엮어내던 끈, 헤겔적 코기토
가 휘두르던 권력의 끈들은 흘러내린다. 니체가 웃다가 다시 찡그린다.
다시 끈이 조이기 때문이다. 이번에는 형식적 무의식의 발견자 라이프니
츠의 장난일 것이다.

아마 이런 것이 사상사의 리듬, 한번 양하고 한번 음하는 리듬, 태극의
운동을 닮은 리듬일 것이다. 탈근대는 근대성이 아무리 조여도 새어나오
는 것, 들어갔다 다시 나오는 어떤 것에 있다. 사상사의 구조, 그 구조의
항문은 다시 움츠리면서 근대성을, 그러나 다시 어쩔 수 없이 탈근대적인
것을 빠트린다. 탈근대는 근대성과 하나의 구조, 수축과 이완을 반복하는
동일한 구조에 속한다.

그 움직이는 구조가 낳는 똥, 그것은 무엇보다 무의식적 주체이다. 그
주체는 오늘날 인터넷에 붙들려 있고 전자화폐로 지불한다. 형식적 무의
식의 세계에 들어가 있는 것이다. 그를 둘러싼 씨뮐라크르들, 스멀스멀 부
서질 것같이 공허해진 기호들, 그 텅 빈 상징들은 맹목적이다. 그 자체로
는 맹목적인 이 상징들은 무의식적 주체가 관계하는 은유적 상징의 세계
안에서만, 그 안의 질료적 내용을 지닌 또다른 종류의 씨뮐라크르와 함께
섞일 때만 중력을 회복할 수 있을 것이다. 거기에 담긴 비유적 직관의 내
용과 더불어 비로소 하강과 정지의 능력을 얻는 것이다. 이미 우리가 무의
식적 주체가 아니라면, 오늘날의 화폐와 언어는 아무리 내려도 쌓이지 않
는 어설픈 눈발이었을 것이다.

참고문헌

Baudrillard, Jean (1976) *L'échange symbolique et la mort*, Paris: Gallimard.

Cassirer, Ernst (1973) *Philosophie der symbolischen Formen*, 1권, Darmstadt: Wissenschaftliche Buchgesellschaft.

———— (1974) *Das Erkenntnisproblem*, 2권, Darmstadt: Wissenschaftliche Buchgesellschaft.

———— (1975) *Philosophie der symbolischen Formen*, 3권, Darmstadt: Wissenschaftliche Buchgesellschaft.

———— (1976) *Wesen und Wirkung des Symbolbegriff*, Darmstadt: Wissenschaftliche Buchgesellschaft.

Derrida, Jacques (1967) *De la grammatologie*, Paris: Minuit.

———— (1972) *Marges de la philosophie*, Paris: Minuit.

———— (1993) *Spectres de Marx*, Paris: Galilée.

Freud, Sigmund (1940a) *Das Ich und das Id*, 전집 13권, Frankfurt am Main: S. Fischer.

———— (1940b) *Totem und Tabu*, 전집 9권, Frankfurt am Main: S. Fischer.

———— (1942a) *Die Traumdeutung*, 전집 2·3권, Frankfurt am Main: S. Fischer.

———— (1942b) *Drei Abhandlungen zur Sexualtheorie*, 전집 5권, Frankfurt am Main: S. Fischer.

———— (1946) *Das Unbewußte*, 전집 10권, Frankfurt am Main: S. Fischer.

Goux, Jean-Joseph (1973) *Freud, Marx: économie et symbolique*, Paris: Seuil.

———— (1978) *Les iconoclastes*, Paris: Seuil.

———— (1984) *Les monnayeurs du langage*, Paris: Galilée.

———— (1990) *Oedipe philosophe*, Paris: Aubier.

———— (1999) "Cash, check, or charge?" Martha Woodmansee and Mark Osteen, eds., *The New Economic Criticism: Studies at the Interface of*

Literature and Economics, London: Routledge.

Gray, Richard T. (1999) "Buying into signs: money and semiosis in eighteenth-century German language theory," Martha Woodmansee and Mark Osteen, eds., *The New Economic Criticism: Studies at the Interface of Literature and Economics*, London: Routledge.

Hegel, Georg Wilhelm Friedrich (1970) *Enzyklopädie der philosophischen Wissenschaften im Grundrisse III*, 전집 10권, Frankfurt am Main: Suhrkamp. 초판은 1830년 발행.

Lacan, Jacques (1966) *Écrits*, Paris: Seuil.

Leibniz, Gottfried Wilhelm (1966) *Meditationes de cogitatione, veritate et ideis*, *Opuscula philosophica selecta*, Paris: J. Vrin.

Lévi-Strauss, Claude (1958) *Anthropologie structurale*, Paris: Plon.

Marx, Karl Heinrich (1989) *Das Kapital*, MEGA II-8권, Berlin: Dietz.

Nietzsche, Friedrich Wilhelm (1964) *Der Wille zur Macht*, Stuttgart: Kröner.

―― (1968) *Jenseits von Gut und Böse*, KGW V-2권, Berlin: W. de Gruyter.

―― (1969) *Götzen-Dämmerung, Werke in 3 Bänden*, 2권, München: C. Hanser.

―― (1973a) *Die Philosophie im tragischen Zeitalter der Griechen*, KGW III-2권, Berlin: W. de Gruyter.

―― (1973b) *Ueber Wahrheit und Lüge im aussermoralischen Sinne*, KGW III-2권, Berlin: W. de Gruyter.

―― (1973c) *Die fröhliche Wissenschaft*, KGW V-2권, Berlin: W. de Gruyter.

―― (1995) *La volonté de puissance*, 1권, Paris: Gallimard.

Saussure, Ferdinand de (1972) *Cours de linguistique générale*, Paris: Payot.

게오르그 빌헬름 프리드리히 헤겔(2000) 『정신철학』, 박구용·박병기 옮김, 울산: 울산대학교 출판부.

카라따니 코오진(1998) 『은유로서의 건축: 언어, 수, 화폐』, 김재희 옮김, 서울: 한나래.

페르디낭 드 쏘쒸르(1990) 『일반 언어학 강의』, 최승언 옮김, 서울: 민음사.

프리드리히 빌헬름 니체(1997) 『비극적 사유의 탄생』, 이진우 옮김, 서울: 문예출판사.

3. 구조주의와 개방성의 기원

　니체, 프로이트, 맑스가 하나로 묶이는 중요한 계기는 구조주의의 등장이다. 구조주의가 한창일 때, 이들은 새로운 모습으로 부활했고 광범위한 영향력을 미치기 시작했다. 그러나 이것은 역사적 우연이 아니다. 그것은 구조주의가 그만큼 과격한 사상이기 때문이다. 니체, 프로이트, 맑스가 어떤 전환의 지점을 이루고 있다면, 그 지점을 바라볼 수 있는 사후적 조망의 높이를 구축한 것이 구조주의였다. 구조주의는 니체, 프로이트, 맑스가 역사의 무대로 함께 들어설 수 있는 장소를 열어놓았다. 그러나 거꾸로 말할 수도 있다. 니체, 프로이트, 맑스는 그 무대의 급진성을 비로소 깨닫게 해준 주인공들이다. 그 무대는 이들을 불러들이자마자 클라이맥스에 도달했고, 따라서 새로운 장면을 위해서 대단원의 막을 내려야 했다.

1. 구조주의의 기원과 특징

　구조주의는 쏘쒸르의 언어학에 그 모태를 두고 있다. 이 새로운 언어학의 두드러진 특징은 공시(共時)언어학이라는 데 있다. 언어의 통시적 변천을 연구하는 것이 아니라 공시적 구조를 연구하는 것이다.

왜 그런 관점을 취하는가? 그것은 연구의 목적을 한 언어의 정체성을 파악하는 데 두기 때문이다. 가령 한국어는 고려시대, 조선시대를 거쳐 현대에 이르기까지 부단히 변화해왔다. 통시적 관점에서 이 세 시기의 언어는 서로 다르다. 고려인, 조선인, 현대 한국인이 한자리에 모인다면 의사소통이 불가능할 것이다. 그럼에도 불구하고 이 세 사람의 말은 모두 동일한 언어, 한국어이다. 그 알맹이는 같은 것이다. 한국어란 무엇인가? 이런 질문은 이 알맹이를 붙들 때만 답할 수 있다. 그 알맹이가 바로 한 공동체가 사용하는 언어의 공시적 구조이다. 이 공시적 구조를 쏘쒸르는 랑그(langue)라 부른다. 반면 특정한 시공간적 위치에 서 있는 주체가 발화하는 언어는 빠롤(parole)이라 한다.

쏘쒸르의 중요한 기여는 기호를 다시 정의한 데 있다. 그 정의에 따르면, 기호는 기표와 기의로 이루어져 있다. 기표는 기호의 청각적·시각적 이미지며, 어떤 대상이나 의미를 지시한다. 기의는 그런 기표가 지시하는 어떤 대상이며, 의미·실재·사태 등이 그에 해당한다. 그런데 쏘쒸르는 이 기표와 기의 관계가 적어도 그 발생에 있어서는 자의적이라 천명한다. 이것이 자의성의 테제이다.

이 테제는 새로운 것이 아닐 수도 있다. 이미 플라톤의 대화편 『크라틸로스』에서도 그런 주장이 등장하기 때문이다. 이 대화편은 두 청년의 논쟁에서 시작하는데, 한 청년은 말은 사물의 핵심을 있는 그대로 재현하기 때문에 말을 아는 것은 사물을 아는 것과 같다고 주장한다. 다른 청년은, 그가 크라틸로스인데, 말은 어떤 사물을 지시하기 위해서 임의적으로 지정한 약속이고, 따라서 그런 주장은 터무니없다고 반박한다. 말과 사물을 묶어주는 어떤 선험적인 끈은 없는 것이고, 있다면 그 끈은 그것을 사용하는 사람들 사이의 약정에서 생긴다는 것이다.

플라톤은 이 논쟁에 끼여들어 자신의 언어론을 펼친다. 그 언어론에 따르면, 언어가 없을 때 인간은 몸짓으로 사태를 모방하여 그 의미를 전달했지만, 복잡한 사태를 전달할 때는 번거로울 수밖에 없었다. 그러다가 천재적인 장인이 나타나서 목소리로만 사물을 모방하는 기술을 가르쳐주었다. 이것이 언어의 기원이다. 이 최초의 언어는 완벽했다. 단순한 사태의 핵심을 정확히 재현하도록 고안된 각각의 알파벳, 그것의 조합으로 이루어진 단어는 너무나 정교해서 그 소리만 들어도 그것이 가리키는 의미가 무엇인지 알 수 있었다. 그러나 세월이 흐름에 따라 새로운 말들이 생겨나고 최초의 말은 변화·타락했다. 그러므로 옛날에는 말을 알면 사물을 알 수 있었지만, 그런 시대는 이미 지나가버렸다.

이런 언어론은 두 청년의 주장 모두를 피해가지만, 특히 크라틸로스의 견해에 대해서 비판적이다. 플라톤 이후 서양사상사의 흐름에서 크라틸로스의 생각은 줄곧 주변에 머물렀고, 말과 사물을 묶어주는 모종의 자연적인 끈이 있으리라는 생각이 주류였다. 어떤 모방관계, 내재적 지시관계, 반영관계가 있다는 것이다. 가령 왜 하늘을 '땅'이라 하지 않고 하필 '하늘'이라 했을까? 거기에는 어떤 유사필연적인 이유가 있을 것이라는 것이다.

하지만 서양사상사의 주류에 속하면서도 말과 사물의 관계를 자의적인 것으로 본 경우가 있다. 가령 헤겔은 어떤 의미와 그 의미를 담는 그릇인 말이 각기 이질적 차원에 속한다는 점에 주목한다. 즉 의미는 정신의 차원에, 말은 물질의 차원에 속한다. 그러므로 존재론적으로 서로 다른 범주에 속하는 말과 의미 사이에 어떤 내재적 관계를 설정하는 것은 말이 안되는 노릇이다. 그 둘 사이에 관계가 있다면, 그것은 자의적인 것일 수밖에 없다.

헤겔은 말의 자의성을 지적할 때 정신의 자유를 강조한다. 말의 자의성은 정신의 자의성에서 온다는 것이다. 헤겔은 이런 식으로 설명한다. 정신은 자신이 소유한 의미를 외면화하기 위해서 자의적으로 물질적 기호를 선택한다. 원래 따로 놀 수밖에 없는 정신적 의미와 물질적 기호를 하나로 통일하는 힘이 정신에 있다. 정신적인 것과 물리적인 것을 하나로 묶는 끈을 생산하는 가운데 정신은 자신의 자유를 입증한다. 정신은 말과 의미뿐 아니라 말과 말을, 기호와 기호를 자신의 의지에 따라 엮어내고 그 전체를 하나로 묶기에 이른다. 기호의 세계를 하나로 정리하는 끈운동, 그것이 정신의 위력을 드러내는 확고한 사실이다. 정신은 기호의 결합을 이어가는 끈, 거미줄 같은 끈을 생산하는 힘이다(Hegel 1970, 463절 281면).

어떻게 보면 쏘쒸르의 테제는 크라틸로스나 헤겔의 생각을 이어가고 있을 뿐이다. 그러나 자세히 보면 다르다는 것을 알 수 있다. 쏘쒸르는 기표의 관점에서 기호의 자의성을 말하기 때문이다. 크라틸로스와 헤겔처럼 사용자나 기의의 관점에서 기호의 자의성을 말하지 않는 것이다. 이런 특징은 쏘쒸르의 또다른 테제로 뒷받침되고 있다. 그것이 곧 차이의 테제이다.

이 차이의 테제에 따르면, 한 기호가 갖는 의미와 가치는 궁극적으로 그것이 지시하는 대상에서 오는 것이 아니다. 그것은 한 기호가 다른 기호와 갖는 변별적 차이, 대조효과에서 온다. '하늘'의 의미는 그것이 '하나' '한' '하다' '서늘한' '그늘' '하얀' 등과 같은 말과 벌이는 차이의 유희에, 그 유희가 만드는 관계의 그물 안에 있다. 그 그물 안에서 한 기호가 차지하는 위치, 그 위치가 중요하다. 보통 그 위치는 기능이라 불린다. 하지만 쏘쒸르는 그것을 가치라 부르고, 이 가치를 의미와 구분한다.

그 구분에 따르면, 의미는 한 기표가 기의를 지시할 때 성립한다. 반면 가치는 이미 말한 것처럼 한 기표가 다른 기표들에 대해서 갖는 변별적 차이, 그 차이가 성립하는 위치에서 발생한다. 가령 '계집'과 '여자'는 동일한 기의를 지시하므로 의미는 같다. 그러나 그 두 말이 서 있는 위치가 다르고, 따라서 가치도 다르다. '무섭다' '두렵다' '떨린다' '끔찍하다' 등의 말들 사이에서도 마찬가지다. 의미는 같지만 가치는 다른 것이다.

그런데 쏘쒸르는 의미가 있기 위해서는 먼저 가치가 있어야 한다고 보았다. 기표들 사이의 차이관계, 변별적 차이를 생산하는 운동이 있고서야 한 기표를 한 기의와 연결하는 끈이 성립한다는 것이다. 따라서 언어에서 중요한 것은 한 기호가 주변 기호와 맺는 관계의 그물이며 이 그물을 낳는 변별적 차이다. 언어에서 모든 것은 그 차이관계에서, 그 관계를 생산하는 유희에서 온다. 궁극적으로 언어에는 차이밖에 없다(페르디낭 드 쏘쒸르 1990, 143면). 기의는 차이관계를 생산하는 운동의 침전물이다.

쏘쒸르에게서 자의성의 테제는 이런 차이의 테제에 토대를 두고 있다. 차이의 테제는 기표의 차원에서 일어나는 차이생산적 운동에 초점을 맞춘다. 기표와 기의가 자의적이라면, 헤겔은 거기서 양자를 묶는 정신의 자유로운 통합능력을 보았다. 그러나 쏘쒸르는 그 자의성에서 기표들이 만들어내는 변별화 운동의 위력을 본다. 차이생산적 유희보다 먼저 있는 것, 그 유희를 방해하거나 구속할 수 있는 것은 아무것도 없다는 것이다.

쏘쒸르는, 일단 하나의 기표가 특정한 기의와 묶이게 되면 그 둘은 동전의 양면처럼 분리할 수 없는 안정된 관계에 놓인다고 보았다. 그리고 일단 차이생산적 유희가 일정한 질서를 낳으면, 그 질서가 다시 그 유희를 큰 테두리 안에서 억제하는 보수성을 띤다고 생각했다. 하지만 쏘쒸르 이후의 저자들, 가령 라깡·데리다·보드리야르 등은 정도의 차이가 있지만 그런 생각을 의심한다. 라깡은 기의에 대한 기표의 우월성을 공공연히 선언했고, 데리다와 보드리야르는 기표들의 차이생산적 유희에 무한한 권능을 부여했다. 산종(dissémination), 씨뮐라씨옹(simulation) 같은 이들의 용어는 그런 문맥에서 고안된 것이다. 쏘쒸르 이후의 언어학은 기표 위주의 언어학이다.

2. 구조주의에서 관계의 존재론으로

쏘쒸르의 테제는 이미 언어학의 범위를 넘어서는 과격한 인식론적·존재론적 함축을 잉태하고 있음이 분명하다. 구조주의 시대에 니체, 프로이트, 맑스가 다시 들어설 여지는 그렇게 잉태된 철학적 함축을 살려나가야 할 필요성에서 생겨났다. 거꾸로 그런 함축을 실질적으로 입체화하는 과정에서 니체, 프로이트, 맑스의 현대성을 실감할 수 있는 기회가 온 것도 사실이다. 하지만 그런 철학적 함축을 따지기 전에 쏘쒸르의 기호 개념은 기존의 언어관으로서는 방치해둘 수밖에 없는 새로운 문화현상들을 설명해준다는 점에서 설득력을 얻어갔다. 현대의 역사−문화적 현실이야말로 새로운 기호 개념의 현대성을 입증하는 실질적 요인이다.

가령 맥루언은 '미디어는 메씨지다'라는 말을 남겼다. 이 명제는 전달형식이 거기에 실리는 전달내용보다 중요한 메씨지임을 강조한다. 미디어 안에 들어 있는 것도 메씨지이지만, 미디어 자체가 더 중요한 메씨지라는 것이다. 이 명제는 대중매체가 지닌 위력, 곧 다양한 정보에 형식을 부여하는 미디어의 각별한 힘을 표현한다. 그러나 그 명제는 또한 각종 미디어에 의해서 조형되는 역사적 현실 안에서 사물이 겪게 되는 새로운 운명을 요약한다. 사실 정보화사회에서 사물은 기호처럼 존재한다. 사물의 중핵은 기호학적 의미에 있게 되는 것이다. 미디어로 매개되는 한에서 사물은 어떤 특정한 코드 속에서 현상하고 그 코드를 통해서 의미를 얻는 기호이다.

이것은 상품의 세계에서 두드러지게 확인되는 현실이다. 상품은 점점 더 기호화되고 있다. 상품이 지닌 사용가치나 내구성보다는 그것이 지닌 상징적 가치가 가격의 실질적 근거가 된다. 그 상징적 가치는 상표로, 그 상표의 네임밸류(name value)로 집약된다. 많은 경우 상품의 소비는 그 상표에 담기는 상징적 가치의 소비다. 이런 점을 인상적으로 설명해준 것은 보드리야르이다(Baudrillard 1970 참조). 그는 맥루언이 서술하는 역사적 현실과 쏘쒸르 이후의 기호 개념이 만나는 지점을 확인해줄 뿐 아니라 그 접촉의 넓은 크기를 일깨워준다.

왜 그 접촉면은 넓을 수밖에 없는가? 그것은 맥루언이 지시하는 역사적 현실은 자본의 세계일 뿐 아니라 테크놀러지의 세계이기 때문이다. 자본과 테크놀러지는 어떤 동일한 존재론을 강요한다. 이 존재론은 자연언어가 유도하는 소박한 실재론을 파괴하고, 그것을 어떤 관계의 존재론으로 대체한다. 소박한 실재론은 변하지 않는 실체와 본질에 대한 믿음이다. 모든 관계에서 벗어나더라도 변함없이 특정한 속성을 소유할 실체가 존재한다는 믿음인 것이다. 자본은 모든 사물을 등가적 교환관계 안에서만 존재할 수 있도록 제한한다. 하지만 등가적 교환관계 안에 존재하기 위해서 사물은 그 이전에 유지했던 모든 '자연적' 관계를 청산해야 한다. 자본은 사물이 다른 사물과 맺었던 이전의 관계를 자유롭게 끊어내는 힘을 지닌다. 그러나 자본은 동시에 사물의 관계를 재편하는 끈, 무한히 임의적인 방식으로 엮어내는 끈이다. 자르면서 엮고 풀면서 조이는 끈, 그것이 맑스가 발견한 자본의 본성이다. 자본 앞에서 모든 관계는 자의적이다(이 책 5부 1장 참조).

자본의 이중적 끈운동은 해체와 구성을 동시에 실행한다. 사물의 자연적 질서를 자유롭게 백지화하면서 비자연적 질서를 구축한다. 테크놀러지도 또한 그런 이중적 끈운동의 원천이다. 자연적 존재자의 자연적 위계질서와 소속관계를 진공에 빠뜨린다는 점에서, 그리고 특정한 코드에 따라 그 관계를 임의적으로 재편한다는 점에서 자본과 테크놀러지는 일치한다. 자본과 테크놀러지가 그런 이중적 끈운동을 통해 강요하는 존재론, 그것은 과격한 관계의 존재론이다(여기서 테크놀러지가 텍스트와 동일한 어원 'tek'를 공유한다는 사실을 기억하자).

새로운 기호 개념이 자본과 테크놀러지가 조형하는 역사적 현실에 잘

들어맞는 것은 정확히 그것이 어떤 관계의 존재론을 함축하고 있기 때문이다. 쏘쒸르의 테제, 차이의 테제는 기호의 세계에는 오로지 차이만이 '존재한다'는 점을 역설한다. 있는 것은 궁극적으로 부단히 이어져가는 변별화 운동이다. 변별적 위치를 매듭으로 낳는 끊임없는 끈운동, 그것이 기호의 세계가 형성되는 실질적 원천이다. 이 원천에서 볼 때, 기호의 세계에서 성립하는 자기동일성과 정체성은 그 매듭의 지속에서, 그 위치의 안정성에서 온다. 그러나 그 지속과 위치는 항구적일까?

공시언어학을 창립하고자 했던 쏘쒸르는 그렇게 믿었다. 변하지 않는 관계적 질서와 구조(랑그)를 상정한 것이다. 탈구조주의는 그런 소박한 믿음을 떨쳐버릴 때 시작된다. 탈구조주의의 출발점은 쏘쒸르적 제한이 풀리는 지점, 그래서 차이의 테제가 존재론적으로 과격화·일반화되는 지점에 있다. 하지만 그런 제한에도 불구하고 구조주의 언어학은 이미 돌아설 수 없는 경계선을 넘었다. 실체의 존재론에서 관계의 존재론으로 이행한 것이다. 이 관계의 존재론을 하나의 직관에 담는 것이 장기의 비유이다. 쏘쒸르는 기호의 교환을 장기놀이에 비교했다. 장기판 위에서 각각의 말이 갖는 기능(가치)은 그 말의 재료나 형태에 있는 것이 아니다. 그것은 단지 말들 사이의 관계에, 그 관계 속에서 제한되는 소극적 위치의 변별성에 있다. 그러므로 그 말의 재료가 바뀌거나 형태가 파괴되어도 장기놀이는 계속될 수 있다. 그 관계적 위치는 그런 변화나 파괴와 무관하게 존속하기 때문이다(여기서 '편지─문자는 찢어지지 않는다'는 라깡의 테제를 기억하자).

이것이 구조주의 언어학이 함축하는 관계의 존재론이다. 여기서 사물은 장기판 위의 말처럼 관계적 질서 안의 어떤 위치를 차지함에 따라 비로소 존재론적 가치를 획득한다. 사물은 끈운동의 매듭이다. 이런 관계의 존재론은 관계의 인식론으로 이어진다. 여기서 어떤 것을 지각하고 인식한다는 것은 단순히 그 대상을 재현하거나 반영하는 것이 아니다. 그것은 그 대상을 어떤 네트워크 안에 위치시킨다는 것이다. 재현과 반영은 그 이후에야 비로소 가능하다.

가령 산 위에서 보는 참새는 산 아래에서 보았던 참새일까? 오늘 보는 갈매기는 어제 보았던 갈매기일까? 우리 인간으로서는 판단하기 힘들다. 갈매기가 우리 눈에 모두 비슷하게 보이는 것은 그들 사이에서 성립하는 어떤 대조체계가 잡히지 않기 때문이다. 우리가 참새들을 서로 구별할 수 없는 것은 그 구별을 낳는 대립관계의 그물이 우리 의식에 주어져 있지 않기 때문이다. 어떤 것을 식별하거나 동일시한다는 것은 결코 주체와 객체 사이에서 일어나는 거울놀이가 아니다. 그것은 오히려 끄나풀놀이다. 왜냐하면 그것은 대상을 매듭에서 매듭으로 이어가는 변별화 운동 속에, 그 운동이 낳는 네트워크의 한 지점에 다시 묶는 것이기 때문이다.

3. 니체, 프로이트, 맑스의 끈 : 탈구조주의로

우리는 이런 끈의 유희를 통해서 니체, 프로이트, 맑스와 구조주의를 함께 묶을 수 있을 것이다. 니체의 힘의 의지는 관계의 의지, 능동적 힘과 반동적 힘을 낳는 관계의 의지다. 하나의 힘은 무한히 하위 단위로 인수분해가 가능한 강도적 차이의 효과이다. 가령 힘 P는 서로 대립하는 두 힘 A와 A′로, A는 차이관계에 있는 a와 a′로, a는 α와 α'로 계속 인수분해될 수 있다(Deleuze 1968, 287면 참조). 프로이트의 꿈의 해석에서도 이미지(기호)의 의미는 어떤 대상을 지시하거나 재현하는 데 있지 않다. 그것은 '어떤 압축이고 어떤 전치인가'라는 물음에서 찾아야 한다. 이미지는 은유적 압축과 환유적 장소이동, 대체와 결합을 통해서 끊임없이 이어져가는 관계망 안에서 현상한다. 니체와 프로이트는 새로운 언어학이 말하는 차이의 테제를 인식론적 테제로, 존재론적 테제로 심화시킬 수 있는 실마리를 내주었다.

그런 실마리는 맑스에게서도 얼마든지 찾을 수 있다. 맑스가 포이어바흐의 유물론을 비판하는 부분을 읽는 것으로도 족할 것이다. "포이어바흐는 종교적 본질을 인간의 본질로 용해시킨다. 그러나 '인간의' 본질은 각각의 개체 속에 내재하는 추상물이 아니다. 인간의 본질은 그 현실에 있어서 사회적 관계의 앙상블이다. 이러한 현실적 본질의 비판 속으로 파고들지 않는 포이어바흐는 따라서 1. 역사적 과정을 도외시하고 종교적 심성을 그 자체로서 고정시키는 가운데 하나의 추상적── '고립된' ──인간 개체를 전제하지 않을 수 없다. 2. 따라서 그 본질을 '유(類)'로서만, 다양한 개체들을 '자연적으로' 묶고 있는 내적이고 침묵하고 있는 일반성으로서만 이해할 수밖에 없다"(칼 맑스 1991a, 188~89면).

그러므로 포이어바흐의 오류는 무엇인가? 그것은 고립된 인간, 고립된 개인을 상정하는 데 있다. 인간의 본질이 '사회적 관계의 앙상블'에서 성립한다는 사실을 염두에 두지 않은 것이다. 이 사실을 먼저 자각하지 않는다면, 인간에 대한 모든 규정은 미완성에 그친다. 유물론은 전도된 관념론으로, 무신론은 전도된 유신론으로, 개인주의는 전도된 전체주의로 전락한다. 인간의 본질은 있는지 모른다. 그러나 그 본질보다 중요한 것은 그것을 있게 한 역사적 배후, 곧 '사회적 관계의 앙상블'이다. 인간의 본질은 그런 관계의 사슬에서 찾아야 한다.

위의 인용문에는 끈의 비유가 나온다── "따라서 [포이어바흐는] 그 본질을 '유(類)'로서만, 다양한 개체들을 '자연적으로' 묶고 있는 내적이고 침묵하고 있는 일반성으로서만 이해할 수밖에 없다"([ ]는 인용자). 이 구절에 충실하면, 인간의 본질을 어떤 고립된 유적 본질로 보는 것은 가상이다. 그런데 유적 본질이라는 가상은 어떤 끈이다. 다수의 개체를 '자연적으로' 묶고 있는 끈, 그 개체들 사이의 '내적' 관계를 엮어내는 침묵의 끈, 그것이 유적 일반성이다. 이 가상적 끈 뒤에는 실제의 끈, 사회적 관계라는 참된 끈이 요동치고 있다.

　끈은 둘이라는 것, 맑스는 이 점을 되풀이한다. 가령『독일 이데올로기』에서 이런 대목을 읽을 수 있다. "첫번째 경우는 개인들이 가족이건 종족이건 토지 자체이건 또는 그밖의 것들이건 어떤 끈을 통해 함께 묶여 있음을 전제한다. 두번째 경우는 개인들이 서로 독립적이며 오직 교환을 통해서만 결합되어 있음을 전제한다"(칼 맑스·프리드리히 엥겔스 1991, 231면).

　맑스는 이 대목에서 공업화 이전과 그 이후의 사회를 비교하고 있다. 그 두 사회의 차이는 개인과 개인을 묶는 결합방식에 있다. 공업화 이후 사회적 관계를 맺어주는 끈은 등가적 교환을 가능하게 해주는 화폐이다. 그러면 그 이전의 끈은 무엇인가? 그것은「포이어바흐에 관한 테제」에 나오는 '다수의 개인을 자연적으로 묶고 있는 끈'이다. 공업화 이전에 인간은 가족과 종족에, 토지에 묶여 있었다. 이 자연적 관계는 공업화 이후 해체되고, 그 결과 인간은 독립적 개체가 된다. 그리고 이 독립적 개체로서의 인간들을 서로 묶어주는 새로운 끈으로서 화폐가 등장한다.

　우리는『공산당 선언』앞부분에서 자본주의 사회가 일으키는 엄청난 끈운동 앞에서 전율하는 맑스를 읽을 수 있다. 사물들의 자연적 관계를 부단히 끊어내면서 교환관계 속에서 다시 엮어내는 화폐의 힘과 그것이 일으키는 변화를 맑스는 미쳐 날뛰는 파도로, 인간을 집어삼키는 거미의 난동으로 바라보고 있다(이 책 5부 1장 참조).『자본론』에서는 자본뿐 아니라 테크놀러지가 그런 이중적 끈운동의 주체로, 공포의 대상으로 기술되고 있다(이 책 4부 1장 참조). 자본과 테크놀러지는 미친 끈이라는 점에서 일치한다. 그 끈은 도구화되고 상품화된 인간, 대상화되고 부품화된 인간을 얽매는 오랏줄이다. 현대사회에서 인간은 꼭두각시가 되고, 역사는 자본과 테크놀러지의 끈이 조종하는 인형극이 된다. 인간은 보이지 않는 끈, 무수히 많은 끈으로 움직이는 인형이다.

　이 부조리한 인형극을 어떻게 끝장낼 것인가? 이것이 맑스의 자본주의 비판을 끌고 가는 물음이다. 대답은 간결하다. 그 인형극은 오로지 인간을 꼭두각시로 만드는 그 끈들에 의해서만 끝장날 수 있다. 언젠가 인간을 조종하는 끈들이 서로 엉킬 날이 오게 된다. 그 자기모순적 엉킴 이외에 자본과 테크놀러지의 끈운동을 제어할 힘은 아무데도 없다. 왜냐하면 그것들은 '끈들 중의 끈', 그 어느 것에도 구애받지 않는 초월적인 끈이기 때문이다. 이것이 '자본의 한계는 자본'이라고 말할 때 맑스가 의미하던 것이다.

그러나 맑스의 이론을 휴머니즘의 한 유형으로 읽는 해석자들은 이런 끈의 존재론 앞에서 도망쳤다. 가령 『1844년의 경제학 철학 초고』에서 맑스가 인간을 자유로운 자기관계를 본질로 하는 유적 존재자로 정의하는 대목(칼 맑스 1991b, 77면 참조)은 그들에게 훌륭한, 안심할 수 있는 도피처가 되었다. 그러나 거기서 맑스주의는 안정성을 띠되 평이하게 되었고, 또한 교조화되었다. 적어도 맑스가 도달한 과격한 관계의 존재론을 중시할 때 이렇게 평가할 수밖에 없다. 그 퇴행은 물론 맑스 자신에게서 일어나고 있는지도 모른다. 하지만 왜 물러서는가? 너무 끔찍하기 때문이다. 그것은 통제할 수 없을 것 같은 혼돈, 현기증을 일으키는 파동 앞에서 일어나는 반동이다.

우리는 새로운 언어학이 일으킨 혁명에서도 어떤 반동과 후퇴를 감지할 수 있다. 여전히 역설적으로 그 후퇴는 구조주의 언어학이 학문적 이론으로 정교화되고 안정성을 획득하기 위해서 치러야 할 댓가이다. 혁명의 원천은 차이의 테제가 함축하는 과격한 관계의 존재론, 차이의 존재론이다. 구조주의 언어학은 이 존재론이 담고 있는 폭발적 에너지에서 혁신의 힘을 빌려왔다. 하지만 이론적 안정성을 유지하기 위해서 그 에너지의 직접적 유입을 가로막는 방어벽을 쳐야 했다. 그 에너지가 초래할 혼돈에서 벗어나 학문적 정체성을 지키기 위해 어떤 방패 뒤에 숨은 것이다. 그 방패는 플라톤 이래의 서양 형이상학이다. 구조주의 언어학은 재래의 형이상학을 사이에 두고 차이의 테제가 몰고 온 격랑의 에너지와 관계했다.

　이것이 데리다가 쏘쒸르의 언어학을 읽으면서 말하고자 한 내용이기도 하다(Derrida 1967, 24, 44면 이하 참조). 그러나 쏘쒸르 이후 구조주의 언어학이 다듬어지는 과정에서, 그리고 구조주의가 인류학을 비롯해 인문학 일반의 방법론으로 자리잡아가는 과정에서도 똑같이 말할 수 있을 것이다. 여기서 방어적 제한은 무엇보다 차이 개념을 대상으로 이루어진다.

　구조주의 언어학은 음운론적 연구를 거치면서 확고한 균형을 잡아갔고, 그 가운데서 이른바 뜨루베쯔꼬이 원칙이라는 것이 나왔다. 여기서 변별적 음소를 산출하는 차이는, 나아가 언어학적 구조를 생산하는 차이는 이항대립적 차이로 고정된다. 이 원리는 야콥슨을 거치면서 확고해지고, 그의 영향을 받은 레비스트로스를 통해서 '구조적 질서는 이항대립적 질서'라는 등식이 일반화된다.

　이것은 왜 퇴행인가? 우리는 앞에서 쏘쒸르의 언어학이 현대 형식과학의 발전에 빚지고 있는 측면에 주목했다. 쏘쒸르가 혁신적이라면, 이는 자연언어를 초과하는 관점에서 자연언어를 바라볼 수 있었기 때문이며, 그 초과의 관점을 허락한 것은 현대 형식과학이었다. 하지만 레비스트로스에 이르러 구조주의는 자연언어의 관점에 다시 예속된다. 그것은 차이를 이항대립적 차이로 제한함에 따라 빚어진 결과이다. 그 제한이 퇴행인 이유는 이 예속에 있다.

　이 점을 관찰할 수 있는 시각을 제공한 것은 니체였다. 서양 형이상학은 '문법적 습관'에 불과하고 자연언어의 투사면에 지나지 않는다. 이런 니체의 주장에 따르면, 서양 형이상학을 극복하는 것은 자연언어가 유도하는 존재론적 편견을 극복하는 것과 같고, 자연언어가 유도하는 존재론적 편견은 이분법적 사고에 있다(이 책 2부 1장 참조). 자연언어에 의존해서 사고하는 한 우리는 경험의 내용을 변하는 것과 변하지 않는 것, 참된 것과 거짓된 것, 실재와 가상, 능동적인 것과 수동적인 것, 원인과 결과, 주체와 객체 등으로 나누게 되기 때문이다. 이런 이분법이 의식의 사고수단인 개념의 세계를 구성하는 기본적 원리다. 그러나 자연언어에 기초한 사고, 그 사고가 펼치는 개념적 그물은 아무리 촘촘하게 짜더라도 힘의 의지로서 펼쳐지는 실질적 사태를 있는 그대로 표현할 수 없다. 언어의 그물코는 역동적으로 이합집산하는 힘의 흐름을 포착하기에는 너무 성기고 엉성하다. 언어는 결코 힘의 의지라는 전언어적 사태를 재현할 수 없다. 다만 생략하고 왜곡할 뿐이다. 따라서 언어를 통해 주장되는 모든 진리는 오류이자 거짓이다. 개념은 숨기는 것이 더 많은 가면이다. 힘의 의지를 생산하는 차이, 그 강도적 차이는 결코 개념적 사고를 인도하는 이항대립적 차이가 아니다. 힘의 의지를 구성하는 차이는 훨씬 복잡하고 미세하며 무한한 변이의 등급을 지닌다. 이항대립적 차이는 그 무한한 변이에서 나타나는 한가지 등급에 불과하다.

4. 구조, 기조, 개방성

구조주의가 탈구조주의로 이어지는 과정에서 이런 니체의 사상은 중요한 영감의 원천이었다. 구조주의는 차이의 존재론을 함축했고, 이 점에서 실체론적 사유를 관계론적 사유로 바꾸어놓는 데 크게 기여했다. 하지만 구조주의적 관계론은 아직 불충분하다. 차이관계를 이항대립적 관계로 환원하기 때문이다. 이 점을 분명하게 깨닫게 해준 니체의 관점에서 구조주의는 결국 형이상학적 전통의 울타리 안에 위치할 뿐이다. 그렇다면 구조주의를 어떻게 고쳐놓아야 할 것인가? 먼저 차이 개념을 좀더 복잡화해야 할 것이고, 그 다음은 구조적 질서에서 그 질서를 역사적으로 개방하는 사건으로 거슬러 올라가야 할 것이다. 이미 충분히 설명했던 것처럼(이 책 2부 1장 4절 등 참조), 그 개방적 사건을 중심에 놓을 때 구조는 열리고 있으면서 닫히고 있는 탄력적 얼개가 된다. 풀리는가 하면 조이고 있는 계사, 힘의 기조(氣造)로 나타나는 것이다.

차이 개념을 다양화하고 복잡화하는 문제에 관한 한 들뢰즈를 따를 철학자는 없을 것이다. 그 기조가 다양체(multiplicité)임을 말하는 들뢰즈의 『차이와 반복』은 서양사상사 전체를 통하여 차이 개념이 어떻게 달라지고 이해되어왔는지를 체계적으로 서술하고 있다. 우리는 거기서 반대, 모순, 부차모순, 대립, 이항대립, 상관적 차이, 분화적 차이, 강도적 차이, 미분적 차이 등으로 구분되는 다양한 차이가 있을 수 있음을 알게 되고, 이들 사이에 파생관계나 위계질서를 설정할 가능성을 생각하게 된다. 왜냐하면 존재론적 층위에 따라 서로 다른 종류의 차이가 지배하기 때문이다. 가령 잠재적 층위에서는 미분적 차이가, 개체의 생성에서는 분화적 차이가 주도적이나.

하지만 이런 다양한 차이 개념의 분류·평가·비교에서 중요한 것은 결코 얼마만큼 차이를 세분하느냐에 있는 것은 아니다. 그것은 구조적 질서를 개방하는 최초의 차이를 지적하고 기술하는 데 있다. 들뢰즈에 따르면, 그것은 강도적 차이에 있다. 그러나 이 문제에 집중하기 위해서는 하이데거-데리다의 길을 따르는 것이 좋을 것이다. 그 길이 더욱 명쾌한 전망을 열어놓기 때문이다.

하이데거는 개방성의 기원에 있는 차이를 '존재와 존재자의 존재론적 차이'라는 말에 담는다. 이 차이는 구조를 형성하는 이항대립적 질서의 한 고리, 다시 말해서 동일성의 반대말에 해당하는 차이가 아니다. 구조 안에서 성립하는 이항대립은 +와 −, 동일성과 차이, 있음과 없음, 안과 밖, 긍정과 부정 등으로 이어진다. 하지만 하이데거의 존재론적 차이는 그런 모든 이항대립이 생성하거나 소멸하기 위해서 먼저 있어야 하는 차이다. 데리다의 차연과 기록도 구조 안의 사태가 아니라 구조의 경계에서 일어나는 접경적 사태이고, 이 점에서 하이데거의 존재론적 차이와 같다. 이 접경적 사태는 구조 안에서 성립하는 안-밖의 대립보다 선행하는 사건이다. 들뢰즈가 말하는 긍정도 마찬가지다. 그것은 이미 확립된 질서 안에서 부정과 마주치는 긍정이 아니라 그 질서 전체가 성립하는 원점에서 일어나는 새로운 종합과 울림의 사태이다.

진리나 거짓에 대해서도 마찬가지로 생각할 수 있다. 모든 구조적 질서에는 진리와 거짓의 대립이 있게 마련이다. 그러나 그 질서 안의 작은 진리와 구별해야 할 큰 진리가 있으며, 작은 거짓과는 다른 차원에 속하는 큰 거짓이 있다. 가령 들뢰즈가 말하는 허상(씨뮐라크르 simulacre)은 구조적 질서에서 나왔으나 그 질서 자체를 변하게 만드는 거짓, 가상적 실재이다. 존재와 무(無)도 마찬가지다. 가령 하이데거적 의미의 존재는 구조 안에 있는 어떤 존재자가 아니라 그 존재자의 질서를 그때그때마다 서로 다르게 열어놓는 개방적 사건이다. 노자가 말하는 무도 단순히 없는 사태가 아니다. 그것은 자연을 낳고 거두어가는 역사-존재론적 개방성의 기원이다.

『태극도설(太極圖說)』에서 그 기원은 무극(無極)으로 표시되고 있다. "무극이면서 태극이다(無極而太極)." 큰 중심은 무극과 이어져 있다. 그러나 그 관계는 투쟁의 관계이다. 무극과 태극은 싸우면서 '있다'. 그런 의미에서 그 있음은 어떤 큰 차이의 있음이다. 그렇게 있게 된 큰 차이가 존재자의 질서를 있게 하는 있음이다. 큰 차이를 낳는 이 싸움에서 무극은 풀고 이완하는 힘이다. 태극은 조이고 수축해서 중심을 만드는 힘이다. 무극은 디오니소스적 개방성을, 태극은 아폴론적 개방성을 가리킨다. 『태극도설』의 첫 문장은 두 종류의 개방성 사이에서 일어나는 접경적 경제에 대해서, 존재자의 질서가 있기 위해서 먼저 있어야 하는 최초의 차이에 대해서 말하고 있다. 이 언명 안에서 이해할 때, 존재자의 질서는 분산과 회집을 거듭하는 얼개운동이다.

여기서 우리가 상징의 역사를 다루면서 마주쳤던 문제로 다시 돌아가

자(이 책 3부 1장 참조). 문제는 시적 상징과 수적 상징의 간격에 있었다. 그 두 종류의 상징적 질서를 분리시키면서 접근시키는 간격, 그 간격이 현대적 사변의 최고 난제이다. 디오니소스적 개방성과 아폴론적 개방성이 일으키는 힘의 교환, 그 교환을 규정하는 차연의 경제와 강도적 종합이 문제들 중의 문제이다. 존재론적 차이를 중심으로 한 하이데거의 사유에서 역사적 개방성의 비밀은 그 접경적 사태에서 모색되고 있다. 데리다는 그 역사적 개방성의 비밀을 창조적 글쓰기에서 찾고 있다. 들뢰즈는 동일한 문제를 노마드(nomade)적 생산과 반복의 문제로 재정립한다. 그러나 직관은 언제나 동일하다. 어떻게 시적인 것과 형식적인 것, 카오스적인 것과 코스모스적인 것을 하나로 종합할 수 있는가? 질료적 개방성과 형식적 개방성은 어떻게 얽히는가? 그 결합을 통해서 어떻게 창조와 파괴가, 패러다임 선환이 일어나는가? 그 진환의 논리는 어떤 리듬 속에서 현실화되는가? 그러므로 어떻게 무극이면서 태극인가?

이런 물음의 높이에서 보아야 비로소 왜 구조주의가 철지난 사조인지 금방 깨달을 수 있다. 한마디로 구조주의는 '무극이면서 태극'을 이해하지 못한다. 구조주의에서는 중심을 낳는 태극운동만 있다. 모든 것은 태극의 끈운동, 태극에서 비롯되는 원격연락망 안에 있을 뿐이다. 그것은 아폴론적 개방성이 열어놓은 질서일 뿐이다. 무극의 망각, 그것이 구조주의의 한계이며, 나아가 모든 체계지향적 사유의 한계이다.

그럼에도 불구하고 무극의 망각, 정확히 말해서 무극과 태극의 상징적 간극의 망각이 체계지향적 사유의 가능조건이다. 구조주의는 그 망각 위에서만 성립할 수 있다. 무극의 끈을 잘라낼 때에야 비로소 잘 조어 있고 안정된 구조적 질서를 생각할 수 있기 때문이다. 하지만 무극과 태극의 상징적 절합이 만드는 매듭은 그 끈을 잘라낸 이후에도 남는다. 구조의 탯줄이 끊어진 자리, 거기에 배꼽이 남는다. 이 구조의 배꼽은 '무극이면서 태극'을 해석할 수 있는 유일한 출발점이다. 그러나 해석자에 대하여 그 출발점은 도달점이다. 해석은 그 출발점으로 가는 과정이다. 해체, 혁명, 전환은 어떤 해석학적 여정 없이 그 출발점에 설 수 없다. 전환은 구조의 시작이자 한계, 기원이자 목적인 지점에서만 일어날 수 있다. 구조주의 음성학에서 그런 지점은 '음소적 영점'(phonème zéro)이라 불린다. 레비스트로스는 그것을 '상징적 가치의 영점'(valeur symbolique zéro)이라 부른다. 들뢰즈는 그것을 '우발점'(point aléatoire)이라 부른다. 우리는 그것을 상징적 간극이라 했다.

해석이 이 간극의 발견이라면, 이 발견은 어떤 반복의 길을 따른다. 구조의 해석은 그 구조의 처음과 끝이 이어지는 곳, 이어지면서 분리되는 역설의 지점으로 가는 분석적 발견의 여정이다. 이 여정은 구조의 자기형성 논리를 반복해야 한다. 프로이트에게서 생명체는 자신에게 고유한 길을 따라 죽는다. 죽음의 길은 생명의 길을 따라 이어진다. 마찬가지로 해체(dé-com-position)는 구축의 과정을 반복할 때만 허락되는 중심의 발견이자 이탈이다. 탈구조의 역동성은 구조를 낳고 지탱하는 역학 자체에서 온다. 해체의 힘은 구성의 힘과 반대되는 방향에서 찾을 수 없다. 그 힘은 구성의 힘 자체가 상징적 간극에서 노출하는 역설적 전환에서 형성될 뿐이다. 그러므로 메타언어가 존재하는 바깥, 그런 구조의 바깥은 없다. 있다면 그 바깥은 구조 안에 있다. 바깥은 외심적이다. 그리고 외심성을 띠는한에서 구조는 구조라기보다 기조이다. 부단히 변형되는 가운데 임시적 안정성을 띠는 기조인 것이다.

참고문헌

Baudrillard, Jean (1970) *La société de consommation*, Paris: Denoël.

Deleuze, Gilles (1968) *Différence et répétition*, Paris: Presses Universitaires de France.

Derrida, Jacques (1967) *De la grammatologie*, Paris: Minuit

Hegel, Georg Wilhelm Friedrich (1970) *Enzyklopädie der philosophischen Wissenschaften im Grundrisse III*, 전집 10권, Frankfurt am Main: Suhrkamp.

Platon (1989) *Cratyle*, 전집 5권, Paris: Les belles lettres.

칼 맑스(1991a) 「포이에르바하에 관한 테제」, 최인호 외 옮김 『칼 맑스·프리드리히 엥겔스 저작 선집』 1권, 서울: 박종철출판사.

──── (1991b) 『1844년의 경제학 철학 초고』, 최인호 외 옮김 『칼 맑스·프리드리히 엥겔스 저작 선집』 1권, 서울: 박종철출판사.

칼 맑스·프리드리히 엥겔스(1991) 『독일 이데올로기』, 최인호 외 옮김 『칼 맑스·프리드리히 엥겔스 저작 선집』 1권, 서울: 박종철출판사.

페르디낭 드 쏘쒸르(1990) 『일반 언어학 강의』, 최승언 옮김, 서울: 민음사.

제4부
테크놀러지와
맑스의 유령들

1. 테크놀러지시대의 동도서기론

21세기 초 한반도에서 중요한 지적 성찰의 과제로 부상하는 것이 있다. 아시아적 가치 혹은 동아시아론의 가능성이다. 그러나 아시아적 가치가 문제로서 대두한 것은 단지 최근의 일이 아니다. 그것은 동아시아가 서양의 제국주의와 대결할 때 처음 수태되었다. 패자로서의 동아시아인은 동서문화의 융합이 일어나는 지점에서만 아시아적 가치를 되살릴 수 있다고 믿어왔다(백영서 2000, 17면 이하). 세계사적 현실을 주도하기 시작한 서양문화를 수용하는 차원을 넘어 동양문화의 미래적 계승과 재구축 가능성을 내다보기 위해서는 당연히 그런 입지점에 설 수밖에 없었을 것이다.

이런 융화의 의지는 19세기 말 한반도에서 동도서기론(東道西器論)을 통해 표명되었다. 당시 중국의 중체서용론(中體西用論)이나 일본의 화혼양재론(和魂洋才論)과 어깨를 나란히 한 이 동도서기론에서 서양문화의 핵심은 과학과 기술로 파악된다. 지금 되돌아보면 동양과 서양, 정신과 물질, 안과 밖 등 확고한 이분법에 기초한 동도서기론은 무척이나 단순하고 소박해 보인다. 분명 어떤 해결책으로서는 그때나 지금이나 실패할 수밖에 없는 전략일 것이다. 그러나 그것이 제기한 과제는 여전히 급박한 문제로서 살아 있다. 중요한 것은 바로 이 점이다.

동도서기론은 아직 언제 끝날지 모르는 동아시아인의 역사적 운명 안에서, 그 운명에 대한 대결과 맞물려 태어났다. 동서문명의 세계사적 충돌 이후 서양의 극복이 단지 동양적 사유의 전통을 심화하는 배타적 방식으로는 더이상 불가능한 시대, 우리는 그런 시대를 살고 있다. 동도서기론은 이 시대의 운명적 필연성을 자발적으로 긍정하는 동시에 그 필연성 안에서 이 시대의 본질적 과제를 지시하고 있다. 그 과제는 어떤 전회(轉回)의 요구라는 점에서 그 무게를 더한다. 단순한 이분법적 구도에서 말하자면, 동도서기론은 서양의 세계사적 주도력에 대한 역전의 의지를 담고 있다. 서양 주도의 시대는 여전히 이어지고 있으며, 이 시대는 오늘날 테크놀러지시대라 불린다. 이런 관점에서 보면, 동도서기론이 지금 우리에게 묻고 있는 것은 테크놀러지시대의 극복 가능성이다.

테크놀러지시대의 극복, 그러나 이 극복의 과제는 단지 동아시아인만의 것이 아니다. 하이데거의 존재사유와 데리다의 해체론, 그리고 이에 근거한 탈근대론은 테크놀러지시대를 하나의 역사적 분기점으로 자리매김하고 있다. 이러한 역사인식에 따르면, 이 시대는 그리스에서 시작된 서양적 사유가 그 문화적 잠재력을 극단적으로 실현하는 지점, 따라서 서양적 사유의 전통이 비서양적인 것으로 전환되기를 기다리는 지점이다. 형이상학의 극복, 철학의 종언, 서양적 사유의 변형 등으로 집약되는 해체론적 이념과 더불어 서양인은 이미 동쪽으로 향하고 있다. 동쪽으로 온 것은 다만 서양의 함대만이 아닌 것이다(김상환 1999 참조). 이런 관점에서 보면, 동도서기론은 지극히 동양적인 동시에 서양적인 과제, 이 시대 보편의 사상사적 과제를 지시하고 있는 셈이다.

동도서기론은 테크놀러지시대에 동양적 가치가 지니는 의미를 묻는다는 점에서 첨예한 화두로서 살아 있다. 우리가 '동아시아의 귀환'을 기다리고 있다면, 그리고 이 기다림 안에서만 동아시아적 사유가 그 역사적 운명의 하중을 견딜 수 있다면, 동도서기론이야말로 이 기다림과 견딤의 시간을 표시했던 가장 뚜렷한 이정표로 기억되어야 할 것이다. 그러나 우리가 그 귀환을 기다리는 동아시아적인 것이란 무엇인가? 이 물음의 역사적 유래에서 언명된 동도란 무엇인가?

동도서기론은 분명 동도를 언명하였으나 아직 그 내용을 충분히 개진하거나 변형하지 못했다. 그것은 동도가 재탄생할 수 있는 기회였으나 실패한 기회로 그쳤다. 이 모든 것은 동도에 대한 방어적 태도에서 비롯된다. 그러나 동도서기론이 부딪쳤으되 방치한 것은 무엇보다 기술의 본성에 대한 물음이다. 이 물음의 방치에서 동도에 대한 방치가 귀결된다. 기술이란 무엇인가? 테크놀러지시대란 무엇인가? 동도서기론 이후 이 물음이 우리에게 아직까지 보류된 채 남아 있다.

과거의 동도서기론자는 동도에 대한 확신 속에서 서기에 관계했다. 그러나 21세기를 내딛는 우리에게 동도는 아직 자명하지 않은 어떤 것이다. 그것은 다만 기다림의 대상일 뿐이다. 하지만 왜 기다리는가? 100년 전의 복수를 위해서는 아닐 것이다. 다만 우리는 동도를 서기가 극복되는 지점, 서기를 맞이하되 다시 돌려보낼 수 있는 지점, 테크놀러지시대의 전환을 내다보는 근거로서 기다려야 할 것이다. 아직 오지 않은 이 동도는 고정된 장소에 완결된 내용을 갖는 어떤 것으로 숨어 있는 것도 아닐 것이다. 그것은 서양의 기술 앞에서 물러갔다 되돌아오는 것, 그 물러감과 되돌아옴 속에서 달라져 있을 어떤 것, 죽었다 되돌아올 유령 같은 것, 따라서 그 낯선 귀환에 우리가 놀라게 될 어떤 것일 것이다. 왜 낯설 수밖에 없는가? 테크놀러지시대의 전환점에서 돌아올 그 동도는 서양적인 것이 아닌 것처럼 동양적인 것도 아닐 수 있기 때문이다. 왜 그런가? 아마 이 점은 여전히 동도서기론이 보류했던 기술의 본질에 대한 물음에 충분히 머무른 이후에야 말할 수 있을 것이다.

1. 기술의 바깥

　동양에서건 서양에서건 고대인의 사유를 유발했던 근본 기분은 동일했다. 그것은 자연에 대한 감탄과 경외였다. 이 감탄과 경외야말로 진·선·미에 대한 인간의 이해가 태동한 모태였다. 그런데 오늘날은 어떠한가? 언젠가부터 자연은 더이상 위대한 것으로 체험되지 않고 있다. 오히려 자연은 연민과 동정의 대상으로 전락했다. 인간이 자칫 실수하면 크게 다치거나 교란을 겪는 지구, 그것이 테크놀러지시대의 자연이다.

　과거의 시인들은 흔히 이렇게 노래했다. '청산에 살어리랏다' '자연이여, 너의 비밀은 끝이 없구나!' 반면 요즘의 서정시는 이렇게 읊조린다. '산아, 들아 신음하고 있구나' '자연이 불쌍해요!' 이런 연민과 동정의 배후에는 어떤 죄책감이 숨어 있다 자연에 대한 인간의 죄책감, 이것이 오늘의 서양에서 과거의 종교적 죄책감을 대신한다. 최근에 생태주의가 어떤 보편적 설득력을 획득해가고 있다면, 이는 이 새로운 원죄의식과 무관하지 않을 것이다.

　그러나 이 시대를 지배하는 근본 기분은 다른 데 있다. 그것은 자연을 왜소한 대상으로 전락시킨 첨단기술 앞의 경악과 불안이다. 테크놀러지시대의 황폐성은 위대한 것, 모든 경이적인 것이 자취를 감춘다는 데 있다. 이미 자연이, 신적인 것이, 그리고 인간마저 그 위대성을 상실했다. 요즘 거론되는 예술의 위기나 인문학의 위기도 이런 상황에서 시작되었을 것이다. 테크놀러지시대에 위대한 것은 오로지 기술뿐이다. 이 시대의 근본 기분인 경악과 불안은 저 홀로 위대한 이 기술에 인간이 적절하게 관계 맺을 수 있는 방식을 찾지 못한 데 원인이 있다.

　사실 왜 테크놀러지시대인가? 이는 이 시대에 들어서 비로소 기술의 중요성이나 위험성이 처음 경험되었기 때문이 아니다. 그런 것은 이미 오래전부터 언급되거나 강조되었다. 노자와 장자, 플라톤, 베이컨, 루쏘, 비꼬

등이 아니더라도 이런 문맥에서 기억해볼 만한 사례는 무수히 많다.

테크놀러지시대는 기술이 인간의 손을 대신할 뿐 아니라 인간의 손을 지배하면서 시작되었다. 이 시대에 기계는 인간의 도구도 아니고 확장된 인간의 손도 아니다. 오히려 인간이 기계의 도구이자 그 일부로서 기능한다. 기술은 독자적 진화의 논리를 획득한 자율적 체계로 탈바꿈한 지 오래다. 그렇게 변모된 첨단기술체계는 사회를 조직하고 재편하는 중심의 자리에 들어섰다. 날로 자기일관성의 범위를 확장해가는 기술적 참조체제, 이 체제의 촘촘한 그물망을 벗어나서 일어날 수 있는 사회적 사건이나 정치·경제적 사건을 생각하기가 점점 어려워지고 있다. 기술에서 탈피하기 위해서도 기술에 빚져야 하는 지경이다. 기술에 대한 저항마저 저항기술에 의존해야 하는 시대, 그것이 테크놀러지시대이다.

이 시대에 인간은 기술을 통해서만 지구와 우주에 정착할 수 있다. 그러나 그 어디에서도 귀의할 장소를 찾지 못하고 있다. 기술의 재난은 단지 원자력발전소의 방사능 누출이나 상업적 의도의 인간복제만 있는 것이 아니다. 그 진정한 재난은 인간이 정신적 고향이나 안식처를 잃어버리고 있다는 것이다. 기술적 사고나 재난에도 불구하고 그 불안을 씻어줄 희망이나 경이감을 어떻게 되찾을 수 있는가? 개발경쟁 이외의 다른 방식, 기술에 관계하는 다른 방식은 없는가? 기술적인 것 이외의 위대성, 그 위대성 안에서 기술에 대응하는 길은 없는가? 이것이 테크놀러지시대의 근본 물음일 것이다.

이런 지극히 하이데거적인 물음에서 볼 때, 기술은 그저 단순한 기술적 현상이 아니다. 경제적 현상이나 정치·군사적 현상으로 그치는 것도 아니다. 기술은 인간학을 포함한 과학 일반의 범위를 넘어선다. 테크놀러지시대에 기술은 과학 다음에 오는 것이 아니다. 오히려 과학이 기술 다음에 온다. 호모 싸피엔스(homo sapiens)는 호모 파베르(homo faber)의 요구와 도움 아래 있다. 인간이 기술을 무작정 추구할 수도 없지만 그렇다고 무작정 포기할 수 없는 이유도 도구사용의 문맥에서는 충분히 설명할 수 없다. 그 이유는 기술이 근본적으로 존재론적 현상이라는 사실에서부터 찾아야만 한다.

기술이 존재론적 현상이라는 것은 문화에 속하는 모든 것이 기술적으로 매개되거나 보완되어 있기 때문이 아니다. 기술이 쉽게 단정할 수 없는 윤리적 문제를 야기하기 때문도 아니다. 다만 테크놀러지시대라 불리는 이 시대의 역사적 정체성이 사물에 대한 기술적 태도를 일반화하는 특정한 존재이해 양식에 토대를 두고 있기 때문이다. 기술의 본질, 그리고 그 위험은 이 특이한 존재이해 양식으로부터 유래한다.

기술의 본질은 기술에 있는 것이 아니라는 하이데거의 명제가 말하고자 한 것이 바로 이 점이다.[1] 한 시대의 문화에 역사적 정체성을 부여하는 것이 인간과 세계에 대한 존재론적 이해라면, 테크놀러지시대를 특징짓는 존재이해 양식은 무엇인가? 이것이 기술에 대한 하이데거의 물음이 시작되는 출발점이다. 테크놀러지시대를 낳고 보존하는 존재론적 관계, 존재와 존재자 사이의 관계는 무엇인가?

이런 존재론적 물음은 자본주의시대에 대한 맑스의 물음과 유사한 형식을 취하고 있다. 맑스는 자본주의를 지탱하는 생산양식과 생산관계의 역사적 성격을 물었다. 하이데거 또한 테크놀러지시대를 역사적으로 뒷받침하는 존재이해 양식과 존재론적 관계, 존재와 존재자 사이의 차이관계를 묻는다. 자본의 비밀은 자본이 아니라 자본을 둘러싼 특정한 생산양식과 생산관계에 있다는 것이 맑스의 통찰이었다. 마찬가지로 하이데거는 기술의 본질을 기술이나 그에 대한 인간의 태도에서 찾는 관점을 비웃었다. 기술의 본질은 그 배후의 가능조건, 존재론적 가능조건에서 찾아야 한다는 것이다.

---

[1] "기술은 기술의 본질과 동일한 것이 아니다. (…) 기술의 본질은 전혀 기술적인 것이 아니다." Heidegger, Martin (1962) *Die Technik und die Kehre*, Pfullingen: Neske, 5면.

맑스의 시각에서 볼 때, 현대사회에 대한 기술의 지배력이 본격화된 것은 자본주의의 팽창과정, 즉 산업자본이 출현할 때부터이다. 테크놀러지시대는 단순히 증기기관 같은 거대한 기계적 동력이 등장했기 때문에 시작된 것이 아니다. 그것은 기계가 노동자의 손을 떠나 그와 대립해 있는 자본의 편에 서게 될 때 시작되었다. 기술이 자본과 결합되는 이때부터 기술은 역사의 순환주기를 가속화해왔다. 자본과 기술의 복합체에 의한 역사의 가속화, 바로 여기에서 자본주의시대를 특징짓는 불안이 유래한다. "부르주아지는 생산도구를, 따라서 생산관계를, 따라서 사회적 관계 전반을 부단히 혁신하지 않고는 존립할 수 없다. (⋯) 부르주아 시대를 그 이전의 모든 시대와 구분시켜주는 것, 그것은 생산의 끊임없는 전복, 모든 사회적 제도의 지속적 혼란, 요컨대 영원히 계속되는 불확실성과 동요이다" (Marx and Engels 1983, 465면). 이 지속적 불확실성과 동요에 어떻게 대응할 것인가?

맑스의 관점에서 자본주의시대는 테크놀러지시대로서 본격화되고 완성된다. 이 시대에는 자본의 창출과 집중, 노동분업을 위시한 사회적 관계의 조직과 재편, 그리고──맥루언 이후 확인된 것처럼──인간의 감각 사용비율과 지각의 양태가 기술혁신의 장단에 따라 춤추듯 변해간다. 그러므로 대중정치나 언론이 날마다 외치는 구호, 기술경쟁력 추구라는 구호는 자본과 결합된 기술의 요구, 더욱 커다란 효율성을 향해 나아가는 기술형 경제의 요구에 체념적으로 적응하자는 구호일 것이다. 이 구호는 기술에 관계하는 한층 적절한 방식의 모색을 방해하는 것이 아닌가?

기술에 적절히 관계하기 위해서는 먼저 기술의 바깥, 그것의 지배력이 미치지 못하는 외면을 찾아야 한다. 그럴 때만 우리는 기술에 거리를 두고 대응할 수 있을 것이다. 동도서기론이 동도와 서기라는 단순한 이분법에 의지하여 구하고자 한 것도 서양의 기술에 거리를 둘 수 있는 그런 바깥이었다. 이 이분법 안에서 기술의 바깥으로 설정된 것은 동도이다. 여기서 동도는 기술에 이중으로 관계한다. 기술을 끌어들이고 가까이함과 동시에 그 기술을 멀리하고 끝내 외면(外面)에 두고자 하는 것이다.

동도서기론이 실패한 전략이라면, 이는 가까이하는 동시에 멀리한다는 본래의 취지를 살리지 못했기 때문이 아니다. 모든 이유는 오로지 기술에 바깥이 있다는 통속적 생각 자체에 있다. 이 생각이 동도서기적 이분법에 선행하며, 그 이분법 자체를 유인했다. 과연 기술의 바깥, 가령 기술로부터 안전하되 기술에 손을 내밀 수 있는 그런 바깥을 생각할 수 있는가? 그것이 아니라면 기술의 바깥은 어떻게 있는가? 동도서기론이 그 실패를 댓가로 생산한 잉여의 물음이 있다면, 그것은 무엇보다 이 근대적 기술의 바깥에 대한 물음일 것이다. 해체론의 관점에서 이는 서양의 바깥에 대한 물음과 같다.

2. 기술과 세속적 복음

사실 기술의 바깥을 생각한다는 것은 자본의 바깥을 생각하는 것만큼 어려운 일이다. 맑스는 자본의 한계는 자본일 뿐이라고 말한 적이 있다. 이는 자본에 한계를 만드는 바깥이 자본 안에, 자본의 확대 재생산 과정을 구성하는 요소로서 그 안에 자리한다는 말과 같다. 자본은 차이와 불일치를 스스로 초래하면서 확장을 꾀하는 변증법적 성격을 지닌다. 더 구체적으로 말해서, 자본주의 이전 단계의 사회에서는 생산력과 생산관계가 모순에 봉착하면 사회체제의 변형이 일어난다. 반면 자본주의사회는 양자가 일치할 때 위기에 빠진다. 양자가 모순에 놓일 때만 잉여가치가 발생하고, 따라서 자본의 확대 재생산이 이루어질 수 있다. 자본주의의 역사는 생산력과 생산관계를 끊임없이 모순에 빠뜨려온 역사, 그 모순으로 초래된 동요와 불균형을 이용해 자본의 몸집을 불려온 역사이다. 때문에 맑스는 이 자본을 몸 속에 또다른 몸을 지닌 괴물로 묘사하였다. "자본가는 화폐를 (…) 상품으로 변형시키고 죽어 있는 대상으로서의 그 상품에 살아 있는 노동력을 이식함으로써 가치, 즉 과거화되고 대상화된 노동을 자본으로 변형시킨다. 스스로 증식해가는 가치로 변형시키는 것인데, 그렇게 해서 '태어난 괴물'(beseeltes Ungeheuer)은 마치 몸 속에 몸을 지닌 듯 일을 하기 시작하는 것이다"(Marx 1989, 207면).

자본이 몸 속에 다른 몸을 지닌 괴물이라면, 산업시대에 출현한 기계 또한 그런 괴물이다. 맑스의 눈에 자본과 기술은 언제나 한편이다. 이것들은 한 몸이며, 각기 두 몸을 지닌 악마이다. 그러므로 자본이 그런 것처럼 기술의 한계는 기술 자체에 있는 것이 아닐까? 기술의 바깥은 기술 안에서 찾아야 하지 않을까? 하지만 맑스가 기술의 악마성을 서술하는 대목을 읽기 전에 기억해둘 일이 있다. 그것은 17세기 초의 서양인에게 기술은 천사였고 신적인 것이었다는 사실이다. 근대의 서양인은 인간과 세계를 기술의 신적 위대성 안에서 해석했다.

이 점을 대변하는 인물이 베이컨인데, 그의 대표적 저서 가운데 이런 구절을 읽어보자. "어떤 사람에게 가장 문명화된 유럽지역의 인간생활과 아메리카의 가장 야만적인 지역의 인간생활을 서로 비교해보라 하자. 그는 하등 주저할 필요 없이 (…) '인간이 인간에 대하여 신이다'라고 말할 것이다. 그리고 이러한 차이는 토양이나 기후 혹은 인종의 차이에서 오는 것이 아니다. 그것은 단지 기술의 차이에서 오는 것이다"(Bacon 1967b, 129항 85면).

인간에 대해서만이 아니다. 기술은 인간을 자연에 대해서도 어떤 지고한 지위에 올려놓는다. 기술을 소유한 인간은 '지구의 주인'(dominus terrae)이라는 의미에서 신적이다. 인간은 기술을 앞세워 자연을 정복하고 통치할 수 있다. 이렇게 말하는 베이컨에게 있는 그대로의 자연, 자연 그대로의 자연은 무용할 뿐 아니라 무의미하다. 자연은 기술에 의해 조작될 때만 자연으로서 현상한다. 기술적으로 "강요되고 간섭받는 자연, 다시 말해서 인간의 기술과 손을 거쳐 강제로 자연적 상태에서 벗어났을 때의 자연, 즉 압착되고 특징지어진 자연"이 진정한 자연이다. 왜냐하면 "사물의 본성은 자연적이고 자유로운 상태에서보다는 기술의 닦달과 요구에 놓일 때 훨씬 쉽사리 그 정체를 드러내기 때문이다"(Bacon 1967a, 20면).

근대의 서양인이 생각하던 역사의 진보는 자연에 대한 기술적 개입을 바탕으로 이룩해야 할 과제였다. 그들은 자연을 기술적으로 눌렀다 폈다 하면서, 자연을 닦달하고 볶아대면서 역사의 진보에 필요한 에너지를 뽑아내고자 했다. 과학과 기술로 해서 인간이 "자연의 지배자요 소유주"가 될 수 있다고 말한 데까르뜨에게서도 역시 그런 의도를 읽을 수 있다 (Descartes 1982, 6부 62면). 오늘날 생태주의운동의 배후에 있는 죄책감, 자연에 대한 인간의 죄책감은 베이컨과 데까르뜨가 대변하는 근대인의 이런 정복사적 사연관에 그 역사직 근기를 두고 있다.

이런 정복자적 자연관이 17세기 이래 서양인의 공유된 믿음으로 확장되는 과정에서 기독교의 특정한 교리도 한몫했음을 기억해두자. 기독교의 창조론에 따르면, 신은 아담을 위해 식물과 동물을 창조하였고 아담으로 하여금 이들의 이름을 짓도록 했다. 지구상의 생명체에 대한 지배권과 소유권을 인간에게 준 것이다. 인간은 원죄를 범한 이후 이러한 권리들을 박탈당했다. 기독교적 관점에서 구속(救贖)의 역사는 이 권리상실의 역사가 심화·전도되는 과정과 같다. 역사의 완성과 종말은 인간이 자연의 주인이자 소유주였던, 실낙원 이전의 상태로 복귀하는 사건이다. 그러나 17세기의 서양인은 이런 복귀가 신의 개입 없이 이루어질 수 있다는 생각에 이르렀다. 인간 자신의 힘으로 자연에 대한 잃어버린 권리를 되찾을 수 있다는 것이다. 그런 복귀의 힘은 물론 과학과 기술이 가져다준다. 과학과 기술은 종교적 복음을 대신하는 세속적 복음인 것이다.

이 점은 데까르뜨가 학문체계 전체를 한 그루의 나무에 비유하는 대목에서 한층 구체적으로 읽을 수 있다. 그 비유에 따르면, 형이상학은 학문의 뿌리에 해당한다. 순수 자연과학은 줄기에 대응하며, 그 줄기에서 뻗은 가지들이 기타 응용학문인데, 그중에서 가장 중요한 분야가 기계학·의학·윤리학이다. 학문 자체의 조직원리와 순서를 따를 때, 이 학문체계에서 가장 중요한 학문은 뿌리인 형이상학일 것이며, 뿌리에 가까운 쪽이 먼 쪽보다 상위에 놓일 것이다. 그러나 실천과 유용성의 문맥에서 이 순서는 전도된다. "왜냐하면 나무에서 열매를 따는 것은 뿌리나 줄기에서가 아니라 가지 끝에서이기 때문이다"(Descartes 1971, 서문 15면).

그렇다면 왜 기계학·의학·윤리학인가? 먼저 기계학은 기계를 제작하는 학문이고, 기계는 인간을 노동의 수고에서 면제시켜준다. 노동, 그것은 실낙원 이후 인간이 벗어날 수 없는 운명이었다. 그러므로 기계에 힘입어 노동에서 자유로워진다는 것은 종교적 복음이 약속하던 실낙원 이전으로 돌아가는 것과 같다. 노동에서 해방된 인간, 그것은 실낙원 이전의 아담이다. 과학과 기술은 종교를 대신하여 낙원을 약속한다.

기계학 다음은 의학인데, 이때 의학은 단순히 질병을 치료하는 데 그치는 통념적 의미의 학문이 아니다. 데까르뜨가 말하는 의학은 인간이 병에 걸리는 이유뿐 아니라 자연적으로 늙고 쇠약해지는 원인을 밝히는 학문, 죽음을 치료하는 학문, 그래서 인간에게 영생을 기약하는 학문이다. 노동과 마찬가지로 죽음 또한 실낙원 이후 인간이 감당해야 할 저주였다. 이제 과학과 기술은 신을 대신하여 이 저주를 물리칠 것이다.

마지막으로 윤리학이 있다. 과학과 기술이 인간을 자연의 지배자요 소유주로 만들어준다면, 윤리학을 통해서 인간은 자신의 내면세계의 지배자요 소유주가 될 수 있다. 인간의 내면에 '의지의 제국'을 건설하는 것이 윤리학이고, 이 학문이 완성될 때 인간은 전적으로 자율적이고 자유로운 존재자로, 신적 인간으로 재탄생할 수 있다.

그러므로 베이컨과 데까르뜨가 대변하는 근대적 인간은 과학과 기술로 신과 경쟁한다. 종교적 주술성을 대신하는 과학과 기술은 세속적 마술이다. 그러나 종교적 주술성이 중세인의 자유를 제한하는 족쇄였다면, 이 세속적 주술성은 근대인의 운명을 제약하는 또다른 족쇄로 경험되기 시작했다. 과학과 기술이 역사의 무한한 진보를 약속했다면, 이제 그 약속이 의심스러워지기 시작한 것이다.

3. 테크네와 텍스트

이런 전환이 일어나는 지점은 19세기 중반이다. 우리는 맑스의 저작에서 기술이 일으키는 불안을 읽을 수 있다. "기계생산이 도달하는 최고의 발전형태는 노동기계들로 이루어진 조직화된 체계, 즉 전달장치를 통하여 중앙사동장치로부터 운동을 공급받는 기계제계이다. 여기서는 하나의 단일한 기계를 대신하여 그 자리에 어마어마한 기계적 괴물이 등장한다. 이 괴물의 몸뚱어리는 공장 전체를 차지하며, 그 악마적인 힘은 처음에 그 거대한 사지들의 엄숙하고도 규칙바른 운동 때문에 감추어져 있지만, 마침내 열병에 걸려 발광하듯 춤을 추는 그 수많은 작동기관들을 통하여 터져나온다"(Marx 1989, 373면).

17세기의 진보적 서양인에게 기계는 인간을 종교적 주술성의 질곡에서 해방시키는 새로운 천사였지만, 19세기의 맑스가 기계를 바라보는 시각은 비관적이다. 이 천사는 어떤 괴물로 변하였다. 데까르뜨는 기계의 제작을 통해서 인간이 노동에서 면제된 유토피아에 이를 것이라 믿었지만, 현실적으로 유토피아에 이른 것은 기계를 소유한 자본가일 뿐 노동자는 더욱 열악한 상황에 빠져버렸다. 왜 그런가? "노동수단 자체의 본성에 의해서 강요된 기술적 필연성"(Marx 1989, 377면)이 노동 자체를 비인격화하고, 그 필연성에 의한 분업적 질서의 재편과정에서 자본가는 연령이나 성별의 차이에 관계없이 인간의 노동력을 구매할 수 있게 되었기 때문이다. 부녀자나 아동에게까지 노동력을 착취할 수 있게 된 것이다.

　맑스의 비관적 서술은 계속 이어진다. 조직화된 기계생산에서 노동자는 노동의 주체가 아니다. 단지 기계의 작동을 돕는 보조기구에 불과하다. 노동자에게 있었던 자율성이 기계로 넘어간 것이다. 기계는 자신에 필요한 기계를 스스로 생산하며, 그렇게 몸을 키워가는 기계적 조직체는 점점 더 인간의 도움 없이 움직일 수 있게 된다. 그리고 마침내 "자기 자신만의 다리로 일어서서 걸어가게 되는 것이다"(Marx 1989, 376면). 기술이 자율적 증식체계를 이루는 시대, "자동화된 장치가 주체이고 노동자는 단지 의식을 지닌 기관으로서 그 의식 없는 기관에 부속품처럼 종속되어 있는"(Marx 1989, 408면) 시대, 이런 시대가 맑스적 의미의 테크놀러지시대이다.

　이 시대에 기계는 단지 괴물적 자동성을 띠는 것으로 그치지 않는다. 기계는 저 홀로 움직일 뿐 아니라 저 홀로 통치한다. 기계는 '자동장치'(Automat)인 동시에 '독재자'(Autokrat)이다. "이 거대한 작업장 안에서 기계적 체계의 중심인 증기기관의 자비로운 힘은 자기 주변에 수많은 백성을 불러모은다. 그리고 그들 각각에 책임질 과제를 할당한다"(Marx 1989, 360면).

　이런 맑스적 시각에서 기술의 자동화와 독재화는 자본의 논리 안에서 일어나는 현상이다. 과학과 기술을 노동자의 손과 분리된 자립적 생산체계로 전환시키는 것은 스스로 움직이는 괴물, 자본의 농간이다. 자본주의의 탄생과 생존의 조건이 노동과 생산수단의 분리라면, 다시 말해서 자본가에 의한 생산수단의 독점이라면, 공업적 생산은 이런 독점화를 최종적으로 완료한다. 그리고 그렇게 완료되는 자본주의는 그 자체가 하나의 기계, 노동자를 부품으로 거느리는 기계와 같다. "만일 고전적 프롤레타리아 경제가 잉여가치를 생산하는 기계에 불과하다면, 자본주의는 이 잉여가치를 더 큰 자본으로 만드는 기계에 불과하다"(Marx 1989, 559면).

　산업기계 앞에서 맑스가 느낀 공포는 이 기계가 어떤 유기적 생명체처럼 독자적 진화의 논리를 갖춘 자기증식 체계로 탈바꿈한다는 것이다. 기계는 인간의 논리는 물론 자연의 논리와 구분된 어떤 새로운 논리, 그 본성에 고유한 기술적 필연성에 따라 움직인다. 이 기술적 필연성은 어떤 닫힌 공간을 형성한다. 특히 21세기적 상황에서 기계가 악마적이라면, 그 진정한 악마성은 노동자의 피를 빤다는 데 있는 것이 아니다. 그것은 이 자기증식적 조직체가 형성하는 폐쇄회로에 있다. 맑스가 지적한 것처럼, 기계를 앞세운 노동력 착취는 노동운동을 통해 얼마든지 저항할 수 있을 것이다. 그러나 기술적 공간의 자기확장 논리는 노동운동이나 사회적 실천으로 저항할 수 있는 성질의 것이 아니다. 그것은 이미 맑스적 대응을 뛰어넘는 현상이다.

기술은 맑스적 관점을 넘어설 뿐 아니라 모든 인간학적 관점을 넘어선다. 인간학적 관점은 인간의 편의를 위해 봉시히는 도구의 생산과 사용의 문맥에서 기술을 파악하는 도구주의적 관점과 하나를 이룬다. 맑스가 신랄하게 비판했던 것들 중 하나는 자본을 단순한 생산수단으로 보는 태도, 그래서 자본을 토지 등과 동일하게 취급하는 태도였다. 자본을 생산수단과 동일시하기 때문에 자본주의의 착취구조가 은폐되고, 이로부터 자본주의가 어떤 자연적이고 정상적인 경제로 둔갑하는 착시현상이 일어난다는 것이다. 기술을 단순히 도구사용의 문맥에서만 파악한다면, 우리는 유사한 오류를 범할 것이다. 테크놀러지시대의 역사적 본성을 놓치고, 그 진정한 위험을 간과하게 될 것이다. 동도서기론이 서양의 기술에 관계하는 데 실패했다면, 이것도 도구주의적 관점에서 그 기술에 관계하고자 했기 때문일 것이다. 그러나 도구가 아니라면 기술은 무엇인가? 기술의 본성은 어디에 있는가?

그리스적 어원으로 돌아가서 생각한다면, 우리가 '기술'로 옮기는 '테크놀러지'는 테크네(techne)에서 유래했다. 그리고 이 테크네는 텍스트라는 말과 함께 '짓다' '짜다' 등의 의미를 지닌 테크(tek)를 어간으로 한다.

기술의 본성은 일단 테크네와 텍스트의 어원적 친족관계 안에서 음미해볼 필요가 있다. 기술은 본성상 어떤 관계망, 그물망 안에서 성립하는 것이 아닐까? 기술은 텍스트와 마찬가지로 그 자체가 어떤 관계적 질서의 조직체가 아닐까? 그러므로 원격통신기술만이 아니라 모든 기술은 이미 자기 안에 원격통신능력을 지닌 것이 아닐까?

우리는 앞에서 테크놀러지시대에 대한 맑스적 체험의 일면을 살펴보았다. 이 체험에서 가장 충격적인 장면은 하나의 단일한 기계를 대신해서 그 자리에 거대한 기계체계가 등장하는 사건이었다. 맑스는 이 사건에서 악마적인 힘을 느꼈다. 이 악마적인 힘의 체험, 그것은 곧 기술의 본질에 대한 현상학적 체험, 그러나 불완전한 체험이었다. 왜냐하면 그 본질과 마주쳤으되 그것의 본질됨을 자각하지 못했기 때문이다. 하나의 기술은 다른 기술과 원격통신 관계에 있다는 사실, 우리가 기술의 어원적 유래에서부터 확인할 수 있는 이 사실에 대한 완전한 현상학적 체험을 위해서, 맑스의 문장은 다음과 같은 하이데거의 문장으로 보충되어야 할 것이다. "엄밀하게 말하면 '하나만의' 도구란 존재하지 않는다. 도구라는 존재에는 그때마다 언제나 도구 전체가 속해 있고, 이 전체 속에서 도구는 바로 그 도구로서 있을 수 있다"(Heidegger 1977, 15절 92면; 마르틴 하이데거 1995, 102면 참조).

『존재와 시간』에 나오는 이 대목에 따르면, 도구는 물리적 공간 안에 존재하지만 그와는 다른 공간을 형성한다. 이 도구는 저 도구를, 저 도구는 또다른 도구를 지시하거나 전제하면서 상호함축적 질서를 이룬다. 도구는 이 질서 안에서 도구로서 태어나고 죽는다. 도구는 언제나 도구 전체와 더불어, 그 도구적 연관의 일부이자 매개자로서 배당된 존재자이다. 각각의 도구들이 반영하는 질서, 그 질서를 구성하는 도구적 상호참조 체계는 실천적 삶의 진정한 터전이다. 하이데거가 강조하는 것은 이 점이다. 즉 실천적 문맥에서 세계는 도구들이 만드는 원근법, 도구적 관계의 그물망 안에서 처음 개방된다. 물리적 시공간이 추상적이라면, 그것이 추상한 것은 무엇보다 이 도구적 개방성, 그 개방성이 지닌 구체성이다.

우리가 맑스의 기계체험에서 이런 하이데거의 도구분석으로 옮겨갈 수 있다면, 이는 기술의 텍스트성 때문이다. 기술에 관계하기 위해서 요구되는 바깥, 그 외면에 대한 물음은 기술의 텍스트성에 대한 성찰에서부터 다시 출발해야 할 것이다. 여기서 그 유명한 데리다의 명제를 기억하는 것도 필요할 것이다. '텍스트의 바깥은 없다.' 이 명제를 참조하여 하이데거의 도구분석을 집약하면 이렇게 된다. '도구적 질서의 바깥은 없다.' 따라서 기술적 질서의 바깥은 없는가? 있다면 어떻게 있는가?

4. 사물의 운명 : 상품과 부품

기술의 바깥을 묻는 것은 기술의 위험에 관계하고 대처하기 위함이다. 기술의 텍스트성을 생각한다면, 기술의 위험은 닫힘과 열림의 차원에서 규정될 수 있다. 즉 기술이 본성상 체계형성적이라면, 그리고 그 체계가 완결성을 이루려는 경향이 있다면, 그 위험성은 기술내재적 경향인 폐쇄화에 있다. 기술의 위험에 관계한다는 것, 그것은 이 기술적 질서의 폐쇄성에 저항하는 것이며, 그 닫힌 체계가 열릴 수 있는 가능성을 찾는 것이다. 하이데거의 도구분석, 그리고 그후 훨씬 심각해진 그의 기술론도 실제로 이런 방향에서 이루어졌다.

하이데거의 도구분석은 이론적 합리성의 패권에 대한 도전이었다. 이 분석을 통해 드러난 것은 이론적 인식의 관점에서는 전혀 해석할 수 없는 실천적 인식의 고유한 특성이다. 데까르뜨 이래 서양인은 정량적 시공간의 좌표를 중심으로 이른바 사물의 객관적 질서를 고안했다. 하이데거가 도구적 그물망을 현상학적으로 분석한 것은 이 지배적 표상의 빈곤성과 파생적 성격을 보여주기 위해서였다. 인간이 실천적 삶 속에서 사물과 관계하는 것은 기하학적 시공간의 질서에 따르지 않는다는 것, 다만 도구들 사이에 성립하는 상호 지시와 배당의 질서에 따른다는 것, 그리고 이 질서는 인간의 세계내적 거주를 규정하는 원초적 질서라는 것, 즉 행위하는 인간에 대하여 세계는 도구적 질서의 고유한 원근법에 따라 처음 개방된다는 것을 말하고자 한 것이다.

그러나 이 원근법 안에서 현상하는 멀고 가까움은 이론적 합리성을 추구하는 시선에는 보이지 않는다. 그것은 하이데거가 배시(配視, Umsicht, 배려하고 염려하는 시선)라 부르는 실천적 태도에서만 현상한다. 이론적 시선은 이 실천적 시선이 있은 후에야 성립하고 그 안에서만 유지될 수 있다. "실천적 태도는 봄(Sicht)이 없다는 의미에서 무이론적(atheoretisch)이 아니다. 실천적 태도와 이론적 태도의 차이는, 후자는 관찰하고 전자는 행위한다는 것도 아니며, 또 행위가 맹목적인 것으로 끝나지 않기 위해 이론적 인식을 응용한다는 점에 있는 것도 아니다. 오히려 행위가 자신의 고유한 시선을 지니고 있듯이, 근원적으로는 이론적 관찰도 실천적 배려이다. 이론적 태도란 비배시적으로 단지 바라보기만 하는 것이다"(Heidegger 1977, 93~94면).

이 문장이 말하는 것은 이론적 시선에 대한 실천적 직관의 우위, 이론적 인식에 대한 실천적 인식의 근원성이다. 만년의 하이데거가 기술의 문제를 존재사적 관점에서 접근할 때도 이론적 인식의 권위에 의해 망각된 비이론적 인식의 가능성을 중시한다. 이런 문맥에서 하이데거는 고대 그리스에서 테크네와 에피스테메, 즉 기술과 인식이 동일한 의미로 사용되었음을 상기시킨다. 기술은 사물의 선후관계나 인과관계에 대한 통찰을 함축하므로 일종의 앎의 양식이라는 것이다.

그러나 이 점에서부터 출발하여 하이데거가 정녕 말하고자 한 것은 더 큰 규모의 이야기다. 즉 기술은 세계가 그 전체로서 개방되는 여러가지 방식들 중의 하나라는 것이다. 이때 개방된다는 것은, 특정한 원근법 안에서 나타난다는 것을, 숨겨진 상태에서 벗어난다는 것을 의미한다. 개방한다는 것은 은폐에서 탈은폐의 상태로 오도록 하는 것, 데려오는 것, 즉 산출(Her-vor-bringen)이다(Heidegger 1962, 13면). 산출하는 것은 무엇보다 자연이다. 무수히 저장하고 무수히 내놓는 자연 외에 시적 산출도 있고 수공업적 산출도 있다. 이것들은 어떤 전체가 열리고 원근화되는 개방적 산출의 여러 사례이다. 게다가 옛날로 올라갈수록 이 개방의 형식들은 분리되지 않았다. 서로 이어지고 보충하고 포괄하였다. 특히 테크네와 포이에시스(poiesis), 기술적 개방성과 시적 개방성은 하나를 이루었다(Heidegger 1962, 34면). 테크놀러지시대의 빈곤, 그것은 기술적 개방성이 시적 개방성으로부터 분리되고 고립되었다는 사실로부터 설명해야 하지 않을까? 기술의 위험성은 다른 종류의 존재론적 개방성을, 근원적 개방성을 무력화하거나 추상화하는 데 있지 않을까?

이런 하이데거의 물음 안에서 부각되는 것은 기술이 어떤 타락한 세계개방 형식, 극단적으로 위험한 개방 형식이라는 점이다. 이 점을 두드러지게 하기 위해서, 하이데거는 테크놀러지시대의 고유한 세계개방 형식을 '게슈텔'(Ge-stell)이라는 특이한 신조어를 통해 명명하였다(Heidegger 1962, 19면). 이 신조어는 '몰아세움'이나 '공작(工作)'으로 옮길 수 있지만, 어느 말로도 완전하게 번역할 수 없다. 그 일차적 의미는 '과도하게 닦달하는 주문'에 뿌리내리고 있다. 자연의 자연스러운 산출능력을 초과하여 요구하는 태도, 볶아대는 방식으로 자연과 관계하는 존재론적 태도, 그것이 게슈텔의 기본적 의미내용을 이룬다.

여기서 베이컨의 말이 저절로 떠오를 것이다. 이 기술찬양론자는 무어라 했는가? 자연의 숨겨진 본성을 알기 위해서는 자연을 있는 그대로 방치할 것이 아니라 인간의 기술과 손으로 이리저리 조이고 쥐어짜야 한다고 했다. 하이데거는 그런 닦달과 쥐어짜기를 테크놀러지시대 전체를 규정하는 지배적 존재이해 방식으로 간주한다. 자연을 도발적으로 몰아세

워서 무엇인가를 더 내놓으라고 주문하는 태도, 그것이 이 시대의 존재론적 진상이라는 것이다.

맑스가 그리는 풍경, 즉 자본가가 노동자를 쥐어짜는 풍경은 이런 하이데거적 풍경화의 일부에 불과하다. 이 존재론적 그림에서 인간이 인간을, 사물을, 그리고 자연 전체를 쥐어짜대고 있다. 하지만 이런 의미 외에도 게슈텔은 다른 뜻을 내포한다. 이 말은 작위적이고 인공적인 세계가 지속성을 더해가는 방식을 나타낸다는 의미에서, 다시 말해서 자연에 토대를 두는 것이 아니라 자기 자신에 근거한 지속적 명령체계가 자연 위에 군림한다는 의미에서 '공작'으로 옮길 수 있다(이진우 1995, 284면 참조). 공업생산의 현장에서 맑스를 놀라게 한 것은, 기계가 제 발로 선 동물로 변해서 그 작업장의 독재자로 군림하는 모습이었다. 하이데거가 게슈텔이란 말로 표현하고자 한 것은, 이 독재자의 명령이 체계화될 뿐 아니라 영구화된다는 점이다. 인공물은 썩지 않는다. 그러나 그보다 더 오래가는 것은 스스로를 대체하고 혁신해가는 기계적 체계의 몸이며, 그 안에 깃들게 된 기술적 지능이다.

이런 테크놀러지시대에 사물 일반은 다른 시대와 다르게 경험된다. 맑스는 자본주의 사회에서 존재하는 모든 것이 상품으로 전락한다는 사실을 고발했다. 하이데거는 기술사회에서 모든 존재자가 어떤 부품이자 내구재(Bestand)로 현상한다는 사실에 역점을 둔다(Heidegger 1962, 34면). 즉 자연은 근본적으로 공업생산을 위한 에너지 저장소나 재료창고로, 사물 일반은 지속적 기술체계를 위해 소모되는 부품으로, 그러나 끊임없는 대체 가능성 안에서 자연적인 것보다 더 오래가는 내구재로 이해된다. 이로써 인간을 포함한 모든 것이 계산·조작될 수 있고 도구적으로 사용될 수 있는 물건으로 파악된다. 특히 자연적 사물은 그 자연성을 상실하고 기술적 명령을 따르는 부속품으로 경험된다. 이 명령체계 안에는 근대적 의미의 대상마저 존재하지 않는다. "우리는 이미 대상들이 더이상 존재하지 않는 세계 안에서 움직이고 있다. 그러나 대상성이 없는 이 상태는 고정된 근거가 없다는 것을 말하지 않는다. 오히려 또다른 종류의 항구성이 이 비대상적인 것 안에서 나타나고 있다"(Heidegger 1957, 65~66면).

데까르뜨 이후의 사상사에서 존재하는 모든 것은 사유하는 주체에 대립하여 서 있는 것, 즉 대상이다. 이 시대에 주체는 자신을 정립하는 동시에 자신에 대하여 대상을 정립한다. 하이데거에 의하면, 이런 데까르뜨 이후의 사상사는 니체에 이르러 그 마지막 국면에 들어선다. 여기가 서양 형이상학이 완성되는 동시에 테크놀러지시대가 시작되는 지점이다. 여기서는 사물이 더이상 대상으로조차 파악되지 않는다. 다만 부품이나 내구재로 이해될 뿐이다. 그리고 이 내구재의 상존 근거는 자연에 있는 것도, 인간에 있는 것도 아니다. 그것은 맑스가 말한 바대로 기계의 본성에 내재하는 기술적 필연성 자체에 있다. 사물은 기술의 자기확장과 지속의 논리 속에서, 그리고 언제나 대체 가능한 부품으로 존재한다. 부품으로서의 사물, 그것은 맑스적 의미의 상품과 가까운 혹은 동일한 장소에 있다.

맑스적 의미의 상품물신이 자본주의사회의 왜곡된 사물관의 뿌리라면, 이 무차별한 상품화는 일차적으로 교환가치의 일반적 지배력 때문에 일어나고 있다. 그것은 모든 사물이 등가적 교환의 문맥에 놓임에 따라 초래되는 현상이다. 하이데거의 시각에서 보자면, 19세기 말 이후 사물은 무한한 대체 가능성 속에 놓여 있다. 이는 사물의 일반적 부품화로부터, 그리고 이 부품화는 테크놀러지시대에 고유한 존재이해 방식인 게슈텔로부터 시작된다. 상품화와 부품화, 이는 자본과 기술의 복합체 안에서 사물이 겪는 일반적 운명을 지칭한다.

5. 기술과 역사의 유령들

사회학자들은 테크놀러지시대의 중요한 특성으로 위험의 상존을 든다. 이는 다른 시대에는 사고나 재난의 위험이 없었다는 것이 아니다. 어느 시대에나 사고나 재난은 있어왔다. 그러나 사고나 재난의 종류, 그것이 일어나는 방식과 발생장소는 달라질 수 있다. 가령 전통적 형태의 사회는 홍수나 흉작 같은 자연적 재난에 시달렸다. 기술이 발전할수록 이런 자연적 재난은 점차 정복되어 사라진다. 하지만 그 자리를 대신해서 어떤 제조된 사고, 인위적 재난이 늘어간다(앤서니 기든스 2000, 62~64, 69면 등 참조).

테크놀러지시대에는 많은 경우 기술 자체에 의해서 사고가 일어난다. 이 시대에 재난은 문화의 밖에서가 아니라 문화의 안쪽에서, 마치 기술적 체계의 내재적 속성인 양 발생한다. 사고는 일상적 삶의 일부를 이루고 재난의 망령은 어떤 집단적 편집증을 일으킨다. 보드리야르의 말이다. "사회가 정상화될수록 그 주변부에서 광인과 비정상인이 나타나는 것처럼, 이성과 자연에 대한 기술적 지배가 심화될수록 그 주위에서는 '자연의 유기적 신체'가 파국을 맞고 비이성이라는 약체현상(défaillance)이 출현한다. (…) 어떤 악령이 거기 있어서 그토록 멋진 기계가 언제나 고장을 일으킬 수 있도록 만드는 것이다. 그래서 이 합리화된 문화는 집단편집증에 걸리게 된다"(Baudrillard 1976, 246면).

테크놀러지시대에 고유한 재난, 유령처럼 출몰하는 재난의 가능성에 어떻게 대처할 것인가? 더욱 진보된 기술을 통해서만 대응할 수 있는가? 그렇지 않다. 왜냐하면 새로 고안된 기술은 좀더 진화된 형태의 사고를 유발하기 때문이다. 문제는 위험이 기술적 체계 자체를 구성하는 내재적 요소라는 데 있다. 따라서 "기술형 국가는 기술의 힘을 감시하는 가장 굴종적이고 맹목적인 교도관일 것이다"(Heidegger 2000, 671면). 이렇게 말하는 하이데거에 의하면, 진정으로 위험한 것은 기술에 있는 것이 아니다. 그것은 테크놀러지시대를 정초하는 존재이해, 게슈텔이라는 존재이해 자체에 있다.

이 특이한 존재이해 양식은 맑스의 자본주의처럼 둔갑술을 부린다. 하이데거가 말하는 서양 형이상학의 역사는 존재망각의 역사이다. 이때 존재란 이성적 사유를 넘어서되 그것을 가능케 하는 개방적 사건이며, 이 존재를 신비한 것으로 폄하·배제한다는 데 서양 형이상학의 탄생과 유지의 비밀이 있다. 데리다 식으로 옮기자면, 형이상학의 역사는 곧 유령의 추방과 망각의 역사이다. 테크놀러지시대는 이 망각이 극치를 이루는 시대, 그 망각 자체가 망각되는 시대이다.

이 이중의 망각 속에서 잊혀지는 것은 게슈텔의 위험성만이 아니다. 그것은 또한 게슈텔 이외의 존재론적 개방성에 대한 관심이다. 테크놀러지시대의 진정한 위험은 이런 존재론적 이해의 기만적 독점과 독재에 있다. 이 기만적 독점과 독재의 위험성에 어떻게 대처할 것인가? 무엇보다 맑스가 자본주의에 대처한 것처럼 이 시대를 역사적 관점에서 바라볼 수 있어야 할 것이다. 물론 이것은 이 시대를 도덕적으로 비난하거나 건너뛰기 위해서가 아니다. 다만 이 시대의 역사적 필연성과 상대성을 동시에 발견하기 위해서이다.

자본주의를 어떤 특수한 역사적 시기의 경제체제로 보아야 한다고 말할 때 맑스가 비판하고자 한 것은, 자본주의를 어떤 자연적 현상으로 간주하는 시각, 영속화하고 보편화하는 태도였다. 자본주의는 있을 수 있는 여러가지 경제체제들 중의 하나라는 것, 그것은 어떤 사건(가령 원시적 축적) 이후 필연적으로 성립하지만 또한 그 동일한 필연성에 의해 소멸한다는 것, 이런 것이 맑스가 자본주의를 바라보는 기본적 구도이다.

이런 구도 안에 놓고 볼 때, 자본주의는 진보를 가져오는 동시에 퇴행을 가져온다. 나름의 보편성과 특수성, 자기 고유의 객관성과 그것을 넘어서는 신비성을 동시에 지닌다. "부르주아 경제의 범주들은 현행의 사회적 관계를 반영하는 한 객관적 진리를 지닌 지성의 형식들이다. 그러나 이 사회적 관계는 역사적으로 규정된 시기, 즉 상품생산이 사회적 생산양식인 특정한 역사적 시기에만 속할 따름이다. 따라서 우리가 또다른 종류의 생산양식을 내다본다면, 상품세계의 신비, 상품생산을 기반으로 노동의 산물을 안개처럼 뒤덮고 있는 모든 마술과 유령성은 곧바로 사라질 것이다"(Marx 1989, 104~105면).

자신의 비정상성과 위험을 위장하는 자본주의의 신비, 그것의 마술과 유령성은 어디서 시작되는가? 그것은 자본주의적 생산양식과 구분되는 다른 종류의 생산양식을 내다보지 못하는 몰역사적 표상, 그 표상의 무능력에서 비롯된다. 자본주의의 위험을 극복할 가능성은 비자본주의적 생산양식, 나아가서 이상적 형태의 생산양식에 입지점을 두는 역사적 사유에서 움튼다. 하이데거 역시 테크놀러지시대의 존재이해 양식과 구분되는 또다른 존재이해 양식, 이상적 형태의 존재이해 양식에 입지점을 둘 때만 이 시대의 위험성에 대처할 수 있다고 보았다.

그렇다면 테크놀러지시대를 상대화하는 이상적 형태의 존재이해 양식은 무엇인가? 하이데거는 그것을 시적 존재이해에서 찾는다(Heidegger 1962, 34면). 여기서 다시 부각되는 것은 테크네와 포이에시스의 역사적 관계이다. 포이에시스로부터 분리된 테크네, 이것이 하이데거가 규정하는 테크놀러지시대의 기술이다. 서양 형이상학의 역사는 이 분리가 심화되어온 역사이며, 이 역사의 마지막 국면인 테크놀러지시대는 그 분리 자체가 망각에 빠져버린 시대이다. 따라서 테크놀러지시대로부터의 전회는 그 망각에서 탈피하여 테크네와 포이에시스의 관계를 회복할 수 있는 길을 재촉할 때만 기대할 수 있는 사건이다. 이 시대의 역사적 전회, 그것은 시적 사유를 요구한다.

하지만 하이데거는 맑스와 달리 어떤 철학이나 이론적 사변이 현실을 직접 변혁할 수 있는 가능성을 부인하였다. 그의 말을 들어보자. "철학은 결코 현재 상태의 세계를 직접적으로 변화시킬 수 없을 것입니다. 이는 단지 철학에 대해서만 그런 것이 아니라 순전히 인간적인 모든 생각이나 의도에도 해당하는 말입니다. 오직 어떤 신만이 우리를 구원할 수 있습니다"(Heidegger 2000, 671면). 그러면 인간이 할 수 있는 것은 무엇인가? 별로 없다. 특히 "존재에 그 본질을 두고 있는 기술은 결코 인간을 통해 극복될 수 없다"(Heidegger 1962, 38면). 인간이 할 수 있는 것은 '위험 속에 자라나는 구원'을 예비하는 것, 그 위기 속에서 몰락하거나 도래하는 구원자로서의 신을 맞기 위해 준비하는 것, 시적 사유를 통해 길을 닦는 것이다. 하이데거적 의미의 시작(詩作)과 시적 사유, 그것은 신과 관계하는 사유이다.

이런 체념적인 듯한 어조에도 불구하고 하이데거의 기술론은 맑스의 자본론 못지않게 혁명적인 데가 있다. 서양의 시대를 완성하는 테크놀러지시대의 근본 위험에 관계하고자 하기 때문이며, 이를 위해 다른 시대의 가능성을 구하고 있기 때문이다. 하지만 혁명은, 역사적 전환의 가능성은 어떻게 일어나는가? 다른 시대는 어디에서부터 도래하는가? 그것은 극복될 시대, 테크놀러지시대 자체로부터이다. "내 생각에는 오로지 현대의 기술적 세계가 성립했던 동일한 지역에서부터 어떤 전회가 준비될 수 있습니다. 선불교나 그밖의 동양적 세계체험을 받아들인다고 해서 그런 전회가 일어날 수 있는 것이 아니지요. 사고방식을 바꾸기 위해서는 유럽적 문화유산의 계승과 재전유가 필요합니다. 사유는 오로지 동일한 기원과 동일한 본성을 지닌 사유를 통해서만 변형되는 것입니다"(Heidegger 2000, 679면).

이런 하이데거의 말은 동도서기론의 가능성을 처음부터 부정하는 것같이 보인다. 그 말은 일단 이렇게 들린다. 기술은 그 바깥에서부터, 그에 반하는 반대운동을 통해 극복할 수 있는 것이 아니다. 기술의 바깥은 없다. 기술의 위험에 대응하는 입지점은 기술 안에서 찾아야 한다. 테크놀러지 문명은 그것이 뿌리내리고 꽃을 피우던 동일한 장소에서, 그 문명의 진화

논리 자체에 의해서 극복될 수 있을 뿐이다. 테크놀러지시대의 구원은 이 시대의 위험 속에서 자라나고 있다. 따라서 기술의 근본 위험을 치유하기 위해서 선불교나 그밖의 동양사상, 가령 도가사상이나 유교사상에 의존한다는 것은 무의미한 일이다. 동양문화는 전지구화되고 있는 첨단기술 문명에 어떤 대안이 될 수 없다. 대안은 이 문명의 뿌리, 서양적 사유, 서도(西道) 안에서 구해야 한다. 기술과 자본을 통해 서양문명이 지구 전체를 석권하고 있다면, 이제 서양의 바깥은 없다.

동아시아론은 이 말에 어떻게 대처할 것인가? 성급한 대응을 피하기 위해서 우선 그 말이 어떤 계승의 논리이자 전회의 논리, 역사의 혁명적 전회의 논리에 대한 진술임에 주목하자. 그 말 속에 언급된 동양, 그리고 동양과 서양의 관계는 이 전회의 논리 안에서 재음미되어야 할 것이다. 게다가 이 전회의 논리는 다시 한번 맑스적 역사인식을 상기시킨다. 맑스에 따르면, 자본주의시대 이후는 자본주의 자체 안에서 일어나는 '부정의 부정'을 통해서 시작된다. "자본의 독점은 그와 더불어 그리고 그것의 보호 아래 성장한 생산양식에 대하여 속박이 된다. 생산수단의 중앙집중화와 노동의 사회화는 더이상 자본주의적 외피 속에 머물러 있을 수 없는 지점에 이른다. 이 외피는 산산조각이 난다. 자본주의적 소유의 종말을 알리는 조종이 울린다"(Marx 1989, 712~13면). 다시 말해서 자본주의에 조종을 울리고 무덤을 파는 것은 독점화에 성공한 자본가 자신이다. 자본에 대항하는 최고의 무기는 자본에 의해서 만들어진다. 자본주의의 최대 적은 자본주의 자체인 것이다(Marx and Engels 1983, 468면).

이런 자기전복의 역설은 자본주의시대에만 일어나는 것이 아니다. 그것은 역사적 변화 전체를 지배하는 보편적 논리다. "새로운 사회의 요소들은 과거의 사회 안에서 형성된다. 낡은 관념의 와해는 과거의 삶의 조건이 스스로 와해되는 과정과 병행한다"(Marx and Engels 1983, 480면). 과거 안에서 자라나는 미래의 요소, 거기서 한 시대를 전복할 수 있는 치명적 무기의 재료가 나온다. 맑스는 자본주의 안에서 자라나는 그 미래적 요소를 악마적인 힘으로 묘사하기도 했다. "그토록 위력적인 생산수단과 교통수단을 번성케 한 근대 부르주아 사회는 마법사를 닮았다. 이제는 자신이 불러들인 악마적인 힘을 더이상 쫓아낼 수 없는 마법사를 닮은 것이다"(Marx and Engels 1983, 467면).

자본주의시대에는, 그리고 모든 역사적 시대에는 악마적인 힘, 유령이 살고 있다. 그것은 그 시대 자체에 의해 태어났고 부름을 받았지만, 더이상 그 시대에 의해 통제되지 않는다는 의미에서, 그리고 그 시대에 종말을 알린다는 의미에서 유령이다. 테크놀러지시대의 유령, 보드리야르가 기술적 체계의 내재적 속성으로 지적한 악령은 이런 맑스적 역사전환의 논리 안에서 다시 해석되어야 할 것이다. 테크놀러지시대로부터의 전회는 이 시대 자체 안에서만 준비될 수 있다는 하이네서의 말도, 그가 시적 사유를 통해 기다리는 구원의 신도 이런 맑스적 영감의 유령론 안에서 다시 구성되어야 할 것이다.

6. 동도의 길

이런 작업을 구체적으로 실행한 것은 『맑스의 유령들』의 저자 데리다이다. 이 책에 따르면, 맑스의 저작에서 빈번하게 등장하는 "유령의 비유는 다른 비유들 중의 하나가 아니다. 그것은 아마 모든 비유들의 배후에 숨은 비유일 것이다"(Derrida 1993, 194, 237면 참조). 즉 맑스의 유령은 단순한 수사학적 비유에 그치는 것이 아니다. 그것은 맑스적 수사학의 뿌리, 맑스적 역사인식의 뿌리다. 맑스는 유령을 과학의 이름으로 혼낼 때, 가령 종교의 유령, 자본의 유령, 상품의 유령, 기계의 유령을 추방할 때조차 유령의 비유에 빚지고 있다.

이는 유령이 복수적이고 위계적이라는 것을 말한다. 쫓아낼 수 있는 유령이 있는가 하면, 쫓아낼 수 없는 유령, 환원 불가능하고 해체 불가능한 유령, 그래서 미래를 준비하는 모든 역사적 담론이 다시 불러들여야 하는 유령이 있음을 암시하는 것이다. 그러므로 테크놀러지시대에도 여전히 어떤 유령이 거주하는 것이 아닐까? 이 시대에 태어났으되 이 시대 이후에 속하는 유령이 나타나는 것이 아닐까? 그러나 어디에, 그리고 어떻게?

데리다에 의하면, 테크놀러지시대의 유령은 "테크네, 기술형 과학, 혹은 원격조종기술의 차연적(différantiel) 전개" 속에서, 즉 첨단기술의 가능성이 실현되는 지점에서 전개되는 가역적이고 자기부정적인 지연과 보충의 논리에 의해 출몰한다. 간단히 설명하면, 기술은 이론적이고 합리적인 사유, 계산하고 조종하는 능력, 계획과 통제의 능력과 하나를 이룬다. 그러나 테크놀러지시대가 무르익어갈수록 계산하거나 조종할 수 없는 것, 계획되거나 통제할 수 없는 것, 모든 논리적 사유의 근간인 이분법적 분류를 넘어서는 요소들이 늘어간다. 도구적 계산능력인 이성은 무수한 기술을 번성케 했지만, 그 번성하는 기술로부터 비합리적이거나 초합리적인 현상이 발생하게 된다. 그런 의미에서 기술적 이성은 "자신이 불러들인 악마적인 힘을 더이상 쫓아낼 수 없는 마법사"이다. 근대의 과학과 기술은 종교적 주술성에 대항하면서 자신의 영토를 넓혀왔지만, 그렇게 탈주술화된 영토는 재주술화되고 있다. 가령 "시간과 공간의 가상화, [여러가지 이분법, 가령] 현전(現前)과 재현, 현행적 시간과 지연된 시간, 현실과 씨뮐라크르(simulacre), 살아 있는 것과 아닌 것, 간단히 말해서 살아 있는 것과 '죽은 것이면서 살아 있는 환영들' 사이의 대립을 더이상 허락하지 않는 가상적 사건의 가능성과 그 사건의 운동과 속도"(Derrida 1993, 268면. [ ]는 인용자)에서부터 우리는 이 시대의 유령을 경험할 수 있다.

이 유령은 국가·사회조직·가정, 심지어 연애장소를 배회하면서 기존의 지정학적 질서와 사회적 공간을 탈구시키고 있다. 고착화된 코드와 제도의 형식 안에서 예상되던 순서를 어긋나게 만들기도 한다. 위기를 초래하고 불확실성을 동반하지만 새로운 연대와 결속의 양식이 형성될 기회를 창출하기도 한다(Derrida 1993, 268면). 여기서 다시 테크네와 텍스트의 어원적 동근원성을 기억한다면 이렇게 말할 수도 있다. 테크놀러지시대가 깊어갈수록 기술적 공간은 탈구와 어긋남으로 짜이는 텍스트성, 따라서 기술적으로 계산하거나 통제할 수 없는 텍스트성, 초기술적 텍스트성을 띠게 된다. 거기에는 기술로부터 태어나 기술을 교란하는 유령, 기술적 유령이 출현한다.

연대·결속·짜임·틀의 탈구, 기술적 유령이 일으키는 이 일반적 탈구 속에서 정치는 변할 수밖에 없다. 대의민주주의는 활성화되는 동시에 다른 종류의 정치를 요구하는 양 교란되고 있다. 정치뿐 아니라 경제가 변하고 있고 사회 자체가 변할 수밖에 없다. 인간이 만나고 엮이는 방식, 가령 연인이 만나는 방식마저 달라진다. 마지막으로 종교가 변하지 않을 수 없다. 왜냐하면 언젠가 엥겔스가 신비주의에 몰두할 때 언급했던 것처럼, 종교(religion)는 묶기, 결속하기(religare)의 한 형태이기 때문이다. 기술의 텍스트성과 기술적 유령을 생각할수록 이 시대는 "종교와 기술을 독특한 지형 안에 묶어주는 모든 것"(Derrida 1993, 265면), 신비한 것과 기술 사이의 관계가 중요한 철학적 과제로 떠오르고 있다.

데리다는 기술적 유령을 포함하여 한 시대에 속하면서 다음 시대의 가능성을 몰고 오는 유령을 메시아적인 것, 메시아 없는 메시아성으로 명명했다(Derrida 1993, 96면). 그것은 곧 주어진 시대의 바깥과 그에 대한 희망을 약속한다는 의미에서, 그리고 우리의 실존적 결단을 조건으로 새로운 종류의 결속과 연대를 약속한다는 점에서 메시아적이다. 그러나 그것은 어떤 실체적 내용이 없다는 의미에서 메시아 없는 메시아성이다. 기술의 지배력 안에서마저 자라나는 이 종교적 희망이 테크놀러지시대 이후를 기대할 수 있는 근거이다. 테크놀러지시대의 위험에서 인간을 구원할 신, 하이데거가 기다리던 신은 첨단기술의 가역적인 전개에서 출현하는 유령, 메시아적 유령으로 고쳐 읽을 수 있다. 이 메시아적 유령은 현전과 부재, 현실과 가상, 삶과 죽음 등의 모든 이분법을 뛰어넘는 것처럼 동양적인 것과 서양적인 것의 대립을 넘어선다. 동양적인 것도 아니고 서양적인 것도 아닌 것, 그것이 테크놀러지시대로부터의 전회를 생각할 때 도달해야 하는 가장 높은 수준의 준거점, 마지막 존재론적 준거점이다. 이 준거점에서 되돌아볼 때, 동도서기론과 그후의 모든 동아시아 담론이 나아갈 방향은 이렇게 그려질 것이다.

20세기 말 혹은 그 이전부터, 도(道)의 개념을 중심으로 한 동아시아적 사유의 전통에 서서 로고스(logos)를 중심으로 한 서양사상사의 한계를 드러내고 비판하는 시도들이 있어왔다. 이런 국내외의 시도들은 주로 비교철학이나 비교문학의 영역에서, 그리고 해체론과 포스트모더니즘이 제공한 영감과 기회를 이용하면서 더욱 활발하게 이루어져왔다. 하지만 이런 비교학적 연구가 묻는 것은 많은 경우 동도서기론이 제기했던 물음과 크게 다르지 않다. 왜 도가 길인가?

최근에는 이와 다른 문맥에서, 정확히 말하자면 분단체제의 한반도에서 제기되는 '근대성에 대한 적응과 극복이라는 이중과제'를 논하는 자리에서, 백낙청은 그 물음에 관련하여 몇가지 성찰의 결과를 내놓았다(백낙청 1999, 6~28면, 특히 23면 이하 참조). 왜 도가 길인가? 간략히 옮기면, 그것은 과학을 중심으로 한 근대적 진리 개념, 협소한 이론적 진리 개념을 넘어서는 도의 포괄성 때문이다. 동도는 "진과 선의 융합"이라는 점에서, 그리고 ──필요한 상황에서는 기존의 가치가 만드는 "모든 위계질서의 일시적 정지를 전제하는"── 역동적 성격의 "지혜의 위계질서"를 함축한다는 점에서 근대적 진리 개념에 대하여 미래적이다. 그러나 이 미래성은 아직 전미래적 미래성, 미래완료적 미래성에 불과하다. 왜냐하면 "지난날 과학과 기술의 진보를 제대로 수용하지 못한 점과 오랫동안 억압적이고 불평등한 사회체제와 공모관계에 있었던 점에 대한 근대적 이성의 비판작업을 겪어낸 도(道)라야 할 것"이기 때문이다.

이런 비판의 견딤은 동도가 21세기 사상사에서 부활하기 위한 조건, 죽었다 살아날 수 있는 최소한의 조건일 것이다. 사실 동도가 20세기 사상사에서 퇴장해야 했다면, 그것은 근대적 이성의 역사적 지배력 때문이었다. 이 무대로 다시 등장하기 위해서 동도는 이 무대의 연출자, 근대적 이성의 심문과 검열을 통과할 수 있어야 할 것이다. 그리고 이를 위해서는 무엇보다 근대적 이성과 말이 통해야 하고 대화를 나눌 수 있어야 할 것이다. 동도의 길, 그것의 도는 언어적 학습과 번역에 있다.

동도는 자신의 범주들을 합리적 언어의 문법 안에서 번역할 수 있어야 다시 살아날 수 있다. 동도는 자신의 속내를 근대적 이성의 범주들로 옮기고 담아내지 않고는 근대적 이성이 지키는 시대의 문턱을 넘을 수 없을 것이다. 그런 이동의 노동을 통해서만 동도는 과학과 기술의 역사적 전개과정과 근대 민주주의의 이념을 동아시아적 전통의 기억과 이어놓을 수 있을 것이다. 그러나 이런 번역·옮김·이동 속에서 동도는 그 모습을 바꿀 수밖에 없다. 그것이 원래 숨어 있던 장소를 떠나기도 해야 할 것이다. 그 옮김과 이동 속에서 동도는 이미 죽어 있는 것도 아니고 아직 살아 있는 것도 아닌 것, 유령처럼 떠다녀야 할 것이다. 동도는 유령이 되어야 역사의 문턱을 넘어 미래에 부활할 수 있을 것이다.

그러나 동도가 그렇게 진입할 무대, 근대적 이성이 연출하는 무대에는 또다른 유령, 서귀(西鬼)가 극성을 부리고 있다. 이미 맑스가 경험했던 유령, 하이데거와 데리다, 심지어 보드리야르와 같은 저자들이 서로 다르게 서술하는 귀신, 테크놀러지와 더불어 태어났으되 테크놀러지시대 이후를 재촉하는 서귀가 출몰하고 있다. 이 유령은 하이데거의 입을 통해 여전히 동도와 대화할 것을 거부한 바 있다. 이 거부는 서양의 탈근대적 사유 속에 잠재하는 또 하나의 중심주의, 또 하나의 위험을 암시하고 있는지 모른다.[2] 이 거부의 장벽과 그 뒤의 함정을 어떻게 통과할 것인가?

그것은 근대성의 문턱을 지날 때와 동일한 방법으로, 즉 번역을 통해서, 그러나 역방향의 옮김과 이동을 실행하면서 넘어가는 수밖에 없을 것이다. 다시 말해서 동도는 자신의 범주들을 근대적 이성의 범주들에 맞춰 번역하는 것 못지않게 서양의 범주들을 자신의 범주들로 옮기고 이동시켜야 한다. 근대적 사유의 범주, 테크놀로지시대의 범주들을 다른 그릇에 담고 다른 장소에 이르도록 하며 다른 길로 들어서게 만들어야 한다. 그러기 위해서 서양의 범주들을 몇번이고 죽였다 살려야 하고, 아직 살아 있는 것도 아니고 이미 죽어 있는 것도 아닌 것, 귀신으로 만들 수 있어야 한다. 그렇게 출몰한 서귀, 그러나 동양적인지 서양적인지 애매모호한 이 귀신의 신통력이 동도를 근대극복의 문턱, 그 장벽을 통과하도록 만들어줄 것이다. 과거에 죽었다 귀신처럼 다시 살아날 동도는 우리가 서도를 죽인 후에 나타날 귀신, 서귀의 길을 따라올 것이다.

참고문헌

Bacon, Francis (1967a) *Instauratio magna*, Edwin A. Burt, ed., *The English Philosophers from Bacon to Mill*, New York: Random House.

────── (1967b) *Novum organum*, Edwin A. Burt, ed., *The English Philosophers from Bacon to Mill*, New York: Random House.

---

2) 최근의 동아시아론에서도 동일한 위험, 새로운 중심주의의 위험이 비판의 과제로 자각되고 있다. 이에 대해서는 최원식(2000)「한국발 혹은 동아시아발 대안?」, 정문길 외 엮음 『발견으로서의 동아시아』, 서울: 문학과지성사, 40~54면 참조.

Baudrillard, Jean (1976) *L'échange symbolique et la mort*, Paris: Gallimard.

Derrida, Jacques (1993) *Spectres de Marx*, Paris: Galilée.

Descartes, René (1971) *Principes de la philosophie*, AT IX-1권, Paris: J. Vrin.

───── (1982) *Discours de la méthode*, AT VI권, Paris: J. Vrin.

Heidegger, Martin (1957) *Der Satz vom Grund*, Pfullingen: Neske.

───── (1962) *Die Technik und die Kehre*, Pfullingen: Neske.

───── (1977) *Sein und Zeit*, 전집 2권, Frankfurt am Main: V. Klostermann.

───── (2000) "Spiegel-Gespräch mit Martin Heidegger," *Reden und andere Zeugnisse eines Lebenswege*, 전집 16권, Frankfurt am Main: V. Klostermann.

Marx, Karl Heinrich (1989) *Das Kapital*, MEGA II-8권, Berlin: Dietz.

Marx, Karl Heinrich and Friedrich Engels (1983) *Manifest der Kommunistischen Partei*, MEW 4권, Berlin: Dietz.

김상환(1999)「철학이 동쪽으로 간 까닭은」,『예술가를 위한 형이상학』, 서울: 민음사.

마르틴 하이데거(1995)『존재와 시간』, 소광희 옮김, 서울: 경문사.

백낙청(1999)「한반도에서의 식민성 문제와 근대 한국의 이중과제」,『창작과비평』105호(1999년 가을호), 서울: 창작과비평사.

백영서(2000)『동아시아의 귀환』, 서울: 창작과비평사.

앤서니 기든스(2000)『질주하는 세계』, 박찬욱 옮김, 서울: 생각의 나무.

이진우(1995)「기술과 방념」, 한국하이데거학회 엮음『하이데거의 존재사유』, 서울: 철학과현실사.

최원식(2000)「한국발 혹은 동아시아발 대안?」, 정문길 외 엮음『발견으로서의 동아시아』, 서울: 문학과지성사.

2. 원격통신과 유령적 효과

데리다의 해체론은 오래 전부터 원격통신기술로 향하고 있다. 텔레커뮤니케이션, 매스미디어, 텔레테크놀러지, 인터넷은 해체론의 안과 밖을 연결하고 있다. 통신과 우편, 전신과 전화를 비롯한 모든 전송의 형식과 기술은 처음부터 해체론적 사유의 신경망에 이어져 있다. 가령 이런 구절은 해체론의 '고유한' 공식이다. "모든 것은 서로 전화를 걸고 있다." 이 것이 그 유명한 차연(差延, différance)의 또다른 표현이다. 데리다의 차연론을 받아들인다면 우리는 세계를 장거리통신 상태에 있는 것으로 표상해야 한다. 거기서 시공간·언어·의식·작품·사물 등 존재하는 모든 것은 통화중이다. 무의식 안에서마저 발신처 불명의 전화벨이 울리고 있음을 말하는 것이 해체론이고, 그래서 그것은 존재론적으로 일반화되어가는 텔레커뮤니케이션이론이라 할 수 있다. 해체론은 전송과 전승, 전이와 전달, 그리고 네트워크로서의 전선에 대한 이론이다. 그것은 어떤 끈이론이자 그물이론, 계사존재론이다.

니체와 하이데거에서 데리다에 이르는 해체론의 주요 주제는 '형이상학의 극복'과 '탈형이상학적 사유의 모색'이다. 이런 극복과 모색은 '동일성의 사유'를 그 기원적 한계에서부터 반성하고 타자성의 논리를 회복한다는 과제와 같다. 데리다는 차연론을 통해 이 이중의 과제에 부응했다. 해체론적 전송론은 그 차연이 함축하는 타자성의 논리가 적극적으로, 일반적 세계상으로 심화되는 국면이다. 그러나 차연이 본격적으로 원격통신의 형태를 취하기 전에, 혹은 그와 동시에, 해체론은 '유령학'으로 탈바꿈되고 있다. 해체론은 유령학적 관점에서 가상현실과 싸이버공간 그리고 미디어에 개입한다. 정보화시대의 한복판으로 뛰어드는 이 유령학은 해체론적 형태의 존재론이자 실천론, 나아가 역사론이다. 이런 포괄적 규모의 해체론적 유령학은 어떤 의미에서 전송론인가? 이 전송론은 정보화시대에 어떤 해석의 전망을 가져다주는가?

이런 물음에서 출발하여 우리는 아래에서 해체론·유령학·전송론 사이의 관계를, 그리고 이 삼위일체가 가리키는 역사—존재론을 정리해볼 것이나. 그러나 예비적 성찰로서 먼저 침단정보기술과 가상현실이 기존의 이론적 구도에 일으키는 혼돈에 대해, 그리고 그것이 요구하는 철학적 구도의 변화방향에 대해 생각해보기로 하겠다.

사실 첨단정보매체가 통념적 현실세계에 일으키는 혼돈은 해체론이 기존의 철학사에 일으키는 충격에 견줄 만하다. 양자가 만날 수 있는 이유는 여기에도 있다. 우리는 실제로 그 둘 사이의 상호의존적 관계를 확인하게 될 것이다. 해체론은 자신의 시대적 타당성과 철학적 유효성을 증명하는 가장 탁월한 예증사례를 텔레테크놀러지와 미디어에서 찾을 수 있고, 정보화사회는 해체론에서 가장 설득력있는 철학적 해석의 구도를 얻을 수 있는 것이다. 정보화시대가 어떤 문명사적 전환을 예고한다면, 그에 부응하는 해체론은 그 전환이 어떤 사상사적 전환의 기회임을 말하고 있다. 그러므로 해체론이 일으키는 철학사적 단절은 정보화시대가 수반하는 역사적 현실의 변화를 최종적으로 측량할 수 있는 근거일 수 있다.

1. 정보화사회의 유령들

정보매체와 원격전송기술은 혁신을 거듭하고 있다. 정보화는 역사의 숙명화된 진로인 양, 이미 시작된 미래적 변화인 양 이 시대를 주도하고 있다. 정보통신망과 싸이버공간은 21세기의 신대륙으로, 풍요를 약속하는 신(新)엘도라도로, 따라서 국가간 경쟁의 새로운 무대로 평가되기 시작했다. 그러나 정치경제학적 세계질서 재편의 관건으로서 부상하는 정보화는 더욱 근본적인 차원에서 변화를 몰고 왔다. 가령 지각과 사물이해의 차원에서, 그래서 존재론적 층위에서 정보화사회가 요구하는 변화는 혁명적이다(김상환 1999 참조). 사물은 디지털 부호로 대치·환원되고 지식은 코드화된 정보로 변환되고 있다. 이 탈사물화는 탈인간화와 맞물려 있다. 정보통신망과 싸이버공간이 의식이 존재하는 기본적 공간으로 자리잡아감에 따라 종래의 인간 개념이 뒤바뀌어야 할 형편이다. 인간과 기계의 내재적 공속성(共屬性)과 상호규정성을 전제함 없이, 혹은 의식과 기술의 원초적 상호보완성을 인정함 없이 단말기 앞의 인간을 적극적으로 해석할 수 없게 되었기 때문이다.

정보화사회가 수반하는 존재론적 변혁의 요구 앞에서 우리는 두 가지 상반되는 수용태도를 구별해볼 수 있다. 한쪽에는 이른바 신주류에 해당하는 집단의 수용태도가, 다른 한쪽에는 그에 반발하는 보수적 집단의 수용태도가 자리한다. 정보화시대의 도래를 선전·계몽하는 선구자적 목소리는 신주류의 몫이다. 정보화사회가 일으키는 역사적 단절에 주목하고 그에 따르는 새로운 적응의 필요성을 강조하는 이들은 기발하고 충격적인 이론적 상상력을 펼치고 있다. 가령 기계와 미디어에 의한 인간의 무한한 확장과 변형 가능성을 역설한 맥루언 이래, 보철물(補綴物)과 의사(擬似)신체(의족·의구·의치·의안 등)는 신체 못지않게 인간의 존재를 구성하는 요소로서 승격되었고, 따라서 인간을 기계와 하나된 존재자로 표상하는 것이 유행처럼 되었다. 싸이버공간이 현실적 공간을 능가하는 위치에 서자 '터미널 씨티즌'(terminal citizen, 단말기 시민)이란 용어가 널리 유행하기 시작했다. 정보화사회를 분석하는 보드리야르는 기호의 자기증식과 씨뮬레이션을 통해 실재와 가상의 구분마저 사라지는 씨뮐라크르(simulacre)의 시대가 이미 도래했음을, 그래서 실재보다 더 실재적인 '하이퍼리얼'(hyper-real)의 일반적 범람이 시작되고 있음을 인상적으로 묘사하였다(McLuhan 1964; Virilio 1980; Baudrillard 1981 참조). 그러나 이런 종류의 미래적 상상력은 역사적 감각을 잃어버리고 있다는 느낌을 줄 때가 있다. 언어·사물·인간·역사를 포괄하는 통합적 시각이 아쉬운 것이다. 정보화시대에 극단적으로 실현되는 테크놀러지문명의 의미는 존재사적 문맥과 문명사적 흐름 안에서, 즉 과거에 대한 단절적 시각 못지않게 연속적 시각에서 해석해볼 필요가 있다.

반면 보수주의자들은 시대의 변화가 제공하는 시야의 확장과 교정의 기회를 거부하고 있다. 이들이 정보화사회의 등장 앞에 표명하는 회의적 태도는 새로운 것이 아니다. 인위적인 것, 기술적인 것에 대한 부정적 시각은 과거 존재론의 역사 전체를 관통하고 있을 정도이다. 기존의 존재론은 순수한 것(자연적인 것, 정신적인 것, 인간적인 것)에 가치하중을 두어왔다. 인위적 가상현실과 싸이버공간의 위상은 전통적 관점에서는 더욱 거북스럽고 평가절하될 수밖에 없다. 가상적인 것은 실재하지 않는 환영이고, 이 비존재와 비현실은 무의미하거나 무가치해야 했다. 기존의 존재론이 근본적으로 인정할 수 없는 것이 가상적인 것이다. 그러나 가상적인 것은 정보화시대의 요소적 토양으로 자리잡아가고 있다. 비현실적 현실이 부분적으로나마 현실적 현실을 대체·능가하는 양상을 보여준다는 사실을 부정할 수 없는 노릇이다. 이 시대의 씨뮐라크르들은 전통 존재론의 무능력을 복수하듯 증명하는 셈이다. 그럼에도 불구하고 전통 존재론은 쉽게 소멸하지 않는다. 그 오래된 생각은 인간 혹은 휴머니즘의 이름 아래 다시 살아난다. 기술문명이 인간의 통제범위를 넘어서면서 초래하는 비인간화 현상들은 인간성의 훼손에 대한 불안을 낳게 마련이고, 그로부터 순수한 인간성의 가치로 회귀하는 반작용을 유인한다. 그 반작용은 순수주의와 실재론의 내적 연관성을 다시 드러내준다.[1] 자연적 현실의 실재성은 도덕적 현실의 실재성 못지않게 순수한 인간성의 표상과 분리될 수 없었다. 가상현실에 대한 비판은 단순히 실재론의 부활에 그치는 것이 아니다. 실재론의 부활은 휴머니즘의 이념 아래에서, 인간적 행복의 근원에 대한 회상과 더불어 이루어진다. 정보화사회가 초래하는 심리적 불안과 도덕적 위기감은 자연적인 것에 대한 향수, 인공적인 것에 대한 전통적 평가절하, 순수한 인간성에 대한 믿음, 인간과 자연의 근원적 일치감에 뿌리를 두고 있다.

정보화사회를 수용하는 태도들을 이상과 같이 두 가지로 일별(一瞥)할 수 있다면, 이 두 태도 사이의 갈등은 마치 변증법적 지양을 기다리고 있는 듯이 보인다. 좀더 포괄적인 시각에서 두 태도의 불충분성을 메워주는 설명이 필요한 것이다. 도식적으로 말하자면, 해체론은 그런 변증법적 요구에 부응할 수 있는 관점을 제시하고 있다. 전통 존재론의 취약성을 첨예하게 예증하는 가상현실과 싸이버공간은 해체론이 역사적 현실에 개입하는 출발점이 될 수 있다. 해체론의 의도 역시 일차적으로 전통 존재론의 한계를 드러내는 데 있기 때문이다. 이 점에서 해체론은 정보화사회를 환영하는 선구적 집단과 같은 편일 수 있다. 그러나 해체론자는 정보화사회에서 실현되는 테크놀러지문명의 가능성을 전통 존재론으로부터 연역한다는 점에서 단절적 관점에 얽매인 그 집단과 구별된다. 해체론적 관점에서 테크놀러지문명은 전통 존재론의 기원에서부터 예상되는 문명이다.

---

1) 최근 철학계에서 발표한 몇몇 글들은 이에 대한 좋은 사례이다. 허우성(1996)「정보화사회의 사이비성: 불교적 비판」, 『철학과 현실』 30호(1996년 가을호), 서울: 철학과현실사; 한정선(1997)「포스트모던 문화의 전향적 정위」, 한국철학회 엮음 『문명의 전환과 한국문화』, 서울: 철학과현실사.

기술에 대한 해체론적 비판은 전통 존재론으로 복귀하는 소급의 절차를 취하고, 이 점에서 정보화시대에 대한 회의적 시각과 유사한 면모를 보여준다. 그러나 양자는 여전히 부분적으로만 그리고 외양적으로만 일치할 뿐이다. 해체론이 이해하는 테크놀러지문명은 전통 존재론에서 유래하되 '동시에' 그 존재론의 한계를 노출시킨다. 테크놀러지문명은 기존 형이상학의 울타리 안에 있으면서 그 울타리를 벗어나는 경계적 현상이고, 그런 의미에서 양가적이다. 기술에 대한 이런 양가적 이해는 해체론적 역사문명론의 가장 중요한 측면이며, 이를 분명한 형태로 처음 제시한 것은 하이데거였다.

테크놀러지에 대한 하이데거의 해석은 세 가지 명제로 압축할 수 있다. 즉 테크놀러지문명은 '형이상학의 완결'이고, 그것은 동시에 '존재망각'이 극에 달하는 '최고의 위험'에 해당하며, 그럼에도 불구하고 테크놀러지문명 안에서는 '구원의 힘'이 자라나고 있다.[2] 하이데거에 의하면 서양 형이상학의 탄생조건은 '존재망각'이다. 형이상학의 시대는 이 망각이 허락하는 가능성이 펼쳐지는 시대이다. 이때 그 가능성은 사물들 전체를 인과적 질서의 테두리 안에서 해석할 수 있는 가능성을 뜻하고, 그 망각은 이 추상적 인과성의 유래와 역사적 변형에 대한 망각을 모두 포함한다 (Heidegger 1954, 30면). 테크놀러지문명은 바로 그 가능성을 극단적으로 실현하고 있고, 그런 의미에서 그것은 형이상학의 완결이자 마감이다. 이 마감은 형이상학의 태생적 위험성인 존재망각이 극치에 도달하는 국면이다. 그러나 그 극치의 위험 속에 구원과 새로운 시작의 기회가 준비되고 있다. 바로 거기서 형이상학적 존재이해와 진리(탈은폐) 체험이 시효(時

---

2) Heidegger, Martin (1954) *Vorträge und Aufsätze*, Pfullingen: Neske, 76면("die vollendete Metaphysik"), 30면 이하("die höchste Gefahr" "die äußerste Gefahr" "das Rettende").

效)적 구속력을 소진하면서 탈형이상학적 사유를 향한 운동이 시작된다.

형이상학의 시대는 존재가 자신을 숨기기 위해 뒷걸음쳐가면서 남겨진 자리에, 다시 말해서 존재가 스스로 유도한 존재망각에 의해 조성되는 장소에 펼쳐지는 역사적 시기다. 테크놀러지문명은 그렇게 물러가는 존재가 가장 먼 곳에까지 이르렀다가 되돌아오는 시대, 그 먼 곳에서부터 다시 발걸음을 돌리는 전환의 시대이다. 이 시대에 인간은 사물에 대한 접촉을 리모컨과 원격조종기술로 대치하고 있다. 그 원격조종기술을 통해 인간의 손이 미시적 정확성에 이르고 거시적 원거리에 미칠 때, 존재는 먼 곳에서부터 원격통신을 보내고 있다. 따라서 존재는 스위치만큼 가까운 도처에 육박하고 있다.

테크놀러지에 대한 이런 양가적 해석은 "테크놀러지는 테크놀러지의 본질과 동일하지 않다"는 전제 위에 서 있다. "기술의 본질은 결코 기술적이지 않다"(Heidegger 1954, 9면). 이렇게 말하는 하이데거에 따르면 테크놀러지의 유래와 본성은 존재의 역사에, 존재의 역사적 자기전개에 있다. 그러므로 테크놀러지는 진리(존재의 탈은폐) 경험의 역사 안에서 해석되어야 한다. 이때 역사는 개방성을 여는 존재의 자발적 자기전송(Schicken)과 자기도착(Ankunft)의 연속적 과정이고, 그래서 그것은 존재사적 역운(歷運, Geschick)이다. 테크놀러지문명은 존재가 스스로 먼 곳으로 물러나면서 보내는 장거리 선물(Geschenk)에서 비롯되며, 그 역운의 발송이 예정대로 밀어닥치는 사건(Geschehen)에 속한다. 인간은 그렇게 발송된 존재의 선물과 통신에 따라 사물을 비로소 경험할 수 있다. 존재가 보내는 그 통신의 도착이 인간이 세계를 파악하고 지각하는 조건이다. 바로 그것이 존재의 진리가 자신을 드러내는 탈은폐의 방식이고, 인간은 그렇게 전송되는 탈은폐의 사건 안에서만 사물과 관계할 수 있다.

하지만 이 시대에 도착하는 존재의 탈은폐 방식은 위험하고 도발적이다. 하이데거는 그 탈은폐와 개방의 방식을 '게슈텔'(Ge-stell), 즉 '몰아세

우기' '닦달' '주문'이라 칭했다(Heidegger 1954, 23면 이하). 이것이 뜻하는 바는 다음과 같다. '테크네'(techne)는 인간의 존재이해와 세계인식의 한 양태이다. 이 테크네는 원래 시적 창작과 '짓기'로서의 '포이에시스'(poiesis)와 하나였고, 자연의 자기현시적 개방운동으로서의 '퓌지스'(physis)와 조화를 이루고 있었다(Heidegger 1954, 38면). 그러나 테크놀러지시대에 이르렀을 때 테크네는 양자와 분리되고, 인간은 단순화된 테크네를 통해 세계와 관계한다. 이는 과도한 주문의 양태에서 세계와 관계한다는 것을 말한다. 테크놀러지시대에 사물은 생산적 공작을 위한 부품으로 전락한다. 부품과 내구재라는 것, 혹은 제작적 생산의 재료라는 것이 존재하는 모든 것의 존재론적 규정성이 되어버린다. 사물은 그런 존재론적 규정성 안에서 계산 가능한 조작의 대상으로 파악된다. 자연은 실용적 이익을 추구하는 인간이 무리한 요구와 도발적 주문에 압박당한다. 그러나 인간이 그런 공작적 존재이해 양태에서 사물과 관계할 때, 존재 자체는 가장 멀리 있고 극도로 은폐되어 있다.

그 은폐 속에서 인간은 기만의 상태에 놓인다. 자신이 사물화되어 기술적 조작의 대상이 되지만 스스로는 주인처럼 세계를 지배한다고 착각하는 것이다. 그러나 그 지배는 다른 종류의 탈은폐와 존재론적 개방성이 추상됨으로써 일어나는 불가피한 결과에 지나지 않는다(Heidegger 1954, 31면). 테크놀러지문명에서 존재는 그 가까움과 친근성을 떨치고 멀리 물러가 있다. 그렇게 멀어진 존재가 발송하는 탈은폐의 선물은 보잘것없고 단순한 것이다. '게슈텔'이라는 정보화시대의 사물이해는 존재 역사상 가장 단순한 형태를 띠고 있다. 인간은 거기서 대지 위에 시적으로 거주할 능력을 잃어버린다. 사물뿐 아니라 인간마저 정밀한 계산 가능성 안에 놓이고 예측과 조작이 가능한 거리 안에서 평준화된다. 그러므로 역사를 존재의 자기발송적 역운으로 해석하는 하이데거는 테크놀러지문명을 주도하는 첨단기술 일반을 도구적 관점이나 인간학적 관점에서 파악하는 태도를 비웃는다(Heidegger 1954, 10면). 그런 태도는 주관−객관의 대립적 구도에서 사물에 접근하는 형이상학시대의 습관이다. 이 시대에 인간은 기술을 자연으로 향한 욕구실현의 계획 안에서 해석한다. 주체로서의 인간이 객체로서의 자연을 지배하는 수단이 기술인 것이다.

이런 도구적 기술이해의 불충분성은 근대의 자아중심의 주관적 형이상학의 한계와 결부되어 있다. 그러나 우리는 그런 기술이해가 노출하게 될 어떤 불일관성에서도 그 불충분성을 지적할 수 있을 것이다. 가령 도구적 관점에서 기술은 인간의 손과 통제범위 안에 있을 때는 천사와 같다. 인간이 원죄의 댓가로 감내해야 하는 노동을 대신하기 때문이다. 반면 기술이 그 통제범위를 일탈할 때, 오히려 기술이 인간의 손을 조종하고 지배할 때 상황은 달라진다. 사실 정보화시대의 가상현실과 싸이버공간은 인간의 지각과 현실적 질서를 교란하고 있다. 이 시대에 인간의 행위는 기술적 장치에 의해 조건지어져버린다. 인간 자신이 방법적 조작과 통제의 가능성 안에 갇히는 것이다. 정보화시대의 첨단기술은 그런 비인간적 예속화 현상들을 산출하고 있다는 점에서 악마적일 수 있다.

그러나 하이데거와 데리다에게서 테크놀러지는 처음부터 탈인간적 현상이다. 그것은 인간의 의지를 초과하는, 기존의 관념론적 형태의 존재론이 미처 해석할 수 없는 사태에서 유래한다. 해체론적 문명론은 기술을 도구주의적 환상과 기만으로부터 분리하면서 출발한다. 그 출발의 과제는 인간을 기술로부터 해방시키는 것이라기보다 기술을 인간중심의 도구주의적 관점으로부터 해방시키는 데 있다. 물론 이것이 인간중심주의에서 기술중심주의로 이행한다는 것을 말하지 않는다. 다만 극단적 낙관주의와 극단적 비관주의를 오락가락할 수밖에 없는 인간중심의 기술이해에서 벗어나는 것이 문제이며, 기술을 그에 부합하는 폭넓은 시각에서 해석하는 것이 문제이다. 우리가 테크놀러지에 의한 예속상태에서 벗어날 수 있는 것은 오로지 그런 마땅한 시각의 해석으로부터만 기대할 수 있는 일이다. 그러나 이때 '마땅한 시각'이란 어떤 것인가? 앞으로 확인하게 될 것처럼, 데리다는 타자성(차연)의 논리와 유령 출몰(hantise)의 논리에서 그 답을 구한다.

기존의 형이상학에서 유래하는 첨단기술이 그 형이상학의 울타리를 넘어선다는 것은 정보화사회의 가상현실과 씨뮐라크르들에 의해 가장 탁월하게 예증된다. 그것들은 기존의 존재론이 해석할 수 없는 방식으로 존재한다. 있는 것도 아니고 없는 것도 아니기 때문이다. 실재가 아니면서 비실재로 치부할 수도 없기 때문이다. 형이상학적 이분법의 구도에서 가상현실의 가상성은 규정 불가능하다. 그 규정 불가능성은 어떤 고정된 의미의 실재성을 전제하는 과거 존재론의 한계를 드러낸다. "그 한계는 오늘날 과학적인 차원에서 그리고 따라서 첨단 미디어기술의 차원에서 그리고 따라서 공공적이거나 정치적인 차원에서 벌어지고 있는 환상적이고 유령적인 것에 의해, 합성적이고 보철물적이며 가상적인 것에 의해 말할수 없이 뚜렷하게 드러난다. 그 한계는 현실적 행위와 잠재적 능력 사이의 대립으로 환원될 수 없는 어떤 가상성의 속도를 사건의 공간 안에, 사건의 사건성 안에 내면화시키는 것들을 통해서 볼 때 더욱 명백해진다"(Derrida 1993, 108면).
가상현실과 싸이버공간은 개념적으로 규정 불가능하다는 점에서, 또는 실재성과 관념성의 이분법으로 잡히지 않는다는 점에서 탈형이상학적이다. 데리다는 그런 탈형이상학적 성격을 '유령적'이라 표기한다. 그러나 유령적인 것은 무엇보다 정보화시대의 공공적 질서를 지배하고 조직하는 미디어들이다. "즉 미디어들 자체(뉴스 보도, 신문, 텔레커뮤니케이션, 텔레테크놀러지에 의한 언어 전송과 영상 전송, 일반적으로 공적 장소의 공간화뿐 아니라 공공성(res publica)과 정치적 현상의 가능성을 담보하고 결정하는 것들)의 매체, (…) 바로 그 매체라는 요소적 지반은 살아 있는 것도 죽어 있는 것도 아니며 또한 현전하는 것도 부재하는 것도 아니다. 다만 유령화되고 있다"(Derrida 1993, 89면).

정보화시대를 조직하는 다양한 미디어들과 원격통신기술은 기존의 형이상학적 존재이해를 이탈하는 유령적 차원을 산출하고 있다. 데리다가 첨단 통신기술과 정보매체에서 그런 "환원 불가능한 유령적 차원"(Derrida 1993, 92면)을 강조하는 것은 우연이 아니다. 매스미디어를 비롯한 정보매체는 해체론의 외삽(外挿)적이고 주변적인 분석사례가 아니다. "첨단 미디어의 권력은 여러가지 권력들의 집합체이다. 이것은 그토록 많은 유령적 효과들을 고려하지 않고서, 씨뮐라크르의 출현이 보여주는 새로운 속도를 고려하지 않고서, 합성적이거나 보철물적 의사성의 이미지, 가상적 사건, 싸이버공간의 (…) 속도를 고려하지 않고서는 분석할 수도 투쟁할 수도 없으며 시인하거나 공격할 수도 없다"(Derrida 1993, 93면). 이렇게 말할 때 데리다는 하이데거로부터 이어지는 해체론적 테크놀러지 분석을 이어가고 있다. 테크놀러지는 해체론의 중요한 주제이다. 왜냐하면 그것은 역사적 현실의 탈형이상학적 전회(轉回)를 알리는 구체적 징후이기 때문이다. 정보화시대는 그 어느 때보다 테크놀러지의 헤게모니가 극도에 이르는 시대이다. 테크놀러지의 지배력은 정보화시대에 절정에 이르고, 이 시대의 정치경제학적 권력 그리고 군사기술적 권력은 정보기술에 집중되거나 그것에 의해 재편성된다.[3]

---

3) 데리다는 『다른 곳』에서 문화적 헤게모니의 다양한 형태들을 'caput'의 다의적 의미들(머리·수도·자본)에 주목하여 모두 '까삐딸리슴'(capitalisme)이라 칭한다. 특히 자본주의로서의 경제적 까삐딸리슴과 수도중심주의로서의 정치적 까삐딸리슴이 문화적 헤게모니의 주요 형태로 부각된다. 데리다는 이런 문화적 헤게모니의 지배력이 대중매체와 정보통신기술의 발달에 힘입어 비약적으로 심화될 뿐 아니라 미디어가 그 헤게모니의 중심에 서게 되는 현상을 이렇게 서술한다. "동시적이고 어디에나 편재하며 극도의 속도성을 띤 미디어통신망을 통해 손쉽고 선동적이고 '팔릴 만한' 합의의 장소를 재구성하면서, 또 모든 경계들을 즉각즉각 통과하면서, 그런 규범화가 새로운 '제국'의 문화적 수도, 헤게모니의 중심 또는 미디어적 중심을 정착시키는 것은 언제 어디서나 가능한 일이 되었다. '리모트 컨

그런 권력집중과 재편성은 물론 기존의 정치적 질서를 교란하고 파괴하게 마련이다. 미디어권력은 텔레비전이 나오기 이전인 1920년대부터 "공적 공간을 심각하게 변형시켜왔고, 당선자들의 권위와 대표성을 위협할 정도로 약화시켜왔으며, 의회적 차원의 토론과 숙고 그리고 결정의 장을 축소시켜왔다"(Derrida 1993, 132면). 그런 미디어권력을 뒷받침하는 것은 갈수록 정교화되고 장거리화되는 정보전달기술이다. 기술의 발전이 가속화됨에 따라 미디어가 초래하는 의사소통의 변형과 교란은 "오늘날 한도를 모를 정도로 증폭되고 있다"(Derrida 1993, 132면). 테크놀러지는 정보화시대에 이르러 기존의 형이상학적 존재이해를 파괴할 뿐 아니라 실천적 영역에서 민주주의를 위협하기에 이르렀다. 그 위협은 무엇보다 위상학적이고 장소론적인 성격을 띤다. 텔레테크놀러지는 종래의 공공적 공간의 구속력을 약화시키고 뒤죽박죽으로 만든다. 또한 민주주의를 뒷받침하는 의회적 대표성을 위축시킨다. 정보화시대의 첨단기술은 다만 공간이 아니라 시간적 차원에서까지 혼란을 초래한다. 일상적 시간에 탈을 내고 예측 불가능한 정보교환의 속도와 리듬을 만들어낸다. 정보화시대의 시간은 탈구(脫臼)되어 있고, 그런 의미에서 잘못 가고 있으며 궤도를 잃어버리고 있다. 거기에서는 공간착오적 사건이 발생할 수 있고 시간착오적 사건이 발생할 수 있다.

데리다가 정보화시대의 유령성을 말하면서 염두에 두는 것은 단지 가상현실의 가상성이라기보다 일차적으로는 바로 그런 시공간적 탈구와 착

___

트롤' (…) 거의 즉각적이고 절대적인 원격조종의 편재성이 새로운 제국을 이루는 것이다. 이제는 더이상 문화적 수도를 메트로폴리스, 지리-정치학적 의미의 도시에 결부시킬 필요가 없게 되었다. 그러나 '까삐딸'의 문제는 고스란히 남게 되었다. 특히 '정치'(politique)가 (…) 더이상 폴리스(polis, 도회지·도시·아크로폴리스·동네)와 결부되지 않고 나아가서 폴리테이아(politeia)나 공공성(res publica)에 대한 전통적 이해와 무관해질수록 그 문제는 더욱 급박해지는 것이다." Derrida, Jacques (1991) L'autre cap, Paris: Minuit, 41~42면. 즉 정보통신기술과 미디어의 발달은 문화적 헤게모니가 장소적 제약과 시간적 한계를 뛰어넘어 확산되는 길을 열어놓았고, 정치의 문제를 기존의 지리-정치학적 공간으로부터 다른 곳으로(그러나 어디인가?) 이전시켜놓았다.

오적 사건의 발생이다.[4] 정보화시대는 궤도 없는 시공간적 일탈의 시대이다. 여기서 벌어지는 시공간적 착오는 인간의 손으로 통제할 수 있는 범위를 넘어선다. 이 시대는 유령적 효과가 공공적 질서 자체를 지배하는 시대이다. 그리고 이 모든 유령적 효과는 정보화시대를 뒷받침하는 첨단의 텔레테크놀러지의 산물이다. 그러나 유령적 효과, 그리고 그것이 수반하는 탈구와 착오는 단지 혼돈과 무질서만을 의미하지 않는다. 우리는 그런 현상에서 고착된 질서의 개방화, 헤게모니로부터의 해방, 미래적 사건의 도래를 예감할 수 있다. 앞으로 확인하게 될 것처럼, 데리다는 유령성을 그런 이중적 시각에서 되새기면서, 그리고 그런 이중적 의미의 유령성을 존재의 심층 안으로 내재화하고 '선험화'하면서 정보화시대의 기원과 미래를 재서술한다.

2. 해체론에서 유령학으로

그러므로 데리다적 의미의 유령성은 첨단 정보통신기술의 고유한 산물도 아니고 정보화시대에 국한된 특이현상도 아니다. 해체론의 시각에서 유령성은 정보화시대보다 오래된 것이며 정보통신기술의 영역보다 넓은 범위에서 나타난다. 유령성은 역사보다 먼저 있었던 것이고 존재하는 것

---

4) Derrida, Jacques (1993) *Spectres de Marx*, Paris: Galilée, 98~120면에서 데리다가 매스미디어에 의한 시공간적 착오의 발생에 대한 대표적 사례로서 상세히 취급하는 것은 맑스 사상의 성급한 종언을 알리는 푸쿠야마의 저서 『역사의 종말』이 일반인에게 수용되는 과정이다. 데리다는 이 책에 의해 1960년대의 유럽 지식인들을 사로잡았던 '종언'의 주제(신의 죽음, 인간의 죽음, 철학의 종언, 역사의 종언 등)가 시대착오적으로, 또한 피상적이고 천박한 형태로 재등장하게 되었고, 상업성과 특정한 정치적 헤게모니를 추구하는 매스미디어는 그 주장을 복음화하고 증폭시키면서 세계적으로 전파했음을 비판한다. 그러나 데리다는 미디어에 의한 그런 시공간적 착오와 무질서(탈구)가 '정의'와 '책임있는 판단'이 전제하는 동일한 조건으로부터 비롯된다는 것을 서술한다. 위기와 구원은 동일한 가능성에서 비롯한다는 것이다.

들보다 일찍 존재했다. 언어·의식·사물·시공간은 유령성을 감추고 있고, 유령성과 더불어 비로소 성립하거나 존재할 수 있다. 다만 그런 사실이 전통 형이상학과 신학에서 잊혀져왔을 뿐이다.

하이데거적 의미의 존재망각은 데리다에게서 유령의 망각과 같다. 그 망각되어온 유령성은 정보화시대에 이르러 공공적 공간에서 표면적으로 정체를 드러내면서 고전적 형태의 존재론을 의심하는 경험적 실마리를 만든다. "만일 유령성과 같은 어떤 것이 존재한다면, 현전하는 것들의 안정된 질서를 의심할 만한 이유들이 있는 것이고, 그리고 무엇보다 (⋯) 현실적 실재성과 그에 대립될 수 있는 모든 것(부재·비현전성·비사실성·비현실성·가상성 혹은 씨뮐라크르 일반) 사이의 경계를 의심할 만한 이유들이 있다. 먼저 현전하는 것들이 시간적으로 자신과 일치하고 동시대적 현전싱을 구가하는지 의심되어야 한다. (⋯) 유령적 효과의 본'성이 그러한 대립, 즉 사실적 현전과 그 반대항 사이의 그러한 변증법을 좌절시키는 데 있는 것이 아닌지 물어야 할 것이다"(Derrida 1993, 72면). 그러나 현전적 존재이해와 변증법적 사유를 교란하는 유령적 효과는 단순히 기존의 형이상학을 의심하고 해체하는 단초에 그치지 않는다. 데리다는 그 유령적 효과가 어떤 해체 불가능한 사태임을 증명한다. 나아가 바로 그것이 경험 자체의 조건, 역사의 조건, 책임있는 판단과 정의의 조건, 그리고 세계 생성의 조건임을 주장한다. 데리다는 자신의 해체론을 유령학으로 탈바꿈시키면서 인간과 세계 그리고 역사를 긍정적이고 포괄적으로 해석하는 문턱에 이르는 것처럼 보인다.

데리다가 유령을 본격적으로 주제화하고 해체론을 유령학으로 명명하는 것은 『맑스의 유령들』에서이다(Derrida 1993, 31면). 그러나 이 책에서 데리다가 직접 언급하는 것처럼, 유령의 문제는 그 이전의 저작에서도 빈번하게 거론되어왔다. "유령의 개념이나 도식은 오래 전부터 그 자신의 이름으로 애도작업, 이상화, 씨뮐라크르, 미메시스, 일탈적 반복 가능성, 이중물림, 책임있는 결정의 조건으로서의 결정 불가능성 등등의 주제들을 가로질러 표명되어왔다"(Derrida 1993, 152면). 유령은 오래 전부터 해체론에 속하는 명칭이며, 해체론의 '고유한' 전략적 용어들과 밀접한 관계를 지니고 있다.

위의 인용문은 해체론의 가장 중요한 용어들 중의 하나인 '결정 불가능성'(l'indécidabilité)을 언급하고 있다. 철학사의 고전에 속하는 문헌들을 개별적으로 분석해들어가면서 진행되는 해체론은 사실 언제나 어떤 근원적 모호성, 환원 불가능한 무규정성, 어떤 떨칠 수 없는 결정 불가능성의 사태에 도달한다. 결정 불가능하고 무규정적이라는 것은 개념적으로 구성될 수 없다는 것을, 그래서 이론적 사유의 바깥에 놓여 있다는 것을 말한다. 그러나 구성할 수 없다는 것은 또한 파괴할 수 없다는 것과 같다. 구성과 파괴를 동시에 거부하는 것, 그것은 다시 말해서 해체 불가능한 것(l'indéconstructible)이다(Derrida 1993, 102, 194면). 해체론은 그 해체 불가능한 것이 이론적 사유의 공간 밖에 머물러 있지 않고 오히려 그 공간 안쪽에 남아 있다는 것을 보여준다. 나아가 그것이 이론적 구성의 가능조건인 동시에 불가능조건이라는 것을 증명한다. 그런 이중의 조건으로서의 해체 불가능자에 도달하는 것이 해체론의 일반적 궤적이다.

이런 해체론의 궤적은 '탈이론화에서 재주술화'로 요약해볼 수 있다. 해체론은 이론적 건축물의 자족적 내면성을 의심하고 그 내면적 공간의 일관성 결여를 들추어낸다는 점에서 탈이론화의 작업이다. 그런 탈이론화의 작업은 그 공간 안에서 이론화 불가능한 동시에 파괴 불가능한 요소를 발견하는 일이고, 이 불가능자는 이후 유령이라 불린다. 해체론은 그 유령적 요소를 중심으로 이론적 건축물의 구조를 풀이한다. 그런 의미에서 해체론은 이론적 공간을 주술화하고 있다. 이 주술화는 재주술화이다. 베버의 근대화론에 나오는 표현을 빌리자면, 이론화란 탈마술화 혹은 탈주술화(Entzauberung)로서 처음 탄생했기 때문이다. 신화의 마술적 상상력을 상대화하고 무력화할 수 있었을 때, 이른바 '객관적' 진리를 구하는 철학적 이성은 역사에 대한 주도력을 획득했다. 이성은 종교의 주술적 지배력에서 해방되었을 때 과학의 자율적 근거를 확보할 수 있었다. 그리스에서 철학이 탄생하던 시기, 유럽에서 근대과학이 탄생하던 17세기가 그런 일이 일어났던 역사적 시기다. 탈주술화의 주역이자 산물인 학문적 이론은 20세기 후반기에 해체론에 의해 재주술화되는 셈이다.

해체 불가능자로서의 유령은 규정 불가능한 것이므로 '무(無)'로, '허(虛)'로, 혹은 '공(空)'으로 불러도 좋다. 그것은 어떤 특수하고 '단칭적인 무'를 지칭한다(Derrida 1993, 223면). 과학적 이론은 그런 유령적 요소와 태생적으로 대립한다. 결정 불가능한 것, 애매한 것은 이론적 토양이 보존되고 개선되기 위해서 솎아내야 할 자갈과 같다. 고정된 의미, 한정된 규정성, 어떤 실재성과 논리적 정합성을 지닌 것만이 학문적 공간의 구성요소가 될 수 있다. 이론의 세계에서 유령이란 없다. 비합리적이고 신비한 것 앞에서도 여전히 합리적 설명 가능성을 확신하는 것이 이론가이자 학자이다. 따라서 "전통적인 학자는 환영을 믿지 않는다. 또한 유령성을 띤 가상적 공간이라 부를 수 있는 모든 것을 믿지 않는다. 실재와 비실재, 현실과 비현실, 산 것과 그렇지 않은 것, 존재와 비존재 사이의 날카로운 대립을 (…) 믿지 않는 학자란 결코 있어본 적이 없다"(Derrida 1993, 33면). 그런 대립적 양항체계를 벗어나는 환영과 유령은 이론적 교양인의 안목에서는 겨우 문학이나 연극 같은 허구적 세계에서만 인정할 수 있다. 개념적 사유가 규정하기 힘든 유령은 참된 인식의 영역 혹은 이론적 사고의 영역 밖에 속한다.

이론적 학문은 동일률 혹은 모순율과 더불어 탄생했다. A인 것과 A 아닌 것을 구별하고, 이를 위해서 양자 사이에 경계를 설정하는 것, 그리고 그렇게 구분된 것에 각각의 동일성을 보장하는 고유한 의미와 근거를 부여하는 것이 이론적 사유의 유래이다. 따라서 이론적 사유의 기원은 장소의 구분에 있다. 그 장소는 보통 '입장'이라 통칭된다. 이론적 사유의 그런 위상학적 성격은 플라톤의 대화술에서 처음으로 등장했다. 해체론이 말하는 '형이상학의 시대'란 플라톤 이래의 그런 위상학적 논리가 유지·발전되어온 이론적 건축술의 시대이다.[5] 첨단기술문명은 이 이론 위주의 전통에서 비롯되는 동시에 그 시대를 벗어나고 있다. 테크놀러지는 사물에 대한 무한한 조작과 계산 가능성을 추구한다는 점에서 형이상학과 과학이 발전시켜온 이론적 사유, 더 정확히 말해서 인과적 사유의 귀결이다. 그러나 이론적 사유를 무력하게 만드는 유령적 효과를 산출한다는 점에서 테크놀러지는 이론 위주의 시대를 일탈한다.

해체론은 그 일탈을 형이상학적 사유의 기원으로부터 연역한다. 이를 위해서 해체론은 무엇보다 이론적 공간의 동질성 안에 이질성과 차이의 논리가 이미 개입하고 있음을 보여준다. 그 개입의 흔적이 데리다가 말하는 유령성이다. 이론적 사유에 의해 말소되지 않은 채 남아 있는 유령성이 그 안에서 확인될 때마다, 형이상학시대에 축조된 건축물들은 때로는 '흉가'로 때로는 '정령이 깃든 집'으로 현상한다. 개념의 손에 잡히지 않는 것, 이론적 구분법과 경계선을 이리저리 통과하는 것, 그래서 유령과 같은 것들이 견고해 보이던 이론적 건축물들에 출몰하기 시작하기 때문이다. '결정 불가능한 것'이란 데리다가 형이상학-과학의 시대에 이룩된 거대한 이론의 도시에 불러들이는 도깨비다. '흔적'(trace) '그람'(gramme) '파르마콘'(pharmakon) 등과 같이 익히 알려진 해체론의 주요 용어들은 그에 대한 사례들이다. 이 용어들은 형이상학적 이항대립 체계의 어느 쪽에도 속하지 않는, 그러나 대립하는 양항의 어느 쪽으로도 출입이 자유로운 제3의 항에 대한 명칭이다. 내면과 외면, 자연과 문화, 실재와 비실재, 삶과

---

5) 이론적 건축술의 발전과정과 동일성 사유에 대한 해체론적 재구성의 역사에 대해서는 김상환(1997) 「해체론과 철학적 건축술의 역사」, 『창작과비평』 96호(1997년 여름호), 서울: 창작과비평사 참조.

죽음 등등의 대립짝으로 분류될 수 없는 것들이 그 용어들을 통해 지칭되고 있다. 그러나 이 제3의 항은 그 대립짝을 서로 통하게 하는 매개항이며, 그래서 이론적 사유의 시야가 미치지 않는 곳에서 이론 자체의 안과 밖이 소통하도록 만든다. 그것은 이론적 사유의 의도에 반하여, 자연과 문화(기술·인공성)의 범주가 추상적 순수화의 결과에 불과하다는 것을, 그러나 그 표면적 순수성은 이미 어떤 접촉의 사태에 빚지고 있다는 것을 보여준다. 실재와 비실재, 삶과 죽음이 상호 규정적이고 보충하는 관계에 있다는 것을 지시하는 것이다.

이 해체론적 매개항들은 대립항들의 내적 보완관계를 지시한다는 점에서 헤겔의 변증법적 매개항과 견주어볼 수 있다. 그러나 해체론적 매개항은 변증법적 매개항과는 달리 또 하나의 규정성을 띠게 될 상위의 개념이 아니다. 변증법적 매개항은 종합하고 지양하는 상승적 규정화를 통하여 대립을 해소한다. 그러나 해체론적 매개항은 규정성의 과잉이 아니라 규정성의 결핍 때문에 매개의 힘을 발휘한다. 데리다가 자주 강조하는 것처럼, 이런 용어들은 어떤 한정된 의미, 보편적 타당성을 지닌 개념이 아니다. 그것은 오히려 개념적 시야를 벗어나는 비개념, 그러나 개념의 집에 거주하는 유사개념, 유사하지만 그 집에 불안을 일으키는 '반개념'이다 (Derrida 1967, 58~59면 참조). 데리다의 해체론은 이 반개념으로서의 유령을 불러들이는 주문을 통해 이론적 건축물에 마술을 건다. 탈주술화의 결정체인 이론적 공간을 재주술화하는 것이다. 이 재주술화는 이론적 추상성으로부터 존재의 '근원적' 사태로 향하는 복귀적 역환원이다. 이 역환원적 관점에서 '있다'(es gibt)는 것은 '유령과 더불어 있다'(es spukt)는 것을 말한다(Derrida 1993, 216, 272면).

이론적 공간(입장)은 어떤 잡다한 것을 모으고 분류하고 조직하는 운동, 체계화하고 동질화하며 순화시키는 운동 속에 있다. 그것이 동일성의 사유가 지닌 본성이다. 그러나 유령이 출몰하자마자 거기에는 분리하고 틈을 내고 탈구하고 분산하는 운동이 가시화된다. 유령성은 이 분산하는 운동의 운동성이다.[6] 이 운동성은 이론적 공간의 건축과정에서 배제되고 지연되고 은닉되어왔다. 유령성은 이론적 건축물의 지하에, 보이지 않는 납골당에 숨겨져 있었을 뿐이다. 지하 납골함에 억류되었던 것들이 다시 출현할 때, 이론적 공간은 교란당하고 불순해지고 분열을 겪는다. 그러나 이것은 이론적 공간이 성립하기 위해 추상되거나 배제되었던 원시적 사태의 한 측면이다. 이 추상된 측면을 다시 되살려서 통합적 관점을 취할 때, 존재자는 '이중회기'에 놓인다. 의미를 생산하고 정련하고 확장하는 회기(이론적 회기)는 의미를 회수하고 박탈하고 소비하는 회기(탈이론적 회기)와 겹친다. '있다'는 것은 이런 상호모순되는 이중의 회기 안에 있다는 것을 뜻한다. 존재하는 모든 것은 조이는 동시에 풀리고 있는 이중의 끈운동 속에 있다.

해체론을 유령학으로서 개진해가는 『맑스의 유령들』에서 이 '이중회기'는 '유령 출몰'이라 명명된다. 유령학으로서의 해체론은 바로 이 '유령

---

6) 여기서 동일성의 사유를 극복하고자 하는 해체론적 유령학의 성격이 결정적으로 드러난다. 또 이 점에서 데리다는 자신의 해체론을 하이데거의 해체론과 차별화하고자 했다. 가령 하이데거는 아낙시만더의 단편에 나오는 정의(dike)를 '회집'(會集, Versammlung)으로 번역하였으나(Heidegger, Martin [1977] "Der Spruch des Anaximander," *Holzwege*, 전집 5권, Frankfurt am Main: V. Klostermann, 321~73면), 데리다는 이 글을 해체론적으로 재해석하여(Derrida, Jacques [1993] *Spectres de Marx*, Paris: Galilée, 49~57면) 정의와 존재의 원사태를 탈구와 분리 혹은 분산으로 옮길 수 있는 가능성을 열어놓는다. 이 '탈구-정의론'은 '신메시아주의'('메시아 없는 메시아성' le messianique sans messianisme, Derrida의 같은 책, 96, 102, 112, 124면)와 더불어 후기 데리다의 실천철학을 떠받치는 주요 기둥이다. "'탈구'(Un-Fuge)에 대한 이러한 해석에서 해체론이 정의의 가능성과 맺는 관계가 유감없이 드러날 것이다. 해체론은 (그것이 '탈구'와 시대착오적 탈구의 환원 불가능한 가능성에서 출발하는 한, 그리고 거기서 자신의 재긍정된 긍정의 원천 자체와 그런 긍정의 명령을 찾는 한에서) 타자의 단독성, 타자의 '선'행성과 절대적 우'선'성, 즉 '선'(pré)의 이질성에 (채무 없이 또 의무 없이) 되갚아주어야 할 것에 관계한다. (…) 정의의 필연적 탈구, 탈전체화하는 정의조건, 이것이 또한 현재의 조건이다. (…) 이로써 해체론은 언제나 선사(don)와 해체 불가능한 정의에 대한 사유로서 표명될 것이다." 데리다의 같은 책, 55~56면.

출몰의 논리'가 존재자의 탈주술화와 재주술화에 대한 동일한 배후임을 말한다. 따라서 "유령 출몰의 논리는 [기존의] 존재론, 또는 존재사유보다 범위가 더 넓고 더욱 위력적이다. 그러나 여기에 그치지 않고 (…) 그 논리는 존재론을 자기 안에 포괄할 뿐 아니라 또한 (…) 목적론과 종말론까지 끌어안고 있다"(Derrida 1993, 31면. 이하 [ ]는 인용자). 유령은 기존의 존재론적 사유 밖에 따로 거처하지 않는다. 다만 그 사유 안쪽의 안쪽에, 그 사유가 분명하게 의식하지 않는 곳에 숨어 있다. 유령학은 기존의 철학적 건축물의 은폐된 지하구조에서 출몰하는 유령을 통해 그 건물의 매장된 역사적 유래를 말하게 하고, 그 말을 통해 종래의 피상적 건축과정을 교정하고 보완한다. 유령학은 그래서 계보학이며, 기존의 존재론과 종말론적 역사론을 그런 보완적 관점에서 재기록한다는 점에서 그것들보다 범위가 넓다. 유령이란 기존의 존재론과 거기서 함축되는 목적론적 역사관에서 필연적으로 사유될 수 없거나 회상될 수 없는 요소, 그러나 그 이론의 생성에 간여했던 요소를 지칭한다. 그래서 유령학은 "그것이 가능하게 하는 모든 것들, 즉 존재론, 신학, 긍정적이거나 부정적인 존재-신학으로 환원될 수 없는 것"(Derrida 1993, 89면)에 대한 논리다.

전통 존재론이나 신학으로 환원되지 않는다는 것은 궁극적으로 현전적 존재이해에 저항한다는 것을 뜻한다. 그런 저항방식에 대한 이름이 '유령 출몰'이다. "유령의 출몰은 현전적으로 존재한다는 것을 말하지 않으며, 그 출몰은 개념의 구성 자체 안에 도입되어야 한다. 존재와 시간의 개념을 위시해서 모든 개념의 구성에 끌어들여야 하는 것이다. 바로 이것이 우리가 유령학이라 부르는 것이다. [기존의] 존재론은 오로지 귀신 쫓는 굿을 통해서 유령학에 대립하고 있다. 존재론은 유령을 몰아내는 푸닥거리다"(Derrida 1993, 255면). 동일률을 벗어나는 것, 자기정체성도 없고 따라서 현전성도 없는 것, 그러므로 전통 존재론에서는 추방되고 쫓겨났던 것, 그러나 사실은 모든 개념적 구성과 이론적 공간(입장)의 성립과정에 개입하는 것이 유령이다.

다른 관점에서 풀이하면, 유령성은 동일성의 사유에서 추상화되는 타자성과 이질성이 미처 소멸되지 않은 채 그 사유 안으로 다시 복귀하는 사태이다. 자기동일적 개념과 통일성을 띤 입장은 배타적이고 타자 환원적인 공간이다. 입장은 자신의 범위를 확장해갈수록 더욱 많은 타자를 끌어들여서 살해하고 매장한다. 그러나 그 매장지에서 다시 나타나는 것이 있는데, 그것이 유령이다. "즉 유령은 결코 죽지 않으며, 항상 [미래에] '올 것으로'(à venir), 다시 돌아올 것으로 남아 있다"(Derrida 1993, 163면). 유령 출몰은 죽지 않는 타자의 귀환이다. 죽지 않는다는 것은 부정하거나 거부할 수 없다는 것, 환원되거나 파괴할 수 없다는 것, 그래서 여전히 해체 불가능하다는 것을 말한다. 데리다의 해체론은 이 해체 불가능자에 도달하기 위해 개념과 이론을 해체한다. 이것은 데까르뜨가 회의 불가능한 것을 찾기 위해 회의했던 것과 같다. 그러나 이 해체 불가능자는 데까르뜨의 자아처럼 확실하고 명석판명(明晳判明)한 것이 아니다. 그것은 거꾸로 애매하고 모순적이고 양가적이다. 그런 의미에서 그것은 결정 불가능하다. 모호하고 결정 불가능하지만 해체 불가능한 것, 그에 대한 이름이 유령이다. 데까르뜨는 모든 표상 속에 자아의 표상이 포함되어 있다는 것을 말했다. 데리다는 해체 불가능한 유령성이 모든 이론적 사태에 포함되어 있다는 것을 말한다.

이미 언급했던 것처럼, 동일성의 사유에 출몰하는 유령의 특징은 분산적이고 착오적이고 탈구화한다는 데 있다. 그것은 풀어내고 엉키게 만드는 끈운동이다. 유령은 제시간에, 일정에 따라 오지 않으며 예상되는 장소에서 나타나지 않는다. 이질성을 초래하는 틈과 균열은 유령 출몰의 징표이다. 동일성의 사유는 순수성·균질성·규정성·추상성·일반성을 생산하고 내면화하는 자기확장적 경제이다. 차이를 수용하되 해소하는 것, 이질성을 감소시키는 것, 다양한 것들을 한자리에 모으되 어떤 질서 안에 통제하는 것이 로고스(logos)가 하는 일이다. 그러나 그런 일이 지나쳐 폐쇄와 감금, 고착화가 일어날 수 있다. 경험, 의미, 역사, 사회적 질서는 어떤 탈출구 없는 회로에 갇힐 수 있다. 모든 것이 결정론적 법칙 아래에서, 일탈과 새로운 사건에 대한 기대 없이, 예정된 궤도에 따라 진행될 수 있다. 그런 일이 탈주술화의 마지막 귀결이다. 이론화는 귀신 쫓는 푸닥거리와 더불어 시작한다. 그 푸닥거리는 언제나 우연과 애매성, 혹은 특수성과 타자성을 내모는 일이다. 그러나 그렇게 쫓겨나고 살해되는 것은 다시 돌아온다. 그것이 초월적 기의에 붙들린 해석이든 닫힌 체계나 결정론화된 역사이든 거기서 추상되고 부정된 것들의 잔영은 유령처럼 되돌아온다. 그리고 그곳에 열림작용을 낳는다. 그 유령이 만드는 틈과 균열은 개방성과 미래성이 도착하는 구멍이다. 이 개방성과 미래성은 이론적으로 계산하거나 예상할 수 없던 타자가 도래하는 가운데 열리게 된다. 타자 혹은 이론적 공간의 '바깥'은 유령을 앞세우면서 혹은 유령을 매개로 현재의 질서 안으로, 상투화되고 굳어져가는 장소 안으로 밀치고 들어온다.

그런 유령은 해체론의 간판용어 '차연'에 대한 또다른 명칭이다. 차연이란 무엇인가? 그것은 타자들이 만드는 관계의 그물망이다. 이 타자들의 관계는 서로 시공간적 차이와 대립의 관계이다. 그 그물망을 형성하는 타자들은 과거와 미래에 속하는, 그래서 부재하는 타자들을 포함한다. 차연은 그 관계의 그물망이자 그 그물망이 성립하는 운동 자체이기도 하다.[7] 데리다는 현재의 현재성, 현실의 현전성과 통일성이 그 차연의 사건을 통해 비로소 형성될 수 있다는 것을 역설한다. 모든 것들은 각기 타자들이 그것에 남기는 부재의 그림자(흔적)에 빚지면서 현상한다. 이는 관계보다 앞서는 실체가 없다는 것을 뜻한다. 타자들의 존재보다 앞서는 동일자는 없다. 모든 규정성은 차연적 관계의 타자들이 보내는 선물이다. 그러나

---

7) 데리다의 차연론에 대해서는 무엇보다 Derrida, Jacques (1972a) "La différance," *Marges de la philosophie*, Paris: Minuit, 1~29면 참조.

규정 가능성을 조건짓는 차연적 타자들의 관계는 비규정적이고 무규정적이다. 고정된 정체가 없고 예측 불가능한 변화로 향한다. 새로운 타자로 열려 있고 아직 없는 타자를 기다리기 때문이며, (재)도래하는 타자의 영접을 통해 탈바꿈되기 때문이다. 그런 탈바꿈은 차연적 관계에 의존하는 개체의 자기동일성에 영향을 미친다. 동일성에 탈구를 초래하고 현전성에 비동시성을 유발하는 것, 체계적 매듭을 분리시키고 내면적 완결성을 다시 보류시키는 것, 그에 대한 이름이 유령이다. 유령성은 현재적 현실성을 있게 하는 동시에 그 현전성을 흩뜨리는 차연적 운동이 출현하는 양태이다. 유령학은 차연이 선언하는 타자 위주의 존재론을 심화시키고 있다.[8]

이 새로운 존재론에 따르면, 태초에 차연이 있었고 유령처럼 있었다. 바로 그런 차연적 흔적의 유령적 출몰이 모든 기원보다 오래된 기원이고 모든 시작 이전의 시작이다(Derrida 1993, 255~56, 259면). 표상되지 않는 타자의 개입이 시작보다 먼저 있었다. 그러나 그 개입은 모든 해석과 의미와 역사가 성립하기 위한 조건이라는 의미에서 어떤 선물이자 약속이다. 모든 사건은 이 약속을 통해 비로소 일어날 수 있다. 끝과 종말에 있는 것과 마찬가지로 시작이나 기원에 있는 것도 역시 그런 비표상적 타자의 약속을 전제한다. 그러므로 데리다가 말하는 타자는 '메시아적'이다. 이 메시아적 약속보다 앞서는 것은 없다. 이 약속이 잊혀지거나 추상되지 않는 한에서, 끝은 아직 끝이 아니다. 끝은 여전히 타자와 원격통신 상태에 있고 새로운 시작을 기다린다.

---

8) 우리는 해체론을 하나의 존재론으로, 해체 불가능한 존재론적 사태로 향하는 형이상학으로 이해한다. 데리다는 '철학의 종언'이란 주제를 회상하면서 죽음 이후 되돌아오고 다시 출현하게 될 유령적 사유를, 그래서 되살아나는 철학의 존재방식을 유령학적으로 서술하면서 이렇게 덧붙인다. "그리고 철학이라는 것, 그것은 물론 항상 철학 이상의 것이다." Derrida, Jacques (1993) *Spectres de Marx*, Paris: Galilée, 67면. 우리가 다른 곳에서 언급했던 것처럼 형이상학은 언제나 형이'상'학이다. 김상환(1996) 『해체론 시대의 철학』, 서울: 문학과지성사, 1부 3장 참조.

모든 것은 차연적 관계 안에, 그리고 그 관계의 그물망을 통해 일어나는 원격송신의 사태 안에, 그 관계적 사태에 빚지면서 존재한다. 차연이란 타자들 사이에서 일어나는 교신과 연락의 사건이다. '유령적 효과'란 '원격 효과'이고, 통신과 우편적 연락은 해체론이 도달하는 궁극의 사태와 이어져 있다. 따라서 차이의 형이상학을 펼쳐가는 해체론은 정보화사회를 특징짓는 텔레테크놀러지와 가상현실을 향하여 적극적으로 발걸음을 내디딘다. 그래서 우리는 이런 구절을 읽는다. "해체론적 사유는 타자로의 전송 가능성, 따라서 타자성과 근본적 이질성의 가능성, 차연의 가능성 (…) 등을 현전화의 사건 자체 안에 아로새긴다. 그러한 사건을 가능하게 만들기 위해 현전성을 선험적으로 탈구시키고, 그 현전성 안에 타자의 가능성을 내면화시키는 것이다. (…) 그러한 해체론적 사유는 환영과 씨뮐라크르 그리고 '합성적 이미지' 등의 효과들, 그러니까 첨단기술이 앞으로 초래하게 될 유례없는 형식에서 생각해볼 수 있는 맑스적 의미의 이데올로기적 요소의 효과들을 고려하고 설명할 수 있는 수단들을 갖추고 있다"(Derrida 1993, 126면).

데리다는 유령학이 기존의 존재론뿐 아니라 목적론과 종말론을 자기 안에 포괄한다고 했다. 유령학으로서의 해체론은 헤겔과 하이데거 유의 존재사를 해체하면서 새로운 역사론을 구상한다. 그리고 이 구상은 역사가 어떤 목적을 향한다거나 어떤 의미를 완성해가는 절차라기보다 타자의 도래를 허락하는 어떤 해체 불가능한 메시아적 구조에서 비롯된다는 것을 천명하면서 시작한다. "어떤 특정한 해체론적 절차는 (…) 그 출발에서부터 헤겔과 맑스에서 혹은 하이데거의 시대구획적 사유에서까지 엿볼 수 있는 존재-신학적이고 또한 고고학적-목적론적인 역사이해를 의문시하는 것으로 이루어졌다. (…) 이는 이 존재-신학-고고학적 목적론이 역사성을 감금하고 중성화하여 마침내는 소멸시킨다는 것을 증명하기 위해서였다. 그래서 또다른 역사성을 사유하는 것이 문제였고 (…) 메시아적 약속에 대한 긍정적 사유의 길을 열어주는 역사성의 개방, 그 사건성의 새로운 개방을 사유하는 것이 문제였다. 즉 '프로그램' 혹은 존재-신학적이거나 목적론이고 종말론적인 계획으로서가 아니라 '프로메스'(promesse)로서의 새로운 역사성이 중요했다"(Derrida 1993, 125~26면).

역사의 시작과 끝은 확정되어 있지 않다. 역사적 전송과 계승에는 미리 예정된 절차가 없다. 역사적 시간은 미래를 향해 열려 있고, 그 역사적 개방성은 타자가 현재에 개입하는, 그래서 현재 속에 기대와 희망과 명령을 낳는 메시아적 구조에서 비롯된다. 역사적 개방성은 시공간의 유령학적 구조에서 유래한다. 그래서 사물과 역사를 지나는 송신과 수신은 프로그램이 내장된 기계처럼 정확하지 않다. 존재와 시간은 타자의 유령적 개입을 통해 '선험적으로' 탈구되어 있다. 탈구와 분리는 질서의 약화와 퇴락에서 비롯되는 잠정적 사건이라기보다 어떠한 존재론적 선험성보다 앞서는 사태이다. 이 원초적 사태 속에서 시공간은, 그리고 그 안에 존재하는 모든 것은 멀리 떨어진 타자와 원격적으로 교신하고 있다. 그 교신을 통해 타자는 어떤 약속을 전하고 당위의 명령을 보내고 있다. 사물의 중심에는 장거리전화가 울리고 있다. 유령성은 타자가 멈추지 않고 보내는 통신, 혹은 그 통신의 요구에 대한 이름이다.

3. 해체론적 전송론

그러므로 태초에, 태초보다 먼저 원격효과가 있었다. 이것이 유령학을 지나는 해체론의 공식이다. 어떤 주술적 존재론을 암시하는 이 유령학의 관점에서 볼 때, 정보화시대를 주도하는 원격기술은 단순한 기술적 현상도, 단순한 물질적 현상도 아니다. 원격통신은 언어 혹은 의식의 본성에 각인되어 있다. 원격통신은 시간 속에 존재하는 모든 것의 존재방식 자체에 해당한다.

이런 해체론적 통신이론은 원래 어떤 특이한 접촉이론에서 시작되었고, 따라서 형이상학적 순수주의에 역행한다. 탈형이상학적 공간론을 전제하는 이 새로운 사유에 따르면 순수한 실재성, 순수한 자연성과 인간성은 형이상학시대의 신화이다. 모든 신화는 망각의 확장과 같이 간다. 형이상학적 순수주의는 사물과 언어와 역사를 관통하는 원격효과를 망각하는 가운데 탄생하고 발전해왔다. 가령 기존의 형이상학에서 '언어와 사유를 원초적으로 불순화하는 테크네'란 결코 생각할 수 없는 일에 속한다. 형이상학적 순수주의가 추구되기 위해서 그런 일은 잊혀져야 했다. 형이상학은 언어와 사유의 본성을 초감성적 사태, 물질적 외면과 독립된 정신적 사태로 순화시켜왔다. 그러나 데리다는 인간의 언어와 사유에서 '기술의 환원 불가능성'을 발견하고, 그것을 '숙명적 오염'이라 칭했다.[9] 이는 타자에 의해 접촉되지 않는 내면은 없다는 사실을 표현하기 위해서였다. 그러나 중요한 것은 접촉되기 위해 먼저 접속되어야 하고, 이를 통해 교신이 일어나야 한다는 사실이다. 접촉은 단순히 직접적 맞닿음에 불과한 것이 아니다. 접촉은 타자들 사이의 원격효과에 빚진다.

이것을 처음 말한 사람은 하이데거인데, 가령 그는 의자와 벽을 두고 서로 '접촉해 있다'고 말할 수 없음을 환기시켰다. "그것은 (…) 의자와 벽 사이에 틈이 있다는 것이 확인된다고 해서가 아니라, 설령 그 틈이 영(零)이라 하더라도, 의자는 원칙적으로 벽에 접촉할 수가 없기 때문이다. 접촉

---

9) 테크놀러지문명이 인간중심주의적 존재론을 초과하는 탈인간학적 사태임을 역설한 것은 하이데거이지만, 데리다는 하이데거에게서 여전히 테크놀러지에 의해서 오염되지 않는 본래적이고 순수한 사유의 영역을 지향하는 경향을 지적하고, 이를 하이데거에 대한 해체론적 의심의 계기로 삼는다. '숙명적 오염'은 하이데거의 테크놀러지론을 과격화하는 데리다 해체론의 성격을 인상적으로 표현하고 있다. Derrida, Jacques (1987a) *De l'esprit: Heidegger et la question*, Paris: Galilée, 26면 참조.

할 수 있기 위해서는 벽이 의자를 '향해서' 만난다는 것이 전제되어야 할 것이다."[10] 그러므로 접촉은 단순히 간격이 소거된 상태를 지칭하지 않는다. 접촉은 만남에서, 만남은 거리와 사이를 지나는 원격효과('향하여')에서 비롯된다.

하이데거적 의미의 '세계'는 그런 만남과 접촉으로 귀결되는 원격효과를 통해 개방되고 체험된다. 이런 관점에서는 물리적 접촉에 머물러 있는 것들('전재적前在的' 존재자 Vorhandensein), 가령 돌 같은 것들은 '무세계적'이다. 돌은 세계의 원격효과를 이해하지 못하고 따라서 본래적 의미의 접촉능력을 결여한다. 그 접촉능력은 이 세계의 원격효과를 파악하는 유일한 존재자, 즉 배려(Besorgen)와 배시(配視, Umsicht, 배려하고 염려하는 시선)를 통해 이 세계 안에 거주하는 실존적 존재자인 현존재의 특권이다. 현존재는 사물('용재적用在的' 존재자 Zuhandensein)들 사이의 매개관계와 도구적 연관을 파악하고, 그 안에서 친근한 장소와 원근을 열어간다. 그것이 '세계-내-존재'로서 현존재가 실존하는 방식이고, 세계의 원격효과에 부응하는 방식이다. 그러나 세계의 원격효과는 사물들 사이의 즉자적 상호지시와 매개관계라기보다 현존재가 체험하는 세계의 공간화운동이다.

하이데거는 현존재가 그 안에 거주하는 이 세계의 공간화운동('내-존재'의 공간성)을 두 가지 성격에서 주목한다. '소-통'(Ent-fernung, '원-근화' 혹은 거리두기와 거리제거라는 이중운동으로서의 '원격화')과 '방향 열기'(Ausrichtung)가 그 두 가지 특징이다(마르틴 하이데거 1995, 153면). 하이데거는 이 두 가지 특징을 현존재의 공간 체험에서부터 서술해간다. 그것은 현존재가 세계의 원격효과를 체험하기 이전에 그 원격효과를 자신의 존재방

10) Heidegger, Martin (1977a) *Sein und Zeit*, 전집 2권, Frankfurt am Main: V. Klostermann, 74면; 마르틴 하이데거(1995) 『존재와 시간』, 소광희 옮김, 서울: 경문사, 82~83면. 'Ent-fernung'의 번역을 제외하고 대부분 우리말 번역본에 의존하여 인용함.

식 자체로 하기 때문이다. 현존재는 원격효과를 스스로 실행하면서 세계와 관계맺는다. 그러므로 공간화하는 것은 세계만이 아니라 거기에 거주하는 현존재 자신이다. "현존재 자신이 세계—내—존재라는 점에서 '공간적'인 것"이다(마르틴 하이데거 1995, 139면).

　　그렇다면 공간화 운동을 특징짓는 '소—통'이란 무엇인가? 하이데거에 따르면 이렇다. "'소—통'이라는 것에서 우리가 이해하는 것은 원거리성(근거리성)이나 간격 따위가 아니다. 소—통은 현존재의 존재틀이다. (⋯) 소—통이란 어떤 것의 소원한 원거리성을 소멸시키는 것, 즉 가까이함을 의미한다"(마르틴 하이데거 1995, 153면). 그러므로 문제는 물리적 거리의 제거가 아니다. 현존재로서의 실존적 인간은 소원성과 폐쇄성 혹은 단절적 배타성을 제거하고 거기에 친근성이 통하도록 하면서 존재한다. "현존재 속에는 가까움을 지향하는 본질적 경향이 있다"(마르틴 하이데거 1995, 154면). 가까움과 친근성을 열어가는 이 경향이 현존재가 비로소 세계에 거주하는 방식 자체이고, 그렇게 열린 친근성의 장소가 현존재가 체험하는 최초의 공간이다. 모든 공간은 이 최초의 공간으로부터 연역되거나 재해석되어야 한다.

　　현존재가 '공간적'이라는 것은 '소—통'을 통해 세계 안에 존재하기 때문이다. 공간에 대한 모든 규정과 이해는 그런 소—통하는 원근성에서 비롯된다. 그래서 엄격히 말하면 "공간이 세계의 현상을 구성하는 것도 아니다. (⋯) 공간은 환경세계(Umwelt)의 탈세계화[추상적 일반화]를 통해서 비로소 접근 가능한 것이 아니다. 공간성은 일반적으로 [원격효과에 놓여 있는] 세계를 근거로 해서만 발견될 수 있다. 그리하여 세계—내—존재라는 현존재의 근본틀과 관련하여, 현존재 자신의 본질적 공간성에 상응하여 공간이 세계를 '함께' 구성한다"(마르틴 하이데거 1995, 165면). 따라서 세계가 공간적이라면 그것은 그 자체로 절대적 사태가 아니다. 공간성은 현존재가 세계에 관계하는 방식에서 유래한다. 공간이 세계를 구성한다면,

"그 까닭은 현존재가 본질적으로 거리제거적 소-통이요, 다시 말하면 공간적이기 때문이다"(마르틴 하이데거 1995, 158면).

현존재는 어떤 친근성 안에서만 세계 안에 존재할 수 있다. 그 친근성을 위해 현존재는 '소-통'이라는 원근화운동을 실행한다. 그 실행은 현존재의 본성 자체에 속하는 공간화운동이고, 그 공간화운동이 현존재에 개방되는 세계 자체를 구성한다. 물론 이 최초의 공간성은 물리적 공간성이 아니다. 이미 현존재가 구하는 친근성은 계량적 단위의 인접성이 아니다. 계량적 의미에서 가까이 있는 것(가령 안경)은 그것보다 멀리 떨어진 것(가령 안경을 통해서 보는 그림)보다 더 멀 수 있다. 정보통신매체와 교통수단의 발달로 지구상의 거리가 하루가 다르게 극복되고 소멸되고 있지만, 그것이 친근성의 증가를 말하지 않는다. 마찬가지로 현존재가 친근화하는 "원격성은 결코 [물리적] 간격으로 파악되지 않는다. 멂이 평정되려면, 그것은 일상적 현존재가 자기를 유지하고 있는 소-통과 상관해서 일어난다"(마르틴 하이데거 1995, 154면).

이런 공간론의 파격성은 단순히 현존재의 소-통거리와 물리적 거리를 서로 대립시키는 데 있지 않다. 오히려 그것은 물리적 거리의 성립 가능성 자체를 현존재의 소-통과 원-근화로부터 풀이하는 데 있다. 하이데거에 의하면, "세계 내부적 존재자 자체에 있어서도 '원격화'와 간격은 현존재와 관련해서 접근될 수 있다. 두 개의 점은, 두 개의 사물과 마찬가지로, 서로 원격화할 수 없다. 왜냐하면 점이나 사물 중 어느 것도 그 존재양식상 원격화할 수 없기 때문이다. 두 종류의 존재자는, 현존재의 소-통[거리를 내면서 다시 제거하는 원근화] 속에서 눈에 띄고 측정될 수 있는 간격을 가질 뿐이다"(마르틴 하이데거 1995, 154면). 사물들 사이의 원격관계와 그 관계의 측정은 현존재의 원격화하고 소-통하는 세계관계에 기초한다. 사물들 사이의 차연적 관계는 현존재의 세계관계 안에서 비로소 현상한다. 친근성을 구하는 현존재 없이는 사물들 사이의 원격효과를 구체적으로 말할 수 없다. 이 원격화는 어떤 방향성을 지닌다. 하지만 사물들 사이에 원격효과뿐 아니라 방향과 질서가 성립하는 것도 현존재가 세계에 거주하는 방식에서 비롯된다. 왜 그런가?

현존재가 공간적이라는 것은, 그가 그보다 먼저 존재하는 3차원적 공간의 한 지점에 존재한다는 것을 말하지 않는다. 현존재는 '배시적 배려'를 통해 세계와 관계한다. 그리고 이를 통해 처음으로 타자들 사이에 소통하고 원근화할 수 있는 관계를 산출한다. 현존재는 그런 의미에서 공간적이다. 그러므로 친근성을 추구하고 거리제거적 존재방식에 놓여 있는 현존재는 고립된 실체나 자족적 내면으로서 존재하는 것이 아니다. 현존재는 친근성이 자리하는 '환경세계' 속에, 그 환경세계의 타자들이 만드는 관계의 그물망 안에 존재한다. 현존재의 위치도 그런 관계의 그물망 안에 있다. 그런 한에서 "현존재는 자신의 '여기'를 환경세계의 '저기'에 의존해서 이해한다. (…) 현존재는, 그 공간성에 따르면, 우선 여기에 있지 않고 저기에 있다. 그는 저기로부터 자신의 여기로 돌아온다"(마르틴 하이데거 1995, 157면). '거기'로 향했다 '여기'로 되돌아오는 이 배시적 배려의 운동이 거리제거적 원격운동에 병행하는 '방향 열기'다. 그런 방향 열기는 거리제거적 소-통에 속하고, 따라서 그 소-통과 "동근원적"(마르틴 하이데거 1995, 161면)이다. 현존재가 거주하는 친근성의 공간은 그런 원격효과와 차연적 관계의 공간인 동시에 방향성('어디로')을 띠고 있다. 그 방향성은 공간을 회집한다. 그 방향성 안에서 회집되는 공간을 하이데거는 '방역'(Gegend)이라 했다. 그래서 "현존재가 '존재'할 때, 그 현존재는 방향을 열면서 소-통하는 자로서, 그때마다 이미 발견된 자기 방역을 가지고 있다"(마르틴 하이데거 1995, 159면).

만남과 접촉이 돌이나 의자에 일어날 수 없는 것은, 그것들이 위치를 지니지만 '방역'을 가지지 못하기 때문이다. 방역을 가진다는 것은 타자와의 '친근한' 차연적 관계에 놓여 있다는 것을, 그리고 방향성을 띤 원격효과

속에 놓여 있다는 것을 뜻한다. 만남과 접촉 나아가서 "교섭"(Umgang, 마르틴 하이데거 1995, 156면)은 그런 친근성과 원격효과의 공간, 그리고 어떤 '거기'를 향하는 가운데 범위를 획득하는 '방역'에서만 일어난다. 현존재에 '대하여' 세계가 공간성을 띠고 원격효과에 놓이는 것은, 그가 '방역'을 열어놓는다는 조건에서만 세계에 관계하고 그 안에 존재할 수 있기 때문이다. 그리고 현존재가 방역을 열어놓을 수 있는 것은, 스스로 배시적 배려를 통해 소-통과 방향 열기라는 공간화운동 속에서 세계와 관계하기 때문이다. 현존재는 사물들 사이에 친근한 관계를 통하게 하는 원격효과를 가져온다. 방역의 공간성을 형성하는 원격효과와 차연적 매개관계는 현존재의 존재방식, 현존재의 세계내적 거주에서 비롯된다.

데리다가 접촉과 원격효과에 대해 말할 때, 우리는 이러한 하이데거의 공간론이 계승되고 있음을 알 수 있다. 그러나 데리다는 하이데거의 공간론을 과격화한다. 데리다의 관점에서 원격효과와 차연적 관계는 더이상 현존재의 공간성에서 비롯되지 않는다. 현존재의 공간성으로부터 사물들 사이의 관계를 연역한다는 것은 주관주의 혹은 관념론의 혐의를 받기 쉽다. 데리다는 원격효과와 차연을 현존재보다 앞서는 사태로 파악한다. 차연적 원격효과는 현존재가 친근하게 이해하는 환경과 방역보다 넓은 범위에서 작용하는 사태이다. 그것은 세계의 세계성 자체이다. 접촉은 현존재로서의 인간이나 세계가 이러저러한 공간성을 띠기 이전의 원초적이자 일반적인 사태이다. 원격효과는 현존재의 배시적 배려 이전에 세계를 구성하고 있다. 원격효과는 시원(始原)에 있는 것과 파생적인 것의 구분 이전에, 혹은 미래와 과거의 구분 이전에 성립한다. 그리고 그 구분의 가능조건이자 불가능조건으로 전제해야 하는 그런 접촉을 낳는다. 데리다가 말하는 '유령적 효과'는 그 접촉을 허락하는 원격효과를 의미한다. 형이상학시대에 이 원격효과는 시공간, 언어, 의식, 사물로부터 추상되었다. 반면 데리다의 해체론은 존재하는 모든 것에서 그 원격효과의 "발생적 분리 불가능성" 혹은 "기원적 분리 불가능성"(Derrida 1993, 92면)을 확인한다.

이런 해체론의 관점에 설 때 우리는 전통적인 전송과 매개의 개념을 버려야 한다. 과거의 철학은 전송과 매개 이전에 서로 고립된 사물에 먼저 주목한다. 전송과 매개는 고립의 거리 때문에 차후에 요구되는 일이다. 그러나 사물은 매개와 전송 혹은 어떤 관계 이전에 먼저 존재하는 것일까? 데리다에 의하면 사물은 매개와 전송보다 선행하지 않는다. 사물로서 존재한다는 것은 전송하고 수신하는 것, 매개하고 매개당하는 것, 그리고 그런 매개적 통신과정에 의해 끊임없이 영향을 받는다는 것과 같다. 즉 타자의 개입이 사물의 존재 가능성과 자기동일성, 그리고 변화에 대한 선행 요건이다. 타자에 대한 관계가 사물의 규정성과 일탈성을 결정하고, 그런 의미에서 사물보다 앞선다.

다시 강조하자면, 그 관계에 대한 해체론적 명칭이 차연이다. 사물들간의 차연적 관계는 개별적 사물의 성립조건이자 지각의 조건이다. 매개와 전송은 그런 의미에서 모든 개념 안에, 모든 현상 안에 이미 실행되고 있다. 종래의 형이상학이 구분하던 안과 밖, 자연과 인위, 인간과 기계 등은 서로 교신하고 있다. 데리다적 의미의 '오염'은 바로 그 교신관계에서 비롯되는 '접촉'을 지칭한다. 그러나 전송으로서의 차연은 '사건적' 성격을 띠고 있다. 그것은 사물이 존재하는 것처럼 존재하지도, 사물이 현상하는 것처럼 나타나지도 않는다. 차연적 관계는 '~이다'라는 언어형식으로 규정되거나 재현되지 않는다(Derrida 1993, 87~88면). 차연적 그물망에서 타자는 언어를 초과한 채 유령적으로 출몰하거나 접촉할 뿐이며, 따라서 우리는 그것을 잊거나 의식하지 못할 수 있다.

그러므로 태초보다 먼저 있어야 할 원격효과는 탈언어적이자 탈형이상학적 사태이다. 그것은 언어에 구속되는 인간적 표상을 뛰어넘는 전송의 사건이다. 하지만 세계의 유래는 이 사건으로부터 연역되어야 한다. 데리다는 『맑스의 유령들』 이전에 이미 『우편엽서』에서 이 점을 충분히 개진한 바 있다. 우리는 거기서 이런 구절을 읽는다. "(무엇이) 있게 되자마자, (무엇이) 존재하게 되자마자, 전송과 배달이 일어나고 있고 향방운동이 일어나고 있다"(Dès qu'il y a, dès que ça donne(es gibt), Ça destine, Ça tend, Derrida 1980, 72면). 왜 그런가? 타자 없이 존재한다는 것, 타자들이 만드는 원격통신망에서 벗어나서 존재한다는 것은 불가능하기 때문이다. 존재한다는 것은 타자로부터 소환되고 타자를 호출한다는 것을 뜻한다. 그것은 호출기가 모든 인간에게 일반화되고 사물들에까지 장착되었을 때만 말할 수 있는 것이 아니다. 접속은 떨칠 수 없는 운명이다. 송신과 수신은 이미 "세계이고, 세계가 세계로서 생성되는 운동"(C'est le monde, le devenir-monde du monde, Derrida 1980, 75면) 자체이다.

이런 세계의 생성 자체는 언어를 초과하는 탈재현적 성격을 띠고 있다. 그것은 사물처럼 현상하지 않는다. 따라서 이 근본적 사태를 표상하기 위해서 우리는 유추나 은유에 의존해야 한다. 가령 우편체계와 전신기술을 먼저 떠올려야 할 것이고, 이런 구체적 사례들을 그 탈재현적 진리에 대한 유추와 은유적 표상의 출발점에 놓아야 할 것이다. 그러나 "우체국은 더 이상 단순히 어떤 은유가 아니다. 그것은 전이(轉移)와 모든 교신의 장소이며, 모든 가능한 수사학의 '고유한' 가능성이다"(Derrida 1980, 73면). 다시 말해서 우편·전신·전화는 차연적 원격효과가 실현되는 방식들이자 장소들이다. 따라서 그 원격효과는 우편을 통해 비유적으로 해석될 수 있는 성질의 것이 아니다. 만일 우편이 그 원격효과에 대한 은유라면, 이는 우편이 그 효과보다 자명한, 그러나 그 효과와는 다른 종류의 사태라는 것을 의미한다. 하지만 오히려 모든 비유와 은유 나아가 모든 언어적 수사의 가능성은 언어에 깃든 그 원격효과에서 비롯된다. 그러므로 "유령의 비유는 다른 비유들 중의 한 비유가 아니다. 그것은 어쩌면 모든 비유들 가운데 숨어 있는 비유일 것이다. 이러한 자격에서 볼 때 유령의 비유는 어쩌면 다른 수사적 무기들 중의 한 가지가 아닐 것이다. 유령에 대한 메타수사학이란 없을 것이다"(Derrida 1993, 194면).

원격효과로서의 유령성이 모든 비유에 들어 있는 비유라는 것은 무엇을 의미하는가? 비유란 다른 영역에 속하는 표현을 빌리는 것, 차용된 용어로 대상의 직접적 지시를 대체한다는 것을 뜻한다. 은유란 아리스토텔레스 이래 '다른 것에 속하는 말의 전용'으로 정의되어왔다. 비유·은유·유추는 말의 전용과 전이 혹은 장소이동을 말한다. 데리다는 이런 언어의 은유적 전이와 이동이 철학적 언어세계에서마저 말소 불가능하다는 것을, 다시 말해서 언어의 논리적 사용을 향하는 곳에서마저 환원 불가능하다는 것을 보여준 바 있다(Derrida 1972b, 247~324면 참조). 개념적 언어의 내면에서마저 은유적 추동의 맥박이 여전히 숨쉬고 있다는 것이다. 그러나 그 은유적 추동은 단순히 언어적 현상에 그치지 않는다. 유령학은 그것을 존재하는 것 일반에 내재하는 원격효과로 해석한다. 원격효과로서의 유령성은 존재하는 모든 사태와 언어를 성립시키는 처음의 맥박이자 리듬이다. 그런 의미에서 유령의 비유는 다른 비유와 수사학의 기원에 있다. 그리고 은유가 언어 생성의 원천이라면, 은유의 원천으로서의 유령성은 모든 언어의 기원이 될 것이다.

유령성으로서의 원격효과는 언어 안쪽에서만 감지되는 것이 아니다. 그것은 의식의 내면에서도 박동하고 있다. "'Über' 'méta' 'télé'. 이 말들은 동일한 형식적 질서와 동일한 전달사슬을 옮겨적고 있다. (⋯) 그 목록에는 또한 'trans'를 덧붙여야 한다. 우리는 오늘날 텔레파시라는 사유의 과정을 생각하기 위해서 전기전달매체나 녹음기매체를 특권적 모델로 삼고 있다. 그러나 텔레마틱(telematic, 전화와 컴퓨터를 조합한 정보써비스 씨스템) 기술은 텔레파시에 대한 패러다임 혹은 구체적 사례가 아니다. 그것은 텔레파시 자체와 동일한 것이다(모든 것은 서로 전화를 걸고 있다)" (Derrida 1987b, 252면). 이 구절은 프로이트의 후기 강의록에 실린 「꿈과 신비주의」를 배경으로 한다. 이 글은 텔레파시를 정신분석학적으로 취급할 수 있는 가능성 여부를 다루고 있다. 여기서 재미있는 것은 텔레파시라는 신비한 현상을 "무선전신에 대한 심리적 대응짝"으로 묘사하거나 "전화로 말하고 듣기"에 비유하는 대목이다.[11] 데리다는 이 비유를 비판적으로 발전시켜 의식과 무의식에 대한 자신의 관점을 제시한다. (무)의식이 차연적 원격효과의 산물임을 설명하는 것이다.

이때 일차적으로 문제가 되는 것은 텔레파시와 텔레테크놀러지 간의 비유 가능성이다. 과연 텔레테크놀러지를 통해서 텔레파시를 비유적으로 서술할 수 있는가? 텔레파시에 대한 비유나 유추는 가능한가? 왜냐하면 텔레파시와 텔레테크놀러지를 공통적으로 특징짓는 원격효과('텔레')는 이미 은유적 전용의 운동('메타페레인'metapherein의 '메타')과 동일한 것이기 때문이다. 앞에서 언급했던 것처럼, 원격효과는 이미 은유적 전용 안쪽에서 작용하고 있다. 원격효과는 번역('translation' 'transfer'의 'trans', 'Übersetzung'의 'Über')과 은유적 이동을 동시에 형성하는 요소이다. 따라서 그 효과는 언어로 번역될 수 없다. 모든 언어는 이미 원격효과를 포함하기 때문이다. 텔레테크놀러지 혹은 원격기술은 언어적 장소이동(번역·비유·유추)과 다른 종류의 현상이 아니다. 마찬가지로 그것은 텔레파시와 구별되는 영역에 속하는 것이 아니다. 위의 인용문이 말하는 것처럼, '텔레마틱은 텔레파시 자체와 동일한 것이다.' 텔레테크놀러지와 텔레파시는 동일한 사태가 서로 다르게 나타나는 현상이고, 그래서 그 원격기술은 원격적 심리현상을 비유적으로 설명하는 특권적 사례가 될 수 없다. 단지 원격기술은 신비한 것으로 간주되는 원격적 심리현상과 마찬가지로 원격효과라는 근본적 사태가 표면적으로 드러나는 여러 사례들 중 하나

---

11) Freud, Sigmund (1944) "Traum und Okkultismus," *Neue Folge der Vorlesungen zur Einführung in die Psychoanalyse*, 전집 15권, Frankfurt am Main: S. Fischer, 38면("ein psychisches Gegenstück zur drahtolsen Telegraphie"), 59면("Sprechen und Hören am Telephon").

에 속한다.

이런 관점에서 볼 때, 텔레파시는 의식이 우연하게 겪는 특이하고 예외적인 경험이 아니다. 그것은 오히려 의식의 '고유한' 본성을 집약하는 현상이다. 의식은 텔레파시에서 명확하고 결정적으로 실감할 수 있는 것처럼 타자들과 지속적인 소통관계에 놓여 있다. 그러므로 데리다는 이렇게 적는다. "나를 항상 괴롭혀온 진리는 텔레파시가 없다는 게 가능할까라는 문제에 있다. 자신의 내면 속에 고립되어 존재하는 어떤 것, 그래서 타자에 의해 놀라는 일도 없이, 그래서 말을 할 때는 마치 자신 안에 거대한 화면을 가지고 있는 듯, 또 리모컨으로 채널을 바꾸고 색상놀음을 하고 그래서 오해가 없도록 그 화면에 말이 굵은 글자로 나타나는 듯, 누구로부터도 즉각즉각 통보받는 일 없이 혼자 존재하는 어떤 것을 상상한다는 것은 언제나 어려운 일이다"(Derrida 1987b, 247면).

쉽게 말해서 유아론적으로 고립되어 있는 내면, 타자와 단절된 자립적 실체, 밖과 교신하지 않는 안은 없다. 존재하는 모든 것은 예상하지 못한 타자에 의해서 호출을 받고 엉뚱한 통지서를 받는다. 이 세상에 존재하는 모든 사물과 마찬가지로, 의식과 무의식은 다같이 멀리 있는 타자로부터 간섭받고 있다. 먼 곳에서부터 먼 곳으로 지나는 원격효과는 무의식보다 먼저 있고 무의식과 더불어 있다. 텔레파시는 세상보다 앞서고 의식보다 선행하는 처음의 사태가 감성적 체험(파테인pathein)의 수준에서 실현되는 사건이다. 그러므로 "이른바 무의식에 대한 이론을 텔레파시 이론 없이 생각하는 것은 어려운 일이다. 그 두 이론은 혼동될 수도 분리될 수도 없다"(Derrida 1987b, 247~48면).

그렇다면 원격효과를 설명할 때 특권적 지위에 오르는 것은 텔레테크놀러지가 아니라 텔레파시다. 텔레파시가 텔레테크놀러지에 의해 설명될 것이 아니라 오히려 텔레테크놀러지가 텔레파시에 의해, 그것의 자명성 안에서 설명되어야 한다. 그 자명성은 어디에 있는가? 그것은 텔레파시가 어떤 느낌(파테)으로서 이미 우리의 (무)의식과 신체를 구성하고 관통하는 원격효과라는 데 있다. 모든 원격효과는 이 텔레파시를 통해 비로소 예감되고 체득될 수 있다. 그러므로 "만일 '모든 원격적 사물들'(toutes les téléchoses) 가운데 우리가 몸소 텔레파시에 간여하고 있지 않다면, 우리는 이 전송(일탈적 도착adestination, 도착난destinerrance, 밀항clandestination)의 문제를 취급하는 데 있어 한발짝도 앞으로 나갈 수 없었을 것이다"(Derrida 1987b, 247면).

텔레파시가 전송의 문제를 밝히는 데 우위에 있는 것은 다른 점에서도 이유를 찾을 수 있다. 그것은 텔레파시가 텔레테크놀러지보다 전송의 '고유한' 본성에 있는 그대로 부합한다는 사실이다. 데리다가 말하는 전송의 본성은 정확하지 않다는 데 있다. 위의 인용이 충분히 암시하는 것처럼, 전송은 일탈성을 띠고 있고 우회와 우연을 겪는다. 왜 그런가? 전송이란 타자들 사이의 원거리 접촉이자 간섭에서 시작하기 때문이고, 이 타자들 간의 차연적 관계는 프로그램처럼 고정되어 있거나 예정되어 있지 않기 때문이다. 모든 것은 탈구와 분산에서, 유령적 효과에서 시작된다.

존재론적 사태로서의 전송에는 항구적으로 확정될 수 있는 프로그램이 없다. 다만 메시아적 구조, 도래하는 타자에 개방되어 있는 그런 메시아적 구조만이 있다. 예정된 코드와 프로그램에 의해 작동하는 원격통신기술, 의도에 따라 작동하기도 하고 중단될 수도 있는 텔레장치는 그런 존재론적 원사태에 비해 추상적이다. 그래서 만일 프로이트처럼 텔레파시와 전화를 비교한다면 다음과 같은 차이를 덧붙여야 한다. "그러나 다시 생각하면 텔레파시는 끔찍한 전화이다.(…) 텔레파시라는 전화가 걸려올 때 끊을 수 있다고 확신할 사람은 없을 것이다. (… 그 전화는 낮이든 밤이든 접속되어 있다.) 또한 그 전화선을 뽑아놓을 수도 없는 노릇이다"(Derrida 1987b, 253면). 타자로부터 오는 원격효과와 차연적 간섭은 처음부터 주관적 의도와 무관하다. 통제할 수도 없고 예정할 수도 없다. 이는 타자로 향한 발신에서도 마찬가지이다. 전송은 일탈의 가능성 속에서 타자로 향한다. 언제나 도착난을 겪는 전송은 타자의 밀항을 포함하고, 때문에 전송의 도착은 보류와 착오를 수반한다.

4. 전송론에서 역사-존재론으로

프로그램과 메시아적 구조 사이의 차이는 데리다의 전송론에서, 특히 역사론으로 이어지는 그의 전송론에서 중요한 위치를 차지한다. 왜냐하면 그 차이가 고전적 전송론이 발전적으로 해체되는 지점을 이루기 때문이다. 데리다의 전송론은 한편으로는 헤겔과 하이데거에서 역사-존재론의 형태를 띠고 등장하는 철학적 전송론을 계승하며, 다른 한편으로는 조이스와 같은 작가들에 의해 발전된 문학적 언어론에 빚지고 있다.[12] 사실 데리다가 차연론을 본격적으로 원격통신이론으로 전환시키고 그래서 타자들 사이의 관계를 중단 없이 울리는 전화벨을 통해 표상하는 것은 조이스론에서였다.[13] 데리다는 최근의 대담에서 조이스에 대한 관심이 자신의

---

12) 데리다의 역사론은 그의 언어론과 밀접한 관계에 있는데, 이는 그가 언어와 역사를 모두 전송과 통신의 관점에서 이해하기 때문이다. 기호학과 언어학의 이념은 '통신'에 있다. 데리다가 고전적 언어학에서 발견하고 해체하는 통신의 이념은 "자기동일적 기의(記意)를, 즉 권리상 전달과정과 기호작용으로부터 분리될 수 있는 어떤 의미와 개념을, 한 주체에서 다른 주체로 전달한다는 송신(transmission)의 임무를 말한다. 통신(communication)은 (기호작용 이전에 이미 그 동일성과 현전성이 구성되어 있는) 주체들과 (통신과정이 간섭하여 구성하거나 권리상 변형시킬 수 없는 기의적 개념 혹은 정신적 의미로서의) 대상들을 전제한다" Derrida, Jacques (1967) *Positions*, Paris: Minuit, 34~35면. 이는 기존의 언어이해와 병행하는 통신의 이념이 동일성의 논리에 기초한다는 것을 지적하는 것이다. 그런 동일성의 논리의 원초적 불가능성을 증명하고 타자성의 논리에 기초한 통신의 이념, 나아가 그와 병행할 새로운 언어 개념을 제시하는 것이 데리다의 언어론이다. 이 새로운 통신론과 언어론에서 그 타자성의 논리를 대변하는 것이 차연, 일탈적 '반복 가능성' (itérabilité), 도착난(destinerrance) 등과 같은 용어들이다. 데리다는 자신이 해체하는 고전적 언어학에서는 결정론적이고 목적론적인 역사론을, 자신의 언어론에서는 메시아적 역사론을 예상하는 셈이다.

청년기시절(1953~54)까지 소급한다는 것을 상기시키면서 이렇게 말했다. "나의 첫 저서인 후썰론에서, 나는 조이스가 언어를 취급하는 방식을 후썰과 같은 고전적 철학자의 언어취급 방식과 비교하고자 했다. 조이스는 역사를, 역사에 대한 요약과 총체화를 가능하도록 만들고자 했는데, 은유들과 언어의 다의적 의미들 그리고 비유법들을 집적해가는 가운데 그렇게 했다. 후썰은 반면 역사성이 언어의 투명한 일의성에 의해, 즉 과학적이고 수학적인 순수한 언어에 의해 가능하게 된다고 생각했다. 조이스가 언어의 애매한 의미들을 집적하는 일 없이는 역사성도 없다고 말할 때, 후썰은 전통의 투명성이 없다면 역사성도 없다고 말하는 것이다"(Derrida 1997, 26면).

데리다가 조이스에 주목한 이유는 이 소설가가 누구보다 언어를 다의적으로 활용하고 은유적 연상기법을 최대한 구현한다는 데 있다. 그 점에서 조이스는 언어를 엄격한 일의성의 이념과 논리적 이상주의 아래에서 표상하는 후썰과 대립한다. 조이스가 언어에 숨겨진 다의적 연상과 우연한 회집의 잠재력에 주목한다면, 후썰은 언어적 의미의 초역사적 자기동일성의 가능조건들을 탐구한다. 문제는 상호대립하는 이 두 가지 언어관 중에서 어느 한쪽을 옹호하거나 비판하는 것이 아니다. 다만 그것은 양자 간의 대리적 보충관계와 상호구속적 긴장관계를 파악하는 데 있다(Derrida 1987c, 27~29면). 후썰이 추구하는 '의미의 초역사성'이란 '역사내적 무한반복성'을 뜻한다. 이 무한반복성은 역사적 우연과 생성을 가능케 하는 가운데 유지되는 반복성, 그래서 다양하게 펼쳐지는 언어의 역사적 자기변형과 확장을 인정하는 가운데 요구되는 그런 반복성이다. 반면 조이스가 추구하는 언어의 은유적 일탈과 자유로운 상호연상 가능성은 다시 어떤 총

---

13) 데리다가 조이스의 『율리씨즈』에서 원격통신의 주제에 몰입하는 것은 그 작품에 전화상의 대화가 자주 나오기 때문이다. 가령 전화통화가 나오는 첫대목을 읽으면서 데리다는 신적 계시를 원격통신체계, 따라서 독해와 번역의 주제와 결부시킨다. Derrida, Jacques (1987c) *Ulysse gramophone: deux mots pour Joyce*, Paris: Galilée, 79면.

체적 일의성으로 향한 종합 안에서, 그래서 상승적 매개와 통일 그리고 회집하는 기억 안에서만 의미를 지닐 수 있다(Derrida 1962, 104~107면 참조).

그러므로 조이스가 『율리씨즈』와 『피네건즈 웨이크』 같은 작품들을 통해 이룩한 언어의 은유적 연락망은 기억과 의미와 역사를 총체화한다는 점에서 헤겔적 지양이나 백과사전적 체계구성과 경쟁한다. 데리다는 이를 이렇게 설명한다. "예전부터 조이스는 나에게 가장 거인적인 규모의 시도를 대표하는 사례였다. 그것은 하나의 단일한 작품 안에, 즉 대체 불가능한 단독적 작품의 특수성 안에, (…) 다만 한 종류의 문화가 아니라 여럿의 문화들, 다수의 언어와 문학과 종교들을 모조리 엮어내어 어떤 추정된 총체성을 이룩하려는 시도이다. 이는 잠재적으로 무한한 인류의 기억을 총체적으로 회집하고 정확하게 집적한다는 불가능한 과제를 말한다. (…) 바로 그런 이유에서 나는 종종 『율리씨즈』를 헤겔에, 가령 하나의 단일한 회상행위를 통해 절대지(絶對知)에 이르려는 시도를 담고 있는 『엔찌클로페디』나 『논리학』에 비교하곤 한다"(Derrida 1997, 25면).

헤겔의 언어와 조이스의 언어는 다같이 의미의 총체적 매개와 역사적 회상을 꿈꾸면서 우위를 다투고 있다. 양자는 서로 다른 방식으로 언어를 유기적 통일성 안에, 그리고 상호연락하는 원격통신의 관계 안에 놓이도록 조직해간다. 여기서 언어는 인간의 역사를 전면적으로 회상할 수 있는 장소가 된다. 헤겔이 하나의 단일한 기억 속에 진리에 대한 시야를 확장해온 정신의 역사를 체계화한다면, 조이스 역시 언어의 무한한 상호연상과 교신효과를 이용하여 인류의 정신적 유산을 한자리에 불러모은다. 양자는 각기 다른 방식으로, 그러나 여전히 유사한 원환(圓環)운동과 회집의 장소를 연출하고 있고 단일한 종합의 효과를 산출하고 있다. 한쪽은 일의적 기호들간의 논리적 함축을 통한 매개의 길을, 다른 한쪽은 애매한 기호들간의 다차적 연상을 통한 매개의 길을 걷는다. 하지만 양자는 다같이 의미의 역사와 역사의 의미를 어떤 순환적 구조의 교통망 안에서 총체적으로 가두어놓는다.

　의미의 매개와 역사적 회상을 어떤 원환적 운동 속에 총체화한다는 것은 사유의 지평을 목적론적 이념 아래 예정하고 한정한다는 것을 뜻한다. 데리다는 그런 목적론적 매개와 역사적 전승의 가능성을 의심하고 해체한다. 나아가 매개와 전승 그리고 전송을 메시아적 구조를 통해 표상하도록 촉구한다. 메시아적 구조란 탈구(脫臼)와 탈궤(脫軌)를 항구화하는 구조이고 따라서 타자의 소멸 불가능한 흔적인 유령성을 낳는 구조이다. 프로그램의 형식과 메시아적 구조, 이 양자는 원격효과와 텔레커뮤니케이션의 그물망을 형성한다는 점에서 표면적으로 일치한다. 그러므로 양자는 혼동되기 쉽다. 그러나 혼동을 피하기 위해서 양자를 대립적으로 비교하는 것은 다시 데리다의 전언을 흐리게 할 수 있다. 데리다가 강조하는 것은 메시아적 구조가 프로그램의 형식 속에 여전히 유령처럼 숨쉬고 있다는 사실이다. 메시아적 구조의 유령성은 추상되거나 망각되기 쉽지만, 그러나 그 망각은 프로그램의 형식과 그것이 조직하는 원격통신망의 (불)가능조건을 잊는다는 것과 같다. 목적론적·원환적 존재사유 안에서, 또는 문학적 언어사용 안에서마저 메시아적 구조는 사상되거나 증발해버리기 쉬운 형태로 잔재하고 있다.

　이렇게 역사의 문제로까지 확장되어가는 데리다의 전송론은 좁은 의미의 정보통신에 어떤 빛을 던져주는가? 데리다의 해체론이 정보화시대에 가져다주는 새로운 전망은 무엇인가?

　단순한 시각에서 보면 데리다는 기술적으로 성취된 원격통신과 정보그물망을 존재론적으로 일반화하고 있는 것처럼 보인다. 우리가 기술적 현상으로 경험하는 원격효과를 사물, 의식, 언어, 역사, 그리고 기술 자체에 깃든 유사선험적 구성요소로 승격시키는 것이다. 이로써 원격효과는 세계의 존재구조 안으로 내재화된다. 이러한 관점에서 정보화시대는 서

구문명이 우연하게 도달한 역사적 국면이 아닐 것이다. 그것은 존재 내재적 구조에서부터 예상되는 필연적 귀결일 것이다. 말하자면 사물의 비밀로서 감추어져 있던 원초적 사태가 정보화시대라 불리는 이 역사적 국면에 이르러 경험적 수준에서 표출되고 있는 것이다. 그 비밀의 원초적 사태는 원격효과이다. 데리다는 그것을 차연이라 했고 유령적 효과라 했다. 그리고 그 효과를 낳는 존재론적 구조를 메시아적 구조라 했다.

이런 포괄적 구도 안에 놓고 볼 때, 정보통신기술은 단순한 기술적 현상에 그치지 않는다. 그것은 존재의 '근원적' 유래와 이어져 있는 어떤 '자연적' 현상이기도 하다. 정보통신기술은 기술적 현상이면서 자연적 현상이고, 자연적 현상이면서 기술적 현상이다. 그래서 정보통신은 기술과 자연의 공속성, 상호침투성 안에서 표상되어야 한다. 데리다가 말하는 '기술에 의한 자연의 숙명적 오염'은 존재론적 사건으로서의 원격효과가 궁극적으로 함의하는 사태일 뿐이다.

그러므로 데리다의 전송론은 맥루언이나 비릴리오 등처럼 정보화시대를 환영하는 이론가들의 인공낙원론과 가까운 거리에 있는 반면, 자연적 순수성으로 회귀하는 하이데거의 기술문명 비판과 멀어지고 있다. 보철물과 기계를 통한 인간의 확장과 변형을 내다보는 인공낙원론자들은 데리다와 마찬가지로 자연과 기술이 상호대리적 보충의 관계에 있다는 전제 위에 서 있다. 그 전제는 데리다의 차연론이 자신에게 고유한 방식으로 도달하는 명제이고, 그의 전송론의 바탕이기도 하다. 그러므로 인공낙원론은 해체론적 세계상과 합쳐질 수 있다. 그러나 데리다는 정보화시대에 대한 무조건적인 찬양론자가 아니다. 데리다는 정보화시대가 초래할 수 있는 여러가지 위험성을 부각시키면서 자신의 전송론을 펼쳐가고 있다. 그 위험성은 지리정치학적 조건을 뛰어넘는 문화적 제국주의, 자본주의의 무한한 확장과 심화, 민주주의적 질서의 교란과 시대착오적 계획의 돌발적 출현, 그리고 '프로그램'(코드)의 일반적 지배력이 고착화할 타자 환원적 배타주의와 결정론적 사유 등 여러가지 사례를 통해 드러나고 있다. 데리다의 시각에서 볼 때 정보화시대는 기회의 시대이자 동시에 파국의 시대일 수 있다. 정보화시대에는 새로운 야만의 가능성이 움트고 있는 것이다.

정보화시대가 안고 있는 파국적 위험성 혹은 그 새로운 야만성을 모면하는 길은 무엇인가? 그것은 기술적이고 인공적인 것을 폄하하고 자연적 순수성을 추구하는 길을 통해서 회피할 수 있는 성질의 것이 아니다. 순수성은 어떤 존재론적 신화에 해당하는 범주이다. 하이데거는 그런 존재론적 신화로 돌아가고 있다. 사실 근대의 존재론이 잊어버리게 된 고대 그리스의 자연 개념으로 돌아가는 것이 하이데거가 보여주는 사유의 궤적이다. 데리다는 자연이 기술에 의해 접촉되는 한에서, 그러므로 기술과 원격통신 관계에 놓이는 한에서 자연으로서 현상한다는 것을 강조한다. 그런 관계가 첨예하게 현실화되는 장소는 테크놀러지문명이다. 이 문명 안에서 테크놀러지의 총아인 정보통신기술은 인간이 벗어날 수 없는 조건이 되었고 역사적 현실의 조형성을 결정하기에 이르렀다. 정보화시대가 안고 있는 위험성을 극복하는 것은 이 시대에 대한 거부를 통해서가 아니라 이 시대의 존재론적 유래에 대한 반성에서부터 모색되어야 한다. 데리다의 전송론은 하이데거의 테크놀러지 비판과 더불어 그런 종류의 반성에 해당한다.

우리는 위에서 데리다의 전송론이 유령학의 형태를 띠고 있음을 보았다. 유령학은 테크놀러지가 사물로부터 추상한 것을 다시 살아나게 하려는 의지를 담고 있다. 테크놀러지가 사물로부터 추상하는 것은 사물 안에 숨쉬는 '아우라'(Aura)이다. 아우라, 그것은 코드화되기를 거부하고 조작 가능한 질서로 환원되지 않는 사물 내재적 유일성과 우연성이다. 사물은 그런 자기은폐적 요소를 통해 다양한 국지성과 위상학적 다양성을 창출한다. 그것이 차연이며 원격효과이고 또한 유령적 효과이다. 데리다의 유령학은 근대 형이상학이 탈주술화한 자연을 재주술화하고, 이를 통해 일원적으로 규정되어오던 공간을 특수성을 띤 다원적 공간으로 표상하도록 유도한다. 근대적 자연 개념 안에서 망각된 자연 내재적 운동성(자동성)과 자기은폐적 성격을 복권시키는 것이다. 그런 유령학적 관점에서만 우리는 정보화시대에 일어나고 있는 여러가지 마술적 효과를 낯설지 않게 이해할 수 있다.

정보화시대와 화해하기 어려운 형이상학적 순수주의는 로고스중심주의로서의 플라톤주의에서 유래한다. 해체론은 서양의 문화에 대한 플라톤주의의 역사적 지배력을 극복하는 다양한 전략을 통해 플라톤주의가 예상할 수 없는 새로운 역사적 전개의 가능성을 열어놓고 있다. 정보화시대는 이미 플라톤주의가 감당하기 어렵고 긍정할 수 없는 역사적 현실이다. 정보화시대의 기원은 궁극적으로 이론적 진리의 추구를 최고의 가치로 평가해온 플라톤주의에 있지만, 플라톤주의는 자신의 존재사적 귀결점인 정보화시대에 이르러 도태될 위기에 서 있다. 정보화시대라 불리는 현재의 역사적 국면은 플라톤주의의 황혼기다.

전망이 불투명한 이 정보화시대는 패러다임 전환기에 고유한 혼란 속에서 새로운 역사적 조형성을 잉태하고 있다. 이 시대에 철학에 요구되고 있는 과제, 어쩌면 가장 중요할지 모르는 과제는 이 새로운 역사적 조형성을 파악하는 데 있을 것이다. 이는 그 조형성 안에서 움트는 미래적 기회와 위험성이 동시에 유래하는 지점으로까지 소급해야 한다는 과제, 그래서 그 조형성 자체를 어떤 필연적 효과로서 바라볼 수 있는 해석의 관점을 획득해야 한다는 과제를 말한다. 데리다가 이 시대에 띄우는 통신은 그런 과제에 부응하는 모범적 사례이다. 해체론은 우리에게 낯설게 다가오는 싸이버공간을 개간하고 거기에 새로운 사유의 가능성을 파종할 수 있음을 보여주고 있다.

그러나 그렇게 새롭게 파종된 사유의 씨앗은 가장 오래된 존재론적 언명을 담고 있다. 그것은 끈에 대한 언명이고, 우리는 앞에서 그것을 계사 존재론이라 불렀다. 데리다의 유령학과 원격통신이론은 동서 존재론의 시초에 이미 모습을 드러냈던 존재론적 계사를 재전유하는 현대적 기획, 현대적 형태의 계사존재론이다.

참고문헌

Baudrillard, Jean (1981) *Simulacres et simulation*, Paris: Galilée.

Derrida, Jacques (1962) *L'origine de la géométrie de Husserl*, Paris: Presses Universitaires de France.

—— (1967) *Positions*, Paris: Minuit.

—— (1972a) "La différance," *Marges de la philosophie*, Paris: Minuit.

—— (1972b) "Mythologie blanche," *Marges de la philosophie*, Paris: Minuit.

—— (1980) *La carte postale: de Socrate à Freud et au-delà*, Paris: Aubier-Flammarion.

—— (1987a) *De l'esprit: Heidegger et la question*, Paris: Galilée.

—— (1987b) *Psyché: inventions de l'autre*, Paris: Galilée.

—— (1987c) *Ulysse gramophone: deux mots pour Joyce*, Paris: Galilée.

—— (1991) *L'autre cap*, Paris: Minuit.

—— (1993) *Spectres de Marx*, Paris: Galilée.

—— (1997) "The Villanova Roundtable: a Conversation with Jacques Derrida," *Deconstruction in a Nutshell*, edited and with a commentary by John D. Caputo, New York: Fordham University Press.

Freud, Sigmund (1944) "Traum und Okkultismus," *Neue Folge der Vorlesungen zur Einführung in die Psychoanalyse*, 전집 15권, Frankfurt am Main: S. Fischer.

Heidegger, Martin (1954) *Vorträge und Aufsätze*, Pfullingen: Neske.

——— (1977a) *Sein und Zeit*, 전집 2권, Frankfurt am Main: V. Klostermann.

——— (1977b) "Der Spruch des Anaximander," *Holzwege*, 전집 5권, Frankfurt am Main: V. Klostermann.

McLuhan, Marshall (1964) *Understanding Media: The Extension of Man*, New York: McGraw-Hill.

Virilio, Paul (1980) *Esthétique de la disparition*, Paris: Ballan.

김상환(1996)『해체론 시대의 철학』, 서울: 문학과지성사.

———(1997)「해체론과 철학적 건축술의 역사」,『창작과비평』 96호(1997년 여름호), 서울: 창작과비평사.

———(1999)「디지털 혁명은 존재론적 혁명이다」,『예술가를 위한 형이상학』, 서울: 민음사.

마르틴 하이데거(1995)『존재와 시간』, 소광희 옮김, 서울: 경문사.

한정선(1997)「포스트모던 문화의 전향적 정위」, 한국철학회 엮음『문명의 전환과 한국 문화』, 서울: 철학과현실사.

허우성(1996)「정보화사회의 사이비성: 불교적 비판」,『철학과 현실』 30호(1996년 가을호), 서울: 철학과현실사.

3. 존재에 대하여

  철학용어 중에 계사(繫辭)라는 말이 있다. 이 말은 한국인에게 두 가지 뜻을 지닌다. 먼저 그것은 서양 논리학의 기초용어, '코풀라'(copula)의 번역어이다. 코풀라는 원래 무엇인가를 묶고 조이는 데 쓰이는 모든 것, 한 마디로 끈을 의미하는 라틴어이다. 서양 논리학에서 계사는 주어와 술어를 묶어주는 '이다'(esse)의 3인칭 단수형(est)을 지칭한다. 아리스토텔레스 이래 서양인은 명제(판단)를 주어와 술어의 결합으로, 그리고 그 결합을 계사의 기능에서 오는 것으로 보았다. 이미 지적했던 것처럼, 서양에서 이런 명제 형식은 사물의 질서를 투영하는 존재론적 형식으로 군림해왔다. 오랫동안 서양을 지배해온 실체−속성의 형이상학은 계사존재론이고, 우리는 앞에서 이를 주−술존재론이라 불렀다.

  다른 한편 계사는 중국의 고전 『주역(周易)』에서 유래한 말이다. 이 책을 구성하는 열 개의 부분을 십익(十翼)이라 하는데, 이 십익 중의 하나가 「계사전(繫辭傳)」이다. 태극(太極)과 음양(陰陽)을 논하는 최초의 저술이라는 점에서 이 문헌의 역사적 의미는 크다. 동아시아 존재론의 역사적 출발점을 찾자면 결국 이 문헌으로 거슬러올라갈 수밖에 없다. 서양인의 존재론적 상상력을 근본적으로 결정한 논리학적 의미의 계사와 동아시아 존재론의 기초범주를 설정한 계사, 이 두 계사를 어떻게 엮을 수 있을 것인가?

사실 한국 현대철학사는 동양사상사와 서양사상사가 충돌하는 지점에서 펼쳐지고 있다. 이 충돌은 혼란과 더불어 기회를, 나아가 과제를 가져온 셈이다. 동양적 사유와 서양적 사유를 하나의 직물로 짜내는 일이 그것이다. 과연 한국 현대철학사에 대하여 이보다 더 큰 과제를 생각할 수 없다면, 우리는 이 지난한 과제를 '계사의 계사'를 발견하는 데서부터 풀어나갈 수 있을 것이다. 왜냐하면 논리학적 의미의 계사와 주역의 계사는 각기 동양과 서양의 존재론에 대하여 그 역사적 운명을 지배하는 위치에 있어왔기 때문이다. 그 두 계사는 존재론적 사유를 조종해온 끈들이었고, 따라서 동서 존재론의 바탕을 한데 엮을 튼튼한 실마리는 그 두 계사를 다시 엮을 수 있는 계사에 있을 것이다.

우리는 니체, 프로이트, 맑스에게서 읽을 수 있는 끈의 비유를 중시해왔고 앞으로 그럴 기회를 다시 찾을 것이다. 이렇게 반복해서 끈의 비유에 집착하는 것은 그런 기대 때문이다. 두 계사를 묶는 끈, 문제는 여기에 있다. 지금은 이 문제가 '존재란 무엇인가'라는 물음을 대신한다.

1. 논리적 계사에서 존재론적 계사로: 플라톤, 칸트, 헤겔

"존재는 다양한 의미를 지닌다."[1] 이런 아리스토텔레스의 명제가 암시하는 것처럼, 서양 존재론은 '이다'와 '있다'를 동시에 의미하는 'esse'의 애매성 안에서 펼쳐져왔다. 이 동사의 의미를 최초로 분석한 플라톤 이래

---

1) Aristote (1992) *La métaphysique*, J. Tricot, tr. and annot., Paris: J. Vrin, 347면. 아리스토텔레스 『형이상학』 Z권, 1절 1028 a 10. 아리스토텔레스는 이 책의 Δ권 7절에서 존재의 다양한 의미를 상세히 분류·분석한다.

계사는 세 가지 기능을 지니는 것으로 간주되어왔다. 주어와 술어를 결합하거나 분리하는 포섭 기능('시진이는 키가 크다'), 하나의 주어와 다른 주어를 등치하는 동일시 기능('시진이는 내 아들이다'), 그리고 주어에 해당하는 어떤 사물이 현존한다는 것을 뜻하는 존재정립 기능('시진이는 집에 있다')이 그 세 가지에 해당한다.

서양 현대철학은, 그것이 영미 분석철학이든 유럽철학이든, 모두 계사의 이 세 가지 기능과 의미를 과거 형이상학의 한계로 꼽아왔다. 마치 과거 형이상학의 운명이 모두 이 말의 세 가지 끈에 의해 조종되어온 것인 양 목소리를 높였고, 따라서 철학의 혁신은 차라리 그 동사를 대치할 새로운 표기법이나 그보다 근원적인 동사를 찾을 때만 가능한 것처럼 주장해왔다. 비트겐슈타인의 초기 저작이나 하이데거의 존재사유가 거둔 성과는 그런 믿음의 결실일 것이다. 하지만 계사의 분석을 통해서 서양 형이상학을 해체하고자 했던 최초의 사례는 칸트에 있다. 칸트는 이른바 '존재론적 신 존재증명'이 '이다'와 '있다'의 혼동에 근거한 증명임을 지적했고, 그 이후 계사에 관한 거의 모든 논의는 이 지적을 준거점으로 삼고 있다.

존재론적 증명의 출발점은 최상의 완전성을 띤 어떤 개념이다. 정의상 이 개념에는 모든 고귀한 속성이 술어로 포함되어 있어야 한다. 현존도 그 완전한 사태를 구성하는 술어여야만 하는데, 현존의 결여는 불완전성의 징표이기 때문이다. 현존을 다른 술어들과 함께 자신 안에 포함하는 완전한 존재자, 그것은 보통 신이라 불린다. 따라서 우리는 삼각형을 생각할 때 필연적으로 세 변을 표상해야만 하는 것처럼, 신을 생각할 때 필연적으로 존재하는 것으로 표상할 수밖에 없다. 삼각형이 세 변을 갖지 않으면 모순인 것처럼, 신이 존재하지 않는다면 또한 모순이다. 세 변이 삼각형의 개념을 구성하는 것처럼, 신은 본질적으로 자신의 개념 속에 현존을 포함하기 때문이다.

이 증명에 대한 칸트의 비판은 "현존은 한갓 가능한 개념으로부터 추론할 수 없다"와 "현존은 결코 그 자체로 술어가 될 수 없다"라는 두 명제로 귀착한다(Kant 1912, 72, 74면). 현존이 술어가 아니라는 것은 논리적 술어가 아니라는 것을 말한다. 논리적 술어는 특정한 속성이나 대상을 주어의 개념에 결합하지만, 그것은 가능성의 차원에서만 일어나는 결합이다. 그 결합은 결코 주어 개념의 실재적 규정이 될 수 없다. 실재적 규정은 그 개념에 어떤 새로운 내용을 덧붙이는 일이다(가령 '이 삼각형은 빨갛다'). 반면 논리적 결합은 내용을 문제삼지 않는다. 그것은 다만 형식적 모순성이 없는 관계(분석적 동일성)를 확인하는 과정일 뿐이다(가령 '삼각형은 세변을 지닌다'). 그런데 '있다'는 것은 논리적 가능성의 차원에서 분석해낼 수 있는 경험독립적 징표가 아니다. 그것은 한 사물의 개념에 새롭게 덧붙여야 하는 실재적 규정의 대상에 해당하며, 따라서 종합판단의 대상이다.

  이런 생각에서 칸트는 다음과 같이 구분한다. '있다'는 실질적 현존의 정립인 반면 '이다'는 논리적으로 가능한 관계의 정립이다(Kant 1911, 401면). 현존의 정립은 종합판단에 따르는 실재적 규정에 속하고, 가능한 관계의 정립은 분석판단에 따르는 동어반복에 불과하다. 현존의 정립은 경험의 존적 현실의 차원에서, 가능한 관계의 정립은 경험독립적 사고의 차원에서 이루어진다. 따라서 가장 완전한 존재자가 현존을 징표로 소유해야 한다는 것은 논리적으로 가능하다 해도, 그렇게 가능한 개념이 현실적으로 존재한다는 것은 아직 증명되지 않은 일이다. 우리는 결코 우리의 사고만으로 개념적 가능성에서 현실적 규정성으로 이행할 수 없다. 가능성과 현실성 사이의 심연을 연결하는 유일한 교량은 경험적 직관뿐이다.

  이렇게 주장하는 칸트의 길을 따를 때, 존재는 어떤 절대적 침묵 속으로 빠져들어가게 된다. 현존과 술어적 포섭관계, '있다'와 '이다'의 분리는 그런 함몰의 고비를 이룬다. 존재는 모든 술어적 언명, 모든 언어적 표현의 저편에 놓이게 되기 때문이다. 이제 존재(on)는 무어라 말할 수 있는 것(poion)이 아니다. 순수한 존재, 그것은 말의 능력을 벗어나는 사태이다.

비트겐슈타인의 『논리철학논고』[2]의 후반부를 장식하는 신비주의는 이런 칸트적 전환의 마지막 귀결이라 할 수 있다. "세계가 '어떻게' 있느냐가 신비한 것이 아니다. 신비한 것은 세계가 있다는 사실이다"(6. 44). "어쨌거나 말할 수 없는 것이 있다. 말할 수 없는 것이 드러난다는 것, 그것이 신비한 것이다"(6. 522). 이렇게 이어지는 비트겐슈타인의 생각은 침묵으로 귀착한다. "따라서 말할 수 없는 것에 대해서는 침묵해야 한다"(7). 이 침묵은 "나의 언어의 한계는 나의 세계의 한계를 의미한다"(5. 6)라는 명제에서 예상되고 있었다. 하지만 이 한계에 대한 언명은 이미 칸트적이다. 칸트는 'esse'의 애매성을 추방할 때, 존재를 언어와 논리(계사적 연결)의 저편에 위치시켰다. 이후 존재는 침묵 속에서 자신을 드러내는 신비한 사태로, 예감할 수는 있으나 말로 표현할 수 없는 초월적 사태로 돌변하게 된다. 칸트는 그런 초월적 사태를 현상계 저편의 물자체(Ding an sich)에 귀속시켰다. 비트겐슈타인의 신비주의적 제스처는 그런 칸트적 해법의 반복일 것이다.

그러나 칸트와 다른 방향으로 길을 내는 경우가 있다. 가령 헤겔의 길이 있다. 계사의 애매성을 제거하는 대신 존재의 신비에 도달하는 것이 칸트의 길이라면, 헤겔의 길은 계사의 애매성을 긍정하면서 시작한다. 여기서 다시 계사의 세 가지 기능을 기억하자──포섭 기능, 동일시 기능, 존재정립 기능. 헤겔의 논리학은 기존의 논리학적 계사에 포섭 기능만이 아니라 동일시 기능과 존재정립 기능이 함께 묶여 있다는 사실을 천명하면서 판단론을 펼치고 있다(Hegel 1969, 301~10면, 특히 305면 이하 참조).

이 특이한 판단론에 따르면, 'S는 P이다'는 'S 속에 P가 내재해 있다'와 같다. 그러므로 계사 '이다'는 존재정립의 '있다'와 동일하다. 이는 계사가 주어와 술어를 외면적으로 결합한다는 통념, 다시 말해서 계사의 역할이

2) Wittgenstein, Ludwig Josef Johan (1951) *Tractatus Logico-Philosophicus*, New York: The Humanities Press. 이하 괄호 안 숫자는 명제 번호.

두 개념의 포섭관계를 표시한다는 통념을 뒤집는 것이다. 헤겔은 그런 통념을 '주관적' 관점으로 평가하고, 판단을 '객관적' 관점에서 바라볼 것을 요구한다. 이때 객관적 관점에서 판단을 바라본다는 것은, 주어와 술어의 분리와 결합 또는 그 차이와 동일성을 한 개념의 자기운동으로 고찰하는 것이다. 이렇게 고찰할 때 판단은 하나의 개념에 포함된 여러 계기가 서로 나누어졌다가 합쳐지는 과정이다.

이 과정을 거치면서 개념의 특수성(이는 주어로 표현된다)은 일반성(이는 술어로 표현된다)과 구분되는 동시에 일체성을 획득한다. 그러므로 주어와 술어의 관계를 표시하는 "계사 'ist'는 자신을 외면화하고 소외시키는 동시에 자신과 '동일하다'는 개념의 본성에서 온다"(Hegel 1970, 166절 317면). 계사가 개념의 본성에서 온다면, 그 계사가 성립시키는 판단도 마찬가지다. 판단은 "일차적 사태에 해당하는 '개념의 동일성'을, 그리고 '근원적' 구분에 해당하는 '개념의 구별'(Unterschied)을 표현한다"(Hegel 1970, 166절 316면). 독일적 어원이 말하는 것처럼, 판단은 개념의 바탕 안에서 일어나는 근원적(ur) 나누기(teilen) 운동이다. 개념이 자신의 내용을 정립하고 구체적으로 실현하는 과정, 좀더 완결된 자신의 규정성에 도달하는 과정, 이를 위해서 자신의 계기를 분리하고 다시 종합하는 운동이 판단이다.

판단은 곧 개념의 자기규정 운동이다. 이 운동을 통해서 주어의 위치에 있는 개념은 자신을 술어로 외면화하고 그렇게 외면화된 자신과 대립한다. 그러나 다시 그렇게 타자화된 자신 속에서 자기 자신을 발견한다. 술어를 사이에 두고 자기 자신과 멀어졌다가 다시 자기 자신으로 돌아오는 것이다. 그런 이행과 귀환이 되풀이될수록 주어의 추상적 특수성은 구체적 일반성의 함량을 더해간다. 판단은 주어의 특수성이 일반성을 획득하는 동시에 술어의 일반성이 특수성을 더해가는 함량운동이다. 개념이 자신의 규정성을 완성해가는 이 이중적 함량운동 속에서 주어와 술어는 동일한 것으로 판명된다. 판단을 통한 이런 개념의 자기운동은 인식론적 과정에 그치는 것이 아니다. 그것은 존재론적 운동 자체이다. 가령 씨앗이 뿌리, 줄기, 가지, 꽃, 열매로 실현되어가는 과정이 판단이다. 판단은 생성속에 놓인 사물 일반의 존재방식 자체이다. 그러므로 헤겔은 이렇게 선언한다. "모든 사물은 판단이다. 사물은 일반성을 띤 개체, 또는 개체화된 일반성이다. 일반성과 개체성은 사물 안에서 나누어지지만 그러나 동시에 동일하다"(Hegel 1970, 166절 318~19면).

그러므로 헤겔의 논리학(이것은 그의 존재론 자체이다)에서 계사는 모든 사물 속에 있다. 모든 사물은 자신의 계기를 나누고 합치는 계사, 풀어서 끊고 다시 매듭을 만드는 계사를 생명으로 한다. 계사의 끈운동이 사물의 존재론적 생애와 운명을 끌고 가는 핵심이다. 주어와 술어의 개념적 포섭관계를 표시하는 아리스토텔레스–칸트의 계사와 구분하기 위해서, 헤겔적 의미의 계사를 큰 계사라 하자.

이 큰 계사는 주역의 계사와 어떻게 이어져 있을까? 주역의 계사는 왜 '계사'라는 이름을 얻었을까? 그 이름의 알맹이에 해당하는 끈의 비유를 생각할 때, 그것은 헤겔의 판단론을 지배하는 동일한 직관(사물의 생명은 계사이다)에서 유래하는 것이라 짐작할 수 있다. 「계사전」에 나오는 "一陰一陽之謂道"(한번 음하고 한번 양하는 것을 일컬어 도라 한다)라는 문장은 이런 관점에서 읽어야 할 것이다. 음과 양의 교체와 반복이 도(道)라면, 도는 일종의 끈운동이다. 풀림과 조임, 이완과 수축, 분리와 결합을 반복하는 리듬이 계사존재론의 궁극적 메씨지이다. 요컨대 동아시아 존재론이 도에 대한 언명에서 시작한다면, 그 언명은 계사이다. 이 계사는 모든 사물 안에 있는, 그리고 그 밖으로 이어지는 끈운동에 대한 말이다.

동아시아 존재론이 도에 대한 언명에서 시작한다면, 서양 존재론은 로고스(logos)에 대한 언명을 계승하고 있다. 그 계승의 출발점은 플라톤이며, 그가 최초로 계사에 대해 성찰하는 것은 그의 후기 대화편 『소피스트』[3]

에서이다. 이 대화편에 따르면, 로고스(합리적 언어)의 기능은 "이름과 동사를 함께 묶으면서 이루는 일"(262 d)에 있다. 그리고 이런 언어적 결합관계는 형상(eidos)들의 결합관계에 일치해야 한다. 따라서 "우리에게 로고스가 생겨나는 것은 형상들의 상호결합에 의해서"(259 e)이고, 그런 한에서 로고스의 가능성에 대한 성찰은 형상들의 결합 가능성에 대한 검토를 전제한다.

플라톤이 이런 문제를 제기하는 것은 소피스트 때문이다. 소피스트는 거짓과 허상을 만들어내는 사람들에 대한 이름인데, 이들의 최후 도피처는 파르메니데스의 언명이다. 그에 따르면 '있는 것'과 '있지 않은 것', '이다'와 '아니다' 사이에는 어떠한 타협이나 매개가 불가능하다. 있는 것은 있고 없는 것은 없다. 따라서 있는 것만이 있다. 그런데 소피스트가 생산한 것은 있는 것이고, 따라서 가상이 아니다.

이런 소피스트의 변론을 논파하려면 파르메니데스의 언명을 뒤집는 수밖에 없다. 그것은 곧 "비존재(있지 않음)는 경우에 따라서 존재하고(있고) 또한 존재(있음)도 어떤 방식으로는 존재하지 않는다(없다)는 것을 확실히 보여주는 것"(241 d)이다. 이런 문제의식에서 플라톤은 'esse'를, 특히 계사 'est'와 'non est'에 대해 면밀히 분석해간다. 파르메니데스에 대한 반대논증을 주어와 술어를 잇는 계사의 다의적 의미에 대한 검토에서 시작하는 것이다. 이 분석에서 우리가 앞에서 지적했던 계사의 세 가지 기능(포섭·동일시·존재정립)이 모두 열거되지만, 이런 열거를 통해서 플라톤이 주목하는 것은 포섭 기능의 가능성이다. 하나의 주어가 계사에 의해 여러가지 술어와 결합한다면, 이런 결합의 가능성은 어디서 오는 것인가?

계사를 통한 명사들의 결합은 결국 술어에 해당하는 유(類) 개념들의 결합에 근거를 둔다는 것이 이런 물음의 배후이다. 플라톤은 여러가지 논변과 분석 끝에 유들간의 상호 결합과 분리가 가능하다는 결론에 이른다.

---

3) Platon (1985), *Le sophiste*, 전집 8권, Paris: Les belles lettres. 이하 괄호안 숫자는 인용 면수.

그리고 이 점을 설명하기 위해서 문자에서 비유를 구한다. "어떤 문자들 사이에서는 불일치가 일어나고 어떤 문자들 사이에서는 일치가 일어납니다. (…) 특히 모음은 다른 문자들과 구별되는데, 그것은 어떤 끈(demos)처럼 모든 문자를 두루 묶는다는 점에서 그렇지요. 그리고 그 모음 중 몇몇이 없다면 다른 문자들을 서로 결합한다는 것은 불가능합니다"(253 a).

그렇다면 문자들을 두루 묶는 모음, 그 끈에 해당하는 형상(최고 유)은 무엇인가? 플라톤은 운동, 정지, 존재, 같음, 다름 등의 다섯을 최고 유로 꼽는다. 형상들은 이 최고 유들 때문에 서로 묶이거나 나누어진다. 그렇다면 다시 이 최고의 형상들을 두루 묶는 끈, '끈들의 끈'은 없을까? 있다면 무엇인가? 플라톤은 그 최고의 끈을 다름의 형상에서 찾는다. "다름의 성질은 최고 형상들 전체를 통해서 고루 스며들어 있습니다. 각각의 최고 형상들은 사실 자기 이외의 나머지 것들과 다릅니다만, 이는 자신의 고유한 본성 때문에 그런 것이 아니라 다만 이 다름의 형상에 참여한다는 사실 때문에 그런 것입니다"(255 e).

이것은 다름, 나아가 비존재를 로고스의 영역에서 제외했던 파르메니데스의 언명에 정면으로 맞서는 주장이다. 플라톤은 여기서 이렇게 말한다. 차이와 비존재(me on)는 존재(on)와 마찬가지로 존재한다. 존재할 뿐만 아니라 모든 형상들에 고루 퍼져 존재한다. 모든 형상들은 이 차이의 형상 덕분에 이어지고 결합한다. 그것은 모든 문자들을 하나로 엮는 절대적 모음과 같이 모든 형상들의 상호 교류와 혼합을 가능하게 만드는 원초적 끈이다. 이 원초적 끈인 차이의 형상이 없다면, 모든 형상들은 서로 고립되어 공허한 무규정성 속에 머물러 있어야 한다. 차이의 형상이 있고서야 비로소 존재는 자기동일성을 얻을 수 있으며 운동과 정지에 참여할 수 있다(259 a~b). 그러므로 차이는 존재하며 적어도 로고스의 관점에서는 더 탁월하게 존재한다. 왜냐하면 앞에서 확인한 것처럼 "우리에게 로고스가 생겨나는 것은 형상들의 상호결합에 의해서"(259 e)이기 때문이고, 그 결합을 가져오는 것은 다름('아니다')으로서의 비존재이기 때문이다. 로고스의 본질은 관계에 있으며, 모든 관계는 차이의 형상에 의해서 처음 가능해진다. 이 세계를 서로 다른 형상들의 관계에서 바라볼 때, 모든 형상 중의 형상은 차이의 형상, 비존재의 형상이다.

이런 플라톤의 주장은 많은 점에서 헤겔의 큰 계사와 동일한 진리를 지시하고 있다. 모든 개념적 사태 속에 내재하는 헤겔의 큰 계사처럼, 플라톤의 비존재는 서로 연결되는 모든 형상 속에 고루 삼투해 있다. 헤겔의 큰 계사가 자기관계적 부정성(die sich auf selbst beziehende Negativität)인 것처럼, 플라톤의 비존재는 형상들 사이에 성립하는 상관적 차이, 계사적 차이이다. 그 둘은 절대적 무가 아니라 관계적 부정성이라는 점에서 같다. 플라톤의 변증론과 헤겔의 변증법은 모두 계사론, 어떤 초-끈(superstring)이론이다. 이 두 이론에서 모든 개념적 사태의 핵심, 로고스에 부합하는 모든 사태의 중심에서는 끈운동이 일어나고 있다. 그리고 그 끈운동의 기원은 차이에, 관계를 산출하는 차이에 있다.

2. 계사에서 천망으로: 노자의 네 언명

동아시아 계사론에서 가장 중요한 언명은 다음과 같은 두 문장일 것이다. "生生之謂易"(낳고 또 낳는 것을 일컬어 변화라 한다, 「계사전」 上, 5장). "一陰一陽之謂道"(한번 음하고 한번 양하는 것을 일컬어 도라 한다, 「계사전」 上, 5장). 첫번째 문장은 계사존재론의 핵심이 변화에 있다는 것을, 두번째 문장은 그 변화가 어떤 규칙을 따른다는 것을 말하고 있다. 그러나 이렇게 언명된 변화의 논리는 무엇인가? 동아시아 존재론은 이 물음을 계승해가는 가운데 그 역사적 정체성을 형성해왔다.

이 계승의 역사에서 가장 중요한 이정표는 노장(老莊)의 문헌일 것이다.

그리고 노장의 문헌에서 계사존재론을 표현하는 핵심을 꼽자면, 『도덕경(道德經)』에 나오는 다음과 같은 네 문장일 것이다——"繩繩不可名"(끊임없이 이어지고 꼬이는데 이름할 수 없구나, 14장), "有物混成, 先天地生"(사물이 섞여서 이루어지니 그 섞임이 천지보다 먼저 생겨났구나, 25장), "天下萬物生於有, 有生於無"(천하의 모든 사물이 있음에서 생겨나고 있음은 없음에서 생겨난다, 40장), "天網恢恢, 疏而不失"(하늘의 그물은 넓고 넓어 성긴 듯하나 놓치는 것이 없구나, 73장).

　——첫번째 문장 "繩繩不可名"(끊임없이 이어지고 꼬이는데 이름할 수 없구나, 14장). 이 문장은 도를 새끼줄〔繩〕에 비유하고 있다. 끊임없이 꼬이면서 이어지는 새끼줄운동, 그것이 도의 운동이다. 무엇을 꼬아 이어가는가? 서로 반대되는 것들이다. 도는 상하, 좌우, 고저, 대소, 강약, 냉온을 함께 엮는다. 운동과 정지, 빠름과 느림, 그리고 마침내 있음과 없음을 꼬아서 하나의 직물로 짜간다. 그러므로 노자가 말하는 무(無)는——우리가 접경적 경제에 대해서 말할 때 구분했던 것처럼——작은 무가 아니다. 도는 이항대립적 질서의 한 항에 불과한 무, 그래서 유(有)와 대립할 때만 의미를 지니는 무가 아니다. 그렇다면 그것은 이름할 수 있는 무가 될 것이다. 그것을 이름할 수 없는 것은 이항대립적 질서 안에 있으면서 그 질서를 벗어나기 때문이다. 도는 그 질서가 있기 위해서 먼저 있어야 하는 큰 무이다.

　——두번째 문장 "有物混成, 先天地生"(사물이 섞여서 이루어지니 그 섞임이 천지보다 먼저 생겨났구나, 25장). 이 문장은 앞의 문장이 언명하는 끈운동을 섞기운동으로 규정한다. 섞기, 따라서 접촉과 교류와 관계를 일으키는 운동이 일정한 구조적 질서를 갖춘 세계가 있기 위해서 먼저 있어야 했다. 그러나 이 세계는 영구불변이 아니다. 세계는 그것을 있게 한 혼성운동에 의해 다시 변할 수밖에 없다. 여기서 『도덕경』 40장의 첫 구절이 시작된다. "反者 道之動"(되돌아가게 하고 뒤집는 것이 도의 움직임이다).

──세번째 문장 "天下萬物生於有, 有生於無"(천하의 모든 사물이 있음에서 생겨나고 있음은 없음에서 생겨난다, 40장). 이 문장은 도의 돌이킴에 대한 언명을 보완하는 구절이다. "反者 道之動, 弱子 道之用, 天下萬物生於有, 有生於無." 여기서 동(動)은 전체적 관점에서 본 도의 움직임이고, 용(用)은 개체에 관계하는 도의 움직임일 것이다. 그 움직임은 약하다 했다(弱子 道之用). 약하다는 것은 의식되지 않는다는 것, 있는 듯 없는 듯 하다는 것, 그래서 어떤 흔적과 같다는 것을 뜻한다. 이를 표현하는 문장이 "綿綿若存, 用之不勤"(겨우겨우 이어지고 겨우 존재하지만 개체를 변화시키는 데는 힘들이지 않는다, 6장)이다. 형상을 갖춘 개체에 대하여 도의 움직임은 구성과 해체의 조건이다. 그러나 그 조건은 개체 자체에게 지각되거나 의식되지 않는다. 도의 끈운동은 끊임없이 개체의 생명과 죽음을 결정하지만, 그 운동 자체는 개체에게 무의식적인 것으로 남는다. 도는 흔적운동이다.

이 세번째 문장은 노자의 도를 실체적 무, 절대적 무로 해석하려는 경향을 유인해왔다. 왕필의 주석은 그런 해석의 최고 분수령이다. 그러나 도로서의 무, 혹은 무로서의 도는 실체적 사태가 아니라 관계적 사태이다. 그것은 구조내적 무가 아니라 접경적 경제, 따라서 질서의 안과 밖을 이어놓는 외심적 사태이다. 여기서 노자가 도를 수레의 바퀴살이 하나로 모이는 바퀴통에 비유하거나 문이 회전하도록 만들어주는 돌쩌귀에 비유하는 대목을 기억하자. 도는 실체가 아니라 상이하고 이질적인 것들이 공존하고 교체되는 어떤 장소, 그것들의 관계적 질서가 성립하는 사건이다. 그 사건으로서의 도는 스스로 움직인다. 그 움직임은 돌이킴의 운동, 반(反)의 운동이다. 그러나 그것은 또한 물러감의 운동, 퇴(退)의 운동이다. "功遂身退, 天之道"(일을 이루면서 자신은 물러가는 것이 하늘의 도다, 9장). 하늘의 도는 사물들을 서로 엮어 질서를 낳되, 그 질서로부터 물러선다. 도는 질서를 개방하되 그 개방된 개방성으로부터 후퇴하여 자신을 숨긴다. 도를 무라 하는 것은 그것이 그런 후퇴와 자기은폐를 본성으로 하기 때문이다. "有生於無"는 그런 관점에서 읽어야 할 것이다. 즉 질서의 생성은 자신을 은폐하는, 그래서 없어 보이는 도와 더불어 일어난다. 도를 흔적이나 유령이라 할 수 있는 것도 이 때문이다. 도는 질서에 대해서, 그 질서 안의 개체에 대해서 숨어 있다.

——마지막 네번째 문장 "天網恢恢, 疏而不失"(하늘의 그물은 넓고 넓어 성긴 듯하나 놓치는 것이 없다, 73장). 이 문장은 앞의 첫번째 문장에 담긴 계사적 직관을 완성한다. 도가 꼬고 엮고 연결하는 새끼줄이라면, 이 새끼줄은 마침내 그물이 된다. 도는 무한히 펼쳐지는 그물이다. 이 그물을 빠져나올 수 있는 것은 없다. 하지만 그 그물 안에서 모든 사물은 서로 이어지고 소통한다. 그런 소통 가능성 안에서 사물의 질서는 계속 확장된다. 사물들은 서로 떨어지지만 서로 접촉한다. 나누어지고 멀어지지만 접촉할 수밖에 없다. 모두 하늘의 그물 안에 놓여 있기 때문이다. 도는 서로 멀어지는 사물들을 이어놓는 원격통신망이다. 이 원격통신망 안에서 모든 사물은 모든 사물과 메씨지를 주고받고 있다. 원격통신과 원격접촉, 그것이 도의 끈에 묶인 모든 존재자의 운명이다. 모든 존재자는 서로 멀어지면서, 그러나 동시에 서로 연락하면서 존재한다. 존재자는 무한히 넓어지는 네트워크의 한 매듭이다.

그러므로 천망(天網)으로 언명되는 노자의 계사론은, 사물의 생성과 소멸을 끈운동으로 간주하는 플라톤-헤겔의 계사론과 이어져 있다. 이들에게 큰 계사가 비존재, 부정성, 무 등으로 불리는 것도 그냥 지나칠 수 없는 일치점이다. 그렇게 이어지는 실마리를 데리다의 유령학(원격통신이론, 이 책 4부 2장)과 엮는 것은 어려운 일이 아니다. 데리다의 유령학은 계사론이자 천망학이다. 이렇게 고금(古今)과 동서(東西)로 이어지는 계사존재론은 단순한 사변적 이론이 아니다. 그것은 우리가 데리다의 유령학을 읽으면서 실감한 것처럼 현대사회의 일상적 경험 속에 살아있는 구체적 진리다. 맑스의 화폐론과 테크놀러지 비판으로 돌아가서 말하면, 그것은 자본주의 사회의 일상적 현실 안에서 준동하는 끔찍한, 그러나 가장 먼저 시인해야만 하는 진리다. 대계사는 오늘날 자본과 테크놀러지를 통해서, 양자의 결합을 통해서 전지구적으로 실현되고 있다.

물론 자본의 끈과 테크놀러지의 네트워크가 형성하는 이 시대는 낙원과는 거리가 멀다. 그러나 이 시대를 극복하고자 한다면, 우리는 여전히 끈과 그물을 생각할 수밖에 없다. 왜냐하면 오늘을 있게 한 계사의 실타래는 우리가 자유롭게 관계할 수 있는 거리 저편에 있는 것이 아니기 때문이다. 계사는 이미 우리의 신체와 의식을, 우리의 역사를, 그리고 그 안의 생존조건을 조종하고 있는 끈인 것이다.

참고문헌

Aristote (1992) *La métaphysique*, J. Tricot, tr. and annot., Paris: J. Vrin.

Hegel, Georg Wilhelm Friedrich (1969) *Wissenschaft der Logik II*, 전집 6권, Frankfurt am Main: Suhrkamp.

―――― (1970) *Enzyklopädie der philosophischen Wissenschaften im Grundrisse I*, 전집 8권, Frankfurt am Main: Suhrkamp.

Kant, Immanuel (1911), *Kritik der reinen Vernunft*, 학술원 전집 3권, Berlin: G. Reimer. 초판은 1787년 발행.

―――― (1912) *Der einzig mögliche Beweisgrund zu einer Demonstration der Daseins Gottes*, 학술원 전집 2권. Berlin: G. Reimer. 초판은 1763년 발행.

Platon (1985), *Le sophiste*, 전집 8권, Paris: Les belles lettres.

Wittgenstein, Ludwig Josef Johan (1951) *Tractatus Logico-Philosophicus*, New York: The Humanities Press.

김인환 옮김(1997), 『주역(周易)』, 서울: 나남출판.

노자(2001) 『道德經』, 최진석 옮김 『노자의 목소리로 듣는 도덕경』, 서울: 소나무.

브라이언 그린(2002) 『엘러건트 유니버스』, 박병철 옮김, 서울: 승산.

왕필(1997) 『老子王弼注』, 임채우 옮김, 서울: 예문서원.

제5부
근대문화의
물신들

1. 사회에 대하여

맑스의 현대성은 이 점을 주제화했다는 데 있다.

프로이트는 존재하는 모든 것을 낳고 거두어가는 이중의 끈운동을 생각했다(이 책 1부 1장 2절 참조). 이 계사존재론에서는 생명충동을 지배하는 수축운동, 그리고 죽음충동을 지배하는 이완운동이 서로 새끼줄처럼 꼬이면서 이러저러한 사물을 끊임없이 산출하기도, 소거해가기도 한다. 맑스는 사회적 현상의 배후에서 그런 이중의 끈운동을 보았다. 프로이트가 그랬던 것처럼, 맑스도 자신만의 방식으로 존재론적 계사를 재전유해갔다. 그 과정은 몇단계의 국면을 지난다. 맑스 사상의 이론적 변모는 그 재전유가 완성되어가는 여정이라 할 수 있다.

1. 사회를 묶는 끈들: 헤겔에서 맑스로

이런 재전유 과정을 따라가기 전에 먼저 강조해두고 싶은 것은 맑스의 계사존재론이 지닌 특이한 성격이다. 그것은 어떤 새로운 정치경제학과 묶여 있다는 것만이 아니라 무엇보다 어떤 선험적 가상, 환원 불가능한 착오와 이어져 있다는 데 있다. 이 점에서 맑스는 프로이트보다 니체에 가까워진다. 니체는 자연언어가 동반하는 선험적 가상에 대하여, 언어에서 태어나는 형이상학적 물신에 대하여 말한다(이 책 2부 1장 3절 참조). 맑스는 모든 사회적 질서에 내재하는 유사한 가상과 착오에 대하여 말한다. 물신과 이데올로기에 대한 분석을 통해서 맑스는 그런 언명을 준비하고 있다.

맑스가 재전유한 계사존재론은 사회적 실재에 대한 이론이자 가상에 대한 이론이다. 여기서 계사는 가상 없는 실재를 낳지 않는다. 실재는 가상 없이 현상할 수 없고 가상은 실재 없이 나타나지 않는다. 실재는 가상을 통해서 비로소 일상적 현실이 된다. 자연스럽고 당연한 것처럼 보이는 현실은 스스로 가상화하는 실재의 마술적 효과이다.

물신과 이데올로기는 그런 마술적 효과를 가리키는 맑스의 명칭이다. 물론 이런 맑스의 가상이론은 전혀 새로운 것이 아닐 수 있다. 가령 영국 경험론의 절정에 있는 흄에 따르면, 현실에 있는 것처럼 보이는 동일성, 인과적 질서, 규칙적 반복은 상상이 빚어낸 가상이다. 그 가상 배후의 실재는 파편적이고 이질적인 인상들의 혼재상태이다. 반면 스피노자는 실재의 합리적 질서가 현실 안에서 상상적 질서에 의해 체계적으로 왜곡되는 불가피성에 대하여, 칸트는 이성이 본성상 걸려들 수밖에 없는 형이상학적 착오에 대하여, 그리고 헤겔은 가상이 실재가 현상하는 형식 자체임을 말한 바 있다.

이들은 현실의 자연스럽고 습관화된 겉모습 뒤에서 상상과 가상의 구성적 활동을 본다는 점에서 맑스의 가상이론을 예견하고 있다. 그럼에도 불구하고 맑스가 독창적일 수 있는 것은 그의 가상이론이 끈이론의 일부라는 데 있다. 다른 철학자들의 독창성도 그들 나름의 문제틀 안에서 구해야 하는 것이지만, 맑스의 가상이론뿐 아니라 그의 정치경제학 전체의 독창성도, 심지어 그의 문제틀 자체의 현대성도 그가 재전유한 존재론적 계사의 새로운 면모에서 찾아야 할 것이다.

프로이트의 계사와 비교하면, 맑스의 계사는 좀더 복잡한 양상을 띠고 있다. 실재를 직조하면서 그 직조과정을 가리는 또 한 겹의 천을 짜가고 있기 때문이다. 프로이트의 계사가 이중적이라면, 맑스의 계사는 사중적일 것이다. 따라서 그 계사가 복잡하게 얽히는만큼 그것을 풀어내는 방식도 좀더 조심스러울 수밖에 없다.

어쩌면 사회적 질서의 배후에서 끈을 발견한다는 것은 당연한 일인지 모른다. 모든 사회이론은 이미 끈이론일 수 있다. 이는 사회라는 개념 자체만 들여다보아도 쉽게 알 수 있다. 가령 서양말 '사회'의 어원인 'sociare'나 '종교'의 어원인 'religare'는 모두 끈으로 묶고 결합한다는 뜻을 지녔다. 근대 사회철학의 근간이 사회계약론에 있다면, '계약'의 어원인 'contrahere'도 역시 끈으로 매고 조인다는 뜻을 담고 있다. 사회는 권리상 동등한 욕구의 주체들이 맺은 계약에서 유래한다는 것이 이 사회계약론의 기본 내용이라면, 이 이론은 '주체는 계사'라는 언명에(이 책 1부 1장 참조) 그 토대를 두고 있다. 사회를 이루는 매듭과 그물은 주체가 자발적으로 양도한 끈으로 만들어졌다는 것이 사회계약론의 주장이다. 그 주장에 따르면, 계사의 주체인 개인들은 자신의 소유를 지키기 위해서 타인의 소유를 인정해야 했고, 그 인정을 통해서 자신의 소유권리를 일정한 범위 안에 제한해야 했다. 타인의 끈을 안전띠 삼아 자신의 끈을 속박해야만 했던 것이다.

헤겔이 사회계약을 주체의 자기소외로 보는 것은 그것이 주체의 자발적 자기구속이기 때문이다. 사회는 주체가 타인의 끈으로 자신의 계사를 구속하고 제한할 때 생기는 매듭, 매듭으로서의 결사체(結絲體)이다. 그러나 헤겔의 눈에 계약의 끈으로 묶인 사회는 쉽게 풀어질 수 있는 엉성한 결사체이다. 그것이 안정성과 지속성을 띠기 위해서는 좀더 강력한 끈이 필요한데, 그 끈이 헤겔이 말하는 인륜성(Sittlichkeit)이다.

헤겔의 법철학은 계약적 끈과 인륜적 끈이라는 두 끈의 관계를 요체로

하는 계사론이다. 계약적 끈, 그것은 주체의 자발적 의지에서 뻗어나오지만 그 의지의 배후에는 소유에 대한 욕구가 있을 뿐이다. 계약사회는 욕구 충족을 위한 사회, 개인이 사적 재산을 추구하고 보장받는 사회, 도구적 합리성과 효율성을 위해서 발생한 사회이다. 이런 사회가 실제적으로 실현되어 시민사회도 등장하고 국가도 성립할지 모른다. 이때 시민사회는 욕구체계이자 분업체계인 시장사회이고, 국가는 법으로 묶이는 결사체이다. 하지만 이런 결사체는 유기적 결속력을 지니지 못하고 단지 기계적 결속력만을 지닐 뿐이다.

이런 결사체가 유기적 결사체로 변할 수 있는 것은 인륜적 끈이 생겨서 그것을 다시 묶어주기 때문이다. 헤겔은 이 인륜적 끈을 풀어내는 실마리를 결혼에서 찾는다. 왜냐하면 결혼은 "계약의 관점을 벗어나고 마침내 넘어서는 행위"(Hegel 1970, 163절 313면)이기 때문이다. 계약적 끈이 자연적 욕구의 주체들을 외면적으로 결합한다면, 인륜적 끈은 주체들을 내면적으로 묶어 하나의 인격체로 만드는 '정신적 끈'이다. 결혼을 통해서 뻗어나오는 "그 '정신적' 끈은 실체적 원리라는 자신의 정당한 지위로 고양되며, 다시 말해서 정념과 순간마다 달라지는 호호불호의 우연성을 모두 넘어서서 그 자체로 풀어낼 수 없는 것(das Unauflösliche)으로 고양된다"(Hegel 1970, 163절 313면).

정신적 끈으로서의 인륜적 끈, 그 끈은 고립된 주체를 원리로 하는 것이 아니라——주체들간의 내재적 상호관계이기도 하면서 우연한 각각의 주체의 자기관계라는 의미의——실체를 원리로 한다. 인륜적 끈은 그런 형이상학적 의미를 지니는 실체적 계사이고, 이 실체적 계사는 물리적 끈과 달리 한번 묶이면 영원히 풀리지 않는 특성을 지니고 있다. 시민사회와 국가는 사회계약이 아니라 그런 실체적 계사로 묶인 결사체이다. 가족을 낳는 결혼이 계약이면서 계약 이상인 것처럼, 시민사회(시장·분업체계)와 국가(법체계) 또한 계약에 의해서만 성립하지 않는다. 계약은 소유의 권리범위를 대상으로 하는, 따라서 이기적 본능에 기초한 관계설정이다. 그러나 인간이 모이고 흩어지는 것은 소유욕에 따르기 앞서 주체의 차원을 넘어서는 존재론적 계사에 따른다. 그런 존재론적 계사의 차원에 뿌리내린 사회적 질서가 인륜적 질서이다.

맑스가 존재론적 계사를 재전유하는 중요한 계기는 헤겔이 정신적 끈이라 했던 인륜적 계사를 대체할 새로운 끈을 찾는 데 있다. 이 점을 기록하고 있는 것은 무엇보다 『독일 이데올로기』인데, 이 논쟁적 저서에서 맑스는 특이한 입장을 취하고 있다. 이 입장의 특이성은 이 논쟁서의 주요 비판대상인 슈티르너의 무정부주의에 맞서고 있다는 데 있다.

사실 헤겔의 정신적 끈은 슈티르너를 포함한 청년 헤겔주의자들에게 이미 비판의 표적이 되어왔다. "노년 헤겔파의 경우에는 관념들, 사상들, 개념들, 요컨대 그들로부터 자립화된 의식의 산물들이 인간사회의 진정한 유대의 끈이라고 선언되는 것과 마찬가지로 청년 헤겔파의 경우에는 그것들이 인간 본래의 족쇄들로 여겨지기 때문에, 그들이 오직 이러한 의식의 환상들에 대항해서 투쟁해야 하는 것은 당연하다"(칼 맑스·프리드리히 엥겔스 1991a, 195면). 정신적인 것이 환상에 불과하다는 생각에서 맑스는 청년 헤겔주의자들과 같은 견해이다. 그러나 의식의 관념들이 이데올로기적 환상에 불과하다는 유명론적 태도에 만족하지 않고, 그 환상이 물질적 삶에서 발생하는 구체적 과정을 들여다보아야 한다는 생각에서 맑스는 청년 헤겔주의자들과 거리를 둔다. 보편적 관념, 그것은 분명 어떤 허구이다. 그러나 그 허구는 왜, 그리고 어떻게 실재적인 것처럼 현상하는가?

이런 물음에서 이데올로기에 대한 맑스의 계보학적 분석이 시작된다. 그러나 이 계보학적 분석은 이데올로기적 보편자를 대신하는 새로운 보편자를 찾는 과제를 설정한다. 이 과제는 슈티르너의 과격한 유명론이 함축하는 어떤 위험에 대처해야 할 필요성에서 온다. 슈티르너는 종교적 이데올로기뿐 아니라 모든 보편적 개념을 부정한다. 국가, 사회, 당, 공산주의 등 단독적 개인을 넘어서는 모든 개념과 조직은 어떤 지배를 위해 제도적으로 고안된 허구에 불과하다는 것이다. 이런 무정부주의적 관점에 대항해서 맑스는 공산주의 이념을 방어해야 했고, 그 방어는 사회의 본성에 대한 새로운 탐구를 요구했다. 사회란 무엇인가? 사회는 어떻게 가능한가? 헤겔이 말하는 '정신적 끈'이 이데올로기에 불과하다면, 사회를 있게 하는 원초적 끈은 무엇인가?

2. 분업과 보편적 교류의 상실: 맑스의 계사존재론(1)

그러므로 『독일 이데올로기』에서 맑스가 설정한 과제는 이중적이다. 먼저 그것은 청년 헤겔주의자들의 관점을 넘어서 이데올로기적 환상이 물질적 삶의 과정에서 발생하는 경위를 분석하는 데 있다. 다른 한편 그것은 극단적 무정부주의의 관점을 넘어서 사회를 형성하는 원초적 조직원리를 모색하고, 이를 통해서 여러가지 사회 유형과 구성체를 낳는 역사적 과정을 논리적으로 재구성하는 데 있다. 맑스의 분석은 "생산의 존재론"(Balibar 2001, 34면)에 입각해서 인간을 새롭게 정의하면서 시작한다. 그 정의에 따르면, "인간들 자신은 생활수단을 생산하기 시작하자마자 동물들과 구별되기 시작한다"(칼 맑스·프리드리히 엥겔스 1991a, 197면). 인간됨의 존재를 형성하는 것은 생산이며, 더 구체적으로 말해서 실존수단의 생산이다. 따라서 인간의 역사는 그런 수단을 생산해온 과정, 생산양식의 발전과정이다. 한 사회의 형태는 그런 생산양식에 의해서 규정되며, 그 양식의 변화에 따라 역사적으로 변형된다.

그렇다면 생산양식의 변화를 초래하는 요인은 무엇인가? 그것은 분업이다. "분업의 다양한 발전단계들은 마찬가지로 그만큼 다양한 소유의 형태들이다. 분업의 각 단계는 또한 재료, 도구 그리고 노동생산물과 관련된 개인들 상호간의 관계를 규정한다"(칼 맑스·프리드리히 엥겔스 1991a, 198면). 생산력, 생산도구와 재료, 분배와 소비 등 생산과 관련된 모든 것은 분업체계에 의해 규정되고 표현된다. 분업체계의 발전, 그것이 역사의 변화를 논리적으로 재구성하기 위해서 마지막에 두어야 하는 준거점이다. 이런 분업체계의 발전과정에서 가장 중요한 분기점은 두 가지인데, 하나는 물질적 노동과 정신적 노동의 분할이고 다른 하나는 생산과 교류의 분리다.

──물질적 노동과 정신적 노동의 분할. 이 분할은 진정한 분업의 출발점이자 이데올로기 출현의 출발점이다. "분업은 물질적 노동과 정신적 노동의 분할이 등장하는 시점으로부터 진정한 분업이 된다. 이 시점부터 의식은, 현실적인 어떤 것을 눈앞에 놓지(vorzustellen) 않고서도 현실적으로 어떤 것을 표상한다고(vorzustellen), 자기를 현존하는 실천의 의식과는 다른 어떤 것이라고 현실적으로 상상할 수 있다"(칼 맑스·프리드리히 엥겔스 1991a, 211면). 바로 이 시점에서 신학·철학·도덕 등을 비롯한 이데올로기적 관념을 생산하는 이론이 출현하며, 그 관념은 물질적 조건과 독립해서 존재할 뿐 아니라 그 위에 진리로서 군림하기 시작한다. 청년 헤겔주의자들이 파악하지 못한 이데올로기적 환상의 역사적 발생경위는 여기에 있다.

그러나 자립성과 초월성을 띠게 된 관념은 원래 '누구의' 관념이었는가? 이것이 또한 맑스의 계보학에서 결정적으로 중요한 물음이다. 왜냐하면 이데올로기는 경제학적 현상인 동시에 정치적 현상이기 때문이다. 맑스에 따르면, 이데올로기는 지배계급의 관념이었다. 특정한 역사적 단계의 지배계급이 지닌 특수한 관념이 그 계급과 분리되어 초계급적 의미와 초역사적 보편성을 획득하면서 이데올로기가 성립하는 것이다(칼 맑스·프리드리히 엥겔스 1991a, 226면 이하).

──생산과 교류의 분리. 이는 분업체계가 개인의 의지와 무관하게 펼쳐짐에 따라 인간이 사회적 질서에 의해 소외되는 현상이다(맑스가 이 대목에서 소외를 말한다는 것에 주목하자). "사회적인 힘, 즉 분업 속에 조건

지어진 다양한 개인들의 협업에 의해 성립한 다기한 생산력은, 그 협업 자체가 자유의지에 따른 것이 아니라 자연성장적인 것이기 때문에, 이들 개인들에게 자신들의 단결된 힘으로 나타나는 것이 아니라 그들 밖에 있는 하나의 낯선 힘으로 나타난다. 이 낯선 힘은 개인들이 그것이 어디서 나온 것이고 어디로 가는지 모르는 힘, 따라서 그들이 더이상 지배할 수 없는 힘, 반대로 이제 인간들의 의지와 행동으로부터 독립된, 곧 그 의지와 행동을 우선적으로 지휘하는 (…) 힘이다"(칼 맑스·프리드리히 엥겔스 1991a, 214~15면).

처음에 인간들 사이의 인격적 교류(Verkehr) 형식이던, 따라서 개인들의 의지에서 비롯된 분업이 독자적 성장논리를 획득함에 따라 인간들 사이의 교류를 차단하고 개인들의 의지에 반하여 사회적 관계를 재배치하는 소외기제로 탈바꿈한다. 구체적으로 말해서, 분업이 심화됨에 따라 개인은 자신의 직업에 매몰된 인간, 전인적 완전성을 상실한 '부채꼴' 인간이 된다. 다른 한편 사회적 관계가 분업의 논리, 직업의 논리, 그것이 요구하는 노동조건 등에 의해 지배되므로 인간들간의 자유로운 교류가 어렵게 된다. 인간은 자신의 전인적 인격으로부터, 그리고 타인의 인격으로부터 분리된다. 맑스는 이런 이중적 분리를 "분업에 의한, 인격적 힘들(관계들)의 사물적 힘들로의 전화"(칼 맑스·프리드리히 엥겔스 1991a, 246면)라 했고, 이 전화를 소외라 했다. 소외는 "분업과 함께 주어진 불가피한 연합, 즉 개인들의 분리에 의해서 그들에게 낯선 결박이 되어버린 불가피한 연합" (칼 맑스·프리드리히 엥겔스 1991a, 249면)에서 비롯된다.

그러므로 분업은 개인들의 분리만 가져오는 것이 아니다. 분업은 '교류'로 표현되는 인격적 관계를 끊어내는 동시에 그 자리에 '연합' 또는 '교환'으로 표현되는 사물적 관계를 낳는다. 분업은 인격적 끈을 풀어내면서 사물적 끈을 자아내는, 그래서 사회를 낯선 거미집으로 만들어가는 괴물로 변해간다. 여기서 "개인들은 모든 현실적 생활내용을 빼앗겨버리고 추상적 개인들로 전화된다"(칼 맑스·프리드리히 엥겔스 1991a, 256면).

이런 비극적 인식으로 우회하는 맑스의 생산의 존재론 안에서 인간은 근본적으로 사회적일 수밖에 없다. 이때 "사회적이라 함은 어떠한 조건, 어떠한 방식, 어떠한 목적으로 수행되든지간에 어쨌든 그 아래에서의 많은 개인들의 협업이라는 의미로서 이해된다"(칼 맑스·프리드리히 엥겔스 1991a, 209면). 인간은 노동을 통해 삶과 실존의 조건들을 생산하는 존재자인 한에서 협업적이다. 개인들은 상호관계 없이 존재할 수 없다. 따라서 사회는 추상적 관념이 아니라 환원 불가능한 인간학적 사태이다. 문제는 인간의 존재를 구성하는, 따라서 인간으로서는 벗어날 수 없는 이 사회적 관계가 일으키는 소외에 있으며, 그 소외를 극복할 수 있는 새로운 사회적 관계의 가능성을 찾는 데 있다.

이런 관점에서 볼 때, 슈티르너의 오류는 회피 불가능한 것을 회피하는 데 있다. 회피 불가능한 것, 그것은 인간이 사회적 존재자라는 사실이다. 인간의 존재를 구성하고 규정하는 것은 사회적 계사이다. "동물은 어떤 것에 대해서도 자신을 '관련시키지' 않는다. 절대로 않는다. 동물에게, 다른 동물들에 대한 자신의 관계는 관계로서 존재하지 않는다. 따라서 의식은 애초부터 사회적 생산물이며, 일반적으로 인간이 존재하는 한 그렇게 존재한다"(칼 맑스·프리드리히 엥겔스 1991a, 210면).

그러나 인간이 사회적 생산물이라는 것 못지않게 회피할 수 없는 사실이 또 있다. 그것은 인간을 효과로서 낳는 사회적 관계가 언제나 인간을 위한 것이 아니라 인간에 반할 수 있다는 것이다. 사회 속에서 일어나는 지배와 억압은 개인들의 의지나 무지 때문이 아니라 사회적 관계 자체의 내재적 필연성 때문에 일어나는 현상일 수 있다. 따라서 사회에서 일어나는 소외를 극복하는 것은 사회로부터 도피한다고 해서 되는 일도 아니고, 어떤 주체적 결단으로 해결할 수 있는 일도 아니다.

문제는 그런 사회적 관계를 조종하는 논리를 파악하는 데 있다. 소외를 넘어설 가능성, 그것은 소외를 가져온 역사적 과정의 반대편에 있는 것이 아니다. 그 가능성은 소외를 가져온 역사적 과정 자체 안에서 찾아야 한다. 소외는 인간이 존재하고 역사가 전개되는 논리 안에서 발생하는 필연적 현상이다. 그것을 극복할 가능성은 그런 비극적 인식을 회피하지 않을 때만 기대할 수 있다. "분업에 의한, 인격적 힘들(관계들)의 사물적 힘들로의 전화는 사람들이 그것에 관한 일반적 관념들을 머리에서 떨쳐버림에 의해서 지양될 수 있는 것이 아니라 개인들이 이러한 사물적 힘들을 다시 자신 아래로 포섭하고 분업을 지양하는 것에 의해서만 지양할 수 있다. 이것은 공동체 없이는 불가능하다"(칼 맑스·프리드리히 엥겔스 1991a, 246면).

이렇게 쓸 때 맑스는 먼저 인간이 벗어날 수 없는 사회적 그물망을 생각하고 있다. 그것은 사회계약론자들이 말하는 계약이 있기 전부터, 의식적 인간이 있기 전부터 얽혀 있는 계사이다. 그 다음 맑스는 그 계사를 분업의 꽁무니에서 분비되는 실로 바라보고 있다. 자율적 체계로 변해버린 분업의 질서는 역사적 필연성을 띠고 있다. 그 질서 자체의 자기증식 논리는 그런 역사적 필연성 안에서 인간의 소외를 가져왔다. 마지막으로 맑스는 그런 소외를 가져온 분업의 질서를 지양할 수 있는 가능성을 생각하고 있다. 인간 위에 군림하는 이 질서를 어떻게 인간 아래 둘 것인가? 어떻게 거미를 잡을 것인가? 아마 이 물음이 맑스의 정치경제학 전체를 끌고 가는 물음일 것이다. 하지만 그것은 『독일 이데올로기』를 넘어서는 물음, 이 저서에서는 다만 해결 가능한 것으로 전제되어 있을 뿐인 물음이다. 그런 전제 아래 맑스는 분업이라는 거미를 인간이 통제할 수 있는 상태인 공산주의 단계의 사회를 그리고 있다.

노동이 배분되기 시작하자마자, 모든 개인들은 그들에게 강요되는, 그들이 벗어날 수 없는 특정한 배타적 활동의 영역을 갖게 된다. 그는 한 사람의 사냥꾼이거나 한 사람의 어부, 목동, 비판적 비판가일 뿐이다. (…) 반면 아무도 하나의 배타적 활동의 영역을 갖지 않으며 모든 사람이 그가 원하는 분야에서 자신을 도야할 수 있는 공산주의사회에서는 (…) 내가 하고 싶은 그대로 오늘은 이 일, 내일은 저 일을 하는 것, 아침에는 사냥하고 오후에는 낚시하고 저녁에는 소를 치며 저녁식사 후에는 비판하면서도 사냥꾼으로도 어부로도 목동으로도 비판가로도 되지 않는 일이 가능하게 된다. (칼 맑스·프리드리히 엥겔스 1991a, 214면)

3. 화폐의 끈과 존재론적 혼동: 맑스의 계사존재론(2)

『독일 이데올로기』에서 사회의 역사적 유래와 변형을 설명하는 출발점은 분업에 있다. 인간의 본성과 소외도 분업에 대한 분석에서 비로소 새롭게 정의된다. 맑스가 헤겔의 인륜적 끈을 대신할 사회적 계사를 찾는 것도 분업에 대한 성찰을 통해서이다. 이런 성찰을 끌고 가는 힘은 어떤 잃어버린 유토피아에 대한 강렬한 향수에 있는 것처럼 보인다. 방금 인용한 맑스의 문장에서 이런 낭만주의적이고 인간주의적인 열정을 쉽게 읽을 수 있다.

하지만 이런 열정 안에서 이해되고 있는 사회적 계사는 헤겔의 인륜적 끈과 크게 다른 것 같지는 않아 보인다. 헤겔의 인륜적 끈은 계약적 끈의 소외효과를 극복하는 위치에 있다. 『독일 이데올로기』에서는 소외를 가져오는 것은 분업의 끈이고 그 끈에 의해서 상실된, 따라서 다시 회복해야 할 위치에 있는 것은 교류의 끈이다. 인간과 인간을 인격적 관계로 묶어주는 동시에 각 개인을 전인적 인격으로 묶어주는 이 교류의 끈은 유물론적 관점을 초과하는 범주라는 의미에서 헤겔의 인륜적 끈과 크게 다를 바 없을 것이다. 따라서 끈의 비유가 그토록 빈번한 이 저서에서 맑스의 계사론은 아직 충분히 맑스적이지 못하다고 할 수 있다.

적어도 『자본론』의 맑스를 생각한다면 이렇게 평가할 수밖에 없을 것이다. 이 책에서 존재론적 게사는 분업을 통해서가 아니라 화폐와 자본을 통해서 사유되고 있다. 하지만 화폐에 대한 맑스의 성찰은 『독일 이데올로기』를 쓰기 전부터 이미 끈의 은유 안에서 펼쳐져왔고, 이미 게사존재론의 차원으로까지 심화되었다.

우리는 이것을 『1844년의 경제학 철학 초고』에서 읽을 수 있다. 이 초고의 보론에서 맑스는 헤겔의 논리학에 주석을 붙이면서 논리를 화폐와 동일한 위치에 놓았다. "논리——정신의 화폐, 인간과 자연의 사변적 가치, 사유가치——그것의 본질은 모든 현실적 규정성에 대하여 전적으로 무관심하게 되었고, 따라서 비현실적으로 되었다——그것은 '외면화된', 따라서 자연과 실질적 인간으로부터 추상된 사유이다"(Marx 1982, 402면).

이 구절은 먼저 논리와 화폐의 동일한 성격을 말하고 있다. 앞에서(이 책 3부 2장 2절) 충분히 설명한 것처럼, 화폐는 일반적 등가물이다. 이 일반적 등가물을 척도로 전제할 때만 사물들은 서로 비교될 수 있는 상품이 된다. 모든 상품은 그 등가물이 구현하는 가치를 소유하고 있다고 전제되는 한에서만 등가적으로 교환될 수 있다. 그리고 등가적 교환의 일반화와 더불어 비로소 경제학적 질서는 어떤 중심화되고 동질적인 공간, 법칙적 공간으로 체계화될 수 있다. 화폐는 경제학적 체계가 표상되기 위해서 설정되어야 하는 일반자, 사물들 사이의 질적 차이에도 불구하고 그 사물들이 보편적으로 나누어 가지고 있다고 생각되는 형이상학적 일반자를 표현한다. 모든 사물은 이 일반자에 의해 단일한 유(類), 단일하고 동일한 질서에 묶인다. 화폐는 모든 상품들을 하나로 묶는 끈이다. 화폐는 모든 상품들을 서로 이어놓고 매개하면서 하나의 법칙에 따르는 논리적 공간을 열어놓는다.

맑스는 그런 의미에서 화폐와 논리를 같은 위치에 놓았다. 화폐는 상품교환의 공간을 열어놓는 논리다. 하지만 위의 구절에서 맑스가 강조하는 것은 화폐가 열어놓는 이 공간이 비사실적이라는 점이다. 그것은 실재와 동떨어진 공간, 실재와 따로 노는 공간이다. 따라서 화폐경제에 대한 그 두 상이한 공간 못지않게 양자의 괴리를 분석할 수 있어야 한다. 하지만 맑스에 따르면, 그 괴리는 화폐가 열어놓는 공간으로부터 추적되어야 한다. 왜냐하면 그것은 그 논리적 공간 안에서 발생하는 괴리이기 때문이다. 그 추상적 공간은 실질적 공간을 은폐하고 왜곡하는 힘, 거리를 만드는 힘을 지닌다. 게다가 그것은 그 괴리를 보이지 않게 하는 마술적 힘이다. 그 마술적 힘은 모든 분석에 저항하는 가장 강력한 힘이고, 따라서 가장 먼저 제압되어야 한다.

맑스는 끊임없이 화폐가 지닌 논리적 위력이 마술적 위력임을 보여주고자 했는데, 1844년의 초고에서는 괴테와 셰익스피어의 작품에서 인용한 구절에 주석을 붙이면서 그 위력을 서술했다.[1] 미처 요약할 수 없을 만큼 풍부한 직관을 끌어내는 이 주석에서 우리는 세 가지 언명을 읽을 수 있

---

1) 맑스가 인용하는 구절이 너무 길므로 일부만 재인용하자.

(…)
실없이 내가 그것을 기원하는 것은 아니라네.
이만큼만 있으면, 검은 것을 희게,
추한 것을 아름답게 만든다네.
나쁜 것을 좋게, 늙은 것을 젊게, 비천한 것을 고귀하게 만든다네
이것은 사제를 제단으로부터 (…) 꾀어낸다네
다 나아가는 병자의 머리 밑에서 베개를 빼가버린다네
그렇다네, 이 황색의 노예는 성스러운 끈을 풀기도 매기도 하네.
저주받은 자에게 축복을 내리네.
그것은 문둥병을 사랑스러워 보이게 하고
도둑을 영광스러운 자리에 앉힌다네
그리고 원로원 회의에서
도둑에게 작위와 궤배와 권세를 부여한다네, 또 이 노예는
늙어빠진 과부에게 청혼자를 데리고 온다네.
양로원에서 상처로 인해 심하게 곪고 있던 그 과부가
매스꺼운 모습을 떨쳐버리고 오월의 청춘으로 되어서
(…)
　　　　　　　　　　－셰익스피어 『아테네의 타이몬』(*Timon of Athens*) 중에서

다. 그것은 각각 주체, 끈, 보편적 혼동에 대한 언명이다.

──주체에 대한 언명. 우리는 앞에서(이 책 1부 1장 1절) 근대적 주체가 존재론적 계사를 참칭한 자아임을, 다시 말해서 존재하는 모든 것을 자유롭게 엮고 푸는 계사적 권력의 위치에서 자신을 의식하는 자아임을 확인했다. 맑스는 근대적 주체가 화폐에 의해 매개되어 있음을 말한다. 즉 주체는 그 자체로 존재론적 계사의 위치에 올라설 수 있는 것이 아니다. 주체는 화폐를 소유할 수 있을 때만 계사적 권력을 손에 넣을 수 있다. 주체의 존재는 대상의 소유에, 그러나 화폐의 소유를 통한 소유에 있다. "화폐를 통해서 나에게 존재하는 것, 내가 그 댓가를 지불하는 것, 즉 화폐가 구매할 수 있는 것, 그것이 '나', 화폐의 소유자 자신'이다'. 화폐의 힘이 크면 클수록 나의 힘도 크다. 화폐의 속성들은 나의──화폐소유자의──속성들이요 본질적인 힘들이다. 따라서 내가 무엇'이고' 내가 무엇을 '할 수 있는가'는 결코 나의 개성에 의해서 규정되지 않는다"(칼 맑스 1991a, 88~89면).

나의 무엇됨, 나의 능력, 나의 성질은 나 자신에 의해 규정되는 것이 아니라 내가 소유한 화폐에 의해 규정된다. 나의 성질은 선천적으로든 경험적으로든 나 자신에 의해 나에게 속하는 술어가 아니다. 그것은 화폐에 의해 비로소 나에게 묶이는 술어에 불과하다. 화폐는 주체와 술어적 속성을 묶었다 풀었다 하는 계사이다. 주체의 계사는 화폐의 계사에서 온다.

──끈에 대한 언명. "화폐가 나를 인간적 삶에 결합시키고 사회를 나에 결합시키며 나를 자연 그리고 인간과 결합시키는 끈이라면, 화폐는 모든 '끈들의' 끈이 아니겠는가? 화폐는 모든 끈을 풀기도 하고 매기도 할 수 있는 것이 아니겠는가? 그러므로 화폐는 보편적 절연수단이지 않겠는가? 그것은 진정한 분할화폐(Scheidemünze)이자 진정한 결합수단이며 사회의 전기화학적 힘이다"(칼 맑스 1991a, 89면).

우리는 여기서 어떤 존재론적 직관을 읽을 수 있다. 맑스의 정치경제학은 그가 여기서 도달한 직관의 깊이 안에서, 그 깊이에 부합하기 위해서 부단히 변모되어갈 것이다. 이 직관에 따르면, 화폐는 사회적 질서를 끊임없이 재편하는 '전기화학적 힘'이다. 이 힘은 풀기도 하고 매기도 하는 이중적 운동 속에서 펼쳐진다. 사회 안에서 성립하는 모든 이합집산은 이 화폐의 힘이 일으키는 현상이다. 이 점에서 화폐를 능가하는 것은 없고, 그런 의미에서 그것은 '끈들의 끈'이다. 가령 주체의 끈, 계약의 끈, 인류의 끈, 유(類)라는 끈 등은 모두 다시 화폐의 끈에 종속되어 있다. 적어도 자본주의사회에서 존재론적 계사는 화폐를 통해서 자신을 드러낸다. 화폐는 체계적 형태의 경제적 질서를 열어놓는 논리적 위력만을 지니는 것이 아니다. 화폐가 지니는 것은 무엇보다 존재론적 위력이다. 자본주의사회에서 이 위력을 능가하는 존재론적 현상은 없다.

자본주의사회가 지닌 혁명적이고 혁신적인 측면도 화폐가 참칭하게 된 존재론적 계사의 절대적 위력에서 온다. "부르주아지는 역사에서 극히 혁명적인 역할을 수행하였다. 부르주아지는 자신들이 지배권을 얻은 모든 곳에서 모든 봉건적·가부장적·목가적 관계들을 파괴하였다. 부르주아지는 타고난 상전들에 사람을 묶어놓고 있던 잡다한 색깔의 봉건적 끈들을 무자비하게 끊어버렸으며, 사람과 사람 사이에 노골적 이해관계, 냉혹한 '현금계산' 이외에 아무런 끈도 남겨놓지 않았다"(칼 맑스·프리드리히 엥겔스 1991b, 402면).

사람과 사람 사이, 그리고 사물과 사물 사이, 또는 사람과 사물 사이에 성립할 수 있는 모든 관계는 자본의 힘 앞에서 순수하게 자의적이고 임시적인 것으로 변해버린다. 자연스러워 보이고 성스러워 보이기까지 하는 관계마저 언제든지 취소할 수 있는 관계, 한없이 공허하고 무력한 관계로 전락한다. 이 세상에는 자본에 의해서 끊어지지 않거나 자본으로 묶이지 않을 관계는 더이상 존재하지 않게 된다. 자본의 위력 앞에서 모든 것은 언제든지 새로 분해하고 합칠 수 있는 원자, 무한히 수동적이고 조작 가능한 질료로 변해버린다.

이 질료를 해체하고 구성하는 것, 묶고 푸는 것은 오로지 자본이다. 이 자본은 인간에게든 사물에게든 어떠한 내재적 관계도 용인하지 않는다. 이 세상에 영원한 관계는 더이상 없다. 본질적 관계 같은 것은 없다. 자본이 등장하자마자 남은 유일한 선험적 사태는 사회 안에 존재하는 모든 것이 백사장의 모래알처럼 분리되고 고립된다는 사실뿐이다. 자본주의적 존재론의 원점, 그것은 사막화이다. 이 사막에서 개체를 잇거나 떼어놓는 힘은 모두 자본에 있다. 모든 관계 가능성은 자본에서 온다. 관계의 끈은 자본이 혼자서 독점한다. 자본주의사회는 자본에 의한 끈의 독점에서 성립한다.

──보편적 혼동에 대한 언명. "화폐는 현존하며 활동하고 있는 가치의 개념으로서 만물을 혼동시키고 전도시킨다. 그러므로 화폐는 만물의 보편적 혼동이요 전도이며, 따라서 전도된 세계요 모든 인간적·자연적 질(質)들의 혼동이요 전도이다"(칼 맑스 1991a, 91면).

왜 보편적 혼동이요 전도인가? 화폐는 게으름을 성실함으로, 미움을 사랑으로, 패덕을 덕으로, 종을 주인으로, 우둔을 총명으로, 표상에 불과한 것을 현실로 뒤바꿔놓기 때문이다(이 전도는 반대방향으로도 이루어질 수 있다). 개체에 속하는 속성들, 주어가 소유했던 술어들은 화폐가 개입하자마자 자유롭게 분리되고 이동한다. 불가능할 것 같은 이동, 모순에 찬 결합을 성사시키면서 화폐는 친근했던 것을 낯선 것으로, 낯설던 것을 자연스러운 것으로 전도시킨다. 화폐의 미소 앞에서는 상호 모순적이고 배타적인 것들끼리도 서로 껴안고 입을 맞춘다.

따라서 화폐에 의해 매개되는 사회적 질서는 데리다가 말하는 텍스트로 변모한다. 끊임없이 매듭을 풀고 다시 매는 이 텍스트 안에서 중심, 본질, 정상성, 실체, 동일성은 임의적이거나 허구적일 뿐이다. 여기서 견고한 것은 없다. 어떤 것도 화폐가 일으키는 요동을 항구적으로 견딜 수 없다. 모든 것은 탈영토화와 재영토화를 반복하는 화폐의 이중운동 안에서 잠정적으로 존재할 뿐이다. 자본주의사회는 부단히 그 척도를 바꾸는 가운데 변형되는 다양체, 들뢰즈가 말하는 다양체가 되어간다.

맑스는 화폐에 의해 다양체로 뒤바뀐 사회적 현실을 '만물의 보편적 혼동과 전도'로 체험한다. 이 체험은 일종의 존재론적 체험이다. 이 체험의 역사적 의미는 비교적 최근에 이르러서야 겨우 파악되기 시작했다.[2] 이 체험의 핵심은 자본주의사회에서 인간이 겪을 수밖에 없는 소외와 위험을 자각한 데 있는 것이 아니다. 그것은 화폐를 통해서 자신을 드러낸 존재론적 계사의 진면목과 마주쳤다는 데 있다. 맑스의 정치경제학이 지닌 철학사적 의미, 그것이 탈근대적 전환점으로 자리매김될 수 있는 이유는 여기에 있다.

1844년의 초고에서 맑스는 자신이 마주친 존재론적 계사의 진면목을 아직 혼돈과 위험으로 체험하고 있다. 여기서 계사는 인간과 역사 위에 군림하는 거대한 거미 같은 괴물이다. 『자본론』은 이 괴물과 벌이는 한판승부이다. 그러나 이 싸움에서 중요한 것은 승패에 있는 것이 아니다. 그것은 맑스가 승패와 무관하게 그 괴물을 이론적 평정심 안에서 똑바로 바라볼 수 있었다는 데 있다.

4. 상품물신, 자본물신, 이데올로기: 맑스의 계사존재론(3)

이런 이론적 응시는 계보학적 시선으로 심화되어간다. 『자본론』에서 맑스가 존재론적 계사를 재전유하는 매개항은 단순한 화폐가 아니다. 그

---

2) 알랭 바디우에 따르면, "철학은 최근에 이르기까지 자본에 비견될 만한 높이에서 사고할 줄 몰랐다." 왜냐하면 자본을 통해서 "우리가 눈먼 상태에서 진리이론의 새로운 단계, 즉 일자(l'Un) 없는 다양체의 이론 또는 무한하고 식별 불가능하고 파편화된 총체성의 이론으로 진입했음을 깨닫지 못하고 있기 때문이다." 알랭 바디우(1995) 『철학을 위한 선언』, 이종영 옮김, 서울: 백의, 71~72면.

것은 자본의 형태, 특히 산업자본과 금융자본의 형태를 띠면서 자신의 잠재력을 극단적으로 실현하는 화폐이다. 이 단계에서 화폐의 계사적 권력은 정점에 이르고 다양한 물신숭배를 조장한다. 맑스는 그렇게 번성하는 화폐의 권력을 정치경제학적 관점에서 바라본다. 그러나 이 관점의 독창성은 기존 정치경제학의 한계를 표시하고 그 한계의 유래를 설명하는 데 있다. 이 점에서 맑스의 정치경제학은 계보학적이다.

계보학적 성격의 이론은 가상이론의 형태를 띨 수밖에 없다. 이 가상이론은 이렇게 말한다. '지금 우리 앞에 있는 것은 자연발생적이고 보편적인 것처럼 보인다. 때로 그것은 초역사적 자기동일성과 실체적 자립성을 띠고 있는 것처럼 보인다. 그러나 그것은 그렇게 보일 뿐이다. 그것은 특정한 역사적 단계에서만 성립하는 현상이지 결코 그 이상이 아니다.' 맑스는 화폐의 마지막 진화형태인 자본에 대하여 그렇게 말한다. '자본은 스스로 자신을 증식해가는 실체, 자신의 힘으로 잉여가치를 창조하는 살아 있는 주체인 것처럼 보인다. 그러나 그렇게 보일 뿐이다. 그것은 특정한 사회적 생산관계 안에서 성립하는 현상이다. 그것은 그 자체로 현존하는 자연적 현상이 아니라 자본주의적 생산양식이 일상적 현실 안에서 자신을 표현하는 형식이다.'

맑스는 주체로서 인격화된 자본, 실체로서 절대화된 자본을 '자본물신'(Kapitalfetisch)이라 부른다. 하지만『자본론』3권에서 본격적으로 분석되는 이 자본물신보다 더 유명한 것은 같은 책 1권 1편에 나오는 상품물신이다. 이 두 물신은 서로 다른 것이므로 혼동을 피해야 하지만, 그 둘 사이의 연속적 관계를 놓치지 않는 것도 중요하다. 간단히 말해서 상품물신 분석은 자본물신 분석을 준비하는 예비작업이며, 현대의 세련된 이데올로기 개념을 예고하고 있다(Dimoulis and Milios 2000 참조). 우리는 거기서 해체론적 의미의 가상 개념을 읽을 수 있다. 이 점을 미리 염두에 두면서 맑스의 분석을 단계적으로 따라가보도록 하자.

――상품물신. 이는 "노동생산물이 상품형태를 취하자마자 발생하는 그 생산물의 수수께끼 같은 성격"을 가리킨다. 그것은 "사실상 인간들 사이의 특정한 사회적 관계에 지나지 않는 것이 인간의 눈에 물건들 사이의 관계라는 환상적 형태로 나타날" 때 생기는 초감성적 성질이다. 생산물이 상품의 자격에서 획득하는 그 신비한 성격은 "상품형태가 인간 자신의 노동의 사회적 성격을 노동생산물 자체의 물적 성격으로 보이게 하며 (…) 물건들의 사회적 관계로 보이게 한다는 사실에 있다."[3]

노동생산물이 상품형태를 취하는 것은 역사적 현상이다. 그 현상을 낳는 역사적 과정은 분업의 심화와 교환의 일반화로 요약할 수 있다. 분업체계가 일정한 국면에 들어서면 개인은 한가지 물건만 생산하고 자신이 필요한 그외의 모든 물건을 구매를 통해서 충당해야 한다. 그리고 이 구매를 위해서 자신이 생산한 물건을 내다팔아야 한다. 여기서 교환이 일반화되는데, 이렇게 일반화된 교환 안에서 사적 노동은 이중적 성격을 띠게 된다.

먼저 그것은 분업적 생산의 일부로서 사회가 필요로 하는 재화를 생산하는 노동이다. 이 노동은 개인에 따라 서로 다른 질적 특수성을 띠며, 그것을 육화하고 있는 생산물은 사용가치를 지닌다. 다른 한편 그것은 교환의 대상인 상품을 염두에 두고 이루어지는 노동이다. 그런데 하나의 생산물이 다른 생산물과 등가적으로 교환될 수 있기 위해서는 그것들 각각에 육화된 노동의 질적 특수성과 차이가 무시되고 서로 공통된 성질에 따라 비교되어야 한다. 따라서 가령 생산물에 투입된 노동시간같이 양적으로 측정할 수 있는 성질이 노동의 '객관적' 성질로 자리잡는다. 상품으로서 생산물이 지닌 가치는 이런 등질적 노동의 양에 근거한 교환가치다.

그러므로 사적 노동이 이중적 성격을 띠면서 생산물도 '균열'을 겪는다.

---

3) 칼 맑스(1991b) 『자본론』 1권, 김수행 옮김(개역판), 서울: 비봉출판사, 91~92면. 여기서 『자본론』의 인용은 우리말 번역본을 이용하지만 많은 경우 원문대조를 통해 수정·보완했다.

먼저 그것은 특정한 욕구를 충족하는, 서로 질적으로 차이나는 물질적 존재자이다. 다른 한편 그것은 서로 동질적이고 등가적으로 교환될 수 있는 '사회적' 존재자이다. 사회적 존재자인 한에서 생산물은 "동등한 인간적 노동을 그 안에 감추고 있는 하나의 단순한 물적 외피"(칼 맑스 1991b, 93면)와 같다.

여기서 라깡이 말하는 주체의 균열을 떠올릴 필요가 있다. 그것은 '사유하는 나'와 '실존하는 나' 사이의 균열이다(이 책 1부 2장 2절 참조). 상징계에 진입한 주체는 언어의 질서를 내면화하여 의미있는 기호교환과 자기표현 능력을 지니는 '사유하는 나'의 자격을 획득한다. 하지만 그 과정에서 자신의 고유한 실존은 망각되고 다른 층위에 억류되어 있어야 한다. 이로부터 '나는 생각한다'와 '나는 있다' 사이에 균열이 발생한다.

노동생산물도 마찬가지다. 교환의 문맥 안으로 들어가 사회성을 띠면서 유사한 균열을 겪는다. 한마디로 "유용물과 가치물로 분열"(칼 맑스 1991b, 93면)되는데, 이는 분업의 심화에 따라 교환이 일반화될 때 일어나는 필연적 현상이다. 물론 분업에 참여하는 노동자인 한에서 개인들은 모든 노동이 하나의 척도로 잴 수 있는 동질적 행위라고 여기는 법은 없다. 하지만 서로 물건을 교환할 때는 그런 생각을 용인하고 실천한다. "그들은 이것을 의식하지 못하면서 그렇게 한다"(칼 맑스 1991b, 93~94면). 교환의 현장에 들어가자마자 그들은 생산물이 유용물임을 잊고 그것을 오로지 가치물로만 취급한다.

그러므로 물신숭배는 행위와 실천의 차원에서, 무의식적으로 이루어지는 증상이다. 의식의 차원에서 노동의 주체는 노동생산물들이 동질적 노동을 담고 있는 추상적 가치물이 아니라는 것을 알지 못하더라도, 무의식적으로는 이미 그렇게 알고 행한다. 교환의 문맥 안에서만 성립하는 가치를 모든 문맥을 떠나서 독자적으로 현존하는 실체로 용인하고 숭배한다. 물건을 사고파는 한에서 주체는 이미 물신숭배자의 위치에 있고, 그의 사유와 존재는 이미 균열되어 있다.

이런 균열과 착오는 전적으로 잘못된, 따라서 해소할 수 있는 현상이 아니다. 적어도 물건들을 등가적으로, 다시 말해서 객관적이고 합리적으로 교환하기 위해서 주체는 그런 균열과 착오를 겪어야 한다. 왜냐하면 그것이 등가적 교환이 성립하고 유지되기 위한 조건 자체이기 때문이다. 문제는 그런 균열과 착오가 물신숭배의 수준으로까지 발전할 만큼 병적으로 심화된다는 것이다.

이 병적 증상에서 노동생산물들은 개인의 의지와 무관하게 그 자체로 사회적인 것처럼 보인다. 서로가 서로를 비추고 대신하며 자기들끼리 끌어당기고 밀치는 것처럼, 자신들의 독자적 법칙에 따라 움직이는 것처럼 보인다. 상품들은 인간들 사이의 직접적이고 실질적인 사회적 관계와 무관하게 서로 결합하고 분리되는데, 그렇게 묶었다 풀었다 하는 끈은 화폐에 있는 것처럼 보인다. 왜냐하면 "화폐는 상품가치의 현상형식"(칼 맑스 1991b, 113면)이기 때문이다.[4] 따라서 상품이 물신화될 때 인간들간의 관계가 상품들간의 물적 관계로 대체된다면, 궁극적으로 사회의 사회성을 조종하는 끈은 화폐로 돌아간다.

──자본물신. 이런 상품물신에 대한 맑스의 분석은 아직 자본주의적 생산관계에 대한 분석과 서술이 선행되지 않은 상태에서 이루어지고 있다.[5] 맑스는 최소한의 역사적 문맥과 간단한 사회모형을 통해서 사회적 관계의 산물이 사회적 관계의 원리에 해당하는 위치를 차지하는 과정을 보여준다. 이 대목이 극단적으로 대립하는 해석들을 낳은 것은 이런 단순

---

4) "화폐는 다른 상품들의 일반적 등가물이기 때문에 다른 모든 상품과 화폐 사이의 관계는 특수한 상품과 일반적 상품 사이의 관계와 같다." 칼 맑스(1991b) 『자본론』 1권, 김수행 옮김(개역판), 서울: 비봉출판사, 113면. 그러므로 상품이 일종의 '물적 외피'라면, 그 외피가 담고 있는 것은 이제 화폐인 것처럼 보인다. 상품은 돈을 담고 있는 봉투이다.
5) "[자본주의적 생산양식에 대한] 탐구는 상품분석의 범위를 훨씬 벗어난다. (…) 자본의 역사적 존재조건은 결코 상품유통과 화폐유통에 의해 주어지는 것은 아니다." 같은 책 214면.

성 때문인지 모른다. 가령 루카치는 상품물신 개념에서 출발하여 맑스의 소외이론을 재구성하고 그것을 극복할 수 있는 새로운 이데올로기(=계급의식) 이론을 모색한다.[6] 반면 맑스에게서 소외 개념과 이데올로기 개념이 서로 다른 문제틀 안에 놓인다고 보는 알뛰쎄르는 상품물신에 관한 대목의 의미를 최소화하고 그 주제 자체를 '해체'하기에 이른다.[7] 하지만 그 의미를 최대화하든 최소화하든, 이 두 해석은 『자본론』에서 상품물신에 대한 분석이 좀더 큰 물신에 대한 분석을 준비하고 있다는 사실을 간과하고 있다는 점에서는 마찬가지다(Dimoulis and Milios 2000 참조). 그 큰 물신은 자본물신이다.

자본물신은 자본주의적 생산양식 안에서 일어나게 마련인 어떤 착오이다. 이 착오의 기본 내용은 자본이 '잉여가치의 자립적 원천'이라는 인상에 있다. 그것은 자본이 자신의 고유한 힘으로 자신을 증식해가는 능력을 지닌다는 인상이다. 이런 인상을 내용으로 하는 자본물신은 이자산출 자본을 통해서 가장 완전하고 극명한 형태를 띠게 된다. "이자산출 자본 안에서 자본물신의 표상이 완성된다. 이 표상은 어떤 타고난 비밀스런 성질을 통해서 마치 자동인형처럼 대상적으로 존재하는 재화에 (…) 잉여가치를 기하급수적으로 낳는 힘을 부여한다"(칼 맑스 1990, 485면).

---

6) 루카치는 맑스적 소외 개념의 핵심을 물화(Verdinglichung)에서 찾는다. 물화는 노동이 상품으로서 관념화·대상화·계량화·합리화되는 가운데 인간이 주체성을 상실하고 생산과정에 적극적으로 개입하지 못하는 단순한 '관망자'에 그치는 현상, 궁극적으로는 '기계적 부품'으로 전락하는 현상을 가리킨다. Lukács, György (1988) *Geschichte und Klassenbewußtsein, Studien über Marxistische Dialektik*, Darmstadt: Luchterhandt, 176면 이하, 313면 이하 등 참조.

7) 이런 알뛰쎄르의 관점 배후에는 두 가지 믿음이 자리한다. 첫째, 맑스에게서 소외의 주제는 1845년 이전의 인간주의적 문제틀에 속한다. 『자본론』에서 상품물신 분석은 굳이 말하자면 소외의 주제와 이어지는 것이 아니라 이데올로기의 주제, 특히—상품관계로부터 투사된—법률적 인간관계를 내용으로 하는 특정한 이데올로기의 주제로 이어진다. 둘째, 그러나 이데올로기는 교육제도를 포함한 복잡한 제도적 장치, 즉 국가장치의 틀 안에서만 성립하거나 기능할 수 있다. Althusser, Louis (1994) "Marx dans ses limites," *Écrits philosophiques et politiques I*, Paris: Stock/Imec 참조.

자본을 물신화하는 이런 표상은 잉여가치를 창출하는 힘을 자본에 돌린다. 그러나 실질적으로 잉여가치를 생산하는 것은 따로 있다. 그것은 '살아 있는' 노동이다. 맑스는 노동이야말로 잉여가치의 유일한 원천임을 강조한다. 하지만 자본이 물신화되면서 이러한 사실은 은폐된다. 그리고 이러한 사실이 은폐되면서 자본주의적 생산관계의 모순과 착취구조가 보이지 않게 된다. 이 착취구조의 핵심은 노동자가 자신이 생산한 잉여가치로부터 소외된다는 데 있다. 잉여가치가 오로지 자본을 소유한 사람에게만 돌아가는 것이다. 이런 소외와 독점이 성립하기 위해서는 특정한 사회적 관계가 먼저 확립되어야 한다.

먼저 인간들간의 관계가 화폐와 상품의 거래를 기초로 맺어져야 한다. 이 관계 안에서 개인들은 서로 다른 상품의 소유자로서 존재하며, 이들은 대체로 두 부류로 나뉜다. 노동조건과 생산수단을 상품으로 소유한 자본가와 노동력만을 상품으로 소유한 노동자가 그것이다. 노동과정은 이런 두 종류의 상품소유자들간의 만남에서 이루어진다. 이런 사회적 관계 안에서 노동자는 노동력을 소유하되 노동수단은 소유하지 못하는 상태에 있다.

노동자가 노동수단을 직접 소유하지 못하는 상태에서 노동의 성격은 변할 수밖에 없다. 노동자가 생산수단을 부리던 상황이 뒤집혀서 이제 생산수단이 노동자를 부리는 상황이 되기 때문이다. 노동은 살아 있는 노동에서 대상화된 노동, 등가적 단위로 계산되는 노동, 다시 말해서 '죽어 있는' 노동으로 변질된다. 여기서 노동력은 잉여가치를 창출하기 위해 소비되는 상품으로 이해되므로, 그것이 원래 가진 사용가치가 망각되고 오로지 교환가치의 담지자로만 간주된다.

잉여가치의 진정한 원천이 잘못 표상되는 것은 이런 혼동에서 비롯된다. 그 진정한 원천은 사용가치로서의 노동력, 노동과정에 투입되는 노동력이다. 그러나 노동력이 가치창조를 위해 소모되는 상품으로, 돈으로 결제되는 교환가치의 담지자로만 파악되면서 그 원천이 다른 것으로 돌아간다. 그 노동력을 구매할 수 있도록 만든 자본이 잉여가치의 원천인 것처럼 보이는 것이다.

이런 착오를 가져오는 것은 화폐와 상품 사이의 순환에 있다. 맑스는 상품의 물신화가 교환의 문맥에서 발생한다는 것을 보여주었다. 생산물이 계량화할 수 있는 가치의 담지자인 상품으로 현상하는 것이 교환의 질서가 낳는 가상이라면, 자본이 자립적으로 잉여가치를 낳는다는 물신적 표상은 유통을 환경으로 해서 발생한다. 이 유통은 두 가지 방식으로 표시되는데, 그것은 각각 '상품-화폐-상품'과 '화폐-상품-화폐'다.

첫번째 유통은 노동자가 노동력을 팔아서 다른 상품을 구매하는 과정이다. 여기서 화폐는 자본으로 전환될 수 없다. 왜냐하면 '상품-화폐'에서 '화폐-상품'으로 넘어가는 과정이 대칭적이기 때문이다. 두번째 유통은 자본가가 화폐를 가지고 노동력과 노동수단을 구입하여 상품을 만들도록 하고, 이 상품을 팔아서 이전보다 많은 양의 화폐를 획득하는 과정이다. 여기서 '화폐-상품'과 '상품-화폐'는 비대칭적이다. 전자에서 상품은 교환가치의 담지자이지만, 후자에서 상품은 노동력이 투입되어 노동을 구매할 때 지불된 것보다 더 많은 가치를 담게 된 새로운 생산물, 곧 잉여가치를 지닌 상품이기 때문이다. 이런 비대칭적 순환을 통해서 화폐는 자신을 스스로 확대 재생산하는 것처럼 보이는 자본으로 전환된다.

이미 언급했던 것처럼, 화폐를 자본으로 전환하는 이런 유통은 특정한 사회적 관계가 확립되었을 때만 가능하다. 노동자가 노동수단과 분리되고 노동력이 노동자의 유일한 상품으로 남는 사회적 질서에서만 그런 유통은 성립하며, 따라서 자본이 물신화될 수 있다. 하지만 자본물신의 탄생 비밀을 분석하면서 맑스가 강조하는 것은, 그것이 단순한 거짓이자 오류가 아니라는 점이다. 그것은 움직이고 활동하는 오류이며, 그런 의미에서 그것은 이데올로기다.

──물신과 이데올로기. 원래 이데올로기는 물질적·역사적 조건과 분리되어 자립적 실체성을 얻은 관념을 지시했다. 하지만 그 관념은 여기에 머무르지 않고 실재와 자신의 지위를 뒤바꾸어놓는 요술을 부린다. 이데올로기적 관념은 물질적 삶과 역사적 과정을 지도하고 규정하는 선행 원리인 양 행세하고, 자신이 물질적 삶과 역사적 과정의 산물이라는 사실을 은폐한다. 이데올로기는 허위관념이되 사태를 은폐하고 전도하는 관념, 움직이는 관념이다. 이 관념은 지배계급의 이익을 대변하고 모순적 사회구조를 확대 재생산한다는 이유에서 반드시 극복되어야 할 부정적 가상으로 간주되어왔다. 그러나 맑스 이후 이데올로기는 노동자계급의 결속력과 헤게모니 투쟁에 필수불가결한 요소로, 진보적 실천의 불가피한 전제로 파악되었다(레닌·그람시·루카치 등의 경우). 자본주의적 이데올로기를 극복하기 위해서는 모든 이데올로기를 청산해야 하는 것이 아니라 새로운 이데올로기로 무장해야 한다는 것이다.

하지만 이런 새로운 이데올로기 개념은 헤겔이 '정신적 끈'이라 했던 인륜성과 크게 다르지 않을 것이다. 그것은 사회구성원을 하나로 묶어주는 관념적 끈이라는 의미에서 맑스가 벗어나려 했던 헤겔의 그림자 안으로 다시 돌아간 개념일 것이다. 그러나 우리는 맑스의 물신분석에서 그와 다른 이데올로기 개념을 끌어낼 수 있다.

맑스는 이미 상품물신 분석을 통해서 사회의 역사적 발전과정의 결과를 사회 일반에 대한 분석의 원리나 전제로 삼는 오류를 지적했다. 특정한 역사적 단계에 고유한 산물이 초역사적 범주로 자리잡으면서 "이미 사회생활의 자연적 형태라는 견고성을 획득"하는 현상이 물신숭배의 본질이다. 하지만 물신숭배에 사로잡힌 표상은 주관적이면서도 객관적이라는 의미에서 이중적이다. "[가령] 부르주아 경제학은 실제의 사회적 관계를 반영하는 한에서 객관적 진리를 지니는 지성의 형식들이다. 그러나 이 관계는 상품생산이 사회적 생산양식인 특정한 역사적 시기에만 속한다. 따라서 우리가 다른 생산형태를 내다보자마자 (…) 이 모든 신비는 사라질 것이다"(칼 맑스 1991b, 96면. 이하 [ ]는 인용자).

그러므로 오류는 무엇보다 성급한 일반화에 있다. 역사적인 것을 초역사적인 것으로, 역사에 선행하는 것으로 보는 것이 물신에 붙들린 표상이다. 물신화된 범주를 꿰뚫어보기 위해서는 먼저 그 범주를 그것의 역사적 발생의 문맥에 비추어보아야 한다. 이런 재역사화를 통해서 물신이 가져오는 시각적 전도가 교정될 수 있다. 그럼에도 불구하고 그 물신적 범주는 적어도 어떤 제한된 범위 안에서는 객관적 진리를 지닌다. 초역사적으로 타당하지는 않지만, 당대의 사회적 관계를 '반영'하고 있기 때문이다. 물신적 범주는 당대의 거울이다. 물론 이 거울에서 본래의 사회적 관계는 전도되어 나타난다. 그럼에도 불구하고 전도된 영상은 실재적인 것의 '객관적' 반영이다. 물신화된 범주는 실재의 사회적 관계가 자신을 스스로 뒤집어서 드러내는 거울이다.

중요한 것은 이 점이다. 요컨대 실재적인 것은 전도와 착오를 유발하는 그 거울상이 아니라면 시각적으로 드러날 길이 없는 것이다. 맑스는 자본 물신을 분석할 때 이 점을 훨씬 명료하게 언급한다. 여기서 물신화된 범주는 거울상이 아니라 '현상형식'으로, 하지만 자본주의적 생산양식에 '필연적인' 현상형식으로 서술되고 있다.

[노동임금이라는] 이 '현상형식'(Erscheinungsform)은 실질적 관계를 보이지 않게 하고 정반대의 것을 가리키지만, 바로 그 위에 자본가들뿐 아니라 노동자들의 모든 법률적 표상이 기초하고 있으며, 모든 자본주의적 생산양식의 신비화, 그것과 결부된 모든 자유주의적 환상, 모든 속류 경제학의 선전용 허풍이 발딛고 있다. 세계의 역사가 노동임금의 비밀 배후에 도착하기까지 많은 시간이 필요했다면, 이제 반대로 이 '현상형식'의 필연성과 존재이유(raison d'être)만큼 더 쉽게 이해할 수 있는

것은 없을 것이다. (칼 맑스 1991b, 680~81면)

　현상형식은 습관적(gang und gäbe) '사고형식'으로서 직접적이고 자
연발생적으로 재생산되지만, 그 배후에 숨겨져 있는 본질적 관계는 우
선 과학에 의해 발견되어야 한다. 고전파 경제학은 사물의 진상에 접근
하고 있지만, 그것을 '의식적으로' 정식화하지 못하고 있다.

(칼 맑스 1991b, 684면)

　여기서 상품물신 분석에 나오는 외피의 비유를 다시 떠올릴 필요가 있
다. 물신적 범주는 속내를 감싸는 외피다. 문제는 이 껍데기 없이 속내가
보존될 수도, 바깥으로 드러날 수도 없다는 것이다. 이것이 물신적 범주의
'존재이유'이다. 물신적 범주는 '본질적 관계'가 확대 재생산되기 위해서
반드시 갖추어야 하는 자기보존 장치다. 그리고 이 자기보존 장치는 동시
에 그 진상이 적극적으로 모습을 드러내는 현상형식이다. 이 형식을 통한
"능동적 현상운동은 (…) 어떤 필수적 매개이자 기능으로서, 그것이 없다
면 주어진 역사적 조건들 안에서 사회의 삶이 전적으로 불가능하게 될 것
이다. 현상체(現像體)를 제거하는 것, 그것은 사회적 관계를 폐기하는 것
과 같다"(Balibar 2001, 59면). 물신적인 것은 가상인 동시에 엄연한 현상이다.
그것 없이 실재는 드러나지 않는다. 그런 의미에서 물신적 범주는 실재에
내재하는, 혹은 실재를 구성하는 환원 불가능한 요소이다.
　여기서 이런 일반화가 가능할 것이다. 직접적인 것은 아직 드러나지 않
은 것의 표면이다. 자명성은 아직 자명하지 않은 것의 신비한 껍질이다.
자연발생적인 것은 끔찍한 모순의 가면이다. 맑스가 말하는 '과학'은 이
가면을 벗기는 이론적 작업이다. 그것은 원초적인 것으로 보이는 것이 아
직 드러나지 않은 과정의 파생적인——그러나 또한 필연적인——효과임을
서술한다. 이 점에서 그것은 니체적 의미의 계보학에 가깝다. 이 계보학

의 출발점은 물신화된 범주에 남아 있는 역사적 흔적이다. "우리가 앞에서 고찰한 경제학적 범주들은 역시 자신들의 역사적 흔적들을 지니고 있다"(칼 맑스 1991b, 213면). 고전파 경제학의 한계는 이 역사적 흔적을 보지 못하는 데 있다. 범주들의 물신화는 이 맥목에서 성립한다. 그것들이 마치 초역사적 진리의 담지자인 양 착각하게 되는 것이다.

이런 착각은 또다른 착각으로 이어진다. 위에서 인용한 문장에서 그것은 '자본가들뿐 아니라 노동자들의 모든 법률적 표상', '자본주의적 생산양식과 결부된 모든 자유주의적 환상' 등으로 지칭되고 있다. 사실 화폐가 자본으로 전환하기 위한 일차적 조건이 노동력의 상품화에 있다면, 이 조건이 아무런 저항 없이 관철되기 위해서는 노동자가 자신을 '자유로운' 상품소유자로 여기고 있어야 한다. 자신의 상품인 노동력을 자신의 의지에 따라 자유롭게 처분하고 있을 뿐이라는 기만적 의식이 노동자들에게 주입되었을 때에만 자본가는 그들과 지속적으로 거래할 수 있다. 시장의 질서는 "자본주의적 생산양식의 요구조건을 자명한 자연법칙으로 인정하는 노동자계급"(칼 맑스 1991b, 927면) 없이 오래가지 못한다. 노동자의 눈에 모든 것이 정상적이고 자연스러우며 합법칙적으로 보여야 한다. 그런데 노동자가 자본주의사회를 그렇게 당연한 것으로 받아들이기 위해서 제일 먼저 필요한 것은 자신이 자유로운 주체라는 의식이며, 그런 원초적 조건에서 자본가와 계약을 맺는다는 착각이다.

그러므로 경제학적 범주에 대한 계보학적 분석은 사회계약론에 기초한 법률적 범주의 비판으로 향한다. 여기서 그 기원은 자본을 물신화하는 표상에 있음이 밝혀진다. 경제학적 범주의 물신화는 법률적 범주의 물신화와 맞물려 있다.

유통분야 또는 상품교환분야는 사실상 천부인권의 참다운 낙원이다. 여기에서 지배하고 있는 것은 오로지 자유·평등·소유·벤담이다. 자유! 왜냐하면 하나의 상품(예컨대 노동력)의 구매자와 판매자는 자기들의 자유의지에 의해서만 행동하기 때문이다. 그들은 법적으로 대등한 자유로운 인물로서 계약을 체결한다. 계약이라는 것은 그들의 공동의 지가 하나의 공통된 법적 표현을 얻은 최종의 결과이다. 평등! 왜냐하면 그들은 오직 상품소유자로서만 서로 관계하며 등가물을 등가물과 교환하기 때문이다. 소유! 왜냐하면 각자는 모두 자기의 것만을 마음대로 처분하기 때문이다. 벤담! 왜냐하면 그들 쌍방은 모두 자기 자신의 이익에만 관심을 기울이기 때문이다. (칼 맑스 1991b, 221~22면)

근대의 법이론은 자유, 평등, 소유, 계약 등과 같은 범주들을 기초로 성립한다. 하지만 맑스의 계보학적 분석에서 이런 범주들은 자명성을 상실하고 자본주의적 생산양식에 의해 생산되는 이데올로기적 효과로서 재규정된다. 그것들은 이제 상품과 자본의 물신화에 병행하는 이차적 물신화의 산물이다. 근대 시민사회와 국가는 중세사회 못지않게 물신이 지배하는 사회, 총체적으로 주술화된 사회이다.

그러나 이런 대목을 읽을 때 『독일 이데올로기』의 이데올로기 개념이나 『정치경제학의 비판을 위하여』의 서문에 나오는 토대−상부구조의 도식[8]을 끌어들이는 것은 위험한 일이다. 왜냐하면 여기서 맑스가 말하는

---

8) 경우에 따라서 이 도식은 맑스주의의 초석으로 간주되므로 인용하도록 하자. "인간들은 자신들의 생활을 사회적으로 생산하는 가운데, 자신들의 의지로부터 독립되어 있는 일정한 필연적 관계들, 즉 자신들의 물질적 생산력들의 일정한 발전단계에 조응하는 생산관계들에 들어선다. 이러한 생산관계들의 총체가 사회의 경제적 구조, 즉 그 위에 법률적 및 정치적 상부구조가 서며 일정한 사회적 의식형태들이 그에 조응하는 그러한 실재적 토대를 이룬다. (…) 경제적 기초의 변화와 더불어 거대한 상부구조 전체가 서서히 혹은 급속히 변혁된다. 이러한 변혁들을 고찰할 때 자연과학적으로 정확히 확인할 수 있는 경제적 생산조건들에서의 물질적 변혁과, 인간들이 이러한 충돌들을 의식하고 싸워서 해결하는 법률적·정치적·종교적·예술적 혹은 철학적 형태들, 간단히 말해서 이데올로기적인 형태들을 항상 구별해야만 한다." 칼 맑스(1992)『정치경제학의 비판을 위하여』, 최인호 외 옮김 『칼 맑스·프리드리히 엥겔스 저작 선집』 2권, 서울: 박종철출판사, 477~78면.

자본주의사회의 물신은 지배계급의 특수한 관념이 일반화된 결과도, 토대가 그 외면에서 산출한 종속적 관념도 아니기 때문이다. 그 물신은 토대를 구성하는 요소이며, 노동자들을 기만할 뿐 아니라 자본가들도 똑같이 착각하게 만든다. 물신숭배는 단순히 특정한 계급을 위해서 조작된 표상도, 특정한 계급에 속하기 때문에 사로잡히는 허위의식도 아니다.

게다가 물신은 단순한 오류도 단순한 외피도 아니다. 말하자면 그것은 구조적 질서를 형성하는 무수한 이항대립에 속하는 한 항이 아니다. 그것은 오히려 참과 거짓, 실재와 가상, 안과 밖 등 하나의 구조에 속하는 모든 이항대립을 처음으로 낳는 모태적 허상이다. 물신이 이데올로기적 사태라면, 이 사태는 관념과 대상, 주체와 객체의 이분법이 있기 위해서 먼저 있어야 하는 처음의 사태이다. 왜냐하면 주체와 객체도 이 물신에 의해서 형성되는 범주이기 때문이다. 비록 알뛰쎄르는 맑스의 해석에서 물신의 주제를 제거하고자 했지만, 그의 이데올로기이론은 이런 맑스의 언명을 구체적으로 다시 표현하고 있을 뿐이다.

5. 이데올로기와 주체의 구성

1960년대 이후 이데올로기에 대한 논의를 주도해온 알뛰쎄르는 라깡의 무의식이론을 맑스주의에 접목했다. 그런 접목에서 다음과 같은 이데올로기에 대한 독특한 정의가 나온다(진태원 2002 참조). 첫째, "이데올로기는 개인들이 자신들의 실질적 실존조건들과 맺고 있는 상상적 관계를 나타낸다"(Althusser 1995, 107면). 둘째, "구조는 담지자들을 요구한다. 이데올로기적 담론은 개인들이 담지자들의 기능을 떠맡을 수 있도록 이 개인들을 주체들로 호명하는 가운데 담지자들을 징집한다"(Althusser 1993, 138면).

첫번째 문장은 라깡의 거울단계이론과 거기서 비롯되는 상상계 개념을 맑스적 이데올로기 개념과 이어놓고 있다. 이데올로기가 '상상적'이라는 것은, 그것이 결코 객관적 현실을 있는 그대로 반영하는 것이 아니라는 것을 말한다. 라깡적 의미에서 상상적 표상은 오인과 착각에 해당한다. 그러나 그런 함축을 끌어들이면서 알뛰쎄르가 말하고자 하는 것은, 이데올로기는 해소되어야 할 어떤 선입견이 아니라 오히려 해소 불가능한 오인이라는 것이다.

그것은 마치 라깡에게서 기만적 거울상이 없다면 개인이 자신의 '자아'를 형성할 수 없을뿐더러 현실적 질서(상징계)로 외출할 수 없는 것과 같다. 게다가 무의식적 주체는 환상을 통해 현실적 질서(대타자)의 결여를 메울 때만 그 질서 안에 지속적으로 위치할 수 있다. 개인이 자신의 실존조건을 자연스럽고 정상적인 것으로 수용할 수 있는 것은 상상과 환상을 매개로 그것과 관계하기 때문이다.

이데올로기는 실질적 실존조건들이 개인들에게 살 만하고 의미있는 것으로 나타나는 상상적 현상형식이자 재현형식이다. 그러나 그 재현형식은 일정 부분 구성적이며, 적어도 보충적이다. 라깡의 거울단계 이론에서 거울상은 이미 완결된 형태로 존재하던 자아가 왜곡되어 나타나는 영상이 아니다. 오히려 거울상 이전의 자아는 없거나 무정형이다. 자아가 정형화되는 것은 그 거울상의 효과이고, 그런 의미에서 그 영상은 구성적이다. 그런 의미에서 알뛰쎄르는 "이데올로기를 정의하는 기능"이 "구체적 개인을 주체로 구성하는 것"에 있다고 했다(Althusser 1995, 303면).

두번째 문장은 이데올로기가 개인을 주체로 구성하는 과정을 서술하고 있다. 그 주체의 구성은 호명(interpellation)에서 시작한다. 이 호명을 통해 이데올로기는 개인들을 생산양식의 구조 안에서 특정한 역할을 떠맡도록 유인한다. 개인은 그런 호명에 응답함으로써 비로소 주체로 태어난다. 구조 안의 질서를 수용하고 그 안에서 일정한 기능에 봉사하는 '정상적' 주체는 이데올로기적 호명의 효과이다. 이데올로기는 개인들을 이런 정상적 주체로 구성하는 가운데 사회의 응집력을 강화할 뿐 아니라 구조적 질서가 확대 재생산될 수 있는 길을 열어놓는다.

이런 호명이론은 라깡의 '호출된 주체'(sujet appelé)라는 개념과 이어져 있다. 이 개념 안에서 이해되고 있는 주체는 결코 단독적으로 존재하는 주체가 아니라 언제나 대타자(상징적 질서, 구조적 질서)를 상관항으로 하는 주체이다. 라깡의 주체 개념이 지닌 독특한 성격은 이 점에 있다. 여기서 주체는 언제나 대타자와 묶여 있고, 그렇게 묶이는 한에서만 주체는 주체일 수 있다. 이때 주체와 대타자를 묶는 것은 대타자의 호출과 그에 대한 주체의 응답이다. 그러나 이 호출은 표면상 대타자의 목소리인 것처럼 보이지만 사실은 주체의 요구가 일으키는 반향이다. 대타자의 목소리는 메아리가 되어 돌아오는 주체의 목소리다. 그러므로 그 호출과 응답은 어떤 자기기만적 유희이고, 라깡은 '전이의 현상학'에서 그런 기만을 사랑이라고 했다. 왜냐하면 주체의 욕망은 대타자의 욕망에 대한 욕망, 대타자가 욕망하는 대상이 되고자 하는 욕망이기 때문이다. 그 기만적 사랑은 대타자의 결여를 메우고 이를 통해서 자신의 정체성을 확인하려는 욕망에서 온다(이 책 1부 2장 3절 참조).

이런 자기기만 때문에 대타자와 주체의 관계는 거짓된 것일 수 있고, 그런 의미에서 다시 상상적이라 할 수 있다. 하지만 중요한 것은 그런 자기기만적 상상이 주체의 성립조건 자체라는 데 있다. 그런 자기기만적 상상 없이 개인은 결코 대타자와 묶일 수 없고, 따라서 주체로서 구성되거나 존속할 수 없다. 주체가 어떤 실체라면, 그것은 아무것도 아닌 실체, 착각과 오인으로 형성된 실체에 불과하다.

알뛰쎄르에게서 주체를 구성하고 존속하도록 하는 것은 상상적인 것으로서의 이데올로기다. 이 이데올로기는 생산양식의 구조적 질서가 응집력을 확보하고 자신을 확대 재생산하는 한에서 그 질서에 내재하는 환원 불가능한 층위에 해당한다. 물론 그 층위에서 현상하고 연출되는 것을 그

대로 객관적이고 즉자적인 것으로 받아들인다면, 그것은 오인이자 착각이다. 그러나 여기에 알뛰쎄르는 두 가지 사실을 덧붙인다. 첫째, 상상적 재현이라는 비객관적 층위는 객관적 질서에 속하는 일부이며, 그런 의미에서 '객관적'이다. 둘째, 그런 객관적 비객관성을 띤 층위는 객관적 객관성의 층위를 은폐한다. 자신이 객관적 객관성의 층위인 양 오인하도록 유도하고, 따라서 자신에 대한 객관적 인식을 차단한다. 오인과 착각은 주체의 무능력과 무지에서 온다기보다 구조 자체에서 온다.

맑스가 자본주의적 물신숭배에 대한 분석을 통해 보여준 것이 바로 이 점이다. "물신숭배의 분석은 신비화가 구조의 신비화이며 구조 자체로부터 현존한다는 것을 확인해준다. (…) 과정의 현상형식들은 일상적 현실의 영역에서는 결코 표상되지 않는 것, 자기은폐 없이는 결코 드러나지 않는 것, 즉 특정한 생산양식의 형성과정을 증거하는 생산관계에 의해 규정된다. 그래서 물신숭배는 인간학적 과정이 아니라 자본주의적 생산양식의 구조가 일상적 현실의 영역에 등장하고 (…) 의식에 주어질 때 수반하는 특이한 괴리운동(décalage)이다"(Rancière 1996, 191~92면).

주체에 대하여 이 괴리운동은 구조의 현상운동이자 개방운동이다. 구조는 자신을 감추고 은폐하면서 현상한다. 구조는 자신의 조건들을 왜곡하면서 특정한 질서를 개방한다. 구조 자체에 대하여 괴리운동은 어떤 끈운동이다. 그런 괴리운동을 통하여 구조는 자신의 결속력을 강화하고 그 부분들을 마디마디 풀리지 않도록 조인다. 주체는 그런 구조의 수축 안에서 처음 태어난다. 주체와 주체를 엮을 뿐 아니라 주체를 주체로서 엮어내는 것은 구조의 끈운동이다.

그 끈은 단순히 정치경제학적 질서를 낳는 사회적 계사도 아니고, 그 계사를 대신하는 화폐나 상품의 끈으로 그치는 것도 아니다. 맑스가 최후에 예감하는 것은 사회적 계사와 인륜적 계사, 실재의 끈과 이데올로기의 끈 사이에 있다. 그것은 그 두 계사의 괴리 속에서 겨우 흔적을 남기고 사라

지는 계사이다. 이 존재론적 계사는 그 두 계사를 한번에 엮어가고 조종하
는, 그러나 이름할 수 없는 대계사이다. 맑스를 불렀던 호명, 그가 응답했
던 호명은 이 존재론적 계사에서 왔다. 그렇게 부르면서 대계사가 맑스에
게 약속한 것은 노동분업의 폐단에서 벗어난 전인적 인간, 원형적(圓形的)
인간이다. 맑스주의의 오류가 있다면, 그것은 무엇보다 이런 호명구조를
상상적인 것 이상의 것으로 절대화하는 데 있을 것이다.

참고문헌

Althusser, Louis (1993) *Écrits sur la psychanalyse: Freud et Lacan*, Paris:
      Stock/Imec.

──── (1994) "Marx dans ses limites," *Écrits philosophiques et politiques I*,
      Paris: Stock/Imec.

──── (1995) *Sur la reproduction*, Paris: Presses Universitaires de France.

Balibar, Étienne (2001) *La philosophie de Marx*, Paris: La découverte.

Dimoulis, Dimitri and Jannis Milios (2000), "Werttheorie, Ideologie und
      Fetischismus," *Marx's Ökonomiekritik im 'Kapital'*, *Beiträge zur Marx-
      Engels-Forschung: Neue Folge 1999*, Berlin: Argument.

Hegel, Georg Wilhelm Friedrich (1970) *Grundlinien der Philosophie des
      Rechts*, 전집 7권, Frankfurt am Main: Suhrkamp.

Lukács, György (1988) *Geschichte und Klassenbewußtsein, Studien über
      Marxistische Dialektik*, Darmstadt: Luchterhandt.

Marx, Karl Heinrich (1982) "Ergänzungen zu Heft II. Kritik der Hegelschen

Dialektik und Philosophie überhaupt," *Ökonomische-philosophische Manuskripte (Zweite Wiedergabe)*, MEGA I-2권, Berlin: Dietz.

Rancière, Jacques (1996) "Le concept de critique et la critique de l'économie politique," Louis Althusser et al., *Lire le Capital*, Paris: Presses Universitaires de France. 초판은 1965년 발행.

알랭 바디우(1995)『철학을 위한 선언』, 이종영 옮김, 서울: 백의.

진태원(2002)「라깡과 알뛰쎄르」, 김상환·홍준기 엮음『라깡의 재탄생』, 서울: 창작과비평사.

칼 맑스(1990)『자본론』3권, 김수행 옮김, 서울: 비봉출판사.

———(1991a)『1844년의 경제학 철학 초고』, 최인호 외 옮김『칼 맑스·프리드리히 엥겔스 저작 선집』1권, 서울: 박종철출판사.

———(1991b)『자본론』1권, 김수행 옮김(개역판), 서울: 비봉출판사.

———(1992)『정치경제학의 비판을 위하여』, 최인호 외 옮김『칼 맑스·프리드리히 엥겔스 저작 선집』2권, 서울: 박종철출판사.

칼 맑스·프리드리히 엥겔스(1991a)『독일 이데올로기』, 최인호 외 옮김『칼 맑스·프리드리히 엥겔스 저작 선집』1권, 서울: 박종철출판사.

———(1991b)『공산주의당 선언』, 최인호 외 옮김『칼 맑스·프리드리히 엥겔스 저작 선집』1권, 서울: 박종철출판사.

2. 문학 안팎의 물신들

　문학이 작아지고 있다는 우려, 심지어 한탄의 목소리가 높다. 이론적 차원에서는 저자의 죽음, 문학의 죽음이 거론된 지 오래이다. 시정(市井)에서는 문학에 대한 관심이 갈수록 줄어들고 있다. 전문가들이 문학의 장례를 어떻게 치렀는지, 문학을 어디에 묻었는지는 차라리 묻지 않는 것이 좋을 것이다. 이미 다른 곳을 쳐다보고 있는 대중에게 문학이 살아 있든 죽어 있든, 그래서 유령처럼 배회하든 상관없다. 사회에서 문학이 차지하고 있는 비중이 그만큼 작아지고 있는 것일까? 그러나 이런 지적보다 작가의 자존심을 더 크게 해치는 이야기가 있다. 왜 요즘의 문학은 옛날만 못한 거야? 작품의 함량이 갈수록 떨어지고 있는 것 아냐? 아, 그거. 요즘에는 똑똑한 사람은 문학을 안해. 다른 걸 하지, 영화 같은 것 말야. 이런 비아냥을 편들거나 반박할 생각은 없다. 다만 이런 물음을 던지고 싶다. 문학은 어떤 의미에서 크거나 작을 수 있는가? 문학의 왜소화가 걱정이라면, 문학의 적정한 크기, 그 싸이즈는 얼마인가? 문학은 커질수록 좋은 것일까? 왜소증이 문제라면, 거대증 때문에 문학이 시달린 적은 없는가?

1. 현대사회의 두 가지 물신: 황금과 아우라

문학의 치수를 잴 때 현실적으로 배제할 수 없는 측량의 단위는 시장에 있다. 자본주의 사회에서 문학에 대한 수요는 일단 판매수치로 나타난다. 작가나 출판사는 밀리언셀러를 꿈꾼다. 밀리언과 제로 사이의 판매부수. 문학의 크기는 그 수치에 있는 것일까? 사실 판매량이 계속 늘고 있다면, 문학이 작아지고 있다는 우려가 일반화되기 어려울 것이다. 그 우려의 목소리는 다른 종류의 환호성에 묻혀버리기 때문이다. 물론 잘 팔린다고 해서 좋은 작품이 아니라는 사실, 베스트셀러가 한 시대의 문학적 수준을 담보하지 않는다는 엄연한 사실이 버티고 서 있다. 때문에 출판량이 그대로 문학의 크기라는 주장을 감히 내세우는 사람은 매우 드물 것이다.

시장의 논리와 문학의 논리는 확실히 일치하지 않는다. 그러나 양자가 상호 배타적이라고 단정하기는 어려울 것이다. 그런 단정적인 말은 분명 오래 앉아 듣고 있기 힘들다. 시장을 문학의 공동묘지로 비난하는 목소리, 상업주의는 문학의 자율적 잠재력을 훼손한다는 목소리는 이렇게 외친다. 상업성에 침윤될수록 문학은 작아질 수밖에 없다. 작가의 지갑이 부풀어갈수록 문학의 크기는 쪼그라들기 쉽다. 작가는 권력과 명예 같은 세속적 욕망은 물론 경제적 보상마저 잊고 지내야 한다. 그래야 위대한 작품을 이룰 수 있다. 대작은 탈속적 의지의 댓가이다. 작가는 세속적 보상을 위해서 작품에 공을 들이는 것이 아니다. 다만 작품에 감돌게 될 정령을 위해서, 돈으로 사거나 환산할 수 없는 아우라(Aura)를 위해서이다. 다시 강조하지만, 작가의 수고는 시장에서 보상하는 것이 아니다. 그것을 보상해주는 것은 작가를 영원히 살게 하는 작품, 그 작품의 황금빛 아우라인 것이다.

맑스는 황금이 시장에서 일으키는 어떤 전도(顚倒)효과를 물신숭배(페티시즘 fetishism)에 비유하여 상품물신이라 했다. 물신숭배는 원래 자연적 사물, 다시 말해서 신이 아닌 것을 신으로 착각하고 숭배하는 현상을 지칭한다. 계몽기시대 아프리카를 다녀온 종교학자들이 처음 사용했던 이 말은 맑스나 프로이트에 이르러 기만이나 도착적 상태에 빠져 있는 사고방식, 혹은 그런 사고방식의 배후에 자리잡은 어떤 대체와 전도현상을 지칭하게 되었다.

정신분석에서 페티시즘은 물신숭배보다는 절편음란(節偏淫亂)이라 번역되는데, 전체와 부분 사이에 일어나는 대체를 핵심적 의미내용으로 한다. 이성(異性)을 대신하여 그의 속옷 같은 소유물이 성적 흥분의 대상으로 자리잡는 일종의 성도착을 가리키기 때문이다. 정신분석의 설명에 따르면, 이런 성도착은 거세의 부인(dénégation)에서 비롯된다. 이때 부인이란 한편으로는 인정하면서 다른 한편으로는 인정하지 않는 심리적 태도를 말한다. 어린아이가 거세의 가능성을 인정하면서도 끝내 받아들이지 않을 때 절편음란이라는 성도착에 빠지게 된다.

맑스의 상품분석에서 물신숭배는 훨씬 더 복잡하고 풍부한 의미를 지닌다. 간단히 설명하자면, 상품교환이 일반화될 때 등가적 교환의 척도로 도입된 황금은 어떤 특수한 상품임에도 불구하고 선험적이고 절대적인 단위인 양 모든 상품 위에, 나아가 인간 위에까지 군림하게 된다. 특수한 것이 보편적인 것으로, 종(種)인 것이 유(類)로, 관계적 질서의 효과인 것이 그 관계를 근거짓는 원인 혹은 그 관계와 독립해서 존재하는 실체로서 오인되는 것이다. 이런 오인 속에서 일어나는 황금의 변신, 그것이 맑스적 의미의 물신화이다. 이런 물신화는 어떤 착오, 즉 인간의 관계나 물건 사이의 관계가 오로지 황금을 매개로 해서만 성립할 수 있다는 착각 때문에 일어난다. 이는 황금으로 환산되지 않거나 등가적 교환의 장소인 시장을 전제하지 않으면 사람 사이의 관계, 사람과 사물 사이의 관계를 합리적으로 표상할 수 없다는 망상이다. 이 망상 안에서는 모든 물건, 사람(노동)마저 교환 가능한 상품이 되어버린다. 존재하는 모든 것은 사고팔 수 있는 상품으로 존재한다. 모든 사회적 관계는 상품교환의 모델로 환원되고, 그런 조건에서만 이해된다. 여기서 황금이 원래 가졌던 성격, 가령 그것의 자연적 속성이나 사용가치, 또는 여러 상품들 중의 하나로서 지니는 특수성이 망각된다. 나아가 그것이 사회적 관계의 산물이라는 사실, 그 관계 안에서 임의적으로 채택된 도구였다는 사실까지 망각된다. 황금은 이런 망각을 유도하면서, 존재하는 모든 것에 처음부터 내재하는 보편적 가치의 함량으로 둔갑한다. 마치 초역사적이고 초공간적인 보편자처럼, 모든 사회적 관계보다 먼저 있었던 실체처럼 행세한다. 상품 물신주의는 물질적 한계를 뛰어넘게 된 황금에서 초래된 미신이다.

　문학의 크기를 시장에서 구하는 것은 문학작품을 이미 상품으로만 파악한다는 것과 같다. 그것은 분명 맑스적 의미의 물신숭배이다. 문학의 함량을 작품에 담길 수 있는 황금의 양으로밖에 표상할 줄 모르는 이런 마비된 의식에 대하여 문학의 고유한 가치를 옹호하기 어려울 것이다. 쇠귀에 경 읽기라 해야 하지 않을까? 그러므로 혹자는 이렇게 주장할 것이다. 문학은 갈수록 그 지배력이 커지고 있는 시장의 논리, 상품 물신주의를 최대의 적으로 삼아야 한다. 이 물신숭배를 깨뜨리지 않고서는 문학의 고유한 가치, 문학의 자율적 지반은 존속할 수 없다. 경제적 물신숭배의 극복이 자본주의의 폐해에 빠져 있는 현대사회를 구제하기 위한 조건이다. 그것이 또한 문학 자체의 생존 가능성을 확보하는 길이다. 왜냐하면 문학의 고유한 가치는 분명 등가적 교환의 문맥 이전에 존재하기 때문이다. 시장의 논리로 환원되지 않는 그런 작품 내재적 가치가 합당하게 인정되고 평가될 때만 문학은 자율적으로 진화할 수 있다.

　이런 논리를 따를 때, 문학작품의 크기는 시장에서 할당받는 황금의 크기가 아니라 그것이 자족적이고 유일무이한 대상으로서 갖는 아우라의 크기, 황금빛 아우라의 크기에 있다(유일무이성이 벤야민의 아우라 개념을 구성하는 주요 요소임을 기억하자). 그러나 이 아우라의 크기에서 작품의 크기를 구할 때 우리는 작품을 실체화하는 것이 아닐까? 초역사적 실재성을 갖는 대상으로 만드는 것이 아닐까? 다시 말해서 물신숭배에 빠지는 것이 아닐까? 부르디외는 한 사회 안에서 예술이 자율적 지위를 획득하기 위한 조건을 물을 때 그런 의심을 끌어들이고 있다. "예술적 장(champ)이 성립하기 위한 경제적 및 사회적 조건들은 무엇인가? 예술적 장은 현대예술가들에게 인정되는 거의 마술적인 능력에 대한 믿음, 다시 말해서 거장과 작품에 대한 물신숭배에 기초하고 있다"(Bourdieu 1980, 91면).

예술의 장이 기능적으로 분화된 자율적 영역으로 형성될 때, 그 중심에는 물신숭배가 자리잡고 있다. 그 숭배의 대상은 작품이라는 물신이다. 이렇게 역설하는 이 글에서 예술가, 거장은 "물신적 대상의 생산자"로 표현된다. 그리고 예술의 고유한 가치를 경제적 가치와 무관한 것으로 표상하는 심리적 태도는, 부정하면서 긍정한다는 "프로이트적 의미의 부인"으로 지칭되고 있다(Bourdieu 1980, 92면). 예술가는 자신이 만들어낸 작품이 황금으로 계산되어서는 안된다고 완곡하게 말하지만, 완곡한 거부 뒤에는 그런 가능성을 인정하고 요구하는 목소리가 있다는 것이다.

구두쇠를 주인공으로 하는 이야기에서 볼 수 있는 것처럼, 무조건적인 황금숭배는 그 자체로 코미디다. 그러나 황금숭배에 대한 경멸도 코미디일 수 있다. 특히 그 경멸이 또다른 종류의 물신숭배에 근거할 때는 반드시 웃기는 이야기가 된다. 물신숭배에 빠져 있으면서 물신숭배를 부정하는 자기모순, 그 부인이 웃음을 터뜨리게 하는 것이다. 부르디외는 그런 코미디의 주인공이 예술가일 수 있음을 지적하고 있는 셈이다. 예술가들이 구하는 아우라, 그것 또한 물신이 아닌가? 작품을 파괴하는 예술, 예술을 부정하는 예술, 아방가르드 예술은 그래서 시작된 것이 아닌가?

2. 문학 속의 긴장: 문(文)과 학(學) 사이

한국에서, 그리고 동아시아에서 문학은 서구문물의 하나로 수입되었다. 문학은 서구적 근대문화의 산물이고, 동아시아 국가들은 일본을 필두로 근대문화를 들여오는 과정에서 문학이란 것을 배웠다. 그 말은 200년 된 서양말, 리터러처(literature)의 번역어이다. 그런데 왜 꼭 문학이라 해야 했을까? 문장이나 문필로 옮기지 않은 이유는 무엇일까?

리터러처의 어원이라 할 라틴어 리떼라이(litterae)는 이중적 의미를 지닌다. 먼저 그것은 글로 씌어진 모든 것, 모든 종류의 문서를 뜻한다. 다른 한편 그것은 읽고 쓰는 것과 관련된 교양·학식을 말한다. 아마 이런 두 가지 의미 모두를 담기 위해서 문학이라는 번역어가 채택되었을 것이다. 확실히 글로 된 모든 것, 모든 종류의 글쓰기가 그대로 문학일 수 없다. 학식을 담은 특정한 형식의 글쓰기만이 문학이란 말로 지칭된다. 때문에 문학과 관련된 가장 첨예한 이론적 논쟁 주제는 아마 범위를 정하는 문제일 것이다. 이 논쟁의 물음은 다음과 같은 형식을 취한다. 왜 한정된 범위의 글쓰기만 문학일 수 있는가? 문학과 비문학을 가르는 경계선은 어디에 설정되어야 하는가? 그 경계선을 결정하는 권리, 그 결정의 최종 심급은 어디에 있는가?

이런 물음을 최대한 과격화시켰던 데리다의 관점에 따르면, 그 심급은 문학의 학에, 철학에 있었다. 해체론적으로 재구성된 문학은 이론적 사유에 의해 정의되고 규정된 문학이다. 문학을 있게 하거나 없게 하는 것은 철학적 정의, 플라톤과 아리스토텔레스 이래의 철학적 정의다. 문학은 철학과 그것을 대신하는 비평이론 안에서 태어나고 죽는 글쓰기, 학(學) 속에 갇힌 문(文)이다. 이때 학이란 의미, 궁극의 의미, 초월적 의미에 대한 추구이다. 문은 기록·쓰기·긋기·획 등 순수한 기표의 연결이다.

데리다는 학에 의해 제한되지 않는 문, 글쓰기, 텍스트의 가능성에 대해서 물었다. 그것은 곧바로 퇴행적 몽매주의나 심미주의적 선택을 말하는 것이 아니다. 해체론은 철학을 통한 철학의 극복, 이론을 통한 이론의 변형을 추구한다. 다시 말해서 그것은 이론의 중심에서 일어나는 역설, 무의미의 의미작용으로 향하는 해석학적 모험의 전략이다. 이론적 사유를 그 한계로까지 밀고 나가는 해체론은 비진리의 진리작용, 주제화 불가능자의 주제화, 또는 현상학적 불가능자의 현상화 가능성에 주목하자는 제안이다. 이런 가능성들은 언어의 안과 밖 사이, 문과 학 사이의 경계에서 실현되는 가능성이다. 문제는 우리가 이런 종류의 가능성 안에서만 기존 언어의 근본적 재편과 갱신을 생각할 수 있다는 데 있다. 데리다는 결코 학 없는 순수한 문(글쓰기·텍스트·흔적)도 문 없는 순수한 학(초월적 의미·개념·이론)도 믿지 않는다. 다만 양자가 상호 충돌하되 결합되며 상호 배타적이되 보충하는 논리적 구조, 다시 말해서 의미 속에서 무의미가 기능하는 형식을 부각시키고자 할 뿐이다. 이 접경적 구조와 형식에서 볼 때 문과 학은 떨어져 있으면서 이어져 있다. 상호 지배적이되 예속적이다. 문은 학과, 학은 문과 반드시 같이 있을 수밖에 없고, 그래서 언제나 문-학이 있다.[1]

그러나 문학의 학은 단순히 학문적 사유, 개념적이고 이론적인 사유만을 뜻하지 않는다. 한자적 어원으로 돌아가 새기자면, 그 글자는 배우고 익힌다는 것을, 그리고 학교나 학파 같은 것도 지칭한다. 리터러처의 번역어로서 문학은 분명 이런 의미군을 거느리고 있다. 근대적 의미의 문학, 자율적 장으로서의 문학은 제도적으로 학습되고 시행되는 글쓰기, 제도적으로 정당화되고 보존되는 글쓰기다. 근대사회에서 학교, 문단, 시상, 출판조직 등으로 구성되는 제도적 지반 없이 문학은 존재할 수 없다. 그렇

---

1) 최원식(2001) 『문학의 귀환』, 서울: 창작과비평사, 36~41면에서 문과 학의 분리 불가능성이 흥미롭게 개진되고 있다. 중국적 전통으로 돌아가 문과 학의 관계를 회상하는 가운데 저자는 "문학과 문학을 넘어서 문학으로!"라는 결론에 이른다.

다면 문학이 이런 제도적 조직 안에 존재할 수 있기 위한 사회학적 조건은 무엇인가? 부르디외가 경제학적 물신숭배와 구분되는 예술적 물신숭배에 대해 언급하는 것은 이런 물음의 문맥에서이다.

데리다는 플라톤에서 말라르메에 이르기까지 문학의 성립조건이 학에 의한 문의 예속, 문에 대한 학의 지배에 있음을 강조한다. 부르디외 또한 근대문학의 성립조건을 유사하게 표현하고 있다. 다만 데리다의 학이 이론적이자 학문적 사유, 가령 철학의 대변자인 미학이라면, 부르디외의 학은 학교·아카데미·학파 등을 의미한다. 사회학자로서 부르디외에게는 이런 의미의 학이 자율적으로 분화된 문학의 장이 성립하는 데 데리다적 의미의 학보다 결정적인 역할을 한다. 그 역할은 어떤 신성한 가치, 그에 대한 믿음, 이데올로기적 착각, 물신을 생산하는 데 있다. 물론 작품을 생산하는 것은 작가이며, 그의 작품생산은 특정한 미학적 이론과 규칙을 따른다. 그러나 그렇게 생산된 작품을 어떤 상징적 대상으로 만들어주는 것, 그것을 사회적으로 유통될 수 있는 가치로 생산하는 것, 문학의 권위를 산출하는 것은 작가가 아니다. 작품을 숭배의 대상으로 둔갑시키는 것, 물신의 연출자는 우리가 학이란 말로 지칭할 수 있는 제도적 장치, 그 장치에 의해 조직되는 문학적 장 자체이다(Bourdieu 1992, 318면 이하 참조).

이런 시각에서 볼 때, 문학이라는 장은 작가와 작품을 핵으로 하지만, 양자는 모두 그 장의 산물이다. 문학적 장은 작가에 대한 믿음, 작품의 신성한 가치를 생산하면서 자신의 범위를 확대 재생산한다. 그 확대 재생산의 가장 중요한 조건은 물신숭배이다. 작품에 대한 그런 숭배 없이 문학의 장은 다른 사회적 장과 구분되는 자율적 장으로 성립할 수 없다. 상징적 권력 자체가 유지될 수 없으며, 경제적 이익을 낳는 문화적 자본이 축적될 수 없는 것이다.

부르디외가 말하는 문화적 생산이란 이런 상징적 권력과 문화적 자본의 산출을 가리킨다. 그렇게 산출된 권력과 자본을 통해서 문학, 넓게는 예술의 장은 기능적으로 분화된 사회의 위계질서 안에서 영토를 확장하고 좀더 높은 지위에 오른다. 더욱 많은 정치적 권력, 좀더 커다란 경제적 부, 한층 확실한 사회적 권위와 영향력을 배당받는 것이다. 문학이 커진다는 것, 그것은 작품의 신성한 가치에 대한 물신숭배의 조장을 통해서 상징적 권력과 문화적 자본을 산출하는 체제로서의 문학, 장으로서의 학이 커진다는 것과 같다.

이것이 문학의 싸이즈를 물을 때 부르디외가 제시하는 답이다. 그러나 문화적 생산의 핵심품목이 물신숭배라면, 이 물신숭배는 어떤 전도된 정치학, 전도된 경제학에 기초한다. 왜냐하면 탈세간적인 것으로 판단되는 것만이 신성시될 수 있기 때문이다. 대중은 모든 정치적 및 경제적 이익, 모든 세속적 보상에 초연한 사람을 숭배한다. 그런데 부르디외는 물신숭배가 일어나는 장소를 문학의 장 안에서, 그리고 그 성립조건을 작가들 사이의 인정투쟁(認定鬪爭)에서 찾았다. 작품에서 아우라를 볼 수 있는 것은 대중이 아니라 전문가이다. 문학의 장은 다른 사회적 장들과 더불어 끝없는 인정투쟁 속에 놓여 있지만, 문학의 장 자체도 또한 그런 인정투쟁을 통해 위계화된다. 작가·지식인들은 이 위계질서의 꼭대기를 차지하기 위해서, 장 내적 헤게모니와 카리스마를 획득하기 위해서 투쟁한다. 물신숭배, 신화는 그 투쟁의 산물이다.

왜 작가는 때로 정치적 권력이나 경제적 배상을 생각하지 않는 것처럼 보이는가? 왜 세속적 이익과 관심에 무관심한가? 왜 작가는 상업성을 경멸하고 대중적 명성에 등을 돌리는가? 왜 자기의 내적 요구에만 따르는 사람, 어떠한 외적 요구에도 따르지 않는 철저히 자족적인 인간으로 보이는가? 부르디외는 세속의 논리와 독립된 저자의 탄생을 문학의 장 안에서 일어나는 헤게모니 투쟁의 문맥에서 설명한다(Bourdieu 1992, 302면 이하 참조). 그 설명에 따르면 모든 세속적 관심에 대한 무관심은 작품에 대한 관심, 그것이 드리운 아우라에 대한 관심에서 온다. 아우라는 작가들만이 볼 수 있는 빛, 전문가들만이 승인할 수 있는 왕관이다. 작가의 탈세간적 금욕성은 전문가들 사이에서 왕으로 군림하기 위해 그가 치러야 하는 댓가이다. 헤겔적 의미의 인정투쟁이 생사를 건 싸움이라면, 아우라의 전쟁은 세속적 생존을 건 도박이다. 인정투쟁에서 생명을 버리는 자가 이기는 것처럼, 아우라의 전쟁에서 세속적 이익을 잃는 자가 월계관을 얻는다. 자율적 장인 문학에서 정치학과 경제학의 근본원리가 전도되는 것은 그런 이유에서이다.

　이런 설명을 들을 때 우리는 칸트에 의해 정식화된 심미적 자율성의 제1원리, 곧 무관심의 원리를 다시 생각하지 않을 수 없다. 근대미학의 초석이라 할 이 원리가 말하는 무관심은 심미적인 것 이외의 모든 관심과 가치에 대한 무관심을 의미한다. 인식론적 가치인 진리, 실천적 가치인 선은 심미적 상상력의 자유로운 유희를 근거짓거나 통제할 수 없다는 것, 심미적 쾌락은 순수한 정신적 쾌락도 순수한 육체적 쾌락도 아니라는 것, 나아가 세속적 이익(부·명성·권력)이 가져다주는 쾌락과도 다르다는 것, 따라서 심미적 사유는 과학적 이론이나 윤리학의 규칙으로도, 정치경제학적 원리로도 환원되지 않는 고유한 영역과 규칙을 지닌다는 것, 이런 것이 칸트가 말하고자 한 것이다. 그러나 이 무관심은 쇼펜하우어가 오인한 것처럼 모든 관심과 욕구의 제로상태를 말하지 않는다. 그것은 그런 소극적 무관심이라기보다 오히려 어떤 적극적 무관심으로서, 쇼펜하우어나 니체적 의미의 생, 최고조에 달한 생동력의 조건이다. 규칙을 초과하되 새로운 규칙의 창조로 향하는 상상력의 자유로운 유희, 그 생동하는 유희의 활력은 심미적 무관심 없이 생겨날 수 없다는 것이다. 커지는 무관심, 그에 따라 심미적 사유는 강하고 커진다. 규칙 없는 규칙을 창조하는 상상력이 그 위력을 더하는 것이다. 그리고 이것은 그런 상상력을 유발하는 작품의 위력, 그 위력이 뿜어내는 아우라가 그만큼 크다는 것을 말한다.

　부르디외는 심미적 무관심에서 유발되는 아우라를 물신적인 것으로 보았다. 그것은 사회적으로 조건지어진 것, 사회적 관계의 산물에 불과한 것이 쓰고 있는 초세간적 초월성의 왕관이다. 작품이 원래 가지는 사회적 특수성을 은폐하는 보편성의 빛, 불멸의 정령이 그 왕관에서 번쩍거리고 있다. 이 아우라가 물신적 전도의 효과라면, 이는 그것의 기원에 있는 무관심이 프로이트적 의미의 부인에 불과하기 때문이다. 탈세간적인 것처럼 보이는 그 무관심은 여전히 사회적 관계의 부산물이다. 다만 그것은 대중의 사회가 아닌, 대중의 사회와 분리된 전문가 사회로부터 발생하고 있을 뿐이다. 이 사회 속의 사회에서 생겨나는 무관심은 여전히 지배의 관심을 핵으로 한다. 세속적 보상에 대한 무관심, 그 무관심에 대한 관심에서 작품의 아우라가 크기를 얻는다면, 이 황금빛 아우라는 언제든지 황금과 교환될 수 있다. 영원히 교환될 수 있는 것이다. 아우라는 그런 의미에서 황금보다 더 황금 같다. 황금보다 귀하고 비싼 것이다. 심미적 무관심이 아우라에 대한 관심에서 비롯된다면, 그 관심은 황금에 대한 관심과 전혀 무관하지 않다. 그것은 초물리적 황금, 빛으로 화한 형이상학적 황금에 대한 관심일 수 있다. 황금이 시장에서 태어난 물신이라면, 아우라는 그 물신의 재물신화, 물신성을 위장하는 이차적 물신화의 산물인지 모른다.

3. 물신파괴의 계보: 낭만주의, 아방가르드, 탈근대론

그렇다면 문학의 크기는 어디서 찾아야 하는가? 아우라가 이미 물신화된 황금의 재물신화에서 오는 기만적 효과라면, 문학의 싸이즈를 재는 척도는 어디에 있는가? 아마 그것은 중복되고 심화되어가는 물신화에 대한 저항과 해체, 다시 말해서 신성모독에서 찾아야 할 것이다. 아방가르드 이후의 예술이 갖는 역사적 의미, 그리고 아방가르드와 친화적 관계를 유지해온 니체 이후의 철학사와 그것의 해체론적 귀결도 모두 이런 문맥에서 해석되어야 할 것이다. 오늘날 예술이 무의미의 의미를 찾고 철학이 비진리의 진리에 주목하는 것은 모두 물신 위의 물신, 자연화된 물신을 적으로 하기 때문이다. 의미와 진리, 이는 이미 물신적 전도의 산물 아닌가? 이것이 오늘날의 계보학과 해체론을 낳은 물음이다.

현대예술이 자율성의 이념을 포기하고 지고한 예술을 꿈꾸는 것도 이런 이유에서부터 설명되어야 할 것이다. 지고성(至高性)의 이념을 기준으로 할 때, 아방가르드 이후 예술의 역사는 반아우라의 전통으로 자리매김되어야 할 것이다. 이와 함께 가는 니체 이후의 철학은 물신파괴의 계보가 이어져온 과정이라 할 수 있다. 현대철학이 체계를 넘어서는 체계를 구한다면, 이는 아방가르드가 작품 없는 작품, 작품 너머의 작품을 가리켰던 것에 상응한다. 그리고 현대철학이 의미 없는 의미, 진리 너머의 진리에 최고의 존재론적 지위를 부여하는 것은 다시 그런 상응관계 안에서 파악되어야 한다. 현대예술은 미추(美醜)의 구분을 넘어섰다. 마찬가지로 현대철학은 진위의 구분을, 선악의 대립을 넘어섰다. 전쟁상황이기 때문이고, 여기서 그 적은 천사로 둔갑한 물신이다. '참된 것은 이것이다, 선한 것은 이것이다, 아름다운 것은 이것이다'라고 말하는 물신과의 싸움에서 현대사상사가 이어져온 것이다.

문제는 이 반물신의 싸움이 대중은 물론 예술적 장에 속한 전문가에게도, 그 장을 구성하는 제도나 그 제도에 종사하는 사람들에게도 환영받기 어렵다는 데 있다. 대중은 아우라가 없는 작품을 숭배하지 않고, 따라서 예술에 지출하지 않는다. 물신화된 권위가 파괴되면 예술의 장은 구심력과 내적 위계질서를 잃어버린다. 혼돈에 빠지고, 따라서 갈등관계에 있는 다른 사회적 장으로부터 침해와 간섭을 받는다. 가령 경제적 장, 시장의 논리에 압도되어버린다. 이에 따라 예술은 다시 대중으로부터 권위와 존경을 잃어버린다. 더이상 자본과 권력이 모이지 않으므로, 제도적 기관과 조직에 몸담은 사람들은 가난을 감수해야 한다. 모두 아우라가, 그에 대한 물신숭배가 사라졌을 때 일어나는 일이다. 그때 문학의 크기도 있을 수 없다. 아방가르드를 통해 추구되어온 물신파괴는 곧 예술에 의한 예술의 부정과 다르지 않다. 그러나 작품의 아우라, 미추의 구분, 예술의 기준, 제도의 신뢰성을 깨부수려는 이런 자기파괴적 운동은 왜 시작되었는가? 아방가르드 운동은 무엇을 구하고자 하는 것일까?

아마 그것은 새로운 종류의 크기라 해야 할 것이다. 한국의 모더니스트 이상(李箱)은 그것이 부채꼴이 아닌 것, 원형의 크기임을 암시했다. "부채꼴의 인간 (⋯) 원시인은 혼자서 엽사, 공예가, 건축사, 의사를 겸했다. (⋯) 현대인은 그중 하나를 선택한다. 미래는 전적인 인간을 요구한다"(이상 1993, 201면). 부채꼴의 인간, 부채꼴의 문학. 그 부채꼴은 자율성이라는 이념 자체의 내재적 논리에 따라 꼴지어진 근대예술의 운명적 형태이다. 전인적 인간, 동그란 크기의 문학. 미래에 요구되는 그 원형의 규모는 아방가르드 예술의 이념이 아닐까? '예술을 위한 예술'이 아니라 '예술에 반하는 예술'로서의 아방가르드에 담긴 부정의 정신은 그런 새로운 척도에 대한 요구에서 온 것이라 해야 할 것이다. 상징주의에서 초현실주의에 이르는 예술사적 흐름 안에서 우리는 작품 위주의 예술에 대한 도전, 제도적 질서에 대한 거부를 목격한다. 그러나 아방가르드가 궁극적으로 거부하는 것은 전인성을 금지하는 체제, 부채꼴 단위의 작품을 양산하는 체제로서 작동하기 시작한 근대적 사회체제 자체라는 인상을 떨치기 어렵다.

부채꼴에서 원형으로. 이 공식은 근대적 사회체제에 안주하는 예술, 자율적 예술의 퇴행성을 극복의 과제로 제기하고 있다. 그 퇴행성은 물신적 전도와 오인에 힘입어 정상성으로 위장되고 있는 병(病)이다. 원형을 대신해서 표준의 형상으로 행세하는 부채꼴, 그것이 물신적 가상에 빠져 있는 근대예술의 진상이다. 이 진상에서 볼 때, 자율적 예술이 앓고 있는 병은 무엇인가? 이상의 문장에서 그것은 예술가가 겪는 병, 전인성의 상실로서 자각되고 있다. 작품에 초점을 두자면, 그것은 위대성의 상실이자 정치성의 상실에서 온다. 아방가르드가 구하는 예술의 크기가 원형을 띠어야 한다면, 그 원형은 예술이 근대적 사회체제 안에서 잃어버렸던 이 위대성과 정치성을 실현하고 있는 모습일 것이다.

근대예술의 퇴행성이 위대성의 상실에 있다면, 이 병은 근대사회의 조직원리인 분업화·전문화·자율화의 당연한 귀결이다. 이 위대성의 상실은 왜소화·소외·파편화라는 다양한 징후군을 거느린다. 왜소화라는 징후는 진·선·미 사이의 상호고립에서 온다. 심미적 가치가 분업적 생산의 대상으로 전락함에 따라 인식론적 진리와 실천적 정의를 포괄하는 능력을 점차 잃어버렸다. 자율화의 미명 아래 심미적 가치는 다른 종류의 가치로부터 간섭받지 않을 권리를 확보하지만 다른 가치에 간섭할 권리를 놓치게 되었다. 인식론적 가치와 실천적 가치로부터 분리된 심미적 가치, 그 절단된 가치가 부채꼴을 이룬다.

이 분리와 절단은 예술가와 대중 사이에서, 그리고 예술적 사유와 현실 사이에서도 일어난다. 예술적 탐구가 전문가들만 이해할 수 있는 참조체계 안에서 이루어질 때, 예술은 외부인이 접근할 수 없는 밀교적 아성으로 변해버린다. 이는 거꾸로 예술적 영역의 소외, 역사적 현실로부터의 소외를 낳는다. 예술이 헤겔적 의미의 인륜성으로부터 유리되는 것이다. 이런 소외와 유리는 예술가 사이에서도 발생할 수 있다. 낭만주의 이후 예술은 이미 창조된 사물의 모방에서 벗어나 창조 자체의 모방, 스스로 대상을 창조하는 모방이 되었다. 이러한 전회(轉回) 이후 예술가들은 저마다 고유한 창조의 규칙을 소유한 조물주이다. 문제는 한 예술가의 규칙이 다른 예술가의 규칙과 통약(通約) 불가능하게 되어버린다는 데 있다. 그런 통약 불가능성 때문에 예술가들은 서로 대화할 수 없는 상황에 빠진다. 닫힌 우주를 이루는 자신의 작품세계에 갇혀서 외부와 소통할 수 없게 되고, 따라서 예술의 세계는 창 없는 단자들로 분열된다. 파편화되는 것이다.

근대적 사회체제에 안주하는 예술은 이런 왜소화·소외·파편화를 겪으면서 정치성을 망각하게 되었다. 이때 정치성이란 진·선·미 사이에 내재하는 어떤 원초적 투쟁관계를 말한다. 호메로스 대 플라톤, 낭만주의 대 헤겔의 대결은 그런 원초적 투쟁관계가 역사적으로 표출되는 사례였다. 그러한 대결은 최근에 탈근대논쟁으로 반복되었다. 진·선·미는 서로 구분되는 동시에 하나를 이루려는 경향이 있다. 그러나 무엇을 중심으로 하나가 되어야 하는가? 여기에는 선험적인 해답, 따라서 최종적인 해답은 없다. 다만 그때그때의 싸움에 따라 잠정적으로 주어질 뿐이다. 그러나 그 주어진 결과는 한 시대의 문화, 그것의 형태와 진로를 결정한다.

아방가르드 운동은 낭만주의 이후 가치들 사이의 전쟁이 재발되는 과정이다. 이 전쟁을 통해 예술은 이론적 담론과 제도적 질서의 구속력에서 벗어나고자 했고, 가치통합의 원점에 서고자 했다. 그러나 이 운동에서 우리는 가치 차원의 갈등 이외에도 계급적 갈등이 꿈틀거리고 있음을 알 수 있다. 역사적으로 되돌아볼 때, 계몽기까지 이어지는 고전주의는 귀족체제를 바탕으로 한 예술론이었다. 낭만주의는 귀족체제를 청산하고자 했던 시민계급의 등장과 맞물려 있다. 낭만주의 안에 숨쉬는 혁명의 이념은 학문과 예술의 주체로 부상한 시민계급의 정치적 열망에서 온다. 반면 아방가르드는 자본가 중심의 사회체제와 그 도덕에 대한 반발이다. 낭만주의 시대에 예술가는 자본가와 손잡고 구체제에 도전하였지만, 자본가가 사회의 주도세력이 되고 보수화될 때 예술가는 아웃싸이더의 자리에 섰다. 아방가르드는 예술가의 이런 계급적 이탈을 표시하며, 이 점에서 낭만주의와 연속성을 이룬다.[2]

물론 많은 사람들이 아방가르드를 실패한 운동으로 평가했다. 그러한 평가는 작품 없는 예술에 대한 회의에서 오기도 했고, 체제에 대한 반발이 제도적 질서의 강화로 귀결되었다는 인식에 근거하기도 한다(Bürger 1974

---

2) 낭만주의와 아방가르드의 친족관계에 대해서는 레나또 뽀지올리(1996) 『아방가르드 예술론』, 박상진 옮김, 서울: 문예출판사, 3장 참조.

참조). 가령 오늘날 문학이 역설적으로 자신의 이론적 정체성과 제도적 정체성을 전복하는 가운데 자신의 가능성을 확장해가고자 한다면, 이론과 제도 또한 그런 전복과 위반을 수용하는 여유를 길러왔다. 이론은 반이론적 사유를 자신의 일부로 통합하는 가운데 무한한 변신의 가능성을 꾀한다. 제도는 반제도적 실험을 자신의 일부로 내면화하면서 노쇠현상을 이겨내고자 한다. 이런 변증법적 논리가 먹혀들어갈 때 전위는 언제까지 이론의 바깥, 제도의 바깥에 있을 수 없다. 오히려 이론구성의 계기, 제도적 질서의 일부로 축소·편입되는 것이다. 그럼에도 불구하고 아방가르드는 여전히 중요한 역사적 의미를 지닌다. 자율적 미학의 한계를 분명히했고, 그것과 다른 종류의 미학, 복구되어야 할 미학이 있다는 사실을 환기시켰다는 점에서 그렇다.

부채꼴에서 원형으로. 바로 이 공식이 문학이 성취해야 할 새로운 미학, 새로운 척도의 규모를 표시한다. 이때 원형은 먼저 모든 종류의 가치를 포용하는 능력을, 다른 한편으로는 현실과 대중에게 어떤 해방적 메씨지를 던지는 능력을 말한다. 그런 원환적이고 전방위적 능력, 그러나 어떤 변증법적 전도를 극복한 예술만이 지고한 예술이라 불릴 수 있다(김상환 1999, 8장 참조). 이 지고한 예술이 빠져들 수 있는 위험성, 재물신화의 위험성, 거인증(巨人症)의 위험성, 이런 것에 대해서는 아직 말하지 말자. 다만 여기서는 반물신의 계보를 끌고 가는 이 이념이 우리에게 새로운 척도를 던져놓았다는 점에 대해서만 말하기로 하자. 여기에 자가 있다. 과거의 잣대가 유명무실해질수록 이보다 더 중요한 사실은 없을 것이다.

참고문헌

Bourdieu, Pierre (1980) "Lettre à Paolo Fossati," *Actes de la recherche en sciences sociales*, 31호.

───── (1992) *Les règles de l'art*, Paris: Seuil.

Bürger, Peter (1974) *Theorie der Avangarde*, Frankfurt am Main: Suhrkamp.

김상환(1999)『예술가를 위한 형이상학』, 서울: 민음사.

레나또 뽀지올리(1996)『아방가르드 예술론』, 박상진 옮김, 서울: 문예출판사.

이상(1993)『이상문학전집』3권, 서울: 문학사상사.

최원식(2001)『문학의 귀환』, 서울: 창작과비평사.

3. 신체, 근대성 그리고 정치

뉴기니 지방의 작은 부족에 서양 선교사가 들어와서 축구를 가르쳐주었다. 이들 역시 축구를 즐기게 되었다. 그런데 그들이 축구를 즐기는 방식에는 특이한 데가 있었다. 그들은 어느 한편이 이긴다고 해서 결코 시합을 끝내는 일이 없었다. 놀이는 양쪽이 똑같이 이겨야 끝나는 것이었다. 무승부가 될 때까지 시합의 횟수를 늘리는 것, 그것이 특이한 점이었다.

이런 특이성을 어떻게 설명할 수 있을까? 레비스트로스는 그것을 '차가운 사회'의 특징으로 간주한다. 차가운 사회는 균형과 연속성을 중시한다. 균형과 연속성을 깨뜨리는 요소, 안정성을 뒤흔들 수 있는 요소는 이 사회에서 끊임없이 배제된다. 반면 '뜨거운 사회'는 변화를 유발하는 장치를 내장하고 있다. 어떤 역사적 생성을 유도하는 회로가 그 사회의 내면을 구성하는 중요한 일부이다.[1] 말하자면 차가운 사회는 엔트로피(entropy)가 고정되어 있어서 최초에 주어진 질서가 항구적으로 지속된다. 그 질서에 반하는 에너지, 무질서를 낳는 에너지가 발생하지 않는 것이다. 반면 뜨거운 사회는 끊임없이 엔트로피가 증가하여 일정한 시기에 이르면 무질서

---

1) Lévi-Strauss, Claude (1962) *Pensée sauvage*, Paris: Plon, 301~10면. 상세한 설명은 김형
효(1989) 『구조주의의 사유체계와 사상』, 서울: 인간사랑, 45면 이하, 151면 이하 참조.

에 봉착하고, 따라서 새로운 질서를 창출해야만 한다. 새로운 질서의 창출, 그것은 종종 역사적 발전과 진보로 불린다. 차가운 사회는 구조적으로 진보의 이데올로기가 발붙일 자리가 없다. 이 사회는 변화보다는 통합과 안정을 추구한다. 여기에서 역사적 생성이란 대단히 낯선 개념이다.

이런 사회에서는 축구경기를 해도 근대화한 사회에서와는 다른 방식으로 한다. 긴장과 갈등을 유발하지 않도록 경기를 끝내는 것이다. 이것이 좋은 일일까? 사람에 따라 다를 것이다. 모두가 이기는 윈윈(win-win) 게임을 선호하는 사람도 있을 것이고, 승패가 없다면 경기가 아니라고 할 사람도 있을 것이다.

플라톤은 올림픽경기장에 가서 거기에 참여하는 여러가지 방식에 대해 말한 적이 있다. 누구는 선수로서 경기에 직접 임하고 누구는 관중으로서 그 경기를 응원하며 누구는 장사꾼으로서 관중에게 물건을 판다. 그러나 선수, 관중, 장사꾼 외에 다른 종류의 사람이 있다. 그 모든 상황을 거리를 두고 바라보는 사람, 그 사람이 철학자라는 것이다. 그러나 거리를 두는 방식은 여러가지가 있을 수 있다. 플라톤은 초감성적 실재(이데아)를 기억하면서, 그 회상의 장소에서 경기장을 바라보았다. 하지만 승부 없는 게임을 즐기는 뉴기니 지방의 한 마을에 서서 근대적 도시의 스포츠 축제를 바라보는 것도 재미있는 철학적 감상법일 수 있을 것이다.

1. 신체와 근대성

스포츠는 도시문화의 일부이다. 시골사람도 걷고 뛰고 무거운 짐을 옮긴다. 여름이면 헤엄을 치고 겨울이면 썰매를 탄다. 그러나 우리는 이런 몸놀림을 스포츠라 하지 않는다. 스포츠는 특정한 규칙에 따르는 운동과 경기다. 또한 특정한 예식과 장식 그리고 도구를 거느린다. 시골사람의 몸동작이 어떤 자연스러운 운동이라면 스포츠는 어떤 코드에 따라 학습된 인위적 운동이다.

물론 이런 이분법은 엄밀한 것이 아니다. 왜냐하면 무의식적이고 자연스러워 보이는 신체적 행위도 대부분 문화와 관습에 따라 학습된 동작이기 때문이다. 거의 모든 신체적 표현들, 가령 휴식을 취하는 모습, 성행위 동작, 용변자세 등마저 문화에 따라 달라진다. 그것들은 각각의 문화에 고유한 상징적 질서의 일부를 이룬다. 어떤 인류학자는 오스트레일리아 지방의 장례식에 대한 연구를 통해서 슬픔·화·분노 등과 같은 감정의 표현이 자발적인 것이 아니라 의무적이며 그런만큼 의사소통적 행위임을 지적한다. 거기서 공동체의 규약에 따르는 어떤 신체언어를 보는 것이다. "이 모든 표현들은 단순한 표현 이상의 것이다. 그것은 기호, 이해된 표현, 요컨대 어떤 언어이다. 장례식장의 외침들은 어떤 구절이나 단어와 같다. 거기서는 어떤 말을 해야만 한다. 그러나 어떤 말을 해야만 한다면, 이는 그 구성원 전체가 그 말을 이해하기 때문이다. (⋯) 그것은 본질적으로 어떤 상징적인 것이다"(Mauss 1968, 88면). 그러므로 어쩌면 순수한 신체적 표현이란 없는지 모른다. 모든 신체적 표현은 이미 문화에 의해 매개되고 생산된 표현, 따라서 코드화된 표현일 것이다. 그럼에도 불구하고 스포츠는 다른 신체적 행위 일반과 구분되는 장소에 있다. 아마 그 장소의 특성은, 거기서는 신체적 행위의 목적이 그 행위 자체에 있다는 데 있을 것이다.

우리는 스포츠를 보통 학교에서 배운다. 학교라는 근대적 제도를 통해 국민은 체조를, 수영을, 축구를 비롯한 구기종목을 접하고 익힌다. 제도를 통해 전파되고 재생산되는 운동, 그것이 스포츠다. 그래서 어릴 적 냇가에서 미역 감을 때 하는 헤엄은 개헤엄이다. 개꿈이 무의미한 꿈인 것처럼, 개헤엄은 무의미한 헤엄이다. 의미는 규칙과 코드가 있을 때 성립한다. 규칙과 코드가 있는 몸동작, 의미있는 몸동작, 그것이 스포츠이다. 그러므로 스포츠의 출현은 어떤 분류의 시작이다. 의미있는 몸동작과 의미없는 몸동작의 구분이 그 구분의 시작이다. 이런 구분은 신분의 구분으로까지 발전한다. 오늘날 사회학자들은 스포츠가 계급적 구별짓기의 중요한 수단임을 지적한다. 가령 상층계급은 자신들이 즐기던 운동을 하층계급이 즐기기 시작하면 그 운동을 그만두고 새로운 종목에 열중한다. 운동종목이 마치 의상과 같이 신분구분의 기준으로 이용된다는 것이다(Bourdieu 1979, 210면 이하 참조).

이런 모든 구분은 반발을 살 수 있다. 꼭 유니폼을 입고 하는 운동만 운동인가? 기구 없이 하는 운동은 운동이 아닌가? 규칙을 따르지 않는 운동, 그게 정말 운동 아닌가? 가령 어릴 적 계곡에서 헤엄치며 놀던 일을 생각해보라. 수영장에서 수영복을 입고 이런저런 유형의 수영을 하는 것과 비교할 때, 그 물놀이는 얼마나 순진무구하고 자연스러웠던가? 거기서 자연과 하나되어 싱싱한 생명을 맛보지 않았는가? 그러므로 학교에서 배운 여러가지 몸동작 규칙, 그 인위적 규칙은 잊어버리는 것이 좋은지 모른다. 그 규칙들은 자연스런 신체적 표현을 제한하고 억압하는지 모른다. 체육시간에 배운 것들, 그런 것들은 오히려 몸의 생태를 깨뜨리는지 모른다.

아마 루쏘라면 이렇게 주장했을 것이다. 루쏘주의자 레비스트로스 역시 그런 신념의 소유자일 것이다. 그가 오지의 사람들이 축구하는 모습을 전하는 것도 이런 관점에서 되새겨볼 수 있다. 그것은 서구사회를 상대화할 수 있는 외부적 관점을 구축하기 위해 끌어온 사례이다. 서구사회는 진보의 이데올로기에 사로잡힌 '뜨거운 사회'다. 이 뜨거운 사회라는 말은 근대성을 지칭하는 레비스트로스의 용어이다. 그러므로 축구의 사례는 근대화전략 자체에 의문을 던지는 발판이 될 수 있다. 그 원시부족의 놀이터는 근대성을 비판적으로 감상할 수 있는 입지점을 형성하고 있는 것이다.

근대성은 여러 가닥의 역사적 흐름이 한 장소에 모이면서 형성된 어떤 역사전개의 논리적 특성이다. 그 특성을 낳는 역사적 흐름은 크게 보아 세 가닥으로 정리할 수 있다. 과학과 기술의 발전, 표준화와 제도적 질서의 확충, 그리고 분업화와 전문화의 심화 등이 그것이다.

근대인은 과학적 발견이 역사의 진보를 결정하는 가장 중요한 요인임을 확신했다. 따라서 과학이 인식·진리·합리성·대상 등의 의미를 규정하는 최상의 심급으로 부상한 것은 당연한 일이다. 다음으로는 분업체계의 심화과정을 지적하지 않을 수 없다. 직업, 학문, 그리고 문화의 각 영역(정치·경제·교육·예술 등)이 전문화되고, 전문화된 각 영역은 자율화되었다. 독자적 존립기반과 운영규칙을 갖추게 된 것이다. 마지막으로 지적할 수 있는 경향은 표준화와 제도화다. 사회적 행위와 질서가 어떤 표준성을 띠고 제도적 규범을 통해 확대 재생산되는 국면에 접어든 것이다. 이런 역사적 현실을 관통하는 이념적 차원이 있다면, 그것은 이렇게 요약할 수 있다. 진보와 새로움에 대한 신앙. 이때 새롭다는 것은 시간적 순서에서 나중에 온다는 의미도 있지만, 그보다는 객관적이고 심층적인 진리에 한 걸음 가까워졌다는 것을 뜻한다. 역사는 진보하게 마련이고 진보란 곧 객관적 진리를 발견하고 실현해가는 과정이란 것이 근대인의 기본적 신념이었다.

스포츠도 이런 근대화의 이념 안에서 탄생·발전했다. 먼저 스포츠는 과학적 사유의 연장이다. 스포츠가 신체 사용기술을 고안하고 실행하는 영역이라면, 이 기술은 신체에 대한 객관적 관찰에 근거한다. 의학은 신체를 객관적으로 관찰하고 과학적으로 분석하는 일을 전업으로 한다. 그러나 의료행위만이 아니라 다른 목적을 위해서도 서양인은 인간의 신체를 객관적으로 파악하고자 했다. 가령 무대 연기자들은 인간의 희로애락을 표현할 때 각각의 정념에 대응하는 표준적인 얼굴표정과 제스처를 확정할 필요를 느꼈다. 이런 필요에 부응한 것이 데까르뜨의 『정념론』이다. 이 책에는 각각의 정념이 과학적으로 정의·분류되어 있고, 그에 수반되는 근육과 혈액의 운동이 체계적으로 서술되어 있다. 연극인은 바로 이 저서에서 연기동작의 원형을 찾았다(Cassirer 1981, 1부 참조). 근대인은 연극적 행위만이 아니라 신체의 단련을 목적으로 하는 운동도 정해진 기준에 따라 분석했다. 신체에 대한 객관적 관찰에 바탕을 두고 효율적 신체 사용과 연습을 꾀했다. 어떤 과학성을 구했으며, 그런 조건에서만 자신이 고안한 신체 사용기술에 정당성과 규범적 강제력을 부여할 수 있었다. 스포츠는 인간의 신체에 대한 객관적 관찰을 통해 신체 사용기술을 개발해온 영역이다.

둘째, 이렇게 개발된 신체 사용기술은 표준화를 지향하며, 이런 표준화된 기술과 규칙은 제도적 질서를 통해 일반화된다. 그런 일반화는 물론 학교교육을 통해 이루어진다. 근대화 초기에 성장기를 보낸 어른은 운동회를 가장 인상적인 초등교육의 현장으로 회상한다. 많은 문학작품 속에서 운동회는 어떤 이행의 장소이다. 운동회가 열린 운동장은 철없는 어린아이와 철든 청년 사이, 전근대적 농촌과 근대적 도시 사이, 향토적인 것과 서양적인 것 사이에 놓인 관념적 공간이다. 그 운동장은 시골아이의 신체를 단련하는 장소이다. 그러나 그 단련은 전근대적 신체를 근대적 신체로 변형하는 과정이다. 거기서 논둑길을 달리던 아이가 100미터 달리기 선수로 변한다. 육상경기를 배우면서, 축구와 농구를 배우면서 아이의 신체는 근대성을 띠게 된다. 표준화된 규칙과 규율을 내면화하는 것이다.

그러므로 학교가 표준어를 가르치고 언문일치를 유도하는 장소라면, 이 언문일치의 교육은 정신만을 대상으로 하는 것이 아니다. 근대적 언문일치 교육은 신체를 대상으로 해서도 이루어져왔다. 신체적 표현과 움직임을 어떤 일반화할 수 있는 규칙과 코드를 중심으로 통일하는 것, 그것이 또한 근대적 교육의 목표이다.

셋째, 스포츠는 근대적 분업화와 전문화의 산물이다. 여기서 스포츠 영역이 하나의 자율적 영역으로, 체육학이 하나의 자율적 학문으로 자리잡아온 과정을 생각하자. 그것은 이러저러한 협회들과 조직의 운영규칙들이 성립해온 과정과 하나를 이루고 있을 것이다. 이 모든 과정은 분업화와 전문화를 특징으로 하는 근대사회의 일반적 전개과정을 표현하는 특수한 사례들이다. 스포츠 선수가 점점 더 남들의 부러움을 사는 직업이 되고, 스포츠가 대중적 스타의 산실이 되는 것도 그런 일반적 흐름의 귀결이다.

스포츠가 자율적 장(場)으로 자리잡는 이런 과정에는 어떤 향내적(向內的) 투쟁이 병행한다. 그것은 '올바른 신체'를 어떻게 정의하고 '신체의 정당한 사용'을 어떻게 정의할 것인가라는 물음을 둘러싼 영역내적 투쟁이다. 다시 말해서 그것은 신체의 표준적 개념과 신체 사용의 규범적 규칙을 둘러싼 싸움이다. 여러 집단 사이에 서로 자신의 신체 이해와 신체 사용기술을 표준의 지위에 올려놓으려는 싸움이 벌어지고, 이 싸움이 서로 다른 스포츠 종목 사이의 갈등과 경쟁으로 지속되는 것이다(Bourdieu 1980, 181면).

스포츠가 전문적 직업의 영역으로 발돋움함에 따라 어떤 양극화 현상이 뒤따른다. 한쪽에는 스포츠를 통해 어떤 장면을 연출하는 사람들이, 다른 한쪽에는 그 장면을 관람하는 사람들이 있게 된다. 한쪽에는 묘기와 기록을 생산하는 직업적 운동선수들이, 다른 한쪽에는 그들이 생산한 장면을 즐기는 소비자들이 있다. 스포츠가 발전함에 따라 장면 생산자와 장면 소비자 사이의 거리는 점점 커진다. 규칙과 코드가 복잡해지고 전략과 작전이 정교해지면서 소비자는 생산된 장면을 완전히 파악하기 어려워진다.

하지만 이런 문제는 곧 사라진다. 해설자가 등장해서 선수들의 동작을 설명해주기 때문이다. 이런 역할은 스포츠가 상품화될수록 점점 커진다. 선수들이 연출한 장면을 대중이 만끽할 수 있도록 해주는 도우미의 역할이 있을 때만 고도의 전문성을 띠어가는 스포츠가 대중으로부터 유리되지 않을 수 있기 때문이다. 그러나 스포츠를 대중에게 가깝게 만드는 것은 무엇보다 미디어의 힘이다. 미디어에 힘입어 스포츠는 비로소 광범위한 대중이 소비할 수 있는 스펙터클, 스펙터클로서의 상품이 될 수 있었다.

스포츠는 오늘날 수많은 직업과 생업을 창출하는 거대 규모의 사업영역이 되었다. 다양한 종류의 기업이 스포츠 영역에 자리하고 있고, 전문가와 아마추어를 위한 관련 상품들을 생산하고 있다. 운동선수들은 쇼비즈니스에 동원된 연예인과 같은 역할을 담당하게 되었다. 그러나 이 모든 것은 근대성의 필연적 귀결이다. 스포츠는 근대성의 빛과 그림자가 그 어느 곳보다 강렬한 대비를 이루면서 동시에 드러나는 장소이다.

2. 상상적 연대와 정치

그러나 스포츠가 연출하는 장면을 소비한다는 것은 무엇을 의미하는가? 그것은 어떤 묘기와 우연을 감상하는 것일 수 있다. 숭배할 수 있는 우상, 스타를 갖는 것일 수도 있다. 그러나 스포츠의 묘미는 선수들과 그들의 숙련된 동작에만 있는 것이 아니다. 스포츠가 감동을 준다면, 그 감동은 연출된 장면이나 승부에서만 오는 것이 아니다. 그 장면을 보는 사람들, 그들이 또한 스포츠가 주는 감동의 원천이다.

이는 스포츠만이 아니라 모든 종류의 무대예술에서도 관찰할 수 있는 점이다. 프랑스 철학자 알랭[2]은 이렇게 말한 적이 있다. "이렇다 할 세련미가 전혀 없는 써커스단의 익살극이 강렬한 힘을 발휘한다면, 이는 관객들이 서로 마주보고 앉아 있기 때문이 아닐까?"(Alain 1940, 11면) 이런 질문의 출발점은 장면의 조야(粗野)함이다. 써커스의 희극배우들이 연출하는 장면은 유치하기 짝이 없음에도 불구하고, 그것을 보고 있는 사람들은 그들의 동작과 표정에 따라 울기도 하고 웃기도 한다. 어린아이든 어른이든, 못 배운 사람이든 많이 배운 사람이든, 가난뱅이든 부자든 일단 관람석에 앉으면 정념의 노예가 되는 것이다. 도대체 왜 그런 일이 벌어지는 것일까?

---

2) 본명은 에밀 오귀스뜨 샤르띠에(Emile-Auguste Chartier)이며, 알랭은 필명이다. 중세 시인 알랭 샤르띠에(Alain Chartier)에서 따온 것이라 한다.

알랭은 그 이유를 감정의 전염성에서 찾는다. 감정은 전염성이 강하다는 것이다. 가령 배우의 동작을 보고 어떤 사람이 킥킥 하고 작게 웃었다고 해보자. 그러면 그 웃음이 옆이나 앞의 다른 사람들에게 전해져 수십 혹은 수백의 작은 웃음들을 낳는다. 그리고 이 수십 혹은 수백의 작은 웃음들은 다시 처음의 사람에게 전해져 더 큰 웃음을 촉발한다. 이렇게 커진 웃음은 다시 주변 사람들에게 전염되어 수십 혹은 수백의 커다란 웃음을 낳고, 이 폭포 같은 웃음은 다시 더 큰 웃음의 원인이 된다. 이런 전염성은 관중이 서로 마주보고 있을 때 더 커진다. 써커스단의 희극은 그 내용이 어설프더라도 언제나 성공한 공연이 되는데, 이는 좌석이 둥글게 배치되어 관중이 서로 마주보고 있기 때문이라는 것이다.

철학사에서 이런 감정의 전염성을 처음 말한 저자는 스피노자일 것이다. 그는 감정의 전염성을 '정서의 모방'(affectum imitatio)이라는 말로 표현했다. 이 정서의 모방은 상상의 차원에서 일어난다. "우리와 유사한 어떤 것이 우리가 아무런 정서도 갖고 있지 않던 대상으로부터 어떤 정서를 느낀다는 것을 상상하게 되면, 우리는 이 대상에게서 유사한 정서를 느끼게 된다"(베네딕투스 데 스피노자 1990, 155면). 이 구절이 말하는 것은 정서의 원인은 대상에 있는 것이 아니라 주관의 상상에 있다는 것이다. 이 주관적 상상의 뿌리는 어떤 동류(同流)의식이다. 스피노자에 따르면, 인간은 생의 보존에 유리한 것, 다시 말해서 자신의 존재역량(활동적인 힘)을 크게 만들어주는 것에 동류의식을 느낀다. 자신과 유사하다고 생각하는 것이다. 감정의 모방은 동류의식을 느끼는 사람들 사이에서 일어난다. 그래서 자신과 유사하다고 생각하는 사람이 어떤 것을 좋아하면, 우리도 그것을 좋아하게 된다. 가령 연인이나 친구가 어떤 것에 좋은 감정을 지니면, 우리는 그 대상을 좋아하게 된다. 그 대상을 우리 자신에게도 선한 것으로, 우리의 존재역량을 크게 해주는 것으로 받아들이는 것이다. 그러므로 우리가 어떤 대상에 대해 갖는 감정의 원천은 많은 경우 그 대상 자체보다는 우리가 다른 사람과 맺고 있는 상상적 연대에 있다. 이 상상적 연대가 정서적 모방과 전염의 기반이다. 우리의 많은 감정은 그런 모방과 전염의 산물이다.

이 상상적 연대는 양가적이다. 먼저 그것은 가상 혹은 착각에 근거한 관계이다. 그것은 이성적 인식에 근거한 것이 아니고, 그런 뜻에서 주관적이고 기만적일 수 있다. 그러나 모든 연대, 특히 인간 사이의 관계는 어떤 정서적 결속력 없이 오래 존속할 수 없다. 인간은 상상적 연대 안에서만 활력있고 의미있는 공동체를 창조할 수 있다. 바람직한 공동체는 상상적 연대와 그것에 바탕한 정서적 모방 혹은 정서적 의사소통을 필수불가결한 조건으로 한다.

공공의 장(場)이라는 것도 마찬가지다. 공공의 장은 합리적 의사소통의 공간이어야 한다. 그러나 그것이 전부가 아니다. 공공의 장은 합리적 의사소통의 공간이기 이전에 먼저 감정적 차원의 교류가 원활하게 일어날 수 있는 공간이어야 한다. 정서적 의사소통의 장소여야 하는 것이다. 상상의 연대가 성립하지 않는다면 공공의 장은 펼쳐지지 않는다. 감정적 차원의 소통 없이는 어떠한 의사소통도 일어날 수 없기 때문이다.

따라서 공공의 장에서 일어나는 갈등과 그 갈등의 해소를 위한 타협의 과정이 정치라면, 모든 정치는 궁극적으로 정서적 의사소통의 바탕인 상상적 연대에 의존한다. 이런 의존관계를 중심으로 우리는 두 종류의 정치를 구분할 수 있다. 먼저 이미 확립된 상상적 연대 위에, 그 연대를 이용하면서 펼치는 정치가 있다. 그러나 어떤 정치는 기존의 상상적 연대를 바꾸어보려는 의도에서 태동한다. 물론 그 변화는 교체를 의미할 뿐이다. 기존의 상상적 연대를 해소하기 위해서는 과거의 것보다 강력한 정서적 효과를 낳는 상상적 연대를 창조해야만 한다. 모든 정치는 상상적 연대를 공고히하는 정치거나 새로운 상상적 연대를 창출하는 정치일 뿐이다.

오늘날 스포츠는 종종 비난의 대상이 된다. 상업적 자본에 농락당하는 일종의 쇼비즈니스로 전락했다는 비난이 있다. 그런가 하면 우민정치의 도구로 악용되고 있다는 비난도 있다. 그렇게 여러가지 방식으로 스포츠가 악용되고 있다면, 이는 그것이 감정의 전이가 탁월하게 일어나는 장소이기 때문일 것이다. 스포츠는 감정이 전염되고 증폭되는 장소이다. 거기서는 강력한 정서적 상호모방이 일어나고, 그런 상호모방을 통해 감정이 통제할 수 없는 방식으로 확대 재생산된다. 자본과 권력은 그런 전염과 증폭의 장소에 대중을 몰아넣어 의도된 이익과 목표를 쉽게 얻을 수 있을 것이다.

그러나 이것은 아직 충분한 관찰이 아니다. 스포츠를 통해 형성되는 감정의 에너지는 정치경제학적 법칙으로 완전히 묶어놓을 수 없는 것이기 때문이다. 그 에너지의 흐름은 어떤 계산과 의도에 따라 고정시킬 수 없는 역동성을 지닌다. 그 역동성은 프로이트적 의미의 쾌락원칙을 넘어선다. 정신의 1차 과정은 흥분으로 생긴 에너지의 해소와 방출로 나아간다. 그것은 '묶이지 않은 에너지'의 운동이다. 쾌락원칙과 현실원칙은 정신의 2차 과정을 지배하고, 이 2차 과정은 충동적 에너지의 방출을 억제하고 보류하는 경향이다. 그것은 묶이지 않은 에너지를 조이고 묶어서 고정시키려는 경향이다. 프로이트는 1차 과정을 다시 '지각적 동일성'을 추구하는 경향이라 했다. 이는 '원초적 만족을 반복하려는 경향'을 뜻한다. 반면 2차 과정은 '사고의 동일성'을 좇는데, 그것은 논리적 동일성을 추구하려는 경향을 의미한다(지그문트 프로이트 1993, 532면). 그런데 후에 프로이트는 지각적 동일성을 추구하는 1차 과정을 최초의 평형상태로 돌아가려는 경향으로 간주하기 시작했다. 최초의 평형상태는 자극과 흥분이 없는 상태, 충동적 에너지 자체가 사라진 상태, 따라서 생명 이전의 무기체 상태이다. 따라서 1차 과정은 궁극적으로 죽음의 상태로 돌아가고자 하는 운동이 아닌가? 현실원칙이 쾌락원칙에 봉사한다면, 쾌락원칙은 그 회귀적 운동에 봉사하는 것이 아닐까? 이것이 『쾌락원칙을 넘어서』를 쓸 때, 거기서 죽음충동이라는 '악마적' 가설을 끌어들일 때 프로이트가 들어선 물음의 길이다(지그문트 프로이트 1997, 5절 참조). 그것은 본능적 삶이 합리적으로 설명할 수 없는 불가해한 충동에 의해 지배되고 있다는 사실을 발견해가는 과정이라 할 수 있다.

물론 스포츠의 장에서 일어나는 감정의 운동을 그런 프로이트적 물음의 길에서 추론한다는 것은 적절하지 않다. 그러나 그 길 위에서 우리는 적어도 그 감정의 운동이 어떤 계산과 조율의 대상에 그치는 것이 아님을, 나아가 어떤 수동적 운동이 아님을 예감할 수 있다.

사실 축구경기장을 중심으로 서로 마주앉아 있는 관중들은 그라운드에서 공을 주고받는 선수들 못지않게 감정을 주고받는다. 선수들의 절묘한 패스 못지않은 현란한 감정의 패스가 관람석에서도 일어난다. 관중들은 정서를 전달하고 이어주는 정서적 연대를 연출한다. 그들 역시 두터운 수비벽과 깊숙한 태클을 따돌리는 드리블의 주체이다. 왜 그럴 수 있는가? 그것은 모든 정념(passion)은 패스(pass)이고, 모든 패스는 정념적이기 때문이다. 여기서 모든 정념은 능동(action)이라는 데까르뜨의 말을 기억하자(Descartes 1970, 1항 65~66면). 모든 정념은 능동적 패스를 원하고 모든 능동적 패스는 정념의 패스로 실현된다. 모든 감정은 어디론가 통과한다. 감정은 통하는 힘, 통과하는 힘이다. 아마 스포츠를 비롯한 모든 스펙터클의 비밀은 여기서 찾아야 할 것이다.

하지만 그 정서적 패스와 드리블이 향하는 골이 무엇인지 아직 말하기 어렵다. 그 상상적 연대가 지향하는 목적은 아직 신비한 것으로 남아 있다. 그 지향점은 모든 정치적 연대와 의사소통의 가능조건이자 그에 대한 합리적 설명의 출발점이지만, 그 출발점 자체는 애매한 것이다. 때로는 현실정치가, 때로는 자본이 그 지향점을 조작하거나 왜곡하는 경우가 있다. 그러나 권력과 자본이 그런 술수를 부릴 때 정작 도구가 되는 것은 권력과 자본 자체인지 모른다. 관중이 단지 스펙터클의 수동적 소비자가 아닌 것처럼, 그들이 연출하는 상상적 연대는 수동적 연대가 아니다. 그것은 권력과 자본보다, 어쩌면 관중보다 앞서는 능동적 충동의 실현일 수 있다. 일단 그것을 연대의 충동이라 부르자. 그래서 정치도 상업도 심지어 스포츠도 그 신비한 연대의 충동을 위해 봉사하는 위치에 있는지 모른다. 영원한 것은 정치도 자본도 스펙터클도 아니라 다만 그 연대의 충동뿐인지 모른다.

한걸음 더 나아가보면, 우리의 신체 자체가 연대와 관계를 결과로 낳는 어떤 끈운동의 귀결점인지 모른다. 생명체의 죽음도 조여졌다 풀어졌다 하는 그런 끈운동의 한 국면에 불과한 것인지 모른다. 그리고 잇고 연결하고 모으는 모든 종류의 패스를 통해서 구체화하는 그 끈운동이 정치나 자본 혹은 스펙터클보다 먼저 있었던 운동일 수 있다. 최근의 초-끈(super-string)이론이 암시하는 것처럼(브라이언 그린 2002 참조), 그것이 우주보다 먼저 있었던 운동일 수 있다. 그러므로 축구선수가 멈춰서 운동화끈을 조일 때 우리는 관중을 묶는 끈, 세계를 묶는 끈은 물론 우주를 묶는 끈까지 생각할 수 있는 것이다.

참고문헌

Alain (1940) *Préliminaires à l'esthétique*, Paris: Gallimard.

Bourdieu, Pierre (1979) *La distinction: critique sociale du jugement*, Paris: Minuit.

—— (1980) *Questions de sociologie*, Paris: Minuit.

Cassirer, Ernst (1981) *Descartes, Corneille, Christine de Suède*, Paris: J. Vrin.

Descartes, René (1970) *Les passions de l'âme*, Paris: J. Vrin.

Lévi-Strauss, Claude (1962) *Pensée sauvage*, Paris: Plon.

Mauss, Marcel (1968) "L'expression obligatoire des sentiments," *Essais de sociologie*, Paris: Seuil.

김형효(1989)『구조주의의 사유체계와 사상』, 서울: 인간사랑.

베네딕투스 데 스피노자(1990)『에티카』, 강영계 옮김, 서울: 서광사.

브라이언 그린(2002)『엘러건트 유니버스』, 박병철 옮김, 서울: 승산.

지그문트 프로이트(1993)『꿈의 해석』, 조대경 옮김, 서울: 서울대학교 출판부.

――(1997)『쾌락원칙을 넘어서』, 박찬부 옮김, 서울: 열린책들.

원문출처

이 책에 실린 글들은 아래의 지면에 발표된 논문을 수정·보완한 것이며, 출처를 밝히지 않은 글들은 이 책에서 처음 발표되었다.

데까르뜨의 코기토에서 무의식적 주체로
「라깡과 데까르뜨: 에고 코기토에서 무의식적 주체로」, 김상환·홍준기 엮음 『라깡의 재탄생』, 서울: 창작과비평사, 2002.

해체론과 정신분석의 대결지점
「라깡과 데리다: 기표의 힘, 실재의 귀환」, 김상환·홍준기 엮음 『라깡의 재탄생』, 서울: 창작과비평사, 2002.

니체, 프로이트, 맑스 이후의 해석학
「니체, 프로이트, 맑스 이후: 새로운 해석학의 탄생 1」, 『현대비평과 이론』 19호 (2000년 봄·여름호).

니체의 해석에서 해체론적 글쓰기로
「니체와 데리다: 새로운 해석학의 탄생 2」, 김상환 외 『니체가 뒤흔든 철학 100년』, 서울: 민음사, 2000.

상징에 대하여
「상징」, 우리사상연구소 엮음, 『우리말 철학사전 2』, 서울: 지식산업사, 2002.

화폐, 언어, 무의식
「화폐, 언어, 무의식: 탈근대의 범례들」, 『철학연구』 56집(2002년 봄호).

테크놀러지시대의 동도서기론
「테크놀러지시대의 동도서기론」, 『창작과비평』 111호(2001년 봄호).

원격통신과 유령적 효과
「정보화사회의 해체론적 이해」, 김상환 외 『매체의 철학』, 서울: 나남출판, 1998.

문학 안팎의 물신들
「물신과 아우라: 문학의 크기에 대하여」, 『세계의 문학』 98호(2000년 겨울호).

신체, 근대성 그리고 정치
「스포츠, 근대성 그리고 정치」, 『철학과 현실』 53호(2002년 여름호).

인명 찾아보기

사항 찾아보기

니체, 프로이트, 맑스 이후
현대 프랑스철학의 쟁점

초판 1쇄 발행 / 2002년 10월 30일
초판 7쇄 발행 / 2021년 11월 2일

지은이 / 김상환
펴낸이 / 강일우
편집 / 염종선·김종곤·서정은·김경태·이명애
펴낸곳 / (주)창비

등록 / 1986년 8월 5일 제85호
주소 / 10881 경기도 파주시 회동길 184
전화 / 031-955-3333
팩시밀리 / 영업 031-955-3399 편집 031-955-3400
홈페이지 / www.changbi.com
전자우편 / human@changbi.com

ⓒ 김상환 2002
ISBN 978-89-364-8314-2 03160